RECUEIL

DES

INSCRIPTIONS

GRECQUES ET LATINES

DE L'ÉGYPTE

RECUEIL DES

INSCRIPTIONS

DE L'AUGUSTE

CHEZ FIRMIN DIDOT FRÈRES, LIBRAIRES DE L'INSTITUT DE FRANCE,
RUE JACOB, 56.

RECUEIL

DES

INSCRIPTIONS

GRECQUES ET LATINES

DE L'ÉGYPTE

ÉTUDIÉES DANS LEUR RAPPORT AVEC L'HISTOIRE POLITIQUE
L'ADMINISTRATION INTÉRIEURE, LES INSTITUTIONS CIVILES ET RELIGIEUSES DE CE PAYS
DEPUIS LA CONQUÊTE D'ALEXANDRE JUSQU'À CELLE DES ARABES

PAR M. LETRONNE

TOME PREMIER

PARIS

IMPRIMÉ PAR AUTORISATION DU ROI

A L'IMPRIMERIE ROYALE

M DCCC XLII

AU ROI.

SIRE,

La mémorable expédition d'Égypte n'a pas seulement enrichi notre histoire militaire de brillants faits d'armes et d'éclatantes victoires : elle a laissé dans la science des traces ineffaçables, qui attesteront à la postérité la plus reculée que des vues de civilisation et de progrès n'ont pas été étrangères au but de cette entreprise aventureuse.

Une académie, improvisée sur les bords du Nil, au milieu des incertitudes et des périls d'une occupation contestée, réussit à faire, en quelque sorte, la conquête scientifique du pays. Elle en étudia le climat, la constitution physique, les productions naturelles; elle en dressa la carte détaillée; elle en mesura, en dessina et décrivit les monuments avec une exactitude qu'on ne se lasse point d'admirer, quand on pense à tous les obstacles que rencontraient les explorateurs.

Le splendide ouvrage qui contient le résultat de tous ces travaux marque une nouvelle ère dans les études égyptiennes. Les solutions qu'il donne de graves questions longtemps débattues, les problèmes importants qu'il soulève et livre à la discussion, rappelèrent l'attention des savants de l'Europe sur l'histoire de l'ancienne Égypte. De tous côtés, des artistes, des archéologues, s'empressèrent à l'envi d'aller explorer de nouveau ce pays, sur les traces de nos compatriotes, pour vérifier ou compléter leurs travaux, pour en discuter les résultats. Des découvertes importantes, des recherches profondes, furent les fruits de cette noble émulation qui anima les hommes éclairés de tous les pays.

La France ne resta point en arrière du mouvement scientifique qu'elle avait fait naître. C'est à l'un de ses enfants, à Champollion, qu'on doit la plus belle découverte historique des temps modernes; c'est lui qui a soulevé enfin le voile étendu depuis tant de siècles sur la langue et les écritures de l'Égypte. Il était bien juste, sans doute, que la France, qui avait tant fait pour la connaissance de cette contrée fameuse, fût récompensée de ses sacrifices par la gloire d'une telle découverte. Pourquoi faut-il que la mort prématurée de l'auteur ait arrêté tous les développements qu'elle avait déjà reçus? La science qu'il avait créée n'a fait, depuis, que des pas incertains; et peut-être est-elle condamnée à rester presque stationnaire, jusqu'à ce que d'autres monuments, analogues à la pierre de Rosette, apportant de nouveaux points de comparaison, viennent fournir le moyen de pénétrer plus avant dans la voie ouverte par ce génie heureux et persévérant.

Mais il est une autre branche d'étude, intimement liée à cette science nouvelle, et qu'on peut, dès à présent, cultiver avec tout espoir d'obtenir des résultats certains, je veux parler des inscriptions grecques et latines ainsi que des papyrus grecs découverts dans les temples et les tombeaux. Grâce aux efforts successifs des voyageurs qui ont parcouru l'Égypte, depuis le départ de notre armée, ces monuments sont maintenant assez nombreux et assez variés pour qu'il soit utile de les réunir et d'en former un recueil qui mette la science en possession des précieux renseignements qu'ils recèlent. Il appartenait surtout à l'érudition française de le donner au monde savant; car, non-seulement la découverte de la pierre de Rosette est due à nos compatriotes, mais ils sont aussi les auteurs des premiers et des plus importants travaux, tant sur les trois textes qui en couvrent l'un des côtés, que sur les autres inscriptions grecques trouvées dans le même pays. C'est d'eux qu'il est naturel d'attendre la continuation d'une œuvre qu'ils ont glorieusement commencée.

Tel est le motif, Sire, qui, depuis plus de vingt années, dirigeant mon attention principale sur cette classe particulière de monuments, me fait entreprendre ce recueil, qui sera divisé en deux séries distinctes, comprenant, l'une, toutes les inscriptions recueillies jusqu'à présent en Égypte, l'autre, les papyrus grecs rassemblés, à diverses époques, dans le musée du Louvre, où ils forment une collection dont la richesse est enviée de tous les autres musées de l'Europe. Ces documents authentiques, originaux, relatifs à un même pays et à une même période, après avoir été restitués à l'aide d'une critique prudente, et commentés principalement sous le point de vue historique, ne pourront que jeter un grand jour sur une histoire presque entièrement détruite, dont ils sont comme autant de feuillets, échappés, par un bonheur inattendu, au grand naufrage de l'antiquité.

Vous avez daigné, SIRE, approuver l'idée et le plan de ce double recueil, qui fera suite et servira de supplément à tous les travaux sur l'Égypte dont le monde savant est déjà redevable à l'érudition française; et, pour m'encourager à le mettre au jour, vous m'avez permis de le faire paraître sous vos auspices. Cette haute faveur, en m'imposant un grand devoir, me laisse la crainte bien légitime de n'y satisfaire qu'imparfaitement et de rester au-dessous de votre attente. J'ai besoin de compter sur l'indulgence dont Votre Majesté m'a déjà donné tant de marques; et, si l'exécution de l'ouvrage ne répondait pas à l'importance des matériaux qui le composent, j'ose espérer qu'Elle voudra bien pardonner à mon insuffisance, en considération de mes constants efforts pour découvrir la vérité historique, à travers les obstacles qui la dérobent si souvent à nos yeux.

Je suis, avec respect,

SIRE,

De Votre Majesté,

Le très-humble, très-obéissant
et très-fidèle serviteur,

LETRONNE.

INTRODUCTION.

L'histoire de la domination des Grecs et des Romains, en Égypte, est l'une des branches les plus intéressantes, et, malheureusement aussi, l'une des plus obscures de l'histoire ancienne. Les ouvrages qui traitaient de l'ensemble ou des détails de cette époque mémorable ont tous disparu dans les désastres successifs qui ont anéanti la bibliothèque d'Alexandrie et les autres bibliothèques de l'antiquité; ils nous sont connus seulement par leur titre ou par quelques citations isolées, qui nous font d'autant mieux sentir toute l'étendue de la perte que nous avons faite.

Pour reconstruire cette histoire, la critique moderne n'a eu presque aucun autre secours qu'un certain nombre de passages, tirés d'auteurs qui n'en ont parlé qu'incidemment ou par occasion, comme Polybe, Diodore de Sicile, Cicéron, Strabon, Josèphe, Philon, Pline, Tacite, Suétone, Plutarque, Pausanias, Athénée, Dion Cassius, Porphyre, Eusèbe, S. Jérôme. Avec de tels renseignements, presque toujours incomplets et plus ou moins isolés, on a pu former un canevas chronologique assez exact; on a pu obtenir quelques indications sur l'administration des Ptolémées et sur celle des Romains; mais il était impossible d'y trouver soit les matériaux d'une histoire suivie ou d'une narration continue, soit les moyens de répondre à toutes les questions importantes qu'un esprit méditatif ne peut manquer de se faire en étudiant cette période historique.

Ce qu'on en découvre, en effet, ou plutôt ce qu'on en devine, ne sert qu'à éveiller davantage la curiosité : on se demande en vain ce que devinrent, sous la domination étrangère, ces institutions nées du climat et de la disposition physique du pays, cette religion antique, ce polythéisme compliqué, en apparence extravagant ou même absurde, cet art original qui parvint de si bonne heure au degré de perfection qu'il lui était donné d'atteindre. On voudrait savoir quel fut le résultat du combat permanent de la civilisation grecque avec cette autre civilisation si différente, dont l'origine touchait au berceau du monde; par quel système d'administration intérieure, ou par quelles sages et fortes dispositions, les vainqueurs parvinrent à calmer l'irritation habituelle des vaincus, ainsi que leur impatience de tout joug étranger, et à préparer cette fusion des intérêts divers qui maintint pendant si longtemps la puissance des Lagides comme celle des empereurs, au milieu de tant de causes de dissolution et de ruine.

La solution de ces problèmes, aussi dignes des recherches de l'érudit que des méditations du philosophe, a échappé, jusqu'à présent, aux investigations les plus opiniâtres; car la sagacité la plus pénétrante ne peut suppléer que bien imparfaitement à l'insuffisance des faits. Or, comme il reste maintenant peu d'espoir de retrouver dans la poussière de nos bibliothèques, si souvent explorées, quelqu'un des ouvrages originaux sur cette période historique, il faudrait se résigner à rester pour toujours dans cette obscurité profonde, si une source inattendue de lumières ne s'était ouverte, dans l'Égypte même, sous les pas des voyageurs modernes.

On comprend, en effet, que, pendant près de neuf siècles qu'a duré leur domination, les Grecs et les Romains n'ont pu manquer de laisser des traces nombreuses d'une possession si prolongée. La langue grecque, qui devint, sous les Ptolémées, et qui resta, sous les premiers empereurs, la langue officielle du pays, a dû être employée pour tous les actes émanés du gouvernement, des autorités locales et des colléges de prêtres, ou même pour les pièces d'intérêt privé qui servaient dans les contestations judiciaires. En conséquence, une foule de documents précieux, décrets, édits, pétitions, contrats relatifs à des transactions particulières, dédicaces religieuses, actes de présence ou hommages d'anciens voyageurs, ont dû, selon l'usage antique, être successivement déposés dans les temples et les tombeaux. Il était donc naturel d'espérer qu'en explorant les édifices antiques qui subsistent encore sur les bords du Nil, en pénétrant dans les tombeaux, en fouillant les couches de limon qui recouvrent tant de ruines, on rendrait à la lumière quelques-uns de ces feuillets épars d'une histoire perdue. Sans nous consoler de la perte des livres qui en contenaient le récit, ni suppléer à leur absence, ils fourniraient du moins des renseignements nombreux et variés, dont une critique habile pourrait se servir utilement pour combler une partie de ces déplorables lacunes.

Mais, pour parvenir à ce résultat si désirable, il fallait que l'Égypte fût visitée par des explorateurs versés dans la comnaissance de l'antiquité, ou désireux de la connaître, possédant aussi quelque habileté dans l'art du dessin, et qui, favorisés par les circonstances, pussent, sans compromettre leur sûreté personnelle, s'arrêter à loisir dans les lieux où se trouvent encore des restes de monuments, les dessiner correctement, les mesurer avec précision et exactitude.

Avant l'expédition française, très-peu de voyageurs ont réuni ces avantages. Le P. Sicard est peut-être le seul qui aurait pu, dès le commencement du xviiie siècle, faire connaître à l'Europe les antiquités de l'Égypte. Ce savant missionnaire y séjourna pendant dix-huit ans, de 1708 à 1726, parcourant tout le pays plusieurs fois, étudiant les monuments antiques, et les faisant dessiner sous ses yeux. Mais il n'est resté de ce grand travail que des extraits publiés dans les Lettres édifiantes. L'ouvrage même que le P. Sicard projetait n'a jamais été exécuté, et les matériaux considérables qu'il avait rassemblés ont été dispersés et perdus.

Il n'y a rien à tirer de la narration de Paul Lucas, presque toujours exagérée, quand elle n'est pas mensongère, ni des dessins informes qui l'accompagnent, non plus que de celle de Granger, ni des deux inscriptions d'Apollonopolis et d'Antinoé, que cet estimable voyageur a données, mais avec tant d'inexactitude, qu'on a peine à deviner en quelle langue elles sont écrites. Il faut arriver à Norden et à Pococke (1738-1743), pour avoir quelques descriptions exactes des monuments égyptiens : leurs dessins, quoique bien imparfaits encore, ont cependant suffi pour suggérer à M. Quatremère de Quincy les vues ingénieuses et saines qu'il a proposées dans son ouvrage sur l'*Architecture égyptienne*, composé en 1785, mais publié seulement en 1803, six ans avant la première livraison de la grande Description de l'Égypte. De ces deux voyageurs,

INTRODUCTION.

Pococke est le seul qui n'ait pas négligé entièrement les inscriptions antiques; il a eu l'heureuse idée de copier la plupart de celles du colosse de Memnon; mais il n'en a donné que six autres, prises en divers lieux de l'Égypte[1], copiées si précipitamment, qu'il avait été, jusqu'ici, presque impossible de s'en servir[2].

C'est seulement à dater de l'expédition française, que ces matériaux si rares et si imparfaits ont commencé à recevoir de notables accroissements.

On doit à cette expédition la connaissance du plus précieux monument épigraphique qui ait été découvert jusqu'ici, la pierre dite de Rosette, qui porte une inscription en deux langues, grecque et égyptienne, et en trois caractères, hiéroglyphiques, démotiques et grecs.

Sans parler des deux textes égyptiens si importants pour l'étude des anciennes écritures de l'Égypte, on peut dire que le texte grec seul, par son étendue et son importance, suffisait déjà pour exciter aux recherches de ce genre, puisqu'il montrait quelles lumières de semblables documents pouvaient jeter sur l'histoire du pays et de ses institutions. En dessinant les édifices antiques du pays avec le soin qui caractérise tous leurs travaux, les membres de la commission d'Égypte ont trouvé et copié quelques autres inscriptions curieuses, dont le nombre aurait pu être bien plus grand, si ces explorateurs, dont on ne saurait trop louer le zèle et l'activité, avaient attaché à ces fragments, dans le pays même, tout l'intérêt qu'ils ont pu y prendre à leur retour. Ils ont ainsi laissé à leurs successeurs l'avantage et le mérite d'une abondante

---

[1] Il en est trois que personne n'a plus retrouvées depuis, dont l'une est un rescrit de Dioclétien, qui sera expliqué en son lieu.

[2] Celle de l'inscription de Panopolis m'a cependant fourni de bonnes leçons. (Voy. p. 106 de ce volume.)

moisson, qu'il n'aurait tenu qu'à eux de recueillir; car une partie de celles qu'on a copiées après eux ont été retrouvées dans les mêmes lieux dont ils avaient dessiné les ruines, et jusque sur les mêmes parties d'architecture dont leur crayon habile avait reproduit les formes et les ornements. On peut le regretter d'autant plus que plusieurs de celles qui leur ont échappé auraient pu, dès l'origine, prévenir plus d'une erreur grave, ou modifier plusieurs opinions fausses.

Ce fut immédiatement après le départ des Français que M. W. R. Hamilton parcourut l'Égypte, jusqu'à l'entrée de la Nubie, en compagnie de M. le colonel W. M. Leake, si honorablement connu par ses travaux sur Athènes, la Grèce et l'Asie Mineure. Dans la première partie de sa relation, intitulée *Ægyptiaca*, outre des recherches curieuses, des observations neuves et des aperçus ingénieux, on trouve plusieurs inscriptions copiées à Philes, à Ombos, à Thèbes, à Tentyra, et en d'autres endroits, dont quelques-unes avaient été déjà recueillies par les savants français, mais d'une manière, en général, moins complète et moins exacte.

Depuis la publication des *Ægyptiaca* (1809) et des diverses livraisons de la Description de l'Égypte (de 1809 à 1818), beaucoup de voyageurs, stimulés tout à la fois et éclairés par les observations et les découvertes de la commission française, ont parcouru cette contrée fameuse. Ils en ont exploré, à leur tour, les temples, les tombeaux, les grottes, tous les restes d'architecture. Ils ont copié soigneusement toutes les représentations sculptées ou peintes qui en décorent les parois, et qu'on avait négligées, ou qu'on n'avait pas eu le temps de reproduire. Ils ont entrepris, sur plusieurs points, des fouilles qui ont eu souvent de très-heureux résultats. Tous ces travaux ont procuré surtout la connaissance d'un nombre considérable d'inscriptions grecques et de papyrus renfermant une foule de notions précieuses pour l'histoire, l'état politique du pays, les antiquités, les arts, les usages religieux ou civils, les détails de la vie privée. Cependant, depuis 1809, la critique de ces inscriptions n'avait fait aucun pas. En 1821, avant que la plupart de ces heureuses découvertes eussent été faites, ou que le résultat pût en être connu, je publiai le premier examen détaillé et approfondi qu'on eût fait de quelques-unes des inscriptions réunies dans les deux ouvrages que je viens de citer, de celles auxquelles leur situation sur la façade d'édifices égyptiens donnait un intérêt particulier.

Cet essai, par le sens que j'attribuais à ces inscriptions, par les conséquences que j'en déduisais, modifiait, ou plutôt changeait presque entièrement toutes les idées jusqu'alors reçues, relativement à l'état des arts et des institutions de l'ancienne Égypte, pendant la domination des Grecs et des Romains. Comme il est le point de départ de tous les travaux ultérieurs sur ces importantes questions, et, en quelque sorte, l'occasion première du grand recueil que je publie en ce moment, il me paraît nécessaire, avant d'exposer l'objet et le plan de ce Recueil, de rappeler quelles étaient, sur ce sujet, les opinions dominantes à l'époque où parut ce premier travail critique, et d'indiquer les notables changements qu'ont apportés à ces opinions quelques lignes de grec, entendues dans le sens que les anciens avaient réellement voulu leur donner.

A l'époque où la commission française explorait les bords du Nil, c'était une opinion généralement admise, que la conquête des Perses avait porté un coup mortel aux arts et aux institutions de l'Égypte, qui, dès lors, avaient rapidement déchu et s'étaient dénaturées par le contact avec celles des dominateurs du pays; que la religion elle-même avait subi des changements considérables; que le langage hiéroglyphique n'était plus entendu de personne au temps des Grecs; que les temples de l'Égypte, si uniformes dans leur style, si différents de tous les ouvrages grecs par leur architecture et leur décoration, couverts, d'ailleurs, de sculptures et de caractères qui ne pouvaient se rapporter qu'à la religion égyptienne, pure de tout mélange étranger; que ces restes, enfin, d'un art original, intimement lié à toutes les institutions fondamentales du pays, devaient tous appartenir à l'époque où l'Égypte était gouvernée par l'antique race des Pharaons.

Une telle opinion, prise en elle-même, devait paraître conforme à toutes les vraisemblances et appuyée par toutes les analogies historiques; car, s'il est vrai (et qui pourrait le nier?) que les Grecs et les Romains introduisirent leurs arts dans les diverses contrées qu'ils soumirent, ne devait-il pas sembler peu probable que l'Égypte seule eût été exceptée de cet usage général, et que leurs artistes eussent consenti à se plier aux formes étranges, presque barbares à leurs yeux, de l'architecture et de la sculpture égyptiennes?

Une découverte remarquable, faite dans l'Égypte même, vint encore confirmer cette opinion. Dans trois temples égyptiens, les savants français découvrirent des représentations qui contenaient des *zodiaques*, tout à fait semblables, pour le nombre, la succession et l'expression générale des signes, au zodiaque en usage chez les Grecs, dès le temps d'Eudoxe, vers 360 ou 380 avant notre ère. La disposition des signes par rapport à certains points, qu'on crut être ceux des solstices et des équinoxes, parut annoncer l'effet de la précession des équinoxes, et fournir, en conséquence, une date facile à déterminer.

L'époque reculée à laquelle on crut pouvoir reporter l'établissement de ces zodiaques sembla concorder avec celle que des inductions tirées de l'exhaussement progressif du sol de l'Égypte paraissaient donner à la construction de temples égyptiens du même style que ceux où l'on avait trouvé les représentations zodiacales. D'après cette coïncidence, on regarda les édifices comme ayant été construits au temps marqué par l'époque de ces représentations; or, comme elles paraissaient remonter à une antiquité de vingt-cinq à trente siècles avant notre ère, on fut nécessairement porté à reconnaître, d'après l'identité du style qu'on remarquait dans tous ces édifices, que leur construction devait avoir eu lieu bien longtemps avant la conquête des Perses, à l'époque qui paraissait être celle de la splendeur de Thèbes. Cette opinion est le pivot de toutes les recherches d'antiquités contenues dans la grande Description de l'Égypte.

Une théorie fondée sur un tel ensemble de probabilités était propre à faire des partisans, ou, pour mieux dire, semblait ne devoir pas rencontrer de contradicteurs. Cependant Visconti[1] et M. W. R. Hamilton soupçonnèrent que, parmi ces monuments, regardés comme si anciens, il pourrait bien s'en trouver qui fussent du temps des Grecs et des Romains. Mais cette idée, n'ayant point été soumise par eux à un examen approfondi, et étant plutôt un aperçu qu'une opinion fondée sur une série de faits positifs, ne paraissait pas pouvoir se soutenir en présence des arguments contraires.

On contesta également l'antiquité des zodiaques eux-

---

[1] *Notice sommaire des deux zodiaques de Denderah*, dans Larcher, trad. d'Hérodote, t. II, p. 570, 571.

mêmes; on en voulut rapprocher plus ou moins l'époque. Dès 1801, Visconti essaya d'expliquer la place des signes dans le zodiaque de Tentyra par une ingénieuse application de l'année vague égyptienne. Son système ne tarda pas à être combattu, et le fut avec avantage, lorsque les dessins de la commission d'Égypte eurent fourni un nouvel aliment aux recherches de ce genre. Depuis, on a vu paraître une foule d'explications des zodiaques, différentes, contradictoires même, et se détruisant les unes les autres. De toutes ces contradictions, il est resté, du moins, un fait bien positif, c'est que, au lieu des caractères décisifs qu'on s'était flatté d'y découvrir, ces zodiaques ne présentent réellement que des indices très-incertains, que chacun est à peu près le maître d'interpréter comme il veut.

Ainsi, jusque-là, l'opinion dominante sur l'époque pharaonique de tous les temples égyptiens paraissait triompher des objections, et conservait toute son autorité; mais le moment était arrivé où un examen plus attentif et plus complet des inscriptions grecques allait l'ébranler fortement, pour la renverser plus tard de fond en comble.

Déjà Paul Lucas, Granger et Pococke, avaient rapporté quelques fragments d'inscriptions grecques tracées sur la façade de deux temples égyptiens; mais ces fragments étaient si mutilés qu'on ne pouvait se faire une idée du sens qu'il y fallait attacher. Denon recueillit deux inscriptions qu'il avait trouvées, l'une sur la corniche du grand temple de Tentyra, l'autre sur celle d'une porte faisant partie des ruines de la même ville. Visconti eut connaissance de la seconde à l'époque où il écrivit sa notice sommaire des deux zodiaques; mais il ne s'occupa point d'en examiner le texte. Quant à celle du temple, il savait seulement que Denon l'avait vue et n'avait pu la copier. Il ajoutait : « Quand on la connaîtra, on aura « des lumières pour décider la question. » C'est là le point où cet illustre antiquaire s'est arrêté; or la difficulté restait intacte : en effet, l'existence d'une inscription sur un édifice ne suffit pas pour décider l'époque à laquelle il a été bâti; car elle peut se rapporter à toute autre chose qu'à la construction de cet édifice, et y avoir été mise après coup. Il faut examiner le sens de cette inscription, et déterminer, d'une manière précise, dans quel rapport elle se trouve avec le monument sur lequel elle a été placée.

Plusieurs membres de la commission d'Égypte, qui avaient copié les inscriptions gravées sur la façade des temples, pour prévenir l'objection qu'elles pouvaient fournir, tâchèrent de prouver qu'elles *sont sans autorité*, ayant été tracées par les vainqueurs de l'Égypte, qui, à diverses époques, voulurent *prendre possession* de ces monuments superbes [a]. Cette explication fut plusieurs fois reproduite; et, dans un livre recommandable, publié en 1819, on avança, comme un résultat de ces inscriptions, que les Grecs et les Romains consacrèrent les temples égyptiens à des dieux de leur religion, et que le temple de Tentyra fut consacré par eux *au culte des hommes* [b].

Tel est l'état où je trouvai cette question la première fois qu'elle attira sérieusement mon attention (vers 1817). Je ne tardai pas à m'apercevoir qu'aucune de ces curieuses inscriptions n'avait été examinée d'une manière critique, restituée comme elle devait l'être, ni expliquée par les moyens que

---

[a] Jomard, *Mémoire sur les inscriptions anciennes; Antiq. Mém.* t. II, p. 12; Jollois et Devilliers, *Descr. de Denderah, Antiq. Descr.* t. II, p. 61.

[b] Champollion-Figeac, *Annales des Lagides*, t. II, p. 157; cf. p. 119, 159, 161, t. II du même ouvrage.

pouvaient fournir les autres monuments analogues. Il me fut démontré que les restitutions proposées pour quelques passages ne présentaient aucun sens ou dénaturaient la signification du monument qu'on voulait expliquer et de tous ceux du même genre; qu'aucune de ces inscriptions ne contenait le nom d'une divinité grecque ou romaine. Enfin l'analyse rigoureuse de tous leurs détails me parut mettre hors de doute qu'elles ne pouvaient indiquer autre chose que la *construction*, l'*achèvement* ou la *décoration* des édifices sur lesquels on les lisait encore.

Avant de publier mon travail, je voulus en produire d'abord quelques fragments, et donner l'ensemble de mes vues, afin de pressentir l'opinion des personnes instruites. Je publiai, à cet effet, dans le Journal des Savants de mars et mai 1821, l'explication des deux inscriptions de Tentyra, puis, dans le cahier d'août de la même année, un Mémoire où j'établis que, sous les Ptolémées comme sous les Romains, on avait terminé d'anciens temples, et construit même des temples nouveaux décorés d'hiéroglyphes et de sculptures exécutées dans un style semblable à celui dont les Égyptiens se servaient de temps immémorial.

Ces résultats étaient en opposition trop formelle avec les idées dominantes et avec tous les travaux dont elles faisaient la base, pour ne pas exciter de vives contradictions. Ils furent traités de paradoxes et d'abus d'érudition [1]. Champollion lui-même s'éleva contre les conséquences que je tirais des inscriptions grecques; il repoussa l'idée que des édifices d'ar-

[1] Jomard, *Recherches nouvelles sur les monuments anciens de l'art en Égypte*, lues à l'Académie des inscriptions et belles-lettres, le 7 décembre 1821. Premier chapitre d'un *parallèle des monuments égyptiens*, avec des remarques sur le système des représentations appliquées à *l'astronomie*, lu le 1ᵉʳ février 1822. — Reynier, *De l'économie publique et rurale des Égyptiens*, etc. Genève, 1823, p. 52, note.

chitecture égyptienne eussent pu être élevés par des Grecs et des Romains [a].

Pour répondre à ces objections, je repris la question d'une manière plus générale [b], en montrant qu'il s'agissait d'ouvrages exécutés, non par la main des Grecs et des Romains, mais par celle des Égyptiens eux-mêmes, avec l'assentiment des maîtres du pays; que la question se réduisait à savoir si les Égyptiens avaient pu conserver, sous les dominations étrangères, la religion de leurs ancêtres, et conséquemment les arts fondés sur cette même religion; question sur laquelle on n'avait encore que des préjugés. En suivant alors l'histoire des arts en Égypte, depuis l'invasion de Cambyse, je prouvai que jamais les vainqueurs de l'Égypte ne prétendirent lui imposer leurs lois ni leurs usages; que les institutions religieuses de cette contrée conservèrent leur force et leur caractère essentiel jusqu'au siècle des Antonins; je montrai, par une succession de faits incontestables, que les Égyptiens, au moins jusqu'au IIIe siècle de notre ère, avaient terminé et réparé leurs anciens temples, qu'ils en avaient même construit de nouveaux dans le style d'architecture, de sculpture et d'ornement, dont leurs ancêtres s'étaient servis; enfin, qu'il n'y avait nulle raison de douter qu'au nombre de ces derniers édifices ne fussent ceux de Tentyra, d'Apollonopolis, d'Antæopolis, de Philes, dont la façade portait des inscriptions grecques.

[a] *Observations sur l'obélisque égyptien de l'île de Philæ*, dans la Revue encyclopédique de mars 1822. — On voit, par cette pièce, qu'à la date de mars 1822 Champollion ne reconnaissait encore le nom de Ptolémée sur cet obélisque que par la ressemblance de ce nom avec celui qu'on voit dans le texte hiéroglyphique de la pierre de Rosette. C'est donc entre mars et septembre de cette année qu'il a fait la célèbre découverte des éléments phonétiques de ce nom propre et de tant d'autres.

[b] Dans un mémoire lu à l'Académie des inscriptions et belles-lettres, en mars 1822.

INTRODUCTION.

Une partie de ces observations furent reproduites dans l'ouvrage qui parut en 1823, sous le titre de *Recherches pour servir à l'histoire de l'Égypte*, où je fondis mon premier essai [1], en y réunissant toutes les inscriptions alors connues, qui pouvaient se rapporter à mon sujet, tant celles que contenaient l'ouvrage de M. Hamilton et la Description de l'Égypte, que celles qui avaient été découvertes plus récemment.

L'impression de cet ouvrage n'était pas encore achevée, que déjà la théorie qu'il avait pour but de faire prévaloir avait reçu des confirmations de plus d'un genre.

Deux artistes distingués, MM. Huyot et Gau, après avoir étudié, mesuré et dessiné, non-seulement les édifices de l'Égypte, mais encore ceux de la Nubie, revinrent de leurs voyages, apportant des idées semblables à celles que j'avais puisées dans l'analyse des inscriptions grecques. Sans se douter de ce que j'écrivais sur cette question, pendant qu'ils voyageaient en Égypte, ils s'étaient convaincus, à la vue des monuments eux-mêmes, que plusieurs de ces édifices avaient été construits et sculptés au temps des Grecs et des Romains [2]. Ils y avaient discerné trois ou quatre styles différents, quoique se rapportant au même principe d'imitation, et ils étaient

---

[1] On remarquera que cet *Essai*, formé des trois articles du Journal des Savants, contient, en germe, toutes les idées qui ont été présentées plus tard dans les divers ouvrages que j'ai publiés sur ce sujet, jusqu'au présent recueil. Je n'ai eu, depuis, à rétracter aucun des principes que j'y avais mis en avant; car toutes les découvertes successives sont venues les étendre et les confirmer.

[2] Les deux notes rédigées, à la fin de 1822, par ces deux habiles architectes, sont trop remarquables pour que je ne les reproduise pas ici textuellement d'après mon ouvrage de 1823.

1° *Note de M. Huyot*:

« Les différentes périodes que les arts d'imitation parcourent, depuis leur naissance jusqu'à leur décadence, servent souvent à fixer, d'une manière certaine, l'époque des édifices. La sculpture, qui est inséparable de l'architecture, établit presque toujours le degré d'ancienneté d'un édifice, par rapport à un autre. Dans sa jeunesse, elle est vraie et naïve; elle devient ensuite plus correcte et plus recher-

INTRODUCTION.

parvenus à les ranger dans un ordre de succession. Or il est remarquable qu'ils furent conduits à regarder comme étant *du dernier style* les édifices que leur *conservation plus parfaite* ramenait naturellement à une époque plus récente, et que

chée; et, dans sa vieillesse, elle emprunte souvent des secours étrangers. Ces trois époques lui impriment un caractère bien distinct, auquel on ne saurait se méprendre. C'est ainsi qu'en Égypte, on trouve encore des sculptures peintes, dans lesquelles on voit un mouvement juste, des formes simples, une naïveté dans l'expression qui caractérise l'époque qui nous semble être la plus ancienne, si elle n'est point la première. Cette époque se reconnaît dans presque toutes les excavations de la Nubie, comme à *Ipsamboul*, à *Derry*, à *Girsché-Assan*, et très-probablement aussi dans la basilique du temple de Karnak, qui est peut-être de la même époque. Le second âge de la sculpture égyptienne serait celui où elle se voit indiquée avec plus de recherche, où les formes semblent plus étudiées, la manière de rendre l'expression et les mouvements plus affectée et moins vraie, comme dans les sculptures de *Dakkeh*, de *Kalapscheh*, de *Koum-Ombos*, et dans plusieurs édifices de Thèbes.

« Enfin les figures d'un grand relief, où les articulations sont fortement indiquées, le ventre, les pectoraux saillants et d'une forme peu agréable, appartiendraient à la troisième époque de la sculpture égyptienne, qui semble avoir tous les signes de la décadence par le mélange d'un goût étranger à son origine : c'est ce que l'on remarque dans la sculpture des temples de *Denderah*, d'*Esné*, de *Philæ*, d'*Éléphantine*, etc.

« Ces observations sur la sculpture m'avaient fait penser que les édifices sculptés, dans le premier de ces caractères, étaient entièrement égyptiens, que ceux dont la sculpture présentait le second, pouvaient avoir été faits sous la domination des Grecs, et que ceux du troisième caractère auraient été exécutés sous la domination des Romains. Je fus confirmé dans cette idée lorsque j'observai que les édifices, que j'attribuais à la première époque, étaient creusés dans la montagne, ou portaient l'empreinte de cette construction propre aux Égyptiens. Dans ceux que je croyais de la seconde, je reconnus l'influence de l'architecture grecque, non-seulement dans les proportions, mais encore dans la disposition. Les temples, isolés et entourés de portiques ouverts, à l'usage grec, étaient si peu dans la disposition de l'architecture égyptienne, qu'on était obligé de les fermer jusqu'à une certaine hauteur. Je reconnus enfin des soubassements de murs construits à la manière des Grecs.

« Mes conjectures se réalisèrent bientôt, lorsqu'à mon retour je connus l'opinion que M. Letronne avait avancée sur le sens des inscriptions grecques qui occupent la façade d'édifices appartenant, selon moi, en tout ou en partie, à la période grecque ou romaine, et les recherches du même savant pour prouver, d'après l'histoire, que l'art chez les Égyptiens n'a pu subir de modifications essentielles, tant que la religion égyptienne a conservé son caractère et son énergie, c'est-à-dire, au moins

des inscriptions grecques attestaient avoir été construits, décorés ou terminés, sous la domination grecque ou romaine.

Quelque frappant que dût paraître cet accord fortuit entre des résultats fondés sur des considérations d'un ordre si différent, il était possible d'hésiter encore; car l'opinion de ces habiles artistes pouvait encore paraître tenir à des vues purement hypothétiques, à un sentiment, à un goût individuel. Mais la

jusqu'au siècle des Antonins; et, tout récemment encore, mes idées ont reçu une nouvelle confirmation par la découverte de M. Champollion le jeune, qui est parvenu à lire, sur les édifices que j'avais d'abord attribués aux Grecs et aux Romains, les noms de Ptolémée, d'Alexandre, de Tibère, de Nerva, etc.

« Ainsi les observations tirées de l'histoire, des inscriptions grecques et égyptiennes, et du caractère du style, se réunissent vers un même point, et nous pouvons espérer maintenant de parvenir à fixer, d'une manière certaine, l'époque de la construction d'une grande partie des édifices de l'Égypte, et reconnaître les changements et les additions que les Grecs et les Romains y ont faits successivement.

« Il est, sans doute, plus difficile de saisir les différents caractères de la sculpture égyptienne que ceux de la sculpture des Grecs. Indépendamment de la forme, les attributs, la variété des sujets, les costumes indiquent, dans celle-ci, les différentes époques d'une manière positive; dans l'autre, au contraire, les sujets, les attributs, les costumes sont toujours les mêmes; les attitudes ne changent jamais : ces circonstances, ainsi que la faible saillie de ces bas-reliefs, peuvent faire croire, au premier aspect, que les sculptures égyp-

tiennes sont toutes du même âge, et ont été exécutées à peu près à la même époque. » (HUYOT, *membre de l'Académie royale des beaux-arts.*)

2° *Note de M. Gau.* (Je me contenterai de faire observer que, sur tous les points principaux, cette note s'accorde avec la précédente, quoique chacun des deux auteurs ait écrit la sienne, sans connaître celle de l'autre. On ne peut qu'être étonné de voir deux personnes, n'ayant pour base de leur jugement que la considération du style de l'architecture et de la sculpture des édifices égyptiens, se rencontrer à ce point dans leurs appréciations.)

« Quoique les monuments de l'Égypte, et principalement ceux de la Nubie, ne nous présentent pas encore, à bien les examiner, l'origine ou *les premières ébauches* de l'art, et qu'il nous reste encore à trouver ce qui a pu fournir, par exemple, le *modèle des colonnes* que nous voyons dans un des plus anciens monuments, celui de Girsché, il est, néanmoins, très-visible que l'art, dans ce pays, et principalement l'architecture et la sculpture, présente trois époques très-distinctes, c'est-à-dire, un commencement, une perfection et une décadence.

« A la première, quant à l'architecture, se rapportent les temples d'Ipsamboul, de

INTRODUCTION.   XVII

découverte de l'alphabet phonétique par Champollion[a] vint bientôt apporter des preuves positives et irréfragables. Elle fournit, en effet, le moyen de lire, sur les monuments égyptiens, les noms des souverains de toutes les époques sous le règne desquels ils furent élevés ou décorés, et, par conséquent, de les ranger dans un ordre chronologique qui ne présentait plus rien d'incertain. La lecture de ces noms confirma, d'une part, la théorie de MM. Huyot et Gau sur les différents styles égyptiens, en montrant que les noms pharaoniques se trouvaient constamment sur les édifices qu'ils avaient crus être de premier style, et les noms ptolémaïques ou romains sur ceux qui portaient l'empreinte du style le plus récent. Elle confirma, d'un autre côté, le sens que j'avais donné aux inscriptions grecques, ainsi que toutes les conséquences que j'en avais tirées, puisque les noms, soit des Lagides, soit des empereurs,

---

Derry, de Girsché etc. creusés dans le roc.

« Dans la deuxième époque se classent les monuments de Kalapsché, de Dakkeh, d'Amadon, etc. en Nubie; ceux d'Edfou, le vieux temple de Thèbes (le grand temple du sud, à Karnak), et peut-être le commencement de celui de Tentyra, etc.

« A la troisième époque, celle de la décadence, appartiennent les monuments de Méharrakah, de Gartasse, etc. en Nubie, et une *infinité* d'autres en Égypte; par exemple, la plupart de ceux de Philæ et d'Éléphantine; le Typhonium de Karnak, quelques parties des édifices de Medynet-Abou, et ceux de Qournah.

« Quant à la sculpture, qui n'est pas toujours contemporaine de l'architecture, surtout dans les grands édifices de l'Égypte, il ne nous reste, de la première époque, que quelques grandes statues qui firent partie de l'ensemble du monument, et exécutées dès le commencement de la construction, sans en être seulement un objet de décoration, comme les statues de l'intérieur du temple d'Ipsamboul et de Girsché. Ces mêmes monuments nous conservent des bas-reliefs de la même époque, temps de la perfection; nous en voyons des exemples sur les grands temples de Karnak et d'autres à Thèbes.

« Parmi le grand nombre d'exemples de la dernière époque ou de la décadence, je citerai seulement les sculptures extérieures du temple d'Edfou, du Typhonium de Karnak, et toutes celles qui décorent les temples d'Esné et de Tentyra. »

[a] *Lettre à M. Dacier, etc.* lue à l'Académie des inscriptions et belles-lettres le 27 septembre 1822. Voy. *Journal des Savants*, cahier d'octobre de cette année. Le *Précis du syst. hiérogl.* (1824) est le premier développement de ce remarquable opuscule.

que renfermaient les inscriptions grecques, se retrouvaient aussi dans les cartels hiéroglyphiques gravés sur les parois des mêmes monuments.

Fort de tant de preuves, qu'il avait rassemblées, Champollion lui-même n'hésita plus à prendre pour un fait la construction ou la décoration d'édifices d'architecture égyptienne sous la domination des Lagides et des empereurs. Ainsi, peu de temps après avoir repoussé les inductions que j'avais tirées des inscriptions grecques, il y était invinciblement ramené par des considérations tout à fait indépendantes de celles qui m'y avaient conduit [a].

Il restait encore une objection, celle de l'antiquité des zodiaques sculptés dans les temples de Latopolis et de Tentyra, et dont l'époque présumée semblait se lier si naturellement avec celle des temples eux-mêmes.

Déjà, dans mon essai de 1821, je n'avais pas reculé devant les conséquences inévitables de mes recherches sur la dédicace du temple de Tentyra. Si l'on devait admettre, en effet, d'après cette dédicace, que le *pronaos* de cet édifice eût été décoré sous les Romains, il s'ensuivait nécessairement que le zodiaque qui en ornait le plafond devait être du temps de Tibère, et, comme le planisphère qui existe au plafond du *naos* est exactement de même style, on était obligé d'en faire aussi descendre la sculpture jusqu'aux premiers temps de la

---

[a] Voyez Champollion, *Aperçu des résultats historiques de l'application de l'alphabet phonétique*, dans le Bulletin de Férussac, VII⁰ section, mai et juin 1827, et ses *Lettres écrites d'Égypte* en 1828-1829.—A la suite des *inscriptions religieuses*, je réunirai tout ce qui touche à cette question, en répondant aux seules objections qui puissent subsister encore.

domination romaine[a]. Cette conséquence rigoureuse, en amenant sur le terrain de l'histoire et de l'archéologie la discussion de ces fameuses représentations zodiacales si diversement expliquées, y introduisait un élément de la plus haute importance.

On pense bien que ces vues nouvelles durent être vivement combattues comme le reste; mais tout s'est, depuis, réuni successivement pour les confirmer d'une manière irréfragable.

D'abord, une inscription grecque, copiée par M. Gau dans le petit temple d'Esné (*Latopolis*), où se trouvait l'un des deux zodiaques regardés comme les plus anciens, vint bientôt nous apprendre que la décoration intérieure du pronaos de ce temple, et, par conséquent, la sculpture du plafond dont le zodiaque fait partie, ne pouvait être antérieure à l'époque des premiers empereurs; ce qui abaissait, d'environ *trois mille ans*, l'époque qu'on attribuait à cet édifice, ainsi qu'aux sculptures dont il était orné [b].

A peine ce fait eut-il été signalé et démontré, que Champollion lut le titre *Autocrator* et la légende hiéroglyphique de Néron sur les bas-reliefs qui accompagnent le planisphère de Tentyra; il lut aussi la légende de Commode dans ceux du grand temple d'Esné, où se trouve un autre zodiaque semblable à celui du petit temple, par le style et le caractère des représentations.

Vers le même temps, M. Cailliaud rapporta de ses voyages une momie trouvée à Thèbes [c]. Au fond du couvercle de la caisse se trouve représenté un zodiaque entièrement identique avec ceux de Tentyra. Or une inscription grecque tracée

[a] *Journal des Savants*, août 1821, p. 465.
[b] Voyez plus bas, p. 204 et 477.
[c] Déposée au cabinet des antiques de la Bibliothèque royale. Voyez mes *Observations sur les représentations zodiacales*. Paris, 1824.

sur une moulure de cette caisse m'apprit que *Pétéménophis*, dont le corps y était renfermé, mourut la dix-neuvième année de Trajan. C'est à peu près l'époque de la construction du propylon de Panopolis [a], sur lequel un zodiaque était sculpté. Enfin, on connaît encore d'autres caisses de momies où se voient aussi des représentations zodiacales, déposées à Leyde [b] et à Londres [c]; elles appartiennent à la famille du même Pétéménophis, et sont du même temps que la caisse apportée par M. Cailliaud.

Ainsi il fut démontré que toutes les *représentations zodiacales* qui existaient en Égypte ne se trouvaient que sur des monuments de l'époque grecque et romaine, et qu'aucun de ceux de l'époque pharaonique, temples, tombeaux, momies, n'en offrait la moindre trace [d]; d'où résultait la preuve évidente que le zodiaque, bien loin d'avoir l'Égypte pour berceau, comme on le croyait, d'après l'opinion de Dupuis, était resté étranger à cette contrée, tant qu'elle ne fut point soumise à l'influence grecque. Ce point de vue, développé dans mes Observations sur les représentations zodiacales, l'a été d'une manière plus complète dans une suite de Mémoires encore inédits, dont mon discours sur l'Origine grecque des zodiaques égyptiens contient le résumé. Ce discours, lu à la séance publique de l'Académie, le 30 juillet 1824, a été imprimé textuellement dans la Revue des Deux-Mondes du 15 août 1837. J'y avançais, dès lors, que le zodiaque n'a été

---

[a] Voy. le n° XIII de ce recueil.

[b] Reuvens, *Lettres à M. Letronne*; 2° lettre, article II.

[c] *Transactions of the royal Society of litterature*, vol. III. part. II.

[d] Cette démonstration se trouve confirmée par un fait tout récent, par l'existence de plusieurs représentations zodiacales trouvées par Nestor L'Hôte dans les grottes de Panopolis. On voit, par ses dessins, que les signes sont semblables à ceux des zodiaques de Tentyra et de la momie de Pétéménophis, mais que le style annonce une époque encore plus basse.

INTRODUCTION.

introduit en Égypte qu'au commencement de la domination romaine, à la suite de l'astrologie généthliaque, et qu'il s'est, plus tard, répandu de là, par l'influence de l'école d'Alexandrie, jusqu'à l'extrémité de l'Orient, dans l'Inde, où l'on trouve encore quelques représentations du zodiaque solaire grec. Ces vues, qui ont placé la question des zodiaques égyptiens sur des bases nouvelles, ont reçu l'approbation des juges compétents, entre autres de M. Ludwig Ideler [a]. En ce qui concerne l'Inde, elles ont été combattues par un des hommes les plus éminents de notre époque, M. A. W. de Schlegel [b], qui a revendiqué pour les Indiens l'invention du zodiaque en douze signes; mais les indianistes ont fini par se ranger à mon opinion, et dernièrement M. Adolf Holtzmann, dans un mémoire spécial, où il explique les textes qu'on m'opposait, l'a déclarée inattaquable [c]. Depuis, j'ai donné de nouveaux éclaircissements sur plusieurs points d'astronomie ancienne, relatifs à ces questions, dans mes observations sur le *zodiaque grec* [d] et sur les *travaux d'Eudoxe* [e], à propos du mémoire cité de M. Ideler, et de son excellent travail sur cet astronome [f]. L'ensemble de toutes ces recherches a été présenté en détail dans le cours que j'ai fait au Collége de France, en 1840-1841, sur les *monuments astronomiques des anciens* [g].

---

[a] Dans son Mémoire *Ueber den Ursprung des Thierkreises.* Berlin, 1838.

[b] *Ueber die Sternbilder des Thierkreises,* dans le *Zeitschrift für die Kunde des Morgenlandes von Ewald,* Th. 1, St. 3.

[c] *Ueber den Griechischen Ursprung des Indischen Thierkreises;* Karlsruhe, 1840.

[d] Dans le *Journal des Savants*, cahiers des mois d'août, septembre, octobre et novembre 1839.

[e] Le même, cahiers des mois de décembre 1840 et février 1842.

[f] *Ueber Eudoxus;* Berlin, 1831.

[g] En attendant que je le publie, on trouvera, dans plusieurs numéros des Annales de philosophie chrétienne (en 1841-1842), un excellent résumé de ce cours, rédigé par M. E. Carteron, avec une parfaite exactitude et toute la lucidité dont l'extrait d'un tel cours peut être susceptible.

Telle est l'extension successive qu'ont reçue les applications d'un fait unique, à savoir l'existence d'inscriptions grecques sur la façade de plusieurs édifices du style égyptien. La théorie, fondée uniquement, en 1821, sur le sens de ces inscriptions, qualifiée d'abord de téméraire et de paradoxale, s'est enrichie, agrandie, complétée de proche en proche, par l'accession de tous les renseignements nouveaux, ainsi que par toutes les recherches et toutes les découvertes qui ont été faites depuis en histoire, en archéologie ou en philologie. Il y a, je crois, peu d'exemples d'une théorie historique qui, n'ayant pour base première que quelques lignes de grec, ait fini par embrasser et résoudre tant de questions ardues et délicates.

On peut dire, en effet, que ces résultats découlent du premier examen de quelques-unes des inscriptions que contenaient la Description de l'Égypte et les *Ægyptiaca* de M. W. R. Hamilton; car celles que je pus y joindre, deux ans après, dans le volume des Recherches, ne vinrent qu'en confirmation d'un principe déjà établi. L'essai de 1821 et les discussions qu'il occasionna firent sentir toute l'importance de ces courts fragments, dont on tirait de si graves conséquences; ils stimulèrent le zèle des voyageurs, déjà excité par la découverte de la pierre de Rosette et par toutes les recherches dont elle avait été l'objet. La plupart d'entre eux se signalèrent, chacun à son tour, par de nouvelles découvertes, quelques-unes d'une grande importance, toutes plus ou moins dignes d'intérêt. Plusieurs lieux antiques fournirent une ample moisson de documents grecs de divers genres, lesquels n'attendaient que la main de la critique pour prendre le rang qui leur appartient, et que je vais tâcher de leur assigner dans cet ouvrage.

INTRODUCTION.

Il est juste que les noms de ces explorateurs attentifs et courageux viennent se placer à côté des noms des localités qui ont fourni leur contingent dans cette récolte scientifique, d'une richesse inespérée, ainsi qu'on en pourra juger par l'indication de tout ce qu'ils ont acquis depuis la publication de la grande Description de l'Égypte.

Je rangerai les localités dans l'ordre géographique, à commencer par le midi.

Nubie. La relation des voyages de Light, de Legh, de Fitz Clarence, de Burkhardt, avait déjà fourni quelques inscriptions recueillies entre la seconde cataracte et Philes, premier lieu de l'Égypte dans l'antiquité. M. Gau, auquel on doit le bel ouvrage sur les Antiquités de la Nubie, a le premier recueilli, d'après les conseils de l'illustre Niébuhr, toutes celles qu'il a pu lire sur les temples qui existent entre la première et la deuxième cataracte; il en a trouvé cinquante-sept à Khardassy; trente-trois à Khalapsché (*Talmis*); six à Tefah (*Taphis*); dix-sept à Meharrakah (*Hiera-Sycaminos*); quarante à Dekkeh (*Pselcis*); c'est-à-dire près de cent cinquante en tout. C'est la plus nombreuse collection qu'aucun voyageur, en Égypte, eût encore rapportée. Il en est beaucoup, sans doute, qui sont d'un faible intérêt, n'étant que des *ex voto*, des *proscynemata* ou actes d'adoration; mais parmi celles-là même il s'en trouve bon nombre qui offrent de précieux renseignements, et quelques autres, comme l'inscription du roi chrétien Silco, qui sont d'une importance réelle pour l'histoire. Celles du temple de Pselcis peuvent être regardées comme les plus intéressantes; l'une d'elles, gravée sur la façade du temple, a été restituée dans ce volume[a]. Pour toutes les autres du

[a] Voyez le n° V.

même lieu, j'ai eu le secours de copies très-soigneusement prises par M. Charles Lenormant, qui a bien voulu les mettre à ma disposition; elles m'ont fourni des leçons excellentes.

Philes. Cette île, qui paraît avoir été le lieu d'un pèlerinage très-fréquenté, n'avait fourni que neuf ou dix inscriptions d'un assez faible intérêt. Les fouilles de M. Bankes, en 1816, ont mis à découvert l'obélisque, dont le piédestal porte trois inscriptions, deux desquelles étaient restées jusqu'à présent inédites [a]. Le même voyageur en a découvert deux autres, gravées sur la façade de deux petits temples [b]. Il en avait, à ce qu'on dit, copié un grand nombre, qui restent, depuis ce temps, enfouies dans son portefeuille. Mais, heureusement, d'autres voyageurs les ont copiées plus tard. M. Gau, qui en a publié près de soixante, paraissait n'avoir rien laissé à faire après lui. Cependant M. Charles Lenormant, qui a visité Philes en 1828, en a retrouvé une vingtaine de plus; et ses copies sont beaucoup plus exactes, comme on pouvait l'attendre d'une main aussi exercée : d'ailleurs, il a eu le soin d'indiquer sur quelles parties d'architecture elles ont été gravées, ce qui avait été négligé par M. Gau; et cette circonstance, comme on le verra, n'est pas indifférente. Je dois encore à M. Lenormant cinq inscriptions, tant païennes que chrétiennes, qui jettent un grand jour sur l'histoire du christianisme en Égypte : cette communication m'a été d'autant plus précieuse, qu'elles ont échappé à tous les autres voyageurs.

J'ai reçu tout récemment de sir Gardner Wilkinson la copie de presque toutes ces inscriptions et de quelques-

---

[a] Voy. les n°ˢ XXVI et XXVII. — [b] Voy. les n°ˢ II et VII.

INTRODUCTION.

autres que lui seul a recueillies; ses copies m'ont donné de très-bonnes variantes; d'ailleurs, le soin qu'il a pris de dessiner les figures du propylon du grand temple, en indiquant la place de chaque inscription, m'a fourni des indications fort utiles. Toutes les inscriptions de Philes s'élèvent donc maintenant au nombre de plus d'une *centaine*. Cette collection de documents tirés d'un même lieu n'est pas la moins importante de mon Recueil : elle fait connaître une foule de particularités neuves; et les lumières qu'on en tire éclairent vivement plusieurs points obscurs de l'histoire de la domination grecque et romaine, ainsi que les premiers siècles du christianisme, en Égypte et en Nubie.

L'*Ile des Cataractes*. L'inscription trouvée en ce lieu par M. Rüppell est une des plus intéressantes qu'on ait découvertes [a].

Syène. Belzoni et M. Cailliaud nous ont fait connaître la stèle en granit, avec inscription latine, déposée maintenant au musée du Louvre [b].

Éléphantine. Tous les édifices antiques que la Commission d'Égypte avait encore trouvés dans cette île ont été détruits pour faire de la chaux [c]; ils n'existent plus que sur les dessins de MM. Jollois et Devilliers [d]. Dans l'escalier dit du *Nilomètre*, qui descend au fleuve, les savants français avaient copié deux inscriptions grecques relatives à la hauteur du Nil [e]; mais sir Gardner Wilkinson en a distingué, sur la même paroi, douze ou quatorze autres, qu'il a publiées dans le recueil intitulé *Hieroglyphics* [f]. Leur examen attentif donne

---

[a] Voy. le n° XXXII.
[b] Voy. le n° XLVIII.
[c] Champollion, *Lettres écrites d'Égypte*, pag. 111.
[d] *Antiq.* planches, t. I, pl. XXXIII.
[e] *Description de l'Égypte antique*, t. V, pl. LV, n°ˢ 14, 15.
[f] London, 1823-1828, pl. 58.

lieu à quelques inductions nouvelles sur la quantité séculaire de l'exhaussement du sol de l'Égypte.

Silsilis. Une inscription très-mutilée a été trouvée par M. Gau sur la paroi du fond de la grotte [a]. Il est, jusqu'ici, le seul voyageur qui l'ait aperçue, ou, du moins, copiée.

La route transversale qui, du Nil, près d'Edfou (*Apollonopolis magna*), conduit à la montagne des Émeraudes et à Bérénice, a fourni plusieurs inscriptions. Les premiers qui l'ont parcourue, MM. Cailliaud [b] et Belzoni [c], ont copié les quatre inscriptions (qui se réduisent à deux), gravées sur la façade du spéos de Sekket (*Senkis*). Depuis, elles ont été plus exactement copiées par sir Gardner Wilkinson; et, tout récemment, par Nestor L'Hôte [d], dont le dessin était nécessaire pour se former une idée juste du sens de ces inscriptions difficiles.

A la deuxième station sur cette route, en venant du Nil, se trouve un petit temple pharaonique, vu pour la première fois par M. Cailliaud, qui a relevé, sur les parois, cinq inscriptions fort altérées. Depuis, sir Gardner Wilkinson en a copié jusqu'à vingt-quatre, parmi lesquelles se trouvent celles qu'a publiées M. Cailliaud, moins une en vers, dont Nestor L'Hôte m'a donné une seconde copie. Elles appartiennent toutes au temps des Ptolémées; quatre sont en vers, les autres en prose, quelques-unes fort curieuses.

Je dois encore à sir Gardner Wilkinson plusieurs fragments trouvés à Bérénice [e].

Latopolis (Esné). Outre l'inscription dont j'ai parlé plus haut [f], et qui est tracée sur une colonne du petit temple, M. Gau en

---

[a] Voy. le n° XLIII.

[b] Dans le *Voyage à l'Oasis*, pl. XXIII et p. 108.

[c] *Voyage en Égypte*, t. II, p. 87, tr. fr.

[d] Voy. les n°˙ LI et LII.

[e] Voy. les n°˙ XXX, LIII, LIV, LV et LVI.

[f] Pag. xix.

INTRODUCTION.

a fait connaître quatre autres, malheureusement très-mutilées[a].

Ombos. Le voyageur Richter a rapporté les fragments d'un autel trouvé à Ombos, et contenant un reste d'inscription de l'époque ptolémaïque[b].

Thèbes. J'ai dit qu'on doit à Pococke le premier essai d'un recueil des inscriptions gravées sur le colosse de Memnon[c]; mais que ces copies étaient trop inexactes pour qu'on pût espérer d'en tirer des résultats positifs et certains. Le savant consul anglais Salt, peu de temps avant sa mort, a fait prendre de nouvelles copies infiniment meilleures, que m'avait communiquées la Société royale de littérature de Londres, et qui m'ont servi pour la restitution presque complète de ces précieux fragments[d]. Nestor L'Hôte, à ma prière, a pris des empreintes en papier de tout ce qui a été gravé sur les jambes et le piédestal du colosse, opération délicate, qui n'était pas sans péril, et dont il s'est acquitté avec son zèle ordinaire. Grâce à son courage et à sa persévérance, j'ai donc maintenant sous les yeux, pour ainsi dire, les originaux eux-mêmes, qui m'ont permis de perfectionner mon travail sur cette collection de près de quatre-vingts pièces.

Les *Tombeaux des Rois*, explorés par Salt, lui ont fourni cinquante-trois *actes de présence* de voyageurs grecs ou romains. La grande Description de l'Égypte n'a fait connaître qu'une dixaine de ces pièces, et M. Hamilton que neuf, parmi lesquelles il y en a cinq qui n'ont point été copiées depuis. Champollion, qui avait étudié avec tant de soin l'intérieur des syringes, en a rapporté une quarantaine de plus. Ainsi ces espèces de *cartes de visite* montent à plus d'une centaine.

---

[a] *Antiq. de la Nubie*, pl. X, n°ˢ 22-26.
[b] Voy. le n° XXXV.
[c] Plus haut, p. IV.
[d] Voy. la 2ᵉ partie de mon ouvrage sur la Statue vocale de Memnon.

Carrières de Breccia verde, sur la route de Cosseir. Sir Gardner Wilkinson m'a communiqué cinquante et une inscriptions, jusque-là inconnues, qu'il a prises dans ces lieux écartés. Nestor L'Hôte, qui les a visitées après lui, m'en a fait connaître une dizaine d'autres. Le nombre total surpasse donc à présent soixante.

Tentyra. Un cippe trouvé à Tentyra, déposé maintenant au musée du Louvre, porte deux inscriptions qui ont été expliquées dans le premier volume de cet ouvrage[a]. M. Cailliaud avait copié, sur la corniche du grand temple de cette ville, un fragment qu'on n'a plus retrouvé[b].

Abydos. Nestor L'Hôte m'a communiqué deux pièces qui proviennent de ce lieu célèbre: l'une est dédicatoire[c], l'autre funéraire[d].

Athribis, près de *Panopolis*. Sir Gardner Wilkinson m'a également fait connaître une des plus curieuses dédicaces entre celles qui se rapportent à la construction des temples[e]. Je ne dois pas omettre non plus vingt-six inscriptions recueillies par le même voyageur dans les grottes de Tell-Amarna; plus une pièce qui serait du plus haut intérêt, si elle était moins mutilée, car c'est une lettre de S. Athanase aux moines orthodoxes d'Égypte. J'en ai cependant pu déchiffrer quelques lignes. Le même voyageur m'a transmis plusieurs autres inscriptions chrétiennes, prises en divers lieux.

Acoris (Tehneh). On doit à Nestor L'Hôte une belle dédicace trouvée en ce lieu[f]. Sir Gardner Wilkinson m'en a envoyé plus tard une autre copie, avec plusieurs inscrip-

---

[a] N° XII.
[b] N° XI.
[c] N° XLIX.
[d] Il a été question de cette inscription funéraire p. 112 de ce volume. Elle sera publiée en son lieu.
[e] N° XXIV.
[f] N° XXVIII.

tions funéraires tirées de plusieurs grottes des environs[a].

Carrières de porphyre. Dans cette localité, visitée pour la première fois par M. Burton et sir Gardner Wilkinson, ces voyageurs ont recueilli une dizaine d'inscriptions, tant païennes que chrétiennes. Les premières jettent un jour inattendu sur l'histoire de l'exploitation du porphyre[b] et sur plusieurs questions jusqu'à présent fort obscures.

Oasis. C'est à M. Cailliaud qu'appartient l'honneur d'avoir le premier découvert et copié les deux édits préfectoriaux, gravés sur un pylône du grand temple d'El-Khargeh, dont l'un est la plus longue inscription qui ait été encore découverte en Égypte, sans excepter celle de Rosette. Ces édits, que j'ai restitués dans le Journal des Savants[c], méritent une attention toute spéciale, à cause de la grande quantité de notions historiques qu'ils renferment. C'est encore le même voyageur qui nous a fait connaître les deux inscriptions de Cysis et de Tchonémyris[d], ainsi que plusieurs autres fragments. Ces diverses pièces ont depuis été copiées par sir Archibald Edmonstone, Pacho et M. Hoskins.

Hermopolis Magna (Aschmouneïn). Une dédicace, dont M. Jomard n'avait pu copier que trois lignes, a été presque entièrement retrouvée par Nestor L'Hôte, qui en avait fait la recherche à ma prière[e].

Labyrinthe. Je lui dois aussi le seul fragment qui ait été découvert en ce lieu; il appartient au règne de Cléopâtre Philométor[f].

---

[a] N° XXIX.

[b] N°ˢ XVI, XVII, XXXIX, XL, XLI, XLII.

[c] Cahier de novembre 1822; et dans le t. III du Voyage à Méroé, de Cailliaud. Ils ont été, depuis, l'objet d'un travail très-estimable de M. Rudorff, dans le *Rheinisches Museum*, t. II.

[d] N°ˢ XIV et XV.

[e] N° XLVI.

[f] N° XXIX.

Grand Sphinx. Les fouilles entreprises par le capitaine Caviglia, au pied du grand Sphinx, ont mis à découvert trois belles inscriptions, à savoir : un décret des Busiritains en faveur de Néron; une mention de travaux[a], et un hommage métrique en l'honneur du colosse, gravé sur un de ses doigts.

M. le vicomte Léon de Laborde a rapporté de Sakkarah une jolie inscription funéraire en vers, publiée par MM. Raoul Rochette[b] et Welcker[c].

Abusis, près de Memphis. M. le général Von Minutoli a trouvé, en ce lieu, une dédicace qui paraît être du temps de Chabrias[d].

Les environs de Canope et d'Alexandrie, qui sembleraient devoir fournir le plus d'inscriptions grecques, n'en ont guère donné qu'une dizaine qui n'étaient pas connues. Plusieurs se trouvent déjà dans ce premier volume[e].

Ainsi, en ajoutant à la totalité des inscriptions grecques ou latines, découvertes en Égypte, celles que portent quelques stèles qui ornent nos musées, on obtient un total de près de *sept cents* pièces.

L'ouvrage de la Commission d'Égypte n'en contient que cinquante-huit; celui de M. Hamilton qu'environ quarante-trois, dont une partie existe déjà dans l'autre; en retranchant les doubles, on n'a qu'un total d'environ quatre-vingts pièces. Ainsi, depuis la publication de ces deux ouvrages, entre 1818 et 1841, il en a été découvert au moins six cents, ou six fois plus qu'on n'en connaissait auparavant.

Une partie des pièces que je viens d'indiquer ont été déjà publiées dans divers ouvrages; mais un très-petit nombre ont

---

[a] N° XXIII.
[b] *Monum. inéd. d'antiquités figur.* p. 113.
[c] Zu der *Syllog. epigr. græcor.* s. 68.
[d] N° XXXIV.
[e] N°˙ XXXV, XXXVI, XXXVII, XLV, XLVII, L.

INTRODUCTION.

été accompagnées d'explications. Celles de Nubie et de Philes ont été expliquées par Niebuhr[a], à l'exception de celles de Pselcis et de Taphis; mais ce travail incomplet, fait à la hâte et sans prétention, avait besoin d'être repris et perfectionné; il ne pouvait l'être sans le secours de copies différentes et des variantes qu'elles m'ont offertes.

J'ai déjà parlé du secours que m'a prêté M. Ch. Lenormant par son amicale communication des copies qu'il a prises à Pselcis et à Philes, pendant son voyage en Égypte.

Je dois à l'excellent et malheureux Nestor L'Hôte quelques inscriptions inédites et bon nombre d'indications et d'observations que son esprit judicieux lui avait suggérées.

M. W. R. Hamilton et M. le colonel W. M. Leake, qui ont toujours pris tous deux un vif intérêt à mes travaux, m'ont obtenu, de M. Bankes, la copie, que j'attendais depuis vingt-cinq ans, des deux inscriptions écrites en lettres d'or sur le piédestal de l'obélisque de Philes. Le docteur Richard Lepsius, l'espoir des études égyptiennes depuis la mort à jamais regrettable de Champollion, m'a transmis une copie plus complète de ces inscriptions, prise par lui-même sur le monument.

Mon illustre ami, M. Böckh, m'a communiqué le *fac-simile* de l'inscription d'Abusis, et M. le professeur Vömel, de Francfort-sur-le-Mein, a bien voulu faire prendre une empreinte en papier de la dédicace gravée sur la stèle déposée à la bibliothèque de cette ville par le célèbre voyageur M. Rüppell.

Mais nul n'aura plus contribué à enrichir mon Recueil que sir Gardner Wilkinson, l'un des hommes de notre temps qui connaissent le mieux l'Égypte. A peine eut-il appris que je désirais d'avoir les inscriptions trouvées par M. Burton et par

[a] Dans les *Antiquités de la Nubie* de M. Gau.

lui-même aux carrières de porphyre, que, non-seulement il m'en a fait parvenir des copies, mais il a sur-le-champ, de son propre mouvement, mis à ma disposition tout ce que contiennent ses riches portefeuilles, avec une grâce et une libéralité sans limites. Je lui dois près d'une centaine d'inscriptions, non-seulement inédites, mais, à ce qu'il semble, inconnues de tout autre voyageur; et, dans ce nombre, on en trouvera des plus importantes. Il m'a permis, en outre, de compter sur tout ce qu'il pourra découvrir durant la nouvelle excursion qu'il fait, en ce moment, dans le pays. Je suis habitué, depuis longtemps, aux excellents procédés des savants anglais à mon égard, et je n'ai pas négligé de leur payer le tribut de reconnaissance que je leur dois[a]; mais ceux de sir Gardner Wilkinson dépassent même ce qu'on pouvait attendre de la générosité de son caractère. Ils achèvent de montrer avec quel empressement les esprits élevés de tous les pays, se mettant au-dessus de tout préjugé d'orgueil national, se prêtent à ces franches communications, si utiles au progrès des connaissances, si propres à resserrer les liens de la grande famille européenne.

J'ai dit aussi que notre illustre Champollion, à son retour, m'avait remis une quarantaine d'inscriptions recueillies dans ces syringes thébaines qu'il explora avec une constance et une ardeur incroyables, et où il puisa le germe de la maladie qui l'a enlevé si jeune à la science qu'il avait créée, à la France dont il faisait la gloire.

Telles sont les richesses que je me propose d'exploiter dans le présent Recueil, dont je vais maintenant exposer le plan et la composition.

L'ouvrage que j'ai publié en 1823 ne contenait qu'envi-

[a] Voy. la préface de mon ouvrage sur la Statue vocale de Memnon.

ron quarante-trois inscriptions d'Égypte, tant grecques que latines; mon projet était de le continuer immédiatement; mais l'élan donné à cette branche d'étude amenant chaque jour des découvertes et des lumières nouvelles, il me parut plus sage d'attendre que les voyageurs eussent recueilli à peu près tout ce qui existait encore au-dessus du sol.

C'est, je pense, le point où l'on est maintenant arrivé. Le temps est donc venu de reprendre, dans l'intérêt de la science, un travail que je n'ai pas perdu de vue depuis vingt années, me tenant au courant de tout ce que les voyageurs ont rapporté successivement, ou de ce qui est venu enrichir les musées européens. On peut dire qu'il n'y a plus maintenant que des fouilles dispendieuses qui puissent procurer de nouveaux documents; or de telles découvertes seront toujours fort rares; et, quand le recueil de ce qu'on possède actuellement aura été formé, il sera facile de réunir le fruit des explorations successives à la suite de l'ouvrage principal. Mais cet ouvrage lui-même, par la multitude de renseignements divers qu'il doit renfermer, fournira d'utiles indices, qui stimuleront et éclaireront le zèle des explorateurs.

Mes premières Recherches, quelque incomplètes ou imparfaites qu'elles fussent, ont déjà produit cet effet. Il en sera de même de cet ouvrage, qui réunit presque vingt fois plus d'inscriptions que le premier n'en contenait. En indiquant aux voyageurs celles qui auront été découvertes avant eux, il leur épargnera la peine inutile d'en copier qui seraient déjà connues, et leur fournira le moyen de comprendre, d'expliquer ou de restituer les inscriptions nouvelles; car, grâce à la variété de celles que renferme mon Recueil, on peut être presque assuré qu'il n'en sera plus trouvé une seule qui n'ait quelque analogie avec l'une d'elles.

D'ailleurs, l'interprétation de ces documents est à présent

favorisée par la découverte de documents analogues, des *papyrus grecs*.

Depuis l'année 1788, où Schow publia le papyrus Borgia, on n'avait entendu parler d'aucun papyrus, découvert en Égypte, lorsqu'en 1821, celui d'Anastasy, déchiffré et publié par M. Böckh, fixa l'attention du monde savant. A partir de cette époque, les découvertes de ce genre se sont multipliées : les musées de Turin, de Leyde, de Londres, de Berlin, de Vienne, de Paris, se sont enrichis d'un grand nombre de ces documents trouvés dans les tombeaux de Thèbes et de Memphis; ils sont devenus le sujet de diverses publications, parmi lesquelles on distinguera toujours celle des *papyrus* du musée de Turin (1826, 1827), par M. Amédée Peyron, publication remarquable autant par l'importance des pièces qu'elle fait connaître, que par le mérite supérieur de l'interprète. Il était difficile qu'une plus riche matière tombât dans des mains plus dignes de l'exploiter.

La collection des papyrus, acquis de Drovetti et de Salt, déposée au musée du Louvre, par le nombre des pièces (plus de soixante) et la variété des sujets, l'emporte de beaucoup sur toutes celles qui existent en Europe. Dès 1828, je les avais tous copiés ou restitués, dans la vue d'une publication qui devait suivre de près ce travail préparatoire; mais diverses circonstances, qu'il serait inutile de rappeler, retardèrent l'exécution de ce projet; et je m'étais contenté, à diverses reprises, d'en faire connaître quelques-uns qui ont pu donner une idée de l'importance de la collection entière. Ce projet vient d'être repris, l'Académie des inscriptions et belles-lettres ayant bien voulu accueillir mon travail, et l'admettre pour faire suite aux Notices des manuscrits.

Elle a décidé également qu'un certain nombre d'exemplaires seraient tirés à part, avec un titre spécial, et formant un ouvrage distinct. Ces exemplaires pourront se joindre au Recueil des inscriptions, imprimé dans les mêmes conditions typographiques. Ce sera donc, pour ainsi dire, deux ouvrages réunis en un seul, formant un recueil de *documents historiques*, écrits dans les mêmes langues, relatifs au même pays, aux mêmes époques, à la même histoire.

Je me borne à ce peu de mots sur la liaison nécessaire qui existera entre ces deux séries de documents analogues, et je passe à l'exposition du plan que j'ai adopté pour l'une des deux, pour celle qui comprend les *inscriptions grecques et latines* de l'Égypte.

Un semblable recueil peut être disposé d'après deux principes différents; car les pièces qui le composent peuvent être classées par ordre de dates ou par ordre de matières.

L'ordre chronologique a cet avantage, qu'il permet de suivre les modifications que les usages et la langue ont subies successivement dans une même contrée; mais il a l'inconvénient de morceler tous les sujets et de réunir des documents qui, n'ayant aucune analogie les uns avec les autres, ne peuvent se prêter un secours mutuel. Cet ordre, d'ailleurs, n'est pas toujours très-facile à observer; il y a souvent beaucoup d'incertitude sur l'époque relative qu'il convient de leur assigner. Un ordre continu, depuis le premier jusqu'au dernier, pourrait, en un grand nombre de cas, être tout à fait arbitraire, et amener de graves difficultés. Il m'a donc paru préférable d'adopter, en général, l'ordre des matières; de ranger tous les documents dans quelques grandes classes, subdivisées en parties ou sections; et, dans chacune de ces subdivisions, d'adopter l'ordre chronologique. C'était le moyen de conserver toute l'unité dont peut être susceptible un ouvrage qui se compose de matériaux épars et isolés.

C'est, au fond, le plan que j'avais adopté pour l'ouvrage publié en 1823, dont la composition, la forme et la méthode, avaient eu l'approbation des juges compétents. Conservant de ce livre ce qui avait mérité leurs éloges, j'ai repris les quarante-trois inscriptions qui y sont expliquées, et je les ai refondues dans le nouvel ensemble, ayant le soin de modifier la première rédaction d'après toutes les indications fournies par des monuments que je ne connaissais pas alors. D'ailleurs, une expérience de vingt années m'a permis de rendre mes commentaires à la fois plus courts et plus complets.

J'ai mis à part les *inscriptions chrétiennes*, qui formeront une classe distincte à la fin de tout l'ouvrage. Comme elles appartiennent à l'époque la plus récente, et se rapportent à un ordre d'idées et d'opinions tout différent, il m'a paru que je devais les détacher des *inscriptions païennes*, qui, étant infiniment plus nombreuses, composeront la partie principale du Recueil.

Celles-ci ont été divisées en deux classes.

La PREMIÈRE CLASSE comprend les inscriptions qui touchent à la religion; elle se subdivise en quatre parties.

Dans la *première partie* j'ai placé toutes celles qui peuvent concerner la construction ou la décoration des temples égyptiens. Mon ouvrage de 1823, dont ces inscriptions faisaient le principal objet, n'en contenait que *quinze* de ce genre. Le présent Recueil en contient *vingt-quatre*. Elles se rapportent à un fait si intéressant, que j'ai cru devoir continuer de les considérer à part. En reproduisant mon premier travail, j'ai pu retrancher beaucoup de discussions devenues inutiles ou moins nécessaires. J'attaquais alors une opinion générale; mes vues ayant été, depuis, confirmées par des preuves qui ont singulièrement réduit le nombre des contradicteurs, si même il en reste encore, j'ai pu abréger beaucoup mes commentaires, m'abstenir de toute polémique, et insister davantage sur quelques autres points importants. Cette partie du premier ouvrage se trouve donc entièrement refondue dans celui-ci.

Dans la seconde partie, j'ai fait entrer les actes sacerdotaux ou relatifs à la religion, au nombre de quatre : à savoir l'inscription de Rosette, et les trois pièces inscrites, par l'ordre des prêtres de Philes, sur le piédestal découvert dans cette île, et transporté en Angleterre.

La troisième partie comprend les *dédicaces* et *offrandes religieuses*, faites par des rois ou des particuliers. Ces inscriptions, au nombre de vingt-huit, ont été rangées par ordre chronologique.

Ces trois premières parties de la classe des inscriptions religieuses composent tout le premier volume.

La quatrième, qui commencera le second volume, contiendra les *actes d'adoration* ou *souvenirs de visite* laissés par les voyageurs grecs ou romains dans tous les lieux révérés des païens, en Égypte, en Nubie, dans les oasis et sur les diverses routes qui joignent le Nil à la mer Rouge. Cette partie comprend à elle seule environ *quatre cents* pièces, que j'ai disposées par localités, d'après l'ordre géographique; et, pour chaque localité, tantôt j'ai adopté l'ordre chronologique, quand je pouvais le faire, tantôt j'ai mis ensemble les inscriptions qui se trouvent sur un même édifice, lorsque la place qu'elles occupent offrait quelque intérêt pour l'histoire de ce monument, et pouvait servir à fixer des époques auxquelles appartient chacune des parties qui le composent. Cette méthode a été principalement appliquée aux inscriptions de

Pselcis et des divers édifices de Philes; il en résulte, comme on le verra, plus d'une indication utile.

La DEUXIÈME CLASSE comprend toutes les pièces étrangères à la religion, qui se rapportent soit au gouvernement ou à l'administration, soit à des intérêts privés. Je la divise en trois parties, dont l'une renferme les dédicaces et autres actes honorifiques en faveur de princes ou de particuliers; la deuxième, tous les actes de l'autorité royale ou administrative : là se placent naturellement les inscriptions d'Adulis et d'Axum, les deux édits des préfets Virgilius Capiton et Tibère Alexandre, trouvés dans la grande oasis; un édit du stratége de Talmis, un rescrit de Dioclétien, copié par Pococke, et d'autres pièces analogues. Dans chacune de ces deux parties, l'ordre chronologique a pu être observé. Les pièces d'une époque incertaine ont été mises à part après toutes les autres.

La troisième partie comprend les inscriptions funéraires qu'on a trouvées sur des caisses de momies, sur des stèles, des tablettes en bois, ou dans des grottes sépulcrales.

Une TROISIÈME ET DERNIÈRE CLASSE sera formée, comme je l'ai dit plus haut, des *inscriptions chrétiennes,* divisées en deux parties : celles qui se rapportent à un intérêt public ou religieux, et celles dont l'objet est funéraire.

L'ouvrage sera terminé par plusieurs tables : d'abord, par une table chronologique donnant la date de tous les faits qui ressortent à la fois des inscriptions et des commentaires qui les accompagnent, et celle de tous les monuments cités, dont l'époque est certaine; ce qui donnera le classement, par ordre de date, de presque toutes les pièces dont le Recueil se compose. Cette table sera suivie de plusieurs tables alphabétiques indiquant tous les détails historiques et philologiques contenus dans l'ouvrage.

INTRODUCTION.

Il me reste peu de choses à dire de la méthode que j'ai suivie pour l'explication de tous ces monuments : c'est la même que j'avais employée dans l'ouvrage publié en 1823, et que les savants avaient approuvée.

Je considère toutes ces pièces, même les plus indifférentes en apparence, comme autant de témoignages historiques, les uns entièrement isolés, les autres se liant à des faits connus qu'ils expliquent ou complètent.

Mais, avant d'en pouvoir faire usage, il est nécessaire de les remettre, autant que possible, dans l'état où ils étaient primitivement, soit en faisant disparaître les leçons corrompues, soit en remplissant les lacunes.

Cette opération nécessaire est la plus importante et la plus difficile. Il faut suivre, avec soin, toutes les traces qui peuvent subsister, observant le juste espace des lacunes, évitant tout ce qui ne serait qu'une substitution arbitraire, en dehors des conditions qu'offre le document dans l'état où il nous est parvenu; car il ne s'agit pas de *refaire* ce document, ce qui est toujours très-facile, mais sans aucune utilité; il faut le *rétablir,* ce qui est bien différent. Le critique doit, par conséquent, savoir s'arrêter aussitôt que le fil de l'analogie l'abandonne; ce qui exige, outre une connaissance approfondie de la langue et du sujet, un certain mélange de circonspection et de hardiesse qui conduit jusqu'à la limite, sans permettre de la dépasser. En s'attachant ainsi à remplir avec scrupule toutes les conditions de ces petits problèmes, on peut parvenir à des résultats tellement certains, que très-souvent les découvertes ultérieures les confirment d'une manière qui surprend les personnes étrangères à ce genre d'études; car elles ont peine à comprendre comment ce qui leur paraît un simple jeu d'esprit, propre seulement à faire briller la sagacité ou la science d'un philologue, lui permet de prédire, en toute assurance, ce qui a dû être écrit dans une ligne effacée. Le lecteur trouvera peut-être que j'ai trop souvent appelé son attention sur les bonnes fortunes de ce genre. Il me le pardonnera, je l'espère, s'il veut bien remarquer que je l'ai fait, non pour une vaine satisfaction d'amour-propre, mais afin de relever à ses yeux l'utilité des travaux d'érudition, qui ne peuvent avoir de mérite que parce qu'ils conduisent à établir la vérité historique. On a tant abusé de l'érudition, et certains esprits aventureux en abusent encore tellement, de nos jours, pour faire prévaloir leurs opinions personnelles, que nous voyons un grand nombre de personnes instruites et judicieuses l'estimer fort peu, dans l'idée qu'elle mène le plus souvent à des résultats arbitraires ou capricieux, à de pures hypothèses sans réalité ni fondement. Il n'est donc pas inutile de saisir les occasions de montrer qu'elle a des procédés susceptibles de toute la rigueur qu'on reconnaît à ceux des autres sciences.

Une fois les textes rétablis d'après les principes d'une critique prudente et sévère, ils deviennent des documents dont on peut essayer de tirer parti. Lors même qu'ils ne contiennent que des noms propres, il arrive souvent que l'examen de ces noms seuls, ou de simples épithètes, n'est pas sans intérêt; car leur forme plus ou moins rare, l'époque ou la contrée auxquelles ils appartiennent, pourront donner lieu à d'utiles rapprochements, et indiquer quelque particularité historique. D'autres fois, on y devinera une relation avec un fait mal éclairci, qu'ils complètent ou confirment; ici, une dénomination de géographie ancienne; là un détail chronologique qui résout une difficulté grave, éclaircit un fait obscur, ou fait connaître un mode nouveau de compter les années; ailleurs, des usages dont

INTRODUCTION.

on n'avait jamais entendu parler, mais qui, se liant à ce qu'on sait déjà, viennent se placer à côté de notions déjà connues, pour les compléter et les étendre.

C'est principalement à faire ressortir toutes ces particularités neuves, que je me suis attaché dans mon commentaire, ne perdant jamais de vue que la science des mots n'a toute sa valeur que lorsqu'on l'emploie à perfectionner la science des choses. Voilà, du moins, ce que j'ai voulu faire dans cet ouvrage et dans celui qui contient les papyrus. Cette intention constante, quand elle n'aurait été qu'imparfaitement remplie, me méritera, je l'espère, l'indulgence et la sympathie de ceux qui, ayant essayé quelques travaux de ce genre, en connaissent toute la difficulté. Ils savent qu'en présence d'un monument de l'antiquité dont personne n'a encore tenté l'explication, il est quelquefois bien difficile d'en saisir tout d'abord le vrai caractère, à plus forte raison de l'expliquer complétement, d'en bien comprendre toutes les particularités, enfin de ne rien laisser à faire après soi. Témoin l'inscription de Rosette, dont tant de passages étaient restés sans explication satisfaisante, après les travaux de critiques habiles, tels qu'Ameilhon, Heyne, Villoison, Porson et Drumann. Aussi, tout en tâchant d'arriver à des interprétations exactes de chacune des inscriptions que j'ai examinées, je sais que, sur certains points, on pourra s'écarter de mon opinion, et trouver même des solutions meilleures ou plus complètes. Il doit m'arriver ce qui arrive chaque jour à des personnes qui me sont de beaucoup supérieures par leur savoir et leurs lumières; mais je m'en console d'avance, ou plutôt je m'en applaudis, en pensant que mes efforts, bien qu'infructueux, auront du moins épargné aux autres des tâtonnements ou des erreurs. Après le plaisir de trouver soi-même la vérité, le plus grand est de mettre les autres sur la voie qui peut les y conduire.

Je n'insisterai pas davantage sur l'utilité historique des recherches que je présente au lecteur instruit; mais je ne crois pas superflu de lui signaler une dernière considération.

Entre les sept cents pièces qui vont passer sous ses yeux, il en est plus de la moitié qui portent un caractère historique, c'est-à-dire qu'elles se lient à l'histoire connue, tantôt par leur teneur même, tantôt par un détail quelconque, un nom propre, une date, un usage. Ce sont alors des témoins d'un nouveau genre, de ces témoins parfaitement instruits de ce qu'ils déposent, entièrement inattendus, que personne n'a pu séduire ni corrompre. On conçoit très-bien qu'ils confirment le récit des historiens en tout ce qui se lie aux grands faits de l'histoire du temps, à l'ensemble ou au canevas de la chronologie. Mais il est une multitude de détails d'un intérêt faible ou minime, sur lesquels les historiens ont pu être mal informés, et que les inscriptions pourraient contredire ou servir à rectifier, sans que l'autorité générale de l'histoire en fût ébranlée. Eh bien, on verra que, sur ces détails mêmes, elle n'est jamais contredite, puisque tous ceux qui, au premier abord, paraissent y être contraires, examinés de plus près, s'y montrent conformes de tous points; pas une seule date n'est en dissidence; années, mois, jours, tout s'accorde avec une parfaite exactitude; les personnages historiques, même les plus obscurs, arrivent en leur lieu; ils naissent, ils agissent, ils meurent juste dans l'intervalle assigné par l'histoire; cela est encore rigoureusement vrai pour les préfets d'Égypte et autres fonctionnaires publics, dont la place est fixée à des époques que séparent de certains intervalles. Quant à ceux de ces personnages que les inscriptions seules nous font connaître, ils se rencontrent toujours à un espace demeuré libre, et la durée de leurs fonctions cadre constamment avec la longueur de l'espace qui restait à remplir.

Je dois l'avouer; cet accord a toujours donné pour moi un charme particulier à ces recherches si ardues, quelquefois si difficiles, et ce n'est pas le moindre des motifs qui m'y ont si constamment attaché. A chaque instant, l'intérêt est éveillé et l'attention soutenue; les faits les plus indifférents prennent de l'importance; on sent qu'il y a là autant de conquêtes sur le passé, qui viennent raffermir notre confiance, sinon dans tous les récits de l'histoire, du moins dans les renseignements positifs qu'elle nous a transmis.

De profonds mathématiciens ont essayé, principalement depuis Condorcet, d'appliquer le calcul des probabilités aux questions de l'ordre moral, et surtout aux divers degrés de certitude des faits historiques. Ils se sont flattés de pouvoir calculer *combien on peut parier contre un* que tel événement est ou n'est pas arrivé. Par malheur, ils n'ont pas vu que cette probabilité, reposant sur des bases numériques entièrement arbitraires, ne saurait être qu'un résultat chimérique et illusoire. En aucun cas, elle ne pourrait remplacer cette conviction intime, absolue, n'admettant ni le plus ni le moins, que produit l'examen des circonstances diverses qui accompagnent un événement réel. A ceux qui conserveraient encore quelque confiance dans cet emploi abusif de l'analyse mathématique, j'oserais conseiller d'entreprendre de trouver par le calcul quelle chance nouvelle de probabilité ajoute la découverte fortuite de tous ces témoignages contemporains qui semblent sortir de terre tout exprès pour confirmer l'histoire. Ils sentiront, je pense, l'inutilité, la vanité de leurs efforts; car ce qui résulte naturellement de cet accord inattendu, ce n'est pas une de ces probabilités *définies,* qui puisse s'estimer en nombres et en chiffres; c'est une certitude complète, qui s'empare avec une force irrésistible de tout esprit droit et exempt de préjugé.

Ainsi un certain intérêt philosophique, comme on voit, peut s'attacher à la discussion de détails souvent minutieux, que beaucoup de gens sont disposés à taxer d'indifférents, d'inutiles et de pédantesques. Qu'ils veuillent cependant y penser: ces détails, qu'ils déprécient, ne sont pas propres à l'érudition; il en est de tout semblables dans les autres sciences, et ce sont les hommes superficiels seuls qui les dédaignent; les véritables savants s'y attachent, au contraire, avec ardeur et une sorte de prédilection; car ils n'ignorent pas que, dans l'état actuel des connaissances, c'est uniquement par l'examen approfondi des détails nouveaux qu'elles peuvent faire des progrès réels; ils savent que le fait le plus indifférent, en apparence, peut recéler le premier anneau d'une loi jusqu'ici cachée, d'une théorie qui, peut-être un jour, comprendra les idées générales de l'ordre le plus élevé.

Mon ambition serait satisfaite, si les juges éclairés auxquels je soumets cet ouvrage y trouvaient plus d'une application utile du principe que je viens d'indiquer, et s'ils y reconnaissaient que je n'ai pas tenté en vain de faire planer l'intérêt historique au-dessus des discussions, souvent arides et minutieuses, dans lesquelles je devais entrer, sous peine de rester indigne de leur attention réfléchie.

RECUEIL
DES
INSCRIPTIONS
GRECQUES ET LATINES
DE L'ÉGYPTE.

PREMIÈRE CLASSE.
INSCRIPTIONS RELIGIEUSES.

PREMIÈRE PARTIE.
INSCRIPTIONS GRAVÉES SUR DES PARTIES DE TEMPLE, ET RELATIVES
À LEUR CONSTRUCTION OU À LEUR DÉCORATION.

SECTION Ire.
ÉPOQUE DES LAGIDES.

I.

DÉDICACE DU TEMPLE D'OSIRIS, À CANOPE, APPARTENANT AU RÈGNE
DE PTOLÉMÉE ÉVERGÈTE Ier.

Méhémet-Ali fit réparer, dans le cours de l'année 1818, l'ancien canal qui prenait les eaux du Nil près de Ramanhiè pour les porter à Alexandrie. Ce canal, d'une haute importance pour le commerce d'Alexandrie, parce qu'il dispensait de franchir la barre de Rosette, était depuis longtemps obstrué, et les Français avaient déjà conçu le projet de le rétablir ; mais le temps ne leur permit pas de mettre ce projet à exécution. Méhémet-Ali employa cent mille ouvriers à ces travaux, et bientôt le commerce jouit de cette communication nouvelle [a].

« Les ouvriers employés à construire une digue entre la mer et le « lac Maréotis, en cherchant des matériaux parmi les ruines de Ca- « nope, trouvèrent sur une pierre fondamentale, entre deux tuiles de « matière vitrifiée, une plaque d'or de 6 pouces 4 lignes de long, sur « 2 pouces 2 lignes de large, mince, flexible et luisante. Cette plaque « porte une inscription en langue et en caractères grecs formés de « points, mais très-lisibles, les lettres paraissant même au revers. »

La plaque d'or fut portée sur-le-champ au pacha, qui la remit à M. Salt, pour qu'il en fît présent, de sa part, à sir Sidney Smith, comme un gage de son souvenir et de son amitié [b]. Sir Sidney Smith s'est empressé de faire graver un *fac-simile* exact de ce monument curieux, en l'accompagnant de quelques renseignements, dont j'ai extrait le passage qui en contient la description.

La lecture et la traduction littérale de cette inscription n'offrent aucune difficulté ; mais son interprétation donne lieu à des remarques intéressantes. J'en reproduis le *fac-simile* (pl. V, *a*), tel que l'a donné sir Sidney Smith ; la voici en caractères courants :

Βασιλεὺς Πτολεμαῖος Πτολεμαίου καὶ Ἀρσινόης, Θεῶν Ἀδελφῶν, καὶ βασίλισσα Βερενίκη, ἡ ἀδελφὴ καὶ γυνὴ αὐτοῦ, τὸ τέμενος Ὀσίρει.

Le roi Ptolémée, fils de Ptolémée et d'Arsinoé, dieux frères, et la reine Bérénice, sa sœur et sa femme, [ont élevé] ce temple à Osiris.

Ce Ptolémée est Évergète Ier, fils de Ptolémée Philadelphe et d'Arsinoé, première femme de ce prince et fille de Lysimaque. Comme aucune circonstance n'est indifférente dans les monuments si rares de cette époque, il ne faut pas négliger de remarquer

---

[a] Thédenat Duvent, *l'Égypte sous Méhémet-Ali,* p. 16, 18. — [b] *Ibid.* p. 98, 99.

I. TEMPLE DE CANOPE.

qu'Évergète est désigné dans celui-ci comme il l'est dans l'inscription d'Adulis : Βασιλεὺς μέγας Πτολεμαῖος, υἱὸς βασιλέως Πτολεμαίου καὶ βασιλίσσης Ἀρσινόης, Θεῶν Ἀδελφῶν. Cette désignation, Θεοὶ Ἀδελφοί, qui avait fait naître quelques doutes peu fondés, a été très-bien justifiée par Chishull[a]; et ce nouvel exemple confirme que Ptolémée Évergète, sur les monuments de son règne, ne mentionnait jamais que le nom de sa mère adoptive, Arsinoé[b], sœur et seconde femme de Philadelphe, qui, en adoptant les enfants de son mari, leur avait toujours témoigné une tendresse maternelle; il évitait de se qualifier de fils de l'autre Arsinoé, sa véritable mère, fille de Lysimaque, sans doute parce qu'elle avait voulu attenter aux jours de Philadelphe.

Bérénice, femme de Ptolémée Évergète, était fille de Magas, frère de Philadelphe; elle était, conséquemment, *cousine germaine* de son mari Évergète : ce fait est démontré par l'histoire. Il est donc singulier qu'elle soit désignée, dans notre inscription, comme SŒUR *et femme du roi* : ἡ ἀδελφὴ καὶ γυνὴ αὐτοῦ. Le mot propre eût été ἀδελφιδῆ, qui signifie *soror patruelis*. Comme il est impossible de supposer une faute de copie, le *fac-simile* étant d'une fidélité complète, il faut absolument reconnaître que *Bérénice* reçoit un titre qui ne lui appartient pas : d'où l'on doit conclure que la *cousine germaine*, ἀδελφιδῆ, du prince régnant, quand elle était sa femme, prenait le titre de ἀδελφή, *sœur*. Il semblerait, au premier abord, que c'est pour éviter l'équivoque qu'on plaçait le nom de la reine dans les actes publics, comme nous le voyons dans notre inscription, où le nom de *Bérénice* est mis après ceux de Philadelphe et d'Arsinoé, père et mère d'Évergète; disposition qui annoncerait que cette princesse n'était point issue des mêmes parents. Mais le monument d'Antæopolis (n° IV) prouve que cette disposition est indifférente.

Mon observation sur le mot ἀδελφή est confirmée par d'autres inscriptions, que je donnerai dans la suite, qui démontrent que le nom de *sœur*, donné aux femmes des rois d'Égypte, n'était qu'une

[a] *Antiq. asiat.* p. 84. — [b] Schol. Theocr. ad XVII, 128.

expression consacrée par l'usage et le protocole. L'emploi officiel du titre de *sœur*, pour désigner ces deux princesses, explique plusieurs passages anciens. On voit, par exemple, pourquoi Catulle, dans le poëme sur la chevelure de Bérénice, traduit de Callimaque, dit que Bérénice était la *sœur* d'Évergète [a] : évidemment le mot ἀδελφή était dans le poëme original, et Callimaque n'avait fait que se conformer à l'usage; mais ce passage a induit en erreur Hygin, ou l'auteur quelconque du *Poëticon astronomicon* [b]; car, prenant à la lettre le nom de *sœur*, il fait Bérénice fille de Ptolémée Philadelphe et d'Arsinoé [c].

Je trouve encore, au moyen du monument de Canope, l'explication d'un passage très-curieux de Cicéron, qu'on a cru altéré. Cet orateur, dans un fragment de son discours *de rege Alexandrino*, parle de la mort d'Alexandre II, massacré (en 81 avant J. C.) par le peuple d'Alexandrie, irrité de l'assassinat de Bérénice ou Cléopâtre, sa femme; il s'exprime ainsi : « Atque illud etiam constare video, regem « illum, quum reginam SOROREM suam, caram acceptamque populo, « manibus suis trucidasset, interfectum esse impetu multitudinis [d]. » Cléopâtre ou Bérénice, assassinée par Alexandre II, était à la fois sa *belle-mère*, comme veuve d'Alexandre Ier, père d'Alexandre II, et sa *cousine germaine*, comme fille de Soter II, frère d'Alexandre Ier. Le mot *sororem* semble donc faire une difficulté; aussi l'on a voulu changer ce nom en *uxorem* [e]; mais le commentaire d'Asconius Pedianus sur ce passage s'oppose à tout changement du texte. Or, Cicéron, contemporain des deux Ptolémées, n'a pu donner à la *cousine germaine* d'Alexandre le titre de sa *sœur* que parce qu'il lui était conféré dans les actes publics et officiels, de même que nous le trouvons employé, dans l'inscription de Canope et dans le poëme de Callimaque, pour désigner la *cousine germaine* d'Évergète [1].

---

[a] *Coma Beren.* v. 22. Conf. Valckenaer, *ad Eleg. Catull.* p. 102, 103. — [b] II, 24. — [c] Remarque de Visconti, *Iconogr. grecque*, t. III, p. 220. — [d] Cicer. *Fragm. trium Orat.* p. 49, ed. Maio. — [e] Saint-Martin, *Recherches sur l'époque de la mort d'Alexandre*, p. 110, note 1.

[1] J'aime mieux attribuer cet emploi du mot *soror*, dans le passage de Cicéron, à l'usage dont je viens de citer des exemples, qu'à une certaine confusion de termes, qui

I. TEMPLE DE CANOPE.

L'inscription ne me semble offrir d'autre indice chronologique, qui puisse faire connaître à quelle époque du règne d'Évergète elle se rapporte, que l'absence du titre distinctif Θεοὶ Εὐεργέται. Ce titre manque aussi dans l'inscription d'Adulis, bien qu'il y soit déjà fait mention des conquêtes d'Évergète dans l'Asie, d'où il rapporta les statues et vases sacrés enlevés d'Égypte par Cambyse, ce qui lui valut, de la part des Égyptiens, le titre de *bienfaiteur,* au témoignage de S. Jérôme; mais l'une et l'autre ont été rédigées avant que ce titre eût passé dans les actes publics. C'est un point qui sera discuté à propos du monument d'Adulis.

En comparant la forme des caractères de l'inscription avec l'écriture des papyrus grecs, on voit que ces caractères appartiennent à l'écriture cursive *posée.* La seule différence qu'ils présentent consiste en ce qu'on a *piqué* les lettres, au lieu de les tracer par une ligne continue. Ce procédé devait nécessairement être suivi toutes les fois qu'on se servait d'une plaque de métal trop mince pour recevoir le trait du burin.

Le mot *téménos* ne peut nous présenter ici d'obscurité, quoiqu'il eût deux acceptions chez les Grecs: car il signifiait le *terrain enclos* qui entourait un temple, ou bien le temple lui-même avec le terrain consacré entouré d'une enceinte. Dans ce dernier cas, ce terme était synonyme de ἱερόν, mais plus clair, attendu que ἱερόν s'entend quelquefois de l'édifice seul, tandis que τέμενος comprend tout le terrain consacré avec les édifices qui le couvrent : or ce mot, employé ainsi absolument sans autre désignation, ne peut signifier que ἱερόν, ou *templum* dans l'acception étendue de ce mot[a], comme son synonyme τεμένισμα, ou comme τεμενίζειν (*templa erigere*); c'est

---

[a] Diodor. Sic. I, 15; XVIII, 28; Clem. Alex. *Pædag.* III, 2, 4.

a fait employer, chez les Latins, le mot *frater,* pour *frater patruelis.* — Mongault, *Sur les lettres d'Atticus,* VI, 3, n° 17. — Cort. *ad Sallust. Jug.* 33. — Valcken. *ad Callim. eleg.* p. 103. — Perizon. *Animadvers. hist.* p. 105, 396, 397. — Schleusner, *Nov. lex. in Nov. Testam.* I, 44.

le sens qu'il a dans les livres des Machabées [a], dans Hérodien [b], et Dion Cassius, qui désigne ainsi le temple de Jérusalem [c], les temples (*templa* [d] de Suétone) de Rome et de César, élevés à Éphèse et à Nicée [e], le temple de la Paix, à Rome [f], le *Serapeum* d'Alexandrie [g], etc. Le *téménos* d'Osiris, à Canope, est donc le *temple*, l'*hiéron* de ce dieu, ou l'ensemble des édifices et du terrain consacré.

Ce point déterminé et hors de doute, il reste à examiner s'il s'agit ici de la simple *consécration* du temple d'Osiris, ou de sa *construction*. La question peut paraître indécise aux personnes médiocrement versées dans la connaissance de l'antiquité, à cause de l'ellipse du verbe, dont le mot τέμενος est régime. Dans un chapitre spécial je prouverai, par des exemples nombreux, que la double idée de *construction* et de *dédicace*, et non celle de *dédicace seulement*, est entendue dans les inscriptions où l'on trouve cette ellipse du verbe.

Dans cette inscription le sens est évident : car, si le temple d'Osiris, dont il est question ici, *existait* avant Évergète, il était consacré à *Osiris* ou à toute autre divinité. Si c'est à *Osiris*, quel besoin de le lui dédier *de nouveau?* Si c'est à une autre, quelle probabilité qu'Évergète eût détruit le culte de cette divinité pour le remplacer par celui d'Osiris? Ces deux suppositions seraient tout aussi improbables l'une que l'autre.

Mais elles sont démontrées fausses par les circonstances mêmes qui ont accompagné la découverte de la plaque d'or de Canope. Il ne s'agit pas, en effet, d'une inscription gravée sur la façade d'un édifice : celle-ci a été trouvée *entre deux briques de matière vernissée, encastrée dans une pierre fondamentale*. Ainsi elle avait été évidemment placée dans les fondations d'un édifice; et, d'après la tournure

---

[a] I, *Machab.* v, 44; II, 1, 15. — [b] I, 14, 3. — [c] Dio Cass. XLIX, 22. — [d] Sueton. *in Cæsar.* § 52. — [e] Dio Cass. LI, 20. — [f] *Id.* LXVI, 15. — [g] *Id.* LXXVII, 22. Voy. à cet égard, les notes de Périzonius sur Élien (*Hist. var.* VI, 1); de Krebs, sur les décrets en faveur des Juifs (p. 177); de Lennep, sur les lettres de Phalaris (p. 78), et d'autres critiques.

II. ÉDICULE DE PHILES.

de cette inscription, comparée aux autres du même genre, il est clair qu'elle n'est que la répétition de celle qui a dû être gravée sur la façade même de cet édifice. Ceci nous apprend, comme je l'ai déjà remarqué [a], que les anciens avaient, ainsi que nous, l'usage de placer, dans les fondations d'un édifice, une inscription gravée sur une matière inaltérable, telle que l'or, indiquant les noms des auteurs d'un édifice et de la divinité qui y était adorée; et nous voyons, par cet exemple unique, que la seconde inscription était une répétition de celle qu'on plaçait sur la frise ou sur le listel de la corniche.

Si l'on n'avait trouvé que cette dernière, on n'eût pas manqué de mettre en avant l'idée de *dédicace;* mais la supposition n'est plus possible maintenant. La découverte de la plaque dans les *fondations* mêmes de l'édifice démontre que le temple d'Osiris a été *construit* par Ptolémée Évergète.

II.

DÉDICACE DU TEMPLE D'ESCULAPE, À PHILES, APPARTENANT AU RÈGNE DE PTOLÉMÉE ÉPIPHANE.

En avant du grand propylon du temple d'Isis à Philes, entre ce propylon et le portique oriental, est un petit édifice maintenant presque enfoui. Salt le fit déblayer, et il trouva au-dessus de la porte l'inscription suivante [b] :

ΒΑΣΙΛΕΥΣ ΠΤΟΛΕΜΑΙΟΣ ΚΑΙ ΒΑΣΙΛΙΣΣΑ ΚΛΕΟΠΑΤΡΑ
ΘΕΟΙ ΕΠΙΦΑΝΕΙΣ[1] ΚΑΙ ΠΤΟΛΕΜΑΙΟΣ Ο ΥΙΟΣ ΑΣΚΛΗΠΙΩΙ

---

[a] *Journ. des Savants,* oct. 1821, p. 595. — [b] Salt, *on the Phon. syst. of hierogl.* p. 50, 68.

[1] Salt a lu ΕΠΙΦΑΝΕΣ; mais le D[r] Parthey, qui a copié de nouveau l'inscription (*de Philis insula,* pag. 25), a lu ΕΠΙΦΑΝΕΙΣ. La faute n'est donc point sur l'original; elle ne pouvait y être.

Βασιλεὺς Πτολεμαῖος, καὶ βασίλισσα Κλεοπάτρα,
Θεοὶ Ἐπιφανεῖς, καὶ Πτολεμαῖος ὁ υἱὸς, Ἀσκληπιῷ.

Le roi Ptolémée et la reine Cléopâtre, dieux Épiphanes, et Ptolémée le fils, à Esculape.

Le prince mentionné ici est Ptolémée Épiphane, qui régna entre les années 205 et 181. La date peut se renfermer dans un espace assez resserré, d'après la circonstance exprimée par les mots καὶ Πτολεμαῖος ὁ υἱός. Ce fils ne peut être que Ptolémée Philométor. Le second fils d'Épiphane, Évergète, n'était pas encore né; autrement la formule aurait porté, selon l'usage, καὶ τὰ τέκνα.

On ne sait pas au juste l'année de la naissance de Philométor. Son père épousa Cléopâtre, fille d'Antiochus, l'an 193 avant J. C. A sa mort, en 181, son fils Philométor était encore fort jeune. Les chronologistes ont admis qu'il avait alors cinq ou six ans[a]: c'est une simple hypothèse, car rien n'empêche qu'il en eût sept ou huit; mais, d'après la date de son inauguration, en 174, il n'a pu en avoir davantage. Sa naissance peut donc se placer entre 188 et 186, cinq ou sept ans après le mariage de son père; et l'époque de la dédicace doit se renfermer dans le même intervalle de temps.

On a conjecturé[b] que la dédicace se rattache à la naissance même de Philométor. La conjecture est vraisemblable. Cette naissance avait été tardive: ce n'était qu'après cinq ans au moins de mariage qu'Épiphane avait obtenu un fils. Il est assez naturel qu'en témoignage de sa reconnaissance il ait élevé une chapelle au dieu qui avait guéri la princesse de cette longue stérilité.

En effet, il ne peut être question ici de simple dédicace. Si cette chapelle eût existé auparavant, elle ne pouvait manquer d'être consacrée à une divinité quelconque; mais il est impossible d'admettre qu'Épiphane l'eût enlevée à cette divinité pour la consacrer à une autre, et, si elle l'eût été auparavant à celle qui est nommée dans la dédicace, cette dédicace n'aurait eu aucun objet.

On ne peut donc douter qu'il ne s'agisse ici d'une chapelle élevée

[a] Champollion-Figeac, *Ann. des Lag.* II, p. 129. — [b] Parthey, ouvrage cité, p. 26.

II. ÉDICULE DE PHILES.

et décorée, par les ordres du roi Épiphane, en l'honneur de la divinité égyptienne dont les Grecs traduisaient le nom par celui d'*Esculape*; car on ne peut s'arrêter à l'idée que les Lagides eussent dédié des temples *égyptiens* à des divinités *grecques*. Au reste, s'il pouvait rester, à ce sujet, une ombre d'incertitude, elle serait dissipée par les observations de Salt, qui a vu, dans les bas-reliefs hiéroglyphiques de cette même chapelle, la figure du dieu accompagnée du nom *Imouth* ou *Imouthph*, qui désigne précisément le dieu [a] que les Grecs ont appelé Esculape : témoin un papyrus qui porte Ἀσκλη-πιὸς, ὅ ἐσ]ιν Ἰμουθ [b]. Dans l'inscription de Rosette (n° XXV, l. 34), qui se rapporte à la minorité d'Épiphane (en l'an IX, ou 196 avant notre ère), les prêtres le louent d'avoir construit des temples, des naos et des autels aux dieux du pays, ἱερὰ καὶ ναοὺς καὶ βωμοὺς ἱδρύσατο. La chapelle d'Esculape à Philes, laquelle fut élevée huit ou dix ans après, prouve que ce prince continua de bien mériter de la religion égyptienne.

Pour en revenir à l'inscription grecque, nous remarquerons que Ptolémée Épiphane et Cléopâtre n'y portent que le titre de Θεοὶ Ἐπιφανεῖς, tandis que, dans les autres monuments, rédigés du vivant de ce prince, tels que l'inscription de Rosette (n° XXV), et celle des Lyciens, l'adjectif εὐχάρισ]ος y est joint. Je pense, avec M. le D[r] Parthey, que l'omission est due à ce que l'exiguïté de la place ne permettait pas d'ajouter le second titre [c]. Cette omission n'avait, d'ailleurs, aucun inconvénient, l'épithète εὐχάρισ]ος étant purement *laudative*; le titre Ἐπιφανεῖς, qui était seul caractéristique du prince et de la reine son épouse, suffisait pour qu'on ne pût confondre Épiphane avec aucun de ses prédécesseurs. Aussi le trouve-t-on rarement sur les monuments de ses fils où son nom est rappelé.

Je crois que c'est aussi le défaut de place qui a empêché d'ajouter, après Κλεοπάτρα, les mots ἡ ἀδελφή, qui accompagnent ordinairement le nom de la femme du roi. On le trouve, à l'occasion de

---

[a] Salt, ouvrage cité, p. 50. — [b] Le même, p. 68 et 72. — [c] *De Philis insula*, p. 25.

cette même Cléopâtre, dans l'inscription des Lyciens et dans une inscription hiéroglyphique d'un temple de Philes [a]; cependant cette princesse, fille d'Antiochus, n'était parente d'Épiphane à aucun degré. Cette difficulté s'explique par l'observation qui a été faite [b] sur l'emploi du mot *sœur* dans les légendes royales des Ptolémées.

III.

DÉDICACE D'UN PROPYLON ÉGYPTIEN DANS LE TEMPLE DE PAREMBOLÉ, FAITE SOUS PHILOMÉTOR.

Cette inscription, publiée dans les *Ægyptiaca* de M. Hamilton, est placée sur le listel de la corniche d'un des trois *propylons* qui précèdent un temple dont les ruines existent près de la rive gauche du Nil, un peu au delà de Philes. Ce lieu est encore maintenant appelé *Débout*, nom que Champollion a retrouvé exprimé presque sans altération par le mot de *Tébôt* [c] dans les hiéroglyphes du temple. Le nom moderne n'est donc ici que l'ancien nom égyptien, conservé, à travers tous les siècles, de préférence au nom grec qui lui avait été substitué sous la domination ptolémaïque. Ce dernier était *Parembolé* ($\pi\alpha\rho\epsilon\mu\beta o\lambda\acute{\eta}$), mot qui signifie un *camp*, une *station militaire*, dans le grec alexandrin [d]; du moins on ne le trouve pas, avec un tel sens, avant les Septante ou Polybe : d'où l'on peut conclure que le nom de *Parembolé* avait été donné à ce lieu sous les Ptolémées, parce qu'ils y placèrent l'un de ces corps de troupes destinés à garder les frontières de l'Égypte du côté de la Nubie. A l'époque romaine, un détachement de la deuxième légion Trajane y était cantonné [e].

Cette dénomination est donc tout à fait analogue à celle de $\Sigma\tau\rho\alpha$-$\tau\acute{o}\pi\epsilon\delta o\nu$, ou $\Sigma\tau\rho\alpha\tau\acute{o}\pi\epsilon\delta\alpha$, qui fut donnée plusieurs fois, en Égypte, à des lieux où s'étaient établies des troupes étrangères. Ainsi les

---

[a] Salt, ouvrage cité, p. 21. — [b] Plus haut, p. 3 et 4. — [c] *Lettres écrites d'Égypte*, p. 103. — [d] Sturz, *de Dialect. maced.* p. 30. — [e] *Not. imper. or.* p. 204.

III. TEMPLE DE PAREMBOLÉ.

habitations formées par les Ioniens et les Cariens dans les terres que leur avait concédées Psammitichus s'appelaient Στρατόπεδα [a]; un quartier de Memphis, habité par des Tyriens, se nommait le *Camp des Tyriens*, Τυρίων Στρατόπεδον [b]; plus tard, un canton du Delta où les Ptolémées avaient permis à des Juifs de s'établir prit le nom de *Camp des Juifs* [c], dénomination qui subsiste dans la Notice de l'Empire [d] et dans l'Itinéraire d'Antonin sous les noms de *Castra* et de *Vicus Judæorum* [e]. C'est à une cause semblable que sont dus, sans doute, le nom de *Parembolé*, et la dénomination de *Castra*, si fréquente dans la géographie romaine. La station militaire devint par la suite le centre d'une population assez considérable, qui forma une ville que l'Itinéraire d'Antonin place à 16 milles au delà de *Contra Syene* [f].

L'induction que l'on peut tirer du nom de *Parembolé*, à l'égard de l'époque des constructions qui se trouvent en ce lieu, est favorisée par l'aspect de ces constructions elles-mêmes, et par les cartouches hiéroglyphiques qui s'y lisent encore. Déjà M. Hamilton pensait que le temple est d'une date récente [g]; cette opinion est partagée par M. Gau, qui y a distingué des constructions d'époques très-différentes : 1° la *cella*, ou la pièce située au centre de l'édifice, plus ancienne que le reste; 2° le *sécos*, d'une époque récente, de même que la façade, et une pièce latérale surajoutée; 3° les trois *propylons*. La façade n'est pas même terminée, non plus que la frise ni l'architrave [h]; au milieu sont les pierres d'attente destinées à être sculptées en forme de globe ailé, selon l'usage. Deux des quatre colonnes ont leurs chapiteaux seulement ébauchés, comme on peut le voir sur les dessins publiés par M. Gau [i]. Cet habile architecte a indiqué par des teintes plus claires les constructions d'une époque plus récente ; et tout annonce que des circonstances particulières ont empêché les fondateurs de terminer les constructions nouvelles, ainsi qu'ils avaient l'intention de le faire.

---

[a] Herod. II, 154; Diod. Sic. I, 67. — [b] Herod. II, 112. — [c] Joseph. *Antiq. jud.* XIV, 8, 2; *Bell. Jud.* I, 9, 4. — [d] P. 204. — [e] P. 169, Wessel. — [f] P. 161. — [g] *Ægyptiaca*, p. 43. — [h] *Antiquités de la Nubie*, pl. IV. — [i] *Ibid.* pl. II. Voyez notre pl. III.

Depuis, Champollion a confirmé mes premiers aperçus par la lecture des hiéroglyphes. Ils lui ont appris que la construction du temple doit avoir été en grande partie exécutée par un roi éthiopien appelé *Atharramon*[a], prédécesseur ou peut-être successeur immédiat d'*Ergamène,* roi éthiopien, qui, au temps de Ptolémée Philadelphe[b], fit commencer la construction du temple de Pselcis ou Dekkeh. Cette entreprise de deux rois éthiopiens, de construire des temples sur la limite même de l'Égypte, est un fait d'une haute importance, qui prouve à la fois que ces rois avaient alors et espéraient bien conserver la possession paisible de la Nubie inférieure, puisqu'ils y faisaient élever des temples; et qu'ils professaient la religion égyptienne, ces édifices ayant été dédiés, l'un à *Amon-Rha,* à Hathor et, subsidiairement, à Isis et Osiris, l'autre à Hermès *Paytnuphis*[c]. Ce fait confirme de la manière la moins équivoque ce qu'on savait déjà de la religion, de la langue, ainsi que des écritures usitées en Éthiopie. Je reviendrai sur ce sujet en parlant de la dédicace du temple de Pselcis (n° V).

Le temple fut continué par Ptolémée Philométor, qui y fit élever le propylon, et ensuite par les empereurs Auguste et Tibère.

Nous trouvons ici le premier exemple d'un fait sur lequel nous nous arrêterons en ce moment pour n'avoir plus à y revenir, à savoir que la construction de beaucoup de temples égyptiens a été successive. Il devait paraître, en effet, peu vraisemblable que ces édifices, composés de tant de constructions diverses, fussent le résultat d'une composition unique, exécutée en une fois et sans interruption. Tout nous annonce, au contraire, qu'ils ont commencé par n'être qu'un petit *édifice* bâti dans un lieu qui était devenu l'objet d'une grande vénération. La population et les richesses de ce lieu augmentant peu à peu, le temple primitif, consacré par un culte ancien, servit, en quelque sorte, de noyau à des constructions placées tout autour et liées à cet édifice. Ce qui formait d'abord le temple tout entier devint la *cella* du temple agrandi; bientôt le *naos* fut

---

[a] Champ. *Lettres écrites d'Égypte,* p. 162, 163. — [b] Diod. Sic. III, 6. — [c] Champ. ouvrage cité, l. l.

III. TEMPLE DE PAREMBOLÉ.

précédé du *pronaos* extérieur, qui, dans la plupart des temples de l'Égypte, paraît être une construction surajoutée. Enfin ces grands massifs appelés *propylons* furent élevés dans tous les sens et décorèrent les avenues du vaste et magnifique édifice.

On trouve en Grèce quelque chose d'analogue, et l'on ne peut s'en étonner; car, dans ce pays comme en Égypte, on conservait avec une vénération tellement religieuse les anciennes images des dieux, qu'un temple offrait souvent dans son enceinte les monuments de plusieurs époques de l'art [a]. En effet, quand les progrès de l'architecture ou la vénération pour un lieu sacré portaient à remplacer une antique chapelle par un temple plus vaste et plus somptueux, l'édifice primitif, religieusement conservé, formait la *cella* ou le sanctuaire du nouveau temple. C'est ce que fit Adrien pour le temple de Neptune Hippius, en Arcadie, construit en bois par Agamède et Trophonius. Selon Pausanias, il ordonna de respecter l'ancien édifice, et le nouveau fut construit tout autour : πέριξ δὲ ἐκέλευε τὸν ναὸν σφᾶς οἰκοδομεῖσθαι τὸν καινόν [b]. C'est ainsi qu'il faut entendre le passage où le même Pausanias parle du temple de Cérès Mysienne, qui renfermait un autre temple en briques cuites et couvert [c]; celui-ci était l'*ancien*, autour duquel on en avait construit un nouveau. Or ce qui se faisait du temps d'Adrien se pratiquait, à plus forte raison, dans les temps reculés, où les traditions et les habitudes religieuses exerçaient sur les esprits un plus puissant empire.

Si le temps nous avait conservé quelques-uns de ces temples *doubles* qui ont existé en Grèce, nous pourrions non-seulement discerner l'âge différent des constructions, mais encore en assigner l'époque approximative, l'histoire et la marche de l'art chez les Grecs nous étant assez bien connue. En Égypte, la distinction est très-difficile à faire, parce que, de temps immémorial, l'art, intimement lié à la religion, a été fixé sans retour dans ce pays; en sorte que les ouvrages d'architecture et de sculpture, exécutés par

---

[a] Quatremère de Quincy, *Jupiter Olympien*, p. 6, suiv. — [b] Pausan. VIII, 10, 2. — [c] *Id.* II, 18, 3.

les Égyptiens sous la domination grecque et romaine, ont dû très-peu différer de ceux qui dataient d'une époque plus ancienne. On conçoit, d'après cela, que des siècles ont pu s'écouler entre la construction première et l'achèvement d'un temple égyptien, ou peut-être n'y avait-il pas de raison pour qu'un temple fût jamais achevé, en d'autres termes, pour qu'il ne fût plus possible d'y rien ajouter.

Ce point de vue, pris dans la nature même des choses, se trouve confirmé par tout ce que les anciens rapportent sur les *propylons* dans les temples égyptiens.

Le sens de ce mot grec résulte de son étymologie même : il signifie *porte avancée, porte servant d'introduction*, ἡ εἴσοδος [a], synonyme de πρόθυρον [b], employé dans le même sens par les Septante [c]. De là le nom de Προπύλαια, ou même, au singulier, Προπύλαιον [d], donné aux édifices qui formaient l'entrée principale de la citadelle d'Athènes. Quant à son application à l'architecture égyptienne, elle est déterminée par l'inscription grecque placée, à Tentyra [e], sur une de ces grandes portes isolées, constructions étrangères à l'architecture grecque, mais qui servaient de portes d'introduction dans les temples égyptiens. Le fait démontré par cette inscription est conforme à la disposition que Strabon a donnée au temple d'Héliopolis, en faisant entendre qu'elle se trouvait dans d'autres temples, quoique soumise, selon les lieux, à quelque modification. Cet auteur indique quelles sont les diverses constructions ou objets de décoration qui précédaient le *naos* ou temple proprement dit : « Après les sphinx, dit-il, on trouve un grand *propylon*, puis un second, « puis un troisième....; ensuite s'élève le *naos*, etc. [f] » Le commentaire de ce passage existe dans le plan du temple de Parembolé [g], où nous voyons que le *naos* est précédé de trois portes isolées, placées en avant l'une de l'autre, depuis la première, qui forme l'entrée de l'hiéron dont elle ouvre l'enceinte. Toutes sont alignées sur la

---

[a] Pollux, I, 6. — [b] Id. I, 77. — [c] Schleusner, *Nov. Thes. Vet. Testam.* hac voce. — [d] Plin. XXXV, 10, p. 699, 5. — [e] Voyez le n° IX. — [f] Strab. XVII, p. 805; de ma trad. t. V, p. 325. — [g] *Antiq. de la Nubie*, pl. II. Voyez notre pl. III, a.

porte du *naos*, et de hauteur égale au-dessus du sol, qui va toujours en montant depuis le Nil.

Nous voyons par là dans quel sens il faut prendre les passages d'Hérodote et de Diodore relatifs à la construction des *propylées* ou *propylons* du temple d'Héphæstos à Memphis. Mœris y construisit les *propylées du nord*[a]; un grand nombre de siècles après, Psammitique construisit les *propylées* (προπύλαια) *du midi*[b], et le *propylée* (προπύλαιον) de l'orient[c]; enfin l'on prétendait que le plus beau *propylon* (πρόπυλον), peut-être celui de l'*occident*, avait été construit par Dédale[d]. C'est ainsi qu'Amasis construisit au temple de Minerve, à Saïs, de magnifiques propylées[e]. Remarquons qu'Hérodote se sert constamment du pluriel προπύλαια[1], tandis que Diodore emploie les trois formes προπύλαια, προπύλαιον, πρόπυλον. Tous ces mots désignaient des constructions indépendantes du temple même, placées dans des positions toutes différentes par rapport à cet édifice, au nord, à l'est, au sud, à l'ouest, et érigées à des époques très-éloignées les unes des autres; en sorte que tous les édifices dont se composait le temple d'Héphæstos, par exemple, élevés successivement, n'avaient coexisté que bien longtemps après la construction du noyau de ce grand ensemble.

Du reste, il est naturel de penser que le terme un peu vague de *propylon* a pu être appliqué par les Grecs non-seulement à des portes isolées, semblables à celles de Tentyra et de Parembolé, mais encore à ces énormes massifs tels qu'on en voit à Edfou et à Thèbes, auxquels on a donné le nom de *pylônes*, non sans raison, puisque les auteurs anciens emploient ordinairement ce mot πυλών[2] pour désigner toute porte *principale*[f], la *grande porte* des maisons par-

---

[a] Herod. II, 101; Diod. Sic. I, 51. — [b] Herod. II, 153. — [c] Diod. Sic. I, 67. — [d] *Id.* I, 97. — [e] Her. II, 175. — [f] Pseudo-Aristot. *de Mundo*, VI, 8, ibique Kapp.; Cebet. *Tabul.* p. 5, ed. Gronov.

[1] Comme Élien, en parlant du temple d'Héliopolis: ἐν τοῖς τοῦ θεοῦ προπυλαίοις (*Hist. anim.* XII, p. 268, l. 15, ed. Jacobs). Néanmoins, dans ce passage, le mot προπύλαια paraît désigner un bâtiment différent des grandes portes dont nous parlons, puisque Élien dit qu'on y nourrissait les lions sacrés.

[2] Le mot πυλών ne se trouve dans aucun auteur antérieur à l'époque alexandrine.

ticulières [a], le *portone* des Italiens : car ών en grec, comme *one* en italien, est quelquefois une forme augmentative. Il désigne principalement les *portes d'une ville*, au lieu du pluriel πύλαι : ainsi Diodore désigne par ce mot les portes de Syracuse [b], Bérose celles de Babylone [c], saint Jean celles de la cité divine [d] ; je crois que Sophonias entend par οἱ πυλῶνες αὐτῆς les portes de Ninive [e], et que, dans Jérémie, τὰ πρόθυρα τῶν θυρῶν τῆς πόλεως [f] est la même chose que οἱ πυλῶνες τῆς πόλεως. Une inscription recueillie à Athènes fait mention des portes (πυλῶνες) de la ville [g] ; enfin les Septante l'emploient également quand ils veulent désigner les portes principales du temple de Jérusalem [h]. Ce mot grec était donc tout à fait propre à représenter ces énormes massifs qui s'élèvent en avant de quelques temples égyptiens ; aussi Diodore de Sicile s'en est-il servi en parlant des constructions qui précédaient les parties principales du prétendu tombeau d'Osymandyas [i].

D'un autre côté, il est démontré par l'inscription de *Cysis* (n° XIV) que le nom de *pylône* se donnait à ces mêmes portes isolées qu'on désignait, comme nous l'avons vu, par le mot *propylon*. Cette seconde application de πυλών peut faire supposer qu'il en était de même de l'autre mot, et que tous les deux se mettaient indifféremment l'un pour l'autre dans la double signification de *construction avancée* et de *grande porte* ou *porte principale*. Mais, comme le mot *propylon* s'applique parfaitement au sens de *porte isolée*, telle que celles de Tentyra et de Parembolé, je m'en servirai constamment dans le cours de cet ouvrage.

On a vu que les trois *propylons* de Parembolé sont au nombre des constructions les plus récentes qu'offre le temple ou *hiéron* de ce

[a] *Act. Apostol.* XII, 13, 14 ; Luc. XVI, 20. — [b] Diod. XIII, 75. — [c] Ap. Joseph. *contr. Apion.* I, 19. — [d] *Apocal.* XXI, 21. — [e] Sophon. II, 14. — [f] Jerem. XIX, 2. — [g] Ap. Böckh, *Corp. Inscr.* n° 521. — [h] I, *Paralip.* XXVI, 13 ; II, III, 7. — [i] I, 47.

III. TEMPLE DE PAREMBOLÉ.

lieu. Or c'est l'un de ces *propylons* qui porte l'inscription grecque que M. Hamilton a recueillie : elle était gravée sur le listel de la corniche, et il n'en a trouvé que deux fragments ainsi disposés :

1 ΥΠΕΡΒΑΣΙΛΕΩΣΠΤΟΛΕΜ..........ΣΙΛΙΣΣΗΣΚΛΕΟΠΑΤΡΑΣ
ΚΑΙΓΥΝΑΙΚΟΣΘΕΩΝΦΙΛΟ   ·ΡΩΝΙΣΙΔΙΚΑΙΣΥ.

Il a restitué les lacunes de cette manière :

1 ΥΠΕΡΒΑΣΙΛΕΩΣΠΤΟΛΕΜΑ[ΙΟΥΚΑΙΒΑ]ΣΙΛΙΣΣΗΣΚΛΕΟΠΑ
ΤΡΑΣ[ΤΟΥΒΑΣΙΛΕΩΣΑΔΕΛΦΗΣ]
2 ΚΑΙΓΥΝΑΙΚΟΣΘΕΩΝΦΙΛΟ[ΜΗΤΟ]ΡΩΝΙΣΙΔΙΚΑΙΣΥ[ΝΝΑΟΙΣ
ΘΕΟΙΣ].

Cette restitution, exacte pour le sens, ne reproduit cependant pas l'original sur tous les points, car la deuxième ligne est trop courte. Si ces deux lignes avaient dû être aussi inégales, la seconde n'aurait pas commencé de niveau avec la première; cela est encore prouvé par l'usage constant des inscriptions.

Dans la première ligne, le mot ΒΑΣΙΛΕΩΣ doit être précédé de ΤΗΣ, qui est indispensable, tandis que ΤΟΥ est inutile.

Dans la seconde ligne, les lettres ΣΥ ne peuvent être les initiales du mot ΣΥΝΝΑΟΙΣ, parce que ΣΥΝΝΑΟΙΣ ΘΕΟΙΣ ne saurait se passer de l'article ΤΟΙΣ, la correction l'exige absolument[1]. Dès lors les lettres ΣΥ doivent être le commencement du nom d'un autre dieu; et, comme Champollion observe que le temple a été subsidiairement dédié à Isis et Osiris, il n'y a pas de doute qu'on ne doive lire ΟΣΙ au lieu de ΣΥ : la lettre Ο, à cause de sa petitesse, aura échappé au voyageur, la fin de l'inscription étant d'ailleurs mutilée.

---

[1] On ne pourrait objecter ce vers d'une inscription dédicatoire : Δεσποίνῃ Νεμέσει καὶ συννάοισι Θεοῖσιν (Cuper. *Harpocrat.* p. 152. — Cf. *Anthol. Palatin. Append.* n° 143), l'inscription étant métrique; non plus qu'un autre exemple (ap. Reines. et Vandal. *Dissert. antiq.* p. 301), l'inscription étant d'un très-bas temps et d'un très-mauvais style.

INSCRIPTIONS DES TEMPLES.

D'après ces deux observations, il faudra rétablir ainsi les lacunes :

1 ΥΠΕΡΒΑΣΙΛΕΩΣΠΤΟΛΕΜ[ΑΙΟΥΚΑΙΒΑ]ΣΙΛΙΣΣΗΣΚΛΕΟΠΑ
  ΤΡΑΣ[ΤΗΣΒΑΣΙΛΕΩΣΑΔΕΛΦΗΣ]

2 ΚΑΙΓΥΝΑΙΚΟΣΘΕΩΝΦΙΛΟ[ΜΗΤΟ]ΡΩΝΙΣΙΔΙΚΑΙ[Ο]ΣΙ[ΡΙΔΙ
  ΚΑΙΤΟΙΣΣΥΝΝΑΟΙΣΘΕΟΙΣ.]

Ὑπὲρ βασιλέως Πτολεμαίου καὶ βασιλίσσης Κλεοπάτρας, τῆς βασιλέως ἀδελφῆς καὶ γυναικὸς, Θεῶν Φιλομητόρων, Ἴσιδι καὶ Ὀσίριδι καὶ τοῖς συννάοις Θεοῖς.

Les deux lignes sont, de cette manière, parfaitement symétriques. Le nom d'*Isis* précède celui d'*Osiris*, comme toujours[a].

Nous traduirons, en conséquence :

Pour la conservation du roi Ptolémée et de la reine Cléopâtre, sœur et femme du roi, dieux Philométors, à Isis, à Osiris, et aux divinités adorées dans le même temple.

La formule καὶ τοῖς συννάοις Θεοῖς se retrouvera dans presque toutes les inscriptions qui suivent. Pour la bien entendre, il faut se souvenir que les temples de l'Égypte étaient ordinairement consacrés à une divinité *principale*, que j'appellerai *éponyme*[1] (telle qu'Isis, Sérapis, Osiris, le Soleil, Hermès, etc.), qui donnait son nom à l'*hiéron* tout entier. Mais, après cette divinité, on en honorait d'autres dans ces temples : ce sont celles-là que, dans nos inscriptions dédicatoires, on désigne, sans les nommer, par les mots καὶ τοῖς συννάοις Θεοῖς, tandis que la divinité éponyme est toujours désignée par son nom; c'est celle que l'inscription de Rosette appelle ὁ κυριώτατος Θεός[b], la divinité qui donnait son nom au temple, par opposition à celles dont le culte était subordonné au sien, du moins *dans ce temple;* parce qu'à raison de la diversité des cultes locaux en Égypte, le dieu qui était *éponyme* dans un temple ne l'était pas dans un autre : et, par exemple, *Hermès*, adoré comme κυριώτατος Θεός à *Her-*

---

[a] Herod. II, 42; Inscr. Rosett. l. 10, *et passim.* — [b] L. 39.

[1] Cette dénomination a été adoptée depuis, et notamment par Champollion.

III. TEMPLE DE PAREMBOLÉ.

mopolis, pouvait n'être que σύνναος à *Diospolis* ou ailleurs. Dans les temples d'Isis, cette déesse était en première ligne, puis venaient Osiris, Horus ou bien Aroéris; dans ceux d'Aroéris, au contraire, cette divinité était la première, Osiris et Isis n'étaient que ses *parèdres :* c'est ce que prouve l'examen des sculptures dans différents temples de l'Égypte.

Les princes mentionnés dans cette inscription sont Ptolémée Philométor et sa sœur Cléopâtre, tous deux enfants de Ptolémée Épiphane. La date du monument dépend de celle du mariage de ces princes; et la détermination de cette dernière est une conséquence des faits exposés dans deux passages d'Eusèbe et de Porphyre. Comme les chronologistes ont laissé des nuages sur la manière d'entendre et de concilier ces deux textes, je dois m'y arrêter quelques instants.

Ptolémée Épiphane mourut dans l'année 181 avant notre ère : il laissa deux fils, Philométor et Évergète, et une fille, Cléopâtre. Le premier, encore mineur à la mort de son père, régna, comme l'aîné, sous la tutelle de sa mère Cléopâtre, dont la sagesse sut concilier à son fils les bonnes dispositions des Égyptiens. C'est sans doute à l'affection qu'il ne cessa de lui montrer pendant cette difficile régence, et qu'il lui conserva dans la suite, qu'est dû le nom de *Philométor,* qui devint son titre distinctif.

A la onzième année de son règne, la couronne fut partagée entre son frère et lui : c'est ce que racontent Porphyre et Eusèbe dans deux passages que je vais discuter.

Celui de Porphyre est ainsi conçu : Ἄρχει μὲν γὰρ ὁ Φιλομήτωρ πρότερος ἔτεσιν ἕνδεκα μόνος. Ἀντιόχου δὲ ἐπισ]ρατεύσαντος Αἰγύπτῳ.....οἱ Ἀλεξανδρεῖς τῷ νεωτέρῳ ἐπέτρεψαν τὰ πράγματα, καὶ διώξαντες Ἀντίοχον ἐρρύσαντο τὸν Φιλομήτορα, καὶ ἐχρημάτισεν αὐτοῖς Φιλομήτορος ις′, Εὐεργέτου δὲ ἕν [a].

C'est-à-dire : « Philométor règne le premier et seul pendant *onze* ans.

[a] *Ap.* Euseb. *Græc.* p. 225, l. 19, ed. Scalig.

« Antiochus étant venu attaquer l'Égypte....... les Alexandrins con-
« fièrent les rênes de l'état au plus jeune : ils poursuivirent Antio-
« chus et délivrèrent Philométor; et la *seizième* année de Philométor
« fut comptée la *première* d'Évergète. »

Mais, puisque c'est à la *onzième* année de Philométor qu'Antiochus le fit prisonnier, et que les Alexandrins mirent Évergète sur le trône, il est clair que la *première* année d'Évergète dut correspondre à la *douzième* et non pas à la *seizième* de son frère. Ainsi on doit lire sans hésiter, dans le texte de Porphyre, Φιλομήτορος ιβ' au lieu de ις'. C'est, en effet, la leçon que portait ce texte au ve siècle, puisque la version arménienne donne le nombre douze[a]; et il est étonnant qu'on n'y ait pas fait attention.

Les difficultés que présente le texte d'Eusèbe tiennent à des erreurs non moins évidentes : Πρῶτος γὰρ ὁ Φιλομήτωρ μόνος ια' ἔτη ἐβασίλευσεν, εἶτα ὑπὸ Ἀντιόχου ἐξεβλήθη...... κρατεῖ τῶν πραγμάτων Πτολεμαῖος ὁ Εὐεργέτης ὁ νεώτερος.... γνώμῃ τῶν Ἀλεξανδρέων. Διώκεται δὲ καὶ Ἀντίοχος, λυθρωθέντος καὶ τοῦ Φιλομήτορος, καὶ βασιλεύουσιν οἱ δύο. Ἀπὸ τοῦ ιβ' ἔτους ἕως τοῦ ιζ' ἔτους, ἐχρημάτισαν εἶναι παρὰ Ἀλεξανδρεῦσι, ΤΩ͂ ΔΕΚΆΤΩ τοῦ Φιλομήτορος ἔτει πρῶτον ἔτος τοῦ Εὐεργέτου, καὶ ἐβασίλευον οἱ δύο ἐν ὁμονοίᾳ ἀπὸ τούτου τοῦ ιβ' ἔτους τοῦ Φιλομήτορος, ἕως τοῦ ιζ' ἔτους αὐτοῦ, ἕκτου δὲ Εὐεργέτου [b]. La phrase καὶ βασιλεύουσιν οἱ δύο jusqu'à Εὐεργέτου offre plusieurs difficultés, dont la première consiste dans le mot τῷ δεκάτῳ : car il est évident qu'il s'agit de l'an xii et non de l'an x, comme le prouve le membre ἀπὸ τοῦ ιβ' ἔτους ἕως τοῦ ιζ' ἔτους qui précède; et cet autre, qui vient immédiatement après : ἐβασίλευον οἱ δύο ἐν ὁμονοίᾳ ἀπὸ τούτου τοῦ ιβ'; enfin, ce qui achève de le démontrer, c'est que l'auteur ajoute : « la *dix-septième* année de Philométor fut la *sixième* d'Évergète; » or cela ne peut avoir eu lieu que parce que la *première* de l'un fut *la douzième* de l'autre.

M. Champollion-Figeac[c], qui a raisonné d'après la leçon δεκάτῳ, a été obligé d'admettre que la dix-septième année de Philométor fut la *huitième* d'Évergète; mais le texte porte ἕκτου et non pas ὀγδόου.

---

[a] Euseb. Pamph. Armen. ed. Aucher. p. 239; edd. Maio et Zohrab. p. 116. — [b] Euseb. Græc. p. 54. — [c] Ann. des Lag. II, p. 135, 137.

III. TEMPLE DE PAREMBOLÉ.

La phrase n'offre aucun sens comme elle est imprimée; il faut lire : καὶ βασιλεύουσιν οἱ δύο ἀπὸ τοῦ ιϛ´ ἔτους ἕως τοῦ ιζ´ ἔτους· ἐχρημάτισεν οὖν παρ' Ἀλεξανδρεῦσι δωδέκατον τοῦ Φιλομήτορος τὸ πρῶτον ἔτος τοῦ Εὐεργέτου.

Le texte porte ἐχρημάτισαν εἶναι, τῷ δεκάτῳ, et ἔτει πρῶτον : aucune de ces leçons n'est supportable; mes corrections sont nécessaires. Le changement de εἶναι en οὖν est très-ordinaire, parce que l'abréviation du premier mot ressemble beaucoup à οὖν dans les manuscrits. Quant à ἐχρημάτισεν, il signifie *fut, fut regardé comme, fut dénommé*. Le sens de εἶναι, ὑπάρχειν, προσαγορεύεσθαι, est souvent donné à χρηματίζειν [1].

On traduira donc ainsi tout le passage : « Car Philométor régna
« seul le premier pendant *onze* ans; ensuite il fut chassé par Antio-
« chus...... Ptolémée Évergète, le plus jeune, monte alors sur le
« trône, du consentement des Alexandrins. On poursuit Antiochus;
« Philométor est délivré, et les deux frères règnent ensemble depuis
« la *douzième* année jusqu'à la *dix-septième:* pour les Alexandrins, la
« *douzième* de Philométor fut la première d'Évergète; et les deux
« rois régnèrent ensemble de bon accord depuis cette *douzième* an-
« née de Philométor jusqu'à la *dix-septième* du même, qui fut la
« *sixième* d'Évergète; etc. »

Le fait qui résulte uniformément de ces deux textes, c'est que

---

[1] Menag. *ad Laert.* I, 48; Coray, *ad Heliod.* p. 347; Boisson. *ad Nicet. Eugen.* V, 410. Ainsi Plutarque dit de Cléopâtre : καὶ νέα Ἶσις ἐχρημάτισεν (*in Anton.* § 54), c'est-à-dire προσηγορεύθη, verbe qu'il emploie dans le même cas au § 60 : Διόνυσος νέος προσαγορευόμενος. Photius dit, dans les extraits de Ctésias : ὃς τῶν ἐξ Ἀθηνῶν τεσσαράκοντα νηῶν ἐχρημάτιζε ναύαρχος... qui *était* commandant des quarante vaisseaux d'Athènes (Phot. LXXII; Ctes. *Fragm.* ed. Baehr. p. 72; ibiq. edit. not. p. 173): et dans ceux de Nonnose : φύλαρχος τῶν Σαρακηνῶν ἐχρημάτιζε Κάϊσος (p. 7); Eusèbe : τῆς Ἀντιοχέων ἐκκλησίας πρῶτος ἐπίσκοπος Εὐόδιος ἐχρημάτισεν (*in Chronic. graec.* p. 190, 8); Philostorge : καὶ αὐτὸς τῶν μαθητῶν Λουκιανοῦ χρηματίσας, i. q. γενόμενος, ὑπάρχων (*Hist. eccles.* III, 15). Eusèbe et Porphyre offrent, en outre, plusieurs exemples du sens chronologique du verbe χρηματίζειν ayant pour sujet ἔτος; tels que ἐχρημάτισε τὸ πέμπτον ἔτος Κλεοπάτρας τὸ καὶ πρῶτον Πτολεμαίου (Porphyr. ap. Euseb. p. 226, l. 20); et καὶ ἐχρημάτισεν αὐτοῖς (Ἀλεξανδρεῦσι) Φιλομήτορος ιϛ, Εὐεργέτου δὲ ἕν (*id.* p. 225, l. 19), ce que Porphyre exprime par προσαγορεύεσθαι (l. 25).

Philométor régna d'abord seul pendant *onze* ans, puis avec son frère pendant *six* ans, c'est-à-dire jusqu'à la *dix-septième* année inclusivement; que, pendant cet intervalle de *six* ans, les deux princes furent nommés dans les actes publics, la *douzième* année de l'un étant identifiée à la *première* de l'autre, et ainsi de suite, jusqu'à la *dix-septième* de Philométor, qui fut la *sixième* de son frère : et, si l'on trouve quelque jour un acte public se rapportant aux années 170 à 165, il portera le nom des deux rois et une double date, à peu près de cette manière (supposé qu'il soit de l'an XIV) : βασιλευόντων Πτολεμαίων τῶν ἀδελφῶν, Θεῶν Φιλομητόρων καὶ Εὐεργετῶν, ἔτους ΙΔ̄ τοῦ καὶ Γ̄.....

De ce fait constaté on doit tirer la conclusion que tout monument où Philométor seul se trouve nommé est antérieur à l'an *douze* ou postérieur à l'an *dix-sept* de son règne; et nous pouvons juger, en conséquence, combien est incertaine l'attribution que les numismatistes ont faite à Ptolémée Philométor des médailles portant la date des années 12, 13, 14[1], 15, 16 et 17.

Il est facile de voir maintenant que l'inscription de Parembolé est postérieure à l'an 17 du règne de ce prince; car il n'a pas pu se marier avant cette époque, il eût été trop jeune. La date de son mariage n'est pas déterminée d'une manière positive. Si on la place à l'an 17 de son règne (165 avant notre ère), et la naissance de sa fille Cléopâtre à l'année suivante, cette époque s'accordera fort bien avec l'année du mariage de cette princesse, qui épousa Alexandre, roi de Syrie, dès l'an 151, ou 31 du règne de son père[a]; elle était donc alors dans sa quatorzième année.

Cette circonstance nous fournit le moyen de déterminer l'année de notre inscription : il faut remarquer, en effet, que les mots ΚΑΙ ΤΩΝ ΤΕΚΝΩΝ ne s'y lisent point, tandis qu'on les trouve dans toutes les inscriptions du règne de Philométor et des autres princes, où la formule ὑπὲρ βασιλέως se rencontre. Cette omission prouve que la for-

---

[a] Champollion-Figeac, *Ann. des Lag.* II, p. 158.

[1] Une médaille de l'an XIV porte le nom de Philométor; mais les numismatistes reconnaissent qu'elle a été frappée à Ptolémaïs de Phénicie.

III. TEMPLE DE PAREMBOLÉ.

mule τὰ τέκνα ou τῶν τέκνων n'était point une forme uniquement consacrée par l'usage et le protocole, ainsi qu'on l'avait présumé[a], mais qu'elle indique que le prince avait des enfants à l'époque où l'on traçait une dédicace. Cette omission constitue donc un caractère chronologique qu'il ne faut pas négliger; et nous devons en conclure que Philométor était alors déjà marié, mais que Cléopâtre ne l'avait pas encore rendu père. Or, d'une part, d'après la formule du monument, il est postérieur à l'année 14; de l'autre, l'omission du nom des enfants prouve qu'il est antérieur à l'an 15, où naquit la fille de Philométor. La conséquence de ces deux observations combinées, c'est que l'inscription de Parembolé date de l'année même de son mariage.

La détermination de cette date, qui, si elle n'est pas certaine, est du moins appuyée sur de grandes probabilités, nous indique que ce monument est sans doute lié au fait même du mariage de Philométor; et l'on peut présumer avec beaucoup de vraisemblance que les deux nouveaux époux, ayant parcouru l'Égypte pour se montrer à leurs peuples, voulurent laisser, à l'extrémité de leur empire, un témoignage de leur attachement à la religion du pays, en ordonnant de compléter la construction du temple de *Parembolé*. C'est à une cause semblable qu'est dû, sans doute, celui d'Esculape à Philes[b]: car rien n'empêche de croire qu'Épiphane et la reine Cléopâtre eussent parcouru l'Égypte et donné eux-mêmes l'ordre de construire cet édicule en l'honneur du dieu auquel la princesse croyait devoir son heureuse délivrance et le rétablissement de sa santé.

Je dis que le propylon fut *construit*, non pas seulement *dédié*, parce que l'idée de simple *dédicace* est tout aussi difficile à comprendre que pour le temple d'Osiris à Canope. Il est hors de toute probabilité qu'on eût *dédié* à Isis et à Osiris un des propylons, déjà *construit*, du temple qui leur était dédié *dans sa totalité* : imaginer qu'on aurait consacré un des propylons du temple à d'autres dieux ne serait pas moins invraisemblable.

[a] Champollion-Figeac, ouvrage cité, II, 161. — [b] Plus haut, p. 8.

IV.

DÉDICACE DU PRONAOS D'ANTÆOPOLIS, GRAVÉE SUR LE LISTEL DE LA CORNICHE, SOUS LE RÈGNE DE PTOLÉMÉE VI, DIT *PHILOMÉTOR*, ET TRANSPORTÉE SUR L'ARCHITRAVE AU TEMPS DES EMPEREURS MARC-AURÈLE ET VÉRUS.

L'ancienne ville d'Antæopolis renfermait, entre autres édifices, un beau temple consacré au dieu égyptien Antée. A l'époque de l'expédition française, il n'en restait plus que le pronaos[a]; en 1819 ce pronaos s'est écroulé entièrement à la suite de l'inondation du Nil, et l'édifice a complétement disparu[1].

Ce fâcheux événement ne rend que plus précieux et le dessin qui fait partie du grand ouvrage sur l'Égypte, et la description détaillée qui l'accompagne.

A l'époque de l'expédition, l'entablement était déjà en partie renversé. Sur l'architrave de la façade était gravée une inscription grecque, dont les fragments furent très-heureusement retrouvés, soit en place, soit au pied des colonnes[b]. En rapprochant les différents blocs qui portent des lettres, on obtient l'inscription presque tout entière: il ne reste à faire que de très-courts suppléments, qui ne laissent aucun doute fondé.

Avant d'examiner les diverses particularités de cette inscription curieuse, composée de deux parties qui se rapportent à deux époques éloignées l'une de l'autre d'environ trois siècles, il convient d'analyser les matériaux qui nous mettent en état d'en proposer une restitution complète.

Pococke est le premier voyageur qui se soit attaché à recueillir quelques débris de cette inscription mutilée. De son temps elle était

[a] Jomard, *Description d'Antæopolis*, p. 14. — [b] *Id.* p. 16.

[1] «Nous passâmes devant Qaou el-Kebir (*Antæopolis*), et mon maasch traversa à pleines voiles l'emplacement du temple, que le Nil a complétement englouti sans en laisser le moindre vestige.» (Champ. *Lettres écrites d'Égypte*, p. 88.)

IV. PROPYLON D'ANTÆOPOLIS.

dans le même état où l'ont retrouvée depuis les savants français et M. Hamilton, c'est-à-dire que les deux extrémités seules se voyaient en place; le milieu était tombé au pied des colonnes. Des trois fragments qui ont été vus à terre par M. Hamilton, Pococke n'en trouva qu'un; dans sa copie, il s'est contenté de mettre ce fragment unique entre les deux autres restés en place. Il en est résulté, comme on le pense bien, une inscription indéchiffrable.

C'est M. Hamilton qui, dans ses *Ægyptiaca* [a], a donné tout ce qui existait encore de ce précieux monument. Il a été assez heureux pour retrouver, en 1801, les trois blocs intermédiaires, tandis que, deux ans auparavant, l'auteur de la description d'*Antæopolis* n'en avait vu qu'un seul et une partie du second. Pour rétablir l'inscription, il n'y a donc qu'à mettre bout à bout les fragments que le voyageur anglais a recueillis : ils offriront la disposition du n° I, où je conserve exactement la place relative qu'il a donnée à chacune des lettres. En rapportant à cette copie, qui est la plus complète, les fragments retrouvés et copiés par Pococke, ainsi que par l'auteur de la description d'Antæopolis, nous aurons une indication exacte de ce que ces deux voyageurs ont fait et de ce qu'ils ont laissé à faire. (Voyez les n°s II et III.)

Les fragments dont se compose la copie de M. Hamilton donnent l'inscription presque entière; et M. Walpole n'a pas eu beaucoup de peine à la restituer en grande partie [b]. Seulement, il a négligé la dernière lacune entre **TETAPTO** et **ANIΘ**, et il n'a tenu aucun compte de ces quatre dernières lettres, qui ne sont pas sans importance puisqu'elles servent à compléter la date.

Voici les trois copies, mises l'une sous l'autre, ainsi que la restitution qui résulte de la combinaison des éléments qu'elles nous ont conservés.

[a] *Ægyptiaca*, p. 268. — [b] *Travels in various parts, etc.* II, p. 592.

N° I. COPIE DE M. HAMILTON.

1ᵉʳ fragment, en place.	2ᵉ, en deux blocs.	3ᵉ.	4ᵉ.	5ᵉ, en place.
ΣΠΤΟΛΕΜΑ	ΣΠΤΟΛΕΜ	ΑΙΟΥΚΑΙΚΛΕΟ	ΠΑΤΡΑΣΘΕΩΝΕΠΙΦΑΝΩΝΚ	ΕΥΧΑΡΙΣΤΩΝ.
ΙΛΙΣΣΑΚΛ	ΕΟΠΑΤΡΑ	ΗΤΟΥΒΑΣΙΛ	ΕΩΣΑΔΕΛΦΗΘΕΟΙΦΙΛ	ΜΗΤΟΡΕΣ
ΛΟΝΑΝΤΑΙΩ	ΚΑΙΤΟΙΣΣΥΝΝΑ	.ΙΣΘΕΟΙΣΑΥΤΟ	ΚΡΑΤΟΡΕΣΚΑΙΣΑΡΕΣΑΥΡΗ	ΙΑΝΤΩΝΙΝΟΣ
ΕΣΣΕΒΑΣΤΟ	ΕΝΕΩΣΑΝΤ	.ΤΗΝΣΤΕΓΑ...	ΤΡΙΔΑΕΤΟΥΣΤΕΤΑΡΤΟ	ΛΝΙΘ

N° II. COPIE DE POCOCKE.

ΣΠΤΟΛΕΜ .	....	....	.ΠΑΤΡΑΣΘΕΩΝΕΠΙΦΑΝΩΝΚ	.. ΕΥΧΑΡΙΣΤΩΝ
ΙΛΙΣΣΑΚΛ .	....	....	.ΕΩΣΑΔΕΛΦΗΘΕΟΙΦΙΛ ..	.. ΜΗΤΟΡΕΣ
ΘΝΑΝΤΑΙΩ	....	....	.ΤΟΡΕΣΚΑΙΣΑΡΕΣΑΥΡΗ ..	ΟΙΑΝΤΩΝΙΝ
ΡΕΡ . ΣΤΟ .	....	....	. ΤΙΙΔΕΤΟΥ . . Ε.ΤΑΡΤΟ	.. ΝΙΘ

N° III. COPIE DE M. JOMARD.

ΣΠΤΩΛΕΜΑ	....	....	.ΟΠΑΤΡΑΣΘΕΩΝΕΠΙΦΑΝΟΝΚ	. ΕΥΧΑΙΙΣΤΩΝ
ΙΛΙΣΣΑΚΛ .	....	....	.ΛΕΩΣΑΔΕΛΦΙΘΕΟΙΦΙΛ...	.ΜΗΤΟΡΕΣ
ΛΟΝΑΝΤΑΙΩ.	ΑΙΙΟΙΣΣΙΝΝΑC .	....	.ΚΙΛΤΟ..Σ.. ΣΑΡΕΣΛΙΡΗ ..	. ΟΙΑΝΤΩΝΙΝΟΣ
ΣΣΕΡ.ΣΤΟ.	ΕΝΕΩΣΑΝΤ.	....	. ..ΔΑ..Ο...Ε . . .	. ΝΙΘ

N° IV. RESTITUTION.

ΒΑΣΙΛΕΥΣΠΤΟΛΕΜΑΙΟ	ΣΠΤΟΛΕΜ	ΑΙΟΥΚΑΙΚΛΕΟ	ΠΑΤΡΑΣΘΕΩΝΕΠΙΦΑΝΩΝΚ	ΑΙΕΥΧΑΡΙΣΤΩΝ
ΚΑΙΒΑΣΙΛΙΣΣΑΚΛ	ΕΟΠΑΤΡΑ	ΗΤΟΥΒΑΣΙΛ	ΕΩΣΑΔΕΛΦΗΘΕΟΙΦΙΛΟ	ΜΗΤΟΡΕΣ
ΤΟΠΡΟΝΑΟΝΑΝΤΑΙΩΙ	ΚΑΙΤΟΙΣΣΥΝΝΑ	ΟΙΣΘΕΟΙΣΑΥΤΟ	ΚΡΑΤΟΡΕΣΚΑΙΣΑΡΕΣΑΥΡΗ	ΛΙΟΙΑΝΤΩΝΙΝΟΣ
ΚΑΙΟΥΗΡΟΣΣΕΒΑΣΤΟΙ	ΑΝΕΝΕΩΣΑΝΤ	ΟΤΗΝΣΤΕΓΑΣ	ΤΡΙΔΑΕΤΟΥΣΤΕΤΑΡΤΟΥ	ΠΑΙΝΙΘ

IV. PROPYLON D'ANTÆOPOLIS.

L'idée de placer bout à bout les fragments recueillis par M. Hamilton, en conservant exactement aux lettres la place qu'elles occupent sur chacun d'eux, m'a fait découvrir une particularité assez remarquable : c'est que plusieurs lettres n'y occupent pas la place qu'elles devraient avoir, et que certains mots sont coupés par des intervalles ou des lacunes dans lesquelles on ne peut placer aucune lettre. En effet, à la seconde ligne du premier fragment on ne peut séparer ΚΛ de ΕΟΠΑΤΡΑ; ni ΠΤΟΛΕΜ de ΑΙΟΥ, à la première ligne du second; de semblables lacunes de deux à trois lettres existent à la seconde ligne du second, du troisième et du quatrième fragment.

Pour expliquer cette singularité, la première conjecture qui vient à l'esprit, c'est que M. Hamilton, s'attachant surtout à copier exactement les lettres qu'il voyait, ne s'est pas astreint avec assez de scrupule à leur conserver leurs places respectives. Cette conjecture tombe tout à fait lorsqu'on songe que ces lettres appartiennent à des fragments placés sur des blocs séparés; en sorte que, quand même on supposerait que M. Hamilton n'eût pas donné exactement la position relative des lettres sur chaque bloc, on est obligé de convenir qu'il n'a pu mettre sur un bloc les lettres qui étaient sur un autre : or c'est ce qu'il faudrait admettre. Prenons pour exemple la seconde ligne : si l'on veut rapprocher ΕΟΠΑΤΡΑ de ΚΛ, il faudra porter ces lettres sur le premier bloc; ou, si, les laissant à leur place, on en rapproche ΙΛΙΣΣΑΚΛ, il faudra faire la même opération sur Η ΤΟΥ ΒΑΣΙΛΕΩΣ et sur ΦΙΛΟΜΗΤΟΡΕΣ : la conséquence de ces changements serait qu'aucun des mots ne resterait sur le bloc où M. Hamilton l'a vu, et que le cinquième fragment, qui est encore en place, n'aurait point de seconde ligne. Tout cela est impossible.

D'ailleurs, remarquons que, dans toutes les parties communes aux trois copies, les lettres ont, à très-peu de chose près, la même position relative. Une telle coïncidence, sur un fait qui serait faux en lui-même, ne pourrait s'expliquer.

Les coïncidences entre les parties communes aux trois copies montrent, au contraire, que les trois voyageurs ont exactement dessiné tout ce qu'ils ont pu voir : et la conséquence de ces observations, c'est que l'original présentait, sans nul doute, la singularité que nous a conservée d'une manière si évidente la copie de M. Hamilton. Ce fait, qui se lie à l'objet de la seconde partie de l'inscription, sera expliqué quand je traiterai de cette seconde partie, renvoyée à son ordre chronologique (n° XXI).

Les deux premières lignes n'offrent aucune difficulté. Au commencement, il faut nécessairement lire ΒΑΣΙΛΕΥ et ΚΑΙΒΑΣ. Dans le cours de la seconde ligne, M. Jomard a suppléé ΠΤΟΛΕΜΑΙΟΥΒΑΣΙΛΕΩΣ afin de remplir la place vide; mais le nom ΠΤΟΛΕΜΑΙΟΥ serait une répétition tout à fait insolite et du plus mauvais effet en cet endroit, attendu qu'il est déjà plus haut; d'ailleurs, la leçon de M. Hamilton, ΗΤΟΥΒΑΣΙΛΕΩΣ, prouve le peu de fondement de cette restitution.

La troisième ligne commence par ΑΟΝ dans la copie de M. Hamilton; par ΛΟΝ, dans celle de M. Jomard; en conséquence, ce dernier lit ΤΟΠΡΟΠΥ]ΛΟΝ : mais, comme l'édifice qui portait l'inscription était certainement un *pronaos*, la leçon ΑΟΝ est évidemment la bonne, et on devra lire avec M. Walpole ΤΟΠΡΟΝ]ΑΟΝ[1]. Ce savant a placé les six premières lettres à la fin de la ligne précédente, sans égard à la position des lettres ΑΟΝ sous ΙΛΙΣ, laquelle prouve que six ou sept lettres manquent au commencement de la troisième ligne.

La lacune, dans ΑΥΡΗ..ΟΙ, ne peut être remplie que par ΑΥΡΗ[ΛΙ]ΟΙ; ce nom pluriel, suivi de ΑΝΤΩΝΙΝΟΣ, annonce que la ligne suivante commence par ΚΑΙΒΗΡ]ΟΣ ou ΚΑΙΟΥΗΡ]ΟΣ, comme lit M. Jomard; leçon bien préférable à ΕΥΣΕΒΕΙΣ, proposé par M. Walpole, et qui ne peut avoir de sens dans cet endroit. Pour le reste de la ligne, M. Jomard avait proposé : ΑΝΕΝΕΩΣΑΝΤΗΝΤΟΥΝΕΟΥ ΘΥΡΙΔΑ, ou bien ΤΗΝ ΣΤΕΓΗΝ ΚΑΙ ΤΗΝ ΘΥΡΙΔΑ : ces deux restitutions sont détruites par la leçon de M. Hamilton : ΑΝΕΝΕΩΣΑΝΤ.

---

[1] Et non ΤΟΝ ΠΡΟΝΑΟΝ, par les raisons développées à l'article du *Pronaos* de Tentyra (n° X).

IV. PROPYLON D'ANTÆOPOLIS.

ΤΗΝΣΤΕΓΑ. ΤΡΙΔΑ, et il n'y a pas moyen de lire autrement que ἀνενεώσαντο τὴν σ]εγασ]ρίδα.

La leçon ΤΕΤΑΡΤΟ est évidemment ΤΕΤΑΡΤΟΥ ; puis vient une lacune de dix lettres; la ligne est terminée par les lettres ΑΝΙΘ, que M. Jomard lit Π]ΑΝΙΘ[ΕΩΙ]. Cette restitution est inadmissible, par la raison que jamais, dans les inscriptions de ce genre, le nom du *dieu* ne se lit après la *date* de l'année. A cette raison péremptoire s'en joint une autre qui ne l'est pas moins : c'est qu'il ne peut être ici question d'une divinité quelconque, attendu que ce dieu est mentionné plus haut; cette réparation du temple d'*Antée* ne pouvait être faite qu'en l'honneur de la divinité de ce temple, et non du dieu *Pan*, qui n'a rien à faire en cette circonstance. Il est donc de toute certitude qu'on doit trouver ici le nom du mois et son quantième. Indépendamment de ces motifs, j'observe que les lettres ΝΙΘ terminent la quatrième ligne du cinquième fragment, qui est encore en place. Ce fragment a souffert dans la partie où il tenait au bloc n° 4, parce que ce bloc, en tombant, a fait un arrachement dans celui qui reste; mais les extrémités des lignes sont intactes dans toutes les copies, et la pierre n'a subi aucun dommage en cet endroit. Or aucun des voyageurs n'a vu de vestiges de lettres après ΝΙΘ, ce qui prouve qu'il n'y en avait aucune, et qu'ainsi l'addition des trois lettres ΕΩΙ, outre les difficultés que j'ai signalées, est par elle-même inadmissible.

Je lis donc en toute assurance ΠΑΙΝΙΘ, *le ix de Païni* ; entre τετάρτου et παϋνὶ Θ il y a une lacune de huit à neuf lettres; mais, comme les deux copies s'accordent à ne marquer aucune trace de lettres en cet endroit, je pense qu'il n'y en avait point. C'était assez l'usage de laisser un intervalle entre le nom du mois et le mot ou la lettre numérique indiquant l'année ; nous en verrons plus d'un exemple. Tels sont les éléments de la restitution qu'on a trouvée p. 26. La voici en caractères courants :

Βασιλεὺ]ς Πτολεμα[ίο]ς Πτολεμαίου καὶ Κλεοπάτρας, Θεῶν Ἐπιφανῶν κ[αὶ] Εὐχαρίσ]ων,

[καὶ βασ]ίλισσα Κλεοπάτρα, ἡ τοῦ βασιλέως ἀδελφὴ, Θεοὶ Φιλ[ο]μήτορες,
[τὸ πρόν]αον Ἀνταίῳ καὶ τοῖς συννά[ο]ις Θεοῖς. Αὐτοκράτορες Καίσαρες Αὐρή[λι]οι
Ἀντωνῖνος
[καὶ Οὐή]ρος σεβαστο[ὶ ἀν]ενεώσαντ[ο] τὴν σ]εγα[σ]]ρίδα, ἔτους τετάρτο[υ, Π]αϋνὶ Θ̄.

Le roi Ptolémée, fils de Ptolémée et de Cléopâtre, dieux Épiphanes et Eucharistes, et la reine Cléopâtre, sœur du roi, dieux Philométors, [ont construit] ce pronaos à Antée et aux dieux adorés dans le même temple.

Les empereurs Césars Aurèles, Antonin et Vérus, Augustes, en ont refait à neuf la corniche, l'an IV, le 9 de Païni.

Cette inscription est double et se rapporte à deux époques différentes.

La première partie appartient au règne de Ptolémée Philométor, comme l'inscription précédente. Le roi son père, au titre d'*Épiphane*, le seul qu'il porte sur plusieurs monuments, parce que c'était son titre distinctif et officiel, joint celui d'*Eucharistе*, surnom honorifique qu'il reçoit aussi dans d'autres inscriptions, entre autres dans celle de Rosette, rédigée avant qu'il ne fût marié; et l'on voit par celle-ci que ce double surnom avait passé à sa femme. En traitant de l'inscription de Rosette, j'expliquerai le sens de ces deux titres, dont l'un signifie *illustre* et l'autre *bienfaisant*.

La date de la dédicace d'Antæopolis ne peut être déterminée avec beaucoup de précision. Elle se renferme nécessairement entre les années 165 et 146, qui sont celles du mariage et de la mort de Philométor. On peut essayer de restreindre cet intervalle par la considération qu'il n'est pas question ici des enfants de Philométor, bien que cette circonstance, décisive dans la formule ὑπὲρ βασιλέως, le soit beaucoup moins quand les noms du roi et de la reine sont mis au nominatif : car il ne s'agit plus alors d'un vœu pour le salut de la famille royale, dans lequel on ne pouvait jamais se dispenser de comprendre les enfants du roi et de la reine; il s'agit d'une opération, résultat de la volonté des chefs du gouvernement, à laquelle les enfants pouvaient n'avoir aucune part. Toutefois, dans ce cas même, la mention des enfants serait plus naturelle. Cette

IV. PROPYLON D'ANTÆOPOLIS.

omission rend donc assez vraisemblable que la dédicace est, comme la précédente, antérieure à la naissance du premier enfant du roi.

Le second objet qui doit attirer notre attention, c'est le nom de la divinité à laquelle le pronaos est dédié, Ἀνταίῳ καὶ τοῖς συννάοις θεοῖς. On a dit que les Grecs avaient voulu dédier le temple d'*Antæopolis* à un personnage de leur mythologie, à un *héros grec*. Mais cette explication ne peut plus subsister maintenant. Il est certain que la divinité quelconque, désignée par le mot grec *Antée*, appartient à la religion du pays. En effet, qu'est-ce que le personnage *Antée* dans la mythologie grecque? Rien qu'un être insignifiant, qui n'y a trouvé place que parce qu'il se liait au mythe d'Hercule. Ce personnage n'a jamais été l'objet, en Grèce, je ne dirai pas d'un culte, mais de simples hommages héroïques. Comment donc supposer que les Grecs, en Égypte, lui auraient dédié le *pronaos* d'un temple égyptien? Or, dans l'hypothèse que nous combattons, Antée n'aurait pas été honoré, par les Grecs, seulement comme un héros, il l'aurait été comme un *dieu*, et un dieu principal, κυριώτατος θεός [a], auquel on consacrait un temple en lui subordonnant d'autres divinités, selon la formule καὶ τοῖς συννάοις θεοῖς, qui se trouve ici de même que dans les autres dédicaces aux divinités de l'Égypte. Cette considération suffit pour établir qu'*Antée* est une divinité égyptienne sous une dénomination de forme grecque.

D'autres preuves ajoutent à la démonstration, principalement le nom même d'*Antæopolis*. C'est un fait reconnu que les noms égyptiens des villes de l'Égypte n'avaient été que rarement pris des divinités qui y étaient adorées : du moins, on en cite assez peu de ce genre [1], tels que *Chemmis, Chnubis, Atarbechis, Mendès, Bubastis, Busiris, Buto, Taposiris*, etc.; la plupart de ces noms étaient pure-

---

[a] Plus haut, p. 18.

[1] Peut-être chaque ville avait-elle, en égyptien, deux noms, dont l'un était le nom *géographique,* l'autre son nom *religieux,* tiré de celui de la divinité principale qu'on y adorait. C'est ce dernier que les Grecs auront le plus souvent mieux aimé traduire, l'autre étant trop dur à l'oreille.

ment *géographiques* et n'avaient point de rapport au culte. Les Grecs, au contraire, en conservant à quelques-uns de ces lieux leurs noms nationaux, quand ils pouvaient réussir à les rendre moins barbares au moyen d'une désinence hellénique, dénommèrent en grec les autres villes d'après le culte particulier à chacune d'elles, traduisant le nom de la divinité locale par celui de la divinité grecque dont les attributs leur parurent analogues : de là les noms tels qu'*Hermopolis, Heracléopolis, Apollonopolis, Panopolis, Aphroditopolis, Diospolis*, etc. Il est impossible de citer un seul exemple qui puisse autoriser à croire qu'ils aient changé le culte établi dans un lieu. Cette tentative de changement eût été à la fois impolitique et inutile : d'où il résulte que les dénominations grecques des villes de l'Égypte nous révèlent le culte qu'on y professait avant l'arrivée des Grecs. Ainsi, du seul nom d'*Antæopolis* on devrait nécessairement conclure qu'on y adorait une divinité égyptienne, dont les Grecs ont cru reproduire le nom dans celui d'*Antée*, quand même nous n'aurions pas fait voir l'impossibilité de trouver dans cet Antée une divinité grecque. C'était une divinité locale, comme le *Paytnuphis* de Pselcis (n° V), l'*Aménébis* de Tchonémyris (n° XVIII), le *Chnubis* de Syène et d'Éléphantine (n° XXVII), etc. dont le nom égyptien, tel qu'*Entès*[1], ou tout autre analogue à celui d'*Antée*, aura été ramené à cette forme grecque par amour de l'euphonie. Pour dernière preuve nous citerons Diodore de Sicile, qui raconte, d'après le rapport des prêtres du pays, qu'*Antée* fut, comme Hercule, un des lieutenants d'Osiris, et que ce Dieu lui confia le soin de la Libye et de l'Éthiopie lorsqu'il partit pour sa grande expédition [a]. *Antée*, ou le personnage divin auquel les Grecs ont donné ce nom, appartient donc évidemment à la mythologie égyptienne, et se lie à la légende d'Osiris.

La construction grammaticale de la dédicace d'*Antæopolis* est précisément la même que dans celle de Canope [b] : on y trouve successivement le nom des princes, celui de l'édifice (πρόναον) et celui du

---

[a] Diod. Sic. I, 17. — [b] Plus haut, p. 6.

[1] C'est aussi l'idée de Jablonski (*Panth. Ægypt.* II, 7, 15).

dieu; le verbe y manque également. Le monument de Canope, indépendamment de l'usage suivi dans les inscriptions de ce genre, nous a démontré que l'idée sous-entendue, en pareil cas, est celle de *construction*, et non simplement de *dédicace*.

On ne peut donc traduire autrement que [*ont élevé*] *ce pronaos à Antée*. Cette traduction sera appuyée par les considérations développées dans le cours de cette première partie de mon ouvrage. Dès à présent, la conséquence immédiate que nous tirerons de l'inscription seule, c'est que le *naos* d'Antée, maintenant détruit, était resté sans avoir de *pronaos* jusqu'au règne de Ptolémée Philométor; que ce prince, probablement lors d'un premier voyage qu'il fit dans la haute Égypte avec Cléopâtre sa femme, à la suite de son mariage, voulut terminer cet édifice en y ajoutant un *pronaos* qui en complétât la décoration : il le fit construire par des artistes égyptiens, dans le système d'architecture et de décoration déjà suivi pour le reste de l'édifice.

En traitant, à son ordre chronologique, de la seconde partie de l'inscription, qui concerne Marc-Aurèle et Vérus (voyez le n° XX), je donnerai la théorie de l'inscription entière, et l'explication de quelques difficultés qu'on peut y trouver encore.

V.

DÉDICACE DU TEMPLE D'HERMÈS-PAOTNUPHIS OU PAYTNUPHIS, À PSELCIS EN NUBIE, APPARTENANT AU RÈGNE D'ÉVERGÈTE II.

L'ancienne *Pselcis*, *Pselk* en égyptien[a], maintenant Dakkeh ou Dekkeh, était située sur la rive occidentale du Nil, au delà de Philes, à une distance que l'Itinéraire d'Antonin[b] porte à 56 milles de Parembolé.

[a] Champollion, *Lettres écrites d'Égypte*, p. 149. — [b] *Itinera vetera*, ed. Wesseling, p. 162.

INSCRIPTIONS DES TEMPLES.

Le temple, seul reste de cette ancienne ville, porte sur sa façade une inscription grecque qui se distingue, par un caractère particulier, de plusieurs de celles qui ont été examinées plus haut. Au lieu d'être gravée sur le listel de la corniche, la seule partie qui, dans un temple égyptien, restât toujours sans ornement, celle du temple de Pselcis occupe le milieu de la frise. C'est le plus ancien exemple connu du choix d'une pareille place. De plus, elle est renfermée dans un encadrement terminé par des moulures, de manière qu'elle se trouve dans une relation évidente avec les ornements de la frise, qui sont nécessairement de la même époque. C'est, en effet, l'opinion que Salt a émise dans une lettre adressée à M. Hamilton[a]. Il nous apprend que, de chaque côté de l'inscription grecque, il existe une inscription hiéroglyphique contenant le nom de l'immortel Ptolémée et celui d'Hermès, la divinité du temple; et il pense que les hiéroglyphes sont une traduction de la partie grecque, opinion qui revient à celle que j'ai partout exprimée dans cet ouvrage. Salt ajoute que le nom du même Ptolémée se retrouve en beaucoup d'autres endroits de ce temple.

Cet édifice, dont on peut voir le plan et l'élévation dans l'ouvrage de M. Gau[b], était consacré à Thoth, *seigneur de Pselk*, comme portent les inscriptions hiéroglyphiques[c], ou à Hermès, surnommé *Paytnuphis* ou *Paotnuphis*, Παύτνουφις ou Παότνουφις, mot égyptien qui signifie, selon Champollion, *celui dont le cœur est bon*[d] : ces deux formes reviennent au même, puisqu'on trouve indifféremment le nom du mois de *payni* écrit ΠΑΥΝΙ et ΠΑΟΝΙ[e].

Nous possédons deux copies de cette inscription. L'une est due à M. Gau, qui en a donné une sorte de *fac-simile*[f]; il nous a lui-

---

[a] Dans *Young's Account of some recent discoveries in hieroglyph. litterat.* p. 29, 30. — [b] Pl. XXXIV et suiv. *Voy.* notre pl. IV, b. — [c] Champollion, *Lettres écrites d'Égypte*, p. 149. — [d] *Ibid.* p. 150. — [e] *Antiq. de la Nubie*, pl. XXXV. — [f] V. les inscriptions de Philes, au t. II de cet ouvrage.

V. PRONAOS DU TEMPLE DE PSELCIS.

même assuré qu'il a reproduit scrupuleusement ce qu'il a pu en découvrir d'en bas :

```
ΥΠΕΡΒΑΣΙΛΕΩ..............ΠΛΕ Ρ
ΟΕΩΠΕΥΕ....................ΚΛΙ
ΠΛΟΓ...........................ΛΞ
```

La longueur des lignes est donnée : on est sûr qu'il n'y avait rien après les dernières lettres, puisque l'encadrement détermine la fin des lignes; d'un autre côté, la largeur de la frise démontre qu'il n'y a pas eu plus de lignes. La seule erreur possible consiste dans la grandeur de la lacune, que l'artiste, en copiant d'en bas, a pu faire trop grande ou trop petite de quelques lettres en ne proportionnant pas la grandeur des caractères avec l'intervalle. On sait que c'est là ce qu'il y a de plus difficile à éviter en pareille circonstance. Nous verrons qu'en effet il a fait l'espace trop petit de cinq à six lettres.

Nous devons l'autre copie à M. le comte de Vidua [a] : quoique moins complète que la première, puisqu'elle ne donne que le commencement des lignes, elle a l'avantage de mettre, dans la troisième, sur la voie de la vraie leçon ; du moins c'est cette copie qui m'a conduit à la restitution que je vais présenter. Voici cette seconde copie :

```
    ΥΠΕΡΒΑΣΙΛΕΩ........
    ΘΕΩΝΕΥ............
    ΠΑΟΤΙ.............
```

Niebuhr a dit un mot de cette inscription dans ses *Inscriptiones Nubienses*; du moins il y a fait allusion lorsqu'il a avancé que le temple avait été construit par des *bateliers* en l'honneur de Ptolémée Évergète II et de Cléopâtre [1]. Il n'en a pas dit davantage; mais c'en est assez pour montrer que des lettres ΠΛΟΙ ou ΠΛΟΓ, qui

---

[a] *Inscr. antiq.* pl. LVI.

[1] Id [templum] enim in honorem regum Ptolemæi regis et Cleopatræ conditum à naviculariis. (*Inscr. Nub.* p. 16.)

commencent la troisième ligne dans la copie de M. Gau, il faisait le mot ΠΛΟΙΑΡΙΩΝ ou ΠΛΟΙΩΝ, ou quelque dérivé (quoiqu'il n'en existe pas) de ces mots, signifiant *propriétaires* ou *commandants de bateaux;* mais cette restitution n'a aucune probabilité en elle-même. Comment pourrait-on croire que des *bateliers* du Nil avaient bâti ou même simplement décoré un édifice aussi considérable que le temple d'Hermès? D'ailleurs, la copie de M. de Vidua fait évanouir cette leçon si improbable. Il saute aux yeux que les lettres ΠΑΟΤΙ sont le commencement du nom ΠΑΟΤΝΟΥΦΙΣ, qui est celui de la divinité du temple. Toute la restitution repose sur ces quatre lettres.

Première ligne. D'après la copie de M. Gau, qui en donne le commencement et la fin, cette ligne ne peut être que ΥΠΕΡΒΑΣΙΛΕΩ[Ν ΠΤΟΛΕΜΑΙΟΥΚΑΙΚΛΕΟ]ΠΑΤΡΑΣ; car il n'y a pas moyen de penser à cette autre restitution, qui, du reste, reviendrait au même : Ὑπὲρ βασιλέω[ς Πτολεμαίου καὶ βασιλίσσης Κλεο]πάτρας. La lacune n'est que de seize à dix-huit lettres, et il en faudrait mettre près du double. Or on peut bien admettre que M. Gau, copiant l'inscription d'en bas, a pu faire la lacune trop longue ou trop courte de trois ou quatre lettres; mais il est impossible d'admettre qu'il se soit trompé du double au simple. C'est le défaut de place qui a forcé d'abréger la formule, et de remplacer par le pluriel βασιλέων les deux mots βασιλέως et βασιλίσσης. La première ligne était donc évidemment telle que je viens de la rétablir. Elle avait *trente-cinq lettres* : c'est ce nombre qu'il faut retrouver à peu près dans les deux lignes suivantes; cette condition est indispensable.

Deuxième ligne. En comparant cette inscription avec celles qui ont le même objet, on acquiert la certitude qu'après les noms du roi et de la reine, et les épithètes caractéristiques, devait se trouver celui de la divinité du temple, et enfin la date du règne, ou les noms de ceux qui ont érigé l'édifice. C'est là ce qu'il nous faudra chercher après les mots ΘΕΩΝΕΥΕ[ΡΓΕΤΩΝ] qui commencent cette ligne. On a vu que les lettres ΠΑΟΤΙ, qui commencent la suivante, annoncent le nom de ΠΑΟΤΝΟΥΦΙΣ, attribué à l'Hermès du temple

V. PRONAOS DU TEMPLE DE PSELCIS. 37

de Pselcis. Il est donc clair que le ΚΑΙ qui termine la seconde ligne devait être précédé du nom d'Hermès; car c'est ainsi que l'on joignait ensemble la synonymie grecque et égyptienne des divinités. Ainsi, dans l'inscription de l'île de Dionysos (n° XXVIII), on trouve Χνούβει τῷ καὶ Ἄμμωνι, Σάτει τῇ καὶ Ἥρᾳ, Πετενσήνει τῷ καὶ Ἑρμῇ, etc. De même, avant le ΚΑΙ qui termine la ligne précédente, et qui précède le mot ΠΑΟΤΝ, il y avait ΕΡΜΗΙΤΩΙ, et ces mots étaient précédés de ΘΕΩΙ ΜΕΓΙΣΤΩΙ, épithète qui est donnée au dieu de Pselcis dans presque toutes les inscriptions, et non de l'épithète τρισμεγίστῳ, qui ne se rencontre dans aucune inscription grecque de l'Égypte. Ainsi la seconde ligne se composait, comme la première, de trente-cinq à trente-six lettres, savoir :

ΘΕΩΝΕΥΕ[ΡΓΕΤΩΝΘΕΩΙΜΕΓΙΣΤΩΙΕΡΜΗΙΤΩΙ]ΚΑΙ
ΠΑΟΤΝ[ΟΥΦΙΔΙ....

Maintenant observons que la dernière ligne se termine par les caractères \Ξ, qui ne peuvent avoir appartenu qu'aux lettres ΛΕ; et ces deux lettres ne sauraient être que des caractères numériques, indiquant une date de l'an xxxv° du règne des princes susnommés. Ces lettres étaient précédées du mot ΕΤΟΥΣ ou du sigle L, comme dans la pierre d'Edfou (n° XXIX), dont l'inscription se termine par LΛΕ, et qui est peut-être [1] de la même année que celle de Pselcis. L'intervalle entre ΠΑΟΤΝΟΥΦΙΔΙ et cette date était rempli par les mots ΚΑΙΤΟΙΣΣΥΝΝΑΟΙΣΘΕΟΙΣ, qui sont indispensables au complément de la dédicace. Le tout donne une ligne de trente-quatre lettres, c'est-à-dire de même longueur que les deux autres. L'inscription entière était donc ainsi conçue :

ΥΠΕΡΒΑΣΙΛΕΩ[ΝΠΤΟΛΕΜΑΙΟΥΚΑΙΚΛΕΟ]ΠΑΤΡΑΣ
ΘΕΩΝΕΥΕ[ΡΓΕΤΩΝΘΕΩΙΜΕΓΙΣΤΩΙΕΡΜΗΙΤΩΙ]ΚΑΙ
ΠΑΟΤΝ[ΟΥΦΙΔΙΚΑΙΤΟΙΣΣΥΝΝΑΟΙΣΘΕΟΙΣL]ΛΕ

---

[1] Je dis *peut-être*, parce que, comme le nom du roi manque dans l'inscription, cette trente-cinquième année peut appartenir au règne de Philométor.

INSCRIPTIONS DES TEMPLES.

Ὑπὲρ βασιλέων Πτολεμαίου καὶ Κλεοπάτρας,
θεῶν Εὐεργετῶν, θεῷ μεγίστῳ Ἑρμῇ τῷ καὶ
Παοτνούφιδι καὶ τοῖς συννάοις θεοῖς· L$\overline{\text{AE}}$

Pour les rois Ptolémée et Cléopâtre, dieux Évergètes, au dieu très-grand Hermès, dit aussi Paotnuphis, et aux dieux adorés dans le même temple; l'an xxxve.

La dédicace est de l'an xxxve du règne de Ptolémée Évergète II et de Cléopâtre. On sait que ce prince comptait ses années de règne de l'époque où il fut associé à son frère Philométor, ce qui eut lieu en l'année 170 avant J. C.[a] Cette dédicace est, en conséquence, de l'an 136, date antérieure de quatre ans à l'expulsion de ce prince par suite des intrigues de sa sœur[b].

Le rapport évident de cette inscription avec l'architecture de la façade ne permet pas de douter qu'elle ne se rattache à l'époque de la construction, au moins, de la partie antérieure, c'est-à-dire du *pronaos*. Les observations de Champollion viennent à l'appui de cette opinion tirée de la seule inscription grecque. Il a remarqué que l'avant-dernière salle, qui est la partie la plus ancienne du temple, a été construite, au temps de Ptolémée Philadelphe, par le roi éthiopien *Ergamène*, dont parle Diodore de Sicile. Tout le reste du temple ne peut être antérieur, mais peut avoir été construit après cette époque.

« Ce monument, dit-il, prouve que la Nubie cessa d'être soumise
« à l'Égypte dès la chute de la xxvie dynastie, détrônée par Cambyse,
« et que cette contrée passa sous le joug des Éthiopiens jusqu'à l'é-
« poque des conquêtes de Ptolémée Évergète Ier, qui la réunit de nou-
« veau à l'Égypte. Aussi le temple, commencé par Ergamène, a-t-il
« été continué par Évergète Ier, par son fils Philopator et son petit-
« fils Évergète II[c]. » (Voy. notre pl. IV, *f.*)

Le roi éthiopien *Ergamène*, sous le prédécesseur d'Évergète Ier, avait construit ce temple à *Hermès*, divinité égyptienne, comme un

---
[a] Plus haut, p. 22. — [b] Plus bas, p. 55. — [c] *Lettres écrites d'Égypte*, p. 150, 151.

V. PRONAOS DU TEMPLE DE PSELCIS.

autre roi avait élevé celui de Débout au dieu *Amon Rha*[a]. Les sculptures de cette époque, dans les deux temples, sont relatives au culte de ces divinités égyptiennes. Ainsi que je l'ai dit[b], on devrait en conclure, quand on n'aurait pas d'autres preuves, que ces rois étrangers professaient le culte égyptien et adoptaient le culte local des lieux de la Nubie qui avaient passé sous leur domination. Mais les monuments qui subsistent en divers lieux de la vallée supérieure du Nil, notamment à Méroé, dont plusieurs appartiennent à une époque qui doit correspondre à l'époque grecque, prouvent, par leur architecture et leurs sculptures, qu'il en était réellement ainsi, et que l'influence de la religion égyptienne, ainsi que l'usage de l'écriture hiéroglyphique, s'étaient maintenus dans ces contrées, sans avoir subi beaucoup plus d'altérations que dans l'Égypte même.

Pour revenir au temple de Pselcis, nous voyons que le *pronaos* fut ajouté sous Ptolémée Évergète II. L'empereur Auguste fit achever les sculptures intérieures du temple[c]. Quant au propylon qui précède le pronaos, et qui est tout couvert d'inscriptions, il doit être aussi de peu de temps antérieur à l'époque romaine, puisqu'il n'en porte aucune qui ait été tracée avant la XXXII[e] année d'Auguste[d], tandis que celui de Philes en a un grand nombre de l'époque des Lagides. Si ce propylon avait été élevé en même temps que le temple, c'est-à-dire dans le cours du second siècle avant J. C., on ne concevrait pas qu'aucun *proscynèma* n'eût été tracé sur ses parois à l'époque ptolémaïque. C'est une raison de croire qu'il a été bâti après le temple, et que sa construction est du temps où les premières garnisons romaines sont venues s'établir dans la Nubie inférieure.

[a] Plus haut, p. 12. — [b] *Ibid.* — [c] Champollion, *Lettres*, II, p. 151. — [d] V. les inscriptions de Pselcis, au t. II de cet ouvrage.

VI.

DÉDICACE D'UNE CHAPELLE INTÉRIEURE DU GRAND TEMPLE D'OMBOS,
DÉCORÉE SOUS LE RÈGNE DE PHILOMÉTOR.

On lit cette dédicace, en caractères élégants et profondément entaillés, sur le listel de la corniche qui surmonte la porte d'une pièce intérieure, dans le grand temple d'Ombos. M. Hamilton et M. Jomard l'ont fidèlement rapportée, ainsi que M. Gau et le comte de Vidua après eux. Le *fac-simile* donné par M. Gau, et qu'on trouvera dans notre pl. V, *e*, en offre une reproduction exacte.

La voici en caractères courants :

Ὑπὲρ βασιλέως Πτολεμαίου καὶ [1] βασιλίσσης Κλεοπάτρας τῆς ἀδελφῆς, θεῶν Φιλομητόρων, καὶ τῶν τούτων τέκνων, Ἀροήρει [2] θεῷ μεγάλῳ,
Ἀπόλλωνι, καὶ τοῖς συννάοις θεοῖς, τὸν σηκὸν [3]   οἱ ἐν τῷ Ὀμβίτῃ τασσόμενοι
πεζοὶ καὶ ἱππεῖς καὶ οἱ ἄλλοι, εὐνοίας ἕνεκεν τῆς εἰς αὐτούς.

Pour la conservation du roi Ptolémée et de la reine Cléopâtre sa sœur, dieux Philomètors, et de leurs enfants, à Aroéris dieu grand, Apollon, et aux divinités adorées dans le même temple, les fantassins, les cavaliers, et autres personnes stationnées dans le nome d'Ombos, [ont fait] ce sécos à cause de la bienveillance [de ces divinités] envers eux.

La mention des enfants du roi ne permet pas de porter cette dédicace avant l'an 160; elle peut donc être postérieure de quatre ou cinq ans à celle du temple d'Antæopolis.

---

[1] La copie de M. Hamilton (*Ægypt.* p. 75) portait ΔΙΟΥΚΑΙ après le mot ΠΤΟΛΕΜΑΙΟΥ; sur quoi M. Walpole (*Travels in var. parts, etc.* II, p. 593) conjecturait que ce mot ΔΙΟΥ était le génitif de ΔΙΟΣ, pour ΔΙΝΟΣ. Sans m'arrêter à cette conjecture insoutenable, j'avais avancé que les lettres ΔΙΟΥ n'existent pas et ne sont qu'une répétition fautive de la finale ΑΙΟΥ.

Les copies de M. Gau et du comte de Vidua ont confirmé mon assertion.

[2] Les copies de M. Gau et du comte de Vidua s'accordent sur l'orthographe ΑΡΟΗΡΕΙ; les autres donnent ΑΡΩΗΡΕΙ, variante sans importance.

[3] Cet intervalle existe dans la copie de M. Gau; les autres voyageurs avaient négligé cette circonstance.

VI. SÉCOS DU TEMPLE D'OMBOS.

Une particularité remarquable découverte par Champollion, c'est que la reine Cléopâtre, femme de Philométor, porte partout le surnom de *Tryphène*, soit dans la grande dédicace hiéroglyphique sculptée sur la face antérieure du pronaos, soit dans les bas-reliefs de l'intérieur[a]. On ignorait complétement que cette princesse eût porté ce surnom; aucun autre monument n'en présente de trace.

La dédicace est adressée à *Aroéris dieu grand, Apollon*. Le mot *Apollon* est, en effet, l'équivalent grec du nom égyptien *Aroéris*: car Plutarque nous apprend qu'Aroéris ou *Aruéris*, né d'Isis et d'Osiris, qui eurent commerce ensemble dans le ventre de leur mère, était nommé *Hôrus l'aîné* par les Égyptiens, et *Apollon* par les Grecs ......ἔνιοι δὲ Φασιν καὶ τὸν Ἀρούηριν οὕτω γεγονέναι, καὶ καλεῖσθαι πρεσβύτερον Ὧρον ὑπὸ Αἰγυπτίων, Ἀπόλλωνα δὲ ὑπὸ Ἑλλήνων [1]. Notre inscription vient à l'appui du témoignage de Plutarque, d'ailleurs conforme à ce qui existe sur les monuments égyptiens, où le dieu *Aroéris* est parfaitement reconnaissable.

Les auteurs de la Description d'Ombos [b] ont fait plusieurs observations importantes et judicieuses sur le temple de cette ville. Ils ont remarqué que, seul entre tous ceux de l'Égypte, ce temple a été divisé, dans sa longueur, en deux parties exactement symétriques, en sorte qu'il formait *deux temples distincts*, séparés l'un de l'autre par une suite de piliers que traverse l'axe de l'édifice[c].

Ils ont observé, en outre, que la frise porte deux globes ailés, placés sur la même ligne et correspondant chacun à l'entrée de l'une des deux parties du temple[d]. Cette coïncidence entre la disposition du temple et l'ornement de la frise annonce que l'édifice était dédié à deux divinités principales, κυριώτατοι θεοί, ou *éponymes*, selon l'expression que j'ai déjà employée plus haut[e]; le temple portait, sans

---

[a] *Lettr. écr. d'Égypt.* p. 110. — [b] Voy. le plan général d'Ombos sur notre pl. IV, *i. h.* — [c] Chabrol et Jomard, *Descr. d'Ombos*, p. 4 et 5; *Descr. de l'Égypte, Antiq.* I, pl. XLI et notre pl. IV, *k, l, m.* — [d] La même, p. 81. — [e] P. 18 et 31.

[1] Plut. *de Isid. et Osir.* p. 356, *init.* Ailleurs, p. 355 ....τὸν Ἀρούηριν ὃν Ἀπόλλωνα καὶ πρεσβύτερον Ὧρον ἔνιοι καλοῦσι.

aucun doute, le nom de toutes les deux[1]. En examinant les bas-reliefs dessinés dans ce temple, on y voit, selon l'usage, des *actes d'adoration* qui s'adressent constamment à *deux divinités* placées chacune sur un trône; ces deux divinités sont partout les mêmes, savoir, un homme à *tête d'épervier*, et un autre à *tête de crocodile*. La séparation est surtout visible dans les bas-reliefs d'une des deux portes d'entrée[a].

La première de ces deux divinités est, sans nul doute, Aroéris, puisque, au témoignage précis des auteurs anciens[b], l'épervier était consacré à Apollon. Aussi les antiquaires sont-ils généralement d'accord sur l'attribution de cette figure. Or les bas-reliefs de cet édifice nous montrent le dieu à tête d'épervier comme un κυριώτατος θεός, ou dieu principal et éponyme.

La divinité à tête de crocodile est le dieu *Sevek*, le Saturne égyptien, et, selon Champollion[c], la forme la plus terrible d'Ammon. Son culte y était joint, selon le même savant, à deux autres divinités formant une *triade*.

Il est évident qu'Aroéris était l'autre divinité adorée dans le temple d'Ombos, et que son culte est lié à l'érection même de ce temple, puisque sa figure est reproduite dans les sculptures de cet édifice; mais il importait de savoir pourquoi, dans l'inscription grecque, il n'est question que d'un seul *dieu* (*Aroéris*), tandis que le temple était dédié à deux divinités en même temps : je crois en avoir découvert la raison.

En combinant le fait de ce double culte, prouvé par les bas-reliefs, avec la division du temple en deux parties séparées, circonstance unique dans les monuments de l'Égypte, il est difficile de ne pas croire que l'une de ces deux parties était spécialement consacrée au culte de l'une de ces deux divinités. Dès lors il y avait nécessairement deux sécos ou sanctuaires, dont l'un était dédié à *Aroéris*, et l'autre à *Sevek*. Toutes ces remarques ont été confirmées par Champollion : « Le temple d'Ombos est dédié à deux divinités :

---

[a] *Descript. de l'Égypte, Antiq.* I, pl. XLIII, 20, et notre pl. IV, e'. — [b] Cités par Jablonski, *Panth. Ægypt.* II, 4, 4. — [c] *Lettres écrites d'Égypte*, p. 110.

[1] C'est, en effet, ce que Champollion a remarqué depuis. (Voy. plus bas, p. 43.)

VI. SÉCOS DU TEMPLE D'OMBOS. 43

« la partie droite au vieux Sevek, à tête de crocodile, à Athyr et
« au dieu Khons; la partie gauche à une seconde triade d'un ordre
« moins élevé, à Aroéris, à la déesse Tsenénofré et à leur fils Pnev-
« tho [a]. » Il s'ensuit nécessairement que, comme dans la dédicace
il n'est question que d'un sécos (τὸν σηκόν), on n'a pu mentionner qu'une seule divinité, celle à laquelle était consacrée la partie
du temple où le sécos est placé. Quelle était cette partie? c'est
ce qu'il est possible de déterminer. Dans les divers bas-reliefs gravés parmi les planches relatives à Ombos, les deux divinités sont
figurées ensemble; dans un seul de ces tableaux l'une d'elles est
représentée sans l'autre : on y voit un personnage faisant un acte
d'adoration devant le dieu à tête de crocodile [b]. Or ce bas-relief
occupe la partie gauche du fond du pronaos (la droite du spectateur), entre le mur latéral de ce *pronaos* et la porte gauche du *naos* [c].
Cette situation nous avertit clairement que de ce côté était la partie
du temple consacrée au dieu à tête de crocodile, et, conséquemment,
que la droite du temple appartenait à l'autre dieu, Aroéris. Ce fait est
confirmé par une ébauche de bas-relief, représentant le trait de la
figure de ce dieu divisée par des carreaux rouges [d]. Cette ébauche
est au plafond du pronaos [e], dans la partie droite. Pour changer cette
conjecture en certitude, il faudrait que le sécos dont la corniche
porte l'inscription grecque fût placé de ce côté du temple : or c'est,
en effet, sa position [f] : ainsi nous pouvons regarder le point comme
suffisamment établi.

Chacune des deux divinités n'était pas adorée seule dans la partie
du temple qui lui était réservée : il y avait des σύνναοι θεοί; et, en
effet, sur quelques-uns des bas-reliefs nous voyons plusieurs divinités figurer auprès de celle qui occupe le trône [1]. Cette observation

---

[a] Ouvrage cité, p. 110. — [b] *Descript. de l'Égypte, Antiq.* pl. XLIII, fig. 19, et notre pl. IV, n.
— [c] Il répond au point s sur le plan du temple, pl. XLI, fig. 1. — [d] La même, pl. XLIV, fig. 3,
et notre pl. IV, o. — [e] Répondant sur le plan au point b, dans le pronaos. — [f] C'est la seconde
pièce après le pronaos, du côté droit.

[1] Depuis, Champollion a encore confirmé ces conjectures. D'après ses observations,

explique complétement la dédicace à *Aroéris et aux dieux adorés dans le même temple.*

Le temple d'Ombos, comme celui de Parembolé, était donc consacré à deux divinités *éponymes*, c'est-à-dire qui lui donnaient son nom ; je ne doute pas que, s'il avait existé une inscription grecque sur la façade même, elle aurait présenté deux noms différents, dont l'un eût été *Sevek* et l'autre *Aroéris.*

La synonymie égyptienne et grecque de ce dieu est exprimée ici par une simple apposition, Ἀροήρει θεῷ μεγάλῳ, Ἀπόλλωνι, au lieu de τῷ καὶ Ἀπόλλωνι, qui est l'expression ordinaire. Les Grecs auteurs de la dédicace ont voulu faire entendre qu'ils n'honoraient si fort *Aroéris*, que parce qu'ils le regardaient comme le même dieu que leur *Apollon*. On remarquera que l'expression de cette synonymie, dans les exemples connus, vient toujours des Grecs [a].

Les auteurs de cette dédicace sont *les fantassins, les cavaliers, et les autres, stationnés dans le nome d'Ombos.*

Plusieurs inscriptions, qui seront examinées plus bas, montrent que ce nome, outre la portion de l'Égypte qui se terminait à Philes, comprit aussi, en différents temps, la partie inférieure de la Nubie, jusqu'un peu au-dessous de la seconde cataracte. C'est donc dans ce nome que devaient être stationnés les corps de troupes chargés de garder cette partie de la frontière de l'Égypte, et dont il a été parlé à propos de Débout ou Parembolé [b]. Ce sont ces corps de troupes frontières que désignent les mots οἱ πεζοὶ καὶ ἱππεῖς. Ces deux mots comprennent tout, *infanterie et cavalerie;* on ne voit donc pas trop ce que peuvent signifier καὶ οἱ ἄλλοι, *et les autres* : car ce ne sont ni des *fantassins* ni des *cavaliers*. Je pense que ce sont des employés de l'administration militaire attachés au corps. Toutefois, comme le participe τασσόμενοι peut s'entendre aussi bien d'un poste *civil* que d'un poste *militaire*, il se pourrait que οἱ ἄλλοι désignât

---

[a] Voy. l'inscription de l'île de Dionysos, XXVI. — [b] Plus haut, p. 10 et 11.

les deux divinités secondaires qui accompagnaient chacune des deux divinités principales, *Sevek* et *Aroéris*, étaient les σύνναοι θεοί de l'inscription grecque.

VI. SÉCOS DU TEMPLE D'OMBOS. 45

simplement les autres fonctionnaires publics employés dans le nome à un titre quelconque, οἱ ἄλλοι πραγματικοί : mais la première hypothèse me semble plus probable.

Il faut maintenant chercher si l'opération a consisté, comme on l'a cru, dans la *simple dédicace* du sécos? Cette idée peut avoir une grande apparence de raison, dans la supposition que la divinité qui s'y trouve mentionnée appartiendrait à la religion *grecque*, parce qu'il est concevable, à la rigueur, que les Grecs eussent dédié à un de leurs dieux une chapelle dans un temple égyptien; mais, comme il est certain qu'*Aroéris* était une divinité égyptienne, cette explication ne saurait plus se soutenir. L'idée de simple dédicace ne peut alors être admise que dans le cas où l'on dirait que les troupes ci-dessus mentionnées, ayant reçu quelque preuve éclatante de la protection d'Aroéris, lui ont *dédié* le sécos dans le temple d'un autre dieu égyptien : car on ne peut admettre qu'ils lui eussent *dédié* ce sécos dans le temple où tout lui était déjà consacré. La question se réduit donc à savoir si l'édifice d'Ombos était réellement consacré à *Aroéris*.

Cette analyse toute seule nous ferait découvrir : 1° qu'Aroéris était une des deux divinités du temple d'Ombos ; 2° que la partie droite du temple lui était consacrée; ce qui est prouvé, en effet, par les sculptures. Or comment concevoir, à présent, que les troupes stationnées dans le nome aient cru faire un grand acte de piété envers *Aroéris et les dieux adorés dans le même temple*, en leur *dédiant* le sanctuaire d'un édifice qui leur était *dédié*, comme si ce sanctuaire eût été jusqu'alors excepté de la consécration.

Au lieu de cette invraisemblance palpable, prenons l'inscription dans le sens impérieusement commandé par la tournure de la phrase, comparée à celle de l'inscription de Canope : nous ne pourrons y voir autre chose, sinon que les employés du roi ont *fait le sécos* dans le temple d'*Aroéris-Apollon* : et, par les mots *ont fait*, je n'entends pas qu'ils ont construit les *quatre murs du sécos*; je veux dire qu'ils l'ont décoré de sculptures peintes, et de tous les ornements qui, d'une pièce insignifiante, ont fait un sanctuaire digne d'Aroéris.

Les particularités de la décoration de l'édifice ajoutent un poids considérable à cette explication. L'examen des cartouches hiéroglyphiques a depuis démontré à Champollion que la partie la plus ancienne du temple est d'Épiphane; le reste, de ses deux fils, Philométor et Évergète II [a]. La coïncidence de cette observation de notre grand philologue avec le sens que j'ai donné à l'inscription grecque me paraît propre à entraîner la conviction.

Au reste, la décoration faite sous les Lagides n'a jamais été complétement terminée : c'est ce que prouve l'ébauche du bas-relief dont j'ai parlé plus haut.

Il est à présumer que le sécos d'Aroéris avait également ses parois toutes nues sous Philométor, et que les troupes stationnées dans le nome d'Ombos, en reconnaissance de quelque acte particulier de la protection du dieu, se seront cotisées pour lui faire décorer un beau sécos par les artistes du pays, dans le temple construit et orné par leur roi et ses ancêtres.

VII.

DÉDICACE DU PETIT TEMPLE DE PHILES, APPARTENANT AU RÈGNE D'ÉVERGÈTE II.

C'est à M. W. J. Bankes, savant voyageur anglais, qu'on en doit la connaissance. Sur la planche qui la contient on trouve cette simple indication : *Gravée sur le listel de la porte intérieure du portique* (ou *pronaos*), *dans le plus petit temple de Philes.*

Cette indication est bien vague : et, comme aucun voyageur, depuis M. Bankes, n'a relevé cette inscription, apparemment parce que l'intérieur du petit édifice où elle se trouve est trop encombré, je

[a] *Lettres écrites d'Égypte*, p. 110.

VII. ÉDICULE DE PHILES.   47

n'avais pas d'autre renseignement à consulter. Heureusement que l'expression *le pronaos du plus petit temple* ne pouvait s'appliquer qu'à un *seul;* il était donc facile de ne pas se tromper sur celui auquel il faut la rapporter. En effet, il n'y a que cinq édifices, parmi ceux dont cette île contient les ruines, qui puissent être qualifiés de *temples;* ce sont : 1° le grand temple d'Isis (Pl. II, n° 3); 2° le petit temple situé à l'ouest, et formant un des côtés de la cour comprise entre le grand propylon et le pronaos du grand temple (Pl. II, n° 2, *c*); 3° un autre temple périptère, qui n'a plus aucune distribution intérieure (*d*); 4° l'édifice que les Français ont appelé le *temple de l'est* (*e*), qui n'est qu'une enceinte sans plafond, formée de colonnes engagées jusqu'à plus d'un tiers de leur hauteur [a]; 5° enfin le *portique égyptien*, situé à l'est du grand temple (*f*). Derrière ce *portique* ou *pronaos* sont les restes d'un *naos* qui a été levé et mesuré totalement par M. Huyot.

Or, de ces cinq édifices, il n'y en a que trois qui aient un *portique* ou *pronaos*, avec une porte *intérieure* donnant dans le *naos;* ce sont les deux premiers et le dernier : mais l'expression *le plus petit des temples* ne peut convenir qu'à celui-ci (*b*), qui est, en effet, le plus petit, non-seulement des temples de Philes, mais sans doute aussi de l'Égypte; car son pronaos, composé de deux colonnes et de deux *antes*, n'a que 5 mètres de large et $2^m 6$ de profondeur.

C'est donc certainement sur le listel de la corniche qui surmonte la porte du *naos*, dans ce temple ou plutôt dans cette chapelle, qu'on lit l'inscription qui nous occupe.

Un fait plus récemment observé confirme cette conséquence, que j'avais tirée uniquement de l'indication donnée par M. Bankes. M. le Dr Parthey, qui a visité Philes quelques années après, dont il a publié une description intéressante [b], a lu ce fragment sur la frise de la partie occidentale de ce même petit temple :

ΙΕΡΤΙΑ ΕΠΟΗϹΕ ⊦.Η. ΦΡΟΔΕΙΤΗ

---

[a] Lancret, *Descript. de l'île de Philæ*, p. 47. — [b] *De Philis insula ejusque monumentis commentatio;* scripsit G. Parthey, Berol. 1830, p. 55.

(...ιερτία ἐπόησε τῇ Ἀφροδείτῃ). C'est le reste d'un προσκύνημα, ou acte d'adoration, qui sera examiné en son lieu. Le seul point qui nous importe ici, c'est la preuve que ce petit temple était dédié à Aphrodite, c'est-à-dire précisément à la divinité à laquelle était consacré celui où se trouve l'inscription dont il s'agit, et dont voici le texte :

ΒΑΣΙΛΕΥΣ ΠΤΟΛΕΜΑΙΟΣ ΚΑΙ ΒΑΣΙΛΙΣΣΑ ΚΛΕΟΠΑΤΡΑ Η ΑΔΕΛΦΗ ΚΑΙ ΒΑΣΙΛΙΣΣΑ ΚΛΕΟΠΑΤΡΑ Η ΓΥΝΗ ΘΕΟΙ ΕΥΕΡΓΕΤΑΙ ΑΦΡΟΔΙΤΗΙ.

Βασιλεὺς Πτολεμαῖος καὶ βασίλισσα Κλεοπάτρα ἡ ἀδελφὴ καὶ βασίλισσα Κλεοπάτρα ἡ γυνὴ, Θεοὶ Εὐεργέται, Ἀφροδίτῃ.

Le roi Ptolémée et la reine Cléopâtre, sa sœur, et la reine Cléopâtre, sa femme, Dieux Évergètes, à Aphrodite.

Le titre de *dieux Évergètes* conviendrait aussi bien à Évergète Ier qu'à Évergète II; mais le nom de la reine Cléopâtre décide la question, puisque la femme d'Évergète Ier s'appelait *Bérénice*. Il s'agit donc d'Évergète II et de sa famille. Quant à la date précise, elle n'est pas exprimée; mais on peut la renfermer dans des limites assez resserrées, puisqu'il est fait mention ici de deux *reines* du nom de *Cléopâtre*, l'une *sœur*, l'autre *femme* du roi. Ces deux princesses n'ont pu être ainsi nommées dans les actes publics qu'entre les années 127 et 117 avant notre ère, comme on le verra plus bas (p. 62).

Les réflexions que j'ai faites sur les inscriptions précédentes sont applicables à celle-ci; et il est tout aussi difficile de n'y voir qu'une *consécration nouvelle* d'une chapelle qui aurait existé depuis longtemps. L'idée que Ptolémée Évergète II aurait enlevé cette chapelle au culte égyptien, pour la consacrer à une divinité grecque, est tellement contraire à tout ce que nous apprennent les autres monuments du même genre, qu'il est inutile de nous y arrêter : et cependant c'est l'hypothèse qu'il faudrait admettre, si l'on voulait que cette petite chappelle n'eût pas été faite, en tout ou en grande partie, à l'époque marquée dans l'inscription. On ne peut douter que l'*Aphrodite* à laquelle ce petit temple était consacré ne soit une divinité égyptienne, *Athor*, que les Grecs ont identifiée avec leur Aphrodite.

VIII.

DÉDICACE DU PROPYLON D'APOLLONOPOLIS-PARVA, APPARTENANT AU RÈGNE DE SÔTER II ET DE SA MÈRE CLÉOPÂTRE.

Ce propylon, à moitié enfoui, est tout ce qui reste du grand temple d'Aroéris ou Apollon, qui avait donné son nom à la ville d'Apollonopolis-Parva, maintenant *Kous* ou *Qous*.

Avant M. Hamilton [a], l'inscription gravée sur le listel avait été publiée par Paul Lucas et Pococke [b]; mais leurs copies étaient fort incomplètes. Aussi le président Bouhier, Hagenbuch [c] et Zoëga [d] n'avaient-ils pu réussir à la restituer complétement dans les deux endroits principaux. La copie de M. Hamilton n'est pas non plus très-exacte; la voici :

ΒΑΣΙΛΙΣΣΑΚΛΕΟΠΑΤΡΑΚΑΙΒΑΣΙΛΕΥΣΠΤΟΛΕΜΑΙΟΣΘΕΟΙΦΙ-
ΛΟΜΗΤΟΡΕΣ
ΕΥΣΕΒΕΙΣΚΑΙΤΕΚΝΑΑ...... ΡΕΙΘΕΩΙΜΕΓΙΣΤΩΙΚΑΙΤΟΙΣΣΥΝ-
ΝΑΟΙΣ ΘΕΟΙΣ.

Dans la première ligne, le mot ΜΕΓΑΛΟΙ a été passé après ΘΕΟΙ.

Au commencement de la seconde, ΕΥΣΕΒΕΙΣ n'existe point sur la pierre; il n'y a que les lettres ...Ρ...Σ. La lacune Α....ΡΕΙ n'est point exactement indiquée.

Une autre copie a été prise par MM. Jollois et de Villiers, qui en ont donné le *fac-simile* dans le dessin du propylon d'Apollonopolis [e]. Nous l'avons reproduite dans notre pl. V, *b*.

Des lettres Ρ. Σ. ΚΑΙΤΑΤΕΚΝΑΗΛΙΩΙ, au commencement de la deuxième ligne, ces voyageurs n'ont pu lire que la partie supérieure. Toutes les restitutions proposées pour les premières lettres de cette ligne, ΕΥΣΕΒΕΙΣ, ΕΥΤΥΧΕΙΣ, ΕΠΙΦΑΝΕΙΣ et ΚΑΙ ΦΙΛΟΠΑΤΟ-ΡΕΣ, sont arbitraires et inadmissibles. J'avais restitué ΚΑΙ ΣΩΤΗΡΕΣ

---

[a] *Ægyptiaca*, p.178. — [b] *Descript. of the East*, I, p. 276. — [c] *Epist. Inter Epist. epigraphicas*, p. 99, 352. — [d] *De usu obelisc.* p. 19, 74, 543. — [e] *Ant.* vol. IV, pl. I.

d'après les lettres conservées sur les diverses copies. Champollion, que j'avais prié d'examiner l'inscription sur les lieux, a confirmé cette restitution, qu'avait déjà corroborée la copie de Vidua[a]; le *fac-simile* qu'il a pris ne laisse, à cet égard, aucun doute. (Voy. pl. V, *c*.)

Il en est de même de la leçon APOHPEI ou APΩHPEI, au lieu de HΛIΩI, que porte le dessin donné dans la Description de l'Égypte. Déjà Vidua s'était assuré que la leçon HΛIΩI n'existe pas sur la pierre. Champollion a levé toute incertitude. (Pl. V, *d*.)

Le seul doute qui pourrait rester encore concerne l'orthographe du nom. Dans l'inscription d'Ombos on lit APOHPEI[b], mais ici il y a évidemment APΩHPEI; car, quoique la partie inférieure de l'Ω ne subsiste plus, la partie supérieure est trop ouverte pour être un O, lettre qui, dans les inscriptions de ce temps, est toujours proportionnellement fort petite, et, réellement, un O μικρόν. Au reste, cette différence d'orthographe est peu importante.

Aroéris étant, comme on l'a vu, le même dieu dont les Grecs avaient traduit le nom par celui d'*Apollon*, il était naturel que le temple de la ville qu'ils avaient nommée *Apollonopolis* fût dédié à *Aroéris*. Ceci explique même pourquoi la synonymie grecque n'accompagne pas le nom égyptien, comme dans l'inscription d'Ombos[c]: indiquer cette synonymie était inutile, le nom d'*Aroéris* étant déjà traduit en grec dans celui de la *ville d'Apollon* (*Apollonopolis*).

La seconde ligne commençait un peu en retraite de la première, ce qui est arrivé bien souvent, surtout quand elle devait être un peu plus courte.

Ainsi on lira :

Βασίλισσα Κλεοπάτρα καὶ βασιλεὺς Πτολεμαῖος, θεοὶ μεγάλοι Φιλομήτορες [καὶ Σωτ]ῆρες, καὶ τὰ τέκνα, Ἀρωήρει θεῷ μεγίστῳ καὶ τοῖς συννάοις θεοῖς.

La reine Cléopâtre et le roi Ptolémée, dieux grands, Philométors et Sôters et leurs enfants, à Aroéris, dieu très-grand, et aux dieux adorés dans le même temple.

---

[a] Voir mon explic. des inscript. de Vidua, *Journ. des Sav.* 1827, p. 22. — [b] Plus haut, p. 40 — [c] Plus haut, p. 44.

VIII. PROPYLON D'APOLLONOPOLIS.

Cette inscription a cela de commun avec celles de Canope (n° I), de Philes (n° II), d'Antæopolis (n° IV), qu'au lieu de commencer par la formule ὑπὲρ βασιλέως, elle commence par les noms des princes au nominatif, βασιλεύς, βασίλισσα. Ce changement me paraît tenir à ce que les princes *eux-mêmes* ont fait élever l'édifice qui devait embellir ou compléter le temple d'Aroéris. Cette construction se rapporte, sans doute, à quelque voyage qu'ils ont exécuté dans la haute Égypte pour prendre une connaissance personnelle des besoins et des intérêts du pays.

Il reste maintenant à rechercher quels sont ces princes qui ont ordonné d'élever le propylon, et à quelle époque cette construction a dû avoir lieu.

Le président Bouhier pensait que la Cléopâtre dont il est fait mention ici est la fille d'Antiochus le Grand, femme de Ptolémée V ou Épiphane, tutrice de Ptolémée VI ou Philométor, et régente du royaume pendant la minorité de ce prince, depuis l'an 181 jusqu'à l'an 174, époque de sa mort [a]. Toutefois il sentait bien la difficulté de cette explication, puisque Ptolémée Philométor ne pouvait avoir d'enfants pendant sa minorité; aussi ce savant critique écrivait-il à Hagenbuch [b] : « La cinquième ligne a besoin d'un Œdipe tel que « vous, car le fils de Cléopâtre était encore trop jeune pour avoir des « enfants (τὰ τέκνα). » Mais il ne paraît pas que l'Œdipe ait trouvé le mot de l'énigme.

M. Champollion-Figeac, en rapportant également cette date au règne de Ptolémée Philométor, la croyait postérieure à la dix-septième année de son règne, dans laquelle ce prince épousa Cléopâtre [c]: mais on ne peut expliquer de cette manière pourquoi le nom de la reine, contre l'usage constant, est mis le premier [1].

---

[a] Champollion-Figeac, II, p. 129, 132.— [b] *Inter Epist. Epigr.* p. 99.— [c] *Ann. des Lag.* II, p. 159.

[1] M. Champollion-Figeac a, depuis, changé d'avis. Ayant vu, dans le Journal des Savants (août 1821, p. 463, note 2), que j'attribuais l'inscription d'Apollonopolis à Ptolémée-Alexandre et à sa mère, il me montra un passage d'une Dissertation alors sous presse, où il exposait la même opinion. Cette Dissertation a paru en novembre

Il s'agit évidemment d'un prince placé sous la tutelle de sa mère; et, puisque ce n'est pas Ptolémée Philométor, on ne voit que deux princes, dans toute la dynastie des Lagides, auxquels cette circonstance puisse convenir: ce sont les fils de Ptolémée Évergète II, qui régnèrent conjointement avec leur mère Cléopâtre.

La discussion suivante montrera que le prince dont il s'agit ici est Sôter II, qui régna entre les années 127 et 107, portant, ainsi que sa mère Cléopâtre Coccé, les titres de Θεὸς φιλομήτωρ καὶ σωτήρ. Ce résultat, uniquement tiré de l'inscription grecque, est conforme aux cartouches hiéroglyphiques qui se lisent sur le propylon. Champollion remarque que « l'image d'Aroéris est sculptée sur toutes ses « faces. Cette image est adorée, du côté qui regarde le Nil, c'est-à-« dire sur la face principale, la plus anciennement sculptée, par la « reine Cléopâtre Coccé, qui y prend le nom de *Philométor,* et par son « fils Sôter II, qui prend le même titre. »

Champollion ajoute [a] que « la face postérieure du propylon, celle « qui regarde le temple, couverte de sculptures et terminée avec « soin, porte partout les légendes royales de Ptolémée Alexandre Ier, « qui prend aussi le nom de Philométor. »

On doit conclure de ces observations que le propylon, bâti par les soins de Cléopâtre et de Sôter II, n'avait été terminé que dans sa partie antérieure ou principale, et qu'Alexandre Ier, son successeur, acheva l'œuvre commencée par son frère.

---

[a] Champollion, *Lettres écrites d'Égypte,* p. 93. 1821, avec le titre de *Éclaircissements historiques sur le papyrus grec connu sous le nom de Contrat de Ptolémaïs*. L'auteur y présente des observations savantes et judicieuses sur plusieurs difficultés que contient la formule de ce Contrat, et que n'avaient point résolues les savants qui s'en étaient occupés avant lui.

VIII. PROPYLON D'APOLLONOPOLIS.

EXCURSION CHRONOLOGIQUE SUR LES RÈGNES D'ÉVERGÈTE II, DE SÔTER II, D'ALEXANDRE Ier
ET D'ALEXANDRE II, POUR FIXER LA DATE DES TROIS DÉDICACES DE PSELCIS, DE
PHILES ET D'APOLLONOPOLIS-PARVA.

La chronologie de ces princes présente plusieurs difficultés qui ressortent de la comparaison entre ces dédicaces et plusieurs papyrus grecs. Pour justifier les dates que j'ai adoptées, il est nécessaire de faire un nouvel examen critique des notions relatives à leur règne.

1. Règne d'Évergète II et des deux Cléopâtre, sa sœur et sa nièce.

Après la mort de Ptolémée Philométor, en 146[a], sa veuve Cléopâtre resta maîtresse du royaume et tutrice de son fils[b]. Évergète, frère de Philométor, alors roi de Cyrène, reçut des députés qui lui offrirent la couronne d'Égypte et la main de sa sœur. Cette princesse, sentant qu'il serait impossible de lui résister, fut bien forcée de consentir à cet arrangement. Mais, le jour même du mariage, Évergète fit assassiner le jeune Ptolémée dans les bras de sa mère[c].

On a pensé que ce jeune prince est celui qui, dans le papyrus dit d'Anastasy[d], est placé entre Philométor et Évergète[e]. Il est peu vraisemblable que le nom de cet enfant, assassiné par son oncle avant d'avoir régné, eût été maintenu sur la liste des rois par ce prince et ses fils, servant ainsi de témoin toujours vivant de ce crime odieux. D'ailleurs, dans le papyrus dit de Casati[f], ce même nom se trouve placé entre Épiphane et Philométor[1], lequel cependant fut le successeur immédiat de son père. On a rejeté cette différence sur l'erreur du second copiste. Mais cette position du nom d'*Eupator* constamment à côté de celui de Philométor, avant ou après, me donne lieu de présumer que c'est plutôt une double qualification de ce

---

[a] Plus haut, p. 30. — [b] Justin. xxxviii, 8; Joseph. contra Ap. II, 5. — [c] Champoll.-Fig. Ann. des Lag. II, p. 168, 169. — [d] Voy. notre Recueil de papyrus grecs, Appendice, n° XIV. — [e] Champollion-Figeac, Sur le Contrat de Ptolémaïs, p. 25. — [f] Voyez le même Recueil, n° V.

[1] Καὶ θεῶν Ἐπιφανῶν καὶ θεοῦ Εὐπάτορος καὶ θεοῦ Φιλομήτορος.

prince. Il y a là une difficulté qui ne pourra être résolue que plus tard, ce que je me contente d'indiquer.

Évergète, bientôt après, répudia Cléopâtre, et épousa la fille de cette princesse et de son frère, appelée aussi Cléopâtre. L'époque de cette répudiation et du second mariage d'Évergète n'a point été déterminée. On peut cependant la fixer avec certitude.

Son premier mariage lui avait été conseillé par la politique. Cléopâtre, qu'il épousa, n'était plus jeune. Son père Épiphane étant mort en 181 avant J. C., elle n'a pu naître postérieurement à l'an 183 ou 182; et elle peut être née longtemps auparavant, car rien ne dit qu'elle ne fût pas l'aînée de Philométor, le plus âgé des deux fils d'Épiphane. Philométor étant né en 188 ou 187 [a], c'est-à-dire quatre ans après le mariage d'Épiphane, il est assez vraisemblable qu'il n'était pas son premier enfant; et Cléopâtre a pu voir le jour avant lui, entre les années 190 ou 189. Mais, en la supposant née après Philométor et Évergète, vers 183 ou 182, on voit que, lorsque le premier de ces princes l'épousa, dans la dix-septième année de son règne, en 165, elle avait déjà au moins dix-sept ans. A la mort de son mari, en 147, elle en avait trente-quatre ou trente-cinq, et peut-être plus : or, à cet âge, une femme est déjà vieille en Égypte. Il n'est pas étonnant qu'Évergète, prince fort dissolu, et qui, avant et après son mariage, vivait publiquement avec une courtisane nommée Irène [b], se soit promptement séparé de cette princesse, qu'il n'avait regardée que comme un instrument de son élévation.

Évergète eut de cette princesse un fils, qui naquit, pendant les cérémonies de l'intronisation, à Memphis [c], ce qui suppose déjà une année d'union. On a lieu de croire que c'est peu de temps après, peut-être la même année, que, séduit par les charmes de sa nièce Cléopâtre, qui pouvait avoir de dix-sept à dix-huit ans, il lui fit violence [d] et l'épousa, après avoir répudié sa mère. On sait, en effet, qu'à la mort d'Évergète II, en l'année 117, son fils Sôter II, issu de ce

---

[a] *Ann. des Lag.* II, p. 168. — [b] Diod. Sic. *Fragm.* t. X, p. 83, Bip. — [c] *Id. ibid.* — [d] *Per vim stuprata.* Justin.

second mariage, était déjà marié depuis plusieurs années à sa sœur Cléopâtre [a], ce qui porte l'époque de son mariage au moins à l'année 121; mais elle a pu être antérieure de quelques années ; et, comme il est difficile de supposer que Ptolémée se soit marié avant dix-sept ou dix-huit ans, sa naissance est reportée au moins avant l'année 139, et, conséquemment, le mariage de sa mère avant l'année 140.

Après sa répudiation, Cléopâtre resta à Alexandrie. On ne sait pas la part qui lui fut laissée dans le gouvernement; mais il est bien probable que l'épouse répudiée fut tenue dans un état de surveillance et d'oppression. On en juge par le rôle qu'elle joua plus tard lors de la révolte des Alexandrins. Évergète, en effet, dans la 15e année de son règne [1], fut chassé du trône. Cléopâtre ne quitta point Alexandrie, et fit tous ses efforts pour susciter des ennemis à son frère et l'empêcher de recouvrer la couronne. Évergète parvint toutefois à remonter sur le trône, dans la 20e année de son règne. Cléopâtre alla chercher un asile auprès de Démétrius, roi de Syrie, son gendre; mais bientôt Évergète crut de son intérêt de se réconcilier avec sa sœur, qui avait conservé des partisans et pouvait réussir à l'expulser encore une fois.

Il est difficile de décider à laquelle de ces deux périodes du règne d'Évergète appartiennent les inscriptions, comme celle du temple de Vénus à Philes, où les noms des deux reines se montrent à la fois, où celui de la mère est placé le premier. On conviendra néanmoins qu'il est peu probable qu'Évergète, après son infâme conduite envers sa sœur, lui eût conservé le privilége d'être nommée dans les actes publics comme princesse régnante, et même d'être placée avant

---

[a] *Ann. des Lag.* II, p. 182.

[1] Diod. *Fragm.* t. X, p. 79, ed. Bipont. ibique Vales.; et *apud* Syncell. p. 226. Saint-Martin (*Biogr. univ.* tom. XXXVI, p. 231) place cet événement dans la 17e année d'Évergète, depuis la mort de son frère. *L'opinion contraire*, dit-il, *n'est appuyée que sur un passage de Diodore mal entendu*. Cependant ce passage est précis et je ne vois pas comment on pourrait y voir une autre année que la 15e : ἐβασίλευσεν ἔτη πεντεκαίδεκα.

la reine. Un tel honneur n'a pu lui être conféré qu'à la suite de sa réconciliation avec son frère, et comme une des conditions d'un raccommodement qui, selon toute apparence, ne fut pas volontaire de la part d'Évergète, et fut commandé par son seul intérêt. Les monuments viennent à l'appui de cette induction. On a vu que, dans l'inscription de Pselcis [a], qui est de l'an xxxv, il n'est question que d'une *seule* des deux Cléopâtre. Ce ne peut être que Cléopâtre la jeune, puisque l'autre ne fut reine qu'une année. Or l'an 35 du règne d'Évergète répond, comme on l'a vu, à l'an 136 avant J. C., ou quatre ans avant son expulsion d'Alexandrie. L'omission du nom de Cléopâtre la mère prouve que, pendant la première partie du règne d'Évergète II, son nom n'était point mentionné dans les actes. Au contraire, la présence des deux noms dans l'inscription de Philes [b] annonce que la construction eut lieu entre l'année 127, époque du retour d'Évergète, et l'an 117, époque de sa mort. En effet, rentré dans ses États, il devait être disposé à réprimer les abus qui avaient dû s'introduire en son absence, et à protéger la religion égyptienne, comme l'avaient fait ses prédécesseurs. Nous avons une preuve de sa sollicitude à cet égard dans l'inscription de l'obélisque de Philes (n° XXV), qui est précisément de la même époque, et qui doit avoir la même cause.

2. Règne de Cléopâtre après la mort d'Évergète II. — Texte de Porphyre. — Date du deuxième voyage d'Eudoxe.

Évergète II, en mourant, laissa deux fils en âge de régner, qui portèrent depuis les noms de Ptolémée Sôter II et d'Alexandre Ier. La couronne était naturellement dévolue à l'aîné; mais Cléopâtre, qui désirait garder le pouvoir et régner encore sous le nom de ses fils, voulut faire monter sur le trône celui des deux qu'elle croyait le plus dévoué à ses volontés. C'était le plus jeune, Alexandre, pour lequel, d'ailleurs, elle avait beaucoup d'affection, tandis qu'elle détestait l'aîné. Justin [c] dit seulement : *Pronior in minorem filium erat;*

[a] Plus haut, p. 38. — [b] Plus haut, p. 48. — [c] XXXIX, 3.

VIII. PROPYLON D'APOLLONOPOLIS. 57

mais Pausanias parle en termes très-forts de la haine de cette princesse contre Sôter II[a]. Elle essaya donc de faire nommer le plus jeune par les Égyptiens, καὶ διὰ τοῦτο, (c'est-à-dire, à cause de la soumission qu'elle espérait) ἐλέσθαι βασιλέα Ἀλέξανδρον ἔπειθεν Αἰγυπτίους; mais ils s'y opposèrent (ἐναντιουμένου δὲ οἱ πλήθους), et elle fut contrainte par le peuple d'élire l'aîné, *à populo compellitur majorem eligere*, selon les paroles de Justin. Ces deux auteurs s'accordent donc de la manière la plus formelle pour établir que Cléopâtre fut *contrainte par le peuple* de consentir à l'élévation de son fils aîné, qu'elle détestait.

Le texte actuel du curieux fragment de Porphyre sur l'histoire des Lagides semble opposé à ce fait si bien établi; mais il est certainement corrompu. M. Champollion-Figeac, citant Justin, parle de la préférence de Cléopâtre pour le plus jeune de ses fils, et de sa répugnance à voir l'aîné monter sur le trône [b]. Cet exposé est exact; mais l'auteur n'a pas fait sentir suffisamment que Pausanias confirme le témoignage de Justin : plus bas il cite le passage de Porphyre, et le traduit comme s'il en résultait le même ordre de faits [c]. Saint-Martin, après avoir reproché à ce savant de n'avoir pas bien entendu le passage de Porphyre [d], parle en ces termes de la succession d'Évergète II : « Cléopâtre sa veuve, *pensant que l'aîné serait plus docile* « *à ses volontés*, le plaça avec elle sur le trône; » ce qui n'est pas non plus le sens de Porphyre. Il serait, en effet, bien difficile de comprendre comment cet auteur pourrait être si évidemment en opposition avec Pausanias et Justin, dont le témoignage est formel. Que ce passage soit corrompu, c'est ce dont il est impossible de douter dès le premier examen : Πτολεμαίου δὲ τοῦ δευτέρου Εὐεργέτου, ἐκ Κλεοπάτρας γίνονται υἱοὶ δύο Πτολεμαῖοι καλούμενοι· ὧν ὁ μὲν πρεσβύτερος Σωτὴρ ἐπεκαλεῖτο· ὁ δὲ νεώτερος ὁ πρεσβύτερος ὑπὸ τῆς μητρὸς ἀναδειχθείς· δοκῶν δὲ αὐτῇ εἶναι πειθήνιος, ἄχρι μέν τινος ἠγαπᾶτο [e]. La difficulté commence à ὁ δὲ νεώτερος, suivi de ὁ πρεσβύτερος. M. Champollion [f] voudrait rem-

[a] Pausanias, I, 9, 1. — [b] *Ann. des Lag.* II, p. 182. — [c] *Les mêmes*, p. 187. — [d] *Recherches sur la mort d'Alexandre*, p. 96, note. — [e] Porph. ap. Euseb. p. 225. Scalig. — [f] *Ann. des Lag.* II, p. 187.

placer ce mot par ὁ Ἀλέξανδρος (il ne faudrait pas ici l'article): sans doute ce nom doit être suppléé après νεώτερος; mais, si l'on retranchait ὁ πρεσβύτερος, le reste n'aurait plus aucun sens. D'un autre côté, Saint-Martin traduit ainsi la dernière phrase : « L'aîné fut élevé au trône « par sa mère, *parce qu'elle* croyait qu'il lui serait plus soumis, *et* « qu'il était *alors* aimé de sa mère [a]. » Mais ἄχρι τινός signifie *pendant quelque temps* et non pas *alors*; et, d'ailleurs, bien loin que l'amitié de sa mère fût une des causes de l'élévation de l'aîné, cette amitié prenait sa source dans l'espoir qu'il lui serait soumis. Le sens est donc : « mais, comme il se montra soumis à sa mère, il en fut aimé pen-« dant quelque temps; » ce qui montre assez qu'elle ne l'aimait pas auparavant. D'ailleurs, le participe ἀναδειχθείς demande un autre verbe, puisque ἠγαπᾶτο dépend de δοκῶν. Le texte arménien vient à notre secours ; la traduction du P. Aucher porte : « ....quorum major Soter « vocatus est, junior vero Alexander. Regnat ergo primum major a « matre in regnum admotus : existimabat enim eum subjectiorem « sibi fore, ad tempus (itaque) diligebatur a matre; » d'où il suit nécessairement que le texte original portait .... ὁ νεώτερος [Ἀλέξανδρος· βασιλεύει οὖν πρῶτον (ou πρότερος)] ὁ πρεσβύτερος, ce qui correspond, en effet, à la version arménienne, dont je ne mets pas en doute l'exactitude.

La préférence accordée par Cléopâtre à son jeune fils Alexandre est donc un fait complétement établi, et sans lequel on ne pourrait comprendre l'histoire du règne si remarquable de Cléopâtre et de ses fils.

On doit présumer que l'ambitieuse princesse essaya d'abord de garder la couronne pour elle seule, et qu'elle attendit, pour la faire partager à son fils, qu'elle y fût contrainte par le peuple. C'est ce qui résulte évidemment d'un texte de Posidonius, dont l'interprétation chronologique n'a point encore été donnée, et qui trouve, dans les considérations qui précèdent, une explication complète.

Il s'agit du voyage que le navigateur Eudoxe de Cyzique préten-

[a] *Recherches sur la mort d'Alexandre*, p. 96, note 1.

VIII. PROPYLON D'APOLLONOPOLIS. 59

dait avoir fait autour de l'Afrique[1], et dont Posidonius avait entendu faire la relation à Cadix. Il vint à Alexandrie, sous le règne de Ptolémée Évergète II, qui le chargea d'une première expédition dans l'Inde. Posidonius ajoute : « Ptolémée (Évergète II) étant mort, Cléo-« pâtre sa femme *lui succéda*. Elle fit repartir de nouveau Eudoxe[2]. » On remarquera que Posidonius ne fait ici nulle mention du fils : pourquoi cet auteur ne dit-il pas : « sa femme *et son fils aîné* lui « succédèrent, καὶ τὸν πρεσβύτερον υἱόν? » C'est que Cléopâtre aura d'abord régné seule pendant quelque temps, jusqu'à ce qu'elle fut contrainte de s'associer l'aîné de ses fils; et, si les chronologistes n'ont pas parlé de ce commencement de règne, c'est qu'il n'a pas été d'une année entière, et qu'ils l'ont compris dans la première année du règne simultané de la mère et du fils. Mais des actes publics ont dû être datés du règne de Cléopâtre toute seule, et il est très-vraisemblable qu'on en trouvera quelque jour. Quoi qu'il en soit, le passage de Posidonius se rapporte nécessairement à cet intervalle, c'est-à-dire à l'an 117-116; ce qui fixe précisément l'époque du second voyage d'Eudoxe.

Cléopâtre, forcée par le peuple de choisir Sôter II, envoya Alexandre dans l'île de Chypre, avec le titre de général[a], pour se rendre plus redoutable à Sôter et le tenir en respect par la crainte de voir son frère, tout dévoué à Cléopâtre, venir, à la tête d'une armée, lui disputer la couronne. Elle trouva d'abord dans son fils la soumission qu'elle désirait; mais bientôt, jalouse de l'ascendant que prenait sur lui sa femme Cléopâtre, elle le força de la répudier pour épouser son autre sœur, nommée *Sélène*; cette Cléopâtre devint la femme d'Antiochus de Cyzique. Mais bientôt, s'apercevant sans doute que Sélène avait aussi trop d'influence sur l'esprit de Sôter, elle le con-

---

[a] Pausan. I, 9, 2.

[1] On peut voir, sur les circonstances de ce prétendu voyage de circumnavigation, les observations critiques de Gossellin. (*Recherches*, t. I, p. 233.)

[2] Τελευτήσαντος δ'ἐκείνου τὸν βίον, Κλεοπάτραν τὴν γυναῖκα διαδέξασθαι τὴν ἀρχήν· πάλιν οὖν καὶ ὑπὸ ταύτης πεμφθῆναι τὸν Εὔδοξον μετὰ μείζονος παρασκευῆς. (Posid. ap. Strab. II, 99.)

traignit encore à répudier cette princesse, qui épousa Antiochus Grypus de Syrie.

L'histoire ne nous en apprend pas davantage sur ce point; mais les monuments y suppléent : un papyrus du Louvre (n° LIII) nous apprend qu'à la fin de l'an 6 du règne de Soter II le nom de sa mère avait disparu des actes, et que celui de sa femme y était substitué. Ce fait montre qu'il s'était mis en état de révolte complète contre l'autorité de cette princesse, ou, pour mieux dire, qu'il avait entièrement secoué le joug. Mais, bientôt après, sans doute, elle reprit tout son ascendant, puisqu'elle finit par l'obliger à répudier cette seconde femme. Cet événement doit avoir eu lieu entre la fin de l'an 6, date du papyrus, et la dernière année de son règne avec sa mère [1], puisque, dans cette même année, il envoya, malgré Cléopâtre [2], un secours de six mille hommes à Antiochus de Cyzique contre Hyrcan, qui assiégeait Samarie [a]. Sôter II finit par priver sa mère de toute l'autorité : c'est ce qui résulte d'un autre détail relatif au retour d'Eudoxe, que les chronologistes avaient également négligé.

Eudoxe était parti, comme on l'a vu, avant que Cléopâtre eût associé Sôter II au trône : à son retour, dit Posidonius [b], *Cléopâtre ne gouvernait plus, son fils avait l'autorité* (οὐκέτι τῆς Κλεοπάτρας ἡγουμένης, ἀλλὰ τοῦ παιδός). On a pensé que Posidonius ne s'est point exprimé avec exactitude, puisque Cléopâtre, toujours assise sur le trône, était loin d'être dépouillée de tout pouvoir [c]; mais Posidonius, vivant à Rhodes, et presque contemporain de ces événements, ne peut guère être ici soupçonné d'inexactitude. Qui empêche de croire qu'en effet Sôter II, tout en laissant Cléopâtre sur le trône, lui avait enlevé la participation effective au gouvernement : en sorte qu'Eudoxe ne trouva plus l'autorité réelle qu'entre les mains de Sôter II; ce qui se lie très-bien avec cet acte puissant de souveraineté que

---

[a] *Ant. Jud.* XIII, 10, 2. — [b] Strab. II, 99. — [c] Note de la trad. fr. t. I, p. 261, n. 1.

[1] C'est ce que montrent les expressions de Josèphe : καὶ ὅσον οὔπω τῆς ἀρχῆς αὐτὸν ἐκβεβληκυίας. — [2] ἀκούσης τῆς μητρός.

VIII. PROPYLON D'APOLLONOPOLIS.

nous lui voyons faire la dernière année de son règne, et avec les efforts de Cléopâtre pour le chasser d'Alexandrie?

Cette princesse, en effet, ne pouvait supporter longtemps d'être écartée du pouvoir. Faisant croire au peuple que le roi avait voulu l'assassiner, elle excita une révolte, à la suite de laquelle il fut obligé de s'enfuir en Chypre, la 10ᵉ année de son règne, vers l'an 107. Cléopâtre fit revenir Alexandre et le plaça sur le trône. Selon Pausanias, il fut rappelé de l'île de Chypre (Ἀλέξανδρον ἥκοντα ἐκ Κύπρου ποιοῦνται βασιλέα); et, en effet, nous savons qu'il avait le titre de roi de Chypre depuis le mariage de sa sœur Cléopâtre avec Antiochus de Cyzique. Selon Porphyre, c'est de Péluse qu'il fut rappelé (ἐκ Πηλουσίου μεταπεμψαμένη). Cette contradiction, que les chronologistes n'ont point remarquée, nous révèle encore un retranchement fait par Eusèbe au texte de Porphyre : car cet auteur a dû nécessairement le faire arriver d'abord de Chypre à Péluse. Ainsi l'apparente contradiction des deux écrivains sert à montrer qu'Alexandre ne vint pas directement de Chypre à Alexandrie. Cléopâtre, méditant le coup qui devait la délivrer de Sôter II et lui ramener son autre fils, sentit qu'il lui importait de l'avoir près d'elle, afin qu'il pût profiter sur-le-champ des dispositions favorables des Alexandrins : elle le fit donc venir de Chypre à Péluse pour y attendre l'effet de ses machinations et se trouver prêt à l'événement. De ces deux circonstances, sans nul doute mentionnées par Porphyre, Eusèbe n'en a conservé qu'une; mais Pausanias s'est attaché à l'autre, comme étant la principale : peut-être même trouve-t-on dans cet auteur l'indication de l'autre fait, car le participe ἥκοντα a le sens du passé, comme le présent ἥκω [a], et Hésychius l'interprète par ἐλθόντα [1]; le sens serait donc : « on nomma « roi Alexandre, qui *était venu* de Chypre. »

Alexandre régna, conjointement avec sa mère, de 107 à 90. C'est à la première des deux périodes du règne de Cléopâtre avec ses fils que se rapporte la dédicace du propylon d'Apollonopolis. A l'une et

---

[a] Thom. Magister, p. 418; cf. Matth. *Ausführl. Griech. Gramm.* § 504, 1.

[1] *Voce* ἥκοντα.

à l'autre de ces deux périodes, son nom a dû précéder celui de ses fils dans les actes publics. Ainsi, dans le papyrus d'Anastasy, nous lisons : Βασιλευόντων Κλεοπάτρας καὶ Πτολεμαίου υἱοῦ, τοῦ ἐπικαλουμένου Ἀλεξάνδρου, θεῶν Φιλομητόρων Σωτήρων. Cette formule se rapporte à la seconde période, au règne simultané de Cléopâtre avec Alexandre, entre les années 107 et 90. Le papyrus de Casati se rapporte à la première, car on y lit : Βασιλευόντων Κλεοπάτρας καὶ Πτολεμαίου, θεῶν Φιλομητόρων Σωτήρων, ἔτους Δ. Tout y est semblable à l'autre formule, excepté l'addition τοῦ ἐπικαλουμένου Ἀλεξάνδρου: c'est cette addition qui faisait toute la différence. Il s'ensuit que l'inscription d'Apollonopolis, qui porte βασίλισσα Κλεοπάτρα καὶ βασιλεὺς Πτολεμαῖος, θεοὶ Φιλομήτορες καὶ Σωτῆρες, appartient au règne simultané de Cléopâtre et de Sôter II, entre 117 et 107 avant J. C.; et, comme le nom de la femme de Sôter II ne se trouve pas dans ce protocole, c'est un indice que la dédicace est d'une époque où ce prince avait été forcé de répudier, soit Cléopâtre, soit Sélène, et où sa mère était toute-puissante. Elle se rapporte plus probablement aux premières années de son règne, lorsque sa soumission aux ordres de sa mère n'avait encore souffert aucune atteinte. On ne s'éloignera donc pas beaucoup de la vérité en la plaçant entre 117 et 115 avant notre ère.

Les mots τὰ τέκνα s'expliquent parfaitement d'après cette date, puisque Sôter II avait déjà des enfants de sa sœur Cléopâtre, lorsqu'il est monté sur le trône.

Quant aux titres de Φιλομήτορες καὶ Σωτῆρες, que portent Cléopâtre et ses deux fils, en voici, je pense, l'origine.

Une remarque qui avait échappé aux chronologistes, c'est qu'Évergète II, successeur de Philométor, prit le surnom de son frère en montant sur le trône; cela est prouvé par ce passage d'Eusèbe : Πτολεμαῖος ὁ καὶ Ἀλέξανδρος, υἱὸς τοῦ δευτέρου Εὐεργέτου καὶ (leg. τοῦ καὶ) Φιλομήτορος [a]; «Ptolémée dit Alexandre, fils du deuxième Évergète « dit Philométor.» Ce double titre, il dut le faire partager à sa femme

[a] Euseb. Chronic. græc. p. 262.

VIII. PROPYLON D'APOLLONOPOLIS.

Cléopâtre, et voilà pourquoi il précède l'autre, comme le nom de Cléopâtre précède celui de ses fils. Cette princesse ne garda que l'un des deux titres; celui d'*Évergète* resta à sa mère, la première femme du roi. C'est par là qu'on peut expliquer un détail de la liste des rois dans la formule du papyrus d'Anastasy : ...Θεῶν Ἐπιφανῶν, καὶ Θεοῦ Εὐπάτορος, καὶ Θεοῦ Φιλομήτορος, καὶ Θεῶν Εὐεργετῶν, καὶ Θεῶν Φιλομητόρων Σωτήρων. Les Θεοὶ Φιλομήτορες Σωτῆρες, ce sont, comme on l'a vu, Cléopâtre (veuve d'Évergète) et son fils Alexandre; les Θεοὶ Εὐεργέται sont Évergète II et sa première femme Cléopâtre, veuve de Philométor, qui était morte à cette époque, c'est-à-dire l'an 103 avant J. C. ou l'an XII de Cléopâtre et Alexandre. Son nom, étant joint à celui de son second mari Évergète, ne pouvait l'être à celui de son premier époux Philométor : aussi la formule porte Θεοῦ Φιλομήτορος, et non pas Θεῶν Φιλομητόρων.

En comparant cette formule à celle du papyrus de Casati, qui est de l'an 114, ou IVe du règne de Cléopâtre et de Sôter II, on trouve une différence qui s'explique aussi très-facilement; on lit dans ce papyrus : Θεοῦ Φιλομήτορος, καὶ Θεοῦ Εὐεργέτου, au lieu de Θεῶν Εὐεργετῶν, comme dans l'autre. D'où vient cette différence? c'est, sans doute, de ce que la première Cléopâtre n'était point encore morte, ou bien de ce que son nom est compris parmi les Θεοὶ Φιλομήτορες Σωτῆρες, noms des princes régnants; ou bien, après la mort d'Évergète II, sa fille Cléopâtre, dont l'ambition ne souffrait pas facilement le partage de l'autorité, aura exclu sa mère de toute participation aux affaires, et aura cessé de mettre son nom dans les actes publics. Ce ne fut qu'à la mort de cette princesse que son nom fut accolé à celui d'Évergète, sous le titre de Θεοὶ Εὐεργέται.

Si le titre de *Philométor* appartient à la mère, celui de *Sôter* doit être celui des deux fils : c'était au moins le titre distinctif du fils aîné, Sôter II. Lorsqu'il fut expulsé par sa mère et remplacé par Alexandre, ce prince prit aussi le titre que portait son frère; ainsi, dans les formules des deux contrats, on trouve uniformément les deux titres *Philométors et Sôters*. Toute confusion fut écartée par l'addition, après le nom de Ptolémée, des mots ὁ ἐπικαλούμενος Ἀλέξανδρος, ou bien ὁ καὶ Ἀλέξανδρος, comme on lit dans une inscription du grand pylône de Philes.

Pendant le règne simultané de Cléopâtre et de son fils Alexandre, la bonne intelligence entre ces deux princes fut plus d'une fois troublée, et même la cruauté de Cléopâtre effraya tellement son fils, qu'il l'abandonna, préférant, dit Justin, une vie tranquille et assurée à un pouvoir accompagné de tant de périls [a]. Rappelé par sa mère, il ne tarda pas à s'apercevoir qu'elle en voulait à ses jours : il la prévint en la faisant assassiner. Irrités de ce meurtre atroce, les Alexandrins le chassèrent du trône la dix-neuvième année de son règne, et Sôter fut rappelé une seconde fois. Porphyre raconte le fait un peu diversement. Sans parler du meurtre de Cléopâtre, il dit seulement : « Qu'irrité contre les troupes (τοῖς στρατεύμασιν ὀργισθείς) « Alexandre sortit (d'Alexandrie), et rassembla contre eux des forces en « Égypte. Il fut poursuivi et battu, dans un combat naval, par Tyrrhus « (ou plutôt *Pyrrhus*), général et parent des rois, et obligé de fuir, avec « sa femme et sa fille, à Myra de Lycie. » Porphyre ne nous dit pas quelle était la cause de la colère d'Alexandre contre les troupes; mais on ne peut douter qu'elle ne fût excitée par le mécontentement qu'elles manifestèrent après le meurtre de la reine-mère. Ce mécontentement fut suivi, sans doute, d'une rébellion ouverte, sans quoi Alexandre n'aurait pas été forcé de quitter Alexandrie : ainsi il est possible que, dans le texte même de Porphyre, où l'on trouve plus d'une lacune, le mot ἀποστᾶσι précédât στρατεύμασιν (τοῖς ἀποστᾶσι στρατεύμασιν ὀργισθείς).

Sôter II, après l'expulsion de son frère, fut rappelé avec empressement par les Alexandrins. C'est à cette occasion, selon moi, que ce prince dut recevoir le titre de *Philadelphe*, dont les chronologistes n'ont point connu l'origine jusqu'à présent, ou dont ils ont nié l'authenticité.

Ce titre se trouve dans la liste des rois qu'on lit à la suite du

[a] XXXIX, 4.

VIII. PROPYLON D'APOLLONOPOLIS.

fragment de Porphyre : Πτολεμαῖος ὁ Φιλάδελφος κατελθὼν ἀπὸ τῆς φυγῆς, ἐξωσθέντος τοῦ Ἀλεξάνδρου [a]. On a voulu [b] lire ὁ ἀδελφὸς αὐτοῦ, au lieu de Φιλάδελφος : la raison qu'on en a donnée, c'est que Nicéphore et S. Épiphane désignent Ptolémée Sôter par les mots ὁ ἀδελφὸς αὐτοῦ. Cette raison n'est pas suffisante : car, Sôter II étant frère d'Alexandre, il est tout simple que ces auteurs l'aient qualifié ainsi; mais il ne s'ensuit pas que Ptolémée, auteur de la liste des rois, ait fait de même. On admettra d'autant moins la correction ὁ ἀδελφὸς αὐτοῦ, que cette liste ne désigne les Ptolémées que par leurs surnoms; on ne trouve les mots ἀδελφὸς αὐτοῦ, ni à l'article d'Évergète II, ni à celui d'Alexandre. En outre, le texte arménien donne le même titre de *Philadelphe* à Sôter; ainsi nous n'avons nul droit de le retrancher. Il n'y a pas plus de raison de mettre en doute celui de *Philométor*, par lequel Pausanias désigne également Sôter II [c].

L'auteur des Annales des Lagides croit *qu'il faut corriger Pausanias, et lire Ptolémée Sôter second* [d]; il me paraît n'avoir pas remarqué que, comme Pausanias explique lui-même la raison de ce surnom, on ne peut absolument changer son texte. Saint-Martin a eu raison de défendre le témoignage de Pausanias [e], car nous avons vu que Sôter, dans l'inscription d'Apollonopolis, porte ce titre de *Philométor*, et il a été prouvé que ce prince et Alexandre, son frère, le devaient à leur mère Cléopâtre. J'observe que, parmi les titres des Ptolémées, il en était qu'ils prenaient à leur avénement ou peu après, tels qu'*Évergète, Philopator, Épiphane, Philométor, Sôter,* etc. comme un moyen nécessaire pour distinguer leurs actes de ceux de leurs prédécesseurs, qui se nommaient également *Ptolémée;* mais il en était d'autres qu'ils prenaient ou recevaient à diverses époques de leur règne, et qui se rattachaient à quelque événement remarquable, ou tenaient à quelque fantaisie du prince : tels furent celui de Ποθεινός [f], *le Désiré*, que les Alexandrins donnèrent à Sôter II lorsqu'il re-

---

[a] *Ap.* Euseb. *Chron. græc.* p. 226. — [b] Champ. *Ann. des Lag.* II, p. 411, 412. — [c] Pausan. I, 9, 1. — [d] II, p. 182. — [e] Dans le *Journal des Savants*, 1821, p. 538, note 1. — [f] *Annales des Lagides*, II, p. 225, note 2.

prit la couronne, et celui d'*Eucharistе*, qu'Épiphane devait à quelque *grâce* ou bienfait accordé à ses peuples[a]. Le surnom de *Philadelphe* me paraît être du même genre. Il est à remarquer, en effet, que la liste des rois ne donne à Sôter II le titre de *Philadelphe* qu'à l'époque où il remonta sur le trône, après l'expulsion de son frère : Πτολεμαῖος ὁ Φιλάδελφος κατελθὼν ἀπὸ τῆς φυγῆς, ἐξωσθέντος τοῦ Ἀλεξάνδρου; auparavant, l'auteur de cette liste ne l'appelle que *Sôter* et *Physcon*. Cette circonstance donne lieu de présumer que Sôter ne prit ce titre qu'à son retour. Il est naturel que ce prince, que les excès d'Alexandre et de sa mère avaient fait désirer aux Alexandrins de revoir, et auquel ils donnèrent le nom de *Désiré*, Ποθεινός, ait alors reçu le titre de *Philadelphe*, qui rappelait à la fois et son amour pour les sœurs dont les violences de sa mère l'avaient forcé de se séparer, et son attachement pour Alexandre, contre lequel il ne voulut jamais rien entreprendre, non plus que contre sa mère. C'est là ce que Justin explique de la manière la plus claire en parlant du retour de Sôter II : « Nam « ubi primum compertum est scelere filii matrem interfectam, con- « cursu populi in exsilium agitur, revocatoque Ptolemæo regnum red- « ditur, qui NEQUE CUM MATRE BELLUM gerere voluisset, neque A FRATRE « ARMIS REPETERE, quod prior recepisset [b]. Peut-on expliquer plus clairement le motif qui fit donner par les Alexandrins à Sôter le titre de *Philadelphe*, lorsqu'ils le rappelèrent à la couronne, voulant, en quelque sorte, consacrer par ce titre honorable et mérité le retour d'un prince désiré qui devait fermer les blessures du pays?

Le second règne de Sôter II dura huit ans, depuis l'an 89 jusqu'en 81 avant notre ère. L'histoire ne dit pas si, après avoir été forcé par sa mère de répudier successivement ses deux sœurs Cléopâtre et Sélène, il avait épousé une troisième femme pendant son séjour en Chypre. On a tout lieu de croire qu'il ne se remaria point et n'eut que des concubines, puisque, selon Pausanias, parmi ses enfants il n'y avait de *légitime* que Bérénice, qui était née de son premier mariage. Ainsi, durant son second règne, Sôter n'était point

[a] Plus haut, p. 9 et 30. — [b] Justin, XXXIX, 5.

VIII. PROPYLON D'APOLLONOPOLIS.

marié : ce qui le prouve, c'est qu'à sa mort les Alexandrins appelèrent au trône sa fille Bérénice, veuve de cet Alexandre II qu'ils avaient ignominieusement chassé [a]. Or, si ce prince avait été marié, c'est la reine sa femme qui lui aurait succédé, comme Cléopâtre avait succédé à Évergète II. Il est donc à peu près certain que les formules dédicatoires, dans les monuments qui appartiennent à ce second règne de Sôter, ne faisaient pas mention de la reine. C'est ce qui pourra se vérifier un jour.

On peut remarquer encore que Pausanias lui-même n'a pas su à quelle circonstance se rapportait le titre de *Philométor :* « Le hui-« tième descendant de Ptolémée Lagus, dit-il, fut Ptolémée Philo-« métor. C'est par ironie qu'il reçut ce surnom ; car je ne connais « aucun prince qui *ait été haï par sa mère autant qu'il le fut par Cléo-« pâtre* [1]. » Je pense que cet auteur se trompe ici doublement.

D'abord il serait impossible d'admettre qu'une épithète donnée par *ironie* fût devenue le titre *officiel* d'un prince : une telle épithète ne peut être qu'un *sobriquet*, dont l'usage n'aurait jamais dû passer dans les actes publics, pas plus que ceux de *Physcon*, de *Lathyre*, d'*Aulète*, et autres de ce genre ; pas plus que celui de *Caligula*, pour désigner l'empereur Caïus, *épithète* ou *sobriquet militaire*, dit Tacite, *militare vocabulum* [b], qui n'a jamais paru sur aucun monument. En cela, Pausanias montre peu de connaissance de l'histoire de cette époque.

Ensuite il ne s'est pas moins mépris sur la signification du titre de Φιλομήτωρ, lequel n'est susceptible que du sens actif, *aimant sa mère*, et non du sens passif, *aimé de sa mère*. On doit considérer comme une dérogation aux principes essentiels de la langue les exemples de mots où les syllabes φιλο ou μισο, précédant le substantif, ont la signification passive ; aussi ne les trouve-t-on, et bien rarement encore, qu'à des époques récentes : je ne puis citer que

[a] Plus bas, p. 69. — [b] *Annal.* I, 41.

[1] Paus. I, 9, 1 : τὴν δὲ ἐπίκλησιν ἔσχεν ἐπὶ χλευασμῷ· οὐ γάρ τινα τῶν βασιλέων μισηθέντα ἴσμεν ἐς τοσόνδε ὑπὸ μητρός. Il devait dire μισήσαντα.... τὴν μητέρα.

Φιλοκόμμοδος, surnom d'un jeune esclave très-aimé de Commode, et qui l'avait reçu, dit Hérodien [a], à cause de l'*affection que lui portait l'empereur* (δεικνυούσης καὶ τῆς προσηγορίας τὴν στοργὴν τὴν εἰς τὸν παῖδα τοῦ βασιλέως). Hérodien semble donc avoir fait la même faute que Pausanias; il devait dire : .....τὴν στοργὴν τὴν εἰς τὸν βασιλέα τοῦ παιδός, *l'affection qu'il portait à l'empereur*, à moins que l'erreur n'eût déjà passé dans le langage même des contemporains : mais, dans ce cas, on s'étonne d'en trouver si peu d'exemples parmi les écrivains de cette époque [1].

Quant à Pausanias, il a évidemment mal interprété le sens du titre de Φιλομήτωρ; car il est certain qu'à l'époque où cette qualification fut donnée au fils d'Épiphane elle avait le sens actif, comme les titres de *Philadelphe* et de *Philopator*, et qu'elle se rapportait à son affection pour sa mère.

4. Mariage d'Alexandre Ier avec la fille de Sôter II, Cléopâtre ou Bérénice.

On a vu [b] que deux filles d'Évergète II, après avoir été répudiées par Sôter II, avaient épousé des princes étrangers. Une troisième fille d'Évergète II, Tryphène [2], avait épousé Antiochus Grypus du vivant de son père. L'histoire ne fait mention que de ces trois filles; mais tout prouve que ce prince en eut une quatrième, dont elle ne parle pas, et qui devint la femme d'Alexandre, comme cela résulte des inductions que je vais présenter.

Alexandre, selon l'auteur des Annales des Lagides, épousa Cléopâtre, fille aînée de Sôter II, laquelle fut tuée avec son mari [c] dans le combat naval où il fut vaincu par Chæréas : comme une Cléopâtre (ou Bérénice), fille de Sôter II, succéda à son père et devint la

---

[a] Herodian. I, 17, 6. — [b] Plus haut, p. 59, 60. — [c] *Ann. des Lag.* II, p. 226, 231.

[1] S. Grégoire de Nazianze, cité dans le *Thesaurus ling. græc.* ed. Lond. paraît avoir employé φιλόθεος (φιλόθεα κελεύσματα) avec le sens de *cher à Dieu, qui plaît à Dieu*.

[2] Ainsi appelée peut-être en l'honneur de sa tante Cléopâtre, qui avait été surnommée *Tryphène*, comme l'apprennent les hiéroglyphes du temple d'Ombos (*supr.* p. 41).

VIII. PROPYLON D'APOLLONOPOLIS.

femme d'Alexandre II, ce savant est obligé d'admettre l'existence de deux filles de Sôter II, dont la première aurait péri en 89 avec Alexandre Ier, son oncle et son époux [a].

Cet arrangement me paraît en opposition avec les textes de Pausanias et de Porphyre.

Le premier dit positivement que Sôter II n'eut qu'une *seule* fille légitime, Bérénice (que tout le monde reconnaît pour être la Cléopâtre de Porphyre), qui succéda à son père : ἣ μόνη γνησία οἱ τῶν παίδων ἦν, *la seule légitime entre ses enfants* [b], et non pas *le seul enfant légitime qui lui restât alors,* comme M. Champollion-Figeac est obligé de traduire d'après son système.

Porphyre assure, d'une manière non moins formelle, que Cléopâtre, celle qui succéda à Sôter II et fut, pendant dix-neuf jours seulement, la femme d'Alexandre II, était *fille* de Sôter II et *femme* d'Alexandre Ier : Θυγατρὶ μὲν τοῦ πρεσβυτέρου, γυναικὶ δὲ τοῦ νεωτέρου; d'où il résulte bien évidemment que la femme d'Alexandre Ier et celle qui succéda à Sôter II sont une seule et même personne; il s'ensuit également qu'elle était *belle-mère* d'Alexandre II, fils d'Alexandre Ier, à qui elle fut forcée par Sylla de donner la couronne et sa main : et, en effet, quelques lignes plus bas, Porphyre dit qu'Alexandre II était son *beau-fils,* πρόγονος. Le texte actuel de Porphyre porte que cette princesse partagea *volontiers* la couronne avec lui : παραλαβών τε παρ' ἑκούσης τὴν ἐξουσίαν. C'est en ce sens que M. Champollion paraît l'avoir entendu, et avec toute raison, le grec n'étant pas susceptible d'un autre sens; mais, comme il est bien vraisemblable que Cléopâtre se vit avec déplaisir privée d'une partie de son autorité, je ne doute pas que la version arménienne ne nous ait conservé la pensée de Porphyre, puisque les deux traductions latines de cette version portent *invite* ou *invita uxore* [c]; et je ne balance pas à lire dans l'auteur grec παρ' ἀκούσης au lieu de παρ' ἑκούσης, changement si naturel et si nécessaire, qu'on peut s'étonner que les traducteurs de l'Eusèbe arménien ne l'aient pas proposé.

[a] *Ann. des Lag.* II, p. 231. — [b] Paus. I, 9, 3. — [c] P. 120, edd. Zohrab et Maio; p. 248, ed. Aucher.

INSCRIPTIONS DES TEMPLES.

Mais, puisque c'est la femme d'Alexandre Ier qui devint celle de son fils Alexandre II, il faut bien admettre que cette princesse n'était point morte lors du combat naval où ce prince périt : et, en effet, je ne vois rien de pareil dans Pausanias ni dans Porphyre. Le premier ne dit pas un mot de la mort d'Alexandre; le second ne parle pas de celle de son épouse : il dit seulement que Ptolémée Alexandre, après sa retraite à Myra, se rendant en Chypre, périt dans le combat qui lui fut livré par Chæréas : ὅθεν εἰς Κύπρον μεταπηδηθεὶς (l. μεταπηδήσας), καὶ καταπολεμηθεὶς ὑπὸ ναυάρχου Χαιρέου, θνήσκει.

Il n'en est pas moins vrai qu'Alexandre Ier, avant d'épouser Cléopâtre, la fille de son frère, avait été marié à une autre, puisque Alexandre II n'était que le *beau-fils* de cette princesse. Quelle est cette première femme dont l'histoire ne parle pas? Ce doit être une fille d'Évergète II : du moins portait-elle le nom de *Cléopâtre*, car le latin d'Eusèbe dit qu'Alexandre II était *Cleopatræ filius* [a]. On ignore à quelle époque Alexandre Ier épousa cette première femme : ce fut peut-être pendant la vie de son père, quelque temps après le mariage de Sôter. On ignore également quand il la perdit; mais il est possible de deviner à quelle époque et à quelle occasion il se remaria, et c'est ici que commence à s'expliquer la formule du papyrus d'Anastasy.

Pendant les dix-huit années du règne d'Alexandre avec sa mère, cette princesse ne cessa de poursuivre son fils Sôter II; elle fut toujours mêlée dans des guerres contre lui, et l'on ne voit, en aucun temps, se calmer sa haine contre ce fils, que les Alexandrins lui avaient imposé pendant dix ans, et qu'elle avait réussi à faire descendre du trône. Il est impossible de concevoir que, dans cet intervalle, elle eût permis à Alexandre d'épouser la fille de son frère persécuté. Toutes les probabilités se réunissent pour nous faire penser que ce mariage eut lieu pendant le règne de Sôter II, c'est-à-dire entre les années 117 et 107; et, dans ce cas, il doit se rattacher à un fait que l'histoire nous a conservé.

[a] Euseb. *Chronic. græc.* p. 150.

VIII. PROPYLON D'APOLLONOPOLIS.

On a vu que Cléopâtre, forcée par les Alexandrins de choisir Sôter II, avait envoyé son cher Alexandre en Chypre, en qualité de *général*. Trois ans après, en 114, Alexandre devint roi de l'île, et compta même de cette époque les années de son règne lorsqu'il fut monté sur le trône, ainsi que nous l'apprend Porphyre, dont le papyrus d'Anastasy a confirmé le témoignage : de telle sorte que la première année de son règne en Égypte fut comptée comme la huitième[a]. Ce fait est, sans doute, un résultat des soins de Cléopâtre pour agrandir le plus possible le fils objet de ses préférences; et il me paraît bien vraisemblable que, par suite d'un retour de bonne intelligence ménagé entre les deux frères, cette époque mémorable fut celle où Sôter II donna sa fille Cléopâtre en mariage à Alexandre; ce qui suppose que dès lors Alexandre était veuf : ou peut-être que sa mère, qui sacrifiait tout à ses vues ambitieuses, le força de répudier sa femme et d'épouser la fille de son frère.

5. Age d'Alexandre II et de Bérénice, lorsqu'ils occupèrent le trône à la mort de Sôter II. — Pourquoi le nom de Bérénice est-il omis dans presque tous les actes publics, sous Alexandre Ier?

Au reste, en assignant l'année 114 pour l'époque du second mariage d'Alexandre, je ne prétends donner qu'une conjecture probable; mais ce qui me paraît certain, c'est que ce mariage doit avoir eu lieu avant l'expulsion de Sôter et l'avénement d'Alexandre. Nous ne pouvons donc assigner à cet événement que la limite de sept années, entre 114 et 107 avant J. C.; et c'est dans cet intervalle qu'a dû naître Alexandre II.

Il s'ensuit que ce prince, à l'époque de son avénement au trône, était beaucoup plus âgé qu'on ne devait le croire, d'après un passage d'Appien.

Après sa déposition, Sôter II régna dans l'île de Chypre. Il se rendit en Syrie pour secourir les habitants de Ptolémaïs. Cet événe-

[a] Porphyr. *ap.* Euseb. l. l. Cf. Champollion-Figeac, *Ann. des Lag.* II, p. 188.

ment est de l'année 103 avant J. C. La reine Cléopâtre, craignant qu'il ne vînt attaquer l'Égypte, voulut mettre en sûreté son petit-fils et ses trésors, et elle les fit transporter dans l'île de Cos[1]. Supposons qu'Alexandre II fût né au milieu de l'intervalle indiqué ci-dessus, c'est-à-dire dans l'année 111 : il pouvait donc avoir environ huit ans lorsqu'il fut envoyé à Cos ; mais, comme rien n'empêche qu'il fût né en 109, il pouvait n'être âgé que de six ans, ou entrer dans sa septième année.

Ce jeune prince resta dans l'île tant que vécut son père ; et, sans doute, des motifs de politique empêchèrent la reine-mère de le faire revenir, car, lorsqu'après la mort de cette princesse, Alexandre, son assassin, fut obligé de s'enfuir, il n'avait avec lui que sa femme et sa fille[a]. Alexandre II fut donc élevé dans l'île de Cos, comme le dit Appien[b] ($\dot{\alpha}\nu\alpha\tau\rho\alpha\varphi\acute{\epsilon}\nu\tau\alpha\ \dot{\upsilon}\pi\grave{o}\ K\omega\omega\nu$). A la mort de son père, en l'année 89, il avait environ vingt ou vingt-un ans, et vingt-trois ou vingt-quatre à l'époque où Mithridate, soumettant toute l'Asie Mineure, en l'année 86, le trouva dans l'île de Cos, et s'empara de sa personne ainsi que des trésors de sa mère[c]. Comme ce n'est pas d'un homme de vingt-trois ou vingt-quatre ans que l'on fait l'*éducation*, Appien fait un anachronisme lorsqu'il dit, à cette occasion : Καὶ τὸν Ἀλεξάνδρου παῖδα τοῦ βασιλεύοντος[2] Αἰγύπτου, σὺν χρήμασι πολλοῖς ὑπὸ τῆς μάμμης Κλεοπάτρας ἐν Κῷ καταλελειμμένον, παραλαβὼν, ἔτρεφε βασιλικῶς, c'est-à-dire : « Ayant trouvé (à Cos) le fils d'Alexandre, roi d'Égypte, « que sa grand'mère Cléopâtre avait envoyé et laissé dans cette île, « ..... il le fit élever avec une magnificence royale. » On pourrait es-

---

[a] Porphyr. *ap.* Euseb. *Chron. græc.* p. 225; plus haut, p. 64. — [b] *Bell. civ.* I, 102. — [c] *Bell. Mithrid.* § 23.

[1] Joseph. *Antiq. Jud.* XIII, 13, 1. Cet auteur dit τοὺς υἱωνούς au pluriel ; mais Appien, en deux endroits, parlant de cette précaution de Cléopâtre, ne fait mention que du seul Alexandre (*Mithrid.* 23 ; *Bell. civ.* I, 102) ; et l'histoire ne nous fait point connaître d'autres fils de ce prince. Il faut que Josèphe se soit trompé, ou que ses copistes aient écrit τοὺς υἱωνούς au lieu de τὸν υἱωνόν.

[2] Alexandre étant mort depuis trois ans, il résulte un anachronisme de la leçon βασιλεύοντος, que Schweighaeuser a mise dans le texte, sur l'autorité des manuscrits.

VIII. PROPYLON D'APOLLONOPOLIS. 73

sayer de donner à ἔτρεφε le sens plus général de *traiter*, d'*entretenir*, sans rapport avec l'idée de l'âge que pouvait avoir le prince; mais ce sens s'éloignerait trop de l'usage pour qu'on pût l'admettre.

Alexandre II s'échappa bientôt des mains du roi de Pont, et se réfugia auprès de Sylla, qui obligea Cléopâtre, belle-mère du jeune prince, à l'épouser dans l'année 81, en partageant la couronne avec lui. Alexandre avait déjà vingt-huit ans, et Cléopâtre devait en avoir plus de quarante.

Nous avons vu que Cléopâtre, fille de Sôter II, épousa son oncle Alexandre entre les années 114 et 107, et qu'une époque très-probable pour cet événement est l'année même où Alexandre prit le titre de roi de Chypre [a], c'est-à-dire l'an 114. En prenant cette dernière date, nous nous renfermons dans des limites raisonnables. Supposons que Cléopâtre fût alors dans sa treizième année, ce qui n'aurait rien d'étonnant, car c'est à cet âge que Cléopâtre, fille de Ptolémée Philométor, fut mariée à Alexandre, roi de Syrie [b]: elle a donc pu naître en 126, et son père avait dû se marier en 127, c'est-à-dire l'année même du retour d'Évergète II en Égypte; coïncidence assez remarquable. Il serait peu vraisemblable d'admettre que Sôter II eût moins de dix-sept ans quand il s'est marié, et il a pu se marier à cet âge, comme l'avait fait son grand-père Épiphane. Ainsi la naissance de ce prince ne peut être portée plus bas que l'an 144; d'où il suit que sa mère Cléopâtre, fille de Philométor, n'a pu épouser Évergète II après l'an 145.

D'après l'âge avancé de Cléopâtre, lorsqu'Alexandre II fut appelé à partager le trône, on peut juger que, si cette princesse vit ce partage avec déplaisir [c], Alexandre trouva un peu dure la condition d'épouser sa belle-mère. Une répugnance prononcée put inspirer à

---

[a] Plus haut, 71. — [b] Plus haut, p. 22. — [c] Plus haut, p. 69.

Cette raison ferait préférer le βασιλεύσαντος des anciens éditeurs, si Appien n'avait pas fait une erreur plus grave encore sur l'âge d'Alexandre II. Il paraît avoir cru que, lors du voyage de Mithridate à Cos, Alexandre Ier était encore roi d'Égypte, et que son fils était d'âge à ce qu'il fût nécessaire d'achever son éducation.

un homme aussi vicieux le dessein de faire périr celle qu'il avait été forcé d'épouser pour être roi. Aussi la fit-il égorger après dix-neuf jours de règne; et l'on sait que les troupes, irritées de cette infâme cruauté, le mirent à mort quelques jours après [1].

Les faits exposés ci-dessus démontrent que Ptolémée Alexandre était marié pendant les dix-huit années que dura son règne. Pourquoi donc le nom de sa femme ne paraît-il pas dans les actes publics? La raison en est facile à deviner. Comment pourrait-on méconnaître, dans cette curieuse particularité, l'effet de l'ambition soupçonneuse de la reine-mère, qui avait forcé Sôter II de répudier successivement ses deux femmes, dont l'une, Cléopâtre, avait trop d'habileté et de caractère pour ne pas lui porter ombrage? Aussi, dans l'inscription d'Apollonopolis comme dans le papyrus de Casati, qui, tous deux, sont du règne simultané de Cléopâtre et de Sôter II, n'est-il fait nulle mention d'une femme de ce prince. Nous ne devons donc pas être étonnés de trouver la même omission dans le papyrus d'Anastasy, qui est du règne d'Alexandre (an XII ou IX). Lorsque Cléopâtre eut réussi à faire descendre Sôter II du trône et à rappeler Alexandre, l'objet de ses affections, elle dut craindre que l'ascendant de sa femme, fille du roi détrôné, ne fût un obstacle à ses vues, et que cette princesse, se portant médiatrice entre les deux frères, dont l'un était son père, l'autre son oncle et son mari, n'apaisât leurs différents et ne mît fin à des dissentiments sur lesquels elle fondait le maintien de son pouvoir. Tout nous avertit qu'elle dut encore une fois séparer la femme du mari, et ne pas souffrir que Cléopâtre vînt à Alexandrie partager le trône de son époux. Il est donc vraisemblable que cette princesse resta auprès de son père, en Chypre; aussi n'en est-il

---

[1] Saint-Martin (*Nouvelles Recherches sur l'époque de la mort d'Alexandre*, p. 97-101) me paraît avoir établi, d'une manière péremptoire, et d'après une discussion nouvelle du texte de Cicéron, l'opinion déjà soutenue par des savants distingués (Visconti, *Iconogr. grecq.* III, p. 254, n. 2), et dont on avait cru devoir s'écarter d'après des considérations qui ne peuvent balancer les témoignages formels de Porphyre, d'Appien et de Cicéron. Nous reviendrons sur ce point chronologique à l'occasion de deux inscriptions de Philes.

VIII. PROPYLON D'APOLLONOPOLIS. 75

jamais question dans les historiens. Elle était sans doute à Alexandrie lorsqu'Alexandre fut obligé de fuir, car Porphyre dit qu'il emmena sa *femme* et sa *fille* [a]; mais sa mère n'existait plus. On pourrait croire qu'après la mort de cette princesse, libre alors de ses actions, il avait rappelé auprès de lui celle dont on l'avait séparé si longtemps : toutefois cette idée ne serait point naturelle, parce que la révolte excitée par l'horreur de son attentat suivit de trop près la mort de sa mère pour qu'il ait eu le temps de faire venir sa femme auprès de lui. Il faut donc admettre qu'Alexandre, du vivant même de sa mère, avait obtenu de faire venir sa femme auprès de lui. Or la cause et l'époque de ce changement peuvent être déterminées avec une certitude suffisante.

On doit se rappeler que le fils et la mère n'avaient pas toujours été d'accord. Justin nous apprend qu'Alexandre, effrayé des cruautés de Cléopâtre et craignant pour lui-même, l'abandonna et se retira en lieu de sûreté; que Cléopâtre, se voyant ainsi abandonnée, tremblant que Sôter II, objet constant de sa haine, ne fût rétabli sur le trône par Antiochus de Cyzique, envoya des députés à Alexandre pour le rappeler; qu'il revint en effet : mais Alexandre, qui sentait très-bien que sa mère le rappelait parce qu'elle avait besoin de lui, dut mettre à son retour des conditions que l'histoire ne nous fait pas connaître, mais que les monuments nous révèlent.

Cet événement a dû se passer entre l'an XII ou IX, époque du papyrus d'Anastasy, et l'an XVI, date d'un papyrus démotique du musée de Berlin, où se trouvent mentionnés, dans cet ordre, *Alexandre*, la reine *Cléopâtre* et *Bérénice*, sœur du roi, et où la date n'est plus double comme auparavant [b]. Ce sont là trois changements notables. Alexandre avait donc obtenu de sa mère, sans doute comme condition de son retour : 1° d'avoir sa femme auprès de lui; 2° de mettre son nom le premier dans les actes; 3° d'y insérer celui de sa femme, mais seulement au troisième rang; 4° de retrancher l'année du règne de sa mère.

---

[a] Voyez la citation plus haut, p. 64. — [b] *Ap.* Kosegarten, *De prisca Ægypt. litt.* comm. I, tabl. XII; cf. Reuvens, *Lettres à M. Letronne*, III, p. 42.

Il n'y a, en effet, nul doute à former sur l'expression de la simple date de l'an XVI, énoncée dans le papyrus, au lieu de la double date qu'on mettait auparavant, selon le témoignage de Porphyre, confirmé par ces trois exemples : *l'an XII qui est aussi l'an IX*, du papyrus d'Anastasy ; *l'an XIV qui est aussi l'an XI*, et *l'an XV qui est aussi l'an XII*, de deux papyrus démotiques [a].

Maintenant, si la double date eût été admise dans le papyrus de Leyde, aurait-on marqué *l'an XVI qui est aussi l'an XIII ?* Je ne le pense pas ; on aurait dit *l'an XVI qui est aussi l'an XIX* ; car, du moment qu'Alexandre a repris la première place, ce sont ses années qui ont été énoncées en premier ; et, quand on ne trouve plus qu'une date simple dans ces actes, c'est à coup sûr l'année du règne de sa mère qui a cessé d'être indiquée.

Reuvens a donc eu raison de rapporter cette année au règne d'Alexandre, par conséquent à l'an 99 avant notre ère, qui est, en effet, la XIXe du règne de Cléopâtre.

Cette ambitieuse princesse trouva, sans doute, bien dures ces conditions, que son fils lui imposa avant de consentir à revenir auprès d'elle. Le papyrus de Leyde nous a conservé la trace d'une autre prétention d'Alexandre, à laquelle il fut ensuite obligé de renoncer.

Ce papyrus est de la même année que celui de Berlin, mais de deux mois antérieur, puisqu'il est daté du mois de *phaophi* (2e mois de l'année égyptienne), tandis que l'autre est du mois de choïak (4e mois), s'il n'y a pas erreur. Or il nous présente une circonstance bien plus défavorable encore à Cléopâtre, c'est l'omission *totale* de son nom : car ce papyrus, qui est un rescrit d'Alexandre Ier, porte Βασιλεὺς Πτολεμαῖος, ὁ ἐπικαλούμενος Ἀλέξανδρος, καὶ βασίλισσα Βερενείκη, ἡ ἀδελφή, sans le moindre mot pour Cléopâtre. De la comparaison des dates des deux documents il résulte qu'Alexandre, une fois revenu, essaya d'échapper à l'une des conditions de son retour en omettant le nom de sa mère, et en la privant ainsi de toute marque extérieure de l'autorité suprême ; mais que peu après, soit condes-

[a] Reuvens, p. 40, n. 6.

VIII. PROPYLON D'APOLLONOPOLIS.

cendance, soit crainte d'une résistance dangereuse, il lui rendit le privilége dont il avait tenté de la priver.

C'est dans cet intervalle que dut être gravé un *proscynéma* inscrit sur le grand propylon de Philes avant l'achèvement des sculptures de ce propylon. Ce *proscynéma* est ainsi conçu : βασιλέω[ς Πτολεμαίου] τοῦ καὶ Ἀ[λεξάνδρου] τὸ προσ[κύνημα τόδε] καὶ τῆς [βασιλίσσης] καὶ τῶν [τέκνων αὐτῶν] παρὰ τῇ [κυρίᾳ Ἴσιδι] ἔγραψε [1]....... En effet, le nom de la reine, qui est mis après celui du roi, ne peut être celui de sa mère, qui précède toujours le sien. C'est bien certainement celui de sa femme; et dès lors il ne reste plus aucune place pour le nom de sa mère, qui, sans nul doute, a été omis par l'auteur de cet hommage religieux.

Mais un troisième document atteste que, trois ans après, Alexandre avait, de nouveau, privé sa mère de toute participation à la souveraineté. Un rescrit de l'an XVIII d'Alexandre (XXI de sa mère), répondant à l'an 97 avant notre ère [a], ne porte plus que le seul nom d'Alexandre : βασιλεὺς Πτολεμαῖος Διονυσίῳ χαίρειν.

Il faut donc admettre plus d'une restriction à la règle indiquée par Porphyre, qui s'est contenté de la donner en général. L'usage de la double date a, en effet, subsisté pendant la plus grande partie du règne simultané de Cléopâtre et de son fils Alexandre, à partir de l'an 117 jusqu'après l'an XII (106): Alexandre prit le premier rang sur les actes, y introduisit le nom de sa femme, y mit son année, puis retrancha le nom de sa mère, l'y inséra de nouveau, et le retrancha une seconde fois, probablement pour ne plus l'y replacer. Voilà ce que Porphyre n'a pas dit, et ce que les monuments seuls nous apprennent.

Ces envahissements successifs, ces attentats à la souveraineté de sa mère, nous expliquent sa fin tragique. Elle devait les regarder comme d'insupportables affronts, et elle finit par vouloir se défaire d'un fils qui lui ravissait, avec le pouvoir réel, toutes les marques extérieures de la souveraineté. Son projet, sans doute, après avoir fait

---

[a] *Papyrus grecs du Louvre*, n° I, verso, col. 13.

[1] A l'article des inscriptions de Philes on verra les motifs de cette restitution.

périr son fils et sa fille, était d'appeler à la couronne son petit-fils Alexandre II, qu'elle avait fait garder soigneusement à Cos, et peut-être secrètement, loin des atteintes de Sôter II et d'Alexandre Ier.

C'est ainsi que la nécessité d'expliquer les particularités si remarquables qui se rencontrent dans les trois inscriptions de Philes, de Pselcis et d'Apollonopolis, ainsi que dans les papyrus contemporains, nous a conduit à retrouver les preuves de l'ambition effrénée et des passions haineuses de cette Cléopâtre qui trouva le moyen de garder le pouvoir pendant plus de vingt-huit ans. Nous la voyons, attentive à tout ce qui pouvait conserver ou assurer sa puissance, forcer Sôter à se séparer successivement de deux femmes qu'il aimait; brouiller les deux frères ou les raccommoder quand leur bonne intelligence convenait à ses vues; faire descendre Sôter du trône pour y appeler Alexandre; obliger ce fils à s'éloigner d'une femme à laquelle il était uni depuis six années et dont il avait des enfants; priver cette princesse du titre et du nom de reine, jusqu'à ce qu'elle fût contrainte par son propre intérêt à le lui rendre; vouloir enfin attenter à la vie de ce fils, lorsqu'elle vit que l'autorité allait lui échapper pour toujours.

On trouvera, dans le tableau chronologique suivant, l'ensemble de tous les faits qui ont été exposés plus haut, relatifs aux règnes d'Épiphane, de Philométor, d'Évergète II, de Sôter II, d'Alexandre Ier et d'Alexandre II, jusqu'à l'avénement de Ptolémée Aulète ou Dionysos.

VIII. PROPYLON D'APOLLONOPOLIS.

ANNÉES avant l'ère chrétienne.	FAITS.	ANNÉES DE RÈGNE.		ANNÉES avant l'ère chrétienne.	FAITS.	ANNÉES DE RÈGNE.	
		ÉPIPHANE.				CLÉOP. et SÔTER.	ALEX. en Chypre.
205	Épiphane monte sur le trône....	1					
196	Année de son couronnement....	9					
	Date du décret de Rosette.			114	Sôter remarié avec Sélène......	4	1
193	Épiphane se marie...........	12			Date du papyrus de Casati.		
188	Naissance de Philométor.......	17			Mariage d'Alexandre Ier avec Cléopâtre, fille de son frère.		
187	Chapelle d'Esculape à Philes.....	18					
183	Naissance de Cléopâtre........	22			Sôter II retranche le nom de sa mère des actes publics.		
182	Naissance d'Évergète II........	23					
		PHILOMÉTOR.			Il règne seul.		
181	Mort d'Épiphane et règne de Philométor................	1			Retour d'Eudoxe.		
174	Couronnement de Philométor...	8		109	Naissance d'Alexandre II.......	9	6
		ÉVERG.		107	Sôter II chassé d'Alexandrie.....	11	8
170	Règne simultané de Philométor et d'Évergète II.............	12	1		Cléopâtre et Alexandre Ier.		
165	Mariage de Philométor........	17	6	106	Date du papyrus d'Anastasy.....	12	9
164	Philométor règne seul........	18	7	103	Sôter II en Syrie............	15	12
	Dédicace des temples de Parembolé et d'Antœopolis.				Cléopâtre envoie Alexandre II à Cos.		
164-160	Naissance de ses enfants........	19-22	8-11				
151	Sa fille Cléopâtre mariée à Alexandre de Syrie..............	31	20	102	Alexandre Ier se retire........	16	13
146	Philométor meurt...........	36	25	99	Revient avec sa femme........	19	16
		ÉVERGÈTE SEUL.			Le nom de sa mère exclu des actes.		
146	Évergète règne.............	25			Date d'un papyrus de Berlin.		
145	Répudie sa femme...........	26			Le nom de sa mère rétabli dans les actes.		
	Tue son fils.						
	Épouse sa nièce.						
144	Naissance de Sôter II.........	27			Date d'un papyrus grec de Leyde.		
143	Naissance d'Alexandre Ier......	28		97	Le nom de Cléopâtre est définitivement exclu des actes......	21	18
136	Dédicace du temple de Pselcis....	35					
132	Évergète chassé d'Alexandrie....	39			Date d'un papyrus du Louvre.		
127	Mariage de Sôter II..........	44		90	Cléopâtre assassinée..........	28	25
	Évergète revient.			89	Alexandre est chassé..........	29	
127-117	Dédicace du temple d'Aphrodite à Philes.				Sôter II, appelé Philadelphe.		
126	Naissance de Cléopâtre, fille de Sôter II................	43		86	Mithridate trouve Alexandre II à Cos, âgé de 24 ans.........	32	
117	Évergète meurt.............	54		81	Sôter II meurt..............	37	
		CLÉOP. ET SÔTER.			Cléopâtre ou Bérénice, sa fille, femme d'Alexandre II, règne.		
117	Cléopâtre règne seule.........	1					
	Départ d'Eudoxe.				Alexandre II la fait périr.		
	Sôter associé à sa mère.						
116	Forcé de répudier sa femme....	2			Obligé lui-même de fuir.		
115	Dédicace du propylon d'Apollonopolis.................	3			Ptolémée Dionysos lui succède.		

SECTION II.

ÉPOQUE DES ROMAINS.

IX.

DÉDICACE DU PROPYLON D'ISIS À TENTYRA, GRAVÉE SOUS LE RÈGNE D'AUGUSTE.

« Parmi les ruines de Tentyra, disent MM. Jollois et Devilliers,
« on trouve à l'est celles d'une grande porte isolée, presque entiè-
« rement enfouie sous les décombres provenant de la destruction
« des maisons particulières qui, à différentes époques, ont fait partie
« de la ville. Sa forme et ses dimensions sont tout à fait semblables
« à celles de la porte du nord, qui précède le grand temple. Les
« sculptures de ces deux édifices ont entre elles la plus grande ana-
« logie [a]...... » Cette porte, ou *propylon*, est placée juste sur l'aligne-
ment de l'enceinte [b] qui enveloppe les monuments de Tentyra; elle
semble en former l'entrée orientale, et avoir été destinée à être en
rapport de position avec le petit temple d'Isis situé derrière le grand
temple. « Ce propylon est remarquable par une inscription en beaux
« caractères grecs, répétée sur chacun des listels de la corniche. »

Denon est le premier qui l'ait fait connaître. La copie de ce voyageur présentait plusieurs lacunes, qui furent remplies avec peu de
succès par l'auteur de la traduction que Denon a insérée dans son
ouvrage [c]. Heureusement la copie des auteurs de la Description de
Dendérah et celle de M. Hamilton [d] sont complètes. Grâces à ces
voyageurs, toute restitution est désormais superflue.

L'inscription se compose de trois lignes d'une étendue inégale.
La première contient quatre-vingts lettres; la seconde seulement
soixante-seize, et la troisième, qui est la plus longue, en contient

---

[a] *Descript. de Dendérah*, p. 50. — [b] Voyez notre pl. III. — [c] *Voyage dans la haute et basse Égypte*, p. 212, éd. in-fol. — [d] *Ægyptiaca*, p. 207.

IX. PROPYLON DE TENTYRA.

quatre-vingt-cinq. Cette inégalité n'a rien qui doive surprendre; on la retrouve dans beaucoup d'autres monuments du même genre. J'en donne le *fac-simile* (voyez pl. V, *f*), d'après la Description de l'Égypte [a].

Je lis et ponctue ainsi le texte :

Ὑπὲρ αὐτοκράτορος Καίσαρος, Θεοῦ υἱοῦ, Διὸς Ἐλε[υθερίου], Σεβασ]οῦ, ἐπὶ Πο- πλίου Ὀκταυίου ἡγεμόνος, καὶ

Μάρκου Κλωδίου Ποσ]όμου ἐπισ]ρατήγου, Τρύφωνος σ]ρατηγοῦντος, οἱ ἀπὸ τῆς μητροπόλεως

[καὶ το]ῦ νομοῦ τὸ πρόπυλον Ἴσιδι Θεᾷ μεγίσ]η καὶ τοῖς συννάοις Θεοῖς· ἔτους ΛΑ Καίσαρος, θωὺθ Σεβασ]ῇ.

Pour la conservation de l'empereur César, fils du dieu (César), Jupiter libérateur, Auguste, Publius Octavius étant préfet, Marcus Clodius Postumus étant épistratége, Tryphon étant stratége,

Les habitants de la métropole et du nome [ont élevé] ce propylon à Isis, déesse très-grande, et aux dieux adorés dans le même temple, la xxxie année de César, du mois de thoyth le jour d'Auguste.

Je crois inutile de rappeler les opinions que plusieurs savants ont émises sur le sens et l'époque de cette inscription, et je passe à l'examen des particularités les plus curieuses qu'elle présente.

Il n'y a d'abord nul doute sur le nom de l'empereur : la qualification de Θεοῦ υἱός, jointe aux noms de Καῖσαρ Σεβασ]ός, ne peuvent s'appliquer qu'à Auguste.

Le titre de Ζεὺς Ἐλευθέριος avait fait croire qu'il s'agit d'Antonin, parce qu'en effet des inscriptions le donnent à cet empereur [b]. Mais une inscription de Philes le donne aussi à Auguste. Ce genre de flatterie outrée n'était peut-être qu'une imitation de ce qui se pratiquait sous les Ptolémées. Philadelphe est appelé *Jupiter* par Théocrite [c], et, dans une inscription anonyme sur Méléagre, il porte le même titre, selon l'explication ingénieuse de Buttmann [d]. Quoi qu'il en soit, l'usage devint général sous les empereurs : Caligula fut nommé

---

[a] *Antiq.* t. V, pl. 56, 12. — [b] Böckh, *Corp. Inscript.* n° 1314. — [c] *Idyll.* vii, 93. — [d] *Ap.* Jacobs, in *Antholog. Palat.* p. 320, 321.

Ζεὺς Ἐπιφανὴς νέος [a]; Trajan Ζεὺς φίλιος [b]; Caligula et Commode *Jovis Latialis* [c]. Le titre de Ζεὺς Αἰνειάδης, qu'emploie Philippe pour désigner Auguste dans une épigramme de l'Anthologie [d], paraît avoir pour équivalent l'expression Ζεὺς Αὐσόνιος, qu'Oppien applique à Caracalla [e], ainsi qu'une épigramme de l'Anthologie [f], à l'empereur Gratien [g].

Les Égyptiens ont été fort prodigues de titres magnifiques à l'égard des empereurs; mais aucun peut-être ne les mérita plus qu'Auguste, dont la conduite politique envers l'Égypte fut si sage et si bien calculée sur les besoins du pays.

Il reste à expliquer la date exprimée par les mots ΕΤΟΥΣ ΛΑ ΚΑΙΣΑΡΟΣ ΘΩΥΘ ΣΕΒΑΣΤΗΙ, dont la leçon ne présente aucun doute. L'an 31 de César répond à l'an 1 de l'ère chrétienne, parce que les années d'Auguste se comptaient, en Égypte, à partir de l'an 30 avant cette ère.

Dans ΘΩΥΘ ΣΕΒΑΣΤΗΙ, nous avons le mois et son quantième; Σεβαστῇ doit être pris adjectivement, comme dans Σεβαστὴ πόλις, Σεβαστὴ σπεῖρα, *cohors Augusta* [h], Σεβαστὸς οἶκος, *domus Augusta*, ἐλπὶς σεβαστή, νίκη σεβαστή [i]. Dans ce cas, le substantif ἡμέρα sera sous-entendu, ainsi qu'il l'est ordinairement avec πρώτῃ, δευτέρᾳ, τρίτῃ, etc.; ainsi ΘΩΥΘ ΣΕΒΑΣΤΗΙ signifiera *de thoth le jour auguste*, ou *d'Auguste*; ce sera donc le jour *éponyme* de ce prince. L'inscription de Rosette nous apprend que les Ptolémées donnaient leurs noms à plusieurs jours de chaque mois dans l'année [k]; fait également établi par celle de l'île de *Dionysos* (n° XXX). Cet honneur était même conféré à de simples particuliers, du moins en Grèce et en Asie. Si une inscription des Attales fait mention du *jour du roi Eumène* [l] (ἐν τῇ βασιλέως Εὐμένους ἡμέρᾳ), lequel jour ne peut être qu'un *éponyme*, il résulte,

---

[a] Philo *ad Caïum*, p. 596, Mang. — [b] Spanh. *Præstant. num.* II, p. 500. — [c] Dio Cassius, LIX, 28; Sueton. *Calig.* § 22, ibique Cas.; cf. Cuper, *Append. ad Apoth. Homer.* p. 206. — [d] *Epigr.* LXI; *Anthol.* II, 228; *ibique* Jacobs, IX, p. 190. — [e] *Cyneget.* I, 3. — [f] Jacobs, *Paralipom.* n° 194; *Anth. Palat.* § xv, n° 6.— [g] Jacobs, *in Anth. Palat.* p. 816.— [h] *Act. Apost.* XXVII, 1.— [i] Zoega, *Num. Ægypt.* p. 49, 54, 55; Mionnet, VI, p. 89, 90. — [k] L. 47; voy. mon Commentaire sur ce passage. — [l] *Ad calc. marmor. Oxoniens.* ed. Maittair. et dans Walpole's *Travels*, t. II, App. p. 2.

IX. PROPYLON DE TENTYRA. 83

d'une autre inscription du même temps et du même pays, qu'un certain Craton portera une couronne sa vie durant, et qu'il y aura, dans l'année, des *jours de son nom*, ἐπώνυμοι ἡμέραι [a]. Parmi les honneurs que les Athéniens prodiguèrent à Démétrius Poliorcète, ils donnèrent son nom au mois de *munychion*, qu'ils appelèrent *démétrion*, et le dernier jour de chaque mois fut *éponyme*, sous le nom de *démétrias* [b].

Que cet usage se soit continué en Égypte sous les Romains, c'est ce dont il serait difficile de douter, quand même l'édit de Tibère Alexandre ne l'attesterait pas de la manière la plus certaine dans la date ainsi exprimée : L. B̄ Λουκίου Λιβίου Σεβασ]οῦ Σουλπικίου Γάλβα αὐτοκράτορος Φαωφὶ Ā Ἰουλίᾳ Σεβασ]ῇ; c'est-à-dire : « La seconde année de « Lucius Livius Sulpicius Galba, empereur, le premier de phaophi, « Julie Auguste (28 septembre, an 68 de notre ère). » Il est clair que les mots Ἰουλίᾳ Σεβασ]ῇ sont une apposition de Φαωφὶ πρώτῃ : ils indiquent, sans nul doute, que le premier de phaophi était le *jour éponyme* de Livie, femme d'Auguste, qui, après la mort de ce prince, prit le nom de *Julia Augusta*. Ce texte curieux nous apprend que l'*éponymie* s'exprimait, dans ce cas, par une espèce d'apposition; on disait : *de phaophi le premier, Julie Auguste*. La date de ce décret est postérieure de cinquante-quatre ans à la mort d'Auguste, et de cinquante et un à celle de Livie; cependant on continuait encore, dans les actes publics, de marquer l'*éponymie* de cette princesse. Ce rapprochement ne permet pas de douter que les mots θωθ Σεβασ]ῇ, dans l'inscription de Tentyra, ne doivent s'entendre également d'une *éponymie de jour*. L'exemple tiré de l'édit, tout en démontrant le fait, donne néanmoins lieu d'hésiter sur le vrai sens du mot Σεβασ]ῇ; car, si cet adjectif, comme je l'ai déjà dit, dépend du mot ἡμέρᾳ sous-entendu, il peut être aussi le nom même de *Julie Auguste*, placé en apposition.

Mais une considération très-forte me paraît propre à décider la question, en empêchant d'assimiler les deux dates : c'est que, dans l'inscription de Tentyra, le *quantième* du mois manque devant

[a] *In Antiq. Asiat.* ed. Chishull, p. 142. — [b] Plutarch. *in Demetr.* § 12.

ΣΕΒΑΣΤΗΙ, au lieu que nous le voyons exprimé dans le texte de l'édit. Cette différence démontre qu'il ne peut être question d'un des jours *éponymes* de l'impératrice Livie : dans ce cas, en effet, il eût été d'autant plus nécessaire de joindre le quantième du mois au titre de ΣΕΒΑΣΤΗΙ, que plusieurs jours *éponymes* auraient été consacrés à cette princesse.

On ne peut donc s'empêcher de reconnaître que le mot ΣΕΒΑΣΤΗΙ désigne un jour *éponyme* d'Auguste, et un jour tellement connu qu'il suffisait de l'indiquer par son nom pour que tout le monde sût précisément la date qu'on voulait exprimer.

Je n'aperçois que deux jours qui puissent offrir cette condition nécessaire : celui de la prise d'Alexandrie et celui de la naissance d'Auguste ; mais il ne me paraît pas difficile de se décider sur le choix.

Le jour de la prise d'Alexandrie fut solennisé par une fête à Rome [a], et probablement aussi en Égypte comme étant celui qui avait vu la délivrance de la contrée et le terme des excès dont elle avait été le théâtre. Ce jour pourrait donc avoir été choisi comme *éponyme* d'Auguste; mais une circonstance l'exclut : la ville d'Alexandrie fut prise le 1er du mois *sextilis*, nommé depuis *augustus*, et ce fut à ce jour qu'on fixa l'anniversaire [b] et les fêtes instituées en mémoire de cet événement. Or le premier août tombait au 7 mésori fixe, et au 14 mésori vague en l'an 1er de notre ère; et la condition du jour que nous cherchons est de tomber dans le mois de thoth.

Le *jour natal* d'Auguste, célébré à Rome et dans les provinces, l'était surtout à Alexandrie et en Égypte avec beaucoup de pompe, de même que celui de ses successeurs; c'est Philon qui nous l'apprend [c]. L'inscription de Rosette montre que le jour de la naissance d'Épiphane était *éponyme*, et nous avons lieu de conjecturer qu'il en était de même du *jour natal* des autres Ptolémées. Il est donc on ne peut plus probable que les empereurs jouirent du même privilége,

[a] Dio Cassius, LI, 19. — [b] Bianchini, *Camera ed iscrizioni sepolcrali*, tab. IV. — [c] Philo, *in Flacc.* § 10, p. 529, ed. Mangey.

IX. PROPYLON DE TENTYRA. 85

et que leur *jour natal*, célébré avec tant de solennité, fut en même temps *éponyme;* or, selon Suétone [a], Auguste était né le 9 des calendes d'octobre de l'ancien calendrier [b], ce qui répond au 23 septembre, et *au 26 du mois de thoth*. Cette coïncidence me paraît ne laisser aucun doute sur la vraie date de l'inscription.

De ce rapprochement nous tirons un nouveau fait très-curieux : c'est que la date est marquée selon le calendrier fixe alexandrin. En effet, dans la première année de notre ère, le 1er thoth vague correspondait au 23 août, et le 1er du mois suivant, ou phaophi, au 22 septembre : par conséquent le 23 septembre, jour natal d'Auguste, tombait le 2 phaophi vague, tandis qu'il résulte de l'inscription de Tentyra que ce jour tombait dans le mois de thoth. C'est là le plus ancien exemple connu de l'usage du calendrier fixe alexandrin : mais il est possible qu'on en découvre un jour de plus anciens encore; car rien n'empêche de croire que l'usage *public* de ce calendrier fixe ne date de l'année 25 avant J. C., où le 1er thoth vague correspondit pour la première fois avec le 29 août. Jusqu'à présent on ne connaissait pas de traces certaines de l'année fixe alexandrine antérieure au second siècle de notre ère [c].

On a lieu de croire que le jour éponyme de *Julia Augusta*, célébré encore tant d'années après sa mort, était aussi son *jour natal*. Ce jour était célébré à Rome, au témoignage de Tacite ....*quum die natali* AUGUSTÆ *inter sacerdotes epularetur* [d]. Juste-Lipse veut lire *Augusti*, parce qu'il ne trouve nulle part que le *jour natal* de Livie ait été célébré après sa mort; nous voyons, au contraire, qu'il l'était plus de cinquante ans après. Tous les éditeurs ont conservé la leçon des manuscrits [e]; leur réserve est à présent justifiée. Cette princesse était donc née le 28 septembre.

Les années d'Auguste en Égypte ont commencé, non pas au 1er

---

[a] *In Octav.* § v, 94; cf. Dio Cass. LVI, 30. — [b] Ap. Schurzfl. *Ann. Rom. Jul.* c. VII, p. 267, 279, 291. — [c] Ideler, *Hist. Untersuch. über die Beobacht.* S. 126, et p. 51, trad. d'Halma. Le même avant, dans son excellent *Handbuch der Chronol.* (Berlin, 1825), a adopté mon explication de la date Alexandrine de cette inscription. (T. I, S. 145, 146.) — [d] *Annal.* VI, § 5. — [e] Cf. Burnouf sur ce passage, *Trad. franç. de Tacite,* II, p. 463.

août, jour de la prise d'Alexandrie, mais au 29 du même mois, 1ᵉʳ thoth de l'an 30 avant J. C.ᵃ: il s'ensuit que la XXXIᵉ année de son règne, d'après le calcul égyptien, a commencé le 29 août de l'an 1ᵉʳ de J. C. La date de l'inscription est donc du 23 septembre de cette même année; ainsi il y avait vingt-six jours que la XXXIᵉ année d'Auguste était commencée.

Ce sont les gens du nome et de la métropole qui ont construit ce propylon; ils en ont ordonné, ils en ont fait la dépense; l'autorité supérieure n'a fait, sans doute, que donner la permission de construire : nous appellerions cela une dépense *départementale* et *municipale*.

Cette date montre que les Tentyrites avaient rattaché la dédicace du propylon aux solennités du *jour natal* d'Auguste, comme chez nous on attend quelquefois le moment d'une fête publique pour poser la première pierre d'un édifice, ou pour en consacrer l'achèvement.

Il reste une observation à faire relativement au nom du préfet d'Égypte, *Publius Octavius*. Ce membre inconnu de la *gens Octavia*, parent d'Auguste à un degré quelconque, doit avoir été le fils du Marcus Octavius qui commandait le centre de la flotte de Marc-Antoine à la bataille d'Actiumᵇ. On ne s'étonnera pas que ce fils ait mérité ensuite la confiance d'Auguste au point d'être chargé de gouverner un pays où ce prince ne mettait que des hommes dont la capacité et le dévouement lui étaient bien connus.

La série des préfets, depuis Ælius Gallus jusqu'à Æmilius Rectus, sous le règne de Tibère, ne se retrouve plus dans l'histoire : il existe, à cet égard, une lacune de trente-deux à trente-quatre ans. La préfecture de Publius Octavius tombe précisément dans l'intervalle, et comble une partie de cette lacune. Cette liste, importante par les indications historiques qu'elle fournit, s'enrichira successivement de plusieurs autres noms que les inscriptions seules nous ont conservés.

ᵃ Ideler, *Hist. Untersuch.* u. s. w. S. 55-57; et p. 25, 26, trad. d'Halma. — ᵇ Plut. *in Anton.* § 65; Drumann, *Geschichte Roms*, Th. IV, S. 225.

X.

**DÉDICACE DU PRONAOS DU TEMPLE D'APHRODITE À TENTYRA, APPARTENANT
AU RÈGNE DE TIBÈRE.**

Le grand temple de Tentyra n'est pas moins célèbre par son architecture magnifique et sa riche sculpture que par les bas-reliefs astronomiques qui décorent deux de ses plafonds. Sur le listel de la corniche du pronaos on lit une inscription qui diffère peu de celle du propylon.

Nous en possédons trois copies: l'une insérée dans la Description de Dendérah [a], l'autre, dans les *Ægyptiaca* de M. Hamilton [b]; la troisième, dans les Antiquités de la Nubie de M. Gau [c]. Cette dernière ne diffère des deux autres que parce que la fin de la première ligne manque entièrement; on lit dans celles-là: ΕΠΙΑΥ...ΜΟΠΛ..ΟΥ ΦΑΛΙΚΟΥ, avec une lacune à la suite de ce dernier mot.

Dans la copie de M. Gau on ne trouve, en effet, aucune trace de lettres après ϹΕΒΑϹΤΟΥ ΥΙΟΥ Ε. Selon ce voyageur, le reste a été gratté au ciseau, et il n'a pu rien y distinguer. Les deux autres copies paraissent contraires à cette assertion, puisque la plus grande partie des lettres qui terminent la ligne sont encore distinctes au point qu'on a pu les copier d'en bas, c'est-à-dire à plus de cent pieds de distance[1]. Depuis, sir Gardner Wilkinson a reconnu également que ces lettres ont été effacées à dessein; mais, heureusement, avec assez de négligence pour qu'on puisse en discerner les vestiges lorsque le

---

[a] Pag. 57. — [b] Pag. 206. — [c] Pl. I; c'est celle-ci que j'ai reproduite, pl. V, *g*.

[1] Niebuhr, qui a inséré cette copie dans ses *Inscriptiones Nubienses* (p. 13), partant du renseignement que lui avait donné M. Gau, a vu dans ces lacunes un nouvel exemple de noms effacés par la haine : et comme, parmi les préfets qui ont gouverné l'Égypte sous Tibère, Flaccus est celui dont les déprédations ont dû lui attirer l'aversion des Égyptiens, Niebuhr pense que c'est le nom de ce préfet qui a été effacé à dessein. Cette idée avait conduit cet ingénieux critique à proposer une conjecture qui se trouve vérifiée par les vestiges de lettres qu'il ne connaissait pas.

soleil frappe les lettres obliquement [a]. Ce n'est qu'en épiant le moment favorable qu'il a pu copier la fin de la première ligne.

A la fin de la troisième ligne, après ΘΕΟΙC, il manque dix-sept à dix-huit lettres, selon M. Hamilton.

Quant à la première ligne, il suffit d'avoir jeté les yeux sur l'inscription du propylon de Tentyra, pour être assuré qu'on doit trouver ici le nom du préfet d'Égypte, ἡγεμών. En cherchant parmi les préfets qui ont administré l'Égypte sous le règne de Tibère, on en trouve un dont le nom existe dans les lettres conservées. En effet, au lieu de ΕΠΙ ΑΥ... ΜΟΠΛ.. ΟΥ ΦΑΛΙΚΟΥ, qui ne voit qu'il faut lire ΕΠΙ ΑΥ[ΛΟΥ] ΑΟΥΙΛΛΙΟΥ ΦΛΑΚΚΟΥ, *sous Aulus Avillius Flaccus?* C'est le célèbre ennemi des Juifs, dont Philon a peint les persécutions sous des couleurs si vives, et qui fut préfet dans les cinq dernières années du règne de Tibère.

Le nom *Avillius* est écrit Ἀουίλλιος dans le texte de Philon [b]; une autre inscription donne ΑΥΙΛΛΙΟΣ [c] : de même, au propylon de Tentyra, on lit ΟΚΤΑΥΙΟΣ, et non pas ΟΚΤΑΟΥΙΟΣ [d]. On sait que le V des Latins est rendu tantôt par Υ, tantôt par ΟΥ ; ainsi la restitution du mot entier, d'après les lettres conservées, ne laisse aucun doute. Le prénom de ce préfet d'Égypte n'est jusqu'ici connu que par l'inscription du pronaos. Après le mot ΦΛΑΚΚΟΥ il manque une ou deux lettres, dans la copie de M. Hamilton : ce sont évidemment les premières du mot ἡγεμόνος, qui se trouve à cette même place dans l'inscription du propylon ; d'où l'on voit que la première ligne avait environ quatre-vingt-huit lettres.

Seconde ligne. Le premier mot de la partie conservée de cette ligne, CΑΡΑΠΙΩΝΟC, est placé au-dessous des lettres ΝΕΟΥ CΕΒΑC-ΤΟΥ, qu'on lit à la première : ainsi il manquerait environ trente-deux lettres à la seconde ligne. La lacune était évidemment occupée par le nom de l'*épistratége* et par le titre de cette dignité. Ce nom, qui avait échappé à tous les explorateurs, a été lu par sir Gardner

---

[a] *Topography of Thebes*, p. 404. — [b] Philo, *in Flaccum*, init. — [c] *Marmor. Oxon.* XLI. — [d] Plus haut, p. 81.

X. PRONAOS DE TENTYRA.[1]

Wilkinson : c'est celui d'*Aulus Fulvius* (et non *Fulmius*) *Crispus*[a]; on a donc avec μόνος, fin du mot ἡγεμόνος, les trente-deux lettres qui manquent.

Troisième ligne. Elle est complète jusqu'à la soixante-septième lettre. Après ΘΕΟΙC, MM. Hamilton, Jollois et Devilliers n'ont rien aperçu : la lacune, dit le premier de ces voyageurs, est de dix-sept à dix-huit lettres; elle peut être plus considérable, car la première ligne contient quatre-vingt-sept lettres; la troisième a donc pu en contenir quatre-vingt-sept ou quatre-vingt-dix.

M. Gau a seul distingué quelques traces, ainsi disposées :

ΘΕΟΙC . . . . . ΓΙΡΓ

La lacune est de quatre ou cinq lettres. En se reportant à l'inscription du propylon, on demeure convaincu que les lettres ΓΙΡΙ appartiennent au nom de Tibère, ΒΕΡΙ, en sorte que la première lacune de trois ou quatre lettres a dû être remplie par [L...ΤΙ]ΒΕΡΙ, et la suite par ΟΥ ΚΑΙCΑΡΟC; puis le mois et son quantième, comme dans l'inscription du propylon[b].

Le nom du préfet Avillius Flaccus donne le moyen de renfermer la date de l'inscription dans des limites assez resserrées; car Philon nous apprend que Flaccus gouverna l'Égypte pendant *six années, dont cinq sous Tibère et une sous Caligula*[c]. D'après cette autorité, la date est comprise entre les années 32 et 37 de notre ère, qui sont les années 20 à 24 (égyptiennes) de Tibère, ou les cinq dernières de son règne.

En conséquence, les lettres numériques qui suivaient le L (signe de l'année) ont dû être Κ, ΚΑ, ΚΒ, ΚΓ, ΚΔ. L'analogie peut nous faire retrouver le mois et le quantième qui manquent. Nous avons vu que les Tentyrites avaient choisi le jour de la naissance d'Auguste pour faire la dédicace du propylon qu'ils venaient d'achever[d]. Il est présumable qu'on aura également choisi le jour de la naissance de Tibère pour la dédicace du pronaos. On pouvait difficilement prendre

---

[a] *Topogr. of Thebes*, p. 404. — [b] Plus haut, p. 83. — [c] *In Flaccum*, § 3, p. 518, ed. Mangey. — [d] Plus haut, p. 86.

un jour plus agréable au prince dont le nom devait être inscrit sur le monument. Tibère mourut le 26 mars de l'an 790 de Rome, après avoir vécu soixante-dix-sept ans, quatre mois neuf jours [a]: il était donc né le 17 novembre, jour auquel on devait célébrer ses généthliaques à Rome et dans tout l'empire. Cette époque natale était exprimée sur les monuments par le signe du scorpion, dans lequel le soleil se trouve alors. Du moins c'est ainsi qu'on pourrait expliquer la présence de ce signe sur le beau camée de Vienne représentant le triomphe de Tibère, si toutefois le scorpion n'était pas plutôt un symbole de Mars [b]. Le 17 novembre répond au 21 d'athyr du calendrier fixe alexandrin; ainsi la lacune peut avoir été remplie entièrement par les vingt-cinq lettres suivantes :

[L K.]TIBE[PIOY KAICAPOC AΘYPKA].

Le neutre τὸ πρόναον existe dans les copies de MM. Hamilton et Gau, tandis que celle de MM. Jollois et Devilliers porte τὸν πρόναον. A la vérité, le mot πρόναος est ordinairement du masculin, et cette forme est plus analogique; mais la double autorité des deux premiers voyageurs, qui ont copié l'inscription chacun de son côté, me paraît prépondérante. D'ailleurs la forme neutre se trouve dans une autre inscription d'Égypte, celle de Tchonémyris, de même que dans le scholiaste de Sophocle [c].

Voici le texte complet en caractères courants :

Ὑπὲρ αὐτοκράτορος Τιβερίου Καίσαρος, νέου Σεβαστοῦ, θεοῦ Σεβαστοῦ υἱοῦ, ἐπὶ Αὔλου Αὐιλλίου Φλάκκου ἡγε-

μόνος, Αὔλου Φωλουίου Κρίσπου ἐπιστρατήγου, Σαραπίωνος Τρυχάμβου στρατη-γοῦντος, οἱ ἀπὸ τῆς μητρο-

πόλεως καὶ τοῦ νομοῦ τὸ πρόναον, Ἀφροδίτῃ θεᾷ μεγίστῃ καὶ τοῖς συννάοις θεοῖς·

L. K̄. Τιβερίου Καίσαρος, ἀθὺρ K̄A.

Pour la conservation de Tibère César, nouvel Auguste, fils du dieu Auguste,
Aulus Avillius Flaccus étant préfet, Aulus Fulvius Crispus étant épistratége, Sarapion Trychambe étant stratége,

---

[a] Dio Cass. LVIII, 28. — [b] Voy. mon observation dans le Journal des Savants, année 1825, p. 162. — [c] *Ad Œdip. Tyr.* v. 15.

X. PRONAOS DE TENTYRA.

Les habitants de la métropole et du nome ont élevé ce pronaos
A Aphrodite, déesse très-grande, et aux divinités adorées dans le même temple,
La XXI° année de Tibère César, d'athyr le 21.

La conduite d'Auguste à l'égard des Égyptiens avait été si bien calculée sur les besoins du pays et sur le caractère des habitants, qu'ils conservèrent toujours une vénération profonde pour sa mémoire et un grand respect pour toutes ses institutions. Tibère ne pouvait donc recevoir un titre plus flatteur que celui de *nouvel Auguste,* titre qui fut également conféré à Néron, comme on le voit par une médaille de l'an 5 de son règne[a].

Ce titre se rapportait sans doute à la divinisation d'Auguste. On connaît l'usage où l'on était de donner aux empereurs le nom d'un dieu précédé du mot νέος. Ainsi Faustine la jeune reçut le titre de νέα Σεβαστή [b]; Caïus ou Caligula celui de *nouveau Mars,* νέος Ἄρης, et de Ζεὺς Ἐπιφανὴς νέος; Néron reçut le titre de ΝΕΟC ΑΓΑΘΟΔΑΙΜωΝ; Drusus et Germanicus, de ΝΕΟΙ ΘΕΟΙ ΦΙΛΑΔΕΛΦΟΙ ΑΔΕΛΦΟΙ; Marc-Aurèle et Vérus, de ΝΕΟΙ ΔΙΟΣΚΟΥΡΟΙ; Caracalla et Géta, de ΝΕΟΙ ΗΛΙΟΙ; Antinoüs, de ΝΕΟΣ ΙΑΚΧΟΣ et de ΝΕΟΣ ΠΥΘΙΟΣ; Caligula, Antonin le Pieux et Alexandre Sévère, de ΝΕΟΣ ΔΙΟΝΥΣΟΣ, etc.; et cet usage paraît être une imitation de celui qui s'établit chez les successeurs d'Alexandre en Égypte et en Asie[c].

Je pense que le titre de νέος Σεβαστός est analogue à ceux que je viens de citer. Auguste ayant été divinisé, on donnait son nom à quelques-uns de ses successeurs dans le même sens que l'on disait νέος Ζεύς, νέος Διόνυσος, etc.

Outre ce titre, Néron reçut encore celui de CωΤΗΡ ΤΗC ΟΙΚΟΥΜΕΝΗC, qu'on trouve sur des médailles frappées à Alexandrie. Spanheim et d'autres habiles antiquaires les ont reconnues pour alexandrines. Eckhel oppose à cette opinion la forme des lettres Є,

---

[a] Mionnet, *Catalogue,* VI, p. 66, n. 181. — [b] Eckh. *D. Numm.* VII, 81. — [c] Ruhnken. *ad Vell. Paterc.* II, 82; cf. Böckh, *Corp. Inscript.* n°ˢ 311, 349, 1316.

INSCRIPTIONS DES TEMPLES.

C, ω, qui, dit-il, ne furent usitées en Égypte qu'après Néron[a]. L'objection est détruite par un grand nombre de monuments qui prouvent l'usage antérieur de cette forme en Égypte; plusieurs inscriptions de Philes en montrent l'usage dès le temps des derniers Ptolémées, à plus forte raison des premiers empereurs. Quant aux médailles, outre celle de Cléopâtre souvent citée[b], celles de Tibère offrent ces formes le plus souvent, et on les trouve sur plusieurs de celles de Néron lui-même; ce qui n'empêche pas que d'autres inscriptions du temps de Galba et de Trajan, recueillies dans l'Oasis, ne présentent les formes C et E. En examinant les médailles alexandrines, on voit que les formes Σ E Ω, C Є ω, C et E, se trouvent presque indifféremment sur les médailles, depuis Auguste jusqu'à Trajan. Les premières formes sont communes et les secondes très-rares jusqu'à Claude; sous le règne de ce prince, celles-ci sont pour le moins aussi fréquentes que les premières; mais le sigma carré a été employé si rarement, que les catalogues n'en offrent point d'exemple. Sous Néron, l'usage des premières redevint beaucoup plus général, et il se continua sous Galba, Othon, Vitellius, Vespasien et Titus: aussi, parmi les médailles de ces princes, on trouve à peine quelques exemplaires où l'on aperçoit les autres formes. Les secondes et les troisièmes reparaissent sous Domitien, et presque aussi fréquemment que les premières. Enfin, les formes Σ, E, Ω, disparaissent entièrement après la seconde année de Trajan, le C après la neuvième, pour faire place aux C, Є, ω, les seules qui désormais se trouvent sur les médailles impériales: mais, au revers, dans l'expression de la date E, IE, KE, ou bien ENATOY, ENΔEKATOY, etc. l'epsilon conserve la forme carrée, quoiqu'il affecte l'autre dans la légende; peut-être est-ce par suite de ces habitudes d'archaïsme auxquelles on doit, par exemple, de voir, sur les médailles d'Athènes, le nom de la ville écrit AΘE, quoique les autres parties de la légende présentent l'*êta* (H); peut-être aussi n'est-ce que le résultat naturel de l'usage simultané des

---

[a] Eckhel, *Doctr. Num.* VII, p. 278. — [b] *Id.* IV, 23; cf. Champollion-Figeac, *Ann. des Lag.* II, p. 367.

formes différentes, car on les trouve assez souvent employées à la fois dans la même inscription : un marbre de la collection d'Oxford porte les lettres C et E [a].

D'après ces observations, il est certain que c'est des Alexandrins que Néron a reçu le titre de *Sauveur du monde,* comme celui de *nouvel Agathodémon.*

Les titres de *nouvel Auguste*, de *nouvel Agathodémon*, de *Sauveur de la terre,* donnés à Tibère et à Néron, furent-ils mérités par la bonne administration de l'Égypte sous leur règne ? c'est ce qui me semble probable. Tibère prétendit d'abord marcher sur les traces d'Auguste, et s'attacha à réprimer les exactions que les officiers romains exerçaient dans les provinces : le jugement sévère qu'il fit prononcer dans le sénat contre Lucilius Capiton, procurateur de l'Asie (an 23 de J. C., x[e] année de son règne), lui mérita la reconnaissance de toutes les villes de cette province [b]; et l'on sait qu'un préfet d'Égypte, Æmilius Rectus, lui ayant envoyé des contributions au-dessus du taux fixé, Tibère lui fit dire qu'il voulait bien *qu'on tondît ses troupeaux, mais non pas qu'on les écorchât* [c]. On en peut dire autant de Néron, dont le règne fut très-heureux au commencement; et tout porte à croire que l'Égypte se ressentit, comme le reste de l'empire, des heureux effets de son administration. Ainsi l'on ne saurait douter que ces empereurs n'aient mérité d'abord, de la reconnaissance des Égyptiens, les titres de *nouvel Auguste,* de *nouvel Agathodémon* : et, une fois ces titres accordés, qui aurait osé les leur refuser, même après qu'ils s'en furent rendus indignes? Cependant on a lieu de penser que leurs excès ne se firent que faiblement sentir en Égypte : l'extrême douceur avec laquelle les Romains traitèrent ce pays, sous les premiers empereurs, permet de penser que les préfets, véritables vicerois, continuèrent de se conformer aux principes d'Auguste ; et ce qui servirait du moins à le prouver, c'est que Philon donne de grands éloges à l'administration de Flaccus, à sa justice, à la douceur de son

---

[a] *Marm. Oxoniens.* CLII; *ibique* Reines. p. 520, ed. Maitt. Cf. Villoison, *Mém. de l'Inst.* classe *d'Hist.* II, p. 118. — [b] Tacit. *Annal.* IV, 15. — [c] Dio Cassius, LVII, 10; Sueton. *in Tib.* c. 32.

gouvernement, pendant les *cinq dernières* années du règne de Tibère[a]. Ainsi il est à présumer que l'Égypte fut tout aussi ménagée sous Tibère, Caligula, Néron, que sous les meilleurs princes; et peut-être que le titre de *Sauveur du monde,* donné à Néron sur une médaille d'Alexandrie déjà citée, fut le résultat de quelque acte de justice ou de clémence fait en son nom par le préfet d'Égypte.

L'inscription prouve que le pronaos du grand temple de Tentyra était consacré à *Aphrodite et aux divinités adorées dans le même temple.* On n'a pas manqué de voir dans cette *Aphrodite* une divinité *grecque* ou *romaine*[b], à laquelle les Romains auraient dédié le pronaos d'un temple égyptien, pour en prendre en quelque sorte *possession*[c]. On n'a pas remarqué que ce *pronaos,* comme le *propylon,* est l'ouvrage des gens du nome et de la capitale : c'est donc la population locale qui a décrété et exécuté ce grand ouvrage, à ses frais, et sans doute au moyen de souscription ou de contribution (σύνταξις); ce qu'ils n'auraient certainement pas fait pour une divinité étrangère.

Mais il est facile de prouver que cette *Aphrodite* est bien la divinité locale. On sait que Strabon, dans sa Description de l'Égypte, remarque souvent quel était le culte particulier des différentes villes de ce pays: ainsi les habitants de Saïs adoraient Athéné[d]; ceux de Buto, Latone, qui y avait un oracle[e]; ceux de Mendès, Pan[f]; les Momemphites adoraient Aphrodite[g]; les habitants d'Héliopolis, le soleil[h], etc. Tous ces noms grecs désignent des divinités *égyptiennes* honorées dans ces différents lieux. Le même auteur, qui voyageait un peu plus de cinquante ans avant l'époque de l'inscription du pronaos de Tentyra, nous apprend que les Tentyrites honoraient Aphrodite, τιμῶσι δ' Ἀφροδίτην[i] : et, comme personne ne s'imaginera sans doute que les Tentyrites adorassent une divinité grecque ou romaine, pas plus que ceux de Saïs, de Momemphis, d'Héliopolis,

---

[a] *In Flaccum,* § 3, p. 518. — [b] *Descript. de Dendérah,* p. 58. — [c] *La même,* au même endroit. — [d] Strab. XVII, p. 802. — [e] *Id. ib.* — [f] *Id. ib.* — [g] *Id.* p. 803. — [h] *Id.* p. 805. — [i] *Id.* p. 815.

X. PRONAOS DE TENTYRA.

de Mendès, etc. il faut bien reconnaître que l'*Aphrodite* dont parle Strabon est une déesse *égyptienne*, que les Grecs, dans leurs traductions approximatives des noms de divinités égyptiennes, ont assimilée à leur *Aphrodite*.

Ce premier point établi, nous remarquerons que l'identité du nom de la divinité *principale* des Tentyrites, selon Strabon, et de celui qui est gravé sur la façade du temple *principal* de Tentyra, est, à elle seule, une preuve manifeste que ce grand temple était celui d'Aphrodite : c'est, d'ailleurs, ce qui résulte évidemment du passage entier de Strabon : « Les Tentyrites honorent Aphrodite; *derrière* le naos d'Aphro-« dite est un temple d'Isis [1]. » En effet, *derrière* le grand temple de Tentyra, à la distance de douze mètres, il existe un petit temple, qui ne peut avoir été consacré qu'à Isis et à Horus d'après les représentations qu'on y trouve (voy. notre pl. IV). Son entrée est dirigée au nord, comme celle du grand temple, en sorte qu'il est rigoureusement vrai de dire qu'il est placé *derrière*. Il ne serait pas possible de transporter au grand temple le nom d'Isis; car le petit, qui deviendrait celui d'Aphrodite, aurait le temple d'Isis *devant* lui, ce qui serait formellement contraire au texte précis de Strabon.

Tous ces aperçus ont été confirmés depuis par Champollion, qui a écrit cette phrase sur les lieux mêmes : « Le temple d'Isis était « placé *derrière* le grand temple, qui est bien celui d'*Athor*, comme « le montrent les mille et une dédicaces dont il est couvert, et non « pas le temple d'Isis, comme l'a cru la commission d'Égypte [2]. »

On ne peut donc conserver de doute sur l'identité du *naos* dont parle Strabon avec le grand temple actuel, identité qui résultait déjà si évidemment du texte de cet auteur, comparé à l'état actuel des lieux; et la divinité qu'on y adorait était bien l'*Athor* égyp-

---

[1] Τιμῶσι δ' Ἀφροδίτην· ὄπισθεν δὲ τοῦ νεὼ τῆς Ἀφροδίτης, Ἰσιδός ἐσΊιν ἱερόν. (Strab. p. 815, A.) Ici le mot ἱερόν désigne un petit *édifice sacré*, selon l'usage très-commun chez les anciens.

[2] *Lettres écrites d'Égypte*, etc. p. 92. Il avait dit la même chose avant d'avoir été sur les lieux. (*Précis du syst. hiéroglyph.* p. 323.)

INSCRIPTIONS DES TEMPLES.

tienne et non l'*Aphrodite* grecque. Ainsi l'hypothèse que les Romains ont voulu consacrer un pronaos égyptien à une de leurs divinités est tout à fait inadmissible. Ce qui n'est pas moins démontré, c'est qu'ils ne sont réellement pour rien dans la rédaction de l'inscription grecque. Les seuls auteurs de l'inscription et de l'ouvrage qu'elle rappelle, ce sont les *gens de la ville et du nome*, οἱ ἀπὸ τῆς μητροπόλεως καὶ τοῦ νομοῦ. Or l'identité que je viens d'établir entre le grand temple et le naos d'Aphrodite détruit toute possibilité d'admettre que l'inscription du pronaos indique la *simple consécration* de ce pronaos sous le règne de Tibère. Il serait absurde d'imaginer que les Tentyrites, au temps de Tibère, eussent dédié le *pronaos seulement* de leur temple à la *divinité* à laquelle *tout* le temple appartenait, comme si le pronaos eût été jusqu'alors excepté de la consécration. Cette inscription ne peut avoir de sens que dans le cas où, le naos étant resté sans pronaos extérieur jusqu'à cette époque, les habitants ajoutèrent cette partie importante pour compléter l'édifice.

J'ai avancé dès 1821 [a] que le pronaos de Tentyra, « peut-être commencé sous la domination grecque, ne fut achevé que sous les « règnes d'Auguste et de Tibère. » Cette assertion, à laquelle de nouveaux faits et de nouvelles réflexions avaient successivement donné plus de consistance, a été confirmée par Champollion, dont toutes les recherches dans les diverses parties du temple ont eu pour résultat de prouver que le temple de Tentyra, commencé sous les derniers Ptolémées, a été décoré sous les premiers Césars [b]. Le fameux zodiaque du pronaos est du temps de Tibère, comme je l'avais annoncé, et le zodiaque circulaire est du temps de Néron, dont le cartouche existe au pied de la grande figure étendue le long de ce zodiaque.

[a] *Journ. des Sav.* année 1821, p. 461. — [b] Champoll. *Lettres écrites d'Égypte*, etc. p. 91; cf. Wilkinson, *Topogr. of Thebes*, p. 404, 405.

XI.

INSCRIPTION GRAVÉE SUR LA CORNICHE DU PRONAOS DE TENTYRA.

Cette courte inscription n'a été vue, à ma connaissance, que par M. Cailliaud. La copie assez imparfaite qu'il en a prise montre que l'original était dès lors à moitié effacé [1]. Voici cette copie, avec la lecture en caractères courants dans l'interligne :

ΕΠΙΑΥΤΟΚΡΑΤΟΡΟϹΤ
ἐπὶ Αὐτοκράτοροs Τ

ΙΒΕΡΙΟΥ ΑΙϹΑΜΙΡΟϹ ΝΟΥϹ
ιβερίου [Κ]αισα...ρος, ν[έ]ου Σ

ΕΒΑϹΤΟΥ ΟΥ ϹΕΟΥϹϹΑϹΤΟΥΟ
εβαστοῦ [τ]οῦ θεοῦ Σεβαστοῦ υ

ϹΟΥΕΒΑϹΤΟΥ.
ἰοῦ, [Σ]εβαστοῦ.

C'est-à-dire :

Sous l'empereur Tibère, César, nouvel Auguste, fils du dieu Auguste, Auguste.

A la ligne première, ἐπί est évidemment plus près de la leçon que ὑπέρ. Cette préposition convient, d'ailleurs, mieux au sens, car il est clair qu'on n'a voulu exprimer ici qu'une date et non une dédicace.

La comparaison avec l'inscription précédente ne laisse aucun doute sur les leçons αὐτοκράτορος Τιβερίου Καίσαρος, νέου Σεβαστοῦ, τοῦ θεοῦ Σεβαστοῦ υἱοῦ. L'article τοῦ devant θεοῦ est superflu; cependant il n'est pas mauvais, et les lettres ΟΥ l'appellent décidément.

Quant aux deux lettres ΜΙ au milieu du mot Καίσαρος, elles se sont glissées là fort mal à propos : sans doute il y a, dans cet endroit, quelques inégalités de la pierre, que M. Cailliaud aura prises pour des lettres. En revanche, il a passé un Ε dans ΝΕΟΥ.

La seule difficulté sérieuse consiste dans les lettres ΕΒΑϹΤΟΥ, qui terminent l'inscription. On ne peut y voir un autre mot que Σε-

---

[1] A présent, elle a entièrement disparu. M. L'Hôte, que j'avais prié d'en prendre une nouvelle copie, l'a en vain cherchée récemment sur toute la longueur de la corniche; malgré l'examen le plus attentif, il n'en a plus trouvé la moindre trace.

βασίου; mais il paraît ici tout à fait superflu, puisque Tibère a reçu plus haut le titre de νέος Σεβαστός, comme dans la dédicace du pronaos. Il est probable que les auteurs auront cru que le premier titre de l'inscription, analogue à celui de νέος Ζεύς, νέος Ἀγαθοδαίμων, n'empêchait pas de donner à Tibère le nom officiel de Σεβαστός.

En tous cas, s'il y a là une négligence, elle s'explique peut-être par la qualité de ceux qui ont tracé l'inscription : car le lieu où elle a été placée, sur le plan supérieur de la corniche, hors de vue et là où l'on n'arrivait que difficilement, le peu de soin qu'on a mis à la graver, tout annonce que ces lignes ont été tracées à la hâte, peut-être par les entrepreneurs chargés du travail, qui auront voulu en attester l'achèvement (voyez la fig. pl. VI, a). La date était, sans doute, exprimée dans une dernière ligne qui a disparu.

Cette inscription se lie par son objet à la précédente : celle-ci aura été gravée un peu avant l'autre, aussitôt que les travaux furent terminés. La dédicace sera venue ensuite consacrer le souvenir de la piété des Tentyrites envers la grande déesse et l'empereur.

XII.

INSCRIPTION RELATIVE À DES TRAVAUX EXÉCUTÉS DANS LE TEMPLE DE JULIE-AUGUSTE OU DE PLOTINE, NOMMÉE *APHRODITE DÉESSE NOUVELLE*, À TENTYRA.

Il existe, au musée du Louvre, une *stèle* trouvée à Tentyra, dans l'enceinte qui renferme les temples : on y lit une inscription remarquable à plus d'un égard. Quoiqu'elle ne soit point gravée sur une portion de temple, je la place ici, parce qu'elle se rapporte à des travaux exécutés dans un édifice sacré.

M. Champollion-Figeac est le premier qui l'ait fait connaître, d'après une copie envoyée d'Égypte[a]. Cette inscription, qui présente

[a] Dans le *Bullet. univ. Philol.* 1826, mai, p. 388.

XII. TEMPLE D'APHRODITE NOUVELLE A TENTYRA.

plusieurs fautes de langage et d'orthographe, se compose de trois parties distinctes (voyez le *fac-simile*, pl. XIII, n° 7).

La première contient la mention de travaux exécutés pour la déesse *très-grande*; elle doit se lire ainsi :

Ὑπὲρ αὐτοκράτορος Καίσαρος Τραϊανοῦ Σεβασ]οῦ, θεᾷ μεγίσ]η, Ἰσιδώρα Μεγίστου, ἀπὸ Τεντύρων, κατεσκεύασεν ἐκ τοῦ ἰδίου τὸ Φρέορ (pour φρέαρ), καὶ τὸ περίβωλον (pour τὸν περίβολον), ὑπὲρ αὐτῆς καὶ ὑπὲρ Ἀρτβῶτος ἀνὴρ (pour ἀνδρὸς), καὶ τῶν τέκνων.

Pour le salut de l'empereur César Trajan, Auguste, Isidora fille de Mégistus, de Tentyra, a construit de ses deniers, à la déesse très-grande, le puits et son enceinte, pour son propre salut, ainsi que celui de son mari Artbôt et de ses enfants.

On remarquera ἀπὸ Τεντύρων et non ἀπὸ Τεντυρίδος, ce qui suppose le nominatif pluriel neutre Τέντυρα. On lit encore ἀπὸ Τεντύρων dans une autre inscription[a]. C'est aussi la forme admise par Strabon, Juvénal, Ptolémée, dans l'Itinéraire d'Antonin et le Synecdème d'Hiéroclès. Pline et Étienne de Byzance sont les seuls qui donnent le féminin Τεντυρίς. La première forme est la véritable; l'autre pourrait bien provenir de quelque poëme géographique.

Le mot περίβολος est vague : s'agit-il de l'enceinte d'un temple ? je ne le pense pas. Il serait étrange qu'après avoir parlé d'un *puits*, ouvrage de peu d'importance comparé à une *enceinte* de temple, on vînt à parler de cette enceinte. D'ailleurs, il eût été indispensable d'ajouter τοῦ ἱεροῦ après περίβολον. Il ne s'agit, sans doute, que de l'*enceinte* de ce même puits, soit la *margelle*[1], soit un petit mur ou une claire voie, entourant l'ouverture du puits pour empêcher les gens d'y tomber.

Cette Isidora était une Grecque, fille et sœur de Grecs; mais elle était mariée à un Égyptien, *Artbôt*. Les fautes d'orthographe (Φρέορ, περίβωλον) et celle de construction (ἀνήρ) supposent qu'elle avait peu d'éducation : il se pourrait qu'elles fussent du fait de son mari

[a] L'Hôte, *Lettres écrites d'Égypte*, p. 161.

[1] Comme l'a entendu M. Champollion-Figeac (ouvr. cité, p. 389).

l'Égyptien, qui aura fait graver l'inscription; les vestiges de caractères démotiques, au bas du grec, rendent la supposition probable. Il semble qu'un Grec, même du commun, n'aurait pu mettre un nominatif pour un génitif, comme ἀνήρ pour ἀνδρός et ἀδελφός pour ἀδελφοῦ : de telles fautes s'expliqueraient mieux de la part d'un étranger. Il est vrai qu'on les rencontre dans certaines inscriptions de Khardassy, qui paraissent avoir été rédigées par des Grecs ou des Romains; mais elles ne sont pas antérieures au règne de Caracalla. L'époque de Trajan, qui est celle de notre inscription, rendrait ces fautes assez remarquables.

Isidora avait exécuté ces travaux pour le service de la déesse *très-grande*, à *Tentyra*. Cette déesse ne peut être que l'Aphrodite, Θεὰ μεγίστη,[a] à laquelle était consacré le grand temple. Il est donc vraisemblable que le puits était dans la dépendance de cet édifice.

La seconde partie est détachée de la première, et forme une proposition principale, à laquelle il faut joindre la date qui suit :

Τὸ προσκύνημα Ἀπολλωνίου ἀδελφὸς (pour ἀδελφοῦ) αὐτῆς. L Α αὐτοκράτορος Νερούα Καίσαρος Τραϊανοῦ Σεβαστοῦ, παϋνὶ Η̄.

[C'est] le *proscynème* d'Apollonius, son frère, [fait] l'an Ier de l'empereur Nerva César Trajan Auguste, le 8 de payni.

Cette phrase présente une proposition incomplète, comme plusieurs autres *proscynèmes*[1] du même genre. Elle est incidente et coupe assez singulièrement la mention des dépenses qu'Isidora s'était imposées, et dont elle continue le récit dans la troisième partie. Cette singularité s'explique dans la supposition que la dernière partie n'a été écrite qu'après coup, c'est-à-dire qu'Isidora, après avoir exécuté les premiers travaux, en fit graver la mention sur la stèle; son frère y ajouta son *proscynème;* puis, ayant, plus tard, beaucoup dépensé pour le temple de la *nouvelle déesse,* elle profita du peu de place qui restait pour ajouter les lignes suivantes, en plus petits caractères :

[a] Plus haut, p. 94, 95.

[1] Je francise ce mot pour éviter la périphrase *acte d'adoration.*

XII. TEMPLE D'APHRODITE NOUVELLE A TENTYRA. 101

Καὶ πολλὰ δαπανήσας (pour δαπανήσασα) ἰς (pour εἰς) τὸ ἱερὸν τῆς νεωτέρας, ἡ Ἰσιδώρα, εὐσεβίας (poétiquement[a], ou par iotacisme, pour εὐσεβείας) χάριν, διὰ Ὥρου Λαβῦτος Φροντιστοῦ τοῦ ἱεροῦ Ἀφροδίτης, θεᾶς νεωτέρας, ἐφρόντισε τοῦ ἱεροῦ καὶ τοῦ φρητὸς (forme ionique et poétique pour φρέατος) καὶ τῶν λυπῶν (pour λοιπῶν) ἔργων, εὐσεβίας χάριν.

Et, après avoir fait de grandes dépenses pour le temple de la nouvelle [déesse], par motif de piété, Isidora a veillé avec sollicitude, par l'entremise d'Hôrus, fils de Labyt, *phrontiste* d'Aphrodite, déesse nouvelle, à l'entretien du temple, du puits et des autres travaux, par motif de piété.

Je crois que tel est le sens de ce mauvais grec. On pourrait rapporter διὰ Ὥρου κ. τ. λ. à ce qui précède, en ce sens qu'Isidora aurait chargé *Hôrus, fils de Labyt,* de faire pour elle les dépenses nécessaires. Mais l'espèce de jeu de mots ou de parallélisme qu'elle a voulu établir entre φροντιστής, qui exprime la qualité d'Hôrus, et le verbe ἐφρόντισε, qui, par la construction, ne peut s'appliquer qu'à elle-même, me persuade que διὰ Ὥρου dépend d'ἐφρόντισε et non de δαπανήσασα. Le premier εὐσεβίας χάριν se rapporte à δαπανήσασα; le second, à ἐφρόντισε.

Le verbe φροντίζειν est très-ordinaire en pareil cas; mais le substantif φροντιστής est extrêmement rare. Je n'en connais qu'un exemple, omis par les lexiques, dans une inscription que rapporte Reinésius[b]: Εὔμηλον θεὸν πατρῷον φράτορσιν (non φρίτορσιν) Εὐμηλειδῶν Τ. Φλαύϊος Πῖος φροντιστής, ἀνέθηκεν....... où je crois que le datif φράτορσιν dépend de φροντιστής, comme dans γραμματεὺς τῇ βουλῇ, ἱερεὺς τῷ θεῷ, etc.[c]. Ce T. Flavius Pius était donc *curateur* de la confrérie des *Eumélides*, qui prenait son nom d'*Eumélus,* dont le culte héroïque existait à Naples, comme père de Parthénopé[d].

Quelle est cette *Aphrodite* qualifiée de *déesse nouvelle*, θεὰ νεωτέρα? On a pensé que ce devait être l'*Aphrodite*, θεὰ μεγίστη, à laquelle était dédié le grand temple de Tentyra, et qu'il s'agit de cet édifice[e]: mais, s'il en était ainsi, on ne pourrait s'expliquer la qualification de θεὰ νεωτέρα, opposée à θεὰ μεγίστη qui est dans la première partie de l'ins-

---

[a] Passow, *Programm über Griech. Wörterb.* p. 16. — [b] *Class.* I, n° 156. — [c] Boisson. *ad Inscr. act.* p. 422. — [d] Cf. Reines. ad h. l. p. 179, 180. — [e] Champollion-Figeac, ouvr. cité, p. 391.

cription. Aphrodite, divinité des Tentyrites, n'était pas une *déesse nouvelle;* aussi, dans l'inscription du pronaos, est-elle appelée Θεὰ μεγίστη, non Θεὰ νεωτέρα.

Il faut se rappeler que les impératrices, comme les empereurs [a], ont reçu, de la flatterie de certaines villes, célèbres par de grands temples, le nom même de la divinité de ce temple, avec l'épithète de *νέα*, et qu'on a élevé des autels, des chapelles, des temples même, à ces *nouvelles* divinités. Sur un cippe trouvé à Éleusis, il est question d'une *hiérophantis de la nouvelle* (ἱεροφάντις τῆς νεωτέρας), sans le mot Θεᾶς ou Θεοῦ, qui ne se trouve qu'après; comme, dans notre inscription, on lit ἱερὸν τῆς νεωτέρας, et ensuite, Θεᾶς νεωτέρας[1]. Cette *hiérophantis* avait fait argenter l'autel de la *nouvelle déesse* (ἀργυρώσασα τὸν βωμὸν τῆς νεωτέρας θεοῦ [b]). M. Böckh a pensé, avec toute raison, que cette déesse n'est autre que *Sabine,* qui, sur une inscription de Mégare, porte, en effet, le titre de *νέα Δημήτηρ*[c].

Je crois donc qu'il s'agit aussi d'une impératrice dans l'inscription qui nous occupe. On lui avait élevé, près du grand temple de *Vénus,* à Tentyra, une chapelle ou un petit temple dédié à Aphrodite, sur-

---

[a] Plus haut, p. 91. — [b] Böckh, *ad Corp. Inscr.* n° 435. — [c] *Ibid.* n° 1073.

[1] On doit remarquer que le comparatif *νεώτερος* a, dans l'usage ordinaire, un sens peu différent de celui du positif *νέος*. Cette forme, et celle de πρότερος pour πρῶτος, avaient perdu la signification comparative, au point qu'on en avait tiré les verbes νεωτερίζειν et προτερεῖν ou προτερίζειν. Cet emploi du comparatif au lieu du positif s'étend, d'ailleurs, à beaucoup d'autres cas. (Winer, *Grammatik des Neutestam. Sprachidioms.* S. 198.)

Il y a pourtant ici cette distinction à faire, que *νέος* accompagne toujours le nom propre du dieu, et *νεώτερος* le mot Θεός. Cela est sensible dans les qualifications de Cléopâtre, qui était appelée *νέα Ἶσις* (Plut. *in Anton.* § 54, fin.), et qui porte, sur les médailles, le titre de Θεὰ νεωτέρα. On disait donc constamment *νέα Σεβαστή, νέος Σεβαστός, νέος Ζεύς, νέος Διόνυσος, νέα Δημήτηρ*, jamais *νεώτερος* ou *νεωτέρα*; au contraire, on disait toujours Θεὸς νεώτερος ou Θεὰ νεωτέρα (plus haut, p. 91), jamais *νέος*, au moins à en juger par tous les exemples connus. Cela vient, je pense, de ce qu'aucune notion de comparatif ne peut exister avec le nom d'un dieu, Ζεύς, Διόνυσος, ou tout autre; tandis qu'une notion de ce genre est implicitement comprise dans l'expression Θεὰ νεωτέρα, savoir Θεὰ νεωτέρα (τῶν ἄλλων Θεῶν). Au fond, *νεωτέρα* est bien pris dans le sens positif, mais non complétement absolu comme celui de *νέος*.

nommée la *nouvelle déesse*, comme, à Éleusis, on avait dressé des autels à Sabine sous le nom de Déméter, la *déesse nouvelle*.

Le culte de la nouvelle *Athor*, à Tentyra, avait dû être calqué plus ou moins sur celui de l'ancienne, et devait présenter un caractère égyptien, ainsi que l'édicule qui lui avait été consacré. Il suffirait, pour en avoir la certitude, de remarquer que c'était un Égyptien, fils d'Égyptien, *Hôrus, fils de Labyt*, qui avait le soin et la surveillance du nouveau temple (φροντιστὴς τοῦ ἱεροῦ).

Quelle était cette *impératrice?* Ce pourrait être Livie, qui, sous le nom de *Julie Auguste* [a], fut souvent honorée comme déesse. Je crois cependant plutôt que c'était Plotine, femme de Trajan. La date du proscynème d'Apollonius est du 2 juin de l'an 98; Trajan était monté sur le trône le 28 janvier de la même année, ou un peu plus de quatre mois auparavant. Il semble donc assez naturel de penser que le désir de flatter le nouvel empereur et son auguste épouse ait engagé les Tentyrites à lui élever un petit temple sous l'invocation d'*Aphrodite, déesse nouvelle*, à côté et dans l'enceinte où se trouvait déjà le temple de leur déesse très-grande. Isidora, d'une famille riche de Tentyra, aura voulu contribuer à la construction ou à la décoration de l'édifice et de ses dépendances: de là les dépenses qu'elle fit à cette occasion, et dont elle a pris soin de conserver le souvenir à la postérité.

XIII.

INSCRIPTION D'UN PROPYLON ÉGYPTIEN À PANOPOLIS, APPARTENANT AU RÈGNE DE TRAJAN.

Les ruines de l'ancienne *Chemmis*, appelée par les Grecs *Panopolis*, sont très-peu considérables : elles se réduisent à quelques restes d'antiquités situés au dehors et autour de la ville actuelle, du nord-ouest

---

[a] Plus haut, p. 91.

au nord-est. « C'est là qu'on trouve des ruines d'un ancien temple.
« On voit, dans un enfoncement, sept à huit blocs d'un calcaire com-
« pacte et de dimensions énormes, aujourd'hui enfouis dans les dé-
« combres : ils ont environ vingt-cinq pieds sur trois en carré. Une
« de ces pierres, plus remarquable que les autres, et en partie en-
« gagée sous un bâtiment moderne, sort de terre d'environ dix-huit
« pieds de longueur et trois d'épaisseur : elle est couverte d'une ins-
« cription en *six* lignes. Le dessous de la pierre *est orné d'hiéroglyphes,*
« et principalement de quatre cercles concentriques formant quatre
« zones, dont les intermédiaires sont partagés en deux comparti-
« ments [1]..... La pierre est celle *du dessus d'une porte* [a]. »

Cette description s'accorde avec celle de Pococke sur tous les points principaux. « J'allai voir, dit ce voyageur, le peu de restes d'an-
« tiquités qui sont aux environs de la ville. Je trouvai au nord quel-
« ques ruines d'un ancien temple, dont on ne voit plus que quatre
« très-larges pierres.... Une d'elles, plus remarquable que les autres,
« sort du terrain d'environ dix-huit pieds ; elle a huit pieds de large
« et trois d'épaisseur : elle porte une inscription grecque qui fait men-
« tion de Tibérius Claudius ; on y distingue quelques restes du nom
« de la ville. De l'autre côté de la pierre il y a une sculpture très-
« extraordinaire, qui a été peinte, et d'où je conclus que le temple
« avait été dédié au Soleil [b]. » Suit la description des hiéroglyphes.

Bruce dit un mot de ce monument dans sa lettre à M. Wood :
« Nous ne trouvâmes rien de remarquable jusqu'à Dendéra, excepté
« peut-être une inscription très-effacée, sur un large bloc de *marbre*
« qui a servi d'*architrave* à la porte de l'ancienne ville d'Achmim ; on
« y lit : ΤΙΒΕΡΙΟC ΚΛΑΥΔΙΟC ΤΙΒΕΡΙΟΥ ΥΙΟC ΠΑΝΙ ΘΕΩΙ, ce
« qui paraît fixer Panopolis en cet endroit [c].... »

« A Eckmim, dit M. Hamilton, nous vîmes les ruines dispersées
« de deux temples. Le seul monument intéressant, parmi ces frag-

---

[a] Saint-Génis, *Not. sur Achmim*, p. 22, 23 ; *Descr. de l'Égypte, Ant. Descr.* t. II. — [b] *Descr. of the East*, I, p. 77. — [c] Bruce's *Travels*, t. I, *Append.* p. CCLXXIV, ed. Murray.

[1] Cette représentation est décrite aussi par Fourier (*Descr. de l'Ég. Ant. Mém.* p. 82).

XIII. PROPYLON DE PANOPOLIS.

« ments, est une très-large *architrave,* qui a été autrefois l'ornement
« d'une belle entrée. Sur un côté du bloc est une inscription grecque,
« et, à la partie inférieure, on a gravé un zodiaque égyptien ou grec;
« mais ses figures sont tellement effacées, qu'on n'en peut donner une
« description suivie : je pus y discerner facilement un centaure et
« un scarabée [1]. »

M. Cailliaud, dont j'avais appelé l'attention sur ce monument, le visita lors de son second voyage, en août 1820. « Il vit, dit-il, quatre
« cercles concentriques, dont les trois intérieurs sont traversés par
« des lignes qui forment douze divisions, dans chacune desquelles
« devait être un signe. Dans le plus petit cercle on reconnaît l'écre-
« visse, le capricorne, un ou plusieurs taureaux. Toutefois les douze
« signes n'ont pu être placés dans ces douze compartiments, car on
« y trouve plusieurs singes [a]. »

Suivent d'autres détails qui montrent que cette représentation est tout à fait analogue au monument appelé le *Planisphère de Bianchini,* gravé dans les ouvrages de Bailly [b] et de Dupuis [c], et qui est maintenant au musée du Louvre. Du reste, elle est tellement effacée, que M. Cailliaud a dû renoncer à la copier, ainsi que sir Gardner Wilkinson. M. L'Hôte, en 1839, l'a trouvée enfouie de nouveau [d].

Je connais quatre copies de cette curieuse inscription, publiées successivement par Pococke [e], M. Hamilton, la Commission d'Égypte, et, tout récemment, M. L'Hôte [2]. Je ne m'attacherai qu'aux deux premières et à la dernière, la troisième ne me fournissant aucun élément dont je puisse me servir. Je placerai ces trois copies ligne par ligne, l'une sous l'autre; car la comparaison des leçons diverses est nécessaire pour que l'on puisse comprendre et juger la restitution que je propose. (*P* désigne Pococke; *H,* M. Hamilton; *L,* M. L'Hôte.)

---

[a] *Voyage à Méroé,* III, p. 304, 305. — [b] *Hist. de l'Astron. anc.* pl. III. — [c] *Orig. de tous les cultes,* t. I, pl. IV. — [d] *Lettres écrites d'Égypte,* p. 87. — [e] T. I, p. 277.

[1] Sans doute les signes du Sagittaire et du Cancer. On sait que ce dernier signe est représenté par un scarabée sur les zodiaques égyptiens.

[2] Je ne parle pas du voyageur Granger, qui n'a donné que quelques lettres sans suite. (*Voyage, etc.* p. 85.)

INSCRIPTIONS DES TEMPLES.

1.
- H. ....ΙΟϹΚΑΙ ....ΑΝΟΥϹΕΒΑϹΤΟΥΓΕΡΜΑΝΙΚΟΥ..ΚΙΚΟΥ
- P. ....ΑϹΤ...ΕΡΜΑΝΙΚΟ.........
- L. ....ΡΟϹΚΑΙϹ.................ΑΝΟΥϹΕΒΑϹ...ΓΕΡΜΑΝΙΚΟΥΔΑΚΙΚΟΥ..

2.
- H. ...ΚΑΙΤΟΥΠΑΝΤΟϹ...............ΠΑΝΙΘΕΞΞΙΜΕΠϹΤΞΞΙ.............
- P. ....ΚΑΙΤΟΥΠΑΝΤΟϹ.............ΠΑΝΙΟϹ........
- L. ....ΚΑΙΤΟΥΠΑΝΤΟϹ.............ΠΑΝΙΘΕΞΞΙΜΕΓΙϹΤΞΞΙ.............

3.
- H. ΤΙΒΕΡΙΟϹΚΛΑΥΔΙΟϹΤΙΒΕΡΙΟΥΚ..................ΞΝΟϹΥΙΟϹ ΚΟΥΡΙΝΑΑΠΟΛΛΙΝΑΡΙϹ
- P. ΤΙΒΕΡΙΟϹΚΛΑΥΔΙΟϹΤΙΒΕΡΙΟΥΚ........................ΝΟϹΥΙΟϹΚΟΥΡΙΝΑΑΠΟΛΙ
- L. ΤΙΒΕΡΙΟϹ ΚΛΑΥΔΙΟϹ ΤΙΒΕΡΙΟΥΚ...............ΞΞΝΟϹΥΙΟϹΚΟΥΡΙΝΑΑΠΟΛΛΙΝΑΡΙΞ

4.
- H. ..ΤΞΞΝΚΕΧΕΙΛΙΑΡΧΗΚΟΤΞΞΝ......ΙϹΤΡΙΞΞΙΔΟϹ ΚΑΙΠΑΝΟϹ ΘΕΞΞΝΜΕΓΙϹΤΞΞΝΙΟ
- P. ...Τ.ΝΚΕΧΕΙΛΙΑΡΧΗΚΟΤΞΞΝ......ΗϹΤΡΙ..........Ι.....ΔΟϹΙΑΙΠΑΝΟϹΟϹ.Ν
- L. ...ΤΞΞΝΚΕΚΕΙΛΙΑΡ ΧΗΚΟΤΞΞΝ......ΙϹ ΤΡΙΞ|ΞΙΔΟϹ ΚΑΙΠΑΝΟϹΘΕΞΞΝΜΕΓΙϹΤΞΞΝ

5.
- H. ......ΕΠΙΠ......ΙΟΥ............ΑΡΧΟ.........ΗΡΞΑΤΟΕΡΓΟΝ
- P. ....ϹΥΠϹ.........Υ........Π.....................
- L. ....ΠΑΡΧΟΥΑΜΥΠΤΟΙΗΡΞΑΤΟΤΟ ΕΡΓΟ..........

6.
- H. ....ϹΥΝΕΤΕΛΕϹΑΝΔΟ..................
- P. ....ϹΥΝΕΤΕΛΕϹΟΙΙΔϹ....·...........
- L. ....ϹΥΝΕΤΕΛΕϹΘΗΛϹ................

7.
- H. ΙΒ ΑΥΤΟΚΡΑΤΟΡΟϹ.............ΟΥϹΕΒΑϹΤΟΥΓΕΡΜΑΝΙΚΟΥΔΑΚΙΚΟΥ ΥΠΑΡΧΞΞΝΤΟϹ
- P. ΙΙΒ ΑΥΤΟΚΡΑΤΟΡΟϹ ΚΑΙϹΑΡΟϹ ΝΕΡΟΥΑΤΡΑΙΑΝΟΥϹΕΒΑϹΤΟΥ ΓΕΡΜΑΝΙΚΟΥ..........
- L. ....ΟΥϹΕΒΑϹΤΟΥΓΕΡΜΑΝΙΚΟΥ..................

[ΥΠΕΡ ΑΥΤΟΚΡΑΤΟ]ΡΟϹ ΚΑΙ [ϹΑΡΟϹ ΝΕΡΟΥΑ ΤΡΑΙ]ΑΝΟΥ ϹΕΒΑϹΤΟΥ ΓΕΡΜΑΝΙΚΟΥ ΔΑΚΙΚΟΥ
ΚΑΙ ΤΟΥ ΠΑΝΤΟϹ [ΑΥΤΟΥ ΟΙΚΟΥ] ΠΑΝΙ ΘΕΞΞΙ ΜΕΓΙϹΤΞΞΙ
ΤΙΒΕΡΙΟϹ ΚΛΑΥΔΙΟϹ ΤΙΒΕΡΙΟΥ Κ[ΛΑΥΔΙΟΥ.....]ΞΞΝΟϹ ΥΙΟϹ ΚΟΥΡΙΝΑΙ ΑΠΟΛΛΙΝΑΡΙϹ
[ΑΠΟ]ΤΞΞΝ ΚΕΧΕΙΛΙΑΡΧΗΚΟΤΞΞΝ Κ[ΑΙ ΠΡΟϹΤΑΤ]ΗϹ ΤΡΙΞ|ΞΙΔΟϹ ΚΑΙ ΠΑΝΟϹ ΘΕΞΞΝ ΜΕΓΙϹΤΞΞΝ ΤΟ
[ΠΡΟΠΥΛΟΝ] ΕΠΙ [ΛΕΥΚ]ΙΟΥ [ϹΟΥΛΠΙΚΙΟΥ ϹΙΜΙΟΥ ΕΠ]ΑΡΧΟΥ ΑΙΓΥΠΤΟΥ ΗΡΞΑΤΟ ΤΟ ΕΡΓΟΝ [ΠΟΙΕΙΝ]
[ΕΚ ΤΞΞΝ ΔΗΜΟϹΙΞΞΝ ΔΑΠΑΝΗΜΑΤΞΞΝ] ϹΥΝΕΤΕΛΕϹΕΝ ΔΕ [ΕΚ ΤΞΞΝ ΙΔΙΞΞΝ]
L ΙΒ ΑΥΤΟΚΡΑΤΟΡΟϹ ΚΑΙϹΑΡΟϹ ΝΕΡΟΥΑ ΤΡΑΙΑΝΟΥ ϹΕΒΑϹΤΟΥ ΓΕΡΜΑΝΙΚΟΥ ΔΑΚΙΚΟΥ ΠΑΧΞΞΝ ΙΘ̄.

Pour la conservation de l'empereur César Nerva Trajan Auguste, Germanique, Dacique, et de toute sa maison, à Pan, dieu très-grand,

Tibère Claude Apollinaris, de la tribu Quirina, fils de Tibère Claude ....on, ex-tribun militaire, intendant de Triphis et de Pan, dieux très-grands, a élevé ce propylon sous Lucius Sulpicius Simius, préfet d'Égypte.

Il a commencé l'ouvrage aux frais de l'État, et l'a achevé à ses dépens, la XIIe année de l'empereur César Nerva Trajan Auguste, Germanique, Dacique, le 19 du mois de pachon.

XIII. PROPYLON DE PANOPOLIS.

Je vais examiner, l'une après l'autre, les parties principales dont cette inscription se compose.

On peut y discerner quatre parties bien distinctes : la première comprend les titres de l'empereur et le nom de la divinité adorée dans le temple; la seconde, le nom de la personne qui a construit le propylon; la troisième, quelques circonstances de cette construction; la quatrième, la date en année, mois et jour. Grâce à cette marche régulière, on peut restituer l'inscription d'une manière certaine, en tout ce qu'elle offre d'essentiel.

1re partie, lignes 1 et 2. — La première ligne, quoique fruste, peut être restituée au moyen de la dernière, qui se complète facilement par la comparaison des diverses copies.

Celle de Pococke porte L.ĪB.AYTOKPATOPOCKAICAPOC NEPOYATPAIANOYCEBACTOYΓEPMANIKOYΔAKIKOY. Au lieu de L. ĪB, la copie de M. Hamilton ne donne que les lettres ĪB, d'où l'on tirerait L. B, *l'an 11*. Mais le choix entre les deux leçons ne peut être incertain d'après le titre de *Dacique*, qui est donné à Trajan; car l'expédition de ce prince en Dacie n'eut lieu que dans la quatrième année de son règne. Il serait impossible qu'aucun monument antérieur à cette année portât le titre de *Dacique*. Celui de *Germanique* est le seul qu'on devrait y trouver : c'est aussi le seul qu'il faille chercher dans ce fragment d'une inscription trouvée à Salamine, en Chypre [a] :

NEPOYANTPAIANONKAICAPA	Αὐτοκράτορα] Νέρουαν Τραϊανὸν Καίσαρα
..NΓEPMANIKONYIONΘEOY	Σεβασ]ὸ]ν Γερμανικὸν υἱὸν θεοῦ
BACTOYHΠOΛICL.Γ̄.	Νερούα Σε]βασ]οῦ, ἡ πόλις, L. Γ.

La ville [de Salamine honore par ce monument] l'empereur Nerva Trajan César Auguste Germanique, fils du dieu Nerva Auguste, l'an III [1].

---

[a] Pococke, *Inscr. antiq.* p. 42, n° 3.

[1] Cette troisième année de Trajan s'étend du 29 août 99 de notre ère au 29 août 100, comptée à la manière égyptienne : car la *troisième* année romaine s'étendait du 27 janvier 100 au 27 janvier 101. Or c'est à l'égyptienne que les années se comptaient

108   INSCRIPTIONS DES TEMPLES.

Ainsi l'inscription de Panopolis ne saurait être de l'an II; la leçon de Pococke est la véritable.

Au commencement de la ligne suivante il manque neuf ou dix lettres; puis viennent les mots ΚΑΙ ΤΟΥ ΠΑΝΤΟC, suivis d'une autre lacune qui doit être remplie ainsi : ΚΑΙ ΤΟΥ ΠΑΝΤΟC [ΑΥΤΟΥ ΟΙΚΟΥ]. Rien de plus commun que la formule ΥΠΕΡ ΑΥΤΟΚΡΑΤΟΡΟΣ.... ΚΑΙ ΤΟΥ ΠΑΝΤΟC, ou CΥΜΠΑΝΤΟC ΑΥΤΟΥ, ou ΑΥΤΩΝ, ΟΙΚΟΥ, et, dans les inscriptions latines, TOTIVSQ. DOMVS ILLIVS, ou EORVM, TOTIVSQ. DOMVS DIVINAE, AVGVSTAE DOMVS. Si la lacune, au commencement de la seconde ligne, a jamais été remplie, elle n'a pu l'être que par un surnom de l'empereur, qui suivait celui de ΔΑΚΙΚΟΥ. Parmi les titres connus de Trajan, il en manque ici deux, savoir : ΑΡΙCΤΟC et ΠΑΡΘΙΚΟC : ce dernier est exclu nécessairement, car Trajan n'entra dans le pays des Parthes qu'en l'année 115 de notre ère, c'est-à-dire à une époque postérieure de six ans à la date de la dédicace de Panopolis. Quant à celui d'ΑΡΙCΤΟC ou d'OPTIMVS, il ne faut pas non plus le chercher en cet endroit. A la vérité, une inscription de Crète[a], de l'an XI de ce prince, le lui confère (Τραϊανῷ Σεβαστῷ, Ἀρίστῳ, Γερμανικῷ, Δακικῷ): exemple extrêmement rare, peut-être unique; mais, en Égypte, ce titre ne paraît, ni sur les médailles, ni sur les inscriptions, avant l'an XVIII de Trajan. Eckhel en a fait la remarque[b], confirmée par Zoëga[c].

Une inscription d'Oxford pourrait fournir le titre qui manque, si toutefois il manquait réellement. Elle est d'une époque où Trajan ne prenait pas encore le titre d'*Optimus* ni celui de *Parthicus*. On y lit : ΚΑΙCΑΡΑΝΕΡΒΑΝΤΡΑΙΑΝΟΝCΕΒΑCΤΟΝΓΕΡΜΑΝΙΚΟΝ

---

[a] Ap. Franz, *Elem. Epigr.* n° 121. — [b] Eckhel, *Doctr. num.* VI, p. 448. — [c] *Numi Ægyptii*, pag. 88.

en Chypre, comme le prouve la médaille de l'an II de Galba (ΚΟΙΝΟΝ ΚΥΠΡΙΩΝ ΕΤΟΥC Β), date qui ne se retrouve que dans les médailles alexandrines (Eckhel, *Doctr. num.* t. VI, p. 299) et l'édit de Tibère Alexandre (plus haut, p. 83). Galba étant monté sur le trône le 9 juin 68, la seconde année *égyptienne* avait commencé le 29 août 68.

XIII. PROPYLON DE PANOPOLIS.

ΔΑΚΙΚΟΝΑΝΕΙΚΗΤΟΝΗΠΟΛΙC.... [a], « La ville honore César « Nerva Trajan, Germanique, Dacique, Invincible. » Il est vraisemblable que ce titre se rattachait à celui de *Dacique*, et se rapportait aux victoires qui avaient valu à Trajan ce titre glorieux ; mais on peut s'en passer ici. La deuxième ligne a dû se borner à ce que montre ma restitution, car toutes les copies s'accordent à ne rien donner avant καὶ τοῦ παντός, ni après μεγίσ7ῳ. Ainsi la ligne commençait et finissait en retraite de la première [1].

Après la formule impériale, vient la dédicace à la divinité du temple, ΠΑΝΙΘΕƷΣΙΜΕΓΙCΤƷΣΙ [2], à *Pan, dieu très-grand*. La coïncidence du nom de cette divinité avec celui de la ville (*Panopolis*) montre que le propylon faisait partie du temple principal. Un bloc ayant appartenu à ce temple a été trouvé depuis par Champollion : ce bloc sculpté porte l'image du dieu *Pan*, lequel, selon lui, n'est que l'Ammon générateur. Il a conclu également, de la lecture des hiéroglyphes, que le temple même avait été construit sous Ptolémée Philopator [b].

2ᵉ *partie*, lignes 3 et 4. — La dédicace a-t-elle été faite par une

---

[a] *Marmora Oxoniensia*, n° CLXIV, ed. Maittaire. — [b] *Lettres écrites d'Égypte*, p. 88.

[1] Une inscription placée sur le piédestal d'une statue de Marc-Aurèle Antonin Caracalla, trouvée à Thamala en Asie Mineure, donne à ce prince le titre de ΝΕΙΚΗΤΟΝ. (Chandler, *Inscript. antiq.* part. II, n° CXXXVI.) La pierre doit porter ΝΕΙΚΗΤΗΝ ou plutôt ΑΝΕΙΚΗΤΟΝ ; car on lit ce dernier titre dans une dédicace de Cyparissus en l'honneur de Caracalla, qui y est appelé πατέρα πατρίδος, ἀνείκητον. (Pouqueville, *Voyage en Grèce*, t. V, p. 169.) C'est à Caracalla, et non pas à Marc-Aurèle, comme l'ont cru Gruter et Grævius (CCLIX, 1), qu'il faut attribuer cette dédicace trouvée à Ancyre : IMP.CAESARI.M.AVRELIO.ANTONINO.INVICTO.AVG. PIO.FELICI.A.ELLYCHNIVS.V.E.DEVOTISSIMVS.NVMINI.EIVS. En effet, Marc-Aurèle n'a jamais eu le titre de *Felix*. Le même titre se lit dans une inscription gravée sur un rocher près du Lycus, en Syrie : INVICTE.IMP.ANTONIN.P.FELIX.AVG. MVLTIS ANNIS.IMPERA. (Burckh. *Travels in Syria*, etc. et la note de M. Leake.) On ne voit point le titre d'*Invictus* dans la liste détaillée des titres de Caracalla donnée par Eckhel. (*Doctr. num.* VII, p. 221 et s.)

[2] On remarquera que les Ω ont partout, dans cette inscription, la forme entièrement insolite de deux Σ dont l'un est retourné.

ou plusieurs personnes? L'intelligence des deux lignes que je vais expliquer dépend de la solution de cette question. On peut regarder ce point comme décidé d'après ce qui suit; car le mot ἤρξατο de la cinquième ligne annonce clairement qu'il s'agit ici d'une seule personne. A la vérité, on lit, à la ligne suivante, dans la copie de M. Hamilton, CYNETEΛECAN, qui est un pluriel; mais les deux autres copies viennent à notre secours : celle de Pococke donne CYNETE-ΛECOII, celle de M. L'Hôte, CYNETEΛECΘIIΛC; or l'O ou le Θ ne peuvent être qu'un E, et la leçon devient συνετέλεσεν δέ.

Reprenons la ligne troisième. Les deux copies de Pococke et de M. Hamilton s'accordent à donner, au commencement, les lettres TI-BEPIOC KΛAYΔIOC K; vient ensuite une lacune de onze ou douze lettres dans la copie de Pococke, et seulement de sept ou huit dans celle de M. Hamilton; mais la première mérite, à cet égard, la préférence. En effet, aucun nom n'est mis en abrégé dans cette inscription : or la lettre K est le commencement de KΛAYΔIOY, et il faut encore un nom, dont la finale a été conservée; car, après la lacune, on trouve NOCYIOC. La copie de M. Hamilton donne ΣNOCYIOC, ce qui ne peut provenir que de ΞΣNOC : c'est la finale d'un nom grec ou romain terminé, au nominatif, en ωN.

Le mot KOYPINA, pour KOYPINAI, désigne la tribu *Quirina*. On trouve ce nom écrit aussi KOYIPEINA; mais l'orthographe la plus commune est KYPINA. Si les Grecs avaient suivi l'analogie de leur langue, ils auraient mis le nom de la tribu au génitif; mais ils étaient entraînés par l'usage latin à employer cette construction, qui leur était étrangère. De même, pour l'indication des consuls, ils disaient, par exemple, à l'imitation des Latins : Λεντούλλῳ καὶ Λευκίῳ Πείσωνι ὑπάτοις, au lieu de ὑπάτων ou ὑπατευόντων Λεντούλλου κ. τ. λ. Cette locution latine avait même passé dans l'usage de leur langue : on trouve, dans Plutarque et d'autres écrivains de l'époque romaine, des traces de l'ablatif absolu au lieu du génitif[a].

Vient ensuite le mot AΠOΛΛINAPIC, qui est tout entier dans

[a] Boisson. *ad Eunap.* p. 217, 433.

XIII. PROPYLON DE PANOPOLIS.

la copie de M. Hamilton. Ce nom appartient à Τιβέριος Κλαύδιος : c'est l'ordre suivi habituellement. Après le prénom et le nom on mettait ceux du père, puis la tribu et le surnom du fils.

Des lettres ΑΠΟΛΛΙΝΑΡΙC on peut tirer le nom Ἀπολλινάριος, par l'addition d'une seule lettre à la fin : cette forme est plus grecque [a]. Je me suis décidé pour la forme *Apollinaris*, parce que les trois copies la donnent. D'ailleurs, l'usage de changer les désinences *ιος*, des noms propres, en *ις*, à la manière latine, s'était déjà introduit chez les Grecs dès le temps de Plutarque, selon l'observation de Coray [b], et, sans doute, par suite de l'influence romaine [c].

Au commencement de la quatrième ligne, il y a, dans toutes les copies, une lacune de trois lettres, qui doivent avoir été ΑΠΟ ou ΕΚ, prépositions dont on se servait, soit pour indiquer qu'un personnage avait exercé une charge, soit pour marquer la classe à laquelle il appartenait. On pourrait, à la rigueur, s'en passer, τῶν κεχειλιαρχηκότων, avec ou sans ἀπό ou ἐκ, signifiant *d'entre ceux qui ont été chiliarques* [1]; mais, la ligne étant fort longue, on n'a pas dû la commencer en retraite de la précédente.

Après κεχειλιαρχηκότων il existe une lacune de neuf à dix lettres. La copie de M. Hamilton porte ensuite très-distinctement ΙCΤΡΙΦΕΙΔΟCΚΑΙΠΑΝΟCΘΕΩΝ ΜΕΓΙCΤΩΝ ΙΟ. Les mots θεῶν μεγίστων annoncent que les noms de deux divinités doivent se trouver auparavant, ce qui est prouvé également par ΚΑΙ ΠΑΝΟC, qui précède : d'où il résulte la preuve certaine que le nom d'une autre divinité est caché dans les lettres ΙCΤΡΙΦΕΙΔΟC. M. L'Hôte, que j'avais prié d'examiner ce point sur les lieux, a constaté la réalité de la leçon ΤΡΙΦΕΙΔΟC, le Φ étant formé, comme l'*oméga* [d], de deux ΣΣ séparés

---

[a] G. J. Vossius, *de Hist. Gr.* II, 18, p. 252. — [b] *Not. in* Plut. *Polit.* p. 127, 153. — [c] Franz, *Elem. epigr.* p. 248.; Keil, *Onom. græc.* p. 81.— [d] Plus haut, p. 109, 2.

[1] Un Claude Apollinaris commandait la flotte de Misène, soixante-neuf ans après J. C. (Tacite, *Hist.* III, 57, 76, 77.) Celui dont il est question ici était déjà retiré du service en l'an 109 (date de l'inscription), ou cinquante ans après. Il peut donc très-bien avoir été le fils du personnage dont parle Tacite.

par une barre verticale, ⳉ|Ϣ[a] : ainsi le nom ΤΡΙΦΙΔΟC n'est pas douteux. Ce doit être celui de quelque divinité locale, et assez élevée dans la hiérarchie sacrée, puisqu'elle est comprise dans la qualification de θεῶν μεγίσ7ων : c'était donc une θεὰ μεγίσ7η, car la forme ΤΡΙΦΙC, ΤΡΙΦΙΔΟC, me paraît indiquer une *déesse*. Le nom de cette divinité ne s'est encore rencontré, à ma connaissance, sur aucun monument. Je pense cependant en apercevoir la trace dans une inscription funéraire trouvée à Abydos, et qui fait partie de la collection actuelle de M. d'Anastasy, à Alexandrie. On y lit : ἐν τῷ πρὸς τῷ ὄρει Θριπιείῳ, « dans le *Thripiéum* de la montagne. » Le mot Θριπίειον se rapproche assez de Τριφίειον, qui désignerait très-bien un temple ou une chapelle de la déesse Τρίφις, pour qu'on n'hésite pas à croire qu'il se rapporte, en effet, à la même divinité, dont le nom avait, sans doute, les formes diverses ΤΡΙΦΙC, ΘΡΙΦΙC et ΘΡΙΠΙC ou ΤΡΙΒΙC et ΘΡΙΒΙC, qui ne diffèrent entre elles que par de faibles nuances de prononciation. Ainsi on a tout lieu de croire qu'à Panopolis, ou dans le voisinage, il y avait quelque temple de cette déesse, qui partageait avec Pan ou *Schmim*, que les Grecs appelaient *Chemmis*, les honneurs du culte local.

Il me paraît impossible de méconnaître le nom de cette divinité *Tripis, Triphis, Tribis*, etc. dans celui d'une ville située tout près de *Panopolis*, dont elle n'était séparée que par le Nil, et l'une des deux que les Grecs ont appelées *Crocodilopolis*; car le nom égyptien et primitif de cette ville était *Atribé*[b]. Un fragment copte, cité par Champollion[c], fait mention du *mont d'Atripé*, et cet illustre philologue pense que ce nom désigne la montagne libyque voisine de Crocodilopolis. Un autre manuscrit copte parle d'*Atribi* ou *Atripi*, située dans le nome de Schmim (*Panopolis*). Il résulte de ces rapprochements que le nom égyptien de cette ville était tiré du culte de la divinité *Thribis*, comme le nom égyptien de la ville de *Chemmis* ou *Schmim*, du culte de Pan. On en doit dire autant de l'autre ville d'*Athribis*, dans le

---

[a] *Lettres écrites d'Égypte*, p. 154, 155. — [b] Silvestre de Sacy, *trad. d'Abdallatif*, p. 700. — [c] Champollion, *l'Égypte sous les Pharaons*, I, 266, 267.

XIII. PROPYLON DE PANOPOLIS. 113

Delta, ville nommée en copte indifféremment ΑΘΡΗΒΙ ou ΘΡΗΒΙ, et, dans l'ancienne version latine de Ptolémée, *Thribeum*[a]; ce qui suppose que le texte que le traducteur avait sous les yeux portait διὰ Θριβείου au lieu de δι' Ἀθρίβεως. Nul doute que, dans celle-ci, le culte local ne fût consacré principalement à la déesse *Thribis*, comme dans l'autre ville d'*Athribis*; et l'on peut espérer de retrouver, sur l'emplacement de cette ancienne cité, quelques vestiges du culte qui lui avait valu son nom. Cette déesse *Thribis*, bien que personne n'en ait encore parlé, devait avoir une certaine importance dans le panthéon égyptien, puisqu'elle était la divinité principale de deux villes situées aussi loin l'une de l'autre que l'étaient les deux *Athribis*: la première dans le Delta, la seconde dans la haute Égypte.

Tout démontre que ces noms au génitif, Τρίφιδος καὶ Πανὸς θεῶν μεγίστων, dépendent d'un substantif qui exprimait une fonction ou une dignité, tel que ἱερεύς, προστάτης ou ἐπιστάτης.

Je remarque, après κεχειλιαρχηκότων, au moins dans la copie de Granger, la lettre K, qui est le commencement de ΚΑΙ; ensuite, après la lacune, dans la copie de Pococke, les lettres ΗC, qui nous représentent ΗC. A l'aide de ces indices, je remplis la lacune de *dix lettres*, y compris le K, en lisant: ΚΕΧΕΙΛΙΑΡΧΗΚΟΤѠΝΚ[ΑΙΠΡΟCΤΑΤ]ΗC; d'où l'on voit que l'*ex-chiliarque* (tribun militaire) *était prostate des temples de Triphis et de Pan*: et, en effet, on concevrait difficilement qu'un ex-tribun militaire romain eût fait construire un propylon à Pan, sans avoir un emploi quelconque dans le temple de cette divinité. Que le titre de cet emploi ait été προστάτης ou ἐπιστάτης, c'est ce qui paraîtra bien probable d'après la grandeur de la lacune et la finale ΗC, et surtout d'après les fonctions que ce terme exprime. Il ne serait pas extraordinaire, sans doute, qu'un ex-tribun militaire romain, établi à Panopolis, eût exercé la prêtrise de Pan, soit à vie, soit temporairement [b]; car nous trouvons ailleurs qu'un militaire fut prêtre de la divinité du lieu et néocore d'Auguste [c], et

---

[a] Ptol. *Geogr.* IX, p. 105, Merc. — [b] Voyez le *Comm.* sur l'inscr. de Rosette (n° XXV), l. 5. — [c] Peyss. *Voy. à Thyatira*, p. 280, etc.

qu'un autre fut prêtre de Leucothée[a]. Mais le mot ΙΕΡΕΥΣ serait trop court, au lieu que ΠΡΟΣΤΑΤΗΣ ou ΕΠΙΣΤΑΤΗΣ remplissent toutes les conditions: ces deux mots sont également convenables pour exprimer l'idée d'*intendant,* d'*administrateur;* προστάτης, surtout, prend souvent cette signification, comme προστάτης ὁδῶν [b], προστάτης ἔργων [c], βασιλικῶν ἐπιστολῶν προστάτης, *chef du secrétariat impérial* [d]. Selon Clément d'Alexandrie, les fonctions de grand prêtre et d'intendant des revenus sacrés étaient réunies dans la même personne [1]; mais rien n'oblige de croire que cette disposition fût commune aux temples de tous les ordres. Il pouvait en être quelquefois des temples de l'Égypte comme de celui de Jérusalem, dont on confiait souvent l'administration à un homme qui n'était pas prêtre: témoin un certain Simon, de la tribu de Benjamin, qui fut nommé *intendant du temple,* προστάτης τοῦ ἱεροῦ [e], quoiqu'il ne fût point de l'ordre sacerdotal [f]. Ainsi nous ne pouvons être surpris de voir Tibère Claude Apollinaris administrer les finances de deux temples à Panopolis.

Cette circonstance nous explique, de la manière la plus satisfaisante, pourquoi un *ex-tribun militaire* est mentionné dans l'inscription comme ayant élevé un propylon égyptien, dédié à la divinité du lieu, c'est-à-dire à *Chemmis,* que les Grecs appelaient *Pan.* On pourrait élever une difficulté sur ce que la dédicace ne fait mention que du dieu Pan, tandis qu'Apollinaris est désigné comme étant le *prostate* de deux divinités. Mais il n'y a rien de surprenant à ce que le même fonctionnaire eût été *intendant* de deux temples à la fois, situés dans le même lieu; et tout ce que nous en pouvons conclure, c'est que la grande déesse *Thribis* ou *Triphis* avait aussi un temple à Panopolis, voisin de celui de Pan.

La partie de l'inscription qui contient le nom du fondateur se trouve donc également restituée de manière à ne laisser aucun doute.

[a] Gruter, CDLXIII, 1 — [b] Dio Cassius, LIV, 8. — [c] I *Paralipom.* xxix, 6.— [d] Philostr. *Vit. Sophist.* I, 22, 3, fin. — [e] II *Machab.* III, 4. — [f] Dom Calmet, *note sur ce passage.*

[1] Ὁ γάρ τοι προφήτης παρὰ τοῖς Αἰγυπτίοις καὶ τῆς διανομῆς τῶν προσόδων ἐπιστάτης ἐστί. (Clem. Alex. *Stromat.* VI, p. 758, l. 10.)

XIII. PROPYLON DE PANOPOLIS.

L'ordre des idées et la comparaison avec les autres inscriptions du même genre, notamment avec celles de Tentyra, d'Antæopolis et d'Ombos, nous annoncent clairement ce qui a dû suivre le nom de l'empereur, ceux de la divinité et du fondateur du propylon; car, des parties principales qui composent les inscriptions de ce genre, il n'en manque plus que deux, savoir : le nom de l'édifice élevé et l'expression de la date.

Le dernier mot de la quatrième ligne, MEΓICTωN, ne termine point cette ligne, quoiqu'elle renferme déjà soixante-quatre lettres : il est suivi des lettres IO, dans la copie de M. Hamilton, ce qui forme un total de soixante-six lettres.

La ligne suivante est tronquée au commencement: il y a une lacune de sept à huit lettres dans la copie de Pococke, et de six à sept dans celle de M. Hamilton. Ensuite on trouve les lettres ЄΠIII... IOY, ou CYΠC. Après IOY est une lacune de dix-sept à dix-huit lettres; puis on lit APXOY ou ΠAPXOY, qui est la fin de ЄΠAPXOY. Une autre lacune de sept à huit lettres, après ЄΠAPXOY, doit être remplie par les mots AIΓYΠTOY, selon l'usage constant, restitution confirmée par la copie de M. L'Hôte, qui donne AMYΠTCI. Il est évident que la lacune de quatorze à seize lettres était occupée par les nom et surnom du préfet augustal. Une inscription découverte dans les carrières de porphyre nous apprend qu'en l'an XII de Trajan, c'est-à-dire l'année même de la dédicace du propylon de Panopolis, le préfet d'Égypte s'appelait *Sulpicius Simius*. Cette restitution : ἐπὶ Σουλπικίου Σιμίου ἐπάρχου Αἰγύπτου, ne laisse de doute que sur le prénom qui précédait Σουλπικίου. Ce prénom, terminé en IOY, pouvait être Λουκίου, Ἰουλίου, ou tout autre nom ayant la même terminaison.

Au lieu de HPΞATO EPΓON, que donne la copie de M. Hamilton, celle de M. L'Hôte porte bien distinctement HPΞATO TO EPΓON: et, en effet, l'article est nécessaire. Il est clair que ces mots, ne pouvant, en aucune manière, se lier avec ce qui précède, commencent une autre phrase. Ainsi le sens est suspendu après ЄΠAP-

XOY, et, dans tout ce qui précède, on doit trouver une phrase complète.

Or, pour obtenir cette phrase, il ne faut plus, d'après la tournure connue des inscriptions de ce genre, que trouver le seul mot qui manque, et assigner la seule place qui lui convienne. Ce mot sera le nom de la partie de l'édifice sur laquelle l'inscription est gravée; et ce nom y doit être régi, selon l'usage, par le verbe exprimé ou sous-entendu.

Cette partie étant un *propylon,* le mot qui manque sera ΠΡΟΠΥ-ΛΟΝ, que l'on ne saurait placer que dans la lacune de sept ou huit lettres en tête de la seconde ligne, et cette lacune répond à la longueur de ce mot. L'article ΤΟ, qui est indispensable, existe après ΜΕΓΙϹΤШΝ; car on ne peut le méconnaître dans les lettres ΙΟ, qui terminent la ligne précédente. Cette coïncidence achève de démontrer la justesse de la restitution.

Avec ces deux premières parties l'inscription est complète. La date a été exprimée vaguement par le nom du préfet sous l'administration duquel l'ouvrage a été exécuté, parce qu'on devait la déterminer à la fin d'une manière plus précise. Nul doute que l'auteur de la dédicace ne se fût arrêté là, s'il n'eût pas désiré exprimer encore deux circonstances qui lui paraissaient trop importantes pour être négligées.

3ᵉ partie, ligne 4. — La seule partie qu'on ne puisse rétablir que par conjecture se trouve à la fin de la troisième ligne et dans la quatrième, où tout a disparu excepté les treize lettres ϹΥΝΕΤΕΛΕ-ϹΕΝΔΕ. Elles ne suffisent pas pour qu'on puisse rétablir les mots avec certitude; mais on peut en retrouver le sens, qui résulte de la seule opposition de ἤρξατο τὸ ἔργον et de συνετέλεσεν δέ.

Je ferai observer d'abord que les mots ΤΟ ΕΡΓΟΝ ne peuvent dépendre du verbe ΗΡΞΑΤΟ, qui gouverne le génitif : ils sont, de toute nécessité, le complément d'un verbe qui se trouvait après.

Quelle que soit la conjecture qu'on puisse proposer pour remplir ces lacunes, on aperçoit, dans le peu qui nous reste, l'intention évidente d'exprimer le *commencement* et *l'achèvement* de l'édifice. Quant aux diverses manières de reproduire, dans leur entier, les deux propositions dont ces deux verbes nous ont conservé les vestiges, je n'en vois que trois, entre lesquelles le choix ne me paraît pas difficile.

On peut supposer, en premier lieu, que le rédacteur a voulu marquer les deux époques du commencement et de l'achèvement : par exemple, qu'on *a commencé l'ouvrage à telle époque, et qu'il a été fini après tant de temps, la 12ᵉ année de Trajan*. Dans cette hypothèse, la lacune aurait été remplie par l'énoncé de la première date, et celle qui suit συνετέλεσεν, par les mots servant à exprimer le temps quelconque employé à ce travail, tels que ἐν ἔτεσι... μησί..., comme s'exprime Harpocration : ἐν ἔτεσι μὲν πέντε παντελῶς ἐξεποιήθη [a]; ou Julien : πόλιν τε ἐπώνυμον αὐτοῦ κατέσ]ησεν ἐν οὐδὲ ὅλοις ἔτεσι δέκα[b]; ou Plutarque, qui dit des Propylées : ἐξειργάσθη ἐν πενταετία[c]. On pourrait même se passer de la préposition; ainsi, Josèphe : καὶ ταῦτα ᾠκοδόμησεν ἔτεσιν η[d], et saint Jean : μς ἔτεσιν ᾠκοδομήθη ὁ ναὸς οὗτος[e]. L'on dirait également bien συνετέλεσεν δὲ εἴσω ἐτῶν... μηνῶν.... d'après cette phrase de Philostrate : ....τὸ σ]άδιον..... ἐπετέλεσεν εἴσω τεττάρων ἐτῶν[f]. Toutefois cette première conjecture me paraît assez peu probable. Pour rendre une telle idée, dans le style précis des inscriptions, la seconde phrase suffisait. En effet, dire *l'ouvrage a été achevé en tant de temps, la 12ᵉ année de Trajan*, c'est dire à quelle époque on l'a commencé.

La seconde explication consisterait à supposer que l'ouvrage *commencé* par Apollinaris a été *achevé* par un autre, double circonstance qui se rencontre dans une inscription expliquée plus bas : c'est-à-dire qu'après συνετέλεσεν venait le sujet de ce verbe, différent de celui du verbe ἤρξατο. Ce sujet, au singulier, ne peut être que le nom d'un autre personnage : or, dans l'espace occupé par les vingt lettres qui remplissaient la ligne, il n'y aurait pas moyen de placer ce qui

---

[a] Harpocr. *voce* Προπύλ. — [b] Julian. *Orat. in Constant. laud.* p. 8, B. — [c] Plut. *in Pericl.* § 13. — [d] *Ant. Jud.* XV, 11, 5 et 6. — [e] Johan. II, 20. — [f] Philostr. II, *Sophist.* I, 4.

aurait dû nécessairement s'y trouver dans cette hypothèse, savoir : les prénom, nom, surnom et qualité de ce personnage.

Reste la troisième supposition, qui consiste à admettre que l'ouvrage, commencé par l'intendant du temple avec l'argent du *trésor sacré*, ou bien fourni par le gouvernement, a été terminé avec ses *propres deniers*. Cette conjecture rend bien compte des deux circonstances représentées par les deux verbes, et explique, en même temps, pourquoi le nom de l'administrateur paraît seul dans l'inscription. Dans cette hypothèse, τὸ ἔργον sera le régime de ποιεῖν, comme dans cette inscription d'Oxford : Κλ. Βάσσος ἀγωνοθέτης ὑπέσχετο ἔργον ποιήσειν MZ[a]. Apollinaris expliquait, dans le premier membre, qu'il avait commencé les travaux avec les deniers publics, ἐκ τῶν δημοσίων χρημάτων ou δαπανημάτων; dans le second, qu'il les avait achevés à ses frais, la somme allouée n'ayant pas suffi. Les lacunes peuvent donc être remplies comme je l'ai indiqué [b].

La dernière ligne a été expliquée plus haut jusqu'à ΔΑΚΙΚΟΥ[c]. Après ce mot, la copie seule de M. Hamilton en offre un autre, ΥΠΑΡΧΞΣΝΤΟC, qui est nécessairement corrompu. J'ai déjà fait observer que l'*oméga*, dans cette inscription, est d'une forme qui l'empêche d'être confondu avec toute autre lettre. En cet endroit, il ne peut y avoir que le nom et le quantième du mois : je lis en toute assurance, au lieu de ΥΠΑΡΧΞΕΝ[1], le nom du mois ΠΑΧΞΕΝ.

Restent les lettres ΤΟC : elles ne peuvent être que l'expression du quantième. Ces lettres, placées à la fin de la ligne, étaient sans doute peu distinctes ; il faut lire simplement ΙΕ ou ΙΘ : l'une de ces deux leçons est nécessairement la vraie. Ainsi nous n'avons à hésiter qu'entre le 15 et le 19 de pachon. La date est donc fixée du 10 au 14 mai de l'an 109 de notre ère.

Il résulte principalement de cette inscription :

---

[a] *Marm. Oxon.* X, 5. — [b] Plus haut, p. 106. — [c] Plus haut, p. 107.

[1] La lettre Υ est la dernière du mot précédent, à tort répétée, genre d'erreur dont il est difficile de se défendre quand on copie des inscriptions. Le Ρ aura été ajouté par suite d'une autre erreur assez commune.

XIV. PYLONE DU TEMPLE DE CYSIS.

1°. Que le mot πρόπυλον est le régime d'un verbe sous-entendu, qui ne peut exprimer une autre idée que celle de *construction;* ce qui nous découvrirait le sens de toutes les inscriptions du même genre, quand le fait ne serait pas, d'ailleurs, démontré par la nature même et l'usage du style qui leur est propre;

2° Que, sous le règne de Trajan, on a construit un propylon en style égyptien, revêtu d'*hiéroglyphes* et de symboles relatifs à la religion du pays;

3° Que le zodiaque qui faisait partie de ces sculptures est encore un exemple de l'époque tardive de ces représentations;

4° Que la divinité égyptienne *Chemmis,* assimilée à *Pan* par les Grecs, et qui était honorée d'un culte particulier à *Chemmis* ou *Panopolis,* dès le temps d'Hérodote, devait y être encore adorée avec ferveur sous le règne de Trajan, puisque, dans la *douzième année* de ce prince, on avait construit un propylon devant le temple de ce dieu.

XIV.

INSCRIPTION D'UN PYLÔNE ÉGYPTIEN À CYSIS, DANS L'OASIS DE THÈBES, CONSTRUIT EN L'ANNÉE XIX DE TRAJAN.

C'est notre compatriote M. Cailliaud qui a vu, pour la première fois, cette inscription à Douch-el-Qalah, près de Bérissé, et qui en a rapporté une copie; ce voyageur avait bien voulu m'en donner communication pendant son séjour à Paris. Depuis, M. Hyde, qui a parcouru l'oasis de Thèbes, en a pris également copie sur les lieux, et elle a paru dans le *Classical Journal* de juin 1821, avec plusieurs autres que M. Cailliaud avait aussi rapportées. J'ai eu sous les yeux une troisième copie très-exacte, due à l'infortuné voyageur

Pacho. Enfin M. Hoskins en a récemment publié une nouvelle [a], qui est moins exacte que les précédentes. Voici le texte qui résulte de la comparaison des trois premières. On remarquera que l'*oméga* y a la forme d'un M renversé.

ΥΠΕΡΤΗΣΑΥΤΟΚΡΑΤΟΡΟΣΚΑΙΣΑΡΟΣΝΕΡΟΥΑ
ΤΡΑΙΑΝΟΥΑΡΙΣΤΟΥΣΕΒΑΣΤΟΥΓΕΡΜΑΝΙΚΟΥΔΑΚΙΚΟΥΤΥΧΗΣΕΠΙΜΑΡΚΟΥΡΟΥΤΙΛΙΟΥΛΟΥΠΟΥ
ΕΠΑΡΧΟΥΑΙΓΥΠΤΟΥΣΑΡΑΠΙΔΙΚΑΙΙΣΙΔΙΘΕΟΙΣΜΕΓΙΣΤΟΙΣΟΙΑΠΟΤΗΣΚΥΣΕΩΣΟΙΓΡΑ ✝ ΑΝ
ΤΕΣΤΗΝΟΙΚΟΔΟΜΗΝΤΟΥΠΥΛΩΝΟΣΕΥΣΕΒΕΙΑΣΧΑΡΙΝΕΠΟΙΗΣΑΝ   ΛΙΘΑΥΤΟΚΡΑΤΟΡΟΣΚΑΙΣΑΡΟΣ
ΝΕΡΟΥΑΤΡΑΙΑΝΟΥΑΡΙΣΤΟΥΣΕΒΑΣΤΟΥΓΕΡΜΑΝΙΚΟΥΔΑΚΙΚΟΥ   ΠΑΧΩΝ Λ ou Α [f].

Cette inscription, disent MM. Hyde et Cailliaud, est gravée sous le *globe ailé* d'un *pylône égyptien* : ainsi il est évident qu'elle en occupe l'architrave. C'est ce qui résulte de la description détaillée que M. Hoskins a donnée de cet édifice : « Ses ruines, dit-il, sont plus re-
« marquables par leur situation dans l'oasis que par la beauté de leur
« architecture. Elles sont curieuses, cependant, en ce qu'elles por-
« tent les noms des empereurs romains Domitien, Trajan et Adrien
« en *hiéroglyphes,* et du premier dans une inscription grecque [b] gravée
« sur l'architrave du propylon [c]. » La vue du temple [d] montre, en effet, un édifice entièrement de style égyptien, avec des *anaglyphes,* des *hiéroglyphes,* et autres ornements égyptiens. Le pylône, qui porte l'inscription, est de la même architecture ; les bas-reliefs qui l'ornent représentent l'empereur faisant des offrandes, en premier lieu à Sérapis, en second lieu à Isis, et, en troisième, à Horus. Le style de la sculpture n'est pas très-mauvais ; mais, à cause de la mollesse de la pierre, les hiéroglyphes sont presque illisibles [e]. La réunion de ces diverses circonstances donne le plus grand intérêt à cette inscription, qui contient les mêmes noms d'empereur et de divinité que présentent les sculptures égyptiennes.

Voici le texte en caractères courants, et la traduction :

[a] *Visit to the Great Oasis,* p. 321. — [b] Le même ouvrage, p. 151. — [c] Le même, p. 153. — [d] Le même, pl. XIII. — [e] Le même, p. 155.

[f] On a vu plus haut un exemple de ces espaces vides devant les dates (p. 29).

XIV. PYLONE DU TEMPLE DE CYSIS.

Ὑπὲρ τῆς αὐτοκράτορος Καίσαρος Νερούα
Τραϊανοῦ, Ἀρίσ*τ*ου, Σεβασ*τ*οῦ, Γερμανικοῦ, Δακικοῦ, τύχης, ἐπὶ Μάρκου Ρουτιλίου Λούπου
ἐπάρχου Αἰγύπτου, Σαράπιδι καὶ Ἴσιδι, Ͽεοῖς μεγίσ*τ*οις, οἱ ἀπὸ τῆς Κύσεως, οἱ γράψαντες τὴν οἰκοδομὴν τοῦ πυλῶνος, εὐσεβείας χάριν, ἐποίησαν· L. IΘ̄ αὐτοκράτορος Καίσαρος
Νερούα Τραϊανοῦ, Ἀρίσ*τ*ου, Σεβασ*τ*οῦ, Γερμανικοῦ, Δακικοῦ, παχὼν Λ̄.

Pour la fortune de l'empereur César Nerva Trajan, très-bon, Auguste, Germanique, Dacique,

Marcus Rutilius Lupus étant préfet d'Égypte,

A Sérapis et à Isis, dieux très-grands, les habitants de Cysis ont décrété et fait exécuter la construction de ce propylon, par piété,

La xixe année de l'empereur César Nerva Trajan, très-bon, Auguste, Germanique, Dacique, le 30 du mois de pachon.

Cette date répond au 24 mai 116 de notre ère : c'est dans l'année précédente qu'on avait commencé à donner à Trajan, sur les médailles alexandrines, le titre de Ἄρισ*τ*ος [a]. Quant à celui de Παρθικός, il est prouvé, d'après cet exemple, que cet empereur ne le recevait point encore en Égypte, sur les monuments publics, dans l'an xix; et l'on ne doit pas négliger de remarquer qu'effectivement les médailles alexandrines ne présentent ce titre qu'à dater de l'an xx.

Le nom du préfet n'est point inconnu dans l'histoire; car Eusèbe fait mention d'un Lupus qui, dans *cette même année dix-neuvième* de Trajan, administrait l'Égypte lors de la révolte des Juifs [1]. Cette date précise est parfaitement d'accord avec notre inscription, qui confirme cette partie de l'histoire de la manière la plus frappante. Il faut que Marcus Rutilius Lupus ait quitté, peu de temps après cette époque, le gouvernement du pays, puisque Martius Turbon, envoyé pour réprimer les Juifs, l'année suivante, reçut le titre et les prérogatives de préfet [b]; et l'on peut présumer avec raison que les cruautés exercées par Lupus contre les Juifs d'Alexandrie, et, sans doute, son peu

---

[a] Mionnet, VI, p. 136, n° 775. — [b] Æl. Spart. *in Adr.* § 7.

[1] Ἤδη γοῦν τοῦ αὐτοκράτορος εἰς ἐνιαυ- τὸν IH ἐλαύνοντος.... τῷ ἐπιόντι ἐνιαυτῷ.... ἡγουμένου τηνικαῦτα Λούπου τῆς ἁπάσης Αἰγύπτου...... (Euseb. *Hist. Eccles.* IV, 2, p. 141.)

INSCRIPTIONS DES TEMPLES.

de succès contre ceux de Cyrène, furent les causes du mécontentement de l'empereur. Nous ignorons dans quelle année il avait été nommé à une place si importante; mais on a vu plus haut que c'est postérieurement à l'an XII de Trajan, puisque alors l'Égypte était administrée par Lucius Sulpicius Simius [a]. Ce n'était pas la première fois qu'un préfet du nom de Lupus gouvernait ce pays; car Tibère Alexandre eut pour successeur un Lupus, sous le règne de Vespasien, vers l'an 71 de notre ère [b].

L'*épistratége* et le *stratége* ne sont pas mentionnés après le préfet; la même omission se remarque dans l'inscription précédente : au contraire, dans celles de Tentyra, de Tchonémyris, et ailleurs, les noms de ces magistrats suivent celui du préfet d'Égypte. Cette omission doit avoir une cause; mais je l'ignore : peut-être les deux places étaient-elles alors vacantes.

D'après la dédicace du *pylône* ou *propylon*, on doit croire que le temple de Douch-el-Qalah était dédié *à Sérapis et à Isis*. Le nom de *Sérapis* est placé avant celui d'Isis, ce qui est assez rare dans les monuments du culte égyptien [c]. On remarquera encore le mot πυλών, qui n'existe dans aucune autre inscription d'Égypte. Ceux qui ont construit ce *pylône* sont les habitants de Cysis ou Kysis, οἱ ἀπὸ τῆς Κύσεως: les copies s'accordent sur ce nom, qui désigne, sans aucun doute, le lieu même où le temple est bâti. Ce nom est inconnu dans la géographie ancienne, comme celui de Tchonémyris, autre lieu de la grande oasis, cité dans l'inscription suivante; ce qui n'est point étonnant, puisque les auteurs ne nous ont conservé que le nom de la métropole de cette oasis.

L'expression οἱ γράψαντες est assez remarquable. Je ne pense pas qu'ici γράφειν puisse présenter un autre sens que *décréter, arrêter*. Ce verbe tout seul a souvent la signification de γράφειν ψήφισμα [d]; je ne citerai que ces deux passages : ἀμέλει καὶ ἘΓΡΆΦΗ σοι κάθοδος [e], et περὶ δὲ

---

[a] Plus haut, p. 115. — [b] Jos. *Bell. Jud.* VII, 10, 2. — [c] Grut. LXXXIV, 3; Hagenb. *Epist. ad Bouh. inter Epist. Epigr.* p. 852. — [d] Schæf. *in Lamb. Bos. Ellips.* voce ψήφισμα. — [e] Dio Cass. XLVI, 11.

XIV. PYLONE DU TEMPLE DE CYSIS. 123

τοῦ νῦν ἐνεσ1ῶτος διαβουλίου, ΓΡΆΦΕΙΝ μὲν καὶ χειροτονεῖν ἀναγκαῖόν πώς ἐσ1ιν [a]. Cette signification est analogue à celle de γράμμα, *decretum*, μήτε τὸ γράμμα, τὸ ἐπ' αὐτῷ γενόμενον, ἐς τὸ δημόσιον ἐντὸς τοῦ αὐτοῦ χρόνου ἀποτίθεσθαι [b]. Je pense donc que les mots οἱ γράψαντες équivalent à οἱ ψηφισάμενοι: ἐποίησαν est le *faciundum curaverunt* des Latins[1]; en sorte que οἱ ἀπὸ τῆς Κύσεως οἱ γράψαντες τὴν οἰκοδομὴν τοῦ πυλώνος ἐποίησαν signifie que les gens de Cysis *ont décrété et fait exécuter la construction de ce pylône*.

Nous devons remarquer le premier exemple d'une inscription portant qu'on a *construit* une portion d'édifice, et où le verbe ἐποίησαν ait été exprimé; à Ombos, à Antæopolis, à Tentyra et à Panopolis, ce verbe est sous-entendu. Mais il est évident qu'ici l'ellipse aurait fait équivoque, à cause du mot γράψαντες, dont οἰκοδομήν est régime : on voit que l'idée de *décret*, qu'on a voulu exprimer, forçait de rendre aussi l'idée d'*exécution*. C'est ainsi que nous lisons, dans l'inscription de Busiris, ἔδοξε....... ψηφίσασθαι καὶ ἀναθεῖναι σ1ήλην : le mot σ1ήλην est régime des deux verbes ψηφίσασθαι et ἀναθεῖναι, comme οἰκοδομήν l'est de γράφειν et de ποιεῖν.

On pouvait se dispenser de mettre l'article οἱ devant γράψαντες; mais les habitants auront voulu insister davantage sur cette circonstance, que la construction avait été exécutée en vertu d'une délibération prise entre eux, sans le concours de l'autorité supérieure. Nous apercevons ici, comme dans le décret des Busiritains, l'action de l'administration municipale, dont les opérations, en tant qu'elles ne concernaient que le lieu, ne paraissent pas avoir été contrariées par le gouvernement romain.

C'est toujours un fait assez curieux que la construction d'un pylône *égyptien* exécutée, en l'année xix de Trajan, par la piété et aux frais d'un bourg ou d'une ville secondaire, dans un pays isolé dont

---

[a] Polyb. XI, 30, 5. — [b] Dio Cass. LVII, 20.

[1] Ainsi, dans une inscription latine et grecque (dans Spon, Hardouin et Peyssonnel, *Voyage à Thyat.* p. 276), on trouve la même idée rendue de ces deux manières : *vias faciendas curavit*, et τὰς ὁδοὺς ἐποίησεν.

124 INSCRIPTIONS DES TEMPLES.

les habitants actuels peuvent à peine construire de pauvres habitations. Ce qui n'est pas moins remarquable, c'est la coïncidence des noms compris dans les cartouches hiéroglyphiques et dans l'inscription grecque. Tout annonce que le temple entier est de l'époque romaine.

Ce fait, du même ordre que celui dont l'inscription précédente nous a conservé le souvenir, appartient au règne du même prince. Le second explique donc et confirme le premier; et, si la restitution de la dédicace du propylon de Panopolis, ou les conséquences que j'en ai tirées, pouvaient laisser quelques doutes, l'inscription de Cysis achèverait de les lever. Ajoutons que les faits déduits rigoureusement de toutes les deux donnent une nouvelle certitude à celui qui résulte des dédicaces de Parembolé, de Pselcis, d'Antæopolis, d'Apollonopolis, de Tentyra, relatives à des édifices élevés également par les gens du pays, à une époque plus ancienne.

XV.

INSCRIPTION QUI ATTESTE LA RECONSTRUCTION D'UN SÉCOS ET D'UN PRONAOS À TCHONÉMYRIS, DANS L'OASIS DE THÈBES, SOUS LE RÈGNE D'ANTONIN LE PIEUX.

En plaçant cette inscription du règne d'Antonin après la précédente, j'intervertis légèrement l'ordre chronologique, puisque celles qui suivront immédiatement appartiennent au règne d'Adrien; mais je n'ai pas cru devoir séparer deux documents qui existent dans le même canton et se rapportent au même ordre de faits.

C'est à M. Hyde qu'on doit la première connaissance de cette curieuse inscription. Depuis, elle a été copiée par M. Drovetti, par Pacho, et, en dernier lieu, par M. Hoskins.

Le texte est parfaitement correct et complet dans toutes les copies, qui ne donnent que peu de variantes. Il est ainsi conçu :

XV. SÉCOS ET PRONAOS DE TCHONÉMYRIS.

ΑΜΕΝΗΒΙΘΕΩΙΜΕΓΙCΤΩΙΤΧΟΝΕΜΥΡΕΩCΚΑΙΤΟΙC
CΥΝΝΑΟΙCΘΕΟΙCΥΠΕΡΤΗCΕΙCΑΙΩΝΑΔΙΑΜΟΝΗCΑΝΤΩΝΕΙΝΟΥ
ΚΑΙCΑΡΟCΤΟΥΚΥΡΙΟΥΚΑΙΤΟΥCΥΝΠΑΝΤΟCΑΥΤΟΥΟΙΚΟΥΟCΗΚΟCΤΟΥΙΕΡΟΥΚΑΙΤΟ
ΠΡΟΝΑΟΝΕΚΚΑΙΝΗCΚΑΤΕCΚΕΥΑCΘΗΕΠΙΑΟΥΙΔΙΟΥΗΛΙΟΔΩΡΟΥΕΠΑΡΧΟΥΑΙΓΥΠΤΟΥ
CΕΠΤΙΜΙΟΥΜΑΚΡΩΝΟCΕΠΙCΤΡΑΤΗΓΟΥCΤΡΑΤΗΓΟΥΝΤΟCΠΑΙΝΙΟΥΚΑΙΠΙΩΝΟC
ΕΤΟΥCΤΡΙΤΟΥΑΥΤΟΚΡΑΤΟΡΟCΚΑΙCΑΡΟCΤΙΤΟΥΑΙΛΙΟΥΑΔΡΙΑΝΟΥΑΝΤΩΝΕΙΝΟΥ
CΕΒΑCΤΟΥΕΥCΕΒΟΥCΜΕCΟΡΗΟΚΤΩΚΑΙΔΕΚΑΤΗΙ

Ἀμενήθι Θεῷ μεγίσ⌋ῳ Τχονεμύρεως καὶ τοῖς
συννάοις Θεοῖς, ὑπὲρ τῆς εἰς αἰῶνα διαμονῆς Ἀντωνείνου
Καίσαρος τοῦ κυρίου καὶ τοῦ σύμπαντος αὐτοῦ οἴκου, ὁ σηκὸς τοῦ ἱεροῦ καὶ τὸ
πρόναον ἐκ καινῆς κατεσκευάσθη, ἐπὶ Ἀουιδίου Ἡλιοδώρου ἐπάρχου Αἰγύπτου,
Σεπτιμίου Μάκρωνος ἐπισ⌋ρατήγου, σ⌋ρατηγοῦντος Παινίου Καιπίωνος·
ἔτους τρίτου αὐτοκράτορος Καίσαρος Τίτου Αἰλίου Ἀδριανοῦ Ἀντωνείνου,
Σεβασ⌋οῦ, Εὐσεβοῦς, μεσορὴ ὀκτωκαιδεκάτῃ.

C'est-à-dire :

A Aménébis, dieu très-grand de Tchonémyris, et aux divinités adorées dans le même temple, pour la conservation éternelle d'Antonin César, seigneur, et de toute sa maison [a],

Le *sécos* du temple et le *pronaos* ont été construits de nouveau, sous Avidius Héliodore, préfet d'Égypte, Septimius Macron étant épistratège, Pænias Cæpion étant stratége,

La troisième année de l'empereur César Titus Ælius Adrien Antonin, Auguste, Pieux, le 18 de mésori.

Cette inscription est gravée au-dessus de la porte d'un temple égyptien dont les ruines se trouvent à Kasr-Zayan, dans la partie boréale de l'oasis de Thèbes, à quelques lieues au sud d'El-Khargeh, la capitale de cette oasis. La façade consiste dans une porte flanquée de deux grands massifs, analogues aux pylônes de Philes, mais de dimension beaucoup moindre. La porte est décorée de sculptures égyptiennes qui représentent l'empereur Antonin faisant offrande aux divinités, dont les attributs annoncent Kneph, Osiris, Isis et Horus [b].

[a] Plus haut, p. 108. — [b] Hoskins, ouvrage cité, p. 169.

Comme le dieu, dans la rangée supérieure, est à tête de bélier, on doit croire que le temple était dédié à Kneph, qui est une des formes d'Ammon [a].

Ces deux caractères se retrouvent dans l'inscription grecque : car elle est du temps d'Antonin, et le dieu du temple y porte le nom d'*Aménébis, dieu très-grand* (Ἀμενήβι Θεῷ μεγίστῳ). Le nominatif de ce nom doit être Ἀμένηβις, dont la déclinaison était indifféremment Ἀμενήβιδος, Ἀμενήβιδι ou Ἀμενήβιος, Ἀμενήβι et Ἀμενήβει; comme Ἶσις, Ὄσιρις, Σάραπις, dont le génitif et le datif s'écrivent tantôt Ἴσιδος, Ὀσίριδος, Σαράπιδος, Ἴσιδι, Ὀσίριδι, Σαράπιδι, tantôt Ἴσιος, Ὀσίριος, Σαράπιος, Ἴσι, Ὀσίρι, Σαράπι, ou même Ἴσει, Ὀσίρει, Σαράπει, et, en latin, ISI, SARAPI, et même *Serape* et *Serapem* [b].

D'un autre côté, Ἀμένηβις est la même chose que Ἀμένηφις, car les deux finales ΒΙΣ et ΦΙΣ se confondent : on disait également Χνοῦβις et Χνοῦφις, Θρίβις et Θρίφις [c]. Ainsi la finale ΝΗΒΙΣ ou ΝΗΦΙΣ revient à ΝΗΒ, ΚΝΗΒ ou ΚΝΗΦ : en sorte que le mot entier est un composé d'*Amen* (Ammon) et de *Neb* (Knuphis). La coïncidence entre le sens des hiéroglyphes et celui de l'inscription grecque est donc tout aussi complète qu'au temple de Cysis; elle achève de démontrer l'emploi de l'architecture et de la sculpture égyptiennes, ainsi que des hiéroglyphes, au siècle d'Adrien et des Antonins. Ces deux inscriptions doivent suffire pour convaincre les plus incrédules; mais il en viendra, par la suite, bien d'autres preuves.

Ligne 1. — Après Θεῷ μεγίστῳ on lit ΤΧΟΝΕΜΥΡΩΣ dans les copies de MM. Hyde et Drovetti, ΤΧΟΝΕΜΥΡΕΩΣ dans celles de Pacho et de H. Hoskins. Le sigma final, qui est certainement sur l'original même, indique que le nom est au génitif : et, dans ce cas, ce ne peut être que celui du lieu où le temple est construit ; Ἀμενήβι Θεῷ μεγίστῳ Τχονεμύρεως revient à Ἀμενήβι Θεῷ μεγίστῳ τῷ ἐν Τχονεμύρει. Ainsi, dans les inscriptions trouvées à Philes, on lit

[a] Hoskins, ouvrage cité, p. 169. — [b] Tertull. *adv. nation.* I, 10. — [c] Plus haut, p. 112.

XV. SÉCOS ET PRONAOS DE TCHONÉMYRIS.

indifféremment Ἴσιδι Φιλῶν et Ἴσιδι τῇ ἐν Φίλαις. Il est donc difficile de douter que *Tchonémyris* ne soit le nom ancien de Kasr-Zayan, comme *Cysis* celui de Douch-el-Qalah [a], deux dénominations que la géographie ancienne ne nous avait pas conservées.

Ligne 3. — Les mots καὶ τοῦ σύνπαντος αὐτοῦ οἴκου embrassent, sans doute, Marc-Aurèle et Lucius Vérus, les fils adoptifs d'Antonin. L'expression ὁ σηκὸς τοῦ ἱεροῦ καὶ τὸ πρόναον ἐκ καινῆς κατεσκευάσθη est digne d'attention. Il en résulte que le σηκός et le πρόναος du temple avaient été endommagés par le temps ou par l'effet de quelque tremblement de terre, et qu'une réparation *complète* était devenue nécessaire; car le sens de ἐκ καινῆς κατεσκευάσθη ne peut être douteux. La locution assez rare ἐκ καινῆς est visiblement elliptique : le substantif féminin sous-entendu doit être οἰκοδομῆς, et, en conséquence, la phrase ἐκ καινῆς οἰκοδομῆς κατασκευάζειν est littéralement *construire de nouveau, reconstruire de toutes pièces : denuo* (i. e. *de novo*) *œdificare* [b]. Thucydide emploie cette locution en parlant de la colonie d'Héraclée, envoyée à Trachis par les Lacédémoniens : καταστάντες δὲ, ἐτείχισαν τὴν πόλιν ἐκ καινῆς [1]. Comme nous savons par Diodore que l'objet des Lacédémoniens était que la ville nouvelle fût plus grande que l'ancienne [c], on dut être obligé de construire une nouvelle enceinte; en sorte que les paroles de Thucydide signifient : *on construisit de nouveaux murs*, ou bien *on reconstruisit entièrement les murs de la ville*. Ainsi Dion Cassius nous dit que Septime Sévère répara d'anciens édifices, et inscrivit son nom sur la façade, comme s'il les avait rebâtis entièrement : ὡς καὶ ἐκ καινῆς αὐτὰ..... κατεσκευακώς [d].

Les rédacteurs de l'inscription n'ont point exprimé les noms de ceux qui ont exécuté les constructions. Ce n'est pas le seul exemple d'une omission pareille : je crois que, dans ce cas, on doit entendre que ce sont les habitants du lieu qui ont ordonné et fait les travaux. Mais on a eu le soin de spécifier quelles parties du temple avaient

---

[a] Plus haut, p. 122. — [b] *Ædificantur ædes totæ denuo*, Plaut. *Mostell.* 1, 2, 36. — [c] Diod. Sic. XII, 52. — [d] LXXVI, 16.

[1] Thucyd. III, 92. Le scholiaste sous-entend κρηπῖδος à tort : le sens est plus général.

été reconstruites. Cela était indispensable, parce que, cette inscription ayant été gravée sur la façade même du temple, on aurait laissé croire nécessairement qu'il s'agissait de la construction de l'édifice entier, si l'on n'avait indiqué avec précision de quelles parties on voulait parler. C'est ce même motif qui paraît avoir guidé les auteurs de celles de Tentyra, d'Antæopolis et d'Ombos.

Selon l'usage dont on a déjà vu plusieurs exemples (n°s IX et X), les auteurs de l'inscription ont exprimé les noms des magistrats sous l'administration desquels les travaux de réparation ont été terminés. Leur nom est placé dans l'ordre de leur dignité : le *préfet* d'abord, ensuite l'*épistratége,* enfin le *stratége* ou commandant du nome. Relativement à ce dernier, le texte porte CTPATHΓOYNTOCΠAINIOY[1] KAIΠIWNOC. La première idée qui se présente, c'est qu'il faut lire Π. AIΛIOY; mais, deux copies s'accordant à donner ΠAINIOY, il est bien difficile de ne pas voir dans cette leçon le génitif de Παινίας, nom égyptien analogue à celui de Πελλίας (n° XXVIII), à moins qu'on n'y voie le même nom que Φαινίας[a] (disciple d'Aristote), par le changement du Φ en Π, qui est si fréquent en Égypte. *Cæpion* est le deuxième nom du stratége. Il est à remarquer, en effet, que les Égyptiens, les Grecs, ainsi que les Juifs établis, soit en Égypte, soit en d'autres pays, étaient dans l'usage, non-seulement de faire précéder leur nom d'un prénom romain, ce qui est le plus ordinaire, mais de remplacer ce *prénom* par un *nom* ou *surnom* romain, qui précédait ou suivait indifféremment celui de leur famille. Les inscriptions en donnent une foule d'exemples, comme on le verra par la suite; l'histoire en fournit aussi abondamment, tels que Ἡρώδης Ἀγρίππας, nom du fils d'Hérode; Ἀριστείδης Κοϊντιλιανός (que le scho-

[a] *Ap.* Suidam, *hac voce; ap.* Athenæum et Diog. Laert. *passim.*

[1] M. Drovetti donne ΠAIMOY, ce qui revient à ΠAINIOY; et Pacho, bien distinctement ΠAINIOY.

XV. SÉCOS ET PRONAOS DE TCHONÉMYRIS.

liaste de Denys de Thrace [a] appelle Κοϊντιλιανὸς Ἀριστείδης); Ἀχιλλεὺς Τάτιος, l'auteur du roman de Leucippe et Clitophon et de l'introduction aux Phénomènes d'Aratus; Διονύσιος Λογγῖνος, auteur présumé du Traité du sublime; et une infinité d'autres du même genre, dans lesquels le *surnom* romain a été ajouté au nom de famille grec, comme désignation particulière. Voilà pourquoi Suidas appelle l'historien Dion Cassius Δίων ὁ Κάσσιος χρηματίσας [b], *Dion, surnommé Cassius*. Il faut entendre de même Παινίου Καιπίωνος; d'où il résulte que Pænias Cæpion, stratége du nome de l'Oasis, n'était pas un Romain. En effet, tous les exemples connus prouvent que la fonction de stratége n'était confiée qu'à des Grecs ou à des Égyptiens.

La dernière ligne de l'inscription fixe la date au 18 de mésori de la troisième année de Titus Ælius Adrien Antonin, ce qui répond au 12 août de l'an 140 de J. C.

Ainsi, au milieu de l'an 140 de notre ère, l'Égypte était administrée par un préfet nommé *Avidius Héliodore*. Le nom de ce gouverneur est connu, mais l'époque de son administration n'était point déterminée; et notre inscription, en fixant cette époque d'une manière précise, fournit le moyen d'éclaircir plusieurs points de l'histoire du temps.

Avidius Cassius, qui joua un si grand rôle sous les règnes d'Antonin et de Marc-Aurèle, était fils d'un certain Héliodore, que son talent pour la rhétorique avait porté jusqu'à la place de préfet d'Égypte [c]. Cet Héliodore ne peut être que celui dont il est ici question, et l'on ne doit pas négliger de remarquer que son prénom *Avidius* est précisément le même que celui que portait son fils Cassius, qui, par conséquent, le tenait de son père. Il s'ensuit que Vulcatius Gallicanus s'est trompé quand il a dit que Cassius le tenait de sa mère. Mais peut-être suffit-il d'un léger changement de ponctuation pour rétablir la pensée de l'historien: *Avidius Cassius fuisse dicitur, ut quidam volunt, ex familia Cassiorum, per matrem tamen avo genitus Avidio Severo* [d].

---

[a] *In Bekker. Anecd. græc.* p. 635, 9. — [b] Suidas, *voce* Δίων. — [c] Dio Cassius, LXXI, 22. — [d] Vulc. Gallic. § 1 (*inter Script. Hist. August.*).

INSCRIPTIONS DES TEMPLES.

Saumaise a changé ce passage en lisant : *...fuisse dicitur..... per matrem tamen : novo autem (patre) genitus Avidio Severo ;* mais cette correction, que Reimar [a] trouvait déjà mauvaise, est démontrée fausse par notre inscription. En se contentant de déplacer la virgule, on peut lire : *...fuisse dicitur.... per matrem tamen, avo genitus Avidio Severo,* ce qui signifie : « Avidius Cassius, selon quelques-uns, est dit avoir « appartenu à la famille des Cassius, par sa mère cependant, car son « aïeul (paternel) fut Avidius Sévère. » Ceci explique à la fois comment le nom du fils était *Cassius*, et comment le prénom du fils et du père était *Avidius*.

Héliodore administrait l'Égypte au commencement du règne d'Antonin le Pieux ; mais il est à peu près certain qu'il occupait cette place du vivant même d'Adrien. Selon Dion Cassius, c'était son talent pour la rhétorique qui l'avait élevé à cette haute fonction. Ainsi l'on ne peut douter que ce gouverneur ne soit le même que le rhéteur de ce nom, très-favorisé d'Adrien, et qui, au témoignage du même Dion Cassius[b], remplissait, auprès de cet empereur, les fonctions de secrétaire vers les années 120 à 122 [c].

Valois et Reimar ont déjà reconnu l'identité des deux personnages ; leur opinion est à présent confirmée par l'époque de la préfecture d'Héliodore. On conçoit que la faveur d'Adrien l'ait élevé du rang de secrétaire intime à celui de préfet augustal quelques années après. On doit remarquer, en effet, que les empereurs ont très-souvent choisi leurs secrétaires pour les *lettres grecques* parmi les rhéteurs ou sophistes célèbres de leur temps. Tels furent Céler, revêtu par Adrien du titre de *chef du secrétariat impérial*[d] (βασιλικῶν ἐπιστολῶν προστάτης) ; Vestinus, *épistolaire* (ἐπιστολεύς) d'Adrien, après avoir été son précepteur [e] ; Alexandre, dit *Peloplato*, secrétaire de Marc-Aurèle [f] ; Antipater d'Hiérapolis, qui remplissait la même fonction auprès de Sévère et de Caracalla [g] ; Adrien de Tyr, secrétaire de Commode [h] ; Aspasius, d'Alexandre Sévère [i], etc.

[a] *Ad Dion. Cass.* l. 1. — [b] LXIX, 3. — [c] Tillemont, II, p. 258. — [d] Philostr. *Vit. Soph.* I, 22, 3. — [e] *Inscr. ap. Fabr.* III, 479. — [f] Phil. *Vit. Soph.* II, 5, 3. — [g] *Id.* II, 24, 1. — [h] *Id.* II, 10, 6. — [i] *Id.* II, 33, 3.

XV. SÉCOS ET PRONAOS DE TCHONÉMYRIS.　131

On a donc tout lieu de croire que c'est à l'empereur Adrien qu'Héliodore dut la place de gouverneur de l'Égypte, et, en conséquence, que le commencement de son administration est antérieur de plusieurs années à l'époque indiquée sur ce monument. Nous savons, par une inscription memnonienne [a], qu'en l'an 133 (XVIIIe d'Adrien) le préfet d'Égypte se nommait *Pétronius Mamertinus*, ce qui fixe le point au delà duquel nous ne pouvons faire remonter l'époque de l'administration d'Héliodore. On doit regarder comme très-probable qu'il fut le successeur immédiat de ce Pétronius Mamertinus, et qu'il obtint l'administration de l'Égypte dans les trois ou quatre dernières années du règne d'Adrien.

La fixation de ces époques peut servir à déterminer, plus exactement qu'on ne l'a fait, celle de la naissance du célèbre rhéteur Aristide, dont le voyage en Égypte eut lieu dans le temps qu'Héliodore était préfet d'Égypte.

Aristide raconte qu'il reçut des lettres d'Héliodore : ce gouverneur lui fit, en outre, passer des lettres que l'empereur Antonin adressait à Aristide en Égypte, et il y joignit celles que l'empereur lui écrivait à lui-même au sujet de ce rhéteur, qui jouissait déjà de la plus brillante réputation. « Ces lettres, dit Aristide, avaient été écrites « depuis longtemps, mais je ne les reçus qu'alors [1]. » Il est assez difficile de savoir si, à l'époque où il reçut ces lettres, Héliodore gouvernait encore l'Égypte; du moins est-il certain qu'il la gouvernait lorsque Aristide voyagea dans ce pays, et qu'il exista entre eux une liaison d'amitié, contractée, sans doute, pendant ce voyage. Il n'est pas étonnant qu'un ci-devant rhéteur, comme l'était Héliodore, ait pris de l'attachement pour un homme d'un si grand mérite. Il faut même que le séjour de cet écrivain en Égypte ait été assez

---

[a] N° XXXI.

[1] Ἥκει δέ μοι καὶ παρὰ Ἡλιοδώρου τοῦ τῆς Αἰγύπτου ὑπάρχου (f. ἐπάρχου) γενο- μένου γράμματα, κ. τ. λ. (Aristid. *Sacr. Serm. IV*, t. II, p. 339, ed. Jebb.)

17.

prolongé, puisque l'empereur lui adresse des lettres *en ce pays:* et, en effet, Aristide nous apprend qu'il avait parcouru *quatre fois* l'Égypte dans toute sa longueur, jusqu'à Syène et aux cataractes [a]; ce qui fait présumer un séjour de plusieurs années, pendant lesquelles il fit admirer son talent par la population grecque des diverses parties de l'Égypte. Ainsi s'explique l'objet de la belle inscription [1] placée sur la base d'une statue qui fut érigée à cet orateur par *Alexandrie, Hermopolis-Magna, le sénat d'Antinoé, et les Grecs du Delta et de la Thébaïde.*

Il fallait qu'Aristide fût alors dans toute la force de son talent, pour que les Grecs de l'Égypte lui érigeassent ce monument de leur admiration; et il devait être déjà parvenu à une grande réputation, pour qu'Antonin l'honorât de ses lettres. Tout nous prouve donc que ce rhéteur ne pouvait guère avoir moins de trente ans lorsqu'il se trouvait en Égypte. Le *thema genethliacum* qu'il a inséré dans un de ses discours [b], selon l'usage de son temps, place sa naissance à l'an 129 de notre ère, la XIII[e] année d'Adrien. C'est d'après cette date, déterminée par l'astronome Halley, que Jean Masson, dans la Vie d'Aristide [c], mise en tête de l'édition de Jebb, a disposé avec beaucoup d'ordre et de sagacité les faits et les détails de la vie de ce rhéteur; et son opinion a été suivie depuis par tous les biographes. Il résulterait de cette date, combinée avec les observations précédentes, que ce rhéteur n'a pu voyager en Égypte que vers l'an 160 de notre ère, c'est-à-dire tout à la fin du règne d'Antonin.

Mais plusieurs difficultés se présentent : il faudrait admettre qu'Héliodore gouvernait encore l'Égypte à cette époque, et même plus tard, puisqu'il est évident que les lettres de l'empereur lui ont été adressées après le départ d'Aristide. Nous avons vu qu'il occupait très-probablement cette place dès la fin du règne d'Adrien, vers l'an 136 ou 137: il y serait donc demeuré pendant vingt-trois ou vingt-quatre ans, et durant tout le règne d'Antonin. Cette longue

---

[a] Aristid. *In Ægypt.* t. II, p. 331, 6, ed. Jebb.— [b] *IV Serm. sacr.* t. I, p. 335.— [c] *Aristid. vita,* § IV, 3.

[1] Le texte en sera donné dans la suite.

XV. SÉCOS ET PRONAOS DE TCHONÉMYRIS. 133

durée, en elle-même peu vraisemblable, est en opposition avec un fait que nous a conservé Malala. Ce chronographe dit qu'Antonin se rendit en Égypte pour réprimer une sédition du peuple, qui avait massacré le préfet du pays, nommé *Dinarque*[1]; que, après avoir vaincu les rebelles, il embellit Alexandrie de plusieurs édifices, et se rendit à Antioche, où il fit exécuter plusieurs grands travaux à ses frais. La chronologie des événements du règne d'Antonin est très-peu connue, à cause de la perte d'une partie du texte de Dion Cassius; mais on sait très-bien que cet empereur, en l'année 160, avait déjà près de soixante-treize ans : ce n'est pas à cet âge qu'un homme du caractère d'Antonin aurait entrepris un voyage lointain pour punir des rebelles. On ne peut supposer raisonnablement qu'il eût plus de soixante ans à l'époque indiquée par Malala, et il est très-vraisemblable qu'il en avait moins encore : d'où nous tirons la conséquence qu'Héliodore avait cessé d'être préfet d'Égypte au moins dès l'an 148 ou 149, et peut-être avant, puisque ce pays était alors gouverné par Dinarque. A cette époque, Aristide, d'après la supposition qu'il était né en 129, n'aurait eu que dix-huit ou vingt ans; mais il est bien difficile de croire qu'à cet âge il ait pu être un personnage aussi célèbre qu'il l'était lors de son voyage en Égypte.

Je ne dois pas négliger de faire ressortir une coïncidence qui peut expliquer pourquoi Héliodore cessa d'être préfet entre les années 145 et 148. Jules Capitolin[a] nous apprend qu'à la mort d'Avidius Cassius, en 175, son fils Mæcianus était gouverneur d'Alexandrie : on ne peut guère admettre qu'on eût confié une place si importante à un homme au-dessous de trente ans. Mæcianus était donc né avant 146; et, en admettant, ce qui est vraisemblable, qu'Avidius Cassius fût âgé de vingt ans lors de son mariage, il faudrait porter sa nais-

---

[a] *Vit. M. Anton. Philos.* § 25.

[1] Ἐπεσ7ράτευσε δὲ κατὰ Αἰγυπτίων τυραννησάντων καὶ φονευσάντων τὸν Αὐγουστάλιον Δίναρχον....... (Malala, *Chronographia*, XI, p. 367, ed. Chilmead.); ce que J. Capitolin exprime plus brièvement en ces termes : « In Achaia etiam atque Ægypto « rebelliones repressit. » (*In M. Antonino Pio*, § 5, fin.)

sance à l'année 125. Or Vulcatius Gallicanus dit que, dès son enfance, *in pueritia* [a], Avidius Cassius voulut se révolter contre Antonin, et qu'il en fut détourné par son père (*homo sanctus et gravis*). Il est évident que cet historien a pris ici le mot *pueritia* dans le sens étendu que les Latins ont donné au mot *puer* en l'appliquant à des jeunes gens de seize à dix-huit ans; car on ne peut supposer qu'Avidius Cassius eût moins que cet âge, ce qui nous ramène à l'année 145 ou 147. Selon Gallicanus, Cassius fut, dès cette époque, toujours suspect aux empereurs (*habitus tamen a ducibus suspectus*). On conçoit donc très-bien que, malgré le mérite reconnu d'Héliodore, il ne put rester longtemps préfet d'Égypte. Antonin ne jugea sans doute pas prudent de laisser dans le gouvernement de ce pays, où les empereurs ne placèrent jamais que des gens dont ils étaient sûrs, le père d'un homme aussi disposé à la révolte.

Quoi qu'il en soit de ce rapprochement, il est, comme on voit, bien difficile d'admettre que l'année 129 soit celle de la naissance d'Aristide, ainsi que l'a cru Masson, se fondant sur la date du thème natal : mais il nous apprend que ce thème convient tout aussi bien à l'an 117 qu'à l'an 129; en sorte qu'il n'y a pas de raison pour choisir une date plutôt que l'autre. Or, si nous partons de la première, et si nous reculons de douze ans la naissance d'Aristide, tous les faits s'expliqueront avec facilité.

En effet, Aristide, né en l'année 117, atteignit sa trentième année en 147; c'est vers cet âge qu'il a dû parcourir l'Égypte; il a pu s'y rendre à vingt-huit ans, en 145, et y demeurer jusqu'en 147 : or on a vu que rien ne s'oppose à ce qu'Héliodore ait occupé la préfecture d'Égypte jusqu'en 147 ou 148.

En 165, lorsque Aristide fit l'éloge de Cyzique [b], il avait quarante-huit ans.

Enfin, il avait soixante ans en 177, à l'époque du tremblement de terre qui renversa la ville de Smyrne, dont le désastre fut réparé par Marc-Aurèle, grâce à la lettre que lui écrivit Aristide [c].

[a] *In vita Av. Cas.* § 1. — [b] Tillemont, II, p. 346. — [c] *Id.* p 427.

XV. SÉCOS ET PRONAOS DE TCHONÉMYRIS. 135

Philostrate dit qu'il vécut soixante ans, selon les uns, et environ soixante-dix ans, selon les autres[1]. Cette différence d'opinion sur un personnage presque contemporain de Philostrate est singulière; elle me paraît tenir à la même cause qui embarrasse les modernes sur l'époque de sa naissance : sa mort était trop voisine pour qu'on en ignorât l'époque; quant à celle de sa naissance, on ne croyait pouvoir la mieux connaître qu'en s'en rapportant au thème natal que lui-même avait consigné dans un de ses ouvrages. Or ce *thème* pouvait convenir aussi bien à l'an 129 qu'à l'an 117; chacun choisissait l'époque qui lui paraissait convenir le mieux à son opinion : ceux qui partaient de l'an 129 ne lui donnaient que soixante ans de vie; les autres devaient lui en donner de soixante-dix à soixante-douze[2].

Ces observations montrent qu'Aristide, né en 117, a dû pousser sa carrière jusqu'en 186 ou 187, époque qui tombe à l'année vi ou vii du règne de Commode : et, en effet, Suidas dit que ce rhéteur vécut jusque sous le règne de Commode [a], ἐπὶ Κομμόδου.

C'est donc entre les années 117 et 187 qu'il faudra désormais placer les traits de la vie d'Aristide que Masson a rassemblés, et qu'il a renfermés entre les années 129 et 189. Je m'écarterais trop de mon sujet, si je m'attachais à prouver que ceux de ces traits qui ne présentent point de caractère chronologique certain peuvent s'accommoder également bien aux deux époques 129 et 117, mais que celle-ci a sur l'autre l'avantage d'expliquer tous les détails dont la date est connue, et, de se combiner avec la nouvelle indication qui se tire de l'inscription de Tchonémyris.

---

[a] Suidas, *voce* Ἀριστείδης.

[1] Οἱ μὲν ἑξήκοντά φασιν, οἱ δὲ ἀγχοῦ τῶν ἑβδομήκοντα. (Phil. II, *Soph.* IX, p. 585.)

[2] M. Kayser, dans son excellente édition des *Vitæ Sophistarum* de Philostrate (Heidelberg, 1838), adopte tous ces résultats chronologiques (p. 339, 340).

XVI, XVII.

DÉDICACES DE DEUX TEMPLES DANS LE MONT CLAUDIEN;
À CETTE OCCASION, RECHERCHES SUR LE GISEMENT ET L'EXPLOITATION
DES CARRIÈRES DE PORPHYRE ET DE GRANIT
DANS LE DÉSERT, À L'EST DU NIL.

M. Burton fut chargé, en 1822, par le pacha d'Égypte, de faire l'exploration géologique du désert, entre le Nil et la mer Rouge. L'année suivante, ce voyageur reprit et termina cette exploration en compagnie de sir Gardner Wilkinson. Les découvertes qu'il avait faites dans le premier voyage furent alors confirmées et complétées; ils reconnurent: 1° l'emplacement de Myos-Hormos et de tous les lieux où se trouvent encore des ruines antiques le long de la côte, depuis le Ouady Arabah jusqu'à Bérénice; 2° la route de Myos-Hormos à Coptos, sur le Nil, et d'autres voies de communication, qui joignaient la mer Rouge au Nil; 3° la position de deux villes ou stations antiques, dont l'une est située sur l'emplacement même de ces fameuses carrières de porphyre d'où les Romains tirèrent tant de magnifiques pièces pour l'ornement de leurs basiliques, de leurs temples, de leurs bains, et de leurs habitations privées. Tels sont les principaux résultats de cette double excursion, qu'on peut mettre au rang des plus heureuses et des plus fécondes qu'on ait faites dans les déserts qui entourent l'Égypte.

On peut s'étonner que ces résultats, depuis près de vingt ans qu'ils ont été obtenus, n'aient encore été cités et discutés nulle part, et que les géographes, surtout, n'aient point enregistré sur leurs cartes les indications positives qu'ils pouvaient en tirer.

Cet injuste oubli vient peut-être de ce que les deux savants voyageurs anglais ont été peu empressés de faire connaître leur intéressante excursion: car ce n'est qu'en 1824 qu'il a paru, dans le *Monthly Magazine* de janvier, quelques lignes insignifiantes à ce sujet, reproduites dans

XVI, XVII. TEMPLES DU MONT CLAUDIEN.

la Revue encyclopédique de février, et dans le *Morning Chronicle* du 23 octobre de la même année. Ce n'est qu'à la fin de 1830 que sir Gardner Wilkinson communiqua au secrétaire de la Société de géographie de Londres un extrait de sa narration, lequel n'a été publié qu'en 1832, dans le second tome du journal de cette société savante.

Cet extrait, quoique fort détaillé et rempli des plus curieux détails, est passé presque inaperçu pendant neuf ans, perdu au milieu de morceaux d'un intérêt moindre. Son importance me serait peut-être échappée, comme à tout le monde, si mon attention n'avait été attirée par plusieurs inscriptions que, fort heureusement, sir Gardner Wilkinson avait laissées sortir de son portefeuille. Les deux plus longues, qui n'ont elles-mêmes que quelques lignes, ne sont que la répétition l'une de l'autre. Elles paraissent n'offrir, au premier coup d'œil, que des formules connues; mais un examen plus attentif ne tarde pas à faire découvrir, presque dans chaque mot, un détail intéressant et neuf; et, quand on les rapproche du récit des voyageurs, on s'aperçoit bientôt qu'elles se rattachent, dans leur ensemble, à plusieurs points importants, et jusqu'ici fort obscurs, de géographie, d'histoire et d'archéologie.

Comme elles ne pourraient être expliquées complétement, si on les considérait d'une manière isolée, je commence par les coordonner avec les témoignages des anciens sur les carrières et l'exploitation du porphyre, et avec le récit des voyageurs modernes, pour constater l'identité de ces carrières avec celles qui viennent d'être découvertes. J'explique ensuite les inscriptions, et j'expose les conséquences qui me paraissent en dériver pour la géographie de quelques points de la mer Rouge, et l'histoire si peu connue du canal des deux mers.

§ I. DE L'EXPLOITATION ET DE L'EMPLOI DU PORPHYRE, D'APRÈS LES TEXTES ANCIENS.

Il est à peu près certain que les anciens Égyptiens n'ont point travaillé le porphyre, cette belle matière qui devint d'un si grand usage dans l'architecture et la sculpture romaines, à partir d'une certaine époque. Ceux qui penchent à croire qu'ils l'ont employée [1] conviennent, du moins, que l'usage qu'ils en ont fait a dû être extrêmement limité ; ils avouent même qu'on n'a point encore trouvé un seul monument, ou un fragment quelconque de travail égyptien, en cette matière[a]. Or, quand on pense à l'immense quantité d'objets, sarcophages, vases, statues, fragments d'architecture, qui ont été rapportés en Europe, ou qui existent encore sur le sol des anciennes villes de l'Égypte, formés de toutes les espèces de pierres, granit, basalte, brèche verte, albâtre, serpentine, jaspe, etc. que les Égyptiens ont travaillées avec tant d'abondance, l'absence du porphyre ne peut s'expliquer que parce qu'il n'a jamais été employé par eux.

Ce n'est pas cependant qu'ils aient pu manquer de le connaître[2]. On rencontre sur le sol sablonneux (non sur le terrain d'alluvion), à Dendérah, à Ombos et ailleurs, des blocs de porphyre, arrondis comme d'énormes cailloux roulés, qui ont été employés bruts à des murs de soutènement ou à des barrages[b]. Ces blocs n'ont point été apportés là par la main des hommes ; ils ont été détachés des montagnes primitives, à l'E. de la vallée du Nil, par les immenses courants des époques géologiques. On peut donc les assimiler aux blocs connus des géologues sous le nom d'*erratiques*. Enfin, les anciennes caravanes qui se rendaient du Nil à la mer Rouge, par les vallées transversales de l'Égypte moyenne, ne pouvaient méconnaître le gisement de ces puissantes formations de porphyre vues par Bruce, Browne [c] et d'autres voyageurs.

[a] Rozière, Descr. de l'Ég. Hist. nat. t. II, p. 706. Cf. Quatremère de Quincy, De l'Archit. ég. p. 75; Dict. d'Archit. au mot *Porphyre*. — [b] Wilkinson, Topogr. of Thebes. p. 451. — [c] Nouv. Voy. dans la haute Égypte, I, p. 219.

[1] M. Jomard (*Descr. d'Edfou*, § v, p. 25) ne doute pas qu'ils n'aient travaillé cette matière. « Le fragment d'Élithya, dit-il, ne peut « donner qu'une faible idée de ce que les « *Égyptiens* ont fait de statues de ronde-« bosse, soit en granit, soit en albâtre, soit « en brèche, soit en porphyre. » Ce passage montre que les recherches qui suivent n'étaient pas superflues.

[2] Il en existe quelques veines dans les montagnes granitiques de Syène. (Wilkinson, *Topogr. of Thebes*, p. 459.)

XVI, XVII. TEMPLES DU MONT CLAUDIEN.

Ce n'est donc pas faute de connaître le porphyre que les Égyptiens ne l'auraient pas employé : mais on conçoit qu'ayant à leur facile disposition d'aussi belles matières que les diverses espèces de granit, ποικίλος λίθος, et principalement le beau granit rose de Syène, le πυρροποίκιλος de Pline[1], ainsi que les basaltes, les albâtres, les brèches, etc. ils aient tout à fait négligé le porphyre, dont la dureté, qui surpasse celle de toute autre roche, exigeait un travail long et pénible, ou même résistait peut-être aux moyens d'exécution dont ils pouvaient disposer.

Il n'existe non plus aucun texte, démonstrativement antérieur à l'époque romaine, où se rencontrent les mots servant à désigner cette substance, πορφυροῦς ou πορφυρίτης λίθος et πορφυρῖτις πέτρα, en latin, *porphyrites lapis*. Il faut convenir, cependant, que, si l'on devait s'en rapporter à un passage de Pline, la question serait décidée dans un autre sens. En décrivant le labyrinthe d'Égypte, cet auteur dit qu'il y avait, à l'intérieur, des *colonnes de porphyre* (*intus, columnæ de porphyrite lapide*). M. Quatremère de Quincy a déjà mis en doute la réalité du fait, se fondant sur le peu de critique de Pline dans le choix des sources qu'il consultait[a]. Indépendamment de cette raison générale, on en trouve une particulière de rejeter son assertion, dans le caractère presque fantastique qu'il a donné à sa description du labyrinthe; description évidemment compilée d'après plusieurs de ces relations romanesques dont l'Égypte était l'objet à l'époque grecque et romaine[b]. Pourquoi les colonnes de porphyre qui décoraient l'intérieur du labyrinthe auraient-elles plus de réalité que le vestibule en marbre de Paros (*lapide e pario*), qui, selon Pline[c], ornait l'entrée de cet édifice? Or on sait que le *marbre blanc* ne se

---

[a] *Dictionnaire d'Architecture*, t. II, p. 277, col. 2. — [b] Voy. la *Statue vocale de Memnon*, p. 32, 33. — [c] Voyez mon *Mémoire sur le labyrinthe*, dans les *Nouvelles Annales des voyages*, t. VI, p. 133-154.

[1] Le texte de Pline porte *Pyropœcilon*, d'où l'on a conclu que le mot devait être, en grec, πυροποίκιλον. Je crois que la vraie orthographe est πυρροποίκιλον, mot indiquant la couleur du granit rose, couleur qui rappelle bien faiblement celle du feu (πῦρ).

retrouve pas plus que le porphyre dans les restes de l'architecture ou de la sculpture égyptienne. On peut donc mettre les colonnes de porphyre et le vestibule en marbre de Paros sur le même rang que ces *nombreuses pyramides* (*complures pyramides*) qui décoraient le labyrinthe, lesquelles occupaient chacune six aroures de surface, et avaient de hauteur quarante orgyies (*quadragenarum ulnarum*), ou quatre-vingt-quatre mètres. Si les narrations fabuleuses que Pline a eues sous les yeux avaient pu lui donner la moindre idée de la vraie disposition du labyrinthe, il aurait lui-même trouvé quelque peine à loger ces gigantesques pyramides dans un monument qui, d'après les récits concordants de Diodore et de Strabon, témoins oculaires, était un édifice à un seul étage et entièrement couvert d'un toit plat, sur lequel on pouvait à l'aise se promener [a].

Il n'y a pas plus de confiance à donner à un passage du traité des *sept merveilles du monde*, attribué à Philon de Byzance, ce qui en placerait la rédaction au temps de Ptolémée Philomètor. L'auteur y fait une longue énumération des matériaux précieux qui ont servi à construire les pyramides. Dans le nombre il compte le *marbre* et le *porphyre* [b]; mais il est depuis longtemps reconnu que cette compilation, où l'enflure du style le dispute à l'extravagance des détails, est l'œuvre de quelque rhéteur d'une époque récente [c].

Les Grecs, même depuis l'époque de leur établissement en Égypte, à la suite de la conquête d'Alexandre, n'ont pas plus que les anciens Égyptiens employé le porphyre. A la vérité, Winckelmann conjecture que les premières statues en cette matière, dont l'histoire fait mention, celles qui furent envoyées à l'empereur Claude, étaient d'anciens ouvrages, travaillés dès le temps des Ptolémées [d]; mais, selon la remarque de Visconti [e], c'est là une pure supposition, qui n'est appuyée d'aucun monument ni d'aucun texte.

---

[a] Diod. Sic. I, § 66; Strab. XVII, p. 811. — [b] Voy. ma *Dissert. sur le revêtement de la grande Pyramide*, dans le Journal des Sav. mai 1841.— [c] Fabr. *Bibl. Græc.* t. IV, p. 231, Harles; Orelli, *Præf. ad Phil. Byz.* p. v. — [d] *Hist. de l'art*, II, ch. xxi, § 19. — [e] *Museo Pio-Clementino*, t. VI, p. 247, edit. Milan.

XVI, XVII. TEMPLES DU MONT CLAUDIEN. 141

Le passage de Pline sur lequel Winckelmann se fonde n'est pas susceptible de l'interprétation qu'il lui donne : « Statuas ex porphy-
« rite Claudio Cæsari procurator ejus in urbem ex Ægypto advexit
« Vitrasius Pollio, non admodum probata novitate. Nemo certe
« postea imitatus est[a]. » Visconti observe avec raison qu'une pratique
du temps des Ptolémées n'aurait pu être appelée une *nouveauté*; car
les Romains auraient eu, dans ce cas, mille occasions de voir des
sculptures en porphyre à Alexandrie et même à Rome. L'expression
de Pline est confirmée par le fait certain qu'il n'existe aucune pièce de
cette matière dans les temples égyptiens construits sous la domination grecque, ni aucun fragment de sculpture qu'on puisse rapporter à une époque antérieure au règne de Claude. « Je pense, dit
« ce grand antiquaire, que Vitrasius Pollion fit faire des statues de
« Claude et de sa famille en porphyre, *matière qu'on venait de décou-
« vrir*. Si cette nouveauté ne plut pas, c'est peut-être parce que les
« statues étaient entièrement en porphyre : les Égyptiens, accoutumés
« à travailler des marbres de couleur, n'eurent, sans doute, pas le
« soin de distinguer la tête et les chairs par une autre matière. Si ces
« statues expédiées à Rome avaient eu leurs draperies seules en
« porphyre, comme nous le voyons dans d'autres ouvrages de temps
« postérieurs, et que les parties nues eussent été faites en marbre
« blanc, cette nouveauté n'eût pu déplaire, et même elle ne pou-
« vait être regardée comme une nouveauté par les yeux accoutumés
« à voir des simulacres composés de diverses matières, et même avec
« des draperies peintes de différentes couleurs. »

D'après cette interprétation si naturelle du passage de Pline, la
désapprobation dont parle cet auteur doit se rapporter, non pas à
l'emploi, en général, du porphyre, mais, en particulier, à l'usage de
cette roche dans la statuaire. L'observation de Pline : *Quantislibet
molibus cædendis* SUFFICIUNT *lapidicinæ,* prouve la puissance de la veine
porphyritique qu'on avait à exploiter; mais elle indique aussi implicitement qu'on en tirait dès lors de grosses pièces.

[a] Plin. XXXVI, c. 7, § 57, ed. Sillig. 11.

Lorsque Pline ajoute : *Nemo certe postea imitatus est*, il veut dire qu'à sa connaissance personne n'a plus fait de *statues* dans cette matière, parce que la *nouveauté* avait été mal reçue.

Encore ici son témoignage n'est démenti par aucun fait, car il est bien peu d'ouvrages d'art en porphyre qu'on puisse avec certitude rapporter à son temps. Je mettrais dans ce nombre le fragment de figure drapée qu'on voit à la montée du Capitole, ainsi qu'une autre figure drapée du musée du Louvre (n° 345), peut-être une Agrippine [1], toutes deux d'un assez bon travail pour avoir pu faire partie des statues envoyées par Vitrasius Pollion. En tout cas, ces statues ont dû être une tentative tout à fait isolée et qui n'eut point de suite, ayant été mal accueillie. Le goût des ouvrages statuaires en porphyre ne s'est éveillé qu'à l'époque où la décadence de l'art a commencé à se faire sentir. Le plus ancien morceau de sculpture en ce genre, auquel on puisse assigner une date, est le buste de Philippe le Jeune, conservé au musée du Vatican [a]. Je serais disposé à placer au même temps la tête casquée de Minerve, une petite statue drapée (musée du Louvre, salle de Diane), et une figure de Rome assise (même musée, n° 102), d'un travail estimable, mais inférieur à celui des deux statues citées plus haut. Toutes les autres pièces sont de temps postérieurs, et surtout du siècle de Constantin.

Mais, si le porphyre ne fut plus employé, dans la statuaire, avant le troisième siècle, il continua d'être exploité, et l'on ne cessa point d'en fabriquer des urnes funéraires, des mortiers, des sarcophages, des baignoires, et diverses parties d'architecture. On sait que le corps de Néron fut placé dans une tombe de porphyre [b] qui provenait, à n'en pas douter, de l'exploitation commencée sous son prédécesseur. Une inscription latine [c] fait mention d'un édicule, construit sous le

---

[a] Visconti, *Mus. Pio-Clem. Bustes*, pl. 59; *Iconogr. rom.* pl. 55. — [b] Sueton. *in Ner.* § 50. — [c] Grut. *Corp. Inscr.* 127, 5; *Mus. Pio-Clem.* t. VI, p. 250.

[1] Les parties nues de cette figure n'étaient point en porphyre : ce qui montrerait que l'on fit, même à cette époque, des statues dont la draperie seule était en cette matière.

XVI, XVII. TEMPLES DU MONT CLAUDIEN. 143

consulat de C. Calpurnius Pison et de M. Vettius Bolanus (en 111 de J.-C.), l'an xiv de Trajan, et réparé quarante-cinq ans après, sous le consulat de M. Ceïonius Silvanus et de C. Serius Augurinus, l'an 156 de notre ère, la xixe année d'Antonin, par un centurion qui l'orna de colonnes de porphyre, *columnis purpuriticis*. Pour qu'un simple centurion eût à sa disposition de telles colonnes, il fallait qu'elles ne fussent pas très-rares; ce qui suppose que l'exploitation des carrières était restée en activité.

Le fait conservé par cette inscription montre que ce n'est pas sans raison qu'Aristide donne à ces carrières l'épithète de *célèbres*. Ce rhéteur, qui avait voyagé quatre fois en Égypte[a] et séjourné long-temps dans ce pays, a écrit son discours sur l'Égypte (ὁ Αἰγύπτιος λόγος) vers l'an 147 ou 148 de notre ère, la x[e] ou xi[e] année d'Antonin. Il dit que les *célèbres* carrières de porphyre (περιβόητος λιθοτομία ἡ πορφυρῖτις) étaient exploitées par des condamnés, κατάδικοι, ceux que les Latins appelaient *damnati in metallum*[b]; car les carrières, qu'à l'imitation des Grecs ils appelaient souvent *metalla*, étaient, comme les mines[c], des espèces de bagnes où l'on envoyait les malfaiteurs condamnés aux travaux forcés. Il ajoute que le pays désert et sans eau qui entourait ces carrières dispensait de garder les criminels; ils y étaient retenus suffisamment par la crainte de périr de chaud et de soif, s'ils cherchaient à s'échapper. Ceci n'est qu'une exagération de rhéteur; car nous verrons qu'une force militaire imposante n'avait pas été jugée superflue dans ces contrées.

Cet état de choses subsista longtemps encore, puisque, selon Eusèbe[d], sous le règne de Dioclétien (en 304), une multitude innombrable de confesseurs de la foi (πλείσ]ην ὅσην πληθὺν τῶν τῆς θεοσεβείας ὁμολογητῶν), avait été exilée dans le lieu de la Thébaïde qui prenait son nom des carrières de porphyre qu'on y trouve (τὸ καλούμενον ἐν Θηβαΐδι φερωνύμως οὗ γεννᾶται πορφυρίτου λίθου μετάλλων). Quoiqu'il n'existe point de témoignage intermédiaire entre Aristide et Eusèbe, leurs

---

[a] Arist. *in Æg.* II, p. 331, ed. Jebb. — [b] Plin. *Epistol.* II, 11, 8; X, 67, 3; Suet. *in Calig.* 27. — [c] Aristid. l. l. p. 349. — [d] Euseb. *Hist. eccles.* VIII, *de Martyr. Palæst.* 8, p. 440.

textes supposent que ces carrières, travaillées depuis Claude, avaient continué d'être l'objet d'une exploitation en grand.

Ces observations montrent dans quel sens il faut prendre un passage de Jules Capitolin, que Visconti et d'autres critiques ne me semblent pas avoir bien interprété. Il y est dit que l'empereur Antonin, visitant la maison d'un riche particulier, y admira fort des colonnes de porphyre. Il demanda au propriétaire d'où elles provenaient; celui-ci répondit, avec une impolitesse dont Antonin eut l'indulgence de ne pas se fâcher : Lorsqu'on visite la maison d'autrui, il faut être muet et sourd : « Quum domum Omuli visens, miransque columnas « porphyreticas, requisisset unde eas haberet ; atque Omulus ei dixis- « set : quum in domum alienam veneris, et mutus et surdus esto, « patienter tulit[a]. »

« Si un empereur, dit Visconti, fut tellement frappé en voyant des « colonnes de porphyre dans la maison d'un personnage des plus « considérables de Rome, et si l'on faisait même un mystère du lieu « d'où elles provenaient, on peut en conclure que cette matière pré- « cieuse n'était pas employée fréquemment. » Cette interprétation est trop contraire aux autres faits, qui établissent si clairement qu'à cette même époque le porphyre était fort employé, pour qu'on puisse l'admettre : ce passage doit être susceptible d'une autre interprétation. En effet, rien ne dit que l'admiration de l'empereur fût excitée seulement par la matière des colonnes; elle pouvait avoir plutôt pour cause la supériorité du travail et la richesse des ornements qui les décoraient. Quant à la question *unde eas haberet,* et à la réponse d'Omulus, on n'en peut conclure qu'Antonin ignorât le gisement des carrières d'où l'on tirait le porphyre, ni qu'Omulus en voulût faire un secret; cela ne saurait se comprendre, à cette époque où elles étaient un lieu d'exil pour les criminels, si connu qu'Aristide leur donne l'épithète de *fameuses* (περιϐόητος). Il est clair qu'à cet égard l'empereur ne pouvait avoir rien à apprendre, ni Omulus rien à cacher. Il me paraît évident qu'Antonin, en deman-

[a] Jul. Cap. *in Antonino Pio,* § 11.

XVI, XVII. TEMPLES DU MONT CLAUDIEN.

dant d'où le propriétaire tenait ces colonnes, *unde eas haberet*, voulait savoir qui lui avait procuré un si précieux travail, comment il en était devenu le possesseur, et, implicitement, par quel moyen lui-même pouvait s'en procurer de pareilles pour orner ses palais.

Ce passage ne prouve donc rien autre chose, au fond, que la beauté singulière des colonnes qui ornaient la maison de ce riche particulier.

Quant au gisement de ces carrières fameuses, les savants modernes ont quelquefois hésité, mais à tort. Il est bien vrai qu'Aristide les place *en Arabie* (ἐν τῇ Ἀραβικῇ); et, d'après cette expression, Winckelmann avait admis qu'elles devaient être situées dans la péninsule arabique. Ses commentateurs ont fort justement remarqué que, par *Arabie*, Aristide n'entend, ici, rien autre chose que le désert entre le Nil et la mer Rouge, qui était, comme on sait, compris dans l'Arabie. L'ensemble du passage et le sujet même du discours ne permettent pas de douter qu'il ne s'agisse du désert arabique de l'Égypte, et il est singulier que Visconti ai pu hésiter à cet égard. « On prétend, « dit-il, que les carrières de porphyre dont parle Aristide sont dans « l'Arabie égyptienne; mais la grande quantité de cette pierre que « l'on employa pour décorer les édifices de Palmyre me fait pré- « sumer que l'Arabie asiatique n'en était pas moins féconde [a]. » Ce qui paraît avoir conduit notre grand antiquaire à cette conjecture, qu'aucun fait, d'ailleurs, n'autorise, c'est l'idée que Palmyre est trop éloignée de la Thébaïde pour qu'on admette l'origine égyptienne du porphyre qui en décorait les monuments. La difficulté qui peut résulter de cette distance est moindre qu'il ne le pensait. Le porphyre, amené des carrières à Alexandrie ou à Péluse, était transporté par mer à Antioche, puis remontait l'Oronte tant qu'il est navigable, et pouvait être voituré à Palmyre par une route de terre qui n'excédait pas une trentaine de lieues.

Tout indique que les carrières de porphyre exploitées par les Romains n'ont pas été situées ailleurs qu'en Égypte. La phrase prétentieuse de Pline : *Rubet porphyrites in eadem Ægypto*, l'annonce

[a] *Mus. Pio-Clem.* t. VI, p. 251.

formellement [1], ainsi que les passages d'Aristide et d'Eusèbe, allégués plus haut [a], auxquels on peut joindre celui de Sidoine Apollinaire [b]. Selon Visconti, Démétrius de Constantinople, dans son *Hieracosophium* [c], désigne un mortier en *porphyre* sous le nom de θυσία αἰγύπτειος; mais, comme les mortiers étaient aussi fabriqués, d'après Strabon [2], en basalte égyptien, qu'il appelle une pierre *dure et noire*, l'expression de Démétrius s'applique peut-être à cette pierre plutôt qu'au porphyre. Deux passages de Paul le Silentiaire sont plus décisifs en ce sens: il est dit, dans l'un, que le porphyre est produit par les montagnes de la Thébaïde [3], et, dans l'autre, que les barques chargées de porphyre pèsent sur les flots du Nil [4].

Le point qui pouvait rester incertain, c'était de savoir dans quelle partie du désert d'Égypte ces carrières étaient situées. Or Ptolémée donne le renseignement nécessaire, par la position qu'il assigne au *Porphyrites mons* [d]; car on ne peut douter que cette montagne n'eût tiré son nom de la roche qu'on y exploitait. Le géographe place cette montagne dans le désert à l'E. du Nil, un peu plus près de la mer Rouge que du fleuve, par 26° 40′, à la hauteur de *Diospolis Parva* et d'*Abydos*, et au N. des routes actuelles qui mènent de Keneh à Cosseïr. Déjà plusieurs voyageurs, Bruce, Browne et M. de Rozière [e], avaient présumé que les carrières de porphyre devaient se trouver dans cette contrée déserte. C'est là, en effet, comme nous allons le voir, que M. Burton et sir Gardner Wilkinson ont découvert des traces nombreuses d'une exploitation ancienne.

---

[a] P. 143, 144. — [b] *Carm. V, Panegyr. maj.* v. 34, sq. — [c] *Inter Script. rei accip.* p. 80, ed. Rigalt. Lutet. 1612. — [d] *Geogr.* p. 104, Merc. — [e] *Descr. de l'Égypte, Hist. nat.* t. I, p. 706.

[1] Plin. XXXVI, c. 7, § 57. De ce passage est tiré celui d'Isidore de Séville: « Purpurites in Ægypto est rubens, candidis intervenientibus punctis. » (*Orig.* XVI, 50.)

[2] ...Μέλανος καὶ σκληροῦ λίθου, ἐξ οὗ θυσίαι γίνονται. (Strab. XVII, p. 818.)

[3] Οὕς ποτε Θήβης νειλώπης ἐλόχευσαν εὐκνήμιδες ἐρίπναι. (*Descript. S. Sophiæ*, I, v. 379, 380.)

[4] Πολὺς δ' εὐπήχεϊ Νείλῳ φορτίδα πιλήσας ποταμηίδα λαᾶς ἀνίσχων πορφύρεος. (V. 625-627.)

XVI, XVII. TEMPLES DU MONT CLAUDIEN.

§ II. DESCRIPTION DE L'ÉTAT ACTUEL DES LIEUX.

L'extrait de la narration de sir Gardner Wilkinson laisse quelque chose à désirer sous le rapport géologique; on aimerait à connaître avec quelques détails la disposition des roches porphyritiques et granitiques, comment elles se succèdent, se mêlent ou alternent entre elles. Mais, sous le rapport archéologique, elle contient presque tous les détails dont on a besoin. J'en tirerai tous ceux qui peuvent servir à donner une idée exacte de l'état actuel des lieux, et faire présumer leur état ancien.

Les deux établissements que ces voyageurs y ont découverts étaient situés sur deux points de cette région, éloignés de cinquante à cinquante-cinq milles géographiques l'un de l'autre.

La montagne où se trouve le premier se nomme *Djebel-Dokhan* (montagne de la fumée). Elle est située par 27° 20', à la hauteur de Manfalout et de Syout (Lycopolis), à environ vingt-cinq milles géographiques de la mer Rouge, cent vingt milles de Syout et quatre-vingts milles de l'ancienne Coptos. Le port de Myos-Hormos, dont M. Burton a retrouvé l'emplacement, est justement au point de la côte le plus rapproché de l'ancien établissement : circonstance remarquable, sur laquelle je reviendrai.

« A Djebel-Dokhan, dit sir Gardner Wilkinson[a], nous eûmes la
« satisfaction de voir des ruines de quelque étendue, et les vastes
« carrières d'où les Romains ont tiré tant de pièces de porphyre,
« d'admirer les grands travaux exécutés pour tracer les routes qui
« parcourent les montagnes dans tous les sens, de marcher dans les
« rues, d'entrer dans les maisons d'une ville antique, et de trouver
« un temple au milieu de cette vallée maintenant déserte et inhabi-
« table.

« La principale difficulté d'habiter un tel lieu provenait du
« manque d'eau. Pour remédier à cette privation, on avait creusé deux

[a] *Journ. of the R. G. Society of London*, t. II, p. 42 et suiv.

« puits, dont l'un, de quinze pieds de diamètre, a été taillé en plein
« porphyre : travail qui a dû coûter des peines infinies.

« La ville, située sur une petite hauteur, contenait grand nombre
« de maisons de formes et de dimensions variées. A l'extrémité N. est
« une place autour de laquelle paraissent avoir été disposées des
« boutiques, où l'on travaillait de petits mortiers en porphyre, à en
« juger par le nombre de ceux qu'on y trouve encore non ter-
« minés..... Une maison, peut-être celle du préfet, consiste mainte-
« nant en une *area*, à chaque côté de laquelle s'élèvent quatre co-
« lonnes. On y voit une citerne revêtue en stuc, et une pièce avec des
« escaliers pour monter à un étage supérieur. La ville était entourée
« d'une muraille garnie de tours..... Je considère cet emplacement
« comme une station militaire, contenant des ateliers, des magasins,
« en un mot tout ce que le lieu pouvait exiger.....

« Indépendamment de la ville, il y a des maisons à la base de la
« montagne ou sur des collines adjacentes.... et un peu plus loin dans
« la vallée, au S., est un petit temple.... qui n'a jamais été terminé,
« quoique tous les matériaux soient là gisants sur le sol. Il n'y a
« pas une seule colonne dressée; rien n'a été fini que le soubasse-
« ment sur lequel les colonnes devaient être élevées, et qui devait
« former la base du portique. *L'ordre est ionique*; les ornements sont
« simples, et l'architecture est supérieure à ce qu'on pourrait s'attendre
« à trouver dans ces montagnes écartées. Sur l'area, qui est pavée
« en pierres plates, se trouve un autel sans inscription..... Toute la
« partie architecturale du temple est en granit rouge; sa partie inté-
« rieure, qu'on peut dire composée d'un adytum et de deux ailes,
« comme les maisons de la station, est en blocage revêtu de stuc.
« Le tout était environné d'un mur..... L'architrave porte une inscrip-
« tion grecque du temps d'Hadrien [a]..... Un peu plus loin, du côté
« opposé, on voit une petite ruine qui offre le caractère d'un temple...
« Tout près, dans le lit d'un torrent, sont les restes d'une inscrip-
« tion qui contient une dédicace à Isis [b].

[a] Plus bas, n° XVII. — [b] N° XLII.

XVI, XVII. TEMPLES DU MONT CLAUDIEN. 149

« . . . . . On rencontre une grande quantité de poteries parmi les
« ruines, ainsi que des débris de verre et de coquillages de mer,
« restes de la nourriture des habitants. Ils communiquaient avec la
« mer par une grande route partant du côté S.-E. de ces montagnes.

« . . . . . Dans les carrières, il n'y a rien à remarquer que les restes
« de fourneaux qui ont dû servir pour réparer et tremper les outils ;
« car il est évident, d'après la quantité de petits éclats de porphyre,
« que les blocs étaient taillés, sculptés et presque finis sur place.

« . . . . . La montagne à l'O. présente plus d'intérêt au voyageur.
« A la base est un petit village, dans lequel on travaillait le porphyre,
« qu'on descendait par la superbe grande route qui se termine en
« cet endroit. Les plus gros blocs étaient taillés en sarcophages,
« baignoires et bassins..... Beaucoup de ces blocs sont encore dans
« la position où les ouvriers les ont laissés. »

Je passe beaucoup de détails intéressants sur l'exploitation de
ces carrières, pour me borner aux suivants : « . . . . . Il y a une
« grande carrière où nous trouvâmes une colonne, non terminée,
« dont la dimension est de 22 pieds 2 pouces ($6^m 77$) de long, sur
« 3 pieds 6 pouces ($1^m 16$) de diamètre. Ceci prouve, ainsi que plu-
« sieurs bases de colonnes placées encore plus haut, que de très-
« grands blocs étaient travaillés à neuf cents ou mille pieds au-dessus
« de la plaine.

« Quelques marques sur les blocs semblent indiquer le nombre
« de pierres taillées par chaque ouvrier, d'où l'on peut croire que
« les hommes qui travaillaient là étaient condamnés à faire une cer-
« taine quantité d'ouvrage, selon la peine qu'ils avaient à subir. »

Ainsi, dans le Djebel-Dokhan, le porphyre a été exploité en
même temps que le granit rouge.

L'autre exploitation, dans la montagne appelée *Djebel-Fateereh*,
était exclusivement granitique. Sir Gardner Wilkinson en décrit
l'emplacement en ces termes [a] :

« Après avoir franchi la chaîne du Fateereh, nous trouvâmes des

---
Dans le *Journal of the R. G. Society*, t. II, p. 53.

« restes d'habitations antiques et quelques colonnes en granit non
« terminées; les deux plus grandes avaient 29 pieds 11 pouces
« (9ᵐ 11) de long, sur 3 pieds 4 pouces (1ᵐ 016) de large.....; nous
« arrivâmes à une *ancienne station militaire*, qui paraît être l'ancien
« Ἵδρευμα Τραϊανοῦ [a]. Elle consiste en un fort construit selon le mode
« ordinaire, capable de contenir un grand nombre d'hommes, dé-
« fendu par des tours et pourvu de citernes..... En dehors des murs
« sont des bains et la maison du commandant..... Derrière les bains
« est un temple rond, auquel conduit une grande route partant du
« fort..... On y trouve un autel de granit gris, brisé en morceaux,
« sur lequel on distingue encore cette inscription latine [b]..... Dans
« l'area gisent des chapiteaux et des bases de colonnes non finies.
« On n'y voit point les fûts de ces colonnes, quoique deux des bases
« aient été mises en place sur le soubassement du portique, qui
« devait se composer de quatre colonnes *corinthiennes*, avec archi-
« trave, frise et fronton. Mais, de toutes les parties qui devaient cons-
« tituer le temple, la seule qui ait été finie et prête à placer est
« l'architrave, sur laquelle se lit l'inscription grecque suivante [c].....

« Au delà du portique, on est conduit par trois portes dans une
« chambre, au centre de laquelle est un autel renversé et à moitié
« enterré, où nous vîmes cette inscription latine en trois lignes [d]....
« Cet autel n'a jamais été fini, excepté sur le côté qui porte l'ins-
« cription.

« L'intérieur du temple, composé de plusieurs pièces, paraît avoir
« été achevé; les chambres sont voûtées et ont été couvertes de stuc;
« il ne restait donc à terminer que le portique.

« .....Dans la ville, les maisons sont remplies de coupes et de
« vases brisés. Sur quelques-uns, on distingue quelques lettres
« grecques. Dans une des maisons, nous trouvâmes le dessus d'une
« table; en d'autres, des mortiers.....; dans une autre était un
« sphinx non terminé...., et, tout près, un très-beau petit autel dédié
« à Sérapis [e], en granit gris des carrières.

[a]. Plus bas, n° XXXVII. — [b] Même n°. — [c] N° XVI. — [d] N° XXXIX. — [e] N° XXXVIII.

XVI, XVII. TEMPLES DU MONT CLAUDIEN.

« .....Au N.-O. des bains et du temple sont des carrières, où l'on
« observe de grands blocs avec ces marques : PD XXXII, PD XXXIII,
« PD XXXIV, peut-être les initiales du nom d'un ouvrier, suivies
« du nombre des pierres qu'il avait taillées. »

Après d'autres détails curieux, le savant voyageur ajoute : « Ces
« carrières sont fort étendues. On y arrive par plusieurs routes
« commodes, moins nombreuses pourtant et moins soignées que
« celles de Djebel-Dokhan. Nous y trouvâmes, comme dans la
« vallée au-dessous, beaucoup de gros blocs, destinés, à ce qu'il
« paraît, à former des chapiteaux : un d'eux était un bloc rond, de
« 10 pieds 10 pouces de diamètre ($3^m 098$), et haut de 4 pieds
« 2 pouces ($1^m 317$). Au delà est une colonne de 3 pieds ($2^m 438$)
« de diamètre, et de 20 pieds de long, outre ce qui est enterré.
« M. Burton a vu deux fûts de colonne de 59 pieds 3 pouces de
« long ($18^m 058$), sur 8 pieds 6 pouces ($2^m 59$) de diamètre, entiè-
« rement fini.... »

Ainsi il y avait, dans cette région déserte, deux centres principaux
d'exploitation : le premier, exclusivement de granit et de porphyre;
le second, à la fois de porphyre et de granit gris. Des établissements considérables y avaient été formés; les ruines de deux villes
attestent la grande population qui s'était réunie dans ces déserts,
et les deux forteresses annoncent que des corps de troupes assez
nombreux avaient été commis à la sûreté de ces établissements. On
ne peut qu'être frappé, ce me semble, de la conformité des divers
traits de cette description avec l'idée qu'on pouvait se former de
ces carrières, d'après les seuls récits des auteurs anciens.

Ce qui n'y est pas moins conforme, c'est la teneur des diverses
inscriptions découvertes dans l'une et l'autre contrée d'exploitation,
principalement les deux qui ont été gravées chacune sur la façade
d'un temple.

152 INSCRIPTIONS DES TEMPLES.

§ III. EXPLICATION DES DÉDICACES DES DEUX TEMPLES.

Ces inscriptions sont les seules qui doivent entrer dans cette première partie de mon ouvrage, étant gravées sur l'architrave des deux temples décrits au paragraphe précédent. Les autres, qui consistent en dédicaces d'autels, trouveront leur place dans la seconde partie [1]. Je me contenterai, ici, de m'y référer, toutes les fois qu'elles pourront me fournir quelque utile point de comparaison pour l'intelligence des deux principales qui vont m'occuper. Comme elles ont même objet, même contexture, et sont de la même époque, je les place l'une sous l'autre, me contentant d'expliquer la plus complète, sauf à recourir à l'autre quand il est nécessaire. Je conserve la forme des caractères employés pour chacune d'elles; car, quoiqu'elles soient du même temps, peut-être de la même année, ils présentent des différences notables: dans celle de Djebel-Dokhan, le *sigma* a la forme de Σ, et, en même temps, l'*oméga* celle de ω, mélange que je n'ai encore trouvé sur aucune inscription d'Égypte, où ce sigma est toujours accompagné de cet *oméga* Ω. Dans la dédicace du temple de Djebel-Fateereh comme dans celle de Cysis [a], on trouve le sigma carré, C, qui se montre plus ordinairement sur les monuments d'une date antérieure : par exemple, sur ceux qui appartiennent au règne de Tibère (n[os] X, XI, XXIV *bis*).

---

[a] Plus haut, p. 120.

[1] Tout le mémoire sur les carrières du mont Claudien a été composé et lu à l'Académie des inscriptions et belles-lettres (séances des 3 octobre 1840, 5 et 12 mars 1841), quand je ne connaissais encore que la notice insérée dans le Journal de la Société géographique de Londres. J'en étais à l'impression de cette feuille et des deux suivantes, lorsque j'ai reçu (le 5 mai dernier) de sir Gardner Wilkinson les copies figurées, non-seulement des deux dédicaces que je donne ici, mais de toutes les inscriptions qu'il a découvertes dans les mêmes cantons. J'ai pu profiter à temps de cette libérale communication, qui rendra mon travail plus complet.

XVI. DÉDICACE DU TEMPLE DE DJEBEL-FATEEREH.

ΥΠΕΡΣΩΤΗΡΙΑΣΚΑΙΑΙΩΝΙοΥΝΙΚΗΣΑΥΤοΚΡΑΤοΡοΣΚΑΙΣΑΡοΣΤΡΑΙΑΝοΥΑΔΡΙΑΝοΥΣΕΒΑΣΤοΥΚΑΙΤοΥΣΥΝΠΑΝΤοΣΑΥΤοΥΟΙΚοΥ
ΚΑΙΤΗΣΤΩΝΥΠοΑΥΤοΥΕΠΙΤΑΓΕΝΤΩΝΕΡΓΩΝΕΠΙΤΥΧΙΑΣ
ΔΙΙΗΛΙΩΙΜΕΓΑΛΩΙ ΣΑΡΑΠΙΔΙΚΑΙΤοΙΣΣΥΝΝΑοΙΣΘΕοΙΣΤοΝΝΑοΝΚΑΙ ΤΑΠΕΡΙΤοΝΝΑοΝΠΑΝΤΑ
ΕΠΑΦΡοΔΕΙΤοΣΔοΥΛοΣΣΕΙΓΗΡΙΑΝοΣ ΜΙΣΘΩΤΗΣΤΩΝΜΕΤΑΛΛΩΝΚΑΤΑΣΚΕΥΑΣΕΝ (sic)
ΕΠΙΡΑΜΜΙΩΙΜΑΡΤΙΑΛΙΕΠΑΡΧΩΙΑΙΓΥΠΤοΥ ΕΠΙΤΡοΠοΥΤΩΝΜΕΤΑΛΛΩΝΧΡΗΣΙΜοΥΣΕΒΑΣΤοΥΑΠΕΛΕΥΘΕΡοΥ
ΟΝΤοΣ ΠΡοΣ ΤοΙΣ ΤοΥΚΛΑΥΔΙΑΝοΥΕΡΓοΙΣΑοΥΙΤοΥ Σ ΣΠΕΙΡΗΣΠΡΩΤΗΣΦΛΑοΥΙΑΣΚΙΛΙΚΩΝΙΠΠΙΚΗΣ
Β̄ ΑΥΤοΚΡΑΤοΡοΣΚΑΙΣΑΡοΣ ΤΡΑΙΑΝοΥΑΔΡΙΑΝοΥ ΦΑΡΜοΥΘΙ Κ̄Η

Ὑπὲρ σωτηρίας καὶ αἰωνίου νίκης αὐτοκράτορος Καίσαρος Τραϊανοῦ Ἀδριανοῦ Σεβασϊοῦ καὶ τοῦ σύμπαντος αὐτοῦ οἴκου,
καὶ τῆς τῶν ὑπὸ αὐτοῦ ἐπιταγέντων ἔργων ἐπιτυχίας·
Διὶ Ἡλίῳ μεγάλῳ Σαράπιδι, καὶ τοῖς συννάοις θεοῖς, τὸν ναὸν καὶ τὰ περὶ τὸν ναὸν πάντα,
Ἐπαφρόδιτος δοῦλος Σειγηριανός, μισθωτὴς τῶν μετάλλων, κατεσκεύασεν,
ἐπὶ Ῥαμμίῳ Μαρτιάλι ἐπάρχῳ Αἰγύπτου· ἐπιτρόπου τῶν μετάλλων Χρησίμου, Σεβαστοῦ ἀπελευθέρου·
ὄντος πρὸς τοῖς τοῦ Κλαυδιανοῦ ἔργοις Ἀουΐτου χιλιάρχου σπείρης πρώτης Φλαουίας Κιλίκων ἱππικῆς·
[L] Β. αὐτοκράτορος Καίσαρος Τραϊανοῦ Ἀδριανοῦ Σεβασίοῦ, Φαρμουθὶ Κ̄Η.

Pour le salut et la victoire éternelle de l'empereur César Trajan Adrien Auguste, et de toute sa maison, et pour le succès des travaux ordonnés par lui; à Jupiter Soleil grand Sérapis, et aux dieux adorés dans le même temple, le temple avec tout ce qui le concerne, Épaphrodite Sigérianus, esclave [de César], fermier des carrières, l'a construit pour Rhammius Martialis, préfet d'Égypte; étant procurateur des carrières, Chrésimus, affranchi d'Auguste; étant préposé aux travaux du mont Claudien, Avitus, tribun de la première cohorte à cheval Flavienne des Ciliciens. L'an II de l'empereur César Trajan Adrien Auguste, le 28 de pharmuthi.

XVII. DÉDICACE DU TEMPLE DE DJEBEL-DOKHAN.

ΥΠΕΡΣΩΤΗΡΙΑΣΚΑΙΑΙΩΝΙοΥΝΙΚΗΣ ΤοΥΚΥΡΙοΥΗΜΩΝΑΥΤοΚΡΑΤοΡοΣΚΑΙΣΑΡοΣΤΡΑΙΑΝοΥΑΔΡΙΑΝοΥ
ΣΕΒΑΣΤοΥΚΑΙΤοΥΠΑΝΤοΣΑΥΤοΥοΙΚοΥ ΔΙΙΗΛΙΩΙΜΕΓΑΛΩΙΣΑΡΑΠΙΔΙΚΑΙΤοΙΣΣΥΝΝΑοΙΣΘΕοΙΣΤοΝΝΑοΝΚΑΙ ΤΑΠΕΡΙΤοΝΝΑοΝ
ΕΠΑΦΡοΔΙΤοΣ ΚΑΙΣΑΡοΣ ΣΙΓΗΡΙΑΝοΣ ΕΠΙ ΡΑΜΜΙΩΙ ΜΑΡΤΙΑΛΙ ΕΠΑΡΧΩΙ ΑΙΓΥΠΤοΥ ΜΑΡΚοΥοΥΛΠΙοΥ ΧΡΗΣΙΜοΥ ΕΠΙΤΡοΠΕΥοΝ-
ΤοΣΤΩΝΜΕΤΑΛΛΩΝΕΠΙ·Ρ·ΠΡοΚοΥΛΗΙΑΝοΥ

Ὑπὲρ σωτηρίας καὶ αἰωνίου νίκης τοῦ κυρίου ἡμῶν αὐτοκράτορος Καίσαρος Τραϊανοῦ Ἀδριανοῦ
Σεβασίοῦ καὶ τοῦ παντὸς αὐτοῦ οἴκου, Διὶ Ἡλίῳ μεγάλῳ Σαράπιδι καὶ τοῖς συννάοις θεοῖς, τὸν ναὸν καὶ τὰ περὶ τὸν ναόν,
Ἐπαφρόδιτος Καίσαρος Σιγηριανός, ἐπὶ Ῥαμμίῳ Μαρτιάλι ἐπάρχῳ Αἰγύπτου· Μάρκου Οὐλπίου Χρησίμου ἐπιτρωπεύοντος τῶν μετάλλων· ἐπὶ Ῥούφου Προκουληϊανοῦ.

INSCRIPTIONS DES TEMPLES.

L'objet de ces deux inscriptions est une dédicace en l'honneur de Sérapis, pour le *salut* et la *victoire* éternelle de l'empereur : ὑπὲρ σωτηρίας καὶ αἰωνίου νίκης.... Au lieu de νίκης, on trouve plus souvent διαμονῆς. Je pense qu'en de telles formules dédicatoires les mots ὑπὲρ νίκης, ou *pro victoria*, ne sont pas l'expression générale d'un vœu pour le succès de guerres futures, mais qu'ils annoncent que l'empereur est engagé dans des guerres non encore terminées. Cette opinion s'appuie sur l'inscription de la colonne d'Antinoé et sur ces deux dédicaces elles-mêmes; c'est ce qui donne quelque importance à leur date précise, exprimée à la fin en ces termes : « L'an II d'Adrien, le 28 de pharmuthi, » ce qui répond au 23 avril de l'an 118 de notre ère. Cette date n'est postérieure que de huit mois treize jours à l'avénement d'Adrien, qui eut lieu le 11 août de cette même année, ou dix-huit jours seulement avant le renouvellement de l'année fixe égyptienne. D'après la manière de compter les années de règne en Égypte, la IIe année d'Adrien a commencé dix-huit jours après son avénement : en d'autres termes, elle ne fut réellement que de dix-huit jours.

La formule ὑπὲρ νίκης doit être relative à l'état de l'empire, au moment où cet empereur monta sur le trône. Cet état n'avait rien d'assuré, si l'on en juge d'après l'énergique tableau que Spartien en a tracé : « Nam deficientibus his nationibus quas Trajanus subegerat, « Mauri lacessebant, Sarmatæ bellum inferebant, Britanni teneri sub « Romana ditione non poterant, ÆGYPTUS SEDITIONIBUS URGEBATUR, Lycia « denique ac Palæstina rebelles animos efferebant[a]. » Adrien resta donc à Antioche, où il était lors de la mort de Trajan; il s'occupa de pacifier les provinces. On peut croire facilement que, huit mois après, tout n'était pas encore rentré dans l'ordre, ce qui explique le vœu exprimé dans la dédicace en faveur de la victoire éternelle de l'empereur.

Après le nom et les titres d'Adrien, viennent les mots καὶ τοῦ σύμπαντος αὐτοῦ οἴκου, TOTIVS· ILLIVS· DOMVS, formule si commune, surtout depuis Domitien[b]; l'autre inscription donne le simple παντός.

---

[a] *In Adriano*, § 5. — [b] Plus haut, p. 108.

XVI, XVII. TEMPLES DU MONT CLAUDIEN.

L'auteur unique des deux dédicaces n'attachait certainement nulle valeur à cette différence.

La circonstance qui suit est omise dans l'autre dédicace : καὶ τῆς τῶν ὑπ' αὐτοῦ ἐπιταγέντων ἔργων ἐπιτυχίας, *et pour l'heureux succès des travaux ordonnés par lui*. C'est là une formule qui se rencontre ici pour la première fois. On pourrait croire qu'il s'agit uniquement des *travaux* relatifs à l'exploitation de ces carrières; mais, en ce cas, il faudrait peut-être un complément, ἐνταῦθα, ἐνθάδε, ou quelque chose de pareil. Il est donc à présumer que le sens de τὰ ἔργα est général, et que le vœu qu'on exprime ici regarde les travaux de tout genre, édifices, ponts, routes, exploitations, qu'Adrien, dès son avénement, avait ordonnés dans tout l'empire, à l'imitation de son prédécesseur [1].

La divinité adorée dans les deux temples est *Jupiter Soleil Sérapis* : ce dieu était alors, du moins aux yeux des étrangers, le principal de l'Égypte, celui qu'ils avaient surtout adopté entre les dieux du panthéon égyptien. *Isis* et *Sérapis* se retrouvent le plus souvent, seuls ou réunis, dans les monuments égyptiens de l'époque latine. La substitution de *Sérapis* à *Osiris,* en Égypte même, doit avoir été postérieure au règne d'Épiphane : car, dans l'inscription de Rosette, Sérapis ne paraît pas; tandis que, dans les papyrus de Memphis, qui sont du règne de Philométor, Osiris a tout à fait disparu. Il se montre encore plus tard, mais très-rarement, et, ce qu'il y a de remarquable, dans des inscriptions grecques ou latines étrangères à l'Égypte, et d'une époque récente [a]. Quant aux dédicaces de temples ou d'autels d'un temps postérieur à Philométor, on n'y trouve que des noms de divinités locales, ou bien ceux d'*Isis* et de *Sérapis* : on n'y voit jamais le nom d'*Osiris*.

---

[a] Orelli, n°⁸ 1768, 1885, 1886, 4766; Reines. p. 730, 826.

[1] Cette explication est confirmée par une inscription, trouvée au même lieu, que je viens de recevoir de sir Gardner Wilkinson: elle est du règne de Trajan, et se termine par les mots ὑπὲρ τῆς σωτηρίας αὐτοῦ πάντων ἔργων. On la trouvera plus bas (n° XXXVIII).

Dès le temps de Tacite, le nom de *Jupiter* était attribué à Sérapis par les uns, comme celui d'Osiris ou de Pluton par les autres[1]; mais la réunion de ces titres dans la formule ΔΙΙΗΛΙΩΙΜΕΓΑΛΩΙΣΑΡΑΠΙΔΙ, ou, en latin, IOVI. SOLI. SARAPIDI, si commune dans les monuments latins et grecs, à partir du règne d'Adrien, est fort rare auparavant : peut-être même l'exemple fourni par notre inscription est-il le plus ancien que l'on connaisse. Cette confusion, ce syncrétisme de noms et d'attributs dans une même divinité, est un des caractères de la religion païenne, à partir surtout de l'époque d'Adrien, où tant de divinités sont venues se confondre dans le dieu Soleil.

L'objet de la dédicace est exprimé dans la ligne suivante : τὸν ναὸν καὶ τὰ περὶ τὸν ναὸν πάντα Ἐπαφρόδιτος..... κατεσκεύασεν, « Épaphrodite... «a construit le temple et tout ce qui en dépend. » La pensée est claire : καὶ τὰ περὶ τὸν ναὸν πάντα revient à la formule latine *cum suis ornamentis* ou *cum marmoribus et omni cultu*, et s'entend d'édifices entièrement achevés. Sir Gardner Wilkinson a cependant remarqué[a] que les deux temples n'ont jamais été finis : cette contradiction trouvera son explication plus bas.

On remarquera que le verbe κατεσκεύασεν (κατασκεύασεν sur l'original[2]), qui exprime la construction de l'édifice, se trouve dans la première dédicace et manque dans la seconde, où l'accusatif τὸν ναόν ne dépend d'aucun verbe exprimé. Cette différence, qui ne change rien au sens, est une preuve de ce que j'ai précédemment avancé[b], que l'absence du verbe, en pareil cas, ne saurait laisser d'incertitude sur le sens qu'on a voulu exprimer. On ne peut rien citer d'aussi démonstratif que le rapprochement de ces deux rédactions, faites par la même personne et à la même occasion. Je reviendrai sur ce sujet à la fin de cette première partie.

Les noms et qualités de la personne qui a bâti les temples sont

---

[a] Plus haut, p. 148 et 150. — [b] Plus haut, p. 94 et suiv.

[1] *Hist.* IV, 84, fin. « Quidam Osirin..... plerique Jovem...... plurimi Ditem patrem conjectant. »

[2] L'omission de l'augment est une faute que les graveurs commettent souvent. (Cf. *Inscr. de Rosette*, l. 35.)

exprimés ainsi : Ἐπαφρόδιτος Καίσαρος δοῦλος Σειγηριανὸς, μισθωτὴς τῶν μετάλλων; ces trois derniers mots ne sont que dans la première dédicace.

Les deux mots qui suivent le nom Ἐπαφρόδιτος, à savoir δοῦλος Σειγηριανός, présentent de l'obscurité. Le sens devient assez clair par la comparaison avec l'autre dédicace, où nous lisons : Ἐπαφρόδιτος Καίσαρος Σιγηριανός. Ainsi δοῦλος tient, dans la première, la place que Καίσαρος occupe dans la seconde. Or l'emploi de δοῦλος, d'une manière absolue, est aussi singulier, en grec, que le serait celui de *servus*, sans complément, dans une inscription latine. Ce mot, comme *verna* ou *libertus*, est toujours accompagné, soit du nom du maître présent ou passé, soit d'une qualification indiquant la fonction particulière qu'exerçait l'esclave ou l'affranchi. La première idée qui vient à l'esprit, c'est que le graveur, ou sir Gardner Wilkinson, a oublié, après δοῦλος, le complément Καίσαρος; mais il faudrait aussi admettre qu'en copiant l'autre dédicace l'un ou l'autre aurait oublié le mot δοῦλος : cette double omission est peu probable. On préférera, sans doute, admettre qu'il y a ellipse de Καίσαρος dans un cas, et de δοῦλος dans l'autre. Le second n'a rien qui puisse surprendre, puisqu'en latin même le mot *servus* est quelquefois sous-entendu[a]. Le premier pourrait aussi ne faire aucune difficulté, δοῦλος et *servus* n'étant jamais sans complément; lors donc qu'on les mettait seuls, il était, sans doute, entendu qu'il ne pouvait être question que d'un *servus Cæsaris*. C'est ainsi que le mot ἐπίτροπος, tout seul, s'entend toujours d'un ἐπίτροπος Καίσαρος[b]. Ainsi les deux expressions reviennent également à δοῦλος Καίσαρος, *servus Cæsaris*: d'où il suit qu'Épaphrodite était un esclave de la maison impériale.

Quant au *cognomen* Σιγηριανός ou Σειγηριανός, on ne peut douter qu'il ne soit un dérivé latin de l'adjectif grec σιγηρός, *silencieux*, forme moins attique, mais également employée pour σιγηλός. Cet adjectif, pris comme nom propre, recevait alors l'accent sur l'antépénultième, si l'on s'en rapporte à une règle des grammairiens fondée sur le besoin

[a] Orelli, n°ˢ 2852, 2853. — [b] *La Statue vocale de Memnon*, p. 215.

d'éviter la confusion, règle qui souffre beaucoup d'exceptions dans les manuscrits[a]; Σίγηρός ou Σίγηρος est le *Tacitus* des Latins[1].

Ce *Sigerus* avait été le maître d'Épaphrodite, peut-être son *nutricius*, dans la maison duquel il avait été élevé. Ces noms dérivés constituaient une sorte de *cognomen* pour l'esclave qui passait dans la maison impériale, et ils se plaçaient toujours, comme on le voit ici, après la qualification de *Cæsaris* ou *Augusti servus*; ainsi : AESOPO CÆSARIS AUGUSTI DISPENSATORI APSYRTIANO [b]; ALCIMIADES (*Alcibiades*) PUBLICUS (sub. *servus*) MINICIANUS [c]; LIVIUS AUGUSTI TABULARIUS ATTALIANUS [d]; HOSPITI DIVI CLAUDI LIBERTO.. LEONIDIANO [e]. Tel est, surtout, cet exemple tout à fait analogue : HYMENEUS CÆSARIS N[ostri] SER[vus] THAMYRIANUS A LAPIDICINIS CARYSTIIS [f]. Cet *Hymeneus*, esclave de César, chargé de l'exploitation des carrières de marbre de Caryste, en Eubée, tirait son surnom d'un certain *Thamyrus*, qui l'avait élevé, dont il avait été le *verna*; c'est ce que prouve la suite : FECIT. SIBI. ET. THAMYRO. NUTRICIO. OPT[imo]. De même notre Épaphrodite devait tirer son *cognomen* du nom d'un premier maître SIGERUS ou SIGERIUS.

Le nom d'Épaphrodite est un de ceux qui se rencontrent le plus communément parmi les esclaves et les affranchis, à l'époque romaine. Quant à celui de *Sigerus*, il ne s'est, jusqu'ici, trouvé dans aucune inscription grecque et latine. L'histoire nous fait cependant connaître un personnage de ce nom; et, selon toute apparence, c'est celui-là même qui avait été le premier maître de l'esclave de César, Épaphrodite. Domitien tomba sous les coups de trois meurtriers[g], à savoir, Stéphanus et deux affranchis, préposés à la chambre à coucher du prince, nommés, l'un *Parthenius*, l'autre *Sigerus*: ces deux derniers passaient, à ce qu'il paraît, pour les deux principaux auteurs de l'assassinat, puisque leur nom était devenu, en quelque sorte, l'expression

---

[a] Reiz, *De Prosod. incl.* p. 119. — [b] Orelli, 2864. — [c] *Id.* 2852. — [d] *Id.* 2959. — [e] *Id.* 2961. — [f] Gruter, p. 593, 8; Orelli, 2954. — [g] Dio Cass. LXVII, 15.

[1] La variété de l'orthographe Σιγηριανός et Σειγηριανός vient de ce que la première syllabe de σιγή est longue.

XVI, XVII. TEMPLES DU MONT CLAUDIEN. 159

proverbiale des assassins d'un empereur, témoin le vers de Martial : *Sigerosque meros*[1], *Partheniosque sonas*[a], et le mot de Tertullien [b]: *Unde qui armati palatium irrumpunt, omnibus Sigeriis atque Partheniis audaciores?* d'où l'on voit que les Latins se servaient indifféremment de la forme dérivée *Sigerius*, au lieu de la forme grecque *Sigerus*. Si l'on avait fait attention à cette origine du nom, Reimar n'aurait pas proposé de changer Σιγηρός en Σιγήριος dans le texte de Dion Cassius, et Havercamp, après Adrien Junius, n'aurait pas fait de ce Sigérius un Frison, ou un Allemand, dont le nom revient, selon lui, à ceux de *Sigefrid* ou *Sigebert* [c].

Que ce *Sigerus* ou *Sigerius* ait été le premier maître d'*Epaphroditus Sigerianus*, c'est ce qui est rendu bien probable, tant par l'extrême rareté du nom que par la coïncidence des dates. Domitien a péri le 18 septembre de l'an 96 de J. C., c'est-à-dire moins de vingt-deux ans avant la date des deux dédicaces d'Épaphrodite Sigérianus. Il est donc tout naturel de penser qu'il était esclave de ce Sigérius. A la mort de celui-ci, il aura passé dans la maison impériale, où il acquit assez de bien pour être en état de se charger ensuite de la ferme des carrières de porphyre et de granit dans la haute Égypte : ce qui nécessitait, comme on va le voir, de grands capitaux.

On remarquera qu'Épaphrodite n'a pris que dans une seule inscription la qualité de *fermier des carrières*, mais qu'il s'est donné, dans toutes les deux, le titre d'*esclave de César* : il tenait donc plus à celui-ci qu'à l'autre. Il semble que le contraire aurait dû arriver : mais on voit, par plusieurs exemples, que des esclaves attachés à la maison impériale se faisaient gloire de cette qualification, comme de celle de *verna* ou de *libertus Augusti*. Ils se gardaient de l'omettre dans les dédicaces auxquelles ils attachaient leur nom, et l'on avait

---

[a] *Epigr.* IV, 79. — [b] *In Apolog.* c. 35, p. 300, ed. Haverc. — [c] *Ad Tertull.* p. 301, n° 42.

[1] Au lieu de *meros* (que je préfère), on a lu *modos* ou *modo*. M. Boissonade, en place de *Sigerios*, propose de lire *Sigeros*, leçon qui convient beaucoup mieux à la mesure, la synérèse *Sigerĩos* étant peu admissible à côté de *Parthenios*, cette correction me paraît indubitable et je l'ai adoptée.

bien soin de le leur donner. Peut-être ce titre leur donnait-il droit à une protection spéciale, du moins leur procurait-il, surtout dans les provinces, un certain ascendant.

Le titre de fermier des carrières, que prend Épaphrodite, μισθωτὴς τῶν μετάλλων, nous indique que leur exploitation était placée sur le même pied que toutes les autres. La perception des diverses branches du revenu public n'était pas opérée directement par des agents du trésor ; elle l'était au compte de traitants ou fermiers, compris sous le nom général de *publicani*. *Publicani dicuntur*, dit le Digeste, *qui publica vectigalia habent conducta*. Et il ajoute : *Sed et hi qui salinas et cretifodinas et metalla habent, publicanorum loco sunt*[a]. Ces fermiers s'appelaient en grec μισθωταί, comme les diverses espèces de fermes μισθώσεις, et celles du domaine impérial, μισθώσεις οὐσιακαί[b].

La ferme des carrières devait être une entreprise considérable, qui exigeait de grandes avances. Quand tous les travailleurs auraient été des condamnés, *damnati in metallum*, κατάδικοι, comme dit Aristide[c], des gens qui, subissant une peine, ne recevaient pas de salaire, il fallait pourtant les nourrir, les vêtir et les loger. L'étendue des deux villes, les nombreuses habitations éparses dans la montagne, tout annonce que les travailleurs étaient fort nombreux ; ce qui le prouve également, c'est la quantité et la grandeur des pièces laissées imparfaites dans les carrières. Ces grandes colonnes monolithes, de près de soixante pieds de longueur, qu'on y trouve encore[d], exigeaient chacune un immense travail. Il fallait l'emploi de beaucoup de bras, pendant plusieurs années, pour extraire ces pièces colossales, les tailler et les polir, enfin pour les amener au lieu de l'embarquement, soit à la mer, soit au Nil. Il est à présumer que l'on devait commander et faire exécuter à la fois toutes les parties d'architecture destinées à un même édifice ; autrement il aurait été interminable. Ainsi plusieurs centaines d'ouvriers devaient être occupés au travail des colonnes et des autres parties d'un même

---

[a] Lib. XII, § 3, 13, pr. *de publican.*; l. XLVI, § 13, 14; l. XLVII, § 1, *De jure fisci*. — [b] Voy. mon Commentaire sur l'édit de Tibère-Alexandre. — [c] Plus haut, p. 143. — [d] Plus haut, p. 151.

XVI, XVII. TEMPLES DU MONT CLAUDIEN. 161

monument. Ce n'est assurément pas trop de supposer, avec sir Gardner Wilkinson, dans chacun des deux centres d'exploitation, quinze cents à deux mille travailleurs, dont il fallait assurer la subsistance. La mer Rouge, excessivement poissonneuse[a], fournissait en abondance les poissons et les coquillages, mais le reste des vivres devait revenir plus cher qu'en Égypte même. D'ailleurs, les forçats devaient encore être contenus par un nombre suffisant de gardiens, et dirigés par des inspecteurs ou des chefs d'ateliers, et ceux-là devaient être rétribués; il y avait, de plus, à fournir et à renouveler les outils, qui, dans le travail de matériaux si durs, devaient se briser si facilement et s'user avec tant de rapidité. L'entrepreneur devait fournir et entretenir le matériel de rouleaux, de poulies, de cordages, de cabestans, nécessaire pour remuer tant d'énormes masses. Enfin, il devait payer au gouvernement le prix du fermage, qui était, comme on sait, le dixième du produit net de l'exploitation. J'admets que le gouvernement se chargeait seul d'entretenir la force militaire cantonnée dans les deux villes, pour défendre les établissements contre les attaques des Arabes et pour y maintenir le bon ordre. On voit que, même dans ce cas, les charges du fermier étaient énormes : l'exploitation devait être d'un grand produit, pour qu'il pût y faire face et retirer encore un profit qui l'indemnisât de tant de peines, sans compter les éventualités du chômage, du retard dans les payements, des pertes et des banqueroutes.

Il fallait assurément que l'emploi et la demande des pièces de porphyre et de granit fussent alors bien considérables et que le prix en fût bien élevé, pour balancer les dépenses d'une exploitation traitée sur une aussi grande échelle et avec de tels risques. On cesse alors de s'étonner de l'énorme quantité de colonnes monolithes, en granit et en porphyre, qui furent employées dans l'architecture romaine, sous les empereurs, à en juger seulement par celles qui subsistent encore à Rome, après la destruction de tant de monuments antiques.

[a] *Descr. de l'Égypte; État moderne*, t. I, p. 195, 196.

Les immenses travaux qu'atteste encore l'état actuel des carrières de la haute Égypte suffiraient, à défaut d'autres preuves, pour démontrer le grand usage qui se faisait, à cette époque, de ces précieux matériaux.

A toutes les charges qu'il avait à supporter, Épaphrodite Sigérianus a-t-il encore ajouté de ses deniers la dépense nécessaire à la construction de deux temples en porphyre et en granit, comme le fait supposer le mot κατεσκεύασε? Cela n'est guère probable. Ce qui ne le serait pas davantage, c'est qu'il eût négligé de se faire un mérite d'une telle générosité, en ne mettant pas, après le verbe κατεσκεύασεν, les mots ἐκ τοῦ ἰδίου, ἐκ τῶν ἰδίων, etc. répondant à la formule latine : *De suo, de sua pecunia, suis impendiis,* etc. que les donateurs avaient bien le soin de ne pas oublier.

A la place de ce complément habituel et nécessaire, on lit, après κατεσκεύασεν, les mots ἐπὶ Ῥαμμίῳ Μαρτιάλι, ἐπάρχῳ Αἰγύπτου. Dans un grand nombre d'inscriptions de ce genre, par exemple dans celles de Tentyra, de Panopolis, de Tchonémyris, d'Antinoé, etc. on trouve de même, après la dédicace, le nom du préfet d'Égypte dépendant de la préposition ἐπί; mais elle est toujours, alors, suivie du génitif, le seul cas employé lorsqu'on veut exprimer le sens chronologique, *sous* tel ou tel *magistrat*. Le datif a tout un autre sens, qui ne peut être que : *pour le préfet, au nom du préfet*. Épaphrodite ne faisait donc qu'exécuter les ordres du commandant suprême de l'Égypte. Ce magistrat, sans doute dans une de ces tournées que les préfets exécutaient à certaines époques, avait voulu signaler son passage par la construction d'un temple de Sérapis dans les deux établissements : il en avait donné l'ordre; mais, comme ses fonctions ne lui permettaient qu'un séjour momentané, il chargea le fermier des carrières de surveiller l'opération et de faire les dépenses nécessaires sur les remises qu'il devait au trésor. La tournure de l'inscription revient donc à celle-ci, qui est la plus ordinaire en pareil cas : τὸν ναὸν... Ῥάμμιος Μαρτίαλις.... κατεσκεύασεν δι' Ἐπαφροδίτου κ. τ. λ. Quant à l'autre tournure, qui est employée ici, on en trouvera des exemples

XVI, XVII. TEMPLES DU MONT CLAUDIEN. 163

dans trois inscriptions provenant des grottes de Sisilis et des carrières qui nous occupent [a].

C'est aussi la part diverse que le préfet Rhammius Martialis et l'esclave Épaphrodite ont prise à la construction des deux temples, qui donne le moyen d'expliquer d'une manière naturelle une contradiction déjà remarquée [b]. Le sens des mots τὸν ναὸν καὶ τὰ περὶ τὸν ναὸν πάντα κατεσκεύασεν, qui suppose que les deux temples ont été complétement achevés, semble contraire aux observations de sir Gardner Wilkinson, qui a constaté que l'un et l'autre de ces deux édifices ont été laissés dans un état très-imparfait : celui de Djebel-Dokhan n'a été, pour ainsi dire, qu'ébauché; celui de Djebel-Fateereh, quoiqu'on l'ait avancé davantage, n'avait pourtant été terminé qu'à l'intérieur, les colonnes du portique n'ayant pas même été amenées sur le lieu.

On pourrait essayer d'expliquer cette contradiction, en supposant que les établissements auraient été abandonnés tous deux en même temps avant l'achèvement des édifices; mais une objection grave s'opposerait à cette hypothèse. Quand on l'admettrait pour l'un des temples, celui de Djebel-Fateereh, où l'on n'exploitait que le granit, il ne serait pas possible de l'admettre aussi pour les carrières de porphyre, dont l'exploitation fut surtout en pleine activité depuis Adrien au moins jusqu'à Dioclétien [c]. L'état d'imperfection des deux édifices doit tenir à une autre cause qui leur soit commune. Cette cause me paraît être la courte durée de l'administration du préfet qui en avait ordonné la construction.

L'histoire ne nous avait pas conservé jusqu'ici le nom de ce Rhammius Martialis, qui administrait l'Égypte au commencement du règne d'Adrien, date de nos inscriptions. Le plus ancien préfet connu sous ce règne était un certain T. Hatérius Népos, qui atteste, dans une inscription memnonienne, avoir entendu la voix du colosse le 19 février de l'an v de ce prince (8 méchir de l'an vi, à la manière égyptienne). Le dernier préfet appartenant au règne de Trajan fut

[a] N°⁵ XXXVIII, XL et XLII. — [b] Plus haut, p. 156. — [c] Plus haut, p. 143.

Martius Turbon, qui, après la défaite de Marcus Rutilius Lupus par les Juifs d'Alexandrie[a], fut envoyé, avec le titre de préfet, pour réprimer la sédition, en l'année XIX de Trajan, l'avant-dernière du règne de ce prince. Rhammius Martialis vient donc se ranger tout naturellement entre l'un et l'autre, à une place jusqu'ici restée vide dans la liste des préfets : il a, selon toute apparence, été le successeur de l'un et le prédécesseur de l'autre.

En effet, nous le trouvons déjà en charge huit mois et treize jours seulement après l'avénement d'Adrien. On sait que Martius Turbon n'était resté en fonction que le temps nécessaire pour apaiser la révolte des Juifs; il en avait été aussitôt retiré, Trajan ayant, sans doute, besoin des talents militaires de cet officier. Un passage d'une lettre de Fronton nous le montre, plus tard, chargé par Adrien des guerres de la Mauritanie, de la Dacie et de la Pannonie[b]. En effet, il avait été l'ami de ce prince, du vivant même de Trajan; après son avénement, il fut en faveur plus que jamais et investi d'une confiance illimitée. Spartien remarque expressément qu'Adrien, en lui donnant l'administration de la Dacie, lui conserva toutes les prérogatives dont il avait joui pendant la préfecture d'Égypte[1]; ce qui signifie qu'il lui maintint le pouvoir presque *royal* dont le gouverneur de ce pays avait été investi par une disposition spéciale d'Auguste[2].

Lorsque Trajan le retira de la préfecture d'Égypte, il dut lui donner un successeur qui, sans être un homme de guerre d'un égal mérite, fût cependant un militaire de quelque renom; car la sédition pouvait renaître, et, en effet, elle dut recommencer peu de temps après, puisque, au dire de Spartien[c], à la mort de cet empereur, l'Égypte était travaillée par les séditions.

Cette seule considération nous ferait présumer que Rhammius

---

[a] Plus haut, p. 121, 122. — [b] Corn. Front. *Reliq.* p. 6, ed. Berol.; cf. Reimar. *ad Dion. Cass.* LXIX, p. 1166. — [c] Plus haut, p. 154.

[1] C'est le sens des mots ...*Dacia Turboni credita, titulo Ægyptiacæ præfecturæ.* (Spart. *in Hadriano*, § 7.)

[2] Τὴν τοῦ βασιλέως ἔχει τάξιν, dit Strabon (XVII, p. 797); *Ægyptum obtinuit loco regum*, dit Tacite (*Hist.* I, 11).

XVI, XVII. TEMPLES DU MONT CLAUDIEN. 165

Martialis était un militaire, quand le fait ne serait pas attesté par un monument qui ne peut se rapporter qu'à lui. Dans une inscription latine déjà citée[a], je trouve mentionné un Q. Rhammius Martialis, préfet de légion, la xive année de Trajan, 111 de notre ère, date qui n'est que de six années antérieure à celle qui nous occupe. L'identité du *nomen* et du *cognomen* laisse peu de doute sur celle des deux individus, et la coïncidence des dates achève la certitude. Rien de plus naturel, en effet, que de retrouver *préfet augustal* un personnage qui, six ans auparavant, était *chef de légion*. Les préfets d'Égypte étaient toujours pris parmi des hommes qui, dans l'exercice de certaines fonctions de confiance, avaient donné à l'empereur des preuves de capacité et de dévouement : aussi les choisissait-il tantôt parmi les préfets de l'annone[b], tantôt parmi ses secrétaires intimes[c], tantôt même parmi ses affranchis[d]. Mais, lorsque la tranquillité de l'Égypte était troublée ou menaçait de l'être, il investissait de cette charge importante quelque personnage militaire qui devait se mettre à la tête des troupes et les commander avec succès. On le voit par la nomination de Minicius Italus, qui, sous Trajan, devint préfet d'Égypte, après avoir été chef de cohorte et tribun militaire[e]; par celles de Martius Turbon et de Rhammius Martialis. L'état de trouble où se trouvait l'Égypte explique complétement le choix de cet officier pour remplacer celui dont un danger plus pressant ou une guerre plus sérieuse avait réclamé l'activité et les lumières.

Il est impossible de savoir combien de temps Rhammius Martialis est resté à la tête de l'administration de l'Égypte ; il y était encore huit mois et dix-huit jours après l'avénement d'Adrien ; il n'y était plus trois ans et dix mois après, lorsque le préfet T. Hatérius Népos vint rendre visite au colosse de Memnon. Mais il est clair que ce court intervalle peut se resserrer encore ; car rien ne dit qu'à l'époque de cette visite Népos n'administrait pas l'Égypte depuis

---

[a] Plus haut, p. 142, 143. — [b] Labus, *Di un' epigrafe latina*, p. 101 ; *Statue vocale de Memnon*, p. 186.— [c] Tel qu'Héliodore; plus haut, p. 130.— [d] Tel qu'Ibérus ou Sévérus; Dio Cass. LVIII, 19 ; cf. Philo, *in Flaccum*. § 1, p. 517, Mang. — [e] Labus, ouvrage cité, p. 97.

plusieurs années. Le remplacement de Martius Turbon est un indice qu'il en fut ainsi; car il est probable que Rhammius Martialis, officier éprouvé dans des guerres antérieures, fut envoyé, comme l'avait été son prédécesseur, dans quelque autre gouvernement, où ses talents pouvaient être utiles, lorsque la pacification complète de l'Égypte ne nécessitait plus la présence d'un chef militaire.

Il y a donc beaucoup de raisons de croire que Rhammius Martialis sera sorti de charge peu de temps après avoir visité les carrières de porphyre et avoir commandé la construction des deux temples; et, comme assez ordinairement les vues d'un administrateur ne sont point partagées par celui qui lui succède, T. Hatérius Népos aura laissé tomber cette œuvre coûteuse; d'autant plus que l'honneur devait en revenir à un autre, car déjà la dédicace était écrite sur l'architrave, bien que celle-ci ne fût pas encore en place. Dans son empressement à exécuter l'ordre de son chef, Épaphrodite avait entrepris les deux temples à la fois; il en faisait marcher de front la bâtisse : il ne comptait pas que la mort de l'empereur viendrait si tôt déranger les projets de Martialis; et, dans sa confiance de mettre à fin l'œuvre commencée, il avait déjà préparé l'architrave de la façade et inscrit d'avance la dédicace qui devait transmettre à la postérité son nom avec celui du gouverneur.

Après le préfet d'Égypte, qui avait ordonné la construction, on nomme, dans la dédicace, le *procurator metallorum*, ἐπιτρόπου τῶν μετάλλων. Cet officier porte le titre d'*affranchi d'Auguste*, Σεβαστοῦ ἀπελεύθερος. C'était, à n'en point douter, un de ces ἐπίτροποι Καίσαρος, *procuratores Cæsaris*, auxquels, dans les provinces, était confiée l'administration du domaine impérial. Ceci nous annonce que les carrières de porphyre faisaient partie de ce domaine, comme la plupart des carrières et des mines sous l'empire[a] : à ce titre elles étaient ordinairement, peut-être toujours, sous la surveillance d'un *procurator Cæsaris*. Ainsi Galien, à propos des mines de cuivre de l'île de Chypre, dit qu'elles étaient dirigées par un *procurator Cæsaris*, προεστῶ-

---

[a] Dureau de la Malle, *Écon. pol. des Rom.* II, 441.

XVI, XVII. TEMPLES DU MONT CLAUDIEN.

τος τῶν μετάλλων ἐπιτρόπου Καίσαρος[a], et une inscription citée par Spanheim[b] place certaines mines sous Marcus Ulpius Eutychès, procurateur de César et affranchi d'Auguste, comme notre Marcus Ulpius Chrésimus, et la plupart des procurateurs de César, ainsi que le disent Strabon[c] et Dion Cassius[d].

Le nom de notre *procurator metallorum*, Χρήσιμος, est grec comme celui de tant d'autres affranchis et esclaves; mais ce nom est précédé, dans l'une des deux dédicaces, des prénoms *Marcus Ulpius*, qui sont les mêmes que ceux de Trajan; d'où l'on peut présumer que Chrésimus avait été affranchi par cet empereur lui-même, dans la maison duquel il était, sans doute, esclave auparavant.

Enfin l'autorité militaire est représentée par le tribun de la cohorte chargée de la garde du canton: ὄντος πρὸς τοῖς τοῦ Κλαυδιανοῦ ἔργοις Ἀουΐτου χιλιάρχου σπείρης πρώτης Φλαουΐας Κιλίκων ἱππικῆς. Cette cohorte, dont le nom se montre ici pour la première fois, était une de ces cohortes *étrangères*, appelées *equitatæ* et *equestres*, mêlées de cavalerie et d'infanterie, tantôt auxiliaires d'une légion, tantôt placées en dehors de toute légion[e]; c'est le cas pour celle-ci, puisqu'aucune légion n'est indiquée; ce qui est conforme à ce que dit Strabon des neuf cohortes chargées (outre trois légions) de la garde de l'Égypte[f]. Les cohortes composées d'*étrangers* étaient toujours commandées par un Romain; tel était certainement le tribun Avitus. Celles-ci devaient, sans doute, leur nom de *Flavienne* à ce qu'elles avaient été formées par Vespasien ou Domitien. En effet, elles existaient déjà sous le règne de ce dernier, ce qu'atteste une des inscriptions trouvées aux carrières de brèche verte.

Le trait marquant de cette phrase est l'adjectif Κλαυδιανοῦ; il y a de sous-entendu le mot ὄρους, comme le prouve une inscription latine trouvée au même lieu[g], laquelle nous apprend qu'Annius Rufus, centurion de la xv[e] légion, avait été préposé par Trajan aux

---

[a] Galen. *De Antid.* I, 2; t. II, p. 424, Bas. t. XIV, p. 7, ed. Kühn. — [b] Ap. Spanh. *De Præst. num.* II, p. 631. — [c] XVII, p. 797. — [d] LII, 25. — [e] Le Beau, dans les *Mémoires de l'Académie des inscriptions.* t. XXIX, p. 413-417. — [f] Strab. l. l. — [g] Plus bas, n° XXXIX.

travaux des carrières dans le mont Claudien (præpositus... operi marmorum monti Claudiano). Ces mots reviennent au grec ὄντος πρὸς τοῖς τοῦ Κλαυδιανοῦ ἔργοις. On a pensé que ce nom de *Claudianus mons*, Κλαυδιανὸν ὄρος, provenait de celui de quelque préfet nommé *Claudianus*, et non de l'empereur Claude, parce que le qualificatif dérivé du nom de Claude est *Claudius*, témoins *aqua claudia*, *lex*, *legio claudia*[1]. Mais il est également certain que *Claudianus* était aussi le dérivé de *Claudius*; ainsi *Claudiana castra*, *Claudiani comites*, *Claudiana tonitrua*, *latrocinium Claudianum*, etc. Rien n'empêche donc que le *Claudianus mons* n'ait pris son nom de l'empereur Claude. La coïncidence de ce nom avec le dire de Pline, que les premières statues de porphyre connues furent celles que Vitrasius Pollion envoya à l'empereur Claude, devient trop frappante pour qu'on se refuse à reconnaître que cet empereur avait, en effet, donné son nom à la montagne. Or une pareille origine ne peut s'expliquer naturellement que dans le cas où ces montagnes n'auraient été découvertes et exploitées que sous son règne. Si elles l'avaient été auparavant, elles auraient eu un nom, et l'on ne voit point de raison pour le changer en celui de l'empereur. Quand Visconti conjecturait que les carrières furent découvertes à cette époque, il ne pouvait se fonder que sur cette seule considération, que, si elles eussent été connues auparavant, on n'aurait pas attendu cette époque tardive pour exécuter des statues de porphyre, au moins comme essai de ce genre de sculpture. Sa conjecture, qui n'était qu'une simple induction, est maintenant vérifiée par un fait positif, à savoir le nom même que la montagne gardait encore soixante ans après le règne de l'empereur sous le règne duquel on le lui avait donné.

La relation qui existe évidemment entre le nom de l'empereur Claude et celui du mont *Claudien* indique que ce nom de *Claudien* a dû comprendre à la fois le Djebel-Dokhan, où se trouvait l'exploitation du porphyre, et le Djebel-Fateereh, où l'on exploitait le gra-

---

[1] On a dit également, en grec, Κλαύδιος ou Κλαυδίειος; ainsi Κλαύδιον Μουσεῖον (Athen. VI, p. 240, B), Κλαυδίειον τάγμα (Dio Cass. LV, 24).

XVI, XVII. TEMPLES DU MONT CLAUDIEN.

nit. Sir Gardner Wilkinson l'applique seulement au second, parce que le nom de *Claudianus mons* ne se trouve que dans la dédicace du temple de cette montagne. Mais l'absence de ce nom dans l'autre dédicace ne prouve rien, celle-ci ayant été rédigée avec une extrême brièveté et présentant d'autres omissions. Le nom de mont Claudien ne peut manquer d'avoir été donné aussi au Djebel-Dokhan, puisque là se trouvent les carrières de porphyre, ouvertes sous le règne de Claude. Il en faut conclure seulement que son nom s'est étendu à toute la chaîne; tandis que celui de *porphyrites mons*, dans Ptolémée, désignait, en particulier, le Djebel-Dokhan.

Si le passage de Pline nous explique l'origine du nom de *Claudianus mons*, ce nom, à son tour, sert à compléter l'explication de ce même passage. Le Vitrasius Pollion dont parle cet auteur était un *procurator Cæsaris*, puisqu'il l'appelle *procurator ejus*. C'était donc un administrateur du fisc : à ce titre, il devait avoir la surveillance des mines et des carrières. Ce personnage devait, de plus, être sur un certain pied à la cour impériale, s'il était fils, comme on a lieu de le croire, de ce Vitrasius Pollion qui fut préfet d'Égypte pendant seize années sous Tibère [a]. Ce *procurator*, qui devait rechercher tous les moyens d'augmenter les revenus du fisc, ayant appris l'existence de carrières qui donnaient, non-seulement de superbe granit, mais une pierre plus belle et plus rare, d'un plus difficile travail, y vit une source de nouveaux produits; il en fit commencer l'exploitation, en donnant à ce lieu nouvellement découvert le nom de son maître; et, pour échantillon de cette belle matière, il en fit faire des statues de la famille impériale qu'il envoya à Rome, en même temps, sans doute, qu'il fit sculpter des objets d'ornement. Ceux-ci furent bien reçus, et l'on continua d'en fabriquer; mais les statues furent mal accueillies, et l'on cessa d'en exécuter dans cette matière jusqu'au moment où la décadence toujours croissante de l'art mit en faveur un genre de sculpture qui présentait toujours, à défaut d'autre mérite, celui de la difficulté vaincue et d'un travail dispendieux.

[a] Voyez l'explication de l'inscription d'Athribis, n° XXIV *bis*.

Ce nom de *Claudianus mons*, qui doit maintenant prendre sa place dans la géographie ancienne, explique et lie d'une manière satisfaisante les faits signalés plus haut, d'où l'on devait conclure que les carrières de porphyre étaient restées inconnues aux anciens Égyptiens comme aux Grecs, jusqu'à l'époque marquée par le passage de Pline.

Si la dédicace du temple de Djebel-Dokhan n'était pas mutilée à la fin, on y aurait trouvé, comme dans l'autre, la mention du chef de cohorte et celle de la date. Il ne reste, de la première, que les mots ἐπὶ Ῥούφου Προκουληϊανοῦ, qui étaient suivis probablement du mot χιλιάρχου, avec le nom de la cohorte. Quant à la ligne qui renfermait la date, elle a tout à fait disparu.

Le changement de nom du tribun militaire donne lieu de présumer qu'une seconde cohorte était préposée à la garde des carrières du Djebel-Dokhan. Le fait, cependant, n'est pas certain : ces chefs n'étant ordinairement nommés que pour six mois[a], il suffirait qu'un faible intervalle se fût écoulé entre la rédaction des deux dédicaces pour que le tribun eût été changé. Les deux noms ne supposent donc pas nécessairement l'existence de deux cohortes. Cependant, le fait est probable. L'aspect seul des lieux a fait penser à sir Gardner Wilkinson qu'il était impossible de supposer qu'on pût avoir là des ouvriers volontaires, des gens qui consentissent à travailler dans ce désert écarté et à s'exposer aux immenses fatigues d'une telle exploitation sous un ciel si ardent. En effet, l'histoire nous a montré que les travailleurs étaient des *criminels* condamnés aux plus rudes peines. Le nombre devait en être considérable, si l'on en juge par l'étendue des deux villes ou villages, par les habitations éparses dans le voisinage des carrières, et par les restes d'exploitation qui subsistent encore. Il était besoin d'une force imposante pour maintenir la police parmi les forçats, et les obliger au travail : il ne fallait peut-être pas moins qu'une cohorte de cavalerie pour garder chacune des deux localités.

[a] Plin. *Epist.* IV, 4, 2; Juven. *Satir.* VII, 89; ibique annotat.

XVI, XVII. TEMPLES DU MONT CLAUDIEN. 171

Les éclaircissements qui précèdent servent en même temps à rendre compte du caractère qu'on avait donné à l'architecture des deux temples. L'un est d'ordre ionique, l'autre, d'ordre corinthien : tous deux, par conséquent, de style grec. Le même caractère se remarque au temple élevé dans la ville de Senskis, qui servait de centre à l'exploitation des mines d'émeraude[a] : ce temple est d'ordre dorique, presque sans aucun mélange d'égyptien.

Ces deux faits de même nature tiennent à la même cause. En Égypte, pendant la domination grecque ou romaine, tous les temples élevés aux dieux du pays, sous leur nom national, ou traduit dans celui de la divinité grecque correspondante, furent construits ou décorés dans le style égyptien. C'est qu'en effet tous ces édifices, bien qu'élevés d'après l'ordre immédiat ou avec l'agrément des dominateurs étrangers, étaient construits par les habitants eux-mêmes, sous l'influence exclusive de la religion du pays, et sous la direction du sacerdoce local : c'est ce qui est, à présent, démontré pour le plus grand nombre des temples qui subsistent dans la vallée du Nil. Mais, dans les lieux où les Grecs avaient formé quelque établissement et fondé une ville pour eux seuls, organisée à leur manière, les édifices publics, sacrés ou civils, destinés exclusivement à leur usage, n'avaient rien d'Égyptien ; les arts de la Grèce s'y montraient sans partage. L'exemple d'Antinoé, fondée par Adrien, en est une preuve frappante : quoiqu'elle eût été bâtie sur l'emplacement d'une ville égyptienne, tous les monuments publics avaient le caractère grec, comme le démontrent les ruines de cette ville. Ainsi l'inscription de la colonne triomphale dédiée à Alexandre-Sévère nous apprend que l'administration, calquée sur celle des villes helléniques, y formait un σύσ]ημα ἑλληνικόν, selon l'expression de Strabon parlant de Ptolémaïs[b], ville fondée par Ptolémée Sôter, qui était restée grecque au milieu de l'Égypte ; toutes ses constructions devaient présenter le même caractère. L'architecture *ionique* et *corinthienne* des temples du mont Claudien suffirait donc pour attester que les établisse-

[a] Voy. les n°s XXIII, XXIV. — [b] Strab. XVII, p. 813.

ments qu'on y avait formés étaient exclusivement d'origine étrangère, et habités par des Grecs et des Romains, quand le fait ne serait pas établi, de la manière la plus évidente, par l'absence de ruines ou d'indices quelconques, relatifs à l'Égypte, par les récits des auteurs anciens, et, enfin, par la teneur des inscriptions qui viennent d'être expliquées.

§ IV. CONSÉQUENCES HISTORIQUES DE CES INSCRIPTIONS.

Je crois être parvenu à rendre compte des diverses circonstances que présentent les deux inscriptions grecques, rapprochées de l'état des monuments auxquels elles se rapportent et de la situation des lieux où elles ont été découvertes. Maintenant, le volume énorme de quelques colonnes, à Djebel-Fateereh, et la grande distance qu'il leur fallait franchir pour arriver au Nil, soulèvent une difficulté grave et des questions curieuses, qui se rattachent à la position de plusieurs ports principaux dans cette partie de la mer Rouge, ainsi qu'à l'histoire encore si obscure du canal des deux mers. Mon travail ne serait pas complet, si je ne suivais les inductions historiques et géographiques qui ressortent naturellement des faits précédemment constatés.

1. Des rapports qui liaient les carrières avec Myos-Hormos et le port de Philotéra, sur la mer Rouge.

La chaîne primitive d'où dépendent les deux centres d'exploitation du mont Claudien succède à des montagnes secondaires qui finissent vers le 28e degré de latitude. Elle court du N. O. au S. E. dans une direction à peu près parallèle à la mer Rouge. La distance qui l'en sépare, à la hauteur des carrières exploitées par les anciens, n'excède pas 25 à 30 milles géographiques. Les observations de M. Burton et de sir Gardner Wilkinson ont donc confirmé cette opinion de M. de Rozière, que les roches primitives et de transition sont beaucoup plus voisines de la mer Rouge que du Nil [a].

[a] *Descr. de l'Égypte; Hist. nat.* t. II, p. 617.

XVI, XVII. TEMPLES DU MONT CLAUDIEN. 173

Cette chaîne est séparée du fleuve par plusieurs chaînons parallèles de montagnes secondaires. Toutes ces chaînes sont coupées, de distance en distance, par des vallées transversales, que parcouraient jadis des routes dont on retrouve encore, de nos jours, les stations. Entre le Ouadi-Arabah, qui va directement des environs de Bénisouef à la mer Rouge, par 29° de latitude, et les vallées qui, de *Coptos* et d'*Apollonopolis Parva,* se rendent aux lieux voisins du vieux et du nouveau Cosseir, il existait plusieurs routes qui ont dû jouer un rôle dans le commerce des anciens.

L'une, qui commençait à Syout (*Lycopolis*), remontait au N. E., suivait la vallée de Tarfeh, et, passant près des mines de cuivre, aboutissait à une grande anfractuosité de la côte, où devaient être situés un port et un établissement antiques. Cette route, qui communiquait par un embranchement avec Scheikh-Abadeh (*Antinoé*), a été découverte, en 1800, par deux Français, MM. Bert et Raffenaut-Delille, qui l'ont suivie jusqu'à un point d'où ils ont eu la vue de la mer Rouge. Ils y ont signalé les vestiges d'une large voie antique, et quelques stations où s'arrêtaient les caravanes. Je tiens de M. Jomard que la narration de cette excursion intéressante est malheureusement perdue; mais la carte détaillée qu'ils en avaient dressée a été réduite par ses soins dans la Description de l'Égypte[a].

Une seconde route, qui partait également de *Lycopolis* et s'embranchait sur la première, tournait droit à l'E. et débouchait, par le Ouadi-Enned, en face du golfe qu'abrite le cap *Drepanum.*

Une troisième commençait à Coptos, remontait au N. E. en suivant une succession de vallées peu profondes, et, longeant au S. le Djebel-Dokhan, non loin de l'emplacement des carrières, aboutissait à un grand port.

Il paraît qu'à la distance d'environ quarante milles géographiques de Coptos, elle s'embranchait avec une autre route, passait par le Djebel-Fateereh, et se rendait au point de la mer Rouge correspondant à cette montagne, marqué aussi par l'emplacement d'un port antique.

[a] *État mod.* t. II, pl. 100.

La seconde de ces routes conserve, comme la première, une partie de ses anciennes stations, que sir Gardner Wilkinson a marquées sur sa carte et décrites dans sa narration[a]. Deux inscriptions chrétiennes, qu'il y a découvertes, annoncent qu'on avait bâti des églises sur deux points de cette voie antique, et qu'une population chrétienne s'y était établie dans les premiers siècles du christianisme.

On s'étonne de ne trouver, dans la géographie ancienne, aucune trace de toutes ces voies, qui ont dû être si fréquentées, puisqu'elles unissaient Coptos à des ports considérables, dont l'un était *Myos-Hormos*, l'entrepôt du commerce de l'Inde; l'autre, *Philotéra*, en passant par les carrières de *Breccia verde*, objet d'une exploitation si considérable, surtout à l'époque romaine. Leurs stations, en effet, ne se retrouvent nulle part, ni dans Ptolémée, ni dans les itinéraires; et cependant chacune d'elles devait avoir son nom, comme celles de la route de Coptos à Bérénice, qui sont marquées dans Pline, dans l'Itinéraire d'Antonin et dans la Table Théodosienne. Une inscription trouvée au Djebel-Fateereh montre que ce lieu a dû s'appeler, en grec, Ὕδρευμα Τραϊανὸν Δακικόν, et, en latin, *Fons Trajanus Dacicus*[b], nom tout à fait analogue à ceux de *Hydreuma Apollonos*, *Cænon Hydreuma* (καινὸν Ὕδρευμα), etc. sur la route de Bérénice à Coptos. Il devait en être de même des stations qui se trouvaient sur les autres voies dont je viens de parler, comme sur celles qui joignaient Bérénice avec Contra-Apollonos, et Coptos avec le *Leucos Portus* et *Philotéra*. Leurs noms ayant tous disparu de la géographie ancienne, qui n'a conservé que ceux des stations de la route entre Bérénice et Coptos, leur existence n'est plus attestée que par les ruines de maisons et de citernes, qui, encore maintenant, marquent les divers points où se reposaient jadis les voyageurs.

La direction de la route antique qui, passant par Djebel-Dokhan, aboutissait à un grand port, donne une confirmation complète à l'opinion de d'Anville sur la position de *Myos-Hormos*. Gosselin avait cru devoir descendre cette position importante jusqu'au vieux Cos-

---

[a] *Journ. of the R. G. S.* t. II, p. 58. — [b] Voy. le n° XXXVII.

XVI, XVII. TEMPLES DU MONT CLAUDIEN. 175

seir, principalement par cette considération que Myos-Hormos devait se trouver à peu près en ligne droite à l'E. de Coptos [a] et à l'extrémité d'une des vallées transversales qui, de ce point, mènent à la mer Rouge.

Sans doute, cette considération n'est pas à négliger; mais elle ne pouvait suffire, car le choix d'un port est subordonné à certaines dispositions nécessaires qui peuvent ne pas se rencontrer à la plus petite distance d'un point de l'intérieur. Or il est évident que, ni le vieux, ni le nouveau Cosseir, n'ont jamais pu être des ports considérables, tels qu'on doit se figurer Myos-Hormos, l'entrepôt du commerce de la mer Rouge et des Indes. D'un autre côté, les caravanes ne mettent que 3 jours et demi, 4 jours au plus, pour se rendre de Cosseir à Keneh [b], tandis que Strabon compte 6 à 7 jours pour la route de Coptos à Myos-Hormos [c] : et c'est justement la longueur de celle dont il s'agit.

Le port qui est situé à l'extrémité de cette route est, d'ailleurs, d'une étendue qui répond bien à l'expression de μέγας λιμήν, par laquelle Artémidore [d] et Agatharchide [e] désignent Myos-Hormos. Enfin, l'entrée tortueuse (εἴσπλους σκολιός), les trois îles situées en vue du port [f], sont autant de traits qui se retrouvent dans la grande anfractuosité qu'abrite le cap dit *Ras abou Somer,* justement à l'extrémité de l'ancienne route dont je parle. C'est là, en effet, que M. Burton le premier, et sir Gardner Wilkinson ensuite, ont découvert des ruines considérables, qui consistent principalement en restes de magasins pour l'entrepôt des marchandises [g] : on y voit encore les anciens murs garnis de tours, et les restes d'un grand nombre de maisons construites avec beaucoup de soin, en très-bons matériaux, le long de rues très-régulières [h]. Le port est une baie, où les vaisseaux devaient mouiller en sûreté, avec un bon fonds, avant que

---

[a] *Rech. sar la Géogr. systém. des Grecs,* t. I, p. 188, 189. — [b] *Descr. de l'Égypte, État mod.* t. I, p. 202. — [c] Strab. XVII, p. 815. — [d] Ap. Strab. XVI, p. 769. — [e] Ap. Phot. p. 456. l. 6, ed. Bekker. — [f] Artem. ap. Strab. l. l. — [g] Dans le *Journ. of the R. G. S. of London,* II, p. 50.— [h] Wilkinson, *Topogr. of Thebes,* p. 418.

le port ne fût ensablé. Il n'est pas jusqu'à la *fontaine de Tadnos*, dont parle Pline [a], qu'on ne puisse reconnaître dans une source du voisinage.

Cette découverte des deux voyageurs anglais place Myos-Hormos à l'endroit où l'avait établi d'Anville, avec cet esprit de divination dont il a donné tant de preuves dans sa carte d'Égypte. On peut donc regarder comme fixée définitivement cette position, qui, déjà, avait été admise, d'après d'Anville, par Bruce, Browne, Mannert [b], M. de Rozière [c], M. Jomard [d] et d'autres géographes. Nous verrons tout à l'heure que cette position entraîne celle de deux autres points que Gossellin avait aussi placés beaucoup trop au sud. Je ne parle pas de Reichard, qui, en mettant tous ces lieux au voisinage de Bérénice, s'est placé en dehors de toutes les conditions géographiques.

Sir Gardner Wilkinson pense qu'au moyen de cette route les porphyres extraits du Djebel-Dokhan étaient transportés à Coptos, ainsi que les granits du Djebel-Fateereh [1]. Il paraît admettre que la voie de terre est la seule qu'ont suivie les produits de toutes ces carrières [2]. Je crois, au contraire, que la voie maritime a été la seule possible en beaucoup de cas.

Sans doute, les principaux produits de l'exploitation du porphyre dans le Djebel-Dokhan ont pu assez facilement arriver au Nil par la voie dont il s'agit; les urnes funéraires, les mortiers, quelques ornements d'architecture pouvaient être apportés par cette route; mais la difficulté devenait déjà considérable pour des baignoires telles que

---

[a] *Ad Myos Hormon, Tadnos fons,* Plin. VI, 29, § 168. — [b] *Geogr. der Griechen und Römer. Africa,* S. 15. — [c] *Descr. de l'Égypte, Ant. Mém.* t. I, p. 127, 221. — [d] *Notice géographique* en tête du *Voyage à l'Oasis de Thèbes,* p. 37.

[1] « The colums, when prepared, were to be dragged to the Nile, if directly, to Coptos, upwards of sixty miles; but, if by the road of Dokhan, which, from the great convenience of the stations on it, was more probably the route, the distance was considerably greater. It is hardly possible that a column could arrive to Rome from these quarries in less than a year. » (*Journal of the R. G. Society of London,* II, p. 57.)

[2] « It was to Koptos also that the stones quarried in the porphyry, and other mountains of the eastern mountains, were transported. » (Wilkinson, *Top. of Thebes,* p. 412.)

XVI, XVII. TEMPLES DU MONT CLAUDIEN.

les deux qui sont déposées, l'une à la Bibliothèque royale, l'autre au musée du Louvre, et qui, selon toute apparence, sont en porphyre égyptien. Elle était énorme pour des objets d'un plus grand volume, tels, par exemple, que la grande vasque du Vatican, qui a 14 pieds de diamètre; celle du musée de Naples, qui a 10 pieds de diamètre, près de 5 pieds de hauteur, et dont les anses, en forme de serpents, sont prises dans la masse; le mausolée de sainte Hélène, mère de Constantin; le tombeau antique qui est devenu celui de Benoît XIII, à Saint-Jean-de-Latran; et la statue en porphyre, de 11 pieds, dont les débris furent retrouvés au pied de la colonne de Pompée [a]. On peut tenir pour à peu près certain que des pièces de ce volume ont dû descendre de la carrière au port de Myos-Hormos.

A plus forte raison, la voie de mer, tant que cette voie a été possible, a dû être suivie pour la plupart des produits de l'exploitation granitique du Djebel-Fateereh. Entre cette montagne et le Nil il existe plusieurs chaînes transversales peu élevées, mais qui opposent une barrière presque infranchissable au transport de lourds fardeaux, et un obstacle invincible au passage de grandes colonnes telles que celles qui gisent encore sur le sol, au Djebel-Fateereh. Sans parler de celles, en si grand nombre, dont le fût atteint et dépasse 10 mètres, il suffit de rappeler celles qui ont près de 60 pieds anglais ($18^m,059$) de longueur, et 8 mètres de circonférence ($2^m,59$ de diamètre), qui, par leur grosseur, surpassent la colonne de Pompée, dont le diamètre moyen est de $2^m,531$. Ces colonnes surpassent donc de beaucoup les plus grandes que l'on connût jusqu'ici (la seule colonne de Pompée exceptée), car celle dont les restes existent près de Monte-Citorio, à Rome, n'avait que $14^m,784$ de longueur ($3^m,3$ de moins que celle des carrières du Djebel-Fateereh), et celles des Thermes de Dioclétien n'ont que $11^m,91$ [b]; c'est à peu près la dimension des colonnes du Panthéon, qui proviennent, en partie, des carrières de l'île d'Elbe [c]. Voilà les plus grosses colonnes en granit

---

[a] Dubois, *Catalogue de la Collection Choiseul-Gouffier*, p. 117. — [b] Rondelet, *Art de bâtir*, t. I, p. 17. — [c] Plattner, Bunsen, etc. *Beschreibung der Stadt Rom*, I[r] B. S. 349.

qui aient été conservées dans les monuments antiques; mais combien elles sont inférieures à quelques-unes de celles qui étaient travaillées dans les carrières du Djebel-Fateereh!

Jusqu'à présent on a pensé que les Romains tiraient les énormes colonnes monolithes qu'ils employaient dans leurs grands monuments de carrières très-voisines du lieu d'embarquement; ce qui rendait leur transport très-facile, puisqu'on pouvait les faire glisser par un plan incliné jusque dans le navire, qui les transportait immédiatement à Ostie et à Rome. Cela est vrai pour les carrières de Syène et de l'île d'Elbe; mais la position géographique du Djebel-Fateereh ne permet pas cette explication pour les colonnes qu'on y exploitait. La distance d'au moins dix de nos lieues, qui les sépare de la mer, devait être déjà bien difficile à franchir. Malgré les puissants moyens mécaniques que notre savant ingénieur Lebas avait à sa disposition, nous savons avec quelle peine et quelle lenteur il a pu faire avancer de quelques centaines de pas l'obélisque de Louqsor, dont le poids ne doit pas excéder de beaucoup celui des colonnes du Djebel-Fateereh. Ce n'est certes pas faire injure à la mécanique ancienne, que de douter que les Romains pussent disposer de semblables ressources, surtout dans ce désert écarté. Ils employaient, selon toute apparence, des machines fort simples, remplaçant l'impuissance des moyens par le nombre de bras et une énergique volonté. Grâce à l'inclinaison du terrain depuis la carrière jusqu'au lieu d'embarcation, on avait pu pratiquer une chaussée à pente continue et diminuer ainsi beaucoup le tirage; mais il ne fallait pas moins un énorme travail pour traîner de semblables fardeaux jusqu'à la mer. Quant à la route de terre, indépendamment de sa longueur, la disposition du terrain la rendait décidément impraticable pour de tels fardeaux.

Ainsi la voie de mer a dû être la seule possible en certains cas, et celle qu'on a dû toujours préférer, si la côte voisine offrait quelque port commode pour l'embarquement.

Ces observations servent à rendre compte du choix qu'on avait fait de ces localités pour l'exploitation du porphyre et du granit.

XVI, XVII. TEMPLES DU MONT CLAUDIEN.

On a vu que les deux centres d'exploitation étaient placés sous la même administration civile et militaire. Leur éloignement l'un de l'autre (environ 55 milles géographiques), dans une région montagneuse traversée par des hordes de nomades qu'il fallait contenir, créait de graves embarras et des difficultés de plus d'un genre. Il faut donc que les Romains aient été contraints par quelque grande nécessité à placer le second établissement à une si grande distance du premier. On pourrait présumer, il est vrai, que ce choix a été motivé par la beauté supérieure du granit qu'on trouvait dans cette partie de la montagne; mais une circonstance remarquable indique que le principal motif a été le besoin de mettre la carrière de granit, comme l'était celle de porphyre, en communication facile avec un bon port.

En effet, le point de la côte justement en face des carrières du Djebel-Fateereh forme un *cap* avancé, abritant un vaste port qui ne saurait avoir été négligé par les anciens. Ce port ne peut être que celui de *Philotéra* (Φιλωτέρας λιμήν), que Ptolémée place immédiatement au sud de Myos-Hormos, à une distance correspondante.

Telle est, en effet, la position que d'Anville avait donnée au port de *Philotéra;* cette position est une conséquence de celle qu'il assignait à Myos-Hormos; et, par une autre conséquence, le troisième port de cette côte, le *Port Blanc* (Λευκὸς Λιμήν), vient se placer naturellement à Cosseir, où d'Anville, Bruce [a] et Mannert [b], l'avaient indiqué. Bruce signale même l'aspect *blanchâtre* des montagnes comme justifiant la qualification de Λευκὸς Λιμήν. Pour dernière remarque en faveur de notre illustre géographe, j'ajouterai qu'il a placé le *Porphyrites mons* de Ptolémée, sur sa carte, entre *Myos-Hormos* et *Philotéra*, ce qui est la position de la chaîne qui court du Djebel-Dokhan au Djebel-Fateereh. La situation bien déterminée des deux carrières, et leur correspondance si frappante avec les deux ports principaux de la côte, fournissent deux nouvelles preuves de la position qui résulte des textes anciens et des dispositions physiques des localités.

Que l'emplacement de chacune des deux carrières ait été choisi

---

[a] *Travels, etc.* I, 193. — [b] Mannert, *Geogr. der Griech. und Römer. Africa,* I, S. 15.

dans l'intention de profiter d'un port existant, ou bien que ces deux ports aient été postérieurement établis pour le service des deux carrières, c'est là une question qui n'est pas, comme on va le voir, sans offrir un intérêt à la fois historique et géographique.

À l'égard de *Myos-Hormos* la question n'est pas douteuse. Ce port a certainement été établi avant l'exploitation de la carrière de porphyre qui lui correspond, puisqu'il est déjà nommé dans les périples d'Agatharchide et d'Artémidore[a]. La question serait également décidée pour le second port, s'il était certain, comme tous les géographes, sans exception, l'ont admis, que le Φιλωτέρα πόλις d'Artémidore fût le même lieu que le Φιλωτέρας λιμήν de Ptolémée. Mais cette identité supposerait qu'Artémidore a commis une erreur tellement grossière, qu'il faudrait de bien fortes preuves pour se résoudre à la lui attribuer.

Cet auteur, qui vivait sous le règne de Philométor, dit qu'à partir d'Héroopolis et d'*Arsinoé* au fond du golfe, on trouve d'abord une ville de *Philotéra*, qui avait pris son nom de la sœur de Ptolémée II; ensuite une *autre*[1] ville d'*Arsinoé*; puis *Myos-Hormos*[2], et enfin *Bérénice*. Les lieux qu'il nomme jusque-là sont donc seulement au nombre de *quatre*, dont deux placés entre *Héroopolis* et *Myos-Hormos*, à savoir *Philotéra* et *Arsinoé*. Comme Ptolémée place son *Philotéras limen* au sud de *Myos-Hormos*, on a présumé qu'Artémidore avait transporté par erreur ce port tout près d'Héroopolis.

C'est là, je le répète, une supposition bien invraisemblable à l'égard d'un auteur de ce temps, qui devait si bien connaître les établissements des Ptolémées sur les bords de la mer Rouge. On va voir qu'elle est, de plus, parfaitement inutile.

Une précieuse scholie de Théocrite, jusqu'ici négligée parce qu'elle est inintelligible, tant elle est corrompue, lève tous les doutes à cet

---

[a] Plus haut, p. 175.

[1] *Autre* est ici relatif à l'*Arsinoé* du fond du golfe.

[2] Pline met aussi Philotéra au nord de Myos-Hormos. Après avoir nommé l'Arsinoé du golfe, il dit : « Mox oppidum parvum « est Aennum, pro quo alii Philoteram di- « cunt. » (VI, 29 [33].)

XVI, XVII. TEMPLES DU MONT CLAUDIEN.

égard, en fournissant, sur l'existence de cette seconde sœur de Philadelphe, un témoignage contemporain, qui prouve qu'il la chérissait assez pour lui conférer, comme à sa sœur Arsinoé, les honneurs divins; ce qui explique qu'il ait donné son nom à des établissements nouveaux. Cette scholie se rapporte au vers où Théocrite [a] dit que Philadelphe « a élevé à sa mère chérie et à son père des temples où brûlent les « parfums (Θυώδεας εἴσατο ναούς).» Elle est ainsi conçue, purgée des fautes qui empêchaient d'en saisir le sens [1] : Ὅτι πολλοὺς ναοὺς ἱδρύσατο

[a] *Idyll.* xvii, 123.

[1] Le texte porte : Ὅτι πολλοὺς ναοὺς ἱδρύσατο· καὶ Λύκως δ' ἐν τῷ περὶ Νέσ7ορος, ἐποίησεν ὁ Φιλάδελφος, φησί, οὕτως ᾠκοδόμησε τῶν γονέων ἀμφοτέρων παμμεγέθη ναὸν καὶ ταῖς ἀδελφαῖς Ἀρσινόῃ καὶ Φωτῆρα (sic). Valckenaer, qui l'a publiée pour la première fois (*ad* Theocrit. *Adoniaz*, p. 355, B. C.), n'a pu rien faire de ce texte si maltraité. Il hasarde seulement de lire Φωσ7ῆρα au lieu de Φωτῆρα, tout en convenant que cette correction ne sert à rien (*nihil nos juvat*). Mais le pluriel ἀδελφαῖς avertit clairement que ce mot corrompu nous cache le nom de l'autre sœur de Philadelphe, et ce ne peut être que Φ[ιλ]ωτέρα, mot dont les éléments principaux se trouvent dans Φωτῆρα, que les copistes devaient écrire Φιλωτέρα ou même Φωτέρα (v. Bast, *Comm. palæogr.* p. 866, 848). Après cette correction évidente, il n'y a plus à faire que quelques déplacements, sans l'addition ni le retranchement d'un seul mot, pour donner à ce texte inintelligible un sens complet et indubitable. Il est clair, en effet, 1° qu'ici καί ne peut avoir précédé Λύκως δέ; 2° que Λύκως ne peut être un nom propre, et qu'il faut lire Λύκος; 3° que ἐποίησεν ὁ Φιλάδελφος et que φησί sont déplacés; déplacement qui s'explique de soi-même, quand on pense que ces scholies étaient ordinairement écrites en marge, et qu'en les transcrivant les copistes ont dérangé souvent l'ordre des mots; 4° enfin, que le génitif τῶν γονέων ἀμφοτέρων, après ᾠκοδόμησε, doit faire place au datif, que l'on obtient par l'introduction d'une seule lettre au moyen du duel, qui a pu être suivi du pluriel, puisqu'il n'y a rien de plus commun, en grec, que ce mélange des nombres dans la même phrase. La transposition de καί devant ἐποίησεν, et de ce membre après ἱδρύσατο ne laisse aucun doute : le scholiaste a expliqué l'εἴσατο du poëte par ἱδρύσατο, et il en a complété le sens par ἐποίησεν, qui est plus clair et plus explicite. Φησίν οὕτως dépend naturellement de Λύκος, et la phrase qui vient ensuite est le texte même de cet auteur, lequel n'est point inconnu; car c'est l'historien Lycus Buthéras de Rhégium, déjà cité dans un autre passage des scholies de Théocrite (*ad Idyll.* vii, 78, selon la correction de Toup), auteur de divers ouvrages (cf. J. G. Vossius, *de Hist. Gr.* I, 12, p. 111, ed. Westerm.; Müller, *in Schol. Tzetz. ad Lycophr.* v. 1206, t. II, p. 958), auxquels il faut ajouter maintenant celui que cite le scholiaste de Théocrite, περὶ Νέσ7ορος (si toutefois ce nom est correct, ce que nous n'avons aucun moyen de savoir : car rien

182   INSCRIPTIONS DES TEMPLES.

καὶ ἐποίησεν ὁ Φιλάδελφος. Λύκος δ᾽ ἐν τῷ περὶ Νέστορος φησὶν οὕτως· ᾠκοδόμησε δὲ καὶ τοῖν γονέοιν ἀμφοτέροιν παμμεγέθη ναὸν, καὶ ταῖς ἀδελφαῖς Ἀρσινόῃ καὶ Φιλωτέρᾳ. « [Il faut savoir] que Philadelphe fonda et construisit
« beaucoup de temples. Lycus, dans son livre sur Nestor, s'exprime
« ainsi : *Il* [Philadelphe] *bâtit un temple très-vaste à ses deux parents et*
« *à ses sœurs Arsinoé et Philotéra.* » Ce passage de Lycus de Rhégium,
auteur contemporain de Philadelphe, est remarquable ; il montre
que ce prince associa, dans le même temple, ses deux sœurs à Sôter
et à Bérénice, sans doute parce que Philotéra était, comme Arsinoé,
sa sœur de père et de mère. Bérénice, la mère de Philadelphe, n'était
que la quatrième femme de Sôter : il avait eu plusieurs enfants des
trois premières ; mais, de Bérénice, il eut Philadelphe, Arsinoé, Ar-
gæus, qu'il fit périr pour avoir conspiré contre lui [a], et, je pense,
aussi Philotéra : c'est ce qui explique l'affection que lui porta son
frère et les honneurs divins qu'il lui conféra, comme à son autre
sœur, dans le temple même de ses parents ; affection qu'il voulut
consacrer en prenant le titre de *Philadelphe*, et en donnant le nom
de l'une et de l'autre aux établissements qu'il fonda ou agrandit
depuis la mort de sa mère.

Il devient maintenant tout simple qu'on trouve deux ports tirant

---

[a] Pausanias, I, 7, 1.

n'empêche qu'une digression ait amené le passage historique cité dans un livre dont le sujet était Nestor). Cet historien, déjà cité par Agatharchide, sous Ptolémée Philométor, selon la remarque de Vossius, était contemporain de Démétrius de Phalère, par conséquent de Ptolémée Philadelphe (Vossius, même ouvrage, p. 112) ; ce qui donne un grand poids à son témoignage sur le fait dont il s'agit, et une certaine importance historique à la restitution de cette scholie, qui existe aussi dans un manuscrit de la Bibliothèque royale, n° 2832 (du xiv° siècle), mais réduite à ces termes :

Ὅτι πολλοὺς ναοὺς ἱδρύσατο τοῖς θεοῖς· ᾠκοδόμησε δὲ καὶ τῶν γονέων ἀμφοτέρων παμμεγέθη ναὸν, καὶ ταῖς ἀδελφαῖς αὐτοῦ Ἀρσενόῃ (sic) καὶ Φωτήρᾳ (sic). La mention importante de l'historien Lycus ne s'y trouve pas.

Cette scholie, ainsi restituée, devient un document historique qui se place à côté de celui que le même scholiaste nous a conservé à propos du v. 128 de l'idylle xvii, lequel nous donne, sur la famille de Philadelphe, des notions qui ne se trouvent point ailleurs. Ce scholiaste avait puisé à d'excellentes sources contemporaines.

XVI, XVII. TEMPLES DU MONT CLAUDIEN.

leurs noms de la seconde sœur de Philadelphe, *Philotéra*, dans la mer Rouge, puisqu'on y en comptait bien trois du nom d'*Arsinoé*. Pour éviter la confusion, ces deux ports étaient même distingués par une différence dans la désignation : l'un se nommait Φιλωτέρα πόλις ou Φιλωτερίς [a], l'autre Φιλωτέρας [1] λιμήν.

La géographie de la Syrie offre d'autres exemples de l'emploi du nom des deux sœurs. Philadelphe, maître de la Cœlé-Syrie et de la Phénicie, laissa, dans cette contrée, des traces de sa domination : ainsi il appela *Ptolémaïs*, de son nom, l'ancienne ville d'*Aco*, agrandie par ses soins; et *Ammath* reçut celui de *Philadelphia*, qui rappelait l'amour qu'il portait à sa sœur. Ce sont les deux seuls établissements de ce prince, en Syrie, que les historiens aient remarqués; mais il en est encore trois autres, qui n'ont point attiré leur attention, quoique l'origine n'en soit pas moins évidente, puisqu'elle ressort de leurs noms mêmes : ce sont deux *Arsinoé*, situées, l'une auprès de Damas, dans la vallée dite *Aulon* [b], l'autre plus au midi, et une ville de *Philotéra*, que Polybe place près du lac de Tibériade [c]. Ce nom revient à celui de *Philotéra*, que l'historien Charax lui donne, en remarquant que l'ethnique était Φιλωτέριος [d]; aussi ajoute-t-il que d'autres la nommaient Φιλωτερία : c'est la forme que Polybe a suivie [2].

Cette ville de *Philotéra* ou *Philotéria* était évidemment un cinquième établissement formé par Philadelphe dans cette contrée, et le troisième qu'il avait nommé en l'honneur de sa seconde sœur [3].

---

[a] Steph. Byz. voce Φιλωτέρα. — [b] Ib. v. Ἀρσινόη. — [c] Polyb. V, 70, 3. — [d] Ap. Steph.Byz. l. l.

[1] Le génitif est ici nécessaire, parce que λιμήν est masculin; dans le premier cas, πόλις étant du même genre que Φιλωτέρα, ce dernier mot en devenait comme l'adjectif. Cette distinction avait lieu constamment; voilà pourquoi on disait : Πτολεμαῖος ποταμός (non Πτολεμαίου); Ὕδρευμα Τραϊανόν (non Τραϊανοῦ). Avec διώρυξ, on aurait dit Πτολεμαίου ou Πτολεμαϊκὴ διώρυξ; et, si un cap eût reçu le nom de Philotéra, on l'aurait appelé Φιλωτέρα ἄκρα et Φιλωτέρας ou Φιλωτέριον ἀκρωτήριον. On disait, par la même raison, Βερενίκη, Ἀρσινόη, Στρατονίκη [πόλις], et Ἀλεξάνδρεια, Πτολεμαΐς, Λυσιμάχεια, Ἀττάλεια, Κασσάνδρεια, Νικομήδεια : pour ces noms-ci, la forme adjective était indispensable.

[2] Les éditions donnent Φιλοτερία par un o; c'est, évidemment, Φιλωτερία qu'il faut lire.

[3] Reland avait déjà soupçonné que le nom de cette ville doit avoir la même ori-

La fondation de ces *cinq* établissements en Syrie montre que ce prince avait, sur cette contrée, des vues qui supposent, de sa part, le désir et l'espoir d'une possession durable. Ces établissements, échelonnés depuis Ptolémaïs jusqu'au delà de Damas, étaient autant de points d'appui qui, plus tard, devaient étayer sa politique.

Je ne crois pas qu'on puisse citer un seul des établissements de Philadelphe qui ne porte le nom de sa mère ou celui de ses deux sœurs. Il n'y a que *quatre* Bérénice; mais, après le nom d'Alexandre, qui avait été donné à *dix-huit villes* différentes, selon Étienne de Byzance, il n'en est pas qui ait été plus souvent répété que celui d'Arsinoé sous le règne de ce prince. Ainsi je ne compte pas moins de quatorze villes d'*Arsinoé*, à savoir : une dans l'Égypte moyenne, trois sur les bords de la mer Rouge, une en Lycie [1], une en Cilicie, quatre en Chypre, deux en Syrie, une en Cyrénaïque, une en Étolie [2], auxquelles il faut joindre une *Philadelphie*; et trois *Philotéra*. Quand l'histoire ne nous apprendrait pas que Philadelphe étendit sa domination sur la Cyrénaïque, la Syrie, l'Asie Mineure, et fonda des établissements dans la mer Rouge, il suffirait du nom de sa mère et de ses sœurs, épars dans ces diverses contrées, pour suivre, en quelque sorte à la trace, ses possessions successives.

L'extrême profusion des noms d'Arsinoé et de Philotéra indique assez clairement que Philadelphe n'a pas dû en employer d'autres pour tous les établissements qu'il a formés postérieurement à son mariage avec sa sœur Arsinoé : d'où il résulte qu'on doit placer avant ce mariage la fondation de ceux qu'il a nommés *Bérénice*, d'après sa mère; à savoir *Bérénice* de la Troglodytique, *Bérénice Panchrysos*, *Bérénice Épidires*, et *Bérénice*, l'ancienne *Asiongaber* [a].

---

[a] Joseph. *Ant. Jud.* VIII, 6, 4.

gine que celui de la *Philotéra* du golfe. (*Palæst.* p. 705.)

[1] C'est la ville de *Patara*, à laquelle il donna le nom d'*Arsinoé*. (Strab. XIV, p. 666.)

[2] L'ancienne *Conopa*. (Strab. X, p. 460.)

Ce n'était, sans doute, qu'un comptoir isolé. On appelait aussi cette ville Ἀρσινοΐα, d'après la forme dérivée. Du moins, Polybe emploie les deux formes Ἀρσινόη (IX, 45, 1) et Ἀρσινοΐα (XXX, 14, 5).

XVI, XVII. TEMPLES DU MONT CLAUDIEN.

Cette induction toute naturelle est confirmée par une observation assez frappante : c'est que le nom de *Bérénice* n'existe que sur les bords de la mer Rouge, car la *Bérénice* de la Cyrénaïque, l'ancienne *Évespéride*, a dû recevoir son nom de Magas, premier fils de cette princesse. Mais, dans les contrées dont Philadelphe eut la possession plus tard, le nom de *Bérénice* ne se montre point; on n'y rencontre que le nom d'*Arsinoé*, ou de *Philotéra*, mais celui-ci beaucoup moins prodigué, ce qui s'explique parfaitement, Arsinoé étant la reine [1]. Cette observation n'est pas sans importance historique.

En premier lieu, il s'ensuit qu'on doit rapporter aux premières années de son règne la fondation des quatre *Bérénice* du golfe Arabique. Ainsi, dès son avénement à la couronne, Philadelphe avait travaillé à l'exécution de ses grands projets sur le commerce de la mer Rouge.

Il résulte, en second lieu, de mon observation, que Bérénice a été fondée, et la route de Coptos à ce port établie, avant que Philadelphe n'entreprît les travaux du canal des deux mers, puisqu'il donna le nom d'*Arsinoé* à la ville que traversait l'embouchure de ce canal. Ceci est important; car tout le monde a cru, après Robertson[a], que Bérénice ne fut fondée, et la route de Coptos établie, que parce que Philadelphe avait abandonné le canal commencé [b], le jugeant inutile ou impraticable. Cette opinion est détruite, comme je le dirai tout à l'heure, par les témoignages concordants de Diodore et de Strabon. Mais il suffirait de la seule comparaison du nom de *Bérénice*, que porte la ville de la Troglodytique, et de celui d'*Ar-*

---

[a] *An historical Disquisition on India*, p. 39, 207, 208. Basil, 1792. — [b] *Descr. de l'Ég. État mod.* t. I, p. 23; *Antiq. Mém.* t. I, p. 163.

[1] La première femme de Philadelphe, fille de Lysimaque, s'appelait aussi *Arsinoé*. Il l'épousa dans la quatrième année de son règne. De bonne heure la mésintelligence régna entre les deux époux. Elle voulut même attenter à ses jours (*Schol. Theocr.* XVII, 128), et il la répudia pour épouser l'autre Arsinoé, sa sœur. Il est donc peu probable que Philadelphe ait donné le nom de sa première femme aux villes qu'il fonda pendant la courte durée de son mariage. C'est à cette première période que se rapportent, sans doute, les fondations qui ont pris le nom de sa mère Bérénice, laquelle survécut de deux ou trois ans à l'avénement de son fils.

sinoé, donné à la ville fondée à la bouche du canal, pour prouver que Philadelphe fonda *Bérénice* et disposa la route de Coptos avant de s'occuper du canal des deux mers. Ce canal eut donc pour objet de compléter les voies de communication de la mer Rouge avec les diverses parties de la vallée du Nil, et, je pense aussi, de faciliter les exportations de blé destinées à l'Arabie : tel fut, en effet, selon Makrizy, un des motifs qui engagèrent Omar à rétablir le canal [a].

Le simple rapprochement des noms de *Bérénice*, d'*Arsinoé* et de *Philotéra*, ajoute de précieuses indications au petit nombre de notions historiques qui nous restent de cette époque, et supplée d'une manière notable à leur insuffisance, en même temps qu'elle y ajoute une autorité nouvelle.

Je reviens à notre ville de *Philotéra* ou *Philotéris*. Il est clair, maintenant, que Satyrus donna ce nom à la ville qu'il fonda un peu au sud de l'*Arsinoé* du canal, et au nord de l'autre Arsinoé, pour honorer l'autre sœur de Philadelphe, Arsinoé ayant déjà donné son nom à plusieurs établissements de cette côte. Le même motif avait fait aussi prendre le nom de Philotéra pour désigner le port fondé un peu au nord de Myos-Hormos. Ces quatre noms s'arrangent maintenant sur la carte avec une symétrie remarquable, alternant l'un avec l'autre : ainsi, après l'*Arsinoé* du canal vient la ville de *Philotéra*; puis une autre *Arsinoé*, et enfin le *port de Philotéra* [b].

L'erreur qu'on avait imputée à Artémidore n'existe réellement pas; la *Philotéra* de ce périple est aussi réelle que la seconde *Arsinoé*, et elle est distincte du Φιλωτέρας λιμήν de Ptolémée. Artémidore ne parle pas, il est vrai, de ce dernier, quoique ce port existât de son temps; mais il ne nomme que les lieux considérables, et peut-être celui-ci n'avait-il pas alors le développement qu'il acquit dans la suite. D'un autre côté, trois siècles après Artémidore, Ptolémée ne dit rien de la *Philotéra* du périple; mais il ne dit rien non plus de sa seconde *Arsinoé* : ces deux points avaient, sans doute, alors perdu de leur importance; peut-être même avaient-ils été abandonnés par

---

[a] Makrizy, dans Larcher, III, p. 453. — [b] Voyez notre pl. I.

XVI, XVII. TEMPLES DU MONT CLAUDIEN.

suite de l'extension qu'avaient prise Myos-Hormos, le port de Philotéra et le Port Blanc (Λευκὸς Λιμήν).

La position de l'*Arsinoé* et de la *Philotéra* du périple ne saurait être déterminée par l'application d'aucune mesure; mais on peut saisir des indices qui permettent de l'établir d'une manière presque certaine. Entre *Héroopolis* et *Myos-Hormos* il y a surtout deux points qui n'ont pu être négligés par les anciens, tant ils sont propres à l'établissement d'un port. Le premier se trouve au sud du débouquement du *Ouady-Arabah*, vallée transversale au-dessous de celle de l'Égarement. Au sud du cap Zaffarana s'ouvre une baie commode; tout près de là se montrent de nombreuses ruines d'habitations antiques, près d'un cap appelé *Grady-Rouémi*, nom qui indique déjà un antique établissement. On y trouve aussi les restes d'une nécropole qui a cela de remarquable, que les morts qu'on y déposait avaient été *brûlés*, non *embaumés*[a]: d'où résulte la preuve que la ville était exclusivement habitée par une population grecque ou romaine, comme *Ptolémaïs*, *Antinoé*, et les deux bourgades du mont Claudien. Ce ne peut être que *Philotéra*, la première des deux villes que nomme le périple après Héroopolis.

Un peu au sud s'ouvre la grande anfractuosité qu'abrite un cap recourbé, dont la forme répond bien au nom de *Drepanon* (faux), que lui donne Ptolémée. Aussi d'Anville, attentif à saisir tous les indices, n'avait pas manqué de placer le *Drepanum promontorium* en ce lieu. Un emplacement si commode ne pouvait manquer de fixer l'attention des Grecs. Là se place naturellement la seconde *Arsinoé*, que le périple d'Artémidore met entre *Philotéra* et *Myos-Hormos*.

Lorsqu'un point géographique est bien déterminé, il se trouve que toutes les circonstances qui peuvent s'y rattacher se montrent favorables à la position établie : cette confirmation se rencontre encore ici. En effet, on a vu que chacun des deux ports de Myos-Hormos et de Philotéra est placé à l'extrémité d'une route antique qui les mettait en correspondance avec le Nil. Celui de *Leucos Limen* était lié à la

[a] Wilkinson, dans le *Journ. of the R. G. S. of London*, etc. II, p. 32 et 33.

mer Rouge par les routes qui, de nos jours, unissent Keneh à Cosseir, notamment le Ouady-Yasous ou Gasous, où se trouvent encore les stations et les puits qui alimentaient la ville antique [1], et la route qui passe près des carrières de brèche verte. Or on ne peut méconnaître que deux autres voies de communication venaient aboutir aux deux villes maritimes d'*Arsinoé* et de *Philotéra*, nommées dans le périple. Le Ouady-Arabah servait pour celle-ci, et, pour l'autre, la route indiquée plus haut [a], par le Ouady-Tarfé, passant près des mines de cuivre, donnait une communication avec Lycopolis et Antinoé.

Je crois que la géographie comparée de cette partie de la côte se trouve à présent établie d'une manière satisfaisante, et ramenée, pour tous les points principaux, aux vues de d'Anville, dont Gossellin, d'ailleurs si habile et si pénétrant, avait eu tort de s'écarter.

Le port de Philotéra, fondé sous le règne de Philadelphe, existait donc bien longtemps avant que l'on formât un établissement pour l'exploitation du granit dans le Djebel-Fateereh. Celui du Djebel-Dokhan avait été fondé dès le règne de Claude [b], mais l'autre le fut plus tard, vers l'an XII de Trajan, comme on est en droit de le conclure d'une inscription déjà citée [c], et qui sera expliquée plus bas (n° XXXVII). La relation évidente entre ce port et le siége de l'exploitation, comme entre le Djebel-Dokhan et Myos-Hormos, annonce l'intention de se procurer des débouchés faciles pour les produits des deux carrières : elle montre, par conséquent, que l'existence antérieure des deux ports a été la raison qui a déterminé le choix de ces points, si éloignés l'un de l'autre, pour l'exportation de ces grosses pièces de porphyre et de granit, dont le transport par terre aurait été très-difficile, ou même impossible.

Maintenant qu'on ne peut douter que les produits principaux de la double exploitation ont pris la voie de mer, les uns par Myos-

---

[a] Plus haut, p. 173. — [b] Plus haut, p. 168. — [c] Plus haut, p. 174.

[1] M. Burton y a trouvé une tablette hiéroglyphique de la vingt-huitième année du règne d'Osortasen II, qui prouve la grande ancienneté de cette communication. (Wilkinson, *Manners and Costums*, I, p. 45, 46.)

XVI, XVII. TEMPLES DU MONT CLAUDIEN. 189

Hormos, les autres par le port de Philotéra, on est forcé d'admettre que le canal qui joignait la mer Rouge au Nil fut navigable tant que l'exploitation a duré, ou, du moins, tant qu'on en a extrait des pièces colossales.

2. Du canal des deux mers, dans son rapport avec l'exploitation des carrières de porphyre et de granit.

Il n'eût servi de rien, en effet, d'épargner quinze ou vingt lieues de route par terre, si, à l'arrivée du vaisseau de charge à Héroopolis, il avait fallu débarquer les monolithes, les traîner de là au Nil par le désert l'espace de vingt-cinq à trente lieues, et les rembarquer ensuite pour les amener à Alexandrie. Autant valait-il faire tout le transport de la carrière au fleuve : le chemin par terre eût été encore moins long, et l'on eût évité le transbordement.

Le canal des deux mers rendait seul l'opération possible. Ce canal, que Strabon a vu large de 100 coudées (environ 46 mètres en coudées grecques, 52 mètres en coudées égyptiennes), et assez profond pour porter un vaisseau de charge [a], pouvait donc recevoir le navire, qui, parti de Myos-Hormos ou du port de Philotéra, arrivait à Alexandrie par le fleuve et les canaux, ou bien se rendait directement à l'une des embouchures du Nil, comme l'a fait le Louqsor, et, de là, continuait sa route vers Ostie, ou tout autre port de la Méditerranée, sans qu'il fût nécessaire de transborder la charge.

C'est ainsi que la distance qui séparait les carrières du Nil, et la nature de leur exploitation, attesteraient seules que le canal existait et servait à la navigation, quand l'histoire ne fournirait aucun indice à cet égard. Ces deux circonstances suffiraient donc pour détruire l'opinion de ceux qui ont nié la possibilité du canal, ou qui, avec Robertson [b], ont douté que ce canal ait servi à la navigation avant son rétablissement par les Arabes [c].

J'ai indiqué ailleurs [d] une preuve historique du contraire pour le

---

[a] Strab. XVII, p. 804. — [b] Robertson, *Hist. Disq. on India*, p. 39. Bas. 1792. — [c] *Descr. de l'Ég. État moderne*, t. I, p. 67. — [d] *Recherches géographiques sur Dicuil*, p. 13.

temps d'Adrien; voilà maintenant un fait qui fournit une autre preuve non moins forte, puisqu'elle repose sur une nécessité.

Ce fait nous amène à compléter l'histoire encore incertaine de ce canal, histoire qui se lie à celle des carrières au moyen de coïncidences qui me paraissent trop frappantes pour être fortuites.

Sir Gardner Wilkinson a reconnu, par l'examen attentif des lieux, que les carrières de granit du Djebel-Fateereh ont été abandonnées peu de temps après le règne d'Adrien. Les nombreux fûts de colonnes, les chapiteaux et autres parties d'architecture qui s'y trouvent encore tout préparés, et semblent n'attendre plus qu'un dernier effort pour être expédiés à leur destination, tout indique que, lorsque les carrières ont été délaissées, l'exploitation y était dans tout son développement. Pour perdre le fruit de tant de travaux, pour abandonner ces colonnes qu'on avait pris tant de peine à extraire, à tailler, à polir, il a fallu qu'on y fût contraint par quelque obstacle imprévu qui vint arrêter tout à coup l'exécution des commandes. Ne serait-ce pas la cessation de la navigation du canal?

Selon Aristote[a], Strabon[b] et Pline[c], l'idée de ce canal était venue en Égypte dès le temps de Sésostris, qui commença, mais discontinua l'entreprise, s'étant aperçu que la mer Rouge était plus haute que le sol de l'Égypte, et craignant que l'eau de la mer ne vînt gâter celle du Nil. Il semble que ce n'est qu'après Hérodote que les Égyptiens ont songé à faire remonter jusqu'à Sésostris l'idée de cette grande entreprise; car, au temps de cet historien, il n'en était pas question. Il dit formellement que *Néchos*, le *premier*, entreprit de creuser le canal qui portait à la mer Rouge [1]. L'expression ἐπεχείρησε τῇ διώρυχι, littéralement, *mit la main au canal*, ne laisse point de doute sur l'idée qu'Hérodote a voulu rendre. Il est bien singulier que, si, à cette époque, Sésostris eût passé pour le premier auteur de l'en-

---

[a] *Meteorol.* I, 14, 27. — [b] I, p. 38; XVII, p. 804. — [c] VI, 29 (33).

[1] Ὅς τῇ διώρυχι ἐπεχείρησε πρῶτος τῇ ἐς τὴν Ἐρυθρὰν θάλασσαν φερούσῃ (II, 158); ce que Diodore de Sicile répète en d'autres termes : Ταύτην δ'ἐπεβάλετο πρῶτος κατασκευάζειν Νεκώς. (I, 33.)

XVI, XVII. TEMPLES DU MONT CLAUDIEN.

treprise, les Égyptiens, si jaloux de la gloire de leurs anciens rois, si fiers de leur antique prospérité, n'en eussent rien dit à Hérodote. La tradition doit donc être postérieure. Le creusement du canal tient évidemment à ces vues de commerce maritime qui paraissent être restées étrangères à l'ancienne Égypte, et qui ne se montrent qu'à l'époque où l'établissement des Ioniens, sous Psammitichus, vint si notablement modifier la politique de ce prince et de ses successeurs. Déjà les Grecs, quelque temps auparavant, avaient, sous Périandre, essayé de couper l'isthme de Corinthe [a]. Je suis, quant à moi, convaincu que cette première opération a suggéré l'autre, et que c'est là une idée grecque, dont jamais les anciens rois d'Égypte ne s'étaient avisés. Voilà pourquoi Hérodote n'en a rien dit; ce qui, je le répète, serait inexplicable, si l'histoire écrite, ou la simple tradition, eût alors conservé le souvenir d'une première opération. On n'y peut voir qu'une de ces traditions qui, depuis l'établissement des Grecs en Égypte, vinrent grossir la légende de Sésostris et d'autres anciens rois, supposer entre la Grèce et l'Égypte des rapports qui n'ont existé que plus tard, et suggérer l'idée de ces colonies d'Inachus, de Cécrops et de Danaüs, qui seraient arrivées en Grèce à une époque où les deux pays ignoraient probablement l'existence l'un de l'autre.

Néchos interrompit l'opération, dit Hérodote, dans la crainte de travailler pour le barbare [b]. Darius, fils d'Hystaspe, qui montra les vues les plus sages, et fit tout ce qu'il put pour réparer les folies de Cambyse, la reprit, et creusa de nouveau le canal ($\delta\varepsilon\acute{\upsilon}\tau\varepsilon\rho\alpha$ $\delta\iota\acute{\omega}\rho\upsilon\xi\varepsilon$).

On ne peut douter qu'il ne l'ait terminé et rendu navigable. Hérodote, qui voyageait en Égypte vers 460, trente années seulement après l'entreprise de Darius, affirme que le canal est assez large pour que deux trirèmes y passent de front; que *l'eau du Nil y entre un peu au-dessus de Bubaste, et qu'il débouche* ($\dot{\varepsilon}\sigma\acute{\varepsilon}\chi\varepsilon\iota$) *dans la mer Érythrée*. Voilà un témoignage précis et formel : il se trouve, à la vérité, en contradiction avec Aristote [c], Diodore de Sicile [d], Strabon [e] et

---

[a] Diog. Laert. I, 99. — [b] Herod. II, 158. — [c] Aristot. loc. laud. — [d] Diod. Sic. I, 33. — [e] Strabon, l. l.

Pline [a], qui, tous, s'accordent à dire que Darius ne conduisit pas l'ouvrage à fin. Mais Hérodote parle de ce qu'il a vu; les autres, seulement par ouï-dire, d'un état de choses qui n'existait plus: son témoignage doit évidemment l'emporter sur le leur. Lorsque Aristote écrivit les Météorologiques à Athènes [b], après l'archontat de Nicomaque (Olymp. 109, 4 = 341 A. C.) et avant l'expédition d'Alexandre, il y avait déjà longtemps que le canal était hors d'usage: il a donc pu croire qu'il n'avait jamais été terminé. D'ailleurs, on doit convenir que ses informations, à cet égard, ont été bien incomplètes, puisqu'il n'a pas su un mot de l'entreprise de Néchos.

Quant aux auteurs plus récents, tels que Diodore, Strabon et Pline, la cause de leur erreur s'explique par cette circonstance, qu'ils écrivaient sous l'influence des historiens des Ptolémées.

Philadelphe, après avoir formé, dans la mer Rouge, les établissements auxquels il donna le nom de sa mère Bérénice, et avoir tracé une route de la mer à Coptos, voulut compléter ses vues commerciales en établissant le canal qu'avaient laissé dépérir les derniers rois perses, dont la domination fut chancelante et contestée. On conçoit donc que les historiens de Philadelphe et de ses successeurs aient cru ou voulu faire croire que le canal, alors ensablé et hors d'usage, n'avait jamais servi, et aient reporté sur ce prince l'honneur d'avoir achevé le premier cette grande entreprise, commencée en vain par ses prédécesseurs: mais le témoignage d'Hérodote vient ici déposer contre leurs flatteries, en prouvant que le canal avait auparavant servi à la navigation.

Achevé par Philadelphe [1], le canal continua d'être en activité pendant tout le temps de la domination des Lagides. Diodore et Strabon, qui voyageaient en Égypte, le premier 60 ans avant J. C., sous Ptolémée Dionysos, et Strabon 40 ans plus tard, lorsque la contrée était déjà réduite en province romaine, parlent du canal comme existant et servant à la navigation. Le premier décrit même le

---

[a] Plin. l. l. — [b] Cf. J. L. Ideler, *Præfatio in Arist. Met.* p. x.

[1] Diodore de Sicile dit : ὕσ7ερον δὲ ὁ δεύτερος Πτολεμαῖος συνετέλεσεν αὐτήν.

XVI, XVII. TEMPLES DU MONT CLAUDIEN.

moyen employé pour y faire entrer les vaisseaux de la mer Rouge [1]; le second, qui indique ce moyen, donne, en outre, les dimensions du canal. Leur double témoignage est irréfragable, et du même ordre que celui d'Hérodote, rapporté plus haut. Il l'emporte évidemment sur ceux de Pline et de Plutarque, qu'on leur a toujours opposés.

Le premier dit, en effet, que Philadelphe ne conduisit le canal que jusqu'*aux lacs amers,* retenu par la crainte d'inonder l'Égypte [2]; mais il détruit lui-même sa propre assertion, puisque, peu de lignes après, en parlant d'Arsinoé sur le golfe, fondée par Philadelphe, il ajoute que ce prince fit le premier explorer la Troglodytique, et donna son nom au *fleuve Ptolémée,* qui arrose Arsinoé (*et amnem qui Arsinoen præfluit Ptolemæum appellavit,* VI, 29, § 167); ce qui suppose nécessairement que Philadelphe l'avait conduit jusqu'au fond du golfe, et non pas seulement jusqu'aux lacs amers. Cette singulière contradiction prouve que, dans le premier passage, mêlant les noms de Sésostris, de Darius et de Philadelphe, il applique à l'opération du dernier ce qu'il ne devait dire que du premier et tout au plus du second.

Quant à Plutarque, il rapporte, dans la vie d'Antoine, qu'après la bataille d'Actium, Cléopâtre, désespérée et ne voulant pas tomber entre les mains du vainqueur, résolut de se retirer, avec sa flotte et ses trésors, dans l'Inde [3], c'est-à-dire dans quelques-uns des établissements formés sur la côte méridionale de la Troglodytique, où déjà elle avait envoyé *Cæsarion,* le fils qu'elle avait eu de César : précaution inutile, puisque, plus tard, son précepteur Rhodon le ramena à Alexandrie, sous le prétexte qu'Auguste voulait lui rendre

---

[1] Ἀπὸ δὲ τοῦ Πηλουσιακοῦ στόματος, διώρυξ ἐστὶ χειροποίητος εἰς τὸν Ἀράβιον κόλπον κ. τ. λ. I, 33. Larcher (*trad. d'Hérod.* t. III, p. 449) reprend Diodore pour avoir dit que le canal partait de *Péluse;* mais l'auteur grec dit : *à partir de la branche Canopique,* ce qui est exact : στόμα signifie non-seulement la *bouche,* mais la *branche.*

[2] « ..... Deinde Ptolemæus sequens qui « et duxit fossam... ad lacus amaros. Ultra « deterruit inundationis metus.... » (VI, 29, ou § 166, ed. Sillig.)

[3] C'est dans l'Inde (εἰς τὴν Ἰνδικήν) qu'elle avait envoyé son fils (Plut. *in Anton.* § 82) : elle voulait certainement aller le rejoindre.

la couronne ; mais, à son retour, il fut mis à mort [a]. Lorsque Antoine revint à Alexandrie, il trouva, dit Plutarque, Cléopâtre occupée de l'entreprise gigantesque (ἐπιτολμῶσαν ἔργῳ παραβόλῳ καὶ μεγάλῳ) de faire passer sa flotte par-dessus l'isthme qui sépare les deux mers [b].

Lebeau [c], Larcher [d], MM. Le Père [e] et Rozière [f], ont regardé ce passage comme décisif pour établir que, sous les derniers Lagides, la communication par le canal n'existait plus : et, en effet, s'il fallait le prendre à la lettre, on n'en pourrait tirer une autre conséquence ; mais le récit de Diodore et de Strabon, témoins oculaires, ne permet pas d'admettre cette conséquence sans restriction. D'une autre part, quoique Plutarque écrivît cent-vingt ans après l'événement, et qu'il n'eût peut-être jamais visité l'Égypte, comme il avait composé sa vie d'Antoine à l'aide de très-bons matériaux, tels que les *Mémoires d'Auguste*, il en coûterait trop à une critique prudente de rejeter tout à fait son récit. Mais heureusement on n'en est pas réduit à cette dure nécessité, puisqu'on peut le concilier facilement avec celui de Diodore et de Strabon.

Il a été remarqué qu'à cause de la faiblesse de la pente entre la mer Rouge et Bubaste, laquelle n'excède pas deux mètres dans les circonstances les plus favorables, la navigation du canal ne pouvait durer que peu de mois chaque année. Aussitôt que le Nil était descendu au-dessous d'un certain niveau, elle devait être interrompue ; du moins le passage du canal au Nil se trouvait forcément arrêté. L'étiage s'établit ordinairement en mars, et se prolonge jusqu'à la fin de juin ; mais, longtemps avant et après l'étiage, le chômage du canal devait avoir lieu. La bataille d'Actium se donna le 2 septembre de l'an 31 avant J. C., et il résulte des événements qui suivirent cette bataille qu'Antoine ne put rejoindre Cléopâtre que dans les premiers mois de l'an 30, en février ou plus tard encore [g]. Son retour a donc coïncidé avec le temps de l'étiage, c'est-à-dire avec l'é-

---

[a] Plut. *in Anton.* § 82. — [b] Id. *ib.* § 70. — [c] *Hist. du Bas-Empire*, liv. LIX, § 14, t. XI, p. 298, 299, éd. Didot. — [d] *Trad. d'Hérodote*, t. III, p. 449, 450. — [e] *Descr. de l'Égypte*, État mod. t. I, p. 60. — [f] La même, *Antiq. Mém.* p. 144. — [g] Drumann, *Geschichte Roms.* Th. I, S. 486, ff.

poque où le canal devait nécessairement chômer. C'est alors qu'Antoine trouva Cléopâtre occupée de sa gigantesque entreprise. On conçoit que cette princesse, dans l'excès de sa frayeur, craignant, à chaque instant, de voir arriver Octave à la tête de sa flotte victorieuse, ne pouvait patiemment attendre trois ou quatre mois que le retour de l'inondation eût rendu le canal navigable.

Elle prit donc le parti extrême de faire passer des vaisseaux par-dessus l'isthme, de Péluse à Héroopolis. Antoine la fit renoncer à cette entreprise, en lui montrant qu'il disposait encore de ressources considérables. Mais il est probable qu'elle aurait d'elle-même abandonné l'opération, ayant rencontré un obstacle, auquel elle ne s'attendait pas, dans l'opposition des Arabes de Pétra, qui brûlèrent les premiers vaisseaux qu'on voulut ainsi voiturer [a].

Ainsi le fait rapporté par Plutarque peut être fort exact sans contredire les témoignages concordants de Diodore et de Strabon : on doit en conclure, non que le canal avait cessé d'être en usage, mais que la navigation y était forcément interrompue lorsque Cléopâtre voulut faire passer sa flotte dans la mer Rouge.

Que le canal des deux mers ait été entretenu sous les premiers empereurs, c'est ce dont il est difficile de douter. Les soins donnés aux canaux sous le règne d'Auguste, comme l'atteste Strabon [b], et la bonne administration de l'Égypte sous ses successeurs [c], ne permettent pas de croire qu'on eût négligé le canal auquel le grand développement qu'avait pris le commerce de la mer Érythrée et de l'Inde donnait une importance nouvelle. Aussi Pline, sous le règne de Néron, qualifie encore le canal qui aboutissait à Arsinoé de *navigabilis alveus*. Il lui conserve le nom de *Ptolemæus amnis*, qu'il continuait de porter comme au temps de Diodore de Sicile; ainsi les quatre premiers Césars n'avaient pas eu besoin d'y faire exécuter de ces grands travaux qui pouvaient donner à la flatterie l'occasion d'en changer le nom contre celui d'un empereur.

[a] Plut. l. l. — [b] Strab. XVII, p. 788, et la *note de Gossellin* dans la trad. franç. t. V, p. 318. — [c] Plus haut, p. 93, 94.

Mais, au temps du géographe Ptolémée, le nom de Πτολεμαῖος ποταμός avait disparu, pour faire place à celui de Τραϊανὸς ποταμός. Ce changement annonce que, sous le règne de Trajan, le canal avait attiré une attention nouvelle, et avait été l'objet d'améliorations considérables[1] : en effet, Ptolémée ajoute[a] que le canal passe à Héroopolis et à Babylone. D'où il suit qu'il portait ce nouveau nom dans toute l'étendue de son cours, et que le travail ordonné par Trajan avait consisté dans une grande réparation de la partie voisine de la mer Rouge, et dans l'établissement d'un autre canal, qui portait la prise d'eau à Babylone, près du Caire actuel, environ 60 kilomètres en amont de Bubaste, ce qui avait pour but d'augmenter la pente, et, par conséquent, la durée du temps pendant lequel le canal pouvait être navigable.

Makrizy ne parle pas de Trajan; il dit « que ce canal fut creusé « une seconde fois par Adrian Kaïsar, un des rois Grecs[b]. »

D'Anville[c], et d'autres après lui[d], ont essayé de concilier les auteurs arabes avec Ptolémée, en disant que le nom de *Trajan,* dans cet auteur, désigne *Adrien,* qui s'appelait aussi *Trajan.* Sans nul doute, c'est un des noms qu'Adrien porte sur les monuments; mais on ne citerait aucun exemple où il aurait donné le nom de son prédécesseur à un travail qu'il aurait lui-même fait exécuter. Cela ne se voit de la part d'aucun empereur, et se concevrait moins de la part d'Adrien que de tout autre, Trajan ayant toujours été pour lui l'objet d'une rivalité que l'histoire lui reproche[2]. Le nom de

---

[a] *Geogr.* IV, 5, p. 106. — [b] Voy. la trad. de Silv. de Sacy, dans la *Trad. d'Hérodote,* t. III, p. 453. — [c] *Mém. sur l'Égypte, etc.* p. 133. — [d] Larcher, *Trad. d'Hérodote,* III, p. 450, et Langlès, *Notices des manuscrits,* t. VI, p. 338 et suiv.; Le Père, ouvr. cité, p. 60.

[1] C'est sans aucun motif que Le Père doute que Trajan ait voulu rétablir la communication des deux mers, et présume qu'il avait seulement pour but les irrigations (p. 67).

[2] A la vérité, selon Spartien (*in Adriano,* § 18, 19), Adrien eut bien le soin de conserver aux édifices qu'il restaura les noms anciens qu'ils portaient : « eaque « omnia propriis ac veteribus nominibus « consecravit. » Cet historien ajoute qu'il n'aimait point à faire graver son nom sur les édifices qu'il élevait; mais qu'il le donna à un grand nombre de villes qu'il appela *Adrianopolis,* telles que Carthage et une partie d'Athènes : « et quum in operibus titu-

XVI, XVII. TEMPLES DU MONT CLAUDIEN. 197

Τραϊανὸς ποταμός, dans Ptolémée, est un fait positif, contemporain, qui ne permet pas qu'on s'arrête à l'assertion de Makrizy sur un point de l'histoire romaine si éloigné de l'époque où il vivait.

Le témoignage de Ptolémée se coordonne, d'ailleurs, parfaitement avec nos inscriptions des carrières. Nous avons vu que celles de granit furent exploitées dès le règne de Trajan; et il devient permis de conjecturer que l'intérêt qui s'attachait à l'exploitation des nouvelles carrières a pu entrer dans les motifs qui ont déterminé Trajan à perfectionner et à étendre la navigation du canal. Si ce canal n'eût été navigable que sous Adrien, il en résulterait une difficulté considérable. Mais tout se lie et s'enchaîne parfaitement : et l'autorité si grande de nos inscriptions ne fait que confirmer celle de Ptolémée.

J'ai déjà discuté un texte de Lucien [a] qui ne permet pas de douter que, vers l'an 160 de notre ère, sous Antonin, le canal était navigable dans toute son étendue, puisqu'un vaisseau parti d'Alexandrie se rendait à Clysma, sur la mer Rouge.

Dans le silence absolu de l'histoire, il est impossible de savoir si le canal servit longtemps après cette époque. J'avais donné à un passage de Grégoire de Tours [b] une interprétation d'où il résultait que le canal était encore navigable au VIe siècle de notre ère; mais cette interprétation me paraît à présent trop forcée pour être admise [c]. On peut cependant croire que ce canal resta navigable au moins pendant le siècle florissant des Antonins, qui veillèrent avec tant de soin à maintenir toutes les sources de la prospérité de l'empire. L'époque de l'ensablement du canal doit coïncider avec celle de l'abandon des carrières du mont Fateereh et en même temps avec l'ouverture des carrières de granit ou nouvelles carrières de cette matière plus voi-

---

[a] *Recherches géographiques sur Dicuil*, p. 13. — [b] *Hist. Francor.* I, 10. — [c] Voyez ma note dans la traduction de MM. Guadet et Taranne, p. 358.

« los non amaret, multas civitates Adriano-
« polis appellavit, ut ipsam Carthaginem et
« Athenarum partem. » Il appela aussi de
son nom une multitude d'aqueducs : « aqua-
« rum etiam ductus infinitos hoc nomine
« nuncupavit. » Il n'aurait certes pas donné
au nouveau canal le nom de Trajan, si les
travaux eussent été exécutés par lui-même.

sines du Nil. Or une inscription latine[1], copiée à Syène (n° XLIII), atteste qu'entre les années 205 et 209 de notre ère, sous le règne simultané de Septime Sévère et de ses fils, de *nouvelles carrières* (*novæ lapicædinæ*) furent trouvées (*adinventæ*), et qu'on en tira des pilastres (*parastaticæ*), ainsi que des colonnes grandes et nombreuses (*columnæ grandes et multæ*) : ce qui prouve que, dès le commencement, ces carrières furent en pleine activité, et fournirent de ces colonnes monolithes plus ou moins colossales, dont les carrières du Djebel-Fateereh conservent encore de si nombreux échantillons. Tout atteste, en effet, que, dans aucun temps, l'architecture ne fit plus d'usage de monolithes pour la décoration, soit des édifices, soit des places publiques, au moyen de colonnes triomphales, comme celle dite de Pompée. J'ai émis, ailleurs, la conjecture que cette immense colonne était une des *columnæ grandes* tirées de ces nouvelles carrières : la nature du grain, qui est la même que celle du cippe sur lequel est gravée l'inscription latine que je viens de citer, donne du poids à cette conjecture.

Il devient donc vraisemblable que l'abandon des carrières du Djebel-Fateereh est dû à l'ensablement du canal. Aussitôt qu'il cessa d'être navigable, on dut renoncer à terminer toutes ces grandes colonnes qu'on n'avait plus de moyens de transporter en Égypte. On fut donc contraint de renoncer à cet établissement, et de transférer les grandes exploitations dans une localité d'où le transport fût plus facile : l'ouverture des nouvelles carrières de Syène aura été une suite de cet abandon.

Mais observons que le délaissement de l'exploitation du granit au Djebel-Fateereh n'a pas nécessairement entraîné celui de l'exploitation du porphyre dans le Djebel-Dokhan. Celle-ci a pu subsister, même après l'ensablement du canal, parce qu'elle produisait des pièces d'une grandeur moindre, qu'on pouvait, à force de bras et d'efforts, transporter par la voie du désert. Le passage d'Eusèbe déjà cité[a] montre, en effet, que les carrières de porphyre étaient en

[a] Plus haut, p. 143.
[1] Maintenant au musée du Louvre.

XVIII. COLONNE DU TEMPLE DE LATOPOLIS.

pleine activité sous le règne de Dioclétien; et les passages de Paul le Silentiaire[a] prouvent qu'elles le furent encore plus tard, et même que leurs produits étaient transportés par la voie du Nil.

Ainsi tous les faits qui résultent des textes anciens, du récit des voyageurs et des inscriptions trouvées sur les lieux, s'accordent entre eux ou se concilient sans peine [1].

XVIII.

INSCRIPTION D'UNE COLONNE DU PETIT TEMPLE AU NORD DE LATOPOLIS.

Ce petit temple, dont Champollion, en 1829, n'a plus trouvé qu'une colonne et quelques bas-reliefs gisant à terre [b], a maintenant tout à fait disparu, comme le temple d'Antæopolis[c] : il n'existe plus que dans les dessins et les descriptions de la Commission d'Égypte.

« Ce temple, disent MM. Jollois et Devilliers, est beaucoup moins « considérable que celui qui existe dans l'intérieur de la ville; il est « aussi d'une conservation moins parfaite. Ses ruines ne portent pas « l'empreinte d'une dégradation ancienne : l'état dans lequel il se « trouve *ne paraît pas être un effet de la vétusté;* il semble plutôt pro- « venir *d'un travail récent,* auquel ont échappé plusieurs parties de « l'édifice. Les habitants d'Esné nous ont effectivement assuré qu'on « devait l'attribuer aux fouilles multipliées faites dans ses fondations « par ordre d'Ismâyl-Bey, qui avait conçu l'espoir d'y trouver des « trésors. Les mêmes habitants nous ont dit qu'avant cette époque le « temple était presque entier, et que les *couleurs dont les sculptures* sont « en partie couvertes *étaient très-brillantes et très-bien conservées*[d].

[a] Plus haut, p. 146. — [b] *Lettres écrites d'Égypte,* p. 104. — [c] Plus haut, p. 24. — [d] Jollois et Devilliers, *Description d'Esné,* p. 14.

[1] Les blocs considérables qui ont servi à faire les monuments que j'ai énumérés plus haut (p. 177) avaient pu être apportés à Alexandrie, bruts, ou dégrossis seulement, lorsque le canal existait encore, et achevés plus tard dans cette ville même,

« ...... Cet édifice paraît avoir été construit à la hâte et avec
« *beaucoup de négligence*. Il a été mal fondé : l'appareil des pierres est
« on *ne peut plus irrégulier;* les assises ne sont pas toujours dans le
« même plan, et les joints ne sont presque jamais verticaux [a]. Dans
« l'épaisseur des murs on avait pratiqué sans précaution des couloirs
« qui ont *beaucoup nui à la solidité* : les pierres n'ayant pas assez de
« liaison entre elles, plusieurs de ces murs se sont partagés dans
« toute leur longueur. »

Après avoir décrit la construction du pronaos, les dimensions
et la forme des colonnes et des chapiteaux, les auteurs parlent
de la décoration en ces termes : « Les sculptures de ce monu-
« ment sont *moins soignées* que celles du portique d'Esné ; elles
« ne sont ni d'un *dessin aussi correct,* ni d'un *fini aussi précieux...*
« Le portique a été entièrement décoré ; le temple proprement dit
« ne l'a point été. On ne trouve de sculptures que sur la porte qui
« conduit de la première salle à la seconde : elles sont beaucoup
« mieux exécutées que celles du portique. Les colonnes sont entiè-
« rement couvertes de sculptures : toutes *les sculptures étaient peintes;*
« et ce monument *a conservé, plus qu'aucun autre, des couleurs fraîches*
« *et brillantes* [1], parmi lesquelles on remarque particulièrement le
« rouge, le bleu et le jaune d'or [b]. »

D'après les différents traits de cette description, il était facile de
conjecturer que la construction de ce petit temple n'est pas d'une

---

[a] Jollois et Devilliers, *Descr. d'Esné*, p. 15. — [b] La même, p 7.

pour être appropriés à une destination déterminée.

[1] M. Hamilton atteste aussi que les couleurs sont extrêmement belles et bien conservées (*Ægyptiaca*, p. 109), et M. Gau,
dans une note manuscrite, l'a décrit en
ces termes :

« Le petit temple au nord d'Esné est *un*
« *des plus récents de l'Égypte :* cela m'est
« prouvé par le caractère de l'architecture
« et la nature de la bâtisse.

« Les sculptures appartiennent *évidem-*
« *ment à la dernière époque de l'art égyptien.*

« Il n'existe aucune différence entre elles ;
« elles sont toutes du même style, *sans ex-*
« *cepter le zodiaque,* et l'on ne peut douter
« qu'elles ne soient toutes *du même temps.*

« Les *couleurs* qui les recouvrent ont par-
« tout le même éclat, la même fraîcheur,
« les mêmes teintes ; et il est de toute évi-
« dence qu'elles ont été appliquées par les
« mêmes mains. »

XVIII. COLONNE DU TEMPLE DE LATOPOLIS.

date très-ancienne. En outre, le style des sculptures et le brillant des couleurs étaient autant d'indices que la décoration devait être d'une époque assez tardive [1]; et l'on peut croire, au soin que les auteurs de la description ont mis à relever ces caractères, qu'ils en auraient tiré la même conséquence, si le plafond du pronaos ne s'était trouvé décoré de l'un des deux zodiaques sur lesquels on a tant disserté. Comme ce zodiaque, de même que celui du grand temple, a paru commencer par le signe de la *Vierge*, on lui a supposé la même antiquité, c'est-à-dire qu'on en a placé la date entre l'an 2700 et l'an 3000 avant J. C. [a]; et, en combinant cette époque avec l'exhaussement du sol, on l'a prise pour celle de *l'érection des deux temples d'Esné* [b]. Avec un peu de réflexion, il eût paru bien difficile d'admettre qu'un *édifice si mal construit, si peu solide*, eût résisté pendant *cinq mille ans* à l'action des siècles. Malheureusement les preuves morales les plus fortes ne semblaient pas devoir entrer en comparaison avec les *preuves de fait* qu'on croyait tirer des monuments astronomiques, que chacun a, depuis, interprétés à peu près comme il a voulu.

Malgré toutes leurs préventions zodiacales, ces habiles observateurs auraient beaucoup hésité à présenter une opinion si invraisemblable sur l'antiquité de l'édifice, s'ils avaient pu apercevoir une inscription grecque, qui était placée à environ sept pieds de haut, au-dessous du chapiteau de la deuxième colonne du fond, marquée C [c]. Cette inscription, recouverte d'un enduit de stuc qui empêchait de la voir,

---

[a] Jollois et Devilliers, *Rech. sur les bas-reliefs astron.* p. 61, *fin*. — [b] Les mêmes, p. 60; *Descr. d'Esné*, p. 26; Rozière, dans la *Descr. de l'Ég. Hist. nat.* t. II, p. 585. — [c] Voy. notre pl. IV, d.

[1] Toutes ces observations, écrites en 1823, ont été justifiées par Champollion, dans son Voyage en Égypte (1828, 1829), et par sir Gardner Wilkinson. Le petit temple d'Esné paraît avoir été fondé par Ptolémée Évergète, mais laissé dans un état imparfait; les sculptures furent complétées par Épiphane, Auguste, Adrien et Marc-Aurèle. Champollion y a trouvé une série de captifs, avec les noms de l'Arménie, de la Perse, de la Thrace, de la Macédoine (Champollion, *Lettres écrites d'Égypte*, p. 204, 205; Wilkinson, *Topography of Thebes*, p. 426): ce fait s'accorde avec ce que l'inscription d'Adulis raconte des conquêtes de Ptolémée Évergète.

a été mise à la lumière par les soins de M. W. J. Bankes, en 1818 [1]. On a présumé qu'elle avait été tracée clandestinement par des ouvriers, qui, pour cacher cette contravention, employèrent le même moyen que les architectes du Phare [a]. La teneur de l'inscription n'est pas favorable à cette idée : il est plus probable que le stuc qui recouvrait cette inscription était un reste de l'enduit dont les chrétiens avaient revêtu les sculptures du temple, quand ils en firent une église.

La forme très-irrégulière de cette inscription provient de la place qu'elle occupe entre des ornements dont on n'a voulu gêner ni la disposition ni le dessin. Les lignes sont d'inégale longueur; mais toutes celles qui ne sont pas suivies de marques de mutilation finissent à la lettre copiée par M. Gau : il n'a vu aucune trace au delà.

Quoiqu'elle ait souffert, et que ce voyageur n'ait pu ni tout lire, ni distinguer bien nettement les lettres encore visibles, il reste encore assez d'éléments certains pour qu'on retrouve exactement ce qu'elle offre d'important et de caractéristique.

Elle ne devient lisible qu'à la sixième ligne, où l'on aperçoit d'abord ΚΑΙΑΡΠΟΣΡΑΣΤΙΟΟΗΟΥΣΕΠΟΗΣΑΝ; le deuxième nom est, selon toute apparence, ΤΙΘΟΗΟΥΣ ou ΤΙΘΟΗΤΟΥΣ, nom propre égyptien, semblable au nom ΤΙΘΟΗΤΟΣ (génitif de ΤΙΘΟΗΣ), qui se lit dans plusieurs inscriptions et papyrus [2]. La différence entre ΤΙΘΟΗΤΟΥΣ et ΤΙΘΟΗΟΥΣ se réduit à rien, quand on sait que le Τ et le Η ne forment souvent qu'une *littera nexilis,* au moyen d'une barre transversale sur le second jambage de l'*êta;* ainsi nous lirons : καὶ Ἁρποκρᾶς Τιθοήτους ἐπόησαν, pour ἐποίησαν, orthographe fréquente

---

[a] Salt, *On the phonetic system of Hieroglyphics*, p. 13, note 2.

[1] M. Bankes n'ayant point publié les inscriptions qu'il a recueillies, nous n'aurions aucune de celles qui existaient dans ce petit temple, à présent détruit, si M. Gau ne les avait copiées après lui, et publiées dans son ouvrage. C'est d'après sa copie que nous la donnerons (voyez notre pl. VI, *e*), ainsi que toutes les autres, par la suite.

[2] C'est aussi le nom d'un roi égyptien dont Pline fait mention : « ....a Petesucco « rege, sive Tithoe. » (Plin. XXXVI, 13, § 84.)

XVIII. COLONNE DU TEMPLE DE LATOPOLIS. 203

dans les inscriptions et les papyrus. On remarquera que le N final de ce mot avait été oublié, et qu'on l'a placé dans l'interligne, ce qui n'est pas sans exemple.

Le pluriel ἐποίησαν et les mots καὶ Ἁρπ. Τιθ. nous avertissent qu'on avait écrit auparavant le nom d'autres personnages, avec celui de leur père : et, en effet, les lettres ⲰNOC, à la quatrième ligne, sont les restes d'un nom propre au génitif. Par la comparaison avec les monuments de ce genre, nous sommes certains que, dans les cinq lignes précédentes, il n'y avait rien autre chose que le nom, au datif, de la divinité pour laquelle a été fait le travail quelconque dont il est ici question, et les noms des auteurs de ce travail, dont le dernier seul peut se lire d'une manière distincte. Les lettres ⲰIΛN, qui commencent la première ligne, annoncent une ligne précédente : je ne doute pas qu'il n'y eût ΘⲈⲰIMⲈΓICT]ⲰIAM[MⲰNI, car le temple était dédié à Ammon, comme il résulte de fragments copiés dans le même temple, et qui seront rapportés dans la suite de cet ouvrage. Le nom d'*Harpocrás, fils de Tithoétès,* indique un *Égyptien,* et l'on a lieu de présumer qu'il en était de même des autres personnages. Ainsi les travaux que l'inscription rappelle n'ont été faits ni par des Grecs, ni par des Romains. Ce nom n'est accompagné d'aucun titre ou qualité : preuve que c'étaient de simples particuliers, sans fonctions publiques, qui agissaient d'eux-mêmes, et, comme ils l'ont dit, *par motif de piété.*

Après ⲈⲠOHCAN, on distingue, dans les deux lignes suivantes, THN ΓΛΥΦHN KAI THN ZⲰΓΡΑΦΙΑΝ.

Les deux lettres T.Y sont l'article TOY, qui annonce un mot neutre ou masculin au génitif, dont la dernière lettre, Y, commence la ligne suivante : les lettres qui subsistent représentent clairement le mot CTYΛOY.

Le reste de la dixième ligne se lit, sans plus d'incertitude : ⲈΥ-CⲈBIACXAPINⲈΠΑΓΑΘⲰI. Le K, mis pour le B, n'offre rien qui doive surprendre; la ressemblance de ces lettres les fait souvent prendre l'une pour l'autre. I pour ⲈI (εὐσεβίας pour εὐσεβείας) est une orthographe connue[a]. La formule si ordinaire ἐπ' ἀγαθῷ ne peut donner lieu à aucun doute.

Les cinq lignes suivantes contiennent la date, qui, heureusement, est assez distincte; on peut donc lire sans hésiter :

L.ῑ AN
TΩ[NI]N[O
YTO[Y]KY
PIOY[ΠAX]
Ω[N...

Ainsi toute la partie lisible de l'inscription sera reproduite fidèlement de cette manière :

Θεῷ μεγίσΊῳ Ἄμμωνι...... καὶ Ἁρποκρᾶς Τιθοήτους ἐπόησαν τὴν γλυφὴν καὶ τὴν ζωγραφίαν τοῦ σΊύλου, εὐσεβίας χάριν, ἐπ' ἀγαθῷ· LῙ. Ἀντωνίνου τοῦ κυρίου, παχὼν......

Le sens des expressions γλυφή et ζωγραφία ne peut faire l'objet d'un doute. Γλυφή est le mot propre pour désigner les bas-reliefs qui recouvrent les temples égyptiens : Diodore de Sicile n'en emploie pas d'autre en décrivant les sculptures des pylônes et des diverses pièces du tombeau d'Osymandyas [b].

Le sens de ζωγραφία est tout aussi bien déterminé. Ce mot exprime l'opération par laquelle on terminait la décoration des temples égyptiens, celle de peindre les sculptures, c'est-à-dire d'étendre sur toutes les figures ces couleurs variées et vives dont l'éclat s'est conservé à travers les siècles.

Nous verrons (au n° suivant) que, dans une circonstance pareille, l'auteur des *dorures* du temple de Pselcis a employé le mot abstrait χρύσωσις, la *dorure*, au lieu du concret, les *dorures* (du temple) : de même, ici, on s'est servi de l'abstrait τὴν γλυφήν, τὴν ζωγραφίαν τοῦ σΊύλου, au lieu de τὰς γλυφάς, τὰ ζωγραφήματα, qui auraient présenté tout juste le même sens.

[a] Plus haut, p. 101. — [b] Diod. Sic. I, § 47.

XIX. DORURE DU TEMPLE DE PSELCIS.

Je traduirai ainsi la partie restituée plus haut :

Au dieu très-grand Ammon...... tels et tels...... et Harpocrâs, fils de Tithoétès, ont fait [1] la sculpture et la peinture de cette colonne par piété, pour un but utile. La dixième année d'Antonin le seigneur, le.... de pachon (avril-mai 147 de J. C.).

La conséquence à tirer de cette inscription, c'est qu'une colonne restée toute nue dans le pronaos fut couverte de sculptures peintes, l'an 147, par de simples particuliers *égyptiens*. Or on n'avait aperçu aucune différence dans le style des sculptures du pronaos, dans la vivacité des couleurs, y compris celles du zodiaque, et l'idée n'était pas même venue qu'il pouvait y avoir là le travail de plusieurs mains ou d'époques différentes. Ce fait remarquable prouve que ces sculptures et peintures ont dû être exécutées à peu près à la même époque, et que les plus anciennes ne sont pas antérieures aux premiers temps de la domination romaine, bien que la construction même du temple puisse remonter jusqu'à Ptolémée Évergète I[a].

XIX.

INSCRIPTION RELATIVE À LA DORURE DU TEMPLE DE PSELCIS.

Cette inscription, répétée en deux endroits [2] de ce temple, se rapproche, par son objet, de la précédente, en ce qu'elle exprime une décoration ajoutée à un édifice, et elle n'est pas moins intéressante par les conséquences qu'on est en droit d'en tirer.

En voici le texte, d'après la copie donnée par M. Gau [b], vérifiée ensuite par celle de M. Ch. Lenormant :

---

[a] Champollion, *Lettres écrites d'Égypte*, p. 204, 205. — [b] *Antiquités de la Nubie*, pl. XIV, n° 30, et 43; voy. notre pl. VI, *f*.

[1] Probablement dans le sens de *ont fait faire*. (Plus haut, p. 123, note 1.)

[2] Nous verrons, par la suite, plus d'un exemple de ces répétitions d'une même inscription dans le même lieu. (Cf. Burckhardt, *Travels in Syria*, etc. p. 222-223.)

ΘΕΩΜΕΓΙCΤΩΕΡΜΗ	Θεῷ μεγίστῳ Ἑρμῇ	Au dieu très-grand Hermès
ΠΑΥΤΝΟΥΦΙΔΙΑΙΓΥΠΤΟΥ	Παϋτνούφιδι, Αἰγύπτου	Paytnyphis, un de ceux qui pré-
CΥΝΟΡΙΗΝΚΑΙΑΙΘΙΟΠΩΝ	συνορίην καὶ Αἰθιόπων	sident à la région limitrophe de
ΜΕΤΕΧΟΝΤΙΤΗΝΠΕΡΙΤΟΝ	μετέχοντι, τὴν περὶ τὸν	l'Égypte et des Éthiopiens, Sa-
ΝΑΟΝΧΡΥCΩCΙΝΕΠΟΙΗCΕΝ	ναὸν χρύσωσιν ἐποίησεν	turninus Vétranus Aquila, zélé
ΙΕΡΟΙCΑΝΗΡΜΕΜΕΛΗΜΕΝΟC	ἱεροῖς ἀνὴρ μεμελημένος	pour la religion, a exécuté la do-
ΑΚΥΛΑCΑΤΟΥΡΝΕΙΝΟCΟΥΕΤΡΑΝΟC	Ἀκύλας[1] Σατουρνεῖνος Οὐετρανὸς,	rure du temple, en accomplisse-
ΕΥΞΑΜΕΝΟCΡΩCΙΝΚΑΙΤΕΚΝΟΙC	εὐξάμενος ῥῶσιν καὶ τέκνοις	ment d'un vœu pour la santé
ΚΑΙΓΑΜΕΤΗ	καὶ γαμετῇ	de ses enfants et de sa femme.

Le second exemplaire, trouvé par M. Gau dans une autre partie du temple, diffère de celui-ci par deux circonstances : d'abord le surnom du dieu est écrit Παϋτνούϐιδι, et non Παϋτνούφιδι; en second lieu, la ligne ΑΚΥΛΑC CΑΤΟΥΡΝΕΙΝΟC ΟΥΕΤΡΑΝΟC manque entièrement. Je soupçonne que Saturninus Vétranus Aquila avait tracé la première inscription sans y mettre son nom, mais que, bientôt, se repentant de cet excès de modestie, il la reproduisit textuellement en y ajoutant ce qu'il avait d'abord oublié.

Le surnom d'Hermès *Paytnuphis* ou *Paotnyphis*[a] est une épithète locale, dont le sens est, selon Champollion, *qui a le cœur bon*.

L'épithète μέγιστος lui est donnée dans toutes les inscriptions[2], ou προσκυνήματα, relevées sur les parois de ce temple; il s'ensuit que le fameux titre τρισμέγιστος, *trois fois très-grand*, ne lui appartenait pas : c'est que ce titre n'était que d'une date fort récente, et, très-probablement d'invention grecque[b].

La troisième ligne est intéressante en ce qu'elle montre que ce dieu était censé *présider* à la *contrée limitrophe de l'Égypte et de l'É-*

---

[a] Plus haut, p. 34. — [b] Voy. plus bas, p. 283-285.

[1] Le C final du nom ΑΚΥΛΑC manque dans les deux copies ; le sculpteur de l'inscription l'aura oublié, peut-être à cause de la première lettre du mot suivant, Σατουρνεῖνος. On sait que le nom latin *Aquila*, comme ceux de *Catilina, Fimbria, Sylla*, est toujours terminé en grec par un Σ. (Priscian. ap. Putsch. p. 641.)

[2] Dans une inscription métrique, cette épithète est remplacée par celle de τρίσμακαρ, *trois fois heureux*. (V. les inscriptions de Pselcis, dans le t. II.)

XIX. DORURE DU TEMPLE DE PSELCIS.

thiopie. La même idée est exprimée dans une inscription métrique copiée sur le propylon du même temple, où Hermès est invoqué en ces termes : Ἄναξ Ψέλκιδος, ὃς μεδέεις Αἰγύπτου τε μεταξὺ καὶ Αἰθιόπων περάτης γῆς. L'expression, qui ne diffère pas pour le sens, offre même aussi une couleur poétique.

L'emploi du style poétique ou de ses formes se trouve, comme on sait, d'autant plus fréquemment, que les monuments sont d'une date plus récente[a] : la raison en est, je pense, que beaucoup d'entre eux ont été écrits par des Romains, ou par d'autres personnes dont le grec n'était pas la langue maternelle, et qui mêlaient, sans y songer, les formes de différents styles.

Suidas interprète συνορία par le mot πλησιότης, *voisinage;* mais ce mot offre une nuance particulière, que n'exprime pas πλησιότης. Les lexiques ne citent aucune autre autorité pour ce mot. Je ne le trouve pas avant l'auteur du périple de la mer Érythrée[1], qui s'en sert deux fois avec le sens de *pays servant de limite commune à deux autres, sans appartenir à aucun des deux.* C'est, à la lettre, le *collimitium* des Latins[b], terme qui, de même que l'adjectif *collimitaneus* et le verbe *collimito*, ne se montre que dans Solin et dans Ammien Marcellin[c]. Je crois que συνορία désigne ici la contrée au midi de Philes jusqu'à *Hierasycamynos,* limite de la domination romaine; et elle me paraît être le *Dodecaschœnos,* contrée de douze schènes d'étendue, marquée par Ptolémée au delà de la frontière de l'Égypte[d].

A exécuté la dorure du temple (c'est-à-dire *de tout ce qui, dans le temple, a été doré; la dorure* signifie, en cet endroit, *les dorures*) : ce fait est digne d'attention, car l'inscription est d'une époque assez récente; et, à en juger d'après la forme des lettres, le style et les noms du personnage, je serais fort trompé si elle était antérieure

---

[a] Plus haut, p. 101. — [b] Salmas. *Exercitat. Plinian.* p. 692, b, F. — [c] Forcellini, *Lexic. tot. Latin.* h. voc. — [d] *Geograph.* IV, 6, p. 108.

[1] Κατ' ἔτος δὲ παραγίνεται ἐπὶ τὴν συνορίαν τῆς Θίνας ἔθνος τι... (p. 178, ed. Blanc.) Et, plus bas, ...εἶτα ἐπιμένουσιν ἐπί τινα τόπον τῆς συνορίας αὐτῶν, καὶ τῶν ὑπὸ τῆς Θίνας. Scymnus de Chio emploie, dans le même sens, τὰ μεθόρια (v. 755 de mon éd.).

au iiie siècle de notre ère. Le temple de Pselcis, dont le *pronaos* et d'autres parties ont été construits sous les Ptolémées [a], était-il resté si longtemps sans avoir de dorures à l'intérieur, ou bien s'agit-il d'une dorure nouvelle, exécutée pour remplacer l'ancienne qui avait disparu? Dans ce cas, on aurait dit : τὴν περὶ τὸν ναὸν χρύσωσιν ἀνεκαίνισεν, ἀνενεώσατο, ἀποκατέσ]ησεν, etc. Il résulte donc évidemment de l'inscription qu'on n'a mis la dernière main à la décoration du temple de Pselcis qu'à une époque très-récente.

Les sculptures étaient faites, la peinture y avait été appliquée, mais toutes les parties qui devaient recevoir la dorure n'en étaient pas encore recouvertes; et c'est cette dernière opération qu'effectuèrent de simples particuliers au commencement du iiie siècle, ou, tout au plus, vers le milieu du iie.

Une remarque de Champollion explique cette opération : « A Kalabschi, dit-il, j'ai remarqué, pour la première fois, la couleur « violette employée dans les bas-reliefs peints. J'ai fini par découvrir « que cette couleur provenait du mordant, ou mixtion, appliqué sur « les parties de ces tableaux qui devaient recevoir la *dorure*. Ainsi « le sanctuaire de Kalabschi et la salle qui le précède ont été dorés, « aussi bien que le sanctuaire de Dakkeh [b]. »

La ligne ἱεροῖς ἀνὴρ μεμελημένος offre une tournure à remarquer : le sens ne peut être que *homo qui sacra curat*. Μεμελῆσθαί τινι signifie proprement, dans un sens passif, *esse curæ alicui*, ἐν ἐπιμελείᾳ εἶναί τινι, comme l'a fait voir d'Orville [c]; mais, ici, μεμελημένος est évidemment pris dans le même sens que πυγμαχέῃ μεμελημένος, employé par Nonnus pour dire *assuetus pugilatui* [d], où μεμελημένος paraît être la même chose que μεμηλώς dans cet autre passage du même Nonnus : παντοίαις ἀρεταῖσι μεμηλότες εἰσὶ μαχηταί [e], qui paraît imité de Pindare [f]. Cet ἀρεταῖσι μεμηλότες a le même sens que φιλάρετοι, comme μεμελημένοι ἠθάσι κώμοις, dans une inscription, équivaut à φιλόκωμοι [g]. A l'actif comme au

---

[a] Plus haut, p. 38, 39. — [b] *Lettres écrites d'Égypte*, p. 158. — [c] D'Orville ad Chariton. p. 555, ed. Lips. — [d] Nonn. *Dionys*. XXXVII, v. 495. — [e] Id. XXXVII, v. 135. — [f] *Olymp*. I, v. 145, ubi vide Böckh, *Explicat*. t. III, p. 112, init. — [g] Huschke, *Analect. critic.* p. 98.

XIX. DORURE DU TEMPLE DE PSELCIS.

passif, μεμελημένος τινί est une tournure poétique, dont la présence confirme l'observation que j'ai déjà faite. On peut remarquer qu'à l'actif comme au passif la locution μεμελημένος τινί ne se rencontrerait probablement que dans un poëte, ou dans un auteur affectant l'imitation des formes poétiques. Ainsi la remarque que j'ai faite plus haut, sur le mot συνορία, trouve ici une seconde application.

La dernière ligne εὐξάμενος ῥῶσιν τέκνοις καὶ γαμετῇ signifie : *ayant fait un vœu pour la santé* (ou *l'affermissement de la santé*) *de ses enfants et de sa femme*. Hésychius, en effet, donne le mot ῥῶσις comme synonyme de ὑγεία [a], de même que le scholiaste de Denys de Thrace [b] interprète ἐπίρρωσις par les mots βεβαίωσις, διόρθωσις, ὑγεία [c]. Quoique le datif, après εὔχεσθαι, s'applique plus ordinairement au dieu qu'on implore qu'à la personne pour laquelle on fait un vœu, la locution εὐξάμενος ῥῶσιν τέκνοις καὶ γαμετῇ revient à εὐξάμενος τὸν θεὸν δοῦναι τὴν ὑγείαν τέκνοις καὶ γαμετῇ, comme on lit, dans Diodore de Sicile : ...ἔθος ἦν τὸν ἀρχιερέα... εὔχεσθαι... δοῦναι τήν τε ὑγείαν καὶ τἄλλα ἀγαθὰ πάντα τῷ βασιλεῖ [d]. Elle est suffisamment autorisée par ce passage de Démosthène [e], à la fin du discours contre Aristogiton : Καὶ τί δεῖ ταῦτα ποιεῖν, ἐξὸν εὐφημεῖν, καὶ ἅπαντας ἅπασι πάντα ἀγαθὰ εὔχεσθαι, καὶ ὑμᾶς ὑμῖν αὐτοῖς. Les termes dont se sert Saturninus Vétranus Aquila doivent avoir la signification que l'on rendrait en latin par *ex voto suscepto pro salute liberorum uxorisque*.

Je n'insisterai ici que sur les points qui intéressent le sujet de cet ouvrage, et, réservant pour un autre tout ce qui concerne le zodiaque d'Esné, je dirai, d'après cette inscription combinée avec la précédente :

1° Que les Égyptiens, au milieu du II[e] siècle de notre ère, connaissaient encore tous les procédés des arts que leur avaient légués leurs ancêtres;

---

[a] Hesych. *hac voce*. — [b] In Bekk. Anecdot. græc. p. 766, 19. — [c] Id. *hac voce*, I, col. 1381. — [d] Diod. Sic. I, 70. — [e] Demosth. p. 800, ed. Reisk.; cf. H. Steph. *Thes.* t. III, p. 2522, D, ed. Didot.

2° Qu'ils savaient dorer les ornements d'architecture et de sculpture de leurs temples;

3° Qu'ils n'avaient point perdu le secret de ces couleurs si vives, si durables, dont leurs pères avaient recouvert les grands édifices de Thèbes et les grottes de la Nubie;

4° Qu'ils tenaient encore à décorer les murs de leurs temples de ces mêmes sculptures, de ces hiéroglyphes si multipliés, dont ils les recouvraient dans de plus anciens temps;

5° Qu'ils avaient si peu perdu le caractère général des arts qui leur étaient propres, que des sculptures, faites dans le IIe siècle de notre ère, ont été regardées, par des personnes habiles, comme ayant pu être exécutées *en même temps que le zodiaque, trois mille ans avant J. C.*

XX, XXI, XXII.

INSCRIPTION ATTESTANT QUE LA CORNICHE DU TEMPLE D'ANTÆOPOLIS A ÉTÉ RÉPARÉE PAR MARC-AURÈLE ET LUCIUS VÉRUS. — RESTITUTION DE DEUX INSCRIPTIONS DE NICÉE ET DE GÉRASA.

J'ai restitué plus haut[a] la double inscription gravée sur la façade du temple d'Antæopolis, mais je n'en ai expliqué que la première partie, qui se rapporte à l'époque ptolémaïque.

Ici doit se placer l'explication de la seconde partie, qui porte, comme on l'a vu, les noms de Marc-Aurèle et de Lucius Vérus. Elle est ainsi conçue : Αὐτοκράτορες Καίσαρες Αὐρήλιοι Ἀντωνῖνος καὶ Οὐῆρος σεβαστοὶ ἀνενεώσαντο τὴν στεγαστρίδα· Ἔτους τετάρτου παϋνὶ[1] Θ. Il en résulte que Marc-Aurèle et Vérus ont fait une certaine réparation au temple d'Antée, la quatrième année de leur règne, le 9 de païni, ce qui répond au 2 juin de l'an 164 de notre ère. Cette partie semble

[a] - N° IV, p. 30.

[1] Ou παϋνί; les deux orthographes et celle de παοινί se trouvent dans les inscriptions.

XX, XXI, XXII. PRONAOS D'ANTÆOPOLIS.

n'avoir point, comme l'autre, le caractère de dédicace; mais il devenait inutile de dire pour quel dieu ce travail était exécuté, puisqu'on lisait son nom auparavant. L'idée exprimée plus haut par les mots Ἀνταίῳ καὶ τοῖς συννάοις θεοῖς est naturellement sous-entendue.

Nous avons déjà vu que, dans de pareilles inscriptions, les noms des rois ou empereurs mis au nominatif, au lieu de la formule indirecte ὑπὲρ βασιλέως ou αὐτοκράτορος, indiquaient que ces princes avaient directement et immédiatement ordonné [a] l'exécution du travail, et, selon toute vraisemblance, lors de leur passage en ce lieu. Cette considération ferait présumer que la réparation du temple d'*Antæopolis* a été exécutée lors d'un voyage, en Égypte, de Marc-Aurèle et de Vérus, dont l'histoire n'a pas parlé.

L'idée de réparation est indiquée par le verbe ἀνενεώσαντο, qui, appliqué à l'architecture, signifie *refaire* une partie détruite ou fort endommagée par le temps. Aussi Procope [b], parlant des réparations faites par Justinien aux murs des villes grecques, depuis longtemps ruinés, emploie le mot ἀνανεοῦσθαι (τοὺς περιβόλους ἀνανεωσάμενος ἅπαντας, κατερερείπεσαν γὰρ πολλῷ πρότερον) : c'est d'une de ces opérations que parle une inscription de l'an 543, trouvée à Trébisonde [c]; on y lit : ...Ἰουστινιανὸς... ἀνενέωσεν [1] ....τὰ δημόσια κτίσματα τῆς πόλεως. Dans une inscription, recueillie par Spon [d], on trouve ἐν ᾧ κατεσκεύασεν καὶ ἀνενεώσατο ἀπὸ πολυετοῦς χρόνου πεπονηκότα [2] γυμνασίῳ. Quant à στεγαστρίς, il n'existe point d'exemples de ce mot employé substantivement : il n'est connu que comme adjectif (στεγαστήρ, au féminin στεγαστρίς),

---

[a] Plus haut, p. 51. — [b] *De Ædific.* IV, 2, p. 71, A. — [c] *Messager des sciences et des arts pour le roy. des Pays-Bas*, 2ᵉ et 3ᵉ livr. p. 72; cité dans le *Bullet. Univ. part. philol.* année 1825, p. 191. — [d] *Miscell. erudit.* p. 355; cf. Vandale, *Dissertat.* p. 627.

[1] La copie, dans le Bulletin, porte ΑΝΕ-ΝΕΨΕΝ; l'original a, évidemment, ἀνενέωσεν. L'auteur de l'inscription a préféré la forme active, moins usitée que l'autre.

[2] Villoison lit πεπονηκότι (*Magas. encyclop.* IIIᵉ ann. t. V, p. 550). Je lis τὰ ἀπὸ πολυετοῦς χρόνου πεπονηκότα γ., ce qui donne une phrase analogue à celle-ci de Diodore : ἀνῳκοδόμησαν ....τὰ πεπτωκότα τῶν τειχῶν (XX, 100), et à cette autre, du faux Aristéas : ...καὶ τὰ διαπεπτωκότα τύχῃ τῆς προσηκούσης ἐπισκευῆς. (Ap. Vandal. *de LXX Interpret.* p. 242; et p. 106, l. ult. in Josephi ed. Haverc. T. II.)

avec le sens de *qui couvre, sert à couvrir, à défendre des injures de l'air*. L'analogie m'avait fait conjecturer que ce mot signifie *toit* ou *toiture*, et j'avais présumé qu'il s'agit ici de la réparation de la *toiture du pronaos :* je dis du *pronaos* seulement, parce que les auteurs de l'inscription ayant employé le mot σ1εγασ1ρίς, sans autre désignation de la partie de l'édifice à laquelle ce mot devait s'appliquer, ce ne peut être que la même qui a été mentionnée dans la première partie de l'inscription, c'est-à-dire le *pronaos*.

Un examen plus attentif m'a fait ensuite douter que tel fût le sens du terme σ1εγασ1ρίς. Il serait assez étrange que, pour exprimer l'idée si ordinaire de *toit* ou *toiture*, on eût employé un mot tout à fait insolite, qui, par cette raison, ne peut être qu'un terme technique, quand on avait, dans la langue commune, plusieurs mots, tels que σ1έγη, σ1έγασμα, κατασ1έγασμα, ὄροφος, ὀροφή, qui l'eussent rendue si clairement. D'ailleurs, la terminaison de σ1εγασ1ρίς, indiquant un dérivé de σ1έγη, nous montre que le sens de ce mot doit se rattacher à l'idée générale de *couvrir*.

Je suis persuadé que ce mot si rare est un terme d'architecture désignant ici l'extrémité de la toiture, c'est-à-dire la *corniche*, qui, dans l'architecture égyptienne, comprend la partie placée au-dessous du tore de l'architrave [1]. C'est ce qu'Hérodote [a] exprime par le terme παρωροφίς (dérivé de ὄροφος), en parlant du monolithe de Buto, dont la corniche avait quatre coudées de *hauteur* (ἔχων τὴν παρωροφίδα τετράπηχυν), et non pas de *saillie*, comme l'entendent les traducteurs d'Hérodote : les quatre coudées sont le dixième de la hauteur du monolithe ; or la corniche, dans les monuments égyptiens, est la neuvième ou la dixième partie de la hauteur totale. Les fragments qui

---

[a] Herod. II, 155.

[1] Cette opinion sur le sens de σ1εγασ1ρίς est confirmée par les anciennes gloses, qui donnent le sens de *corniche*, même au mot σ1έγη; on y lit, en effet : *Grunda*, σ1έγη, καὶ τὸ ὑπὲρ πυλεῶνα (l. πυλῶνα) ἐξέχον. On sait que *grunda* signifie *corniche, auvent*, en général la partie du toit qui dépasse les murs. Si σ1έγη avait une telle signification, à plus forte raison le mot σ1εγασ1ρίς devait-il l'avoir d'après les raisons développées dans le texte.

restent de la corniche du temple d'Antæopolis montrent qu'elle était formée de blocs de pierre peu larges, placés au raz du tore de l'architrave, en sorte que leur aplomb pouvait être facilement dérangé par suite de quelque vice de construction ou d'un de ces tremblements de terre qui furent, en Égypte, plus fréquents qu'on ne le croit[a]. Après un laps de plus de trois cent vingt ans, elle avait déjà, sans doute, été endommagée en plusieurs endroits ; peut-être même quelques pierres en étaient tombées, et les Romains firent remettre de nouvelles pierres en place, raccordant les sculptures à celles du reste de l'entablement : c'est ce dont il est impossible de juger maintenant, attendu qu'il ne reste de cette corniche que des fragments informes.

Le sens que je viens de donner au mot στεγαστρίς, et l'induction que j'en tire, sont confirmés d'une manière frappante par les circonstances que l'auteur de la Description d'Antæopolis a observées avec soin et décrites avec précision [b].

La double inscription est placée sur l'architrave, et non sur le listel de la corniche, à la place qu'occupe ordinairement le globe ailé ; et ce fait est d'autant plus remarquable, qu'il n'y en a qu'un autre exemple, celui du temple de Pselcis (n° IV), parmi les inscriptions des Ptolémées.

Si le pronaos a été construit réellement sous Ptolémée Philométor, comme je le pense, il faudra admettre que, l'entablement n'ayant point reçu l'ornement d'usage, on avait gravé l'inscription grecque à la place où il aurait dû être ; mais un autre fait s'oppose invinciblement à cette conclusion, et semble prouver, contre mon système, l'existence antérieure du pronaos. D'après mon opinion sur le sens de l'inscription grecque, on devrait croire que la frise n'avait point reçu cet ornement indispensable. Mais les extrémités des pennes du globe ailé, qu'on aperçoit encore d'un côté de l'inscription grecque, sont une preuve manifeste que ce globe a été effacé par ceux qui l'ont gravée. La conséquence de cette observation serait que l'édifice existait déjà quand on a gravé l'inscription grecque, et qu'ainsi elle ne

---

[a] *Statue vocale de Memnon*, p. 25, 26, 255. — [b] Jomard, *Descript. d'Antæopolis*, p. 17.

peut exprimer que la consécration d'un édifice construit longtemps auparavant.

Mais une autre observation, que nous devons à M. Jomard, détruit radicalement cette conséquence : c'est que la seconde partie de l'inscription, gravée en 164 de notre ère, est du même temps que la première partie; les lettres ont la même forme, la même hauteur. Ce voyageur a remarqué également avec raison que ceux auxquels il faut attribuer cette première partie n'auraient point écrit sur deux lignes et demie, pouvant disposer de quatre, et laissé un vide très-choquant, sans exemple en pareil cas [a].

Il est donc prouvé que la totalité de l'inscription actuelle a été inscrite en même temps, c'est-à-dire sous le règne des empereurs Marc-Aurèle et Vérus : d'où il résulte avec évidence que la première partie, transportée alors sur la frise à cette époque, occupait autrefois une place différente sur le monument. Or cette place ne peut avoir été que le listel de la corniche, seul endroit de la façade qu'occupent toutes les dédicaces de ce genre jusqu'au règne de Tibère inclusivement. C'est là, sans nul doute, que, du temps de Ptolémée Philométor, on avait gravé la dédicace que les Romains ont transportée, plus tard, sur l'architrave.

Mais pourquoi ce changement? La raison en est simple, d'après le sens que j'ai donné au mot ϲτεγαϲτρίς : la corniche avait souffert, elle était endommagée; plusieurs des pierres furent remplacées et sculptées de nouveau. Si les auteurs de ces réparations avaient voulu se contenter de reproduire l'inscription de Philométor et de Cléopâtre, ils l'auraient, sans doute, gravée de nouveau dans les parties réparées à neuf; mais ils voulaient y joindre la mention de leurs propres travaux, et la place ne suffisait plus. C'est alors qu'ils choisirent l'architrave, en commençant par effacer le globe ailé qui en décorait le milieu. Il est indubitable que les choses se passèrent ainsi; ce qui appuie encore l'interprétation que j'ai donnée du mot ϲτεγαϲτρίς.

[a] Jomard, *Descript. d'Antæopolis*, p. 18.

XX, XXI, XXII. PRONAOS D'ANTÆOPOLIS.

On ne pourrait s'étonner, sans doute, que, dans le IIe siècle de notre ère, les Romains, ou ceux qui travaillèrent par leur ordre, eussent gratté un symbole de la religion égyptienne. Toutefois une particularité digne de remarque achève d'expliquer cette circonstance. J'ai constaté, plus haut, que les auteurs de l'inscription ont laissé cinq lacunes de deux à trois lettres en différents endroits de l'inscription. Ceci peut s'expliquer en admettant que les graveurs ont voulu éviter quelques cassures de la pierre : en pareil cas, ils transportaient toujours la lettre de l'autre côté de la cassure, ne pouvant graver dans la cassure même. Or ces cassures attestent que l'architrave avait un peu souffert dès cette époque. Les fragments de la corniche, en tombant, avaient endommagé le globe ailé qui était dessous, et il en était résulté des éclats dans la pierre. Remarquons que ces lacunes n'existent que dans la partie supérieure, car la troisième ligne est pleine, et la quatrième n'offre qu'un seul vide d'une lettre [ΣΤΕ-ΓΑΣ.ΤΡΙΔΑ], ce qu'on peut rejeter sur la copie de M. Hamilton, la seule qui nous guide en cet endroit. En effet, dans mon hypothèse, c'est aux deux premières lignes que se trouvait la partie la plus saillante du globe ailé, et que les arrachements de la pierre ont pu être sensibles. Selon une autre observation de M. Jomard, l'inscription est sur le plan même des hiéroglyphes conservés : ainsi la frise n'avait été grattée qu'autant qu'il fallait pour faire disparaître les vestiges du globe ailé, en sorte que la pierre put encore conserver les traces de quelques-unes des cassures, et les graveurs furent obligés de laisser des interstices entre des lettres qui, sans cela, auraient dû se suivre immédiatement.

On voit l'accord qui existe dans toutes ces circonstances. Concluons-en que la partie réparée par les Romains fut la corniche du pronaos, et que le globe ailé, déjà un peu endommagé à cette époque, fut tout à fait rasé par eux lorsqu'ils transportèrent sur l'architrave l'inscription qui occupait auparavant le listel de la corniche.

Les recherches précédentes nous mettent à portée d'apprécier l'opinion de ceux qui ont cru que l'inscription d'*Antæopolis pouvait servir à l'histoire des monuments de l'Égypte,* et ont si fort insisté sur son importance à cet égard. Comme il est évident qu'on avait gravé la totalité de l'inscription actuelle sous les Romains, il l'est également : 1° que les Ptolémées eux-mêmes l'avaient fait graver sur le listel de la corniche, comme au temple de Pselcis ; 2° que l'architrave, qui, au temps de Philométor, était ornée du globe ailé, fut grattée plus tard ; 3° que cette inscription, ne prouvant ni plus ni moins que les autres de ce genre, doit être rangée dans la même classe et expliquée d'après la même théorie.

RESTITUTION DE DEUX INSCRIPTIONS DE GÉRASA ET DE NICÉE.

Cette restitution de l'inscription d'Antæopolis, opérée par le rapprochement des différents blocs de pierre sur lesquels elle avait été gravée, peut montrer combien il est important, en pareil cas, de ne négliger aucun détail, quelque minime qu'il soit, puisque l'indice le plus faible en apparence peut mener à la solution désirée.

On me pardonnera donc de placer ici une restitution tout à fait analogue de deux inscriptions étrangères à l'Égypte, mais placées de même sur quelques blocs épars d'une architrave ruinée.

La première (n° XXI) a été recueillie par Burckhardt dans les ruines de Gérasa, en Syrie.

Ce savant voyageur a remarqué une grande porte, située à l'entrée de l'une des rues principales, et qui paraît avoir été liée avec un portique ou toute autre construction analogue. Parmi les débris d'antiquités amoncelés tout auprès, il a trouvé les deux blocs A et B, portant des fragments d'une inscription qui a dû être placée sur un des côtés de cette porte. M. le comte de Vidua les a retrouvés, et a copié de nouveau les lettres qu'ils portent. Il en a, de plus, découvert un troisième (C). Les voici tous les trois, tels que ces voyageurs les ont donnés :

XX, XXI, XXII. PRONAOS D'ANTÆOPOLIS.

A
```
ΑΝΤωΝΕΙ
ΤΟΥΚΑΙΤωΝ
ΤΟΥΚΑΙΙΕΡΑ
ΤΟΠΡΟΠΥΛ
ΟΡΝΗΑΙ
```

B
```
ΟΚΡΑΤΟ
ΟΥΑΔΡ
ΠΚΑΙΑΥΡ
ΚΑΙΤΟΥΣ
·ΔΗΜΟ·
·CΤΟΑ·
·ΤΙCΤ·
```

C
```
ΑΝΟΥ
ΗΛΙΟΥΚΑ
ΥΝΠΑΝΤΟ
.ΥΡωΜΑΙ
ΑΦΙΕΡω
·ΥΠΑΤ.
```

C'est précisément le dernier bloc, C, qui fournit le moyen de rétablir l'inscription entière. On remarquera, en effet :

1° Que la disposition des lettres qui commencent chaque ligne, dans le bloc A, prouve qu'il était le premier de tous: comme il a deux lignes de moins que le suivant, il faut qu'une fracture les ait enlevées ; et, à la première inspection, on reconnaît que ces deux lignes ont dû se trouver à la partie supérieure ;

2° Que la première ligne du bloc C s'ajuste exactement au bout de la seconde ligne du bloc B, et ainsi des autres : il était donc placé après ce dernier ; seulement une fracture à la partie supérieure en a enlevé une ligne ;

3° Que les mots qui se lisent sur le bloc B ne peuvent correspondre à ceux du bloc A : il y en avait donc évidemment un autre entre eux ; et, de même, après le bloc C, il y en avait, sans aucun doute, encore un cinquième ; car les lettres ΥΝΠΑΝΤΟ, qui forment la troisième ligne de ce fragment, ont dû être suivies des lettres COIKOYCEBAC, donnant la formule connue : καὶ τοῦ σύμπαντος οἴκου σεβαστοῦ[1] ; et, en effet, les trois dernières lettres du dernier mot se lisent au commencement de la troisième ligne du bloc A.

D'après ces observations, voici comment il faut restituer l'inscription entière :

---

[1] S'il était permis de changer ΤΟΥ en ΚΟΥ, à la troisième ligne du bloc A, on lirait : σύμπαντος αὐτῶν οἴκου, expression plus usitée. L'une ou l'autre de ces deux expressions est la vraie ; οἴκος σεβαστὸς est la traduction du latin *domus augusta*.

INSCRIPTIONS DES TEMPLES.

A	a bloc manquant.	B	C	b bloc manquant.
ΥΠΕΡCΩΤΗΡΙΑCΤΩΝΑΥΤ		ΟΚΡΑΤΟ	ΡΩΝΤΩΝΚΥΡΙΩΝΗΜΩΝ	
ΘΕΟΥΚΑΙCΑΡΟCΤΡΑΙΑΝ		ΟΥΑΔΡΙ	ΑΝΟΥΥΙΟΥ	ΤΙΤΟΥΑΙΛΙΟΥ
ΑΝΤΩΝΕΙ	ΝΟΥCΕΒΑCΤΟ	ΥΚΑΙΑΥΡ	ΗΛΙΟΥΚΑΙ	CΑΡΟCΥΙΟΥΑΥ
ΤΟΥΚΑΙΤΩΝ	ΑΥΤΟΥΤΕΚΝΩΝ	ΚΑΙΤΟΥC	ΥΝΠΑΝΤΟ	CΟΙΚΟΥCΕΒΑC
ΤΟΥΚΑΙΙΕΡΑ	CCΥΝΚΛΗΤΟΥΚ	ΑΙΔΗΜΟΥ	ΤΟΥΡΩΜΑΙ	ΩΝΗΠΟΛΙC
ΤΟΠΡΟΠΥΛ	ΟΝΤΕΚΑΙΤΗ	ΝCΤΟΑΝ	ΑΦΙΕΡΩC	ΕΝΕΠΙ
ΚΟΡΝΗΛΙ	ΟΥ....Κ	ΡΑΤΙCΤΟ	ΥΥΠΑΤΙΚΟ	ΥΠΡΕCΒ CΕΒ

N. B. Les lettres ponctuées sur les blocs A, B, C, indiquent les restitutions : quant aux blocs *a* et *b*; ainsi qu'aux deux premières lignes du bloc A et à la première de C, il est presque inutile d'avertir que tout ce qui s'y trouve est conjectural.

[Ὑπὲρ σωτηρίας τῶν αὐτ]οκρατό[ρων, τῶν κυρίων ἡμῶν,]
[Θεοῦ Καίσαρος Τραϊαν]οῦ Ἀδριανοῦ [υἱοῦ, Τίτου Αἰλίου]
Ἀντωνεί[νου Σεβασ]οῦ, καὶ Αὐρηλίου Καί[σαρος υἱοῦ αὐ]
τοῦ καὶ τῶν [αὐτοῦ τέκνων] καὶ τοῦ σύμπαντο[ς οἴκου σεβασ]
τοῦ καὶ ἱερᾶ[ς συγκλήτου, καὶ] δήμο[υ τοῦ] Ῥωμαί[ων, ἡ πόλις]
τὸ πρόπυλ[όν τε καὶ τὴν] στοὰ[ν] ἀφιέρω[σεν, ἐπὶ....]
[Κ]ορνηλί[ου..... κρα]τίσ[ου] ὑπατ[ικοῦ, πρεσβευτοῦ Σεβασοῦ.]

Pour le salut des empereurs nos seigneurs Titus Ælius Antonin Auguste, fils du dieu César Trajan Adrien; et d'Aurèle César son fils, des enfants de celui-ci, et de toute la maison auguste; et du sénat sacré et du peuple romain, la ville a consacré le propylon et le portique, sous ..... Cornélius ..... très-puissant consulaire, lieutenant d'Auguste.

La date précise de cette inscription n'est pas exprimée; mais elle se renferme entre l'année 147 après J. C., qui est celle de l'adjonction de Marc-Aurèle à l'empire, et l'année 161, qui est celle de la mort d'Antonin. Toutefois l'intervalle peut se resserrer encore de plusieurs années, d'après le pluriel τέκνα, qui prouve que Marc-Aurèle avait déjà *plusieurs* enfants. C'est dans un intervalle d'une douzaine d'années qu'a été élevée la grande porte de Gérasa. L'inscription a donc cela d'important qu'elle donne la date d'une grande masse des monuments de cette ville, lesquels sont du même style que la porte sur laquelle l'inscription est tracée; ce qui s'accorde avec ce grand

XX, XXI, XXII. PRONAOS D'ANTÆOPOLIS.

fait historique que j'ai déjà remarqué ailleurs [a] : c'est que les magnifiques ruines d'architecture en Syrie, depuis Palmyre et Balbek jusqu'à Pétra, appartiennent, en très-grande partie, au temps des Antonins.

La seconde inscription (n° XXII), celle de Nicée, m'a d'abord été révélée par deux fragments que MM. de Laborde père et fils ont copiés sur les lieux : je reproduis les observations qu'ils m'avaient suggérées dès l'année 1832 [b].

Il suffit de jeter les yeux sur ces deux fragments pour voir qu'ils appartiennent à la même inscription, et, en même temps, qu'elle ne s'y trouve pas dans son entier. Les voici :

A
ΑΥΤΟΚΡΑΤΟΡΙΚΑΙΣΑΡΙΜΑΥΡΚΛΑΥΔΙΩ
ΚΑΙΤΗΙΕΡΑΣΥΝΚΛΗΤΩΚΑΙΤΩΔΗΜΩΤΩ
ΥΠΑΤΙΚΟΥΟΥΕΛΛΕΙΟΥΜΑΚΡΕΙΝΟΥΠΡΕ

B
ΗΣΕΞΟΥΣΙΑΣΤΟΔΤΗΚΑΙΑΡΙΣΤΗΝΕΙΚ
ΣΕΒΚΑΙΣΑΛΛΙΟΥ

« Le premier fragment, A, a été copié aussi par Pococke [c] et M. de Hammer [d], et fort exactement ; mais, à la suite de chaque ligne, le premier voyageur donne d'autres lettres, qu'on ne trouve pas dans la copie de MM. de Laborde :

ΑΥΤΟΚΡΑΤΟΡΙΚΑΙΣΑΡΙΜΑΥΡΚΛΑΥΔΙΩ . . . . ΥΠΑΤΙΚΟΣΙ
ΚΑΙΤΗΙΕΡΑΣΥΝΚΛΗΤΩΚΑΙΤΩΔΗΜΩΤΩ . . . ΤΟΥΛΑΜΠΤΟ
ΥΠΑΤΙΚΟΥΟΥΕΛΛΙΟΥΜΑΚΡΕΙΝΟΥΠΡΕΑΝΤΩΝΕΙΝΟΥΟΥΜΕΡΛΟΣΣΕΣΤΟΥ

« Les lettres en plus ne se lient point avec les autres ; et, placées comme elles le sont, il n'est possible d'en rien faire ; mais il n'en sera pas de même quand nous serons parvenus à les remettre à la place qu'elles ont occupée.

« Je ne doute pas que le fragment A ne soit le même que M. Macdonald Kinneir [e] a lu, dit-il, sur une grande pierre *encastrée dans le mur de Nicée*, à huit pieds au-dessus du sol ; il le donne ainsi, dans l'Appendice de son voyage [f] :

---

[a] Dans le *Journal des Savants*, année 1836, p. 335. — [b] *Journ. des Savants*, année 1832, septembre. — [c] *Inscriptiones antiquæ*, p. 28. — [d] *Umblick auf einer Reise nach Brussa*, Pesth, 1816, p. 185. — [e] *Journey through Asia minor*, etc. p. 30. Voy. mes articles dans le *Journal des Savants*, février et mars 1819. — [f] N° 1, p. 540.

INSCRIPTIONS DES TEMPLES.

ΑΥΤΟΚΡΑΤΟΡΙΚΑΙΣΑΡΙΜ
ΑΥΡΙΚΑΙΝΟΥ
ΚΑΙΤΗΙΕΡΠΣΥΝΚΑΗΤΟ
ΚΑΙΤΟΑΗΝΟΤΟ
ΤΟΥΠ.ΥΤΙΚΟΥΟΥΕΑΑΕΙ
ΟΥΜΑΚΡΕΝΟΥΚΝΕ.

« Malgré les fautes de cette copie, il est facile de voir que ce fragment présente les mêmes lettres que l'autre : seulement elles ont été divisées en six lignes ; mais chacune des petites est évidemment la suite de la grande qui est au-dessus. M. Macdonald Kinneir les aura disposées ainsi, sans doute parce que le format de son carnet de voyage ne lui permettait pas de les mettre dans toute leur longueur.

« Quant au fragment B, il n'a été donné, je crois, par aucun voyageur ; mais il est affecté d'une erreur grave, qui, heureusement, est évidente.

« On remarquera, d'abord, qu'il n'a que deux lignes, tandis que le premier en a trois ; ensuite, que la ligne commençant par ΗΣΕΞΟΥΣΙΑΣΤΟΔ, reste de [δημαρχικ]ῆς ἐξουσίας τὸ Δ, ne peut pas avoir été suivie des mots ΤΗΚΑΙΑΡΙΣΤΗΝΕΙΚ, reste de τη καὶ ἀρίσ7η Νείκαια, 1° parce que l'empereur Marc-Aurèle-Claude, dit *le Gothique*, n'a pas pu avoir de quatrième puissance tribunitienne, étant mort dans la troisième année de son règne[a] ; de sorte que les lettres ΤΟΔ doivent nécessairement avoir été suivies des mots ΕΥΤΕΡΟΝ (τὸ δεύτερον) ; 2° parce que, après l'énoncé du nombre exprimant la puissance tribunitienne, devaient se trouver les titres de *consul, père de la patrie*, et non les mots τη καὶ ἀρίσ7η Νείκαια, qui ne se lient à rien ; ΤΗΚΑΙ surtout n'aurait aucun sens. Il y a là une erreur évidente de copie, qui consiste en ce qu'on a mis après ΤΟΔ la ligne qui était au-dessous. Je suis donc sûr, comme si je l'avais vu de mes yeux, que l'original du fragment B porte, ainsi que le premier, trois lignes égales, disposées ainsi :

[a] Cf. Eckhel, *Doctrina Numorum*, VII, 496.

XX, XXI, XXII. PRONAOS D'ANTÆOPOLIS.

ΗΣΕΞΟΥΣΙΑΣΤΟΔ
ΤΗΚΑΙΑΡΙΣΤΗΝΕΙΚ
ΣΕΒΚΑΙΣΑΛΛΙΟΥ

« De cette manière, le Δ, qui, lettre numérale, ne pourrait signifier que *quartum*, devient la lettre initiale de Δ[ΕΥΤΕΡΟΝ], indiquant la deuxième puissance tribunitienne de Claude, ou la deuxième année de son règne (269 de J. C.); et ΤΗΚΑΙ, inexplicable dans la copie telle qu'elle nous a été transmise, devient fort clair, car il est évident que le ΤΗ est la fin d'une épithète, par exemple, de ΛΑΜΠΡΟΤΑΤΗ.

« Mais ce fragment B ne peut pas s'ajuster au bout du premier, car, à la première ligne, il manque, après ΚΛΑΥΔΙΩ, les titres de l'empereur et le mot δημαρχικῆς, dont nous n'avons que la dernière syllabe ΗΣ; à la deuxième, après ΤΩ, il manque ΡΩΜΑΙΩΝ et la première épithète de Nicée. D'une autre part, ce fragment ne finissait pas l'inscription, puisque la fin de ses lignes ne s'ajuste pas avec le commencement de celles du premier.

« De cette analyse il résulte, avec toute certitude, qu'il manque, dans la copie de MM. de Laborde, deux portions considérables de l'inscription : l'une, que j'appellerai *a*, était placée entre A et B; l'autre, *b*, après B, de cette manière :

| A | *a* | B | *b* |

« Ainsi le problème consiste maintenant à rétablir ce qui était gravé sur les blocs de pierre *a* et *b*, que ces voyageurs n'ont pas retrouvés. Heureusement il existe une autre inscription, copiée également à Nicée par Busbeq et ensuite par le comte de Vidua [1], laquelle est du même temps et peut-être relative à la même circonstance. Je vais

---

[1] *Inscr. antiquæ* III, 1. Voy. *Journal des Savants*, 1827, p. 16, 17. L'inscription, écrite en lettres de 8ᵐ 08, sur une grande pierre, a 5ᵐ de long.

la reproduire ici, pour qu'on juge de la certitude des restitutions dont elle est la base :

```
ΑΥΤΟΚΡΑΤΩΡΚΑΙΣΑΡΜΑΡΚΟΣΑΥΡΚΛΑΥΔΙΟΣΕΥΣΕΒΗΣΕΥΤΥΧΗΣ ΣΕΒ
ΑΡΧΙΕΡΕΥΣΜΕΓΙΣΤΟΣΔΗΜΑΡΧΙΚΗΣΕΞΟΥΣΙΑΣ ΤΟΔΕΥΤΕΡΟΝΥΠΑΤΟΣΠΑΤΗΡΠΑΤΡΙΔΟΣ
ΑΝΘΥΠΑΤΟΣΤΑΤΕΙΧΗΤΗΛΑΜΠΡΟΤΑΤΗΝΕΙΚΑΙΑΕΠΙΟΥΕΜΜΑΚΡΕΙΝΟΥΤΟΥΛΑΜΠΡ
ΥΠΑΤΙΚΟΥΠΡΕΣΒΚΑΙΑΝΤΙΣΤΡΑΤΗΓΟΥΤΟΥΣΕΒΚΑΙΣΑΜΙΟΥΑΝΤΩΝΙΝΟΥΤΟΥΛΑΜΠΛΟΓΙΣΤΟΥ
```

Αὐτοκράτωρ Καῖσαρ Μάρκος Αὐρήλιος Κλαύδιος, εὐσεβὴς, εὐτυχὴς, σεβασ]ὸς, ἀρχιερεὺς μέγισ]ος, δημαρχικῆς ἐξουσίας τὸ δεύτερον, ὕπατος, πατὴρ πατρίδος, ἀνθύπατος, τὰ τείχη τῇ λαμπροτάτῃ Νεικαίᾳ[1] ἐπὶ Οὐελλείου Μακρείνου τοῦ λαμπροτάτου ὑπατικοῦ, πρεσβευτοῦ καὶ ἀντισ]ρατήγου τοῦ Σεβασ]οῦ, καὶ Σαλλίου Ἀντωνίνου τοῦ λαμπροτάτου λογισ]οῦ.

« Cette inscription est du même prince, *Marc-Aurèle-Claude*, en sorte qu'elle doit nous fournir tous les titres qui nous manquent. En outre, elle est de la même année, car la puissance tribunitienne est la *seconde*, [δημαρχικ]ῆς ἐξουσίας τὸ δεύτερον; et j'ai déjà fait voir que les lettres ΗΣΕΞΟΥΣΙΑΣ ΤΟΔ de notre deuxième fragment ne peuvent être que l'expression de cette même puissance tribunitienne; enfin, à la troisième ligne de toutes les deux, nous trouvons les mêmes noms de magistrats, savoir : le consulaire Velléius Macrinus, et le Sallius (Antoninus), que l'inscription de Vidua nous montre avoir été le *logiste*, ou administrateur des finances de la ville.

Il s'ensuit :

1° Que la partie *a*, qui manque, devait contenir :

A la première ligne, la suite des titres de Claude, et puis les lettres ΔΗΜΑΡΧΙΧΗ;

A la seconde, la suite de la dédicace et une ou deux épithètes de Nicée;

A la troisième, les titres de Velléius Macrinus.

2° Que la partie *b* devait contenir :

A la première ligne, la suite des titres de Claude, consul, père de la patrie, proconsul;

---

[1] Sous-entendu κατεσκεύασε, ἐποίησε, comme ailleurs (plus haut, p. 156).

XX, XXI, XXII. PRONAOS D'ANTÆOPOLIS.

A la deuxième, la suite du nom de Nicée, et le commencement de l'indication des magistrats, ΕΠΙ ΤΟΥ ΛΑΜΠΡΟΤ;

A la troisième, enfin, le second nom de Sallius et son titre, savoir, ΑΝΤΩΝΕΙΝΟΥ ΤΟΥ ΛΑΜΠΡ ΛΟΓΙΣΤΟΥ.

« D'après ces indications, il est clair que cette portion de la copie de Pococke, dont tout à l'heure il n'était possible de rien faire [a], n'est autre chose qu'une partie de ce même fragment *b*; en effet, en la détachant du reste, on a :

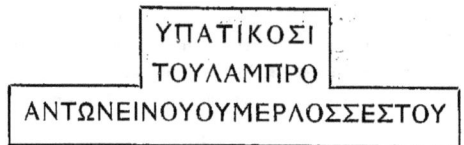

« La troisième ligne est précisément celle qui nous manque : car, au milieu des fautes qui la défigurent, il est impossible de n'y pas voir ΑΝΤΩΝΕΙΝΟΥ ΤΟΥ ΛΑΜΠΡ ΛΟΓΙΣΤΟΥ, qui vient exactement s'ajuster après ΣΑΛΛΙΟΥ du fragment B; la deuxième, ΤΟΥ-ΛΑΜΠΡΟ, reproduit l'*ἐπὶ τοῦ λαμπροτάτου* qu'il nous faut; enfin, dans la première, les lettres ΥΠΑΤΙΚΟΣ, en partie corrompues, nous donnent le mot ΥΠΑΤ., abrégé de *ὑπάτῳ* ou de *ἀνθυπάτῳ*. Le reste n'est plus difficile à trouver maintenant, puisque le mot ΑΝΤΩΝΕΙΝΟΥ, qui s'ajuste si bien avec ΣΑΛΛΙΟΥ, nous indique le nombre de lettres qui manquent aux deux premières lignes.

« Il faut observer seulement, d'après les datifs *αὐτοκράτορι* et *τῇ ἱερᾷ συγκλήτῳ*, que cette inscription n'annonce pas, comme l'autre, un ouvrage fait par l'ordre de Marc-Aurèle-Claude, mais un ouvrage exécuté par la ville elle-même. Elle occupait l'architrave de la *porte principale* de Nicée, construite en même temps que les murs, et dont la construction couronna ce grand travail. Ces *portes* étaient des espèces d'arcs de triomphe, dont nous avons une idée par celles de Nîmes, d'Antinoé, de Philes. Plusieurs des blocs qui avaient formé cette architrave, renversés sur le sol, ont été retrouvés, deux par

[a] Plus haut, p. 219.

224   INSCRIPTIONS DES TEMPLES.

MM. de Laborde, et un troisième par Pococke et M. Macdonald Kinneir; il en manque encore un ou deux, qui existent peut-être enfouis auprès des autres. »

Toutes les observations précédentes viennent d'être confirmées par M. Charles Texier, qui a vu encore en place le bloc A sur le montant de la porte du sud, appelée de Yeni-Cheher; les quatre autres blocs inscrits, qui formaient l'architrave de cette porte, étaient par terre, à droite en sortant. En les réunissant, on en obtient l'inscription complète (*), telle que j'avais présumé qu'elle devait être. La voici en caractères courants :

L. 1. Αὐτοκράτορι Καίσαρι Μάρκῳ Αὐρηλίῳ Κλαυδίῳ εὐσεβεῖ, εὐτυχεῖ, σεβασ]ῷ, δημαρχικῆς ἐξουσίας τὸ δεύτερον, ἀνθυπάτῳ, πατρὶ πατρίδος,

L. 2. Καὶ τῇ ἱερᾷ συγκλήτῳ καὶ τῷ δήμῳ τῷ Ρωμαίων, ἡ λαμπροτάτη καὶ μεγίστη καὶ ἀρίσ]η Νεικαιέων[1] πόλις τὸ τεῖχος, ἐπὶ τοῦ λαμπροτάτου

L. 3. ὑπατικοῦ Οὐελλείου Μακρείνου πρεσϐευτοῦ Σεβασ]οῦ καὶ ἀντιστρατήγου Σεβασ]οῦ, καὶ Σαλλίου Ἀντωνείνου τοῦ λαμπροτάτου λογισ]οῦ.

1 A l'empereur César-Marc-Aurèle-Claude, pieux,

[1] La copie de M. Texier porte ΝΕΙΚΑΙΑΣ; mais il faut ΝΕΙΚΑΙΑ ou ΝΕΙΚΑΙΕΩΝ. — Au moment de tirer cette feuille, j'ai connaissance du *Journal written during an excursion in Asia Minor*, by Ch. Fellows, Lond. 1839, où je trouve, à la p. 114, l'inscription telle que je l'ai rétablie d'après M. Texier. J'ai cependant reproduit la copie de M. Fellows (pl. VI, *d*), parce qu'elle donne la forme exacte des lettres, et qu'elle indique la disposition de l'architrave. Les deux copies sont identiques, sauf ΝΕΙΚΑΙΕΩΝ, que j'ai préféré.

```
ΑΥΤΟΚΡΑΤΟΡΙΚΑΙΣΑΡΙΜΑΥΡΚΛΑΥΔΙΩ / ΕΥΣΕΒΕΙΕΥΤΥΧΕΙ / ΣΕΒΑΔΗΜΑΡΧΙΚ / ΗΣΕΞΟΥΣΙΑΣΤΟΔ / ΕΥΤΕΡΟΝΑΝΘΥΠΑΤΩΠΑΤΡΙΠΑΤΡΙΔΟΣ
ΚΑΙΤΗΙΕΡΑΣΥΝΚΛΗΤΩΚΑΙΤΩΔΗΜΩΤΩ / ΡΩΜΑΙΩΝΗΛΑΜΠΡ / ΟΤΑΤΗΚΑΙΜΕΓΙΣ / ΤΗΚΑΙΑΡΙΣΤΗΝΕΙΚ / ΑΙΕΩΝΠΟΛΙΣΤΟΤΕΙΧΟΣΕΠΙΤΟΥΛΑΜΠΡ
ΥΠΑΤΙΚΟΥΟΥΕΛΛΕΙΟΥΜΑΚΡΕΙΝΟΥΠΡΕ / ΣΒΕΥΤΟΥΚΑΙΑΝΤΙ / ΣΤΡΑΤΗΓΟΥΤΟΥ / ΣΕΒΚΑΙΣΑΛΛΙΟΥ / ΑΝΤΩΝΕΙΝΟΥΤΟΥΛΑΜΠΡΟΓΙΣΤΟΥ
```

XX, XXI, XXII. PRONAOS D'ANTÆOPOLIS.

heureux, auguste, de sa puissance tribunitienne la seconde année, proconsul, père de la patrie,

2 Et au saint sénat et au peuple romain, la ville très-illustre, très-grande et très-bonne de Nicée, a fait construire ce mur sous le très-illustre

3 consulaire Velléius Macrinus, légat d'Auguste et antistratége d'Auguste, et Sallius (ou Sallias) Antoninus, le très-illustre logiste.

On remarquera que ni l'une ni l'autre inscription ne donne le prénom *Flavius*, que Trébellius Pollion et Vopiscus attribuent à Claude le Gothique. Eckhel [a], combattant l'opinion de ceux qui se sont fiés à une inscription douteuse de Panvini, fait observer que ce prénom n'existe sur aucun monument, ni inscription, ni médaille : son observation est confirmée par nos deux inscriptions de Nicée, où les prénoms *Marcus Aurélius* excluent même celui de *Flavius*.

L'époque où elles ont été rédigées est l'année 269 de notre ère, la même que celle des médailles portant l'inscription [b] IMP. C. CLAVDIVS. AVG. TR. P. II. COS. P. M. P. P. qui présentent les mêmes titres, moins ceux de PIVS, FELIX, que Claude porte aussi sur d'autres, et celui de proconsul (ἀνθύπατος), qu'on ne trouve sur aucune de ses médailles. Mais ce dernier titre est donné à Claude dans plusieurs inscriptions latines [c]. Quant à ceux de *Germanique* et de *Gothique,* on ne peut les trouver ici, ces titres ne paraissant sur les monuments qu'à partir de l'an 270.

La seconde inscription ne porte pas les titres de ἀρχιερεὺς μέγιστος et de ὕπατος, qui existent sur la première, et Nicée, outre les deux épithètes de λαμπροτάτη et de ἀρίστη, qui lui sont données sur la première, reçoit encore, sur la seconde, le titre de μεγίστη, qui ne se rencontre nulle part ailleurs. Ces variantes, dans des inscriptions de la même année, ne pouvaient guère être soupçonnées. Aussi, en restituant, d'abord par conjecture, la partie *a* de l'inscription, je n'avais pu deviner ces différences, que la copie seule de M. Charles Texier m'a, depuis, fait connaître. Le mot τεῖχος doit

---

[a] *Doct. Num.* VII, 476, col. 2. — [b] Eckh. l. l. — [c] Muratori, 1031, 8; Orelli, *Inscr. lat. sel.* 1020, 4985.

s'appliquer à la partie du mur où se trouve l'inscription, et que Claude avait, sans doute, laissée à faire : Nicée la lui dédie, comme lui-même avait dédié à la ville la partie élevée par ses soins. Le verbe κατεσκεύασε manque également, mais on le supplée avec non moins de certitude.

XXIII.

RÉPARATION FAITE AU MUR D'ENCEINTE DU GRAND SPHINX.

L'inscription qui a conservé le souvenir de ces travaux a été découverte, tout près du grand sphinx, par le capitaine Caviglia, et déposée au musée britannique. Elle a été publiée, pour la première fois, dans le *Quaterly-Review*[a], et, une seconde fois, dans les *Egyptian Antiquities* de M. J. Long [b].

```
        ΑΓΑΘΗΙΤΥΧΗΙ
L. ϚΑΝΤΩΝΕΙΝΟΥ
    ΚΑΙΟΥΗΡΟΥΤΩΝ
    ΚΥΡΙΩΝΑΥΤΟΚΡΑΤΟΡΩΝ
    ΗΓΕ....ΥΟΝΤΟϹΦΛ
    ΤΙΤΙΑΝΟΥΕΠΙϹΤΡΑΤΗΓΟΥΝ
    ΤΟϹΛΟΥΚΚΗΙΟΥΟΦΕΛΛΙΑΝΟΥ
    ϹΤΡΑΤΗΓΟΥΝΤΟϹΤΟΥΝΟ
    ΜΟΥΘΕΩΝΟϹΑΠΟ
    ΚΑΤΕϹΤΗϹΕΝΤΑΤΙ
    ΧΗΕΠΑΓΑΘΩΙ
        ΠΑΧΩΝ ΙΕ
```

Ἀγαθῇ τύχῃ
L. ϛ Ἀντωνείνου
καὶ Οὐήρου τῶν
κυρίων αὐτοκρατόρων,
ἡγε[μονε]ύοντος Φλαουΐου
Τιτιανοῦ, ἐπισ]ρατηγοῦν-
τος Λουκκηΐου Ὀφελλιανοῦ,
σ]ρατηγοῦντος τοῦ νο-
μοῦ Θέωνος, ἀπο-
κατέσ]ησεν τὰ τεί-
χη, ἐπ᾽ ἀγαθῷ·
παχὼν ΙΕ

A la bonne fortune : la sixième année d'Antonin et Vérus les seigneurs empereurs ; étant préfet, Flavius Titianus ; étant épistratége, Luccéius Ofellianus ; étant stratége du nome, Théon, on a remis en état les murs, pour un but utile[1], de pachon le 15.

Le verbe ἀποκατέσ]ησεν [c] se dit d'une chose *remise en état;* il revient au *vetustate corruptum* ou *conlapsum restituit* des inscriptions latines :

[a] T. XIX, p. 414, 415. — [b] T. II, p. 381, London, 1836. — [c] Böckh, *Corp. Inscr.* n° 2570.

[1] Je lie, comme plus haut (p. 205), le sens de cette formule à la phrase ; d'autres aimeront peut-être mieux la détacher, et l'entendre dans le sens de *quod faustum sit.*

et c'est, en effet, de cette manière que, dans une inscription bilingue, on a rendu le τὰ συμπεσόντα ἀποκατέστησεν de la partie grecque[a]. Ce qu'il y a de remarquable ici, c'est que le verbe n'a point de sujet; en sorte que le sens est, en général, *on a remis en état*, ou *les murs ont été remis en état*, comme s'il y avait ἀποκατεστάθη. Il n'est pas dit quels sont ceux qui ont réparé ces murs : en pareil cas, il faut entendre que ce sont les gens de l'endroit même ; et c'est, sans doute, parce qu'il ne pouvait y avoir d'incertitude à cet égard, qu'on se dispensait quelquefois de l'exprimer, comme on le voit dans l'inscription n° XVI.

L'orthographe τὰ τίχη, pour τὰ τείχη, tient à l'iotacisme : elle se retrouve dans une autre inscription [b], expliquée plus bas (n° XLIV).

On connaît déjà deux Flavius Titianus parmi les préfets d'Égypte : le premier gouvernait pendant le consulat de Varus et d'Ambibulus, comme l'atteste une inscription Memnonienne [c], ce qui répond à l'an 126 de notre ère, x[e] du règne d'Adrien ; le second, sous Antonin Caracalla, vers 215 ou 216 [d]. Ni l'un ni l'autre ne peut être le même que le Flavius Titianus mentionné dans cette inscription, car elle est du 15 de pachon de la vi[e] année de Marc-Aurèle et Vérus, répondant au 10 mai de l'an 166 de notre ère : or l'intervalle de quarante ans qui le sépare du premier, et celui de cinquante ans qui le sépare du second, ne permettent pas de le confondre avec aucun des deux ; mais il est assez singulier que, dans l'espace de quatre-vingt-dix ans, il y ait eu, en Égypte, trois préfets portant le même nom et le même prénom. Ils étaient probablement tous trois de la même famille, et, selon toute apparence, cette famille est la même que celle de Flavia Titiana, épouse de Pertinax [e].

On remarquera que l'épistratége est un romain, et le stratége un grec : cette circonstance, qui se retrouvera constamment par la suite, tient à l'esprit même de l'administration romaine, ainsi qu'on le verra dans une autre partie de cet ouvrage.

---

[a] Gruter, CLXXIII, 8. — [b] *Lettres écrites d'Égypte*, etc. p. 181. — [c] N° XVI; voy. *Statue vocale de Memnon*, p. 147. — [d] Dio Cassius, LXXVII, 21. — [e] Jul. Capitolin. *in Pertin.* cap. 5.

Les murs (τείχη), dont il est ici question, sont ceux qui formaient l'enceinte dans laquelle le sphinx était renfermé, et dont le capitaine Caviglia a retrouvé les vestiges. Comme ces murs étaient fort endommagés, les habitants les remirent dans leur état d'intégrité.

XXIV.

DÉDICACE DU PRONAOS DE THRIPHIS À ATHRIBIS, EN L'AN IX DE TIBÈRE.

Cette inscription est arrivée trop tard à ma connaissance pour que j'aie pu la mettre à la place que l'ordre chronologique lui assignait, entre les n°s IX et X. Je l'ai reçue de sir Gardner Wilkinson, ainsi que beaucoup d'autres, lorsque l'impression des dix-neuf premières feuilles était entièrement terminée [a].

Si elle m'était parvenue plus tôt, elle aurait rendu plus courte et plus facile la tâche de restituer l'inscription de Panopolis (n° XIII), avec laquelle elle a la plus grande analogie. Au lieu de faire de pénibles tâtonnements et de recourir aux conjectures, comme j'ai été réduit à le faire, j'y aurais trouvé des points de comparaison qui m'auraient mené plus directement au but. Mais, d'un autre côté, je n'aurais pas la satisfaction de voir maintenant mes conjectures sur le fond et les détails pleinement confirmées par un monument que je ne pouvais connaître.

Ce monument couronne la première section de cet ouvrage d'une manière très-satisfaisante, en confirmant la théorie que je me suis faite sur le sens et la portée des inscriptions de Tentyra et de toutes celles qui présentent les mêmes circonstances. Celle-ci contient, en outre, des détails qui offrent un intérêt historique que je vais m'attacher à faire ressortir.

La ville d'*Athribis*, où cette inscription a été découverte, est celle

[a] Plus haut, p. 152.

XXIV. PRONAOS D'ATHRIBIS.

dont j'ai parlé [a], située au sud-ouest de Panopolis, de l'autre côté du Nil, tout près au sud du couvent de S. Sennode. Son nom grec était *Crocodilopolis;* mais la tradition a conservé son nom égyptien dans celui d'*Athribi* ou *Athripé,* que les Coptes lui donnent encore. Elle était donc homonyme de l'*Athribis* du Delta, sur la branche Pélusiaque, où l'on trouve encore un grand nombre de ruines antiques, mais dans un état de dégradation tel, qu'il est bien difficile de dire à quels monuments elles ont appartenu [b]. Il n'en est pas de même de l'*Athribis* de la haute Égypte, où sir Gardner Wilkinson a reconnu, parmi un monceau de ruines confuses, les restes d'un temple assez vaste [c], puisqu'il avait 200 pieds anglais (61 mètres) de long, et 175 (53 mètres) de large. On peut remarquer que le rapport de ces deux dimensions paraît disproportionné, puisque ordinairement il est à peu près du simple au double : ainsi, par exemple, le temple de Tentyra a 84 mètres de long sur 44 de large (au pronaos), et seulement 36 au naos.

Ce grand édifice était dédié à la déesse *Triphis,* dont ce savant voyageur avoue n'avoir pu déterminer ni les fonctions ni les attributs, mais qui lui paraît être une des divinités qu'on représentait avec une tête de lion.

Sur l'une des architraves tombées de cet édifice [1], sir Gardner Wilkinson a lu l'inscription dont voici la copie, telle qu'il a eu la bonté de me la transmettre. (Pl. VI, *c.*)

Quoique les lettres de la première ligne soient, en partie, effacées, comme on peut le voir sur le fac-simile, on en suit assez facilement les traces pour en obtenir distinctement ces lettres : ΚΑΙ ϹΑΡΟϹϹΕΒΑϹΤΟΥΘΕΟΥΥΙΟΥΑΥΤΟΚΡΑΤΟΡΟϹΚΑΙΥΠΕΡ ΙΟΥΛΙΑϹϹΕΒΑ. Au premier coup d'œil, cette ligne est incomplète : il y manque le commencement et la fin, ainsi qu'aux deux autres;

---

[a] Plus haut, p. 112. — [b] Jomard, *Descr. d'Athribis,* p. 3, ou chap. xxii, *Antiq. Descr.* t. II; Nestor L'Hôte, Rapport au ministre de l'instruction publique, *Moniteur* du 25 juin 1841. — [c] Wilkinson, *Manners and customs,* t. IV, p. 265.

[1] On one of the fallen architraves of the temple. (Wilkinson, ouvr. cité, t. V, p. 136.)

mais il sera facile de la restituer entièrement, sauf un nom propre, qu'il n'est pas possible de connaître.

La dernière ligne, en montrant que l'époque est celle de Tibère, donne le moyen de rétablir en toute assurance le commencement de la première ligne : c'est ΥΠΕΡΤΙΒΕΡΙΟΥ, et non ΥΠΕΡΑΥΤΟ-ΚΡΑΤΟΡΟϹΤΙΒΕΡΙΟΥ, puisque le mot αὐτοκράτορος est après. Ainsi il ne manque que onze à douze lettres au commencement de chacune des trois lignes.

Quant à la fin, on peut également savoir combien il manque de lettres à chaque ligne. La dernière est presque complète, car elle finit par les lettres ΦΑΜΕΝ ; et, comme le quantième termine les inscriptions de ce genre, on peut être sûr qu'il n'y avait plus après que trois ou quatre lettres, à savoir, les deux dernières de ΦΑΜΕΝ-[ΩΘ..], et une ou deux pour le quantième, selon que la date était indiquée avant ou après le 10 du mois. La dernière lettre de la deuxième ligne tombant sur le Φ, il n'y manque que sept à huit lettres, et la première ligne finissant six ou sept lettres avant la deuxième, il doit y manquer quatorze à seize lettres. Toutes ces conditions sont remplies dans la restitution suivante :

[ΥΠΕΡΤΙΒΕΡΙΟΥ]ΚΑΙϹΑΡΟϹϹΕΒΑϹΤΟΥΘΕΟΥΥΙΟΥΑΥΤΟΚΡΑΤΟΡΟϹΚΑΙΥΠΕΡΙΟΥΛΙΑϹϹΕΒΑ[ϹΤΗϹΝΕΑϹΙϹΙΔΟϹ]
[ΑΥΤΟΥΜΗΤΡΟϹ]ΚΑΙΤΟΥΟΙΚΟΥΑΥΤΩΝΘΡΙΦΙΔΙΘΕΑΜΕΓΙϹΤΗΕΠΙΗΓΕΜΟΝΟϹΓΑΙΟΥΓΑΛΕ[ΡΙΟΥΤΟΠΡΟΝ]
[ΑΟΝ........]ΑΠΟΛΛΩΝΙΟΥΠΡΟϹΤΑΤΗϹΘΡΙΦΙΔΟϹΛΘΤΙΒΕΡΙΟΥΚΑΙϹΑΡΟϹϹΕΒΑϹΤΟΥΦΑΜΕΝ[ΩΘ..]

[Ὑπὲρ Τιβερίου] Καίσαρος Σεβαστοῦ, θεοῦ υἱοῦ, αὐτοκράτορος, καὶ ὑπὲρ Ἰουλίας Σεβά[στης, νέας Ἴσιδος,]
[αὐτοῦ μητρὸς], καὶ τοῦ οἴκου αὐτῶν, Θρίφιδι, θεᾷ μεγίστῃ, ἐπὶ ἡγεμόνος Γαίου Γαλε[ρίου, τὸ πρόν]
[αον, ὁ δεῖνα] Ἀπολλωνίου, προστάτης Θρίφιδος. L. Θ Τιβερίου Καίσαρος Σεβαστοῦ, φαμεν[ὼθ..]

Pour le salut de Tibère César Auguste, fils du dieu, empereur, et de Julie Auguste, nouvelle Isis, sa mère, et de leur maison, à Thriphis, déesse très-grande, sous le préfet Caïus Galérius, [un tel,] fils d'Apollonius, prostate de Thriphis, a consacré le pronaos, l'an IX de Tibère César Auguste, de phaménoth le ....

Ligne première. On s'attendrait à trouver ici θεοῦ Σεβαστοῦ υἱοῦ, comme au n° X ; car θεοῦ υἱός, de même que DIVI F., en latin, désigne ordinairement *Auguste*, θεός ou DIVVS, tout seuls, se disant princi-

XXIV. PRONAOS D'ATHRIBIS.

palement de Jules César. On trouve rarement[a], sur les inscriptions latines ou grecques, d'exemples de cette omission; ils sont plus communs sur les médailles de Tibère, où l'on trouve aussi DIVI. F. [b], au lieu de DIVI. AVG. F., qui est la formule la plus usitée. On peut donc croire que l'omission de Σεβαστοῦ est sur l'original, et que la copie de sir Gardner Wilkinson est exacte sur ce point comme sur tout le reste.

Il est encore à remarquer que Tibère ne porte pas ici le titre de *nouvel Auguste,* qui lui est donné dans la dédicace du pronaos de Tentyra[c], postérieure d'au moins onze ans. On le trouve, non-seulement dans cette inscription officielle, mais encore dans celle de la corniche du même pronaos, bien qu'elle soit très-courte et n'ait aucun caractère public[d]. Il n'est donc pas probable que, dans une dédicace solennelle comme celle d'Athribis, on eût privé l'empereur de ce titre, s'il l'avait alors possédé. Il lui aura donc été donné après l'an ix de son règne, à la suite de quelque grâce importante conférée à la province.

La dédicace est faite aussi en l'honneur de *Julia Augusta*. Il faut se garder de voir, dans cette princesse, Julie, fille d'Auguste et femme de Tibère[e], puisque, au témoignage de Tacite[f], elle était morte dès la première année du règne de ce prince, date incompatible avec l'an ix, qui est ici marqué.

Il s'agit de Livie, femme d'Auguste et mère de Tibère, qui, après la mort de son mari, prit le nom de *Julia Augusta*. On a vu qu'elle reçut, en Égypte, de grands honneurs[g], et que, plus de cinquante ans après sa mort, on observait encore son jour éponyme. Cette princesse ne mourut qu'en l'an 782, dans la XVIᵉ année de ce prince; elle survécut donc encore environ sept années à la dédicace du temple d'Athribis.

Après le mot ϹΕΒΑϹΤΗϹ reste un espace de dix à onze lettres, qui doit avoir été rempli, ainsi que le commencement de la ligne suivante, par les titres de Julie Auguste : l'un d'eux est nécessaire-

---

[a] Böckh, *Corp. Inscr.* n° 2087. — [b] Eckhel, *Doctr. num.* VI, p. 188, 189, 190, 194. — [c] N° X, plus haut, p. 91. — [d] N° XI, plus haut, p. 97. — [e] Wilkinson, *Manners and customs, etc.* IV, p. 265. — [f] Tacit. *Annal.* I, 53. — [g] Plus haut, p. 83.

ment ΑΥΤΟΥΜΗΤΡΟϹ; l'autre ne peut être qu'un titre rappelant quelqu'un de ces noms divins que la flatterie avait conférés à cette princesse, tels que *Providence* (πρόνοια), *Diane, Vesta, Cérès* ou *Vénus*[a], précédé, selon l'usage, du mot ΝΕΑϹ. Le nom qu'elle a dû recevoir, en Égypte, est celui de ΝΕΑϹ ΙϹΙΔΟϹ, que Cléopâtre avait déjà porté[b], et qui remplit juste cet intervalle, comme ΑΥΤΟΥ ΜΗΤΡΟϹ celui du commencement de la ligne suivante.

Ligne deuxième. Καὶ τοῦ οἴκου αὐτῶν, c'est-à-dire *domus augustæ*. C'est, je crois, le plus ancien exemple connu de cette formule, qui ne devient commune qu'à partir de Domitien.

La divinité (Θρίφιδι θεᾶ μεγίστῃ) est la même que celle qui est désignée sur le propylon de Panopolis (n° XIII), excepté qu'on trouve ici un Θ au lieu d'un Τ; mais ces deux lettres, dont la prononciation était si voisine, sont prises souvent l'une pour l'autre. Cette orthographe confirme ma conjecture sur le mot Θριπίειον, où j'ai reconnu le nom d'un temple de la déesse Θρίπις[c], ce qui m'avait conduit à l'idée que le nom de la déesse devait s'écrire indifféremment Τρίφις, Θρίφις, Τρίπις ou Θρίπις, Τρίϐις et Θρίϐις, et devait être, à la fois, celui des deux *Athribis*, dont le nom s'écrit *Athribis, Athrib, Athlib, Athrebi,* et même *Threbi*[d]. Il est donc évident que ces deux villes doivent être ajoutées à celles qui avaient pris leur nom de la divinité principale qu'on y adorait[e]: ce qui fait tomber toutes les étymologies que Jablonski[f], Zoëga[g] et d'autres savants avaient données de ce nom.

Il paraît que ce temple, comme ceux d'Esculape à Philes (n° II), de Panopolis à Chemmis (n° XIII), d'Isis et Sérapis à Cysis (n° XIV), était exclusivement dédié à une seule divinité, et qu'aucune autre ne venait y partager son culte et ses honneurs : c'est ce qu'il faut conclure de l'omission, dans ces diverses dédicaces, des mots καὶ τοῖς συννάοις θεοῖς, ordinairement ajoutés après celui de la divinité principale.

---

[a] Eckhel, *D. N.* t. VI, p. 152, sq. — [b] Plus haut, p. 102. — [c] Plus haut, p. 112. — [d] Ét. Quatremère, *Mém. géogr. sur l'Égypte*, t. I, p. 2 et suiv; Champollion, *l'Égypte sous les Pharaons*, t. II, p. 48-50. — [e] Plus haut, p. 31. — [f] *Opusc.* t. I, p. 18, 19, 232, 233. — [g] *Numi Æg.* p. 73 et 108, 111.

XXIV. PRONAOS D'ATHRIBIS.

Quoique cette divinité ait été passée sous silence par tous les auteurs anciens, elle devait être importante, puisqu'on trouve son culte répandu dans la haute et la basse Égypte. Ce seul fait montre combien il nous reste à apprendre sur la religion égyptienne.

On aurait lieu de s'étonner si une divinité de cette importance n'avait pas aussi, comme Isis, Sérapis, Apis, Anubis, etc. donné son nom à quelques individus. C'est, à coup sûr, le cas pour celui du poëte *Tryphiodore*, dont on n'a jamais connu l'étymologie. J'ai démontré ailleurs que, ce nom se composant, comme Ἰσίδωρος, Ἀθηνόδωρος, Διονυσόδωρος, et autres de ce genre, du nom d'une divinité, les deux premières syllabes se rapportent à la déesse *Triphis* (Τρίφις, génitif Τρίφιος, Τρίφιδος); ce qui confirme le fait, avancé par Suidas, que ce poëte était *Égyptien*, comme Nonnus, Coluthus et peut-être Quintus dit de Smyrne[a]. En effet, il n'y avait qu'un Égyptien qui pût recevoir le nom d'une divinité dont le culte, bien que répandu dans la contrée, n'en était jamais sorti. La vraie orthographe du nom est donc *Triphiodore*, non *Tryphiodore*[1].

Le nom du préfet, caché dans les lettres ΓΑΟΥΓΛΛΕΙ, qui terminent la seconde ligne, ne peut être que ΓΑΙΟΥ ΓΑΛΕΡΙΟΥ. Pline est le seul auteur qui cite un préfet du nom de Galérius. Cet auteur, voulant donner une preuve du peu de temps qu'on mettait à se rendre en Égypte, dit que « Galérius s'y rendit du détroit de « Sicile en sept jours, et Balbillus en six; *tous deux préfets*[2]. » De ce passage on peut conclure seulement que Galérius avait précédé Balbillus. M. Labus a été trop loin, en présumant que le premier fut le prédécesseur *immédiat* du second[b]. Notre inscription prouve qu'il en fut autrement, puisque Claude Balbillus gouverna l'Égypte à partir de la IIe année de Néron, vers 56 ou 57 de notre ère[c], environ 36

---

[a] *Journ. des Savants*, année 1841, p. 282. — [b] *Di un' epigr. lat.* p. 79. — [c] Voy. l'inscr. de Busiris.

[1] Cette orthographe est née, sans doute, de l'idée que le nom venait de τρυφή.

[2] In tantum ut Galerius a freto Siciliæ septimo die pervenerit, Balbillus, sexto; ambo præfecti. (Lib. XIX, *in proœmio*, § 3.) Il faut lire Balbillus, et non *Babilius*, leçon que portent encore les meilleures et les plus récentes éditions, et qui doit disparaître.

ans après la date que notre inscription assigne à l'administration de Galérius. Le fait est qu'il y eut au moins sept préfets entre l'un et l'autre.

La chronologie des préfets qui administrèrent l'Égypte sous Tibère a été inexactement disposée par ce docte épigraphiste, mais peut-être ne pouvait-on pas faire mieux avec le peu de monuments qui étaient à sa connaissance. La nécessité de concilier les auteurs anciens avec l'inscription d'Athribis et avec une autre du musée du Louvre m'a conduit à établir cette chronologie d'une manière que je crois complète.

Les préfets d'Égypte que l'histoire nomme, sous le règne de Tibère, sont au nombre de cinq seulement, dont M. Labus a disposé ainsi les époques :

Noms.	Ans de Rome.	Après J. C.
Marcus Æmilius Rectus....	767	14
Séjus Strabon............	771	18
Vitrasius Pollion.........	784	31
Tibérius Julius Sévérus....	785	32
Avillius Flaccus..........	785	32

Ainsi le premier aurait administré trois ans, le second quatorze, le troisième et le quatrième chacun un an, le cinquième six ans, dont cinq sous le règne de Tibère[a]. Cet arrangement se trouve fort troublé, ou même, en grande partie, détruit, 1° par notre inscription, qui introduit un nouveau préfet, Caïus Galérius, en l'année 774, entre Séjus Strabon et Vitrasius Pollion ; 2° par une inscription du musée du Louvre, qui met la préfecture de Vitrasius Pollion (Οὐϊτράσιος Πωλίων) en l'an IV de Tibère (en 769), tandis que Dion Cassius dit que ce personnage, qui doit avoir été le père du procurateur de César, sous le règne de Claude[b], mourut préfet d'Égypte[c] en 785, ou 32 de notre ère. La contradiction semble inexplicable, à moins qu'on n'admette que Vitrasius Pollion fut deux fois préfet, avant et après Galérius.

[a] Plus haut, p. 89. — [b] Plus haut, p. 169. — [c] Dio Cass. LVIII, 10.

XXIV. PRONAOS D'ATHRIBIS.

C'est, en effet, ce qui résulte de ces trois indications combinées avec un passage de Sénèque, auquel il est d'autant plus étonnant que M. Labus n'ait point fait d'attention, qu'il cite le commentaire de Juste-Lipse sur ce même passage. Sénèque, remettant sous les yeux d'Helvia, sa mère, les vertus et le courage de sa sœur, veuve de Vitrasius Pollion, lui rappelle que son oncle, *avunculus noster,* fut gouverneur d'Égypte pendant seize années : « per sedecim annos « quibus maritus ejus Ægyptum obtinuit[a]. » Il répète ce chiffre encore un peu plus bas : « multum erat si per sedecim annos illam provincia « probasset. » Voilà un fait dont Sénèque devait être parfaitement instruit, puisqu'il concerne des personnes de sa famille, et qu'il avait accompagné son oncle en Égypte[b]. On voit que Séjus Strabon n'a pas pu administrer pendant *quatorze ans,* comme M. Labus le suppose. Une si longue préfecture ne peut appartenir qu'à Vitrasius Pollion, auquel ce savant n'accorde qu'une seule année d'administration. Il ne sera pas difficile de trouver l'emploi de ces *seize années.*

En remontant de l'année de la mort de Tibère, en 37, on arrive à l'an 32 pour l'époque de l'arrivée en Égypte d'Avillius Flaccus. Mais ce gouverneur ne fut point le successeur immédiat de Vitrasius Pollion; car Dion Cassius dit expressément que celui-ci fut remplacé *pendant quelque temps* (χρόνον τινά) par un homme de la maison de César (Καισάρειος), c'est-à-dire par un affranchi nommé *Ibérus*[c], ou, plus probablement, *Sévérus,* nom que Philon donne au prédécesseur d'Avillius Flaccus[d]. L'expression qu'emploie Dion Cassius indique clairement que la préfecture de cet Ibérus ne fut que de peu de durée.

D'après le témoignage de Sénèque, Vitrasius Pollion mourut sur le vaisseau même qui le ramenait à Rome (*in ipsa navigatione*), en compagnie de son épouse[e]; et, selon Dion Cassius, il mourut étant encore préfet d'Égypte : d'où il faut conclure que le départ de Pol-

---

[a] Senec. *Consol. ad Helviam,* c. XVII, § 4. — [b] *Id. ibid.* § 3. — [c] LVIII, 19. — [d] *Adv. Flacc.* § 1, p. 517, Mang. — [e] *Ad Helviam,* c. XVII, § 5.

lion n'avait pas lieu à la suite d'une destitution, mais qu'il se rendait à Rome, soit par raison de santé, soit pour conférer avec l'empereur. Étant mort en route, Tibère mit à sa place un *affranchi*, ce qui n'avait jamais eu lieu auparavant. Mais peut-être y fut-il, en cette circonstance, contraint par la nécessité. En quittant l'Égypte, qu'il comptait revoir, Vitrasius Pollion avait mis probablement à sa place un de ces *affranchis de César* (ἀπελεύθεροι Καίσαρος), de ces hommes à la dévotion de l'empereur, qui paraissent avoir formé, à Alexandrie, le *conseil du préfet*[1]. Il est vraisemblable, en effet, que, quand le gouverneur s'absentait d'Alexandrie, soit pour aller conférer à Rome sur certaines affaires, soit pour visiter la contrée, il déléguait provisoirement l'autorité et la signature des actes à un des affranchis qui formaient son conseil, comme nos préfets, en pareil cas, se font suppléer par un *conseiller de préfecture*. Sévérus s'étant trouvé habile, Tibère, lorsqu'il apprit la mort imprévue de Pollion, dut le confirmer dans cette place, ne fût-ce que pour se donner le temps de chercher un successeur qui, par sa position sociale et son mérite personnel, fût digne de ces fonctions si élevées et si délicates. C'est ainsi qu'on peut expliquer l'exemple, peut-être unique, de l'élévation d'un *affranchi* à ce poste de haute confiance, auquel Auguste avait prescrit de ne porter que des *chevaliers*[a].

Sévérus resta en charge *quelque temps* (χρόνον τινά). A sa mort, Tibère le remplaça par Avillius Flaccus, une des personnes de son intimité (ἐν τοῖς ἑταίροις), dont Philon lui-même loue les grandes qualités et la conduite irréprochable tant que vécut cet empereur[b]. Ainsi Flaccus a pu succéder à Sévérus dans le cours de l'année même de la mort de Vitrasius Pollion, c'est-à-dire en 785, la xxᵉ année de Tibère.

Si, à partir de cette époque, nous prenons les seize ans de la préfecture de Vitrasius Pollion, nous arrivons à l'an IV, en 769 : et c'est, en effet, la date de l'inscription déjà citée, où le titre de *gouver-*

---

[a] Tacit. *Annal.* XII, 60. — [b] *In Flaccum*, § 1 et 3, p. 517 et 518.

[1] Voy. le Commentaire sur l'édit de Tibère Alexandre.

neur (ἡγεμών) lui est donné. Mais il a dû être nommé encore un peu plus tôt; car, d'après l'inscription d'Athribis, en 774, le préfet se nommait Galérius : d'où il suit nécessairement que les seize années n'ont point été consécutives, et que la préfecture de Pollion a été interrompue par celle de Galérius, dont la durée quelconque doit se prendre sur l'intervalle de 769 à 785.

On ignore la durée de celle-ci, mais on ne peut guère compter plus d'un an, deux tout au plus; car il y avait déjà eu, sous le même Tibère, deux préfets avant Pollion : Marcus Æmilius Rectus et Séjus Strabon. Le premier, qui paraît avoir été placé par Auguste lui-même, est celui dont les extorsions lui valurent ce beau mot de Tibère que j'ai déjà cité [a]. Sa destitution doit avoir suivi de près ce reproche sanglant, car il fut remplacé par Séjus Strabon, que Velléius Paterculus [b] qualifie de *princeps equestris ordinis*, père du fameux Séjanus, et préfet du prétoire comme son fils [c]. Dion Cassius ne fixe pas précisément la date de sa nomination; il en parle seulement à l'occasion de Séjan, qui resta seul, dit-il, chargé de la préfecture du prétoire, lorsque son père *eut été envoyé en Égypte* [1], sans dire précisément à quelle époque eut lieu cette mission. Mais elle est nécessairement antérieure à l'an 772 (an VII), où la place M. Labus, puisque Vitrasius Pollion était déjà préfet en l'an IV (769-770), deux années auparavant. C'est donc en 767, et, au plus, en 768, qu'il faut placer la préfecture de Séjus Strabon, laquelle fut de très-courte durée.

Le tableau suivant présente l'arrangement chronologique de ces diverses préfectures, tel qu'il résulte de tous ces renseignements, coordonnés avec la disposition des années de règne de Tibère, selon la méthode égyptienne, qui a déjà été expliquée [d]. Quoique Tibère n'ait régné que 22 ans, 6 mois et 14 jours, sa XXIV[e] année était commencée dès le 29 août de l'an 789, et, à sa mort, le 26 mars 790, il y avait déjà plus de 6 mois d'écoulés. Ainsi tous les mo-

---

[a] Plus haut, p. 92. — [b] II, 127. — [c] Dio Cass. LVII, 19. — [d] Plus haut, p. 134.

[1] Ἐπεὶ δὲ ἐκείνου ἐς τὴν Αἴγυπτον πεμφθέντος, μόνος τὴν προστασίαν αὐτῶν ἔσχε.

238 INSCRIPTIONS DES TEMPLES.

numents, inscriptions ou médailles, exécutés en Égypte entre ces deux années extrêmes, devront porter la date de l'an XXIV.

ANNÉES ÉGYPTIENNES de TIBÈRE.	COMMENCEMENT de ces ANNÉES.	ANNÉES		NOMS des PRÉFETS.	DURÉE de leur ADMINISTRATION.
		DE ROME.	APRÈS J. C.		
1re	19 août.	767	14	Æmilius Rectus..	Quelques mois.
2e	29 août.	767	14	Séjus Strabon....	Quelques mois.
				Vitrasius Pollion.	1
3e	Id.	768	15		2
4e	Id.	769	16		3
5e	Id.	770	17		4
6e	Id.	771	18		5
7e	Id.	772	19		6
8e	Id.	773	20		7
9e	Id.	774	21	Caïus Galérius...	1
10e	Id.	775	22	Vitrasius Pollion	8
11e	Id.	776	23	(de nouveau).	9
12e	Id.	777	24		10
13e	Id.	778	25		11
14e	Id.	779	26		12
15e	Id.	780	27		13
16e	Id.	781	28		14
17e	Id.	782	29		15
18e	Id.	783	30		16
19e	Id.	784	31	Sévérus.......	1
20e	Id.	785	32	Avillius Flaccus..	1
21e	Id.	786	33		2
22e	Id.	787	34		3
23e	Id.	788	35		4
24e	Id.	789	36		5
		790	37 26 mars, mort de Tibère.		

XXIV. PRONAOS D'ATHRIBIS.

Ainsi la première préfecture de Pollion fut de sept années, la seconde de neuf, et celle de Galérius d'une année tout au plus.

Vitrasius Pollion ne tarda pas à rentrer dans sa charge : un si prompt retour indiquerait qu'il ne l'avait pas quittée par l'effet d'une disgrâce. Tibère avait peut-être eu besoin de ses talents pour quelque guerre ou négociation importante; et, une fois la mission dont il l'avait chargé terminée, il s'empressa de le rendre au gouvernement d'une province à laquelle ses talents et les vertus de son épouse l'avaient rendu cher [1]. Peut-être est-ce à la suite de cet heureux retour, désiré par la province, que le titre de *nouvel Auguste,* que Tibère ne portait pas encore sous l'administration de Galérius, lui fut conféré par l'Égypte reconnaissante.

Nous pouvons maintenant être assurés de connaître la série de tous les préfets d'Égypte sous le règne de cet empereur; car il n'est plus possible d'y intercaler un nouveau nom.

Ligne troisième. Après le mot ΓΑΛΕΡΙΟΥ il reste encore l'espace de six lettres; ce qui, ajouté à celui des douze lettres qui manquent au commencement de la ligne suivante, donne une lacune de dix-huit ou dix-neuf lettres en tout. Pour remplir cette lacune, il faut remarquer que le génitif ΑΠΟΛΛΩΝΙΟΥ suppose qu'il y avait, auparavant, le nom, au nominatif, du fils de cet Apollonius. Ce nom n'a guère pu employer moins de huit ou dix lettres; il n'en reste donc que huit ou dix, et l'analogie avec les inscriptions du même genre avertit qu'elles ont dû exprimer le nom de l'objet de la dédicace, à savoir, ΤΟ ΠΡΟΝΑΟΝ ou ΤΟ ΠΡΟΠΥΛΟΝ, qui remplit juste l'espace de neuf à dix lettres. L'analogie avec l'inscription de Panopolis, l'identité de fonctions entre les deux personnages, me font pencher pour le mot πρόπυλον; mais, d'un autre côté, sir Gardner Wilkinson m'avertit, dans une lettre particulière, que l'architrave qui porte l'inscription n'appartient pas à un propylon. Je lis donc ΤΟ ΠΡΟΝΑΟΝ, en plaçant ΤΟ ΠΡΟΝ à la fin de la deuxième ligne,

---

[1] Et hodie similem illi [sororis ejus] quamvis nunquam speret (provincia), semper optat. (Senec. *ad Helviam*, c. XVII, § 5.)

et AON au commencement de la troisième. Il ne peut y avoir place pour aucun verbe après ce mot. La construction était donc exactement semblable aux inscriptions de Tentyra et de Panopolis.

L'auteur de la dédicace, dont le nom ne nous est pas connu, était probablement un grec, à en juger par le nom de son père. Il prend le titre de προσϊάτης Τρίφιδος, circonstance qui justifie ma restitution des lettres HC TPIΦIΔOC dans l'inscription de Panopolis[a]. Il était l'intendant du temple de Thriphis, comme Tibère Claude Apollinaris l'était de celui de Pan, à Panopolis; l'un avait élevé un propylon à Pan; l'autre avait ajouté un pronaos au temple de Thriphis, ou, du moins, avait décoré le pronaos déjà construit, mais non terminé.

Tout ce qui a été dit[b] pour prouver que l'Aphrodite à laquelle fut dédié le pronaos de Tentyra était l'*Athor* égyptienne, et non l'Aphrodite grecque, est vérifié complétement par ce nouvel exemple. La déesse *Thriphis* ou *Tribis* était bien une divinité locale et des plus anciennement adorées dans le pays, puisqu'elle avait donné son nom à la ville d'*Athribis*, capitale d'un nome déjà cité par Hérodote[c]. Il n'y a pas moyen de voir ici une *simple dédicace;* car ce pronaos, comme le temple, devait être dédié à Thriphis dès l'origine : on ne le lui dédie à présent que parce qu'on l'a construit, élevé, ou, au moins, décoré en son honneur.

Sir Gardner Wilkinson[d] n'a distingué que deux cartouches royaux parmi les ruines de cet édifice : celui du fils aîné de Ptolémée Dionysos, frère de Cléopâtre, et celui de *Tibère*, le même nom que porte l'inscription grecque; coïncidence qui pourrait être prise pour une confirmation de l'alphabet phonétique de Champollion, si cet alphabet avait encore besoin d'une confirmation nouvelle.

Il s'ensuit que le temple fut commencé sous les derniers princes de la dynastie lagide, qui en jetèrent les fondements et en construisirent le naos, mais qu'il ne fut achevé que sous le deuxième César.

[a] Plus haut. p. 113, 114. — [b] Plus haut, p. 94, 96. — [c] II, 166. — [d] *Manners and Customs, etc.* t. IV, p. 265.

DEUXIÈME PARTIE.

ACTES ÉMANÉS DES PRÊTRES ÉGYPTIENS.

XXV.

INSCRIPTION DITE DE ROSETTE.
DÉCRET DES PRÊTRES DE TOUTE L'ÉGYPTE EN FAVEUR DE PTOLÉMÉE ÉPIPHANE.

Il serait superflu maintenant d'insister sur l'importance scientifique du monument connu sous le nom de *pierre de Rosette.* Tout le monde sait que cette pierre, découverte par les Français en 1799, et transportée en Angleterre après le traité d'Alexandrie, porte une inscription en deux langues, *égyptienne* et *grecque,* et en trois espèces de caractères, *égyptiens sacrés, égyptiens usuels* et *grecs*[1]. Personne n'ignore non plus tous les efforts tentés, depuis près de quarante ans, pour retrouver, à l'aide de la comparaison des trois textes, la connaissance de la langue et des écritures usitées dans l'ancienne Égypte. Je me bornerai donc à dire quelques mots du texte grec, dont l'interprétation est mon unique objet.

Ce texte, pris en lui-même et indépendamment de l'intérêt qui résulte de sa comparaison avec les deux autres, nous offre un document historique des plus curieux. Le décret qu'il nous a conservé, rendu en l'honneur de Ptolémée Épiphane par les prêtres d'Égypte rassemblés à Memphis pour la cérémonie de son couronnement, est une pièce jusqu'à présent unique; c'est encore la principale source d'où nous puissions tirer quelques lumières sur la fusion qui, par suite de la conquête d'Alexandre, s'était opérée dans les usages civils ou religieux des deux peuples, en même temps qu'elle complète et confirme plusieurs points importants de l'histoire de cette époque.

[1] On voit la forme de la pierre au bas de notre pl. VIII.

Il n'existait en français qu'une seule traduction, celle d'Ameilhon, qui fut publiée en 1803, accompagnée d'un commentaire et d'un *fac-simile* du texte, travail judicieux et remarquable pour le temps où il a paru. Les imperfections qu'on est forcé d'y reconnaître étaient peut-être, en partie, inévitables à cette époque, où l'on manquait encore de tout moyen de comparaison. Le même jugement doit s'appliquer à la version latine composée et publiée par Heyne, à peu près vers le même temps. Parmi les savants qui ont ensuite le plus contribué à éclaircir le texte grec il faut nommer surtout Villoison, dont les trois lettres, insérées dans le Magasin encyclopédique, contiennent des observations excellentes, qui rectifient la version d'Ameilhon sur plusieurs points essentiels; Porson, dont les belles restitutions remplissent si heureusement plusieurs lacunes à la fin des vingt-quatre dernières lignes; et M. Drumann, dont l'ouvrage donne un résumé exact de ce qui avait été écrit sur le sujet, et présente des recherches savantes, qui conservent encore à présent une grande partie de leur utilité [1].

Après tous ces efforts, il restait encore beaucoup à faire pour

---

[1] Lorsque j'écrivais ce passage, je ne connaissais pas encore l'*Essai* de M. Lenormant sur le *texte grec de l'inscription de Rosette*, qui s'imprimait en même temps que le mien, et qui a paru après que celui-ci, entièrement composé, était cliché pour entrer dans un des volumes de la *Bibliothèque des classiques grecs* de M. Didot. Depuis, M. Lenormant a reproduit son *Essai*, avec quelques additions et corrections, dans le *Musée des antiquités égyptiennes*. J'aurais aimé à profiter de son travail pour cette seconde édition du mien; mais j'avouerai que je n'ai pu en tirer aucune observation utile à mon objet, parce qu'il s'est principalement occupé du rapprochement du texte grec avec le texte hiéroglyphique, point auquel j'ai donné fort peu d'attention, par le double sentiment de mon insuffisance et de la presque inutilité de tout effort à cet égard dans l'état des connaissances actuelles. J'aurais pu proposer aussi quelques vues sur ce sujet obscur; mais on n'aurait probablement pas attaché beaucoup plus d'importance à mes conjectures que je ne leur en attribuais moi-même. Je n'en ai donc parlé que lorsque je pouvais me placer derrière Champollion, qui, selon moi, reste, jusqu'à présent, le seul dont l'avis puisse avoir ici quelque poids et faire autorité. C'est pourquoi je ne me suis attaché qu'aux points qui me semblaient laisser peu de doute, ou pour lesquels la lecture des textes égyptiens pouvait compléter le sens du grec, et servir à mieux remplir quelques lacunes de ce texte.

XXV. INSCRIPTION DE ROSETTE.

l'intelligence complète de ce document historique. J'ai pu dire, en 1823 : « qu'il s'y trouve plusieurs passages dont le sens n'a jamais « été bien entendu [a]. » Depuis, un examen attentif, et l'étude comparée des autres inscriptions, ainsi que des papyrus grecs rapportés d'Égypte, ont, à mes yeux, confirmé ce jugement.

La traduction que je donne ici est, sauf plusieurs corrections, celle que Champollion m'avait demandée, vers 1824, pour servir de base à ses recherches persévérantes et, dès cette époque, déjà si heureuses, sur les textes égyptiens de l'inscription de Rosette. Il l'avait désirée parfaitement littérale et aussi près du texte que possible : c'est, en effet, le caractère que je me suis efforcé de donner à cette version.

Quant à mon commentaire, la critique verbale y tient plus de place que dans ceux d'Ameilhon et de M. Drumann ; mais elle était indispensable pour établir le vrai caractère du style, son analogie avec celui de Polybe, sa supériorité incontestable sur celui de la version des Septante, si mêlé d'hébraïsmes ; en même temps, pour suivre exactement la marche de l'exposition et saisir le parfait enchaînement des idées ; enfin, pour pénétrer aussi avant que possible dans la pensée du rédacteur, et acquérir une perception exacte des faits historiques ou archéologiques qu'il a énoncés.

Les remarques de Champollion, contenues, soit dans sa Grammaire imprimée, soit dans ses manuscrits, m'ont permis de remplir plus sûrement quelques lacunes du texte ; elles m'ont également fourni des indications qui établissent que le texte grec, écrit avec une aisance, une netteté et une propriété d'expression qu'on n'avait pas assez remarquées, est la rédaction *primitive*, traduite après coup en égyptien, puis exprimée en caractères sacrés. En effet, une pièce où l'autorité royale était à ce point engagée devait être rédigée d'abord, par un scribe royal, dans la langue du gouvernement, dans celle dont ses agents avaient exclusivement la connaissance et l'usage ; soumise ensuite à une censure préalable, et, après approba-

---

[a] *Rech. pour servir à l'hist. de l'Égypte, etc.* Introd. p. XLIV.

tion, envoyée aux scribes égyptiens pour être traduite, comme ils l'entendraient, dans la langue du pays. Il a dû en être ainsi de tous les actes publics de cette importance : la rédaction grecque était la seule officielle et reconnue de l'autorité.

TEXTE [a] ET TRADUCTION.

L. 1. Βασιλεύοντος τοῦ νέου, καὶ παραλαβόντος τὴν βασιλείαν παρὰ τοῦ πατρὸς, κυρίου βασιλειῶν, μεγαλοδόξου, τοῦ τὴν Αἴγυπτον καταστησαμένου, καὶ τὰ πρὸς τοὺς

Sous le règne du JEUNE [1], et successeur immédiat de son père [2]; maître des couronnes [3]; couvert de gloire; qui a établi l'ordre en Égypte; pieux

L. 2. θεοὺς εὐσεβοῦς, ἀντιπάλων ὑπερτέρου, τοῦ τὸν βίον τῶν ἀνθρώπων ἐπανορθώσαντος, κυρίου τριακονταετηρίδων, καθάπερ ὁ Ἡφαισ̄ος ὁ μέγας· βασιλέως, καθάπερ ὁ ἥλιος,

envers les dieux [4]; supérieur à ses adversaires; ayant amélioré la vie des hommes [5]; maître des triacontaétérides [6], comme Héphæstos le grand [7]; roi comme le soleil;

L. 3. μέγας βασιλεὺς τῶν τε ἄνω καὶ τῶν κάτω χωρῶν· ἐκγόνου θεῶν Φιλοπατόρων· ὃν ὁ Ἡφαιστος ἐδοκίμασεν· ᾧ ὁ ἥλιος ἔδωκεν τὴν νίκην· εἰκόνος ζώσης τοῦ Διὸς, υἱοῦ τοῦ ἡλίου, Πτολεμαίου,

grand roi des régions supérieures et inférieures [8]; né des dieux Philopators; éprouvé par Héphæstos [9]; à qui le soleil a donné la victoire [10]; image vivante de Zeus; fils d'Hélios, PTOLÉMÉE,

L. 4. αἰωνοβίου, ἠγαπημένου ὑπὸ τοῦ Φθᾶ· ἔτους ἐνάτου· ἐφ' ἱερέως Ἀέτου, τοῦ Ἀέτου, Ἀλεξάνδρου, καὶ θεῶν Σωτήρων, καὶ θεῶν Ἀδελφῶν, καὶ θεῶν Εὐεργετῶν, καὶ θεῶν Φιλοπατόρων, καὶ

toujours vivant, chéri de Phthas; la IXe année; Aétès, fils d'Aétès, étant prêtre d'Alexandre et des dieux Sôters, et des dieux Adelphes, et des dieux Évergètes, et des dieux Philopators, et

L. 5. θεοῦ Ἐπιφανοῦς, Εὐχαρίστου· ἀθλοφόρου Βερενίκης Εὐεργέτιδος, Πύρρας, τῆς Φιλίνου· κανηφόρου Ἀρσινόης Φιλαδέλφου, Ἀρείας, τῆς Διογένους· ἱερείας Ἀρσινόης Φιλοπάτορος, Εἰρήνης,

du dieu [11] Épiphane, Eucharistе [12]; étant athlophore de Bérénice Évergète, Pyrrha, fille de Philinus; étant canéphore d'Arsinoé Philadelphe, Aria, fille de Diogène; étant prêtresse [13] d'Arsinoé Philopator, Irène,

L. 6. τῆς Πτολεμαίου· μηνὸς ξανδικοῦ τετράδι, Αἰγυπτίων δὲ μεχεὶρ ὀκτωκαιδεκάτῃ· Ψήφισμα οἱ ἀρχιερεῖς, καὶ προφῆται, καὶ οἱ εἰς τὸ ἄδυτον εἰσπορευόμενοι πρὸς τὸν σολισμὸν τῶν

fille de Ptolémée [14]: du mois xandique le IV [15], et du mois des Égyptiens méchir, le XVIII;

DÉCRET [16] :

Les grands-prêtres et prophètes, et ceux qui pénètrent dans le sanctuaire pour l'habillement des

---

[a] Voyez le *fac-simile* dans les pl. VII et VIII, autographiées d'après la pl. LIV, *Ant.* t. V de la *Descr. de l'Égypte*.

XXV. INSCRIPTION DE ROSETTE.

L. 7. θεῶν, καὶ πλεροφόραι, καὶ ἱερογραμματεῖς, καὶ οἱ ἄλλοι ἱερεῖς πάντες, οἱ ἀπαντήσαντες ἐκ τῶν κατὰ τὴν χώραν ἱερῶν εἰς Μέμφιν τῷ βασιλεῖ, πρὸς τὴν πανήγυριν τῆς παραλήψεως τῆς

dieux, et ptérophores, et hiérogrammates, et tous les autres prêtres [17] qui, des temples du pays, s'étant rendus à Memphis, au-devant du roi, pour la panégyrie de la réception de la

L. 8. βασιλείας τῆς Πτολεμαίου, αἰωνοβίου, ἠγαπημένου ὑπὸ τοῦ Φθᾶ, θεοῦ Ἐπιφανοῦς, Εὐχαρίσ7ου, ἣν παρέλαβεν παρὰ τοῦ πατρὸς αὐτοῦ, συναχθέντες ἐν τῷ ἐν Μέμφει ἱερῷ, τῇ ἡμέρᾳ ταύτῃ, εἶπαν.

couronne de Ptolémée, toujours vivant, chéri de Phthas, dieu Épiphane, Euchariste, laquelle il a reçue immédiatement de son père, réunis dans le temple de Memphis [18], ce même jour, ont dit :

L. 9. Ἐπειδὴ βασιλεὺς Πτολεμαῖος, αἰωνόβιος, ἠγαπημένος ὑπὸ τοῦ Φθᾶ, θεὸς Ἐπιφανής, Εὐχάρισ7ος, ὁ ἐγ βασιλέως Πτολεμαίου καὶ βασιλίσσης Ἀρσινόης, θεῶν Φιλοπατόρων κατὰ πολλὰ εὐεργέτηκεν τά θ' ἱερά, καὶ

CONSIDÉRANT [19] que le roi Ptolémée, toujours vivant, chéri de Phthas, dieu Épiphane, Euchariste, issu du roi Ptolémée et de la reine Arsinoé, dieux Philopators, a comblé de bienfaits les temples et

L. 10. τοὺς ἐν αὐτοῖς ὄντας, καὶ τοὺς ὑπὸ τὴν ἑαυτοῦ βασιλείαν τασσομένους ἅπαντας· ὑπάρχων θεὸς ἐκ θεοῦ καὶ θεᾶς, καθάπερ Ὧρος, ὁ τῆς Ἴσιος καὶ Ὀσίριος υἱὸς, ὁ ἐπαμύνας τῷ πατρὶ αὑτοῦ Ὀσίρει, τά [τε] πρὸς θεοὺς

ceux qui y demeurent, et tous ceux qui sont rangés sous sa domination; qu'étant dieu, né d'un dieu et d'une déesse, comme Horus, le fils d'Isis et d'Osiris, qui a vengé son père Osiris [20]; envers les dieux

L. 11. εὐεργετικῶς διακείμενος, ἀνατέθεικεν εἰς τὰ ἱερὰ ἀργυρικάς τε καὶ σιτικὰς προσόδους· καὶ δαπάνας πολλὰς ὑπομεμένηκεν, ἕνεκα τοῦ τὴν Αἴγυπτον εἰς εὐδίαν ἀγαγεῖν, καὶ τὰ ἱερὰ κατασ7ήσασθαι,

plein d'une piété généreuse, il a consacré aux temples des revenus en argent et en vivres [21], et supporté de grandes dépenses pour amener la sérénité [22] en Égypte, et pour établir l'ordre en tout ce qui concerne le culte [23];

L. 12. ταῖς τε ἑαυτοῦ δυνάμεσιν πεφιλανθρώπηκε πάσαις, καὶ ἀπὸ τῶν ὑπαρχουσῶν ἐν Αἰγύπτῳ προσόδων, καὶ φορολογιῶν, τινὰς μὲν εἰς τέλος ἀφῆκεν, ἄλλας δὲ κεκούφικεν, ὅπως ὅ τε λαὸς καὶ οἱ ἄλλοι πάντες ἐν

il a manifesté de toutes ses forces ses sentiments d'humanité [24]; d'entre les revenus publics et impôts perçus en Égypte il a supprimé définitivement quelques-uns et allégé d'autres, afin que le peuple [25] et tous les autres

L. 13. εὐθηνίᾳ ὦσιν ἐπὶ τῆς ἑαυτοῦ βασιλείας· τά τε βασιλικὰ ὀφειλήματα, ἃ προσώφειλον οἱ ἐν Αἰγύπτῳ, καὶ οἱ ἐν τῇ λοιπῇ βασιλείᾳ αὐτοῦ, ὄντα πολλὰ, τῷ πλήθει ἀφῆκεν· καὶ τοὺς ἐν ταῖς φυλακαῖς

fussent dans l'abondance sous son règne [26]; les sommes que redevaient au trésor [27] les habitants de l'Égypte et ceux du reste de son royaume, lesquelles étaient fort considérables, il en a fait une remise générale [28]: quant à ceux qui avaient été

L. 14. ἀπηγμένους, καὶ τοὺς ἐν αἰτίαις ὄντας ἐκ πολλοῦ χρόνου, ἀπέλυσε τῶν ἐνκεκλημένων· προσέταξε δὲ καὶ τὰς προσόδους τῶν ἱερῶν, καὶ τὰς διδομένας εἰς αὐτὰ κατ᾽ ἐνιαυτὸν συντάξεις, σιτι-

emprisonnés[29] et ceux à qui on avait intenté procès depuis très-longtemps, il les a délivrés de tout ce qui leur était réclamé: il a ordonné, en outre, que les revenus des temples et les contributions qui leur étaient accordées chaque année, tant en

L. 15. κάς τε καὶ ἀργυρικὰς, ὁμοίως δὲ καὶ τὰς καθηκούσας ἀπομοίρας τοῖς θεοῖς, ἀπό τε τῆς ἀμπελίτιδος γῆς, καὶ τῶν παραδείσων, καὶ τῶν ἄλλων τῶν ὑπαρξάντων τοῖς θεοῖς, ἐπὶ τοῦ πατρὸς αὐτοῦ,

vivres qu'en argent, ainsi que les parts équitables assignées aux dieux[30], sur les vignobles, les jardins, et sur les autres terrains qui appartenaient aux dieux sous le règne de son père,

L. 16. μένειν ἐπὶ χώρας· προσέταξεν δὲ καὶ περὶ τῶν ἱερέων, ὅπως μηθὲν πλεῖον διδῶσιν εἰς τὸ τελεσ]ικὸν, οὗ ἐτάσσοντο ἕως τοῦ πρώτου ἔτους, ἐπὶ τοῦ πατρὸς αὐτοῦ· ἀπέλυσεν δὲ καὶ τοὺς ἐκ τῶν

resteraient sur le même pied: relativement aux prêtres, il a ordonné encore qu'ils ne payent rien de plus à la caisse *télestique*[31] que ce à quoi ils étaient imposés, jusqu'à la première année, sous son père[32]; il a, de plus, affranchi[33] ceux d'entre les

L. 17. ἱερῶν ἐθνῶν τοῦ κατ᾽ ἐνιαυτὸν εἰς Ἀλεξάνδρειαν κατάπλου· προσέταξεν δὲ καὶ τὴν σύλληψιν τῶν εἰς τὴν ναυτείαν μὴ ποιεῖσθαι τῶν τ᾽ εἰς τὸ βασιλικὸν συντελουμένων ἐν τοῖς ἱεροῖς βυσσίνων

tribus sacrées de la descente annuelle à Alexandrie[34]; il a ordonné également de ne plus lever la contribution pour la marine[35]; des toiles de byssus livrées dans les temples[36] au trésor royal

L. 18. ὀθονίων ἀπέλυσεν τὰ δύο μέρη· τά τε ἐγλελειμμένα πάντα ἐν τοῖς πρότερον χρόνοις ἀποκατέσ]ησεν εἰς τὴν καθήκουσαν τάξιν, φροντίζων ὅπως τὰ εἰθισμένα συντελῆται τοῖς θεοῖς, κατὰ τὸ

il a remis les deux tiers[37]; et tout ce qui était négligé[38], il l'a rétabli dans l'état convenable, veillant à ce que tout ce qu'il était d'usage de faire pour les dieux fût exécuté comme

L. 19. προσῆκον· ὁμοίως δὲ καὶ τὸ δίκαιον πᾶσιν ἀπένειμεν, καθάπερ Ἑρμῆς ὁ μέγας καὶ μέγας· προσέταξεν δὲ καὶ τοὺς καταπορευομένους ἔκ τε τῶν μαχίμων, καὶ τῶν ἄλλων, τῶν ἀλλότρια

il convient; en même temps il a distribué à tous la justice, ainsi qu'Hermès deux fois grand[39]; il a ordonné, en outre, que les émigrés revenus[40], gens de guerre et tous autres qui

L. 20. φρονησάντων, ἐν τοῖς κατὰ τὴν ταραχὴν καιροῖς, κατελθόντας μένειν ἐπὶ τῶν ἰδίων κτήσεων· προενοήθη δὲ καὶ ὅπως ἐξαποσ]αλῶσιν δυνάμεις ἱππικαί τε καὶ πεζικαί, καὶ νῆες, ἐπὶ τοὺς ἐπελθόντας

auraient manifesté des intentions hostiles[41] dans le temps des troubles[42], conservent les biens en la possession desquels ils sont rentrés; il a pourvu à ce que des corps de cavalerie et d'infanterie[43], et des vaisseaux fussent envoyés contre ceux qui se seraient avancés

XXV. INSCRIPTION DE ROSETTE.

L. 21. ἐπὶ τὴν Αἴγυπτον κατά τε τὴν θάλασσαν
καὶ τὴν ἤπειρον, ὑπομείνας δαπάνας ἀργυρικάς τε καὶ σιτικὰς μεγάλας, ὅπως τά θ᾽ ἱερὰ,
καὶ οἱ ἐν αὐτῇ πάντες, ἐν ἀσφαλείᾳ ὦσιν·
παραγινόμε-

contre l'Égypte, tant par terre que par mer, supportant de grandes dépenses en argent et en vivres, afin que les temples et tous les habitants de l'Égypte fussent en sûreté;

L. 22. νος δὲ καὶ εἰς Λύκων πόλιν, τὴν ἐν τῷ Βου-
σιρίτῃ, ἣ ἦν κατειλημμένη καὶ ὠχυρωμένη
πρὸς πολιορκίαν ὅπλων τε παραθέσει δαψι-
λεσ7έρᾳ, καὶ τῇ ἄλλῃ χορηγίᾳ πάσῃ, ὡς ἂν
ἐκ πολλοῦ

s'étant rendu [44] à Lycopolis [45], celle du [nome] Busirite, ville dont on s'était emparé et qu'on avait fortifiée contre un siége [46] par de grands dépôts d'armes et toute autre sorte de munitions, l'esprit de révolte s'y étant affermi depuis très-long-

L. 23. χρόνου συνεσ7ηκυίας τῆς ἀλλοτριότητος τοῖς
ἐπισυναχθεῖσιν εἰς αὐτὴν ἀσεβέσιν, οἳ ἦσαν
εἴς τε τὰ ἱερὰ, καὶ τοὺς ἐν Αἰγύπτῳ κατοι-
κοῦντας πολλὰ κακὰ συντετελεσμένοι, καὶ
ἀν-

temps parmi les impies, qui, rassemblés dans cette ville [47], avaient fait beaucoup de mal aux temples et aux habitants de l'É-gypte; et ayant formé le siége de

L. 24. τικαθίσας, χώμασίν τε καὶ τάφροις καὶ τεί-
χεσιν αὐτὴν ἀξιολόγοις περιέλαβεν· τοῦ τε
Νείλου τὴν ἀνάβασιν μεγάλην ποιησαμένου
ἐν τῷ ὀγδόῳ ἔτει, καὶ εἰθισμένου κατακλύ-
ζειν τὰ

cette place, il l'a environnée de retranchements, de fossés et de murs solides; le Nil ayant fait une grande crue [48] dans la VIIIe année [49], et, comme il est accoutumé de le faire, inondant les

L. 25. πεδία, κατέσχεν, ἐκ πολλῶν τόπων ὀχυρώ-
σας τὰ σ7όματα τῶν ποταμῶν, χορηγήσας
εἰς αὐτὰ χρημάτων πλῆθος οὐκ ὀλίγον· καὶ,
κατασ7ήσας ἱππεῖς τε καὶ πεζοὺς πρὸς τῇ
φυλακῇ

plaines, le roi l'a contenu, en beaucoup de lieux, en fortifiant l'embouchure des fleuves [50], pour lesquels travaux il a dépensé des sommes non petites; après avoir établi des troupes, tant de cavalerie que d'infanterie, pour la garde

L. 26. αὐτῶν, ἐν ὀλίγῳ χρόνῳ τήν τε πόλιν κατὰ
κράτος εἷλεν, καὶ τοὺς ἐν αὐτῇ ἀσεβεῖς πάντας διέφθειρεν· καθάπε[ρ Ἑρμ]ῆς καὶ Ὧρος,
ὁ τῆς Ἴσιος καὶ Ὀσίριος υἱὸς, ἐχειρώσαντο
τοὺς ἐν τοῖς αὐτοῖς

de ces fleuves, il a pris en peu de temps la ville de vive force [51], et détruit tous les impies qui s'y trouvaient [52], comme Hermès et Horus, fils d'Isis et d'Osiris, s'étaient rendus maîtres, dans ces mêmes

L. 27. τόποις ἀποσ7άντας πρότερον· τούς [τ᾽] ἀφηγησαμένους τῶν ἀποσ7άντων ἐπὶ τοῦ ἑαυτοῦ
πατρὸς, καὶ τὴν χώραν ἐ[νοχλήσ]αντας, καὶ
τὰ ἱερὰ ἀδικήσαντας, παραγενόμενος εἰς
Μέμφιν, ἐπαμυνῶν

lieux [53], des gens révoltés auparavant; quant à ceux qui s'étaient mis à la tête des rebelles [54] sous son père, et qui avaient vexé le pays [55], sans respecter les temples, s'étant rendu à Memphis pour venger

L. 28. τῷ πατρὶ καὶ τῇ ἑαυτοῦ βασιλείᾳ, πάντας
ἐκόλασεν καθηκόντως, καθ᾽ ὃν καιρὸν παρε-

son père et sa propre couronne, il les a punis comme ils le méritaient [56], à l'époque

γενήθη πρὸς τὸ συντελεσθῆ[ναι αὐτῷ τὰ] προσήκοντα νόμιμα τῇ παραλήψει τῆς βασιλείας· ἀφῆκεν δὲ καὶ τὰ ἐ[ν]

où il vint dans l'intention de célébrer les cérémonies prescrites pour la réception de la couronne; de plus, il a remis ce qui, dans

L. 29. τοῖς ἱεροῖς ὀφειλόμενα εἰς τὸ βασιλικὸν ἕως τοῦ ὀγδόου ἔτους, ὄντα εἰς σίτου τε καὶ ἀργυρίου πλῆθος οὐκ ὀλίγον· ὡσαύ[τως δὲ κ]αὶ τὰς τιμὰς τῶν μὴ συντετελεσμένων εἰς τὸ βασιλικὸν βυσσίνων ὀθ[ονί-]

les temples, était dû au trésor royal jusqu'à la VIIIᵉ année, montant [57], tant en vivres qu'en argent, à une quantité non petite; pareillement [58], il a remis la valeur des toiles de Byssus qui n'avaient point été fournies au trésor royal,

L. 30. ων, καὶ τῶν συντετελεσμένων τὰ πρὸς τὸν δειγματισμὸν διάφορα ἕως τῶν αὐτῶν χρόνων· ἀπέλυσεν δὲ τὰ ἱερὰ καὶ τῆς ἀ[ποτεταγ]μένης ἀρτάβης τῇ ἀρούρᾳ τῆς ἱερᾶς γῆς, καὶ τῆς ἀμπελίτιδος ὁμοί[ως]

ainsi que les frais de vérification pour celles qui l'avaient été, jusqu'à la même époque; il a affranchi les temples du droit d'artabe [59] par aroure de terre sacrée; de même, quant à la terre de vigne,

L. 31. τὸ κεράμιον τῇ ἀρούρᾳ· τῷ τε Ἄπει καὶ τῷ Μνεύει πολλὰ ἐδωρήσατο, καὶ τοῖς ἄλλοις ἱεροῖς ζῴοις, τοῖς ἐν Αἰγύπτῳ, πολὺ κρεῖσσον τῶν πρὸ αὐτοῦ βασιλέων φροντίζων ὑπὲρ τῶν ἀνηκόν[των εἰς]

du kéramion par aroure; il a fait beaucoup de donations à l'Apis, au Mnévis [60], et aux autres animaux sacrés en Égypte, prenant beaucoup plus de soin [61] que les rois ses prédécesseurs de ce qui les concerne

L. 32. αὐτὰ διαπαντός· τά τ' εἰς τὰς ταφὰς αὐτῶν καθήκοντα διδοὺς δαψιλῶς καὶ ἐνδόξως, καὶ τὰ τελισκόμενα εἰς τὰ ἴδια ἱερά, μετὰ θυσιῶν, καὶ πανηγύρεων, καὶ τῶν ἄλλων τῶν νομι[ζομένων·]

en toute circonstance; et ce qui était nécessaire à leur sépulture, il l'a donné largement et noblement [62], ainsi que les sommes accordées [63] pour leur culte particulier, y compris les sacrifices, panégyries et autres cérémonies prescrites;

L. 33. τά τε τίμια τῶν ἱερῶν, καὶ τῆς Αἰγύπτου, διατετήρηκεν ἐπὶ χώρας ἀκολούθως τοῖς νόμοις· καὶ τὸ Ἀπιεῖον ἔργοις πολυτελέσιν κατεσκεύασεν, χορηγήσας εἰς αὐτὸ χρυσίου τε κ[αὶ ἀργυρί-]

les privilèges [64] des temples et de l'Égypte, il les a maintenus sur le même pied, conformément aux lois; il a embelli l'Apiéum de magnifiques ouvrages, ayant dépensé, pour ce temple [65], d'or, d'argent

L. 34. ου, καὶ λίθων πολυτελῶν, πλῆθος οὐκ ὀλίγον· καὶ ἱερὰ, καὶ ναοὺς, καὶ βωμοὺς, ἱδρύσατο· τά τε προσδεόμενα ἐπισκευῆς προσδιωρθώσατο, ἔχων θεοῦ εὐεργετικοῦ ἐν τοῖς ἀνήκου[σιν εἰς τὸ]

et de pierres précieuses [66] une quantité non petite [67]; il a fondé [68] des temples, des naos et des autels; il a restauré, à son tour, ceux qui avaient encore besoin de réparations [69], ayant, pour tout ce qui concerne

L. 35. θεῖον διάνοιαν· προσπυνθανόμενός τε, τὰ τῶν ἱερῶν τιμιώτατα ἀνενεοῦτο ἐπὶ τῆς ἑαυτοῦ βασιλείας, ὡς καθήκει· ἀνθ' ὧν δεδώ-

la divinité [70], le zèle d'un dieu bienfaisant; après nouvelle information [71], il a réparé les plus honorés des temples [72] sous son

κασιν αὐτῷ οἱ θεοὶ ὑγίειαν, νίκην, κράτος, καὶ τἄλλ' ἀγαθ[ὰ πάντα,]

L. 36. τῆς βασιλείας διαμενούσης αὐτῷ καὶ τοῖς τέκνοις εἰς τὸν ἅπαντα χρόνον. Ἀγαθῇ Τύχῃ· ἔδοξεν τοῖς ἱερεῦσι τῶν κατὰ τὴν χώραν ἱερῶν πάντων, τὰ ὑπάρχοντα τ[ίμια πάντα]

L. 37. τῷ αἰωνοβίῳ βασιλεῖ Πτολεμαίῳ, ἠγαπημένῳ ὑπὸ τοῦ Φθᾶ, Θεῷ Ἐπιφανεῖ, Εὐχαρίσ7ῳ, ὁμοίως δὲ καὶ τὰ τῶν γονέων αὐτοῦ, θεῶν Φιλοπατόρων, καὶ τὰ τῶν προγόνων, θεῶν Εὐεργ[ετῶν, καὶ τὰ]

L. 38. τῶν θεῶν Ἀδελφῶν, καὶ τὰ τῶν θεῶν Σωτήρων, ἐπαύξειν μεγάλως· σ7ῆσαι δὲ τοῦ αἰωνοβίου βασιλέως Πτολεμαίου, θεοῦ Ἐπιφανοῦς, Εὐχαρίσ7ου, εἰκόνα ἐν ἑκάσ7ῳ ἱερῷ, ἐν τῷ ἐπιφα[νεσ7άτῳ τόπῳ·]

L. 39. ἢ προσονομασθήσεται Πτολεμαίου, τοῦ ἐπαμύναντος τῇ Αἰγύπτῳ· ᾗ παρεσ7ήξεται ὁ κυριώτατος θεὸς τοῦ ἱεροῦ, διδοὺς αὐτῷ ὅπλον νικητικόν· ἃ ἔσ7αι κατεσκευασμέν[α τὸν Αἰγυπτίων]

L. 40. τρόπον· καὶ τοὺς ἱερεῖς θεραπεύειν τὰς εἰκόνας τρὶς τῆς ἡμέρας· καὶ παρατιθέναι αὐταῖς ἱερὸν κόσμον, καὶ τἄλλα τὰ νομιζόμενα συντελεῖν, καθὰ καὶ τοῖς ἄλλοις Θεοῖς, ἐν [ταῖς ἐν Αἰγύπτῳ πα-]

L. 41. νηγύρεσιν· ἱδρύσασθαι δὲ βασιλεῖ Πτολεμαίῳ, Θεῷ Ἐπιφανεῖ, Εὐχαρίσ7ῳ, τῷ ἐγ βασιλέως Πτολεμαίου καὶ βασιλίσσης Ἀρσινόης, Θεῶν Φιλοπατόρων, ξόανόν τε καὶ ναὸν χρ[υσᾶ ἐν ἑκάσ7ῳ τῶν]

L. 42. ἱερῶν· καὶ καθιδρύσαι ἐν τοῖς ἀδύτοις μετὰ τῶν ἄλλων ναῶν· καὶ ἐν ταῖς μεγάλαις πανηγύρεσιν, ἐν αἷς ἐξοδεῖαι τῶν ναῶν γίνον-

TOM. I.

règne[73], comme il convient; en récompense de quoi les dieux lui ont donné santé, victoire, force, et tous les autres biens,

la couronne devant demeurer[74] à lui et à ses enfants, dans toute la durée du temps[75];

À LA BONNE FORTUNE[76];

il a paru convenable aux prêtres de tous les temples du pays que tous les honneurs rendus

au toujours vivant roi Ptolémée, chéri de Phthas, dieu Épiphane, Eucharistе, de même que ceux de ses parents, dieux Philopators, et ceux de ses aïeux, dieux Évergètes, et ceux

des dieux Adelphes, et ceux des dieux Sôters, soient de nouveau augmentés grandement[77]; qu'on élève au toujours vivant roi Ptolémée, dieu Épiphane, Eucharistе, une image en chaque temple, dans le lieu le plus apparent,

laquelle portera le nom de Ptolémée[78], celui qui a vengé l'Égypte; qu'auprès soit placé, debout, le dieu principal du temple, lui présentant une arme de victoire, le tout disposé à la manière égyptienne;

que les prêtres fassent trois fois par jour le service religieux[79] auprès des images, et leur mettent un ornement sacré[80], et exécutent les autres cérémonies prescrites, comme pour les autres dieux, dans les panégyries qui se célèbrent en Égypte;

qu'ils élèvent au roi Ptolémée, dieu Épiphane, Eucharistе, né du roi Ptolémée et de la reine Arsinoé, dieux Philopators, une statue de bois et un édicule dorés[81], dans chacun des

temples; qu'ils les placent dans les sanctuaires[82], avec les autres édicules, et que, lors des grandes panégyries, où se fait la

32

ται καὶ τὸν τοῦ Θεοῦ Ἐπιφανοῦς, Εὐ[χα-
ρίστου, ναὸν συνε-]

L. 43. ξοδεύειν· ὅπως δ' εὔσημος ᾖ νῦν τε καὶ εἰς
τὸν ἔπειτα χρόνον, ἐπικεῖσθαι τῷ ναῷ τὰς
τοῦ βασιλέως χρυσᾶς βασιλείας δέκα, αἷς
προσκείσεται ἀσπίς, [καθάπερ καὶ ἐπὶ πα-
σῶν]

L. 44. τῶν ἀσπιδοειδῶν βασιλειῶν, τῶν ἐπὶ τῶν
ἄλλων ναῶν· ἔσται δ' αὐτῶν ἐν τῷ μέσῳ ἡ
καλουμένη βασιλεία Ψχέντ· ἣν περιθέμενος, εἰσῆλθεν εἰς τὸ ἐν Μέμφ[ει ἱερὸν, ὅπως
ἐν αὐτῷ συν-]

L. 45. τελεσθῇ τὰ νομιζόμενα τῇ παραλήψει τῆς
βασιλείας, ἐπιθεῖναι δὲ καὶ ἐπὶ τοῦ περὶ τὰς
βασιλείας τετραγώνου, κατὰ τὸ προειρημένον βασίλειον, φυλακτήρια χρυ[σᾶ δέκα, οἷς
ἐγγραφθήσεται, ὅ-]

L. 46. τι ἐστὶν τοῦ βασιλέως, τοῦ ἐπιφανῆ ποιήσαντος τήν τε ἄνω χώραν καὶ τὴν κάτω· καὶ
ἐπεὶ τὴν τριακάδα τοῦ μεσορὴ, ἐν ᾗ τὰ γενέθλια τοῦ βασιλέως ἄγεται, ὁμοίως δὲ καὶ
[τὴν τοῦ μεχεὶρ ἑπτακαιδεκάτην],

L. 47. ἐν ᾗ παρέλαβεν τὴν βασιλείαν παρὰ τοῦ πατρὸς, ἐπωνύμους νενομίκασιν ἐν τοῖς ἱεροῖς,
αἳ δὴ πολλῶν ἀγαθῶν ἀρχηγοί πᾶσίν εἰσιν,
ἄγειν τὰς ἡμέρας ταύτας ἑορτ[ήν, καὶ πανήγυριν, ἐν τοῖς κατὰ τὴν Αἴ-]

L. 48. γυπτον ἱεροῖς, κατὰ μῆνα· καὶ συντελεῖν ἐν
αὐτοῖς θυσίας, καὶ σπονδὰς, καὶ τἆλλα τὰ
νομιζόμενα, καθὰ καὶ ἐν ταῖς ἄλλαις πανη-
γύρεσιν· τάς τε γινομένας προθέ[. . . . . . .
πα-]

L. 49. ρεχομένοις ἐν τοῖς ἱεροῖς· ἄγειν δὲ ἑορτὴν,
καὶ πανήγυριν, τῷ αἰωνοβίῳ, καὶ ἠγαπημένῳ
ὑπὸ τοῦ Φθᾶ, βασιλεῖ Πτολεμαίῳ, Θεῷ

sortie des édicules, celui du dieu Épiphane, Eucharistе,

sorte en même temps; afin que son édicule [83] se distingue des autres, maintenant
et dans la suite des temps [84], qu'il soit surmonté des dix coiffures d'or du roi [85], devant lesquelles sera placé un aspic [86], comme
à toutes les coiffures [87-89]

aspidoïdes [90] placées sur les autres édicules;
au milieu d'elles [91] sera mise la coiffure appelée Pschent [92], dont le roi s'était couvert
lorsqu'il est entré dans le temple de Memphis, pour y

accomplir [93] les cérémonies prescrites dans
la prise de possession du trône; qu'on
mette, de plus, sur le tétragone des coiffures [94], au susdit ornement royal [95], dix
phylactères d'or [96], où l'on écrira

que c'est celui du roi qui a rendu illustre
le pays haut et le pays bas [97]; et, puisque
le xxx de mésori, dans lequel [98] on célèbre
la naissance du roi [99], ainsi que le xvii de
méchir [100],

dans lequel il a pris la couronne de son père,
[les prêtres] les ont reconnus [101] comme
éponymes dans les temples, lesquels jours
sont, en effet, pour tous, cause de beaucoup de biens; qu'ils les célèbrent par une
fête en son honneur, et une panégyrie,
dans les temples [102]

d'Égypte, chaque mois; qu'ils y accom-
plissent des sacrifices, des libations [103], et
toutes les autres choses d'usage, comme
dans les autres panégyries [104], ainsi que
les ..... [105]

....dans les temples; qu'ils célèbrent [106] une
fête et une panégyrie pour le toujours vivant et chéri de Phthas [107], roi Ptolémée,

XXV. INSCRIPTION DE ROSETTE.

Ἐπιφανεῖ, Εὐχαρίσ]ῳ, κατ' ἐνι[αυτὸν, ἐν τοῖς ἱεροῖς κατὰ τὴν]

dieu Épiphane, Euchariste, chaque année, dans tous les temples du

L. 50. χώραν, ἀπὸ τῆς νουμηνίας τοῦ Θωὺθ, ἐφ' ἡμέρας πέντε· ἐν αἷς καὶ σ]εφανηφορήσουσιν, συντελοῦντες θυσίας, καὶ σπονδὰς, καὶ τ' ἄλλα τὰ καθήκοντα· προσαγορε[ύεσθαι δὲ τοὺς ἱερεῖς τῶν ἄλλων Θεῶν]

pays, depuis le premier de thoyth [108], pendant cinq jours, dans lesquels ils porteront aussi des couronnes [109], accomplissant les sacrifices et les libations, et tout ce qui convient; que les prêtres des autres dieux reçoivent le nom de [110]

L. 51. καὶ τοῦ Θεοῦ Ἐπιφανοῦς, Εὐχαρίσ]ου, ἱερεῖς πρὸς τοῖς ἄλλοις ὀνόμασιν τῶν Θεῶν, ὧν ἱερατεύουσι, καὶ καταχωρίσαι εἰς πάντας τοὺς χρηματισμοὺς, καὶ εἰς τοὺς ἄ[λλους..... τὴν]

prêtres du dieu Épiphane, Euchariste, outre les autres noms des dieux dont ils sont prêtres; et qu'ils consignent [111], dans tous les arrêtés et dans les autres............. le

L. 52. ἱερατείαν αὐτοῦ· ἐξεῖναι δὲ καὶ τοῖς ἄλλοις ἰδιώταις ἄγειν τὴν ἑορτὴν, καὶ τὸν προειρημένον ναὸν ἱδρύεσθαι, καὶ ἔχειν παρ' αὐτοῖς, συντελοῦ[σι τὰ νόμιμα ἐν ἑορταῖς, ταῖς τε κατὰ μῆνα, καὶ]

sacerdoce du roi; qu'il soit permis [112] à tout particulier de célébrer la fête, d'élever l'édicule susdit et de l'avoir chez soi, pourvu qu'il accomplisse toutes les cérémonies prescrites dans les fêtes, tant mensuelles

L. 53. [τα]ῖς κατ' ἐνιαυτὸν, ὅπως γνώριμον ᾖ, διότι οἱ ἐν Αἰγύπτῳ αὔξουσι, καὶ τιμῶσι τὸν Θεὸν Ἐπιφανῆ, Εὐχάρισ]ον, βασιλέα, καθάπερ νόμιμόν ἐσ]ι[ιν· τὸ δὲ ψήφισμα τοῦτο ἀναγράψαι ἐπὶ σ]ήλην ἐκ]

qu'annuelles, afin qu'il soit connu que les Égyptiens élèvent [113] et honorent le dieu Épiphane, Euchariste, roi, comme il est légal de le faire; enfin, que ce décret soit gravé sur une stèle de

L. 54. σ]ερεοῦ λίθου, τοῖς τε ἱεροῖς χαὶ ἐνχωρίοις καὶ ἑλληνικοῖς γράμμασιν, καὶ σ]ῆσαι ἐν ἑκάσ]ῳ τῶν τε πρώτων καὶ δευτέρω[ν καὶ τρίτων ἱερῶν, πρὸς τῇ τοῦ αἰωνοβίου βασιλέως εἰκόνι].

pierre dure, en caractères sacrés, locaux et grecs, et placé dans chaque temple des premier, second et troisième ordres, près de l'image du roi toujours vivant [114].

COMMENTAIRE.

Ligne 1.— (1) La place de cet adjectif, νέου, mis d'une manière absolue, est remarquable. On l'a séparé, par une longue série d'*épithètes* ou de *qualifications* honorifiques, du nom *Ptolémée*, Πτολεμαίου (fin de la ligne 3), qui en est le complément naturel. Ce nom est suivi de deux *épithètes*, αἰωνόβιος et ἠγαπημένος ὑπὸ τοῦ Φθᾶ; mais les *titres* distinctifs vraiment *royaux*, Ἐπιφανής, Εὐχάρισ]ος, ne se trouvent que plus loin.

Si nous avions d'autres inscriptions du même genre, en l'honneur d'autres Ptolémées, nous y trouverions probablement le même protocole initial; la seule différence consisterait dans les titres *royaux* et dans l'épithète νέου, qui est ici toute particulière à Épiphane, se rapportant, sans nul doute, à ce que ce prince, lors de la rédaction du décret, venait d'être couronné roi, quoiqu'il n'eût pas l'âge de majorité [a].

De même, Ptolémée Aulète, qui monta sur le trône avant sa majorité, est nommé, par Eusèbe, Πτολεμαῖος νέος ὁ καὶ Διόνυσος [b]; ce qui s'explique, comme on voit très-bien, sans qu'on soit obligé de lire ὁ καὶ νέος Διόνυσος, en se fondant sur ce qu'en effet il a reçu le titre de νέος Διόνυσος.

(2) Καὶ παραλαβόντος τὴν βασιλείαν παρὰ τοῦ πατρός. Cette circonstance est plusieurs fois répétée, et avec une sorte de complaisance, dans le cours de l'inscription. Ainsi, à la ligne 8, après παράληψις τῆς βασιλείας, le rédacteur ajoute, d'une manière qui semble tout à fait oiseuse : ἣν παρέλαβε παρὰ τοῦ πατρός; et encore à la ligne 47.

Saint-Martin [c], attachant un sens particulier à l'addition des mots παρὰ τοῦ πατρός, en a voulu conclure qu'Épiphane avait été associé par son père à la couronne; il a reculé de trois ans l'avénement d'Épiphane, et place la date de l'inscription de Rosette le 28 mars 199, trois ans plus tôt qu'on ne doit le faire. Mais il est certain que παραλαμβάνειν ou διαδέχεσθαι τὴν ἀρχήν, ou τὸν κλῆρον παρά τινος, n'a pas d'autre sens que *succéder à quelqu'un,* ou *hériter de quelqu'un* [1].

Dans l'inscription d'Adulis, Ptolémée Évergète a bien le soin de dire de lui-même : παραλαβὼν παρὰ τοῦ πατρὸς τὴν βασιλείαν.....

Salomon, écrivant à Suron, roi de Phénicie, et à Vaphrès, roi

---

[a] Voy. plus bas, note 16. — [b] Ap. Euseb. *Chron. gr.* p. 377, col. 1. — [c] *Nouv. Rech. sur l'époque de la mort d'Alex.* p. 87-89. — [d] Voy. les Inscriptions de Philes.

[1] M. Lenormant a aussi voulu tirer une conséquence de l'addition παρὰ τοῦ πατρός. Cette différence imaginaire l'a conduit à une opinion tout à fait erronée sur la date du couronnement d'Épiphane, qu'il place le 17 phaophi, c'est-à-dire quatre mois avant la rédaction du décret, ce qui est impossible. (Voy. plus bas la note 100.)

XXV. INSCRIPTION DE ROSETTE.

d'Égypte (lettres fabriquées par quelque Juif helléniste, du nom d'Eupolémus), leur dit : γίνωσκέ με παρειληφότα τὴν βασιλείαν παρὰ Δαβὶδ τοῦ πατρός[a].

Je crois que la répétition de cette formule provient de ce que, la monarchie égyptienne étant héréditaire dans la ligne masculine et féminine, le roi pouvait avoir pour successeur un autre que son fils. Celui-ci devait donc tenir à honneur de mentionner qu'il succédait *immédiatement* à son père : c'est l'idée que ma traduction exprime.

(3) Κυρίου βασιλειῶν peut être traduit également par *maître des couronnes* ou *des royaumes;* car βασιλεία, à cette époque, pouvait signifier en grec, comme *couronne* en français, à la fois *couronne*, *royauté* et *royaume*. L'inscription traduite par Hermapion[b] donne à Ramessès les épithètes de κύριος ou δεσπότης τοῦ διαδήματος, et de βασιλεὺς ou δεσπότης οἰκουμένης, ou de ὁ πάσης γῆς βασιλεύων, dans lesquelles se montre toute l'emphase orientale.

Ces *couronnes* ou ces *royaumes*, au nombre de *dix* (l. 43), désignent, sans doute, les diverses contrées sur lesquelles s'étendait la domination des Ptolémées.

Ligne 2. — (4) Il faut joindre τὰ avec εὐσεβοῦς, et non en faire le régime de κατασ]ησαμένου. Ainsi διακείμενος εὐσεβῶς τα πρὸς τοὺς θεούς[c], et plus bas, ligne 11, τὰ πρὸς θεοὺς εὐεργετικῶς διακείμενος; c'est-à-dire κατὰ τὰ πρὸς θ. ἀνήκοντα εὐ. δ. Quoique l'emploi de l'article τά soit moins usité, on en trouve pourtant des exemples dans les meilleurs écrivains[d].

(5) Τοῦ τὸν βίον τῶν ἀνθρώπων ἐπανορθ. D'après le double sens de βίος, on peut aussi entendre ces mots de la *réforme des mœurs des hommes*, comme Ameilhon; mais un pareil sens semble peu conforme à l'esprit général du décret, où il n'est guère question que d'améliorations matérielles. Je pense qu'ici βίος, comme en beaucoup d'autres exemples, signifie *sort, condition, la vie matérielle*. La condition de ses sujets avait *empiré*, le roi l'a rendue à un état *meilleur*,

---

[a] Ap. Euseb. *Præp. Evang.* IX, p. 448, B. — [b] Ap. Amm. Marc. XVII, 4. — [c] *Marm. Oxon.* II, 6. — [d] Soph. *Phil.* v. 1427.

selon la nuance de réparation qu'offre toujours le verbe ἐπανορθόω[a]. Le mot *vie* pouvant avoir les deux sens en français, comme βίος en grec, je l'ai adopté dans ma traduction.

(6) Κυρίου τριακονταετηρίδων. On n'a jamais pu expliquer ces périodes de *trente ans*, qui, quoi qu'on en ait dit, ne se retrouvent dans aucune combinaison des années solaire et lunaire. Ce sont plutôt des *périodes* que des *panégyries* : dans ce cas, on aurait mis le substantif ἑορτῶν ou πανηγυριῶν. C'est, sans doute, ce qui avait conduit M. S. de Sacy à conjecturer que ce sont des périodes qui ramènent les planètes dans une certaine conjonction [b]. Cette période est peut-être, comme je l'ai déjà conjecturé [c], celle de la révolution de Saturne, que les anciens ont évaluée, en nombre rond, à *trente ans* [c]; elle aurait été ce que fut la *dodécaétéride*, ou révolution de *douze ans*, celle de Jupiter, chez les Chaldéens.

Selon Champollion, le texte égyptien porte *seigneur des trente années de....* puis un signe dont le sens lui est inconnu. Quand le signe cessera de l'être, nous saurons peut-être à quoi nous en tenir sur ce point si obscur.

Ligne 3. — (7) Les qualifications honorifiques entre νέου et Πτολεμαίου, qui faisaient partie, sans doute, du protocole obligé, ne se retrouvent nulle autre part dans le cours de l'inscription, tandis que les *épithètes* et les *titres* qu'on lit après Πτολεμαῖος se remontrent en plusieurs endroits. En effet, le nom du roi reparaît cinq fois accompagné des deux épithètes αἰωνόβιος, ἠγαπημένος ὑπὸ τοῦ Φθᾶ, et des deux *titres royaux* Ἐπιφανής, Εὐχάριστος : quatre fois on le trouve avec les deux dernières, et jamais avec les deux premières seulement. D'une autre part, les deux dernières sont toujours précédées du mot θεός, ce qui prouve que ce sont les *titres* sous lesquels il avait été divinisé lorsqu'il succéda à son père. Une remarque qui ne doit pas non plus échapper, c'est que, dans l'endroit qui nous occupe, où le nom de Ptolémée paraît pour la première fois, on ne voit que les deux *épithètes* αἰωνόβιος et ἠγαπ. ὑπὸ τοῦ Φθᾶ; mais les deux *titres royaux*

[a] Lobeck, *ad Phryn.* p. 250, 251. — [b] Ameilhon, p. 28. — [c] *De l'orig. du zodiaque grec*, p. 33.

ne paraissent qu'un peu plus bas, après les noms des rois ses prédécesseurs, divinisés comme lui. Quant aux deux épithètes, elles sont données également à Ramessès sur l'obélisque d'Hermapion, où l'on trouve Ῥαμέσ1ης αἰωνόϐιος, Ἡλίου παῖς αἰωνόϐιος, ὃν Ἥλιος Φιλεῖ, ὑπὸ Ἡλίου Φιλούμενος. Les titres Ἐπιφανὴς, Εὐχάρισ1ος, sont les seuls caractéristiques du cinquième Ptolémée; aussi ils accompagnent son nom sur ses monuments et ceux de son fils [a]. Si quelquefois le titre Θεὸς Ἐπιφανής est tout seul, c'est parce que, en effet, il est le premier, le principal des deux, et le vrai titre distinctif.

(8) Si l'on mettait une virgule après μέγας βασιλεύς, le sens serait différent; mais, en ce cas, il aurait fallu ajouter un article devant. J'ai donc retranché cette virgule. Il en résulte que τῶν τε ἄνω καὶ τῶν κάτω χωρῶν dépend de βασιλεύς, et non de βασιλέως; dans ce cas, ces *régions hautes et basses* ne sont pas la *haute* et la *basse* Égypte, que l'on ne désignait que par le singulier ἥ τε ἄνω καὶ ἡ κάτω χώρα, comme on le voit par l'inscription elle-même (l. 46, 49); ce sont les régions *supérieures* et *inférieures* du monde, que le soleil domine dans son cours. L'inscription d'Hermapion nous offre encore un exemple analogue dans le titre de μέγας δεσπότης οὐρανοῦ, qu'elle donne trois fois au dieu soleil.

(9) Ἐδοκίμασεν : *a approuvé*, Ameilhon; *a éprouvé*, Villoison; c'est le vrai sens. Comme le feu éprouve la pureté de l'or, ainsi Héphæstos (pris dans le sens grec, v. note 18) a éprouvé la vertu de Ptolémée. Aux exemples cités par Villoison on peut en joindre d'autres, tirés des Septante : Διὰ τοῦτο τάδε λέγει κύριος, ἰδοὺ ἐγὼ πυρώσω αὐτοὺς καὶ δοκιμῶ αὐτούς [b]; ce passage de Job s'y rapporte également : διέκρινε δέ με ὥσπερ τὸ χρυσίον [c], où διακρίνειν présente un sens analogue à δοκιμάζειν; ajoutez : ὥσπερ δοκιμάζεται ἐν καμίνῳ ἄργυρος καὶ χρυσὸς, οὕτως ἐκλεκταὶ καρδίαι παρὰ κυρίῳ [d], et δεδοκιμασμένου ὑπὸ τηλικούτου Θεοῦ [e]. Peut-être est-ce la même idée qui était exprimée sur l'obélisque de Ramessès, dans la formule qu'Hermapion a traduite par ὃν Ἥλιος προέκρινεν, tan-

---

[a] Plus haut, p. 30. — [b] Jerem. IX, 7. — [c] Job, XXIII, 10. — [d] Prov. XVII, 3. — [e] *Epist. Vaphr. ad Salom.* ap. Euseb. P. E. IX, 448, C.

dis que le mot propre eût été *διέκρινεν* ou *ἐδοκίμασεν*, comme on peut le conjecturer d'après l'inscription de Rosette, dont le protocole a tant de rapport avec celui de l'inscription de l'obélisque d'Héliopolis, qu'Ammien Marcellin a tirée d'Hermapion. Ces coïncidences, et d'autres encore, montrent qu'Hermapion a eu sous les yeux un texte hiéroglyphique qu'il a réellement traduit. Les doutes de Villoison à cet égard, et ceux d'autres critiques, me paraissent peu fondés.

On a déjà remarqué que les mots *καθάπερ ὁ Ἥφαισ1ος* et *ὃν ὁ Ἥφαισ1ος ἐδοκίμασεν* se rapportent au culte d'Héphæstos ou de Phthas, établi à Memphis. On doit, je pense, tirer la même conclusion de la triple mention de *Ἥλιος*, faite au même endroit, *καθάπερ ὁ Ἥλιος*, puis *ᾧ ὁ Ἥλιος ἔδωκεν τὴν νίκην*, et, enfin, *υἱοῦ τοῦ Ἡλίου*. Ces trois circonstances font présumer qu'il existait à Memphis un temple d'*Hélios* ou de *Phré*; or il résulterait de l'inscription de Busiris qu'en effet ce temple était un de ceux, et peut-être le principal de ceux qui se trouvaient dans le voisinage des pyramides.

(10) *Ἔδωκεν τὴν νίκην*. De même, dans l'inscription d'Hermapion, le soleil dit à Ramessès : *Δεδώρημαί σοι τὸ κράτος καὶ τὴν κατὰ πάντων ἐξουσίαν*. Dans un papyrus de Leyde, les dieux sont invoqués pour qu'ils donnent au roi *ὑγίειαν, νίκην, κράτος, σθένος*; et, dans un autre, on lit : *Σάραπις διδοίη σοι μετὰ τῆς Ἴσιος νίκην, κράτος τῆς οἰκουμένης ἁπάσης*. (Plus bas, l. 35.)

(11) La signification du titre de *Ἐπιφανής*, *deus præsens*, selon Visconti[a], sera expliquée plus bas (l. 46). Quant à celui de *Εὐχάρισ1ος*, que Visconti traduit par *propice*, Heyne le traduit par *munificus, liberalis* (comme Schneider par *gutthätig*) : c'est le vrai sens. Diodore a dit également : *τὸ τῆς ψυχῆς εὐχάρισ1ον καὶ μεγαλόψυχον* [b], et, selon Champollion, ce mot est toujours représenté, dans l'égyptien, par un signe qui veut dire *celui dont la bienfaisance est connue*. *Εὐχάρισ1ος* est donc une espèce de synonyme de *Εὐεργέτης*; mais ce dernier mot a plus de force et d'étendue, puisqu'il comprend l'autre, et emporte, en outre, l'idée d'une volonté pour le bien qui s'étend à toute espèce

[a] *Iconogr. grecque*, II, p. 229. — [b] XVIII, 28, *ibique* Wesseling.

XXV. INSCRIPTION DE ROSETTE.

de bonnes actions. Épiphane le doit, sans doute, à quelques-uns de ces mêmes bienfaits, de ces grâces que le décret rappelle avec tant de complaisance, et qui lui auraient valu d'être appelé *Évergète,* si ce titre n'avait été déjà celui du troisième Ptolémée, comme il le devint du sixième. On choisit donc une autre épithète qui pût rendre la même idée, sans faire confusion.

Lignes 4-5. — (12) Cette formule se rapporte au culte des Ptolémées, honorés comme dieux, même de leur vivant. Elle se retrouve presque identique dans celle des deux contrats grecs d'Anastasy et de Casati, et d'autres papyrus en caractères démotiques. Il n'y a de différence que l'addition du nom des Ptolémées qui avaient régné depuis Épiphane : d'où l'on voit que chaque nouveau roi n'était point l'objet d'un culte particulier, mais qu'il était successivement ajouté à ses prédécesseurs, adoré dans le même temple et par les mêmes prêtres. Les deux contrats grecs nous font connaître deux autres circonstances, qui ont été négligées par les rédacteurs de l'inscription de Rosette : la première, c'est que les prêtres et prêtresses des Ptolémées et de leurs épouses résidaient à *Alexandrie,* car on lit : ἐφ' ἱερέως τοῦ ὄντος ἐν Ἀλεξανδρείᾳ, κ. τ. λ. et, ailleurs : τῶν οὐσῶν ἐν Ἀλεξανδρείᾳ; la deuxième, c'est que, outre le culte commun à tous les Ptolémées, le chef de la dynastie, Ptolémée Sôter, et sa femme, étaient spécialement adorés à Ptolémaïs de Thébaïde, ville toute grecque, comme dit Strabon, fondée par ce prince. En effet, après la mention des autres rois, on lit, dans un des contrats : ἐν δὲ Πτολεμαΐδι τῆς Θηβαΐδος ἐφ' ἱερέων (ajoutez καὶ ἱερειῶν) Πτολεμαίου τοῦ μὲν Σωτῆρος, τῶν ὄντων καὶ οὐσῶν...., et, dans l'autre : ἐν δὲ Πτ. τ. Θ. ἐφ' ἱερέων καὶ κανηφόρου τῶν ὄντων καὶ οὐσῶν.

Ce n'était donc que dans ces deux villes *grecques* que le culte des Ptolémées était officiellement établi ; ce qui nous explique pourquoi les prêtres et prêtresses sont tous des *Grecs,* issus de *Grecs.*

Dans les deux contrats grecs ces noms ne sont pas mentionnés, mais ils le sont toujours dans les textes démotiques. Cela vient de ce que le texte égyptien des contrats était le texte original, et le grec seulement une *traduction*, qu'on devait joindre à l'autre, l'égyptien tout seul pouvant être mal compris des Grecs qui rendaient la justice. Aussi tout contrat en égyptien, αἰγυπτία συγγραφή, avait son ἀντίγραφον, sa traduction grecque, διηρμηνευμένη ἑλληνιστί [a]. Il suffisait donc que les noms des prêtres et prêtresses fussent consignés dans le texte égyptien; dans le grec, on se contentait de mettre τῶν ὄντων et τῶν οὐσῶν, ce qui répond à notre *tels* et *telles*; ou bien, on enveloppait cette partie du protocole sous la désignation vague μετὰ τὰ κοινά, c'est-à-dire : « après la formule ordinaire. »

Lignes 5-6. — (13) Ἀθλοφόρου, κανηφόρου, ἱερείας. Les titres et l'ordre de ces trois prêtresses sont les mêmes dans les papyrus tant grecs que démotiques, à savoir : une *athlophore*, pour Bérénice Évergète; une *canéphore*, pour Arsinoé Philadelphe, et une *prêtresse* (ἱέρεια), pour Arsinoé Philopator ou Eupator : car c'est ainsi que l'un des deux contrats grecs nomme cette princesse. Il est fort difficile de dire en quel sens, au juste, sont pris les mots *athlophore*, qui signifie, à la lettre, *porteuse de prix*, et *canéphore*, qui veut dire *porteuse de corbeille sacrée*. Ameilhon [b], Visconti [c] et M. Drumann [d] ne donnent, à cet égard, que des conjectures; mais il n'est guère possible, encore maintenant, de donner autre chose.

Je présenterai, à ce sujet, quelques observations nouvelles :

1° L'ordre adopté pour les noms des trois reines n'est point chronologique, puisque *Arsinoé Philadelphe* aurait dû être placée avant *Bérénice Évergète*. Ce déplacement, étant commun aux autres rédactions de ces protocoles [e], n'est pas une erreur des scribes : il a une cause réelle qui, peut-être, ressortira de cette seconde observation :

2° En réunissant tous les exemples de pareilles formules, rassemblées tant par M. Kosegarten que par le docteur Young, d'après les communications officieuses de Champollion, j'ai formé le tableau suivant du sacerdoce des reines d'Égypte, sous les règnes d'Évergète, de Philopator et d'Épiphane :

---

[a] Améd. Peyron, *ad Pap. gr.* p. 114. — [b] P. 37. — [c] *Icon. gr.* III, p. 223. — [d] P. 85, 86. — [e] Voy. *Mem. of the life of Thom. Young*, p. 12.

XXV. INSCRIPTION DE ROSETTE.

ROIS.	PRÊTRES d'Alexandre et des Ptolémées.	ATHLOPHORES de Bérénice Évergète.	CANÉPHORES d'Arsinoé Philadelphe.	PRÊTRESSES d'Arsinoé Philopator.	ANNÉES des règnes.	MOIS.	DATES juliennes.	SOURCES.
Évergète.	Alexicrate (?), fils de Diogène.	Néant.	Bérénice, fille de Cléonicus.	Néant.	XXII.	Épiphi.	Août 226.	Pap. démot.
Philopator.	Démétrius, fils d'Apelle.	Néant.	Nom manque.	Néant.	III.	Tybi 7.	Févr. 220.	Idem.
	Aétès, fils d'Aétès.	Néant.	Philésia, fille de Démétrius.	Néant.	VII.	Épiphi.	Août 216.	Idem.
Épiphane.	Démétrius, fils de Sithaltès (?).	Aria, fille de Diogène.	Nisæa, fille d'Apello.	Irène, fille de Ptolémée.	VIII.	Pharmuthi.	Mai 197.	Idem.
	Aétès, fils d'Aétès.	Pyrrha, fille de Philinus.	Aria, fille de Diogène.	Irène, fille de Ptolémée.	IX.	Méchir 18.	Mars 196.	Inscr. de Ros.
	Ptolémée, fils de Ptolémée, fils de Chrysarmos (?), ou Horhermès (?).	Tryphæna, fille de Ménapion.	Démétria, fille de Philinus.	Irène, fille de Ptolémée.	XXI.	Phaophi 9.	Nov. 185.	Pap. démot.

Il ressort, de la seule inspection de ce tableau, plusieurs particularités curieuses.

a. Tous ces noms sont grecs; les deux ou trois qui peuvent avoir été mal lus, par suite de la difficulté que présente encore la lecture de l'écriture démotique, conservent une physionomie grecque : *Chrysarmos* (qu'on avait aussi lu *Horoshermès* ou *Horhermès*) sera difficilement un nom grec; mais ce peut être *Chrysormos* (au collier d'or), *Chryséros*, *Chrysaor*, ou tout autre nom commençant par *Chrys*. Le nom *Sithaltès* doit être *Sitalcès*, nom *thrace* d'un roi célèbre des Odryses. On ne peut être surpris de rencontrer ce nom parmi une population mélangée comme celle d'Alexandrie, où les Macédoniens, et les Thraces leurs voisins, devaient abonder. Nous trouvons, d'ailleurs, dans un papyrus du musée du Louvre (n° XIV), le nom d'un Ptolémée, qualifié de fils d'*Amadocus le Thrace* (τοῦ Ἀμαδόκου Θρᾳκός), autre nom royal des Odryses, connu par l'histoire et par les médailles. Quant à *Ménapion*, c'est un nom double comme *Hermapion*, dans lequel entrent le nom de la *lune* (μήνη) et le dérivé du nom d'Apis.

b. M. Champollion-Figeac a déjà reconnu que les fonctions de la plupart de ces prêtres et prêtresses étaient *annuelles*[a]. Le fait résulte complétement du tableau : 1° *Aétès*, fils d'*Aétès*, prêtre en l'an VII de Philopator, avait cessé de l'être en l'an VIII d'Épiphane, mais il le devint de nouveau l'année suivante ; 2° les *athlophores* et les *canéphores* des deux années consécutives VIII et IX d'Épiphane sont différentes à une année de distance ; 3° mais un indice plus frappant ressort de cette circonstance qu'Aria, fille de Diogène, *athlophore* en l'an VIII d'Épiphane, était *canéphore* l'année d'après. Ce qui prouve, à la fois, que ces fonctions ne duraient pas plus d'un an, et que la même personne pouvait passer de l'une à l'autre dans deux années consécutives ; d'où il suit que l'*athlophore* était au moins sur un pied d'égalité avec la *canéphore*, et que, si elle est nommée la première dans les actes, cela doit tenir à une autre cause qu'à un rang plus élevé dans la hiérarchie.

Le même savant a conjecturé que la *prêtrise* (ἱερατεία) d'Arsinoé Philopator était *perpétuelle;* ce serait, je crois, une anomalie difficile à expliquer au milieu de ces prêtrises annuelles. Il est bien vrai que la prêtresse mentionnée dans les actes démotiques des années VIII, IX et XXI d'Épiphane, est la même, à savoir, Irène, fille de Ptolémée ; mais, comme l'acte de l'an VIII est du mois de *pharmuthi*, c'est-à-dire antérieur seulement de 10 *mois* à la date de l'inscription de Rosette, l'année sacerdotale de cette prêtresse pouvait n'être pas révolue.

Quand ensuite nous retrouvons la même Irène, fille de Ptolémée, *prêtresse* en l'an XXI d'Épiphane, *douze ans* après le couronnement de ce prince, la seule chose que nous puissions en conclure, c'est qu'elle avait été renommée : elle était alors, comme Aétès, δίς ou τρὶς ἱέρεια.

Ce sacerdoce *annuel* constituait une sorte d'*éponymie*, tout à fait conforme à l'ancien usage grec des éponymies sacerdotales. Ceci explique pourquoi les Ptolémées étaient si soigneux de l'insérer dans leurs actes publics, quoique cette insertion fût désormais rendue inutile par l'indication de l'année du règne, selon l'usage égyptien.

[a] *Notice de deux papyrus égypt.* p. 13 et 14.

C'était un souvenir de la mère patrie, à côté des formes du nouveau régime.

c. Les *canéphores* d'Arsinoé Philadelphe se retrouvent dans tous les actes, à partir d'Évergète, qui, en effet, ne pouvait manquer, dès son avènement, de rendre cet hommage à sa mère. Quant à l'*athlophorie* de Bérénice Évergète et à la *canéphorie* d'Arsinoé Philopator, les actes des années III et VII de Philopator n'en font pas encore mention. Ce silence s'explique par ce qu'on sait de ce prince, qui, peu de temps après son avènement au trône, fit mourir son frère Magas et sa mère Bérénice, et, plus tard, sa femme Arsinoé [a]. Après de tels attentats, il ne devait pas être fort empressé de rendre les honneurs divins à l'une et à l'autre de ses victimes : ce fut leur fils et petit-fils Épiphane qui établit en même temps l'athlophorie de son aïeule et la prêtrise de sa mère, réparant ainsi la double cruauté de son père. Mais, pour honorer spécialement son aïeule, il ordonna que son sacerdoce serait placé, dans les actes, avant même celui d'Arsinoé Philadelphe. Voilà, je pense, pourquoi cette *athlophorie* ne se montre que sous le règne d'Épiphane, et pourquoi l'ordre chronologique se trouve interverti.

d. Bérénice, femme de Sôter, n'est pas au nombre des reines qui ont une prêtresse *athlophore* ou *canéphore*. Les deux contrats grecs nous expliquent cette singularité, en nous apprenant que le culte particulier de Bérénice Sôter existait à Ptolémaïs, et l'un d'eux nous montre même que cette princesse y avait des *prêtresses* et une *canéphore*. Pourquoi notre décret ne parle-t-il pas de ce culte particulier de Sôter et de Bérénice à Ptolémaïs ? On l'ignore jusqu'à présent.

(14) Dans ce protocole, le roi régnant est au nombre des rois divinisés. Il est donc certain qu'aussitôt qu'un de ces rois succédait à son père, qu'il fût majeur ou mineur, il était mis au rang des dieux, et venait grossir le nombre de ceux dont le culte se célébrait à Alexandrie par les soins du même prêtre, qui était l'un des premiers personnages du gouvernement [b].

[a] Polyb. V, 36, 1. — [b] Plus bas, p. 279, et le commentaire du n° XXVI.

Ligne 6. — (15) ΞΑΝΔΙΚΟΥ. La prononciation du Δ et celle du Θ étaient si voisines l'une de l'autre, que l'on confondait souvent ces deux lettres : ainsi l'on trouve ΕΥΕΡΓΕΤΗΔΕΙΣ pour ΕΥΕΡΓΕΤΗΘΕΙΣ, dans une inscription de Nubie; ΕΥΔΗΝΙΑ pour ΕΥΘΗΝΙΑ, sur une médaille d'Agrippine, frappée à Alexandrie [a]. Les papyrus grecs donnent constamment la même orthographe, ξανδικοῦ, qui paraît avoir été la seule usitée en Égypte; on la trouve aussi dans les inscriptions de Palmyre, et jusque sur les médailles des Arsacides.

La date du 18 méchir de l'an ix d'Épiphane répond au 27 mars 296 avant notre ère; ce jour était le 4 du mois macédonien xandique; ce mois avait donc commencé le 24 mars. Or, cette année, la pleine lune est tombée le 29 mars ou le 6 xandique : le 1er de ce mois se trouvait donc environ, alors, le neuvième jour de la lune, d'où il suivrait que le calendrier auquel il appartenait n'était pas lunaire, à moins que ce mois ne fût embolimique cette année : en ce cas, le calendrier macédonien aurait eu, dans l'année intercalaire, un *second* xandique, comme les Athéniens avaient un *second* posidéon; or, ce qui rend cette conjecture vraisemblable et digne de recherches ultérieures, c'est que *xandique* était, comme *posidéon*, le sixième mois de l'année.

Il est singulier que, dans ce décret, rédigé par l'ordre des prêtres égyptiens, le mois *macédonien* soit le premier, le mois égyptien le second; mais plus encore que celui-ci porte seul une désignation, Αἰγυπτίων. Il appartenait seulement à des Grecs de s'exprimer ainsi; car il semble que des Égyptiens devaient mettre en premier le mois dont ils avaient l'usage, et n'ajouter de désignation qu'au mois *étranger;* ils devaient dire : μηνὸς μεχεὶρ ὀκτωκαιδεκάτῃ, Ἑλλήνων δὲ ξανδικοῦ τετράδι. Dans tous les autres exemples, qui me sont connus, de pareilles concordances, le mois *grec* est également le premier : mais on remarquera que ce sont des Grecs qui parlent; l'un d'eux même est Ptolémée Alexandre.

[a] Zoega, *Numi Ægyptii*, p. 21, n° 8; Mionnet, VI, p. 62, n° 152.

XXV. INSCRIPTION DE ROSETTE.

Dans tous les exemples de doubles ou triples dates que nous offrent les inscriptions rédigées en Grèce, le mois qui est énoncé le premier est toujours celui dont fait usage la nation à laquelle appartient celui qui parle [a]. Il suffira de rappeler cet exemple tiré de la lettre de Philippe aux Athéniens [b] : Τοῦ ἐνεστῶτος μηνὸς λώου, ὡς ἡμεῖς ἄγομεν, ὡς δὲ Ἀθηναῖοι, βοηδρομιῶνος.

Il me semble que l'ordre suivi dans l'expression de cette double date est déjà un indice assez clair en faveur de l'idée que la rédaction grecque a précédé les autres.

Au reste, j'observe que ces doubles dates sont très-rares : la plupart des pièces connues, même écrites par des Grecs, sont datées d'après le calendrier égyptien; quant à celles qui porteraient *uniquement* la date macédonienne, jusqu'ici je n'en connais pas une seule.

Il est donc certain que, de très-bonne heure, les Grecs laissèrent prédominer le calendrier égyptien, vraisemblablement à cause de sa simplicité et de sa régularité parfaite.

Il faut encore remarquer la marche observée dans ce long protocole. L'enchevêtrement des parenthèses et l'accumulation des épithètes, évidemment tirées de l'usage égyptien, ne doivent pas empêcher de reconnaître ici une grande régularité. Deux tournures sont employées par les Grecs dans les formules de ce genre : ou bien ils commencent par la date, mais alors le nom du roi, mis au génitif, est le complément direct du mot ἔτους, comme ἔτους (ou L) βασιλέως Πτολεμ. κ. τ. λ.; ou bien ils emploient le participe βασιλεύοντος ou βασιλευόντων; et, dans ce cas, le participe est en tête et la date à la fin, après tous les titres du roi.

C'est cette seconde tournure qui se rencontre dans tous les protocoles *grecs* connus des Ptolémées. Par exemple, un des contrats cités porte : βασιλευόντων..... καὶ.... ἔτους $\overline{\mathrm{IB}}$, ἐφ' ἱερέως..... μηνὸς τυβὶ $\overline{\mathrm{KΘ}}$; l'autre contrat, ainsi que la stèle de Turin et le protocole d'un papyrus de Leyde, offre le même ordre, à savoir : 1° le

---

[a] Cf. Franz, *Elem. epigr. græc.* p. 325. — [b] Ap. Demosth. *de Cor.* p. 280, Reiske.

participe; 2° les noms; 3° tous les titres et épithètes; 4° la date de l'année; 5° l'énoncé du sacerdoce; 6° en dernier lieu, le nom du mois et son quantième. C'est exactement ce que nous trouvons dans notre décret, en dégageant les parenthèses : Βασιλεύοντος τοῦ νέου.... Πτολεμαίου..... ἔτους $\overline{\Theta}$, ἐΦ᾽ ἱερέως..... μηνὸς ξανδικοῦ $\overline{\Delta}$..... La tournure est parfaitement régulière et analogue à toutes les autres.

Cet ordre, tout grec, n'est pas celui de l'égyptien. Le texte démotique commence par la date; il en est de même de tous les exemples démotiques, au nombre d'une trentaine (de Psammitichus à Cléopâtre), cités par le docteur Young d'après Champollion [a]. C'était donc là, à n'en pas douter, la tournure égyptienne, qui devait avoir été suivie dans le texte hiéroglyphique.

Ainsi, quel que soit celui des deux textes de notre inscription, le grec ou l'égyptien, qui ait été rédigé le premier, chacun des deux rédacteurs a suivi l'ordre qui était usité dans la langue dont il se servait. Il n'y a donc rien à conclure de cette circonstance pour la question de priorité.

Tout ce qu'on peut affirmer, c'est que la forme générale est entièrement grecque; il n'y a d'égyptien que certains détails, tels que les épithètes et les titres officiels, calqués sur le protocole des actes de l'époque pharaonique, selon l'usage constant de la chancellerie grecque en Égypte.

(16) Il faut détacher le mot ψήφισμα, qui ne tient à rien dans la phrase. Dans aucun cas, ψήφισμα ne pourrait être le complément de εἶπαν, verbe qui n'a jamais de régime en de semblables formules, et d'où dépend la conjonction ἐπειδή qui suit.

C'est ici qu'il convient d'établir, par une courte discussion, la place réelle des faits de l'histoire d'Épiphane que l'inscription sert à éclaircir.

L'époque de la majorité des Ptolémées a été fixée, par les chronologistes modernes, à l'âge de quatorze ans [b], mais seulement d'après des considérations vraisemblables, car aucun texte ne l'établit d'une

---

[a] *Memoir of the life of Th. Young*, p. 6-38. — [b] Visconti, *Iconogr. gr.* I, p. 229, n. 2.

XXV. INSCRIPTION DE ROSETTE.

manière précise. Polybe, sur lequel on s'appuie, dit seulement, en parlant de Ptolémée Philométor, que la cérémonie appelée ἀνακλητήρια, qui est celle du couronnement, avait lieu lorsque les princes étaient parvenus *à l'âge, ὅταν εἰς ἡλικίαν ἔλθωσιν* [a]; et ailleurs, à propos d'Épiphane [b], il dit que ses tuteurs hâtèrent son couronnement par des motifs politiques, car l'*âge ne pressait pas encore* (οὐδέπω μὲν τῆς ἡλικίας κατεπειγομένης); tout ce qu'il faut en conclure, c'est qu'Épiphane n'avait pas alors atteint sa majorité : ce que confirme l'épithète νέος qui lui est donnée ici.

Mais quel était l'âge précis d'Épiphane à cette époque? Cette question n'est pas sans importance chronologique. Je crois qu'il était d'un an plus jeune que ne l'a pensé l'auteur des Annales des Lagides [c], qui lui donne treize ans cinq mois et demi, et de deux ans plus âgé que ne le pensait Saint-Martin, qui lui attribue dix ans et demi [d].

Les généthlies (l'anniversaire de la naissance) d'Épiphane se célébraient le 30 mésori (l. 46); il était donc né ce jour-là, qui, dans cet intervalle de temps, répondit du 8 au 5 octobre.

D'une autre part, le jour de son couronnement, le 17 méchir, était celui où il avait succédé à son père (l. 47) : *ἐν ᾗ παρέλαβεν τὴν βασιλείαν παρὰ τοῦ πατρός*. C'était donc, à la fois, le jour de la mort de son père et le premier jour de son règne.

De plus, selon saint Jérôme, Épiphane avait quatre ans à la mort de son père [e], et, selon Justin, il en avait cinq [f] : *relicto quinquenni ex Eurydice* (Arsinoe) *sorore filio*. De la combinaison de ces deux passages il résulte qu'Épiphane avait *quatre* ans révolus, et qu'il était dans sa *cinquième* année.

Enfin, c'est un fait établi que les règnes des Ptolémées (comme plus tard ceux des empereurs romains en Égypte [g]) se comptaient de manière que tous les jours, quelque petit qu'en fût le nombre, qui restaient, dans l'année de leur avénement, pour atteindre le premier thoth suivant, comptaient comme première année de leur règne [h].

---

[a] XXVIII, 10, 8. — [b] XVIII, 38, 3. — [c] II, p. 84. — [d] *Nouv. Rech.* p. 90. — [e] *In Daniel.* p. 1124, ed. Paris.— [f] XXX, 2, 4.— [g] Plus haut, p. 237, 238.— [h] Cf. Peyron, *ad Pap. Taurin.* p. 142.

C'est sur ces principes qu'est fondée la table suivante, qui donne le détail des faits compris entre l'an 209 et l'an 196, entre la naissance d'Épiphane et l'époque du décret.

DATES égyptiennes.	DATES juliennes.	ANNÉES avant notre ère.	ANNÉES révolues de son âge.	ANNÉES commencées de son règne.	FAITS HISTORIQUES cités ou indiqués dans l'inscription.
30 mésori.	8 octobre.	209	.....	.....	Naissance d'Épiphane.
Idem.	Idem.	208	1	.....	
Idem.	Idem.	207	2	.....	
Idem.	Idem.	206	3	.....	Troubles de la haute Égypte.
Idem.	Idem.	205	4	.....	
17 méchir.	27 mars.	204	.....	1	Mort de Philopator. Avénement d'Épiphane.
30 mésori.	7 octobre.	204	5	.....	Troubles de la haute Égypte apaisés.
1 thoth.	13 octobre.	204	.....	2	
30 mésori.	7 idem.	203	6	.....	
1 thoth.	13 idem.	203	.....	3	
30 mésori.	7 idem.	202	7	.....	
1 thoth.	12 idem.	202	.....	4	
30 mésori.	6 idem.	201	8	.....	
1 thoth.	12 idem.	201	.....	5	
30 mésori.	6 idem.	200	9	.....	Guerre d'Antiochus; envoi de forces de terre et de mer au dehors.
1 thoth.	12 idem.	200	.....	6	Révolte dans la basse Égypte.
30 mésori.	6 idem.	199	10	.....	
1 thoth.	12 idem.	199	.....	7	
30 mésori.	6 idem.	198	11	.....	
1 thoth.	12 idem.	198	.....	8	Siége de Lycopolis.
	août.	.....	.....	.....	Grande inondation du Nil.
30 mésori.	6 octobre.	197	12	.....	
1 thoth.	11 idem.	197	.....	9	
					Punition définitive des chefs des révoltés sous Philopator.
17 méchir.	26 mars.	196	.....	.....	Couronnement à Memphis.
18 idem.	27 idem.	.....	.....	.....	Date du décret.

On y voit qu'Épiphane avait environ quatre ans et demi à la mort de son père, environ douze ans et demi à l'époque de son couronnement, et qu'il était alors dans le sixième mois de la neuvième année de son règne, comptée à l'égyptienne.

(17) Dans cette énumération des prêtres égyptiens, les principales classes seules sont indiquées nominativement ; les autres sont désignées seulement par l'expression vague : *et tous les autres prêtres*. On ne peut donc douter que ces classes ne soient ici rangées dans l'ordre de leur importance.

Les ἀρχιερεῖς devaient être les chefs des colléges ; aussi les met-on en tête de tous les autres. Les προφῆται étaient les interprètes des livres

XXV. INSCRIPTION DE ROSETTE.

sacrés et ceux qui transmettaient les oracles[a]. La désinence πτεροφόραι pour πτεροφόροι est tout à fait insolite, sans être pourtant inconnue, au moins comme forme poétique[b], ce qui me détermine à la conserver, quoiqu'elle ne soit peut-être qu'une faute, ainsi que le pensait Villoison. Quant à la signification du mot, elle est incertaine : il paraît devoir s'entendre de prêtres portant une ou plusieurs plumes sur la tête. Mais Diodore[c] et Clément d'Alexandrie[d] donnent aussi cet attribut à l'hiérogrammate (ἔχων πτερὰ ἐπὶ τῆς κεφαλῆς). M. Drumann[e] observe que πτερόν, qui est donné par Hésychius comme un synonyme de σκηνή et de καλύβη, pourrait bien avoir désigné aussi le παστάς ou παστός, la chapelle (ναΐδιον) portée par certains prêtres : dans ce cas, ceux qu'on appelle ici πτεροφόροι seraient les mêmes que les παστοφόροι, dont le nom manque. Mais, comme ces *pastophores* peuvent fort bien avoir été compris dans la désignation générale *et tous les autres prêtres*, le fait demeure incertain, de même que la signification du mot.

Cette expression, *tous les autres prêtres*, οἱ ἄλλοι ἱερεῖς πάντες, comprend donc les *pastophores*, les *comastes*, les *sphragistes*, les *néocores* et *zacores*, en un mot toutes les classes inférieures au-dessous des hiérogrammates, la dernière qui soit ici nommée. Par οἱ ἄλλοι ἱερεῖς πάντες, il faut entendre, non pas *tous les prêtres de l'Égypte*, mais simplement toutes les *classes* non comprises dans les précédentes; car on ne saurait admettre que, lors du couronnement d'un roi, *tous les prêtres* se rendissent à Memphis, abandonnant ainsi leurs temples. On ne peut donc voir ici autre chose que des *députations* de toutes les classes. (Voyez plus bas, note 33.)

Les prêtres qui avaient le droit d'entrer dans l'*adytum*, pour l'habillement (στολισμός) des dieux, sont ceux que Plutarque et Porphyre appellent ἱεροστόλοι, ἱεροστολισταί ou στολισταί[f].

Le sens du mot ἄδυτον est trop bien connu, en général, pour qu'il

---

[a] Schmidt, *de Sacerdot. Ægypt.* p. 106-128. — [b] Ex. Βακτροφόρας; cf. Lobeck, dans les *Analect.* de Wolf, III, 56. — [c] 1, 87. — [d] *Strom.* VI, 4, 63, p. 757, Pott. — [e] P. 121. — [f] V. Schmidt, *de Sacerd.* p. 128 sq.; Drumann, p. 105-107, et mes *Matér. pour servir à l'hist. du Christ.* p. 68.

soit nécessaire d'y insister. La seule remarque à faire, c'est qu'il résulte de ce passage que l'*adytum* des temples, la partie la plus reculée (τὸ ἀπόκρυφον μέρος τοῦ ἱεροῦ, comme dit Hésychius), était celle où l'on plaçait la statue des dieux. Nous voyons, en effet, dans plusieurs édifices, notamment au temple souterrain de Talmis ou Khalabsché, en Nubie[a], au fond de la dernière pièce, s'élever la statue du dieu, assise et posée sur un piédestal.

Ligne 8. — (18) Il est singulier que le temple où venaient se réunir tous les prêtres de l'Égypte ne soit pas désigné, ici et plus bas (l. 44), autrement que d'une manière absolue, ἐν τῷ ἐν Μέμφει ἱερῷ, comme qui dirait : dans *le temple par excellence*. On a toujours pensé, avec une grande apparence de raison, que c'était le *temple de Phthas*, d'après l'épithète du roi, *chéri de Phthas*; mais alors il était d'autant plus nécessaire de le désigner clairement, qu'à cette époque le *temple* par excellence, à Memphis, devait être le *Sérapiéum*. Moins de quarante ans après, sous Philométor, nous voyons ce *Sérapiéum* désigné dans les papyrus par les mots analogues τὸ πρὸς (ou ἐν) Μέμφει μέγα Σαραπιεῖον. C'était un vaste ensemble qui contenait plusieurs temples, ayant chacun leurs prêtres et leur culte particulier, mais soumis tous à une administration générale, qui relevait du gouvernement.

D'une autre part, le temple d'Apis ou Ἀπιεῖον fut construit par Amasis dans l'enceinte du temple d'*Héphæstos* ou de *Phthas*[b]; et, comme le *Sérapiéum* contenait l'*Apiéum* au temps des Ptolémées, la conséquence serait que le temple de Phthas s'y trouvait aussi renfermé.

Il semblerait donc que ce temple par excellence doit être le *Sérapiéum*, qui formait une espèce de *panthéon* des dieux égyptiens et étrangers.

Mais alors pourquoi le grand *Sérapis*, dont le culte avait dû acquérir, dès cette époque, tant de développement, n'est-il pas nommé une seule fois dans toute l'inscription? Pourquoi n'y trouve-t-on qu'*Osiris*, *Phthas*, *Hermès*, *Horus*, *Apis* et *Mnévis*; tandis que, dans les nombreux

[a] Gau, *Antiq. de la Nubie*. pl. LII. — [b] Herod. II, 153.

XXV. INSCRIPTION DE ROSETTE. 269

papyrus grecs memphitiques du temps de Philométor, les quatre premières divinités disparaissent entièrement, pour faire place à *Sérapis, Anubis, Astarté, Aphrodite* (*Athor*)? Il y a là matière à des recherches ultérieures.

Autre singularité : tous les textes s'accordent à établir que Ἥφαιστος est le même que Φθάς, ou, du moins, que les deux mots ont toujours été censés se rapporter à la même divinité, en ce sens que, toutes les fois que les Grecs voulaient rendre en grec le nom égyptien Φθάς, ils employaient le nom Ἥφαιστος [a] : car, au fond, il n'y avait, selon toute apparence, rien de commun entre *Vulcain* et *Phthas*; ce n'était qu'une similitude de nom, comme celle de *Neith* ou *Neitha* et *Athené* (écrit *Netha* dans l'ordre rétrograde sur les anciens monuments) avait conduit à l'identité des deux déesses, quoiqu'elles fussent essentiellement distinctes par leurs fonctions et leurs attributs, comme le prouvent les figures de la déesse *Neith*. De même, l'identité présumée du bœuf *Apis* ou *Apévé* et de l'*Éphaphus*, fils d'Io [b], n'avait d'autre cause que la ressemblance de leur nom. Mais on nomme à la fois *Héphæstos* et *Phthas* (l. 3), ὃν ἐδοκίμασεν Ἥφαιστος et ἠγαπημένος ὑπὸ τοῦ Φθᾶ: ce qui suppose que ce sont deux divinités différentes [c]. La contradiction n'est peut-être qu'apparente. C'est dans un *seul* endroit du préambule (l. 2 et 3) que se trouvent les *trois* noms grecs de divinités, à savoir : Ἥφαιστος, Ἥλιος et Ζεύς. Partout ailleurs on ne voit que des noms égyptiens, sauf *Hermès*, qui était reconnu pour identique avec *Thoth*; et c'est aussi dans cet endroit que se montre surtout le mélange d'hellénisme et d'égyptianisme. *Héphæstos* est bien ici le dieu grec, le dieu du feu (note 9), tout différent du Phthas égyptien, qui n'a nul rapport avec le feu. On parle ensuite de *Zeus* et non pas d'*Ammon* (quoique *Ammon* soit dans le texte égyptien), de *Zeus*, le dieu grec dont les Ptolémées se flattaient de descendre, par Hercule, du côté des hommes; par Dionysus, du côté des femmes [d]. On parle enfin du *Soleil*, Ἥλιος, et non de *Phré*. Ainsi, pour *Héphæstos*

---

[a] Cf. Jablonsky, *Panth. Ægypt.* I, p. 46 sq. — [b] Herod. II, 153. — [c] S. de Sacy, *Lettre au citoyen Chaptal*, p. 23, 24. — [d] V. *Inscr. Adulit.* ap. Chish. p. 79.

comme pour *Zeus* et *Hélios*, les noms grecs se montrent seuls et disparaissent ensuite. La religion grecque paraît donc au moins cette fois dans l'inscription, à l'endroit même où les formules du protocole annoncent les souvenirs de l'ancienne patrie.

Ce couronnement des rois et les grandes solennités célébrées dans cette occasion avaient lieu à Memphis, en vertu d'un *antique usage*, comme le dit le scholiaste de Germanicus : .... *in templo Ægypti Memphis* mos fuit *solio regio decorari reges qui regnabant* [a], où nous voyons l'expression absolue *in templo Memphis* (pour *Memphidis*) comme dans l'inscription ἐν τῷ ἐν Μέμφει ἱερῷ. S. Jérôme se sert d'une expression analogue quand il dit d'Antiochus IV : *ascendit in Memphim, et ibi ex more Ægypti regnum accipiens, etc.* [b]; Diodore de Sicile dit aussi d'Évergète II : Πτολεμαίου κατὰ τὴν Μέμφιν ἐνθρονιζομένου.... κατὰ τοὺς Αἰγυπτίων νόμους [c]. Cet antique usage tenait à ce que Memphis, depuis des siècles, était restée un des principaux centres religieux de l'Égypte. Aussi Alexandre ne manqua pas de se rendre dans cette ville, et d'y sacrifier à tous les dieux qu'on y adorait, sans oublier Apis [d]. On ne peut douter que ce prince, par l'effet d'une sage politique, n'ait voulu rendre cet hommage au culte alors le plus vénéré de l'Égypte, et que ses successeurs, en conservant à Memphis l'honneur du couronnement des rois, n'aient eu l'intention de suivre son exemple. On trouvera, dans mon ouvrage inédit sur le calendrier égyptien, une preuve évidente de l'importance religieuse que, dès les plus anciens temps, Memphis avait acquise, et qu'elle conserva jusque sous la domination romaine.

Ligne 9. — (19) Ἐπειδή, formule ordinaire du *considérant*, comme ἐπεί, dans tous les décrets grecs, est placé de même après le protocole de la date, et après εἶπεν ou εἶπαν. Ce sont encore les formes grecques toutes pures.

On remarquera que tous les motifs du considérant, qui s'étendent jusqu'à ἀγαθῇ τύχῃ· ἔδοξεν (l. 36), dépendent de ὑπάρχων θεὸς ἐκ θεοῦ καὶ

---

[a] P. 71, ed. Buhle. — [b] *In Daniel.* p. 1128, ed. Paris. — [c] *Fragm.* l. XXXIII, p. 83, t. X, Bip. — [d] Arrian. III, 2, 5.

XXV. INSCRIPTION DE ROSETTE.

θεᾶς κ. τ. λ.; c'est en qualité « de dieu, fils de dieu et déesse, etc., » que le roi a fait tout ce qui lui mérite les honneurs qu'on lui a conférés par le décret. Voilà ce que j'ai indiqué dans ma traduction, en ne répétant plus le *que* après l'avoir mis devant ὑπάρχων, « qu'étant « dieu..... il a consacré..... il a supprimé, etc.; » et ainsi jusqu'à *il a plu*, ἔδοξεν. Cette partie de la formule est encore entièrement grecque.

Ligne 10. — (20) Ὁ ἐπαμύνας τῷ πατρί. Le sens du verbe ἐπαμύνειν τινί est constamment celui de *porter secours, venir en aide à quelqu'un, venir à sa défense*. Mais le *secours* dont il s'agit ici et plus bas (l. 27) étant postérieur à la mort du père d'Épiphane, le mot ἐπαμύνειν a le sens de *venger* les injures faites à Philopator pendant sa vie, de *venger sa mémoire*. C'est une nuance nouvelle de ce verbe.

Ligne 11. — (21) Je donne à l'adjectif σιτικός, opposé à ἀργυρικός, un sens plus large que celui de (revenus) *en blé*. Σῖτος et σιτίον se disent, en général, de *vivres*, quand ils sont opposés à un autre mot indiquant des objets qui ne peuvent servir à la nourriture; par exemple : σῖτος καὶ εὐνή, *le vivre et le couvert*, et σῖτα καὶ νέας παρέχειν [a]. Plus bas, lig. 15, συντάξεις σιτικαὶ καὶ ἀργυρικαί sont des contributions *en nature* et *en argent*, comme, lig. 21 : δαπάναι ἀργυρικαὶ καὶ σιτικαί; lig. 29 : σῖτος καὶ ἀργύριον; dans l'édit de Tibère Alexandre (l. 47) : τελέσματα σιτικὰ καὶ ἀργυρικά.

Ces πρόσοδοι sont appelés, à la ligne 15, συντάξεις, mot qui s'entend proprement des *contributions* recueillies pour être affectées à un emploi déterminé. Ces *revenus*, ces *contributions*, ne provenaient peut-être pas directement du *trésor royal*; elles devaient résulter plutôt d'un *impôt particulier*, espèce de *centimes additionnels*, colligés (συντατ-τόμενα) par un mode spécial de perception. Cette idée me semble, en effet, comprise dans le mot συντάξεις, d'après les exemples cités par Villoison, et d'autres qu'on y pourrait ajouter.

Ce passage s'explique très-bien au moyen des papyrus relatifs au *Sérapiéum* de Memphis, où l'on voit que les Ptolémées rétribuaient, tant en *argent* qu'en *blé, orge, olyra, huile, etc.*, certains prêtres ou

[a] Herodot. VII, 21.

fonctionnaires sacrés, à divers titres, employés dans les différentes parties de ce grand ensemble qui formait le *Sérapiéum*. Ces espèces de *pensions*, en *argent* comme en *nature*, étaient fixées à tant par *an*, κατ' ἐνιαυτόν. Mon commentaire sur ces curieux papyrus explique cela fort en détail. Ce que j'en dis ici peut suffire.

(22) En traduisant εὐδία par *sérénité*, j'ai voulu conserver la couleur poétique de l'expression (εἰς εὐδίαν ἀγαγεῖν). Autant l'emploi de εὐδία est ordinaire au propre, comme l'opposé de χειμών [a], autant il est rare au figuré, du moins en prose. Dans Pindare, ἐν εὐδίᾳ τιθεὶς [b] revient justement à notre εἰς εὐδίαν ἀγαγών. La même figure se montre encore, non sans une certaine affectation, dans la stèle de Turin : [αὐτοὺς ἀπὸ τῶν ἀντι]πάλων χειμώνων εἰς εὐδίνους λιμένας ἤγαγεν.

(23) Tout ce que Ptolémée a fait pour les *temples* est exposé plus bas (l. 33-34). Les mots τὰ ἱερά désignent donc ici, non les *temples*, mais les *choses sacrées*, le *culte* qu'on y célébrait. Villoison ne laisse aucun doute sur ce point. Dans l'autre sens, on ne se serait pas servi du mot καθιστάναι [c] : on aurait employé les verbes ἀνακαινίσαι, ἀνανεώσασθαι, ou tout autre de ce genre. M. Drumann s'y est trompé [1] : *Und der voriger Zustand der Tempel herzustellen.*

Ligne 12. — (24) Φιλανθρωπεῖν est pris au sens neutre pour φιλανθρώπως ἔχειν. Dans Polybe et les Septante il est actif : ainsi φιλανθρωπεῖν τὸν τόπον, *locum humaniter tractare* [d]. Sur le sens de τὰ φιλάνθρωπα, voyez la note ingénieuse et érudite de M. Peyron [e].

Les mots ταῖς ἑαυτοῦ δυνάμεσιν πάσαις signifient, à la lettre, *de toutes ses forces*. Selon Champollion, l'égyptien dit : *qui sont dans toute son attribution royale*, c'est-à-dire *dans tout son royaume*. Mais le grec n'est pas susceptible d'un tel sens ; le rédacteur aurait dit, en ce cas : ἐν τῇ ἑαυτοῦ βασιλείᾳ πεφ. πάσῃ, ou bien, avec l'accusatif, τὴν ἑαυτοῦ βασιλείαν

---

[a] Platon. *Legg.* XII, 961, E, ἔν γε χειμῶσι καὶ ἐν εὐδίαις. — [b] *Fragm.* 228, Böckh. — [c] 3ᵉ *Lettre*, p. 6. — [d] II, *Machab.* XIII, 22 ; *Polyb. Lex.* hac voce. — [e] *Ad Pap. Taurin.* 1, p. 167.

[1] Et, après lui, M. Ch. Lenormant. Ce qui concerne l'embellissement, les réparations et la construction des temples, par l'ordre de ce roi, fait un article à part, lig. 33, 34 et 35, qui termine et couronne la longue énumération de ses bienfaits.

πεφ. πᾶσαν: il y a donc encore ici discordance entre les deux textes. L'un des deux rédacteurs n'aura pas entendu l'autre. Lequel? Cela est facile à décider. A la ligne 10, la même expression, *qui est dans ses attributions royales*, est bien rendue dans le grec par οἱ ὑπὸ τὴν ἑαυτοῦ βασιλείαν τασσόμενοι ; pourquoi donc le rédacteur grec l'aurait-il rendue si différemment deux lignes après? Il est, au contraire, évident que la locution grecque ταῖς ἑαυτοῦ δυνάμεσι πάσαις n'a pas été traduite exactement par le scribe égyptien, qui l'a crue synonyme de la première, bien qu'elle ne le soit pas.

A l'égard de la *suppression* et de la *diminution* des impôts, la même distinction existe dans l'édit de Tibère Alexandre, exprimé par les mots ἀτέλεια et κουφοτέλεια (l. 26), représentant, l'un l'immunité entière ou *l'abolition*, l'autre *l'allégement* d'un droit perçu.

(25) Les mots ὅ τε λαὸς, καὶ οἱ ἄλλοι πάντες présentent une opposition assez remarquable. Je crois que ὁ λαός désigne le *peuple*, les classes de *laboureurs* et d'*artisans* ; et οἱ ἄλλοι πάντες, tout ce qui n'était pas *peuple*, tels que les *militaires*, les *employés* et les *prêtres*, comme (l. 13) τὸ πλῆθος, et (l. 52) ἰδιῶται opposé à ἱερεῖς. Dans plusieurs passages des papyrus, le mot λαοί, au pluriel, a le même sens : ainsi Polybe oppose οἱ λαοί, *les gens du peuple*, à τὰ πολεμικὰ σώματα, *les militaires*[a]. De là, l'expression λαοκριταί pour désigner, en Égypte, les juges locaux chargés de prononcer dans les différends entre particuliers, sorte de *juges de paix*[b].

Ligne 13. — (26) La distinction entre les deux locutions ἐπὶ τῆς βασιλείας et ἐν τῇ βασιλείᾳ, faite par Villoison, est très-juste : l'une signifie *sous le règne*, l'autre *dans le royaume* ; οἱ ἐν τῇ βασιλείᾳ a le même sens que οἱ ὑπὸ τὴν βασιλείαν à la ligne 10 et dans un papyrus[c].

(27) On pourrait croire que, par τὰ βασιλικὰ ὀφειλήματα, les prêtres entendent les sommes qui étaient dues au trésor *à titre de prêt*. Il est certain, en effet, que le trésor prêtait de l'argent aux particuliers. Dans un papyrus du musée du Louvre, je lis : .... τῶν χορηγηθέντων τοῖς προσδεομένοις καὶ δανείων ἐκ τοῦ βασιλικοῦ. Diodore rapporte

---

[a] IV, 52, 7. — [b] Peyron, *ad Pap. Taurin.* I, p. 160, 161. — [c] *Pap. du Louvre*, n° XVII.

qu'un prêtre, chargé des funérailles d'Apis, fut obligé d'emprunter cinquante talents du roi : παρὰ τοῦ Πτολεμαίου πεντήκοντα ἀργυρίου τάλαντα προσεδανείσατο [a]. Mais je crois qu'ici βασιλικὰ ὀφειλήματα comprend non-seulement ces dettes, mais tout ce qui était dû au trésor à un titre quelconque : τὰ ὀφειλόμενα εἰς τὸ βασιλικόν, *omne quod regi solvi ac præstari debet*, dans le sens où Zonaras dit : ἐκήρυξε τοῖς ὀφείλουσι τῷ βασιλικῷ ταμιείῳ [b].

La même idée, exprimée presque dans les mêmes termes, se retrouve dans Polybe : παρέλυσε δὲ καὶ τοὺς ἐν αὐτῇ τῇ Μακεδονίᾳ τῶν βασιλικῶν ὀφειλημάτων, ἀφῆκε δὲ καὶ τοὺς ἐν ταῖς φυλακαῖς ἐγκεκλεισμένους ἐπὶ βασιλικαῖς αἰτίαις [c]. Diodore dit aussi de prisonniers pour dettes : ἀπέλυσε τοῦ χρέους, ὄντος πλήθους ἐν ταῖς φυλακαῖς [d].

(28) Ameilhon [e] et M. Drumann [f] joignent τῷ πλήθει à ὄντα πολλά. La construction est fausse : τῷ πλήθει dépend de ἀφῆκε, comme l'a très-bien vu Heyne. La même circonstance de la remise des dettes revient encore plus bas (l. 29), mais appliquée seulement aux temples et aux prêtres. Ici, la remise s'applique à tous les débiteurs de l'État, sans distinction, τῷ πλήθει, à la *multitude* en général.

Ligne 14. — (29) Καὶ τοὺς ἐν φ. ἀπ. Je crois qu'on s'est mépris sur le sens de cette phrase, et qu'il est encore question des débiteurs du *trésor*. Le roi n'a pas seulement *remis* l'argent à ceux qui lui devaient, mais, de plus, il a rendu la liberté à ceux qui étaient détenus pour dettes fiscales, et il a absous ceux qui, depuis longtemps, étaient sous le coup de *réclamations* et de *procès* (ἐν αἰτίαις ὄντες) intentés au sujet de ces dettes.

La place qu'occupe l'énoncé de ce bienfait royal indique assez qu'il ne concerne que les *débiteurs* du trésor, et non, comme on l'a cru, les *prisonniers* et tous les *prévenus* en général. C'est qu'en effet il y avait *prise de corps* pour les *débiteurs du fisc*. On voit, par l'édit de Tibère Alexandre, qu'ils étaient détenus dans une prison *spéciale* appelée πρακτόρειον, ainsi que dans d'autres prisons, εἰς ἄλλας φυλακάς (l. 15 et 16); ce qui est à peu près l'expression de notre décret.

[a] Diod. Sic. 1, 84. — [b] P. 577. — [c] XXV, 5, 3. — [d] I, 54. — [e] P. 53. — [f] P. 151.

XXV. INSCRIPTION DE ROSETTE.

L'édit règle que nul ne sera détenu pour dettes dans le *practorium* ou ailleurs (εἰς φυλακὴν ἡντινοῦν κατακλείεσθαι), excepté s'il doit au fisc : ἔξω τῶν ὀφειλόντων εἰς τὸν κυριακὸν λόγον.

Quant à l'expression ἐν ταῖς φυλ. ἀπηγμέν., on s'attendrait à voir εἰς τὰς φυλακάς, qui serait plus grec et plus conforme à l'usage [a], ou bien ἐν φυλακαῖς ὄντες ἐγκεκλεισμένοι (comme dit Polybe). Dans le style alexandrin, ἀπάγεσθαι s'employait même, d'une manière absolue, en sous-entendant εἰς τὴν φυλακήν [b], avec le sens, comme ici, d'être mis en prison pour dettes fiscales ou autres. Mais l'emploi de ἐν pour εἰς, avec un verbe de mouvement, dans le style de cette époque, pourrait se justifier par beaucoup d'exemples. La locution ἐν αἰτίαις εἶναι, ἔχεσθαι, τίθεσθαι, est employée par les auteurs du meilleur temps [c]; ἀπέλυσε τῶν ἐγκεκλημ. se trouve dans Polybe [d].

Ligne 15. — (30) Outre ces *contributions,* il y avait encore des *parts réservées,* ἀπομοίρας, pour le culte des dieux, prises sur les vignobles, les vergers, *et les autres terres* qui appartenaient aux temples, sous Philopator : ἀπό τε τῆς ἀ. γ. κ. τ. π. καὶ τῶν ἄλλων τῶν ὑπαρξάντων τοῖς θεοῖς; c'est ainsi qu'on doit traduire d'après la leçon. J'avoue que le sens serait plus net s'il y avait καὶ τὰ ἄλλα τὰ ὑπάρξαντα, ce qui voudrait dire que tout ce qui *existait sous son père* était maintenu sur l'ancien pied.

Mais il serait trop hardi de supposer ici une faute du rédacteur. En écartant donc toute hypothèse, il n'y a pas moyen de donner au texte un autre sens que celui qu'exprime ma version.

Avec τῶν ἄλλων on a sous-entendu πραγμάτων; cela est trop général : bien qu'on puisse citer des exemples du contraire, on doit naturellement sous-entendre des objets de même nature que ce qui précède, à savoir des *terres* qui ne sont ni vignobles ni vergers, conséquemment des *terres labourables,* ἡ σιτοφόρος γῆ.

Il résulterait de ce passage que les temples avaient des propriétés en terres, vignobles, vergers et autres, dont le produit était versé

---

[a] Cf. *Lex. Polyb.* v. φυλακή. — [b] *Genes.* XXXIX, 22. — [c] *Thes. ling. gr.* t. I, col. 1100, ed. Didot. — [d] V, 27, 5.

dans le trésor, sauf des *prélèvements* ou *parts*, ἀπομοίρας, réservées pour l'entretien des temples qui possédaient ces terres. Ces *prélèvements* avaient été antérieurement fixés à un taux *convenable* (καθηκούσας).

Ce détail est curieux en ce qu'il nous montrerait que les Ptolémées, tout en laissant à chaque temple ses propriétés territoriales, avaient trouvé le moyen de s'en attribuer les principaux revenus, et lui avaient seulement réservé la part qui leur semblait équitable.

Les prêtres s'applaudissent et font un mérite au roi de ce que ces *prélèvements* n'ont point été diminués et sont restés *sur le même pied* (ἐπὶ χώρας μένειν) qu'auparavant.

La locution ἐπὶ χώρας μένειν, qui se retrouve encore plus bas, a été trop bien expliquée par Villoison pour qu'il soit nécessaire d'y revenir.

Ligne 16. — (31) La phrase διδόναι εἰς τὸ τελεστικόν est analogue à celle de διδόναι, τελεῖν, συντελεῖν εἰς τὸ βασιλικόν; ainsi il est vraisemblable que le substantif sous-entendu, dans l'un comme dans l'autre cas, est ταμιεῖον. Il s'agit donc, probablement, d'une caisse destinée à recevoir un certain droit, dit *télestique;* à moins que τὸ τελεστικόν ne désigne ce droit lui-même, sens qui me plaît moins que l'autre.

Mais quelle idée doit-on attacher au mot τελεστικόν ? Ameilhon et Pahlin veulent y voir un droit payé par les prêtres pour leur *initiation aux mystères.* Cela n'est guère vraisemblable ; car ce droit, tout religieux, supposé qu'il existât, ne devait pas dépendre du gouvernement. Il s'agit évidemment d'une imposition qui revenait au roi, puisqu'il en dispense les prêtres quand il le veut.

Donnant à τελεστικόν son sens étymologique, celui de *perfection* ou de *complément,* je présume que c'est le droit payé pour devenir *prêtre,* πρὸς τὸ ἱερέα τέλειον γίνεσθαι, comme parle Horapollon [a]. Le sacerdoce, en effet, concédait de grands priviléges, et mettait en possession de grands avantages, tant honorifiques que pécuniaires. Il devait être fort ambitionné, et les familles devaient être fort em-

[a] *Hieroglyph.* 1, 39.

pressées d'y pousser leurs enfants. Il était donc naturel qu'on imposât, à la fois, des épreuves de capacité et quelques sacrifices : par exemple, un droit analogue à ce que nous appellerions *frais d'obtention de grade*. Διδόναι εἰς τὸ τελεστικόν signifierait payer pour arriver au grade *supérieur*, au grade qui complétait les *épreuves* : c'était comme notre *grade de docteur*. Ma traduction est fondée sur cette hypothèse.

(32) Selon le sens donné jusqu'à présent à ce passage, Ptolémée Épiphane aurait rétabli ce droit sur le pied où il était resté jusqu'à la *première année de son père*. Ce serait là une tournure assez délicate pour faire un compliment à l'un sans nuire à la mémoire de l'autre : car il résulterait assez clairement de ce passage, ainsi entendu, que Philopator, en montant sur le trône, avait fait subir à ce droit une augmentation qui s'était maintenue pendant tout son règne, et que son fils avait rétabli le droit tel qu'il était avant l'augmentation, c'est-à-dire avant le commencement (la première année) du règne de Philopator.

Mais je trouve, en ce cas, une assez grande difficulté dans cette expression : ἕως τοῦ πρώτου ἔτους ἘΠΙ τοῦ πατρὸς αὐτοῦ. La préposition ἐπί paraît ici tout à fait superflue, puisque toujours le mot ἔτους est suivi d'un génitif direct. On ne dit jamais ἔτους πρώτου, δευτέρου... ἘΠΙ τινός, en parlant d'un roi, mais bien ἔτους... τινός ou τῆς βασιλείας τινός. Cette locution serait donc sans exemple. C'est ce qui me fait présumer qu'il y a peut-être un autre sens caché sous cette phrase, dont la traduction littérale est « ....(que les prêtres) ne payeraient « rien de plus que la taxe à eux imposée jusqu'à la *première année*, « sous son père. » Si l'on remarque que ἕως, ainsi que μέχρι, comprend bien souvent, au lieu de l'exclure, le terme qui le suit (note 57), c'est-à-dire qu'il signifie *jusques et compris*, on pourra présumer que ἕως τοῦ πρώτου ἔτους...., signifiant *pendant la première année, sous son père*, les mots *la première année* se rapporteraient aux *prêtres*, non *au roi*. En ce cas, il s'agirait du temps pendant lequel les prêtres devaient payer le droit dont il s'agit. *Sous son père* (ἐπὶ τοῦ πατρὸς αὐτοῦ), ils ne payaient le droit que *jusques et compris la première année* (de leur sacerdoce); pendant les années antérieures du règne d'Épiphane, ce droit avait été augmenté; en ce moment on le rétablit au même taux où il était sous le précédent règne.

Ligne 17. — (33) Autres avantages accordés aux prêtres. Chaque année, les *députés* des colléges étaient obligés de venir à Alexandrie, voyage pénible et coûteux. Épiphane les en dispense. Pour diminuer les difficultés qu'on a vues dans ce passage [a], il suffit d'admettre, ce qui est, d'ailleurs, si vraisemblable en soi, qu'il ne s'agit pas de tous les *prêtres* de l'Égypte, mais seulement de *députations*. Or il semble naturel que les divers colléges fussent astreints à envoyer annuellement des députés pour traiter des affaires communes à l'ordre sacerdotal : c'est ainsi que jadis tous les nomes envoyaient au labyrinthe des députés qui traitaient des affaires générales du pays [b].

L'expression τοὺς ἐκ τῶν ἱερῶν ἐθνῶν est assez remarquable. Pourquoi n'a-t-on pas dit simplement τοὺς ἐκ τῶν κατὰ τὴν χώραν ἱερῶν (comme l. 36)? A quoi bon ces mots ἱερῶν ἐθνῶν? et que signifient-ils? Le voici, je pense :

Ἔθνος veut dire en grec aussi bien *classe, ordre* de personnes (ἔθνος ἱερέων, δημιουργῶν, etc.), que *tribu* et *nation*. Dès lors, ἱερὰ ἔθνη désignera, soit les *prêtres* de l'Égypte, divisés par *provinces* ou *nomes*, lesquels auraient envoyé chacun une députation séparée à Alexandrie; soit les prêtres divisés par *classes*, à savoir, ceux qui, dans toute l'Égypte, desservaient le culte de telle ou telle divinité, à titre de *grands prêtres*, de *prophètes*, de *stolistes*, etc.

De ces explications, la seconde me paraît être la seule conforme à l'énumération faite plus haut (note 17). On voulait faire délibérer les diverses corporations sacerdotales sous les yeux de l'autorité, et soumettre leur gestion ou leur conduite à un contrôle exercé par quelque pontife supérieur *résidant à Alexandrie*. Une inscription du

---

[a] Drumann, p. 167. — [b] Strab. XVII, p. 811.

[1] Sir Gardner Wilkinson conjecture que cette obligation imposée aux prêtres doit avoir été une imitation de ce qui se pratiquait sous les Pharaons, quand la résidence était à Thèbes ou à Memphis. (*Manners and customs, etc.* t. V, p. 385.)

XXV. INSCRIPTION DE ROSETTE.

temps d'Adrien fait mention, en effet, d'un Lucius Julius Vestinus, ἀρχιερεὺς Ἀλεξανδρείας καὶ Αἰγύπτου πάσης. Quoiqu'on ne trouve rien de tel pour l'époque alexandrine, comme il est établi, par une multitude de preuves, que les Romains n'ont presque rien changé à l'administration ptolémaïque, il devient très-probable que ce *grand prêtre de toute l'Égypte* existait déjà sous le règne d'Épiphane, et je pense qu'il avait été institué par Ptolémée Sôter lui-même. L'inscription citée montre que L. J. Vestinus était aussi *directeur du Musée*, ἐπιστάτης τοῦ Μουσείου; ceci confirme le témoignage de Strabon, que le chef du Musée (ὁ ἐπὶ τῷ Μουσείῳ τεταγμένος) était un prêtre. Or cette disposition n'était pas alors nouvelle, car le même auteur ajoute : « Ce prêtre, nommé auparavant par les rois, l'est à présent « par César [a]. » Ainsi les Romains n'avaient point changé la constitution du Musée ; et, comme il n'est pas probable que les successeurs de Sôter eussent changé celle que ce prince lui avait donnée, on doit admettre que l'idée de mettre un prêtre à la tête de ce grand établissement littéraire appartenait à son fondateur [1]. On doit admettre aussi qu'il avait donné à ce fonctionnaire la surveillance de tout le sacerdoce égyptien, puisque ce prêtre en était chargé sous les empereurs, qui s'étaient réservé sa nomination, comme, avant eux, les Lagides. Ainsi se révèle une grande pensée de Sôter, un nouveau trait de cette politique prudente qui a distingué toutes ses institutions. Ne reconnaît-on pas, en effet, un profond homme d'État à cette disposition remarquable qui plaçait tout le sacerdoce égyptien dans la main d'un personnage choisi par le roi, dirigeant ainsi le mouvement intellectuel du Musée ?

Cette disposition était d'autant mieux calculée dans l'intérêt du

---

[a] Strab. XVII, p. 794.

[1] M. Matter a fait des réflexions fort judicieuses sur ce choix d'un prêtre pour la direction du Musée. (*Histoire de l'école d'Alexandrie*, p. 95, 2ᵉ éd.) On peut regretter qu'il n'ait pas pensé à rapprocher ce fait, transmis par Strabon, de l'inscription latine et de celle de Rosette : car de ce rapprochement ressort, comme on voit, un renseignement des plus curieux, dont ce savant aurait pu tirer grand parti.

pouvoir que ce haut fonctionnaire n'était pas un Égyptien. Le nom de L. J. Vestinus prouve que ce pontife de toute l'Égypte, chef du Musée, était un Romain. Les empereurs avaient donc exclu de ces fonctions délicates et importantes les hommes d'origine grecque et égyptienne. On peut être sûr qu'ils n'avaient fait qu'imiter les Lagides, qui durent ne conférer qu'à des Grecs cette haute magistrature. Tandis qu'ils maintenaient sur le même pied le sacerdoce égyptien, conservant ou peut-être même agrandissant ses priviléges, ils en plaçaient la surveillance dans la main d'un Grec nommé par eux, qui avait le secret de leur politique, et dont ils disposaient entièrement. Tout en paraissant laisser pleine liberté au culte égyptien, qu'ils mettaient sur le même pied que la religion hellénique, et qu'ils adoptaient même, en assimilant, en fondant ensemble le plus possible les deux religions, ils en étaient réellement les maîtres, ils pouvaient en ralentir l'action ou en limiter l'influence, si leur intérêt l'exigeait. Ils conservaient ainsi, autant qu'il était en eux, cette sage politique d'Alexandre, qui savait bien ce qu'il fallait pour soumettre et conduire les Égyptiens, lorsqu'il sacrifiait au bœuf Apis, fondait un temple d'Isis à Alexandrie [a], mettait à la tête de l'administration de l'Égypte deux Égyptiens, Doloaspis et Pétisis, ayant bien le soin, pour former contre-poids, de placer la force militaire, chargée de contenir le pays, dans les mains de Grecs qui lui étaient dévoués [b].

Je crois que l'on comprendra mieux à présent pourquoi les prêtres de l'Égypte étaient astreints à ces députations annuelles, dont Épiphane consentit à les affranchir, peut-être parce que l'expérience avait montré qu'elles étaient une corvée pénible sans avoir d'utilité réelle. Il se donna tout l'avantage d'une concession qui ne lui coûtait rien, mais dont le sacerdoce égyptien lui sut beaucoup de gré. Cette immunité seule aurait pu lui valoir le titre d'εὐχάριστος.

Quant au sens des mots τοὺς ἐκ τῶν ἱερῶν ἐθνῶν, je ne dois pas dissimuler que, selon Champollion, l'égyptien dit seulement, dans l'en-

[a] Arrian, *Anab.* III, 1, 5 et 8. — [b] *Ibid.* III, 5, 3.

XXV. INSCRIPTION DE ROSETTE. 281

droit correspondant à τοὺς ἐκ τ. ἱ. ἐ., *ceux qui sont dans les attributions des temples*. Il y aurait donc une différence dans le sens des deux textes; mais, encore une fois, le grec serait le plus complet, et présenterait une idée de plus que l'égyptien : nouvelle raison de croire que celui-ci n'est qu'une traduction de l'autre.

(34) Κατάπλους (ὁ) est le mot consacré pour exprimer le voyage en descendant le Nil, comme les verbes καταπλεῖν, κατάγειν et καταβαίνειν. Je trouve, dans un papyrus du Louvre, εἰς τὴν πόλιν καταπλεῖν, pour dire *se rendre à Alexandrie;* et, dans un autre, καταπλεῖν πρὸς τὸν βασιλέα. L'opposé est ἀναπλεῖν, ἀνάγειν ou ἀναβαίνειν, et ἀνάπλους [a].

(35) Εἰς τὴν ναυτείαν. La forme ναυτεία est jusqu'ici inconnue. Le sens est pourtant assez clair, celui qu'on exprimait ordinairement par εἰς τὸ ναυτικόν ou τὰ ναυτικά, ou εἰς τὰς ναυτικὰς χρείας, comme dit Polybe. Weston croyait que le mot σύλληψις signifie ici quelque chose de semblable à la *presse des matelots* en Angleterre : il est assez naturel que cette idée vienne à un Anglais. Mais M. Drumann observe avec raison que l'usage d'une *presse*, parmi la caste sacerdotale, est contraire à l'esprit de l'antiquité. Le mot σύλληψις, comme ἔγληψις (τῆς νιτρικῆς) dans les papyrus, doit avoir un sens analogue à σύνταξις, et s'entendre d'une espèce de contribution, soit en argent, soit en nature (bois, chanvre, lin, toiles, etc.), pour le service de la marine. Sans doute, l'affranchissement ne concerne que les temples dont il est uniquement question ici.

(36) Après συντελουμένων on s'attendrait à voir ὑπό ou ἐκ τῶν ἱερῶν. Le rédacteur a dit de même, l. 28, τὰ ἐν τοῖς ἱεροῖς ὀφειλόμενα, pour ὑπὸ τῶν ἱερῶν ὀφ. On trouve quelque chose d'analogue dans cette expression de Démosthène : ἐν ταῖς εἰσφοραῖς (pour ἐκ τῶν εἰσφορῶν) συντελοῦσιν εἰς τὸν πόλεμον [b]; mais le sens est différent.

Il est vraisemblable, selon l'observation de M. de Heeren [c], qu'il y avait des manufactures de toiles de byssus dans la possession et la dépendance des temples, et Ameilhon conjecture qu'ils avaient

---

[a] Strab. XVII, p. 799; Inscr. Memnon. n° LIII; Pap. Taurin. I, col. 3, l. 6. — [b] *In Leptin.* p. 465, 23, R. — [c] *Idem über die Politik* u. s. w. t. V, S. 368.

même le monopole des toiles qui servaient à envelopper les momies.

(37) Selon Champollion, l'égyptien dit seulement *les portions,* et non les *deux tiers.* Il y a donc, dans le grec, une idée de plus, celle de *quantité.* Or, ce n'est pas là une chose que l'on ajoute. Il est donc permis de voir, dans cette différence, un nouvel indice que le grec n'a pas été traduit de l'égyptien, mais que l'égyptien a été traduit du grec par un scribe, qui a passé le mot *deux,* ou qui n'a pas compris la locution δύο μέρη.

Ligne 18. — (38) La question si débattue de la nature du *byssus* paraissait résolue par les recherches du chimiste Rouelle, de Forster, de Larcher et d'autres savants: il était à peu près reconnu comme certain que le *byssus* était le coton. Cependant des observateurs attentifs avaient déjà pensé que cette substance est le lin [a], avant que des expériences microscopiques, faites par MM. Ure [b], James Thompson et Bauer, confirmées par M. Dutrochet, fussent venues prouver que les filaments textiles du lin et du coton se distinguent par des caractères particuliers qu'il est impossible de confondre: ils ont constaté que les toiles et tuniques qui servent à envelopper les momies sont du *lin,* et non du *coton.* Or, comme Hérodote [c] dit expressément que les momies étaient enveloppées avec des toiles de *byssus,* il s'ensuit que le *byssus* devait être du lin [d].

Le mot βύσσος, qui est étranger à la langue grecque, répondrait au λίνον des Grecs, dont il indiquerait une espèce plus fine et plus délicate. Ceci peut-être nous expliquerait la glose du lexique de Cyrille : ὀθόνια, ὑφάσματα λεπτότατα. Dans les papyrus grecs de Memphis, où le mot ὀθόνιον se rencontre vingt fois, il est toujours seul; jamais l'adjectif βύσσινον n'y est joint: d'où l'on pourrait induire deux choses : 1° que cet adjectif était nécessairement sous-entendu, ou, en d'autres termes, que l'ὀθόνιον était toujours censé βύσσινον; 2° que

---

[a] Voyez Wilkinson, *Manners and customs of the ancient Egyptians,* III, 114. — [b] *Philos. of Manuf.* p. 96. — [c] II, 76. — [d] *Comptes rendus de l'Acad. des sciences,* année 1837, p. 739-742, 1ᵉʳ semestre.

XXV. INSCRIPTION DE ROSETTE.

ces ὀθόνια étaient des pièces d'étoffe d'une grandeur connue, autrement on aurait dit quelle était leur dimension.

Il en est de même des σινδόνες, qui, dans ces mêmes papyrus, sont toujours distingués des ὀθόνια, et quelquefois suivis d'une évaluation, mais sans indication de la grandeur.

Au reste, il sera maintenant nécessaire de reprendre et de discuter tous les textes relatifs au byssus, en partant du fait curieux constaté récemment par les savants cités plus haut; mais cette discussion ne pourrait trouver place ici.

La suite montre que τὰ ἐγλελειμμένα désigne, non, *en général,* ce qui *a été négligé,* mais tout droit, au profit des temples, dont on avait négligé la perception.

Ligne 19. — (39) Hermès, le *grand et grand,* c'est-à-dire *deux fois grand.* Cette épithète est rendue, dans l'égyptien, par le signe *grand* répété deux fois, ce que Champollion regarde comme une expression du superlatif, μέγιστος[a]. Il est remarquable que l'épithète sacramentelle (τρισμέγιστος) d'Hermès ne se montre pas ici. Le superlatif, exprimé par l'objet répété *trois* fois, a été également observé par Champollion dans le langage hiéroglyphique[b]. On trouve aussi le nom d'Hermès avec le signe de *grand* répété trois fois[c], ce qu'on aurait rendu en grec par μέγιστος ou par μέγας καὶ μέγας καὶ μέγας; et c'est ainsi que j'explique le *Hermes omnia solus et ter unus* de Martial[d].

Cette espèce de superlatif existe, en grec, dans le langage poétique: car les adjectifs τρισγέρων, τρισδύστηνος, τρισάθλιος, τρίσμακαρ, τριπάλαιος, τριπόθητος, etc., ne sont rien que des superlatifs, comme le *ter felix* d'Ovide[e].

Mais Champollion ne cite aucun exemple de cet autre superlatif, que j'appellerais *à la seconde puissance,* où l'idée de *trois fois* est ajoutée à la première idée de *trois,* tel que τρισμέγιστος, *trois fois trois fois* (*neuf* fois) grand. En grec même, on ne connaît guère que cet adjectif dans ce cas, et τρισέχθιστος[f]: le premier, proprement appliqué

---

[a] *Gramm. égypt.* p. 331. — [b] *Ibid.* p. 332. — [c] *Panth. égypt.* pl. XV, n° 3. — [d] *Epigr.* V, 25, 15. — [e] *Metam.* VIII, 51. — [f] Phrynichus, dans Bekker, *Anecd. græc.* I, 65, 12.

à *Hermès*, et, par extension, à un nom différent, comme ἡ τρισμεγίστη τῶν καιρῶν εὐδαιμονία[a]. C'est là, je crois, le plus ancien exemple connu de l'emploi de l'adjectif τρισμέγιστος, qui ne se présente ensuite que bien tard et rarement, par exemple dans Nicétas Eugénianus[b] et Constantin Manassès[c]. Cet adjectif, comme épithète d'Hermès, ne se rencontre que dans le fragment attribué à Sanchoniaton (au plus tôt fabriqué dans le II[e] siècle de notre ère), Ἑρμῇ τῷ τρισμεγίστῳ[d]; dans la lettre prétendue de Manéthon à Ptolémée Philadelphe, qui n'a pu être écrite avant le III[e] siècle de notre ère[e], et probablement à la même époque que la plupart des traités mis sous le nom d'Hermès, où le titre τρισμέγιστος se trouve souvent, ainsi que dans Lactance (IV[e] siècle), *Trismegisto nomen imponeret*[f], et d'autres auteurs plus récents.

Que cette différence, entre *deux fois* et *trois fois grand* ou *trois fois très-grand*, tienne à ce qu'il y ait eu *deux Hermès* (on pourrait dire aussi bien *trois*), c'est ce dont je doute fort, l'existence d'un second *Hermès* ou *Thoth*, admise par Jablonsky[g] et Champollion[h], n'étant établie que sur l'autorité suspecte du faux Manéthon. Les monuments que l'on cite en faveur de cette dualité ne fournissent, comme pour *Isis, Osiris, Athor, Ammon*, etc., que des formes ou des attributs qui expriment les fonctions différentes d'une même divinité.

Sans entrer dans des développements et des preuves qui m'entraîneraient trop loin, je me contente ici d'avoir montré que l'usage de l'épithète τρισμέγιστος est, selon toute apparence, d'une époque récente. Il est probable qu'on ne la connaissait pas lors de la rédaction du décret des prêtres de Memphis, car elle aurait été employée de préférence à celle de μέγας καὶ μέγας, qui est infiniment plus faible; ce devait être alors l'épithète consacrée. Pour moi, je pense que les doubles superlatifs, dont Champollion n'a jamais trouvé d'exemples,

---

[a] *Édit de Tibère Alexandre*, l. 5; voy. le *Journal des Savants*, ann. 1822, p. 674. — [b] Lib. V, v. 280, ed. Boisson. — [c] *Chron.* p. 25. — [d] Ap. Euseb. *Præp. Evang.* I, p. 36, D. — [e] Ap. Syncell. *Chronogr.* p. 40, ed. Paris. — [f] *De Falsa relig.* I, 6, p. 42, ed. Walch. — [g] *Panth. Æg.* III, 15, 18. — [h] *Panth. Ég.* pl. XV et XXX.

tels que τρισμέγιστος, sont étrangers à la langue sacrée égyptienne. On conçoit difficilement comment ils auraient été exprimés en hiéroglyphes, le superlatif simple l'étant déjà par l'idée de *grand* répétée *trois* fois. C'est une exagération à laquelle la langue grecque se prêtait, au contraire, très-facilement, et qui ne se trouvera peut-être jamais qu'en grec. Au reste, ce n'est là qu'une conjecture : ce qui me paraît moins incertain, c'est qu'Hermès n'était pas encore *Trismégiste* au temps d'Épiphane.

Lignes 19, 20. — (40) ....τοὺς καταπορευομένους — κατελθόντας; ces deux participes se rapportent à la même idée, celle d'*émigrés rentrés*. Le premier, au présent, donne l'idée générale de gens *rentrés au pays;* et le second, à l'aoriste, exprime l'idée particulière relative aux biens; on aurait pu la rendre ainsi : κατελθόντας εἰς τὰς ἰδίας κτήσεις, μένειν ἐπ' αὐτῶν [1].

(41) Villoison remarque l'espèce de réserve que l'on garde ici dans l'expression ἀλλότρια φρονήσαντες, et, l. 23, ἀλλοτριότης. J'observe que ἀλλότρια φρονεῖν ne signifie pas seulement *avoir des sentiments hostiles* (ce ne serait que la moitié de l'expression), mais encore les *manifester :* et, en effet, l'expression s'applique à des hommes auxquels leur conduite avait valu le bannissement.

(42) Ce passage important est un de ceux qui n'ont point été compris. D'abord, l'article τήν devant ταραχήν, mis d'une manière absolue, nous indique qu'on a voulu désigner *certains troubles*, à l'exclusion d'autres. On disait οἱ κατὰ τὴν ταραχὴν καιροί, comme nous disons, *à l'époque de la révolution*. Ce sont de ces termes qui, bien que vagues en eux-mêmes, ont, pour les contemporains, un sens précis et déterminé.

Quels événements sont désignés ainsi? Tout le monde a cru[a] qu'il s'agit de la *révolte* dont il va être question aux l. 22 et suiv., de celle

[a] Drumann, p. 174, 175.

[1] M. Lenormant croit que ma traduction présente une nuance qui n'est pas parfaitement exacte; je pense, à mon tour, qu'il n'a pas bien saisi lui-même la différence qui résulte du présent καταπορευομένους et de l'aoriste κατελθόντας.

qui a été suivie de l'occupation et du siége de Lycopolis. Mais comment aurait-on interverti à ce point l'ordre des faits? Pourquoi parler du retour des *exilés* avant d'avoir dit un mot de l'événement qui avait causé leur exil? Sans nul doute, les prêtres veulent parler d'un événement antérieur. En effet, le grand papyrus de Turin fait mention du *trouble*, ἡ ταραχή, qui eut lieu sous Épiphane, dans la partie de l'Égypte au-dessus de Thèbes, et qu'un des deux avocats indique en ces termes : « (l'adversaire convient) que son père s'est rendu, « avec d'autres soldats de Diospolis, dans la partie supérieure, lors « *du trouble* survenu sous le règne du père des rois (Philométor et « Évergète), le dieu Épiphane; » τὸν ἑαυτοῦ πατέρα μετῆλθαι ἐκ τῆς Διοσπόλεως μεθ' ἑτέρων στρατιωτῶν εἰς τοὺς ἄνω τόπους ἐν τῇ γενομένῃ ΤΑΡΑΧΗΙ ἐπὶ τοῦ πατρὸς τῶν βασιλέων, θεοῦ Ἐπιφανοῦς [a]. Le *calcul des temps* (ἀναλογιζομένων τῶν χρόνων), que fait l'avocat, prouve que ce ταραχή avait eu lieu, ou du moins s'était terminé, l'an 1er du règne d'Épiphane; car il compte 88 ans entre cet événement et l'époque où il parle (à savoir les 24 ans d'Épiphane, les 35 de Philométor et les 29 d'Évergète): d'où il résulte nécessairement que le *trouble* avait commencé sous le règne de Philopator, puisqu'il se termine la première année de son fils Épiphane. On a soupçonné que l'avocat recule un peu trop l'événement; je ne vois pas de raison pour s'écarter d'un témoignage aussi précis. Que ces troubles eussent commencé sous Philopator, c'est ce dont il n'est pas possible de douter, puisque, à la ligne 27 de notre décret, il est parlé des *chefs* de ceux qui s'étaient révoltés sous le règne de son père, τῶν ἀποστάντων ἐπὶ τοῦ ἑαυτοῦ πατρός, et dont la punition exemplaire eut lieu à l'époque de son couronnement.

On voit donc que les troubles, commencés sous Philopator, furent apaisés, et les coupables punis, la première année d'Épiphane; ce fut l'un des premiers actes de son règne.

La punition ne fut pas la même pour tous ceux qui avaient pris part à la révolte.

Les simples particuliers furent bannis, tant les *gens de guerre*,

[a] *Pap. Taurin.* I, col. 5, l. 27-29.

XXV. INSCRIPTION DE ROSETTE.

μάχιμοι, que les autres (οἱ ἄλλοι). Après un temps qui n'est pas indiqué, ils furent rappelés (καταπορευόμενοι) et rentrèrent dans leurs biens, dont on leur garantit la possession (μένειν ἐπὶ τῶν ἰδίων κτήσεων).

Mais ceux qui s'étaient mis à leur tête et les avaient entraînés ne furent point relâchés; on les garda en prison, et leur punition définitive fut remise au moment où le roi se fit couronner à Memphis : πάντας ἐκόλασεν καθηκόντως, καθ' ὃν καιρὸν κ. τ. λ. (l. 28).

Il y a donc entre tous ces faits une liaison évidente; le papyrus et le décret s'expliquent l'un par l'autre. Lors de la rédaction de celui-ci, l'événement était si voisin, que tout le monde entendait, sans plus d'explication, le mot ἡ ταραχή, *le trouble;* mais, lors du procès exposé dans le papyrus, environ quatre-vingts ans après, il était nécessaire que l'on expliquât le mot pour éviter toute équivoque, d'autant plus que, sous le règne du prince qui régnait alors, il y avait eu aussi des *troubles*[a] (ἐν τοῖς τῆς ταραχῆς χρόνοις), avec lesquels on aurait pu confondre ceux dont parle l'avocat.

Ainsi, en combinant ces témoignages, on connaît, à la fois, la *nature* et le *théâtre* de l'événement.

L'un nous apprend qu'il s'est passé dans le pays au-dessus de Diospolis (εἰς τοὺς ἄνω τόπους), par conséquent tout près de la frontière de l'Égypte. C'était probablement une de ces révoltes auxquelles prenaient part les *corps de troupes*, δυνάμεις, stationnés dans cette région extrême. En effet, le papyrus parle des *soldats* qui y prirent part, et le décret, des μάχιμοι, *gens de guerre*, qui furent bannis à la suite de l'événement.

(43) Προενοήθη δὲ καί. L'ordre chronologique est bien suivi. Après avoir fait mention de ces troubles, qui furent apaisés la première année du règne d'Épiphane, le décret arrive à un événement postérieur de trois ou quatre ans à la guerre d'Antiochus contre l'Égypte, et d'Épiphane contre la Syrie. Scopas, en 200 avant J. C., marcha à la tête d'une armée, et soumit toute la Judée[b] pendant

---

[a] *Pap. of the Brit. Mus.* II, l. 5. — [b] Polyb. ap. Jos. A. J. XII, 3, 3.

l'hiver de cette année. L'année suivante, Antiochus reprit sa revanche : il battit Scopas à Panium, et recouvra la Syrie [a].

C'est cette guerre, dont le théâtre fut *hors* de l'Égypte, que désigne l'expression ἐξαποσταλῶσιν, qui s'entend d'envois au *dehors*, et τοὺς ἐπελθόντας ἐπὶ τ. Αἴγ., qui annonce que les ennemis se sont avancés *contre* l'Égypte, mais non pas qu'ils y sont entrés. Antiochus, en effet, à la suite de sa victoire sur Scopas, n'avait point dépassé Gaza. Je fais cette remarque pour montrer quelle propriété d'expression distingue, en général, la rédaction du décret.

Lignes 21, 22. — (44) Παραγενόμενος εἰς. Ce verbe ne signifie pas *s'approcher.* C'est encore le mot propre dans le style alexandrin, aussi bien que ἐπιβάλλειν ou παραβάλλειν, pour dire se *transporter dans un lieu;* on le retrouve plus bas (l. 27 et 28). Aux exemples cités par M. Drumann [b] on peut joindre l'inscription de Busiris [c], celle des Sigéens [d] et plusieurs passages des papyrus grecs.

(45) L'article τὴν (ἐν τῷ B) indique assez qu'il y avait plusieurs *Lycopolis.* Les géographes anciens en comptent deux : celle de la haute Égypte, à présent Syout, et celle du Delta, placée par Étienne de Byzance dans le nome et près de la branche *Sébennytique,* nome limitrophe du *Busirite.* Cette différence ne nous oblige point à supposer l'existence d'une troisième *Lycopolis* [1]; elle est seulement une preuve que des changements sont quelquefois survenus dans la circonscription des nomes. J'en ai cité ailleurs des exemples [e].

(46) Κατειλημμένη. Ce mot indique que Lycopolis ne s'était pas révoltée d'elle-même, mais que les rebelles s'étaient *emparés* de cette ville, en en chassant les autorités royales et les habitants [f]. Une fois maîtres de la place, ils s'y étaient fortifiés, ils y avaient réuni toutes les munitions nécessaires; et, comme la révolte *durait depuis très-*

---

[a] Polyb. ap. Jos. A. J. XII, 3, 3. Cf. Champ.-Fig. Ann. des Lag. II, p. 97-99. — [b] P. 176. — [c] L. 28; Recherches pour servir à l'hist. de l'Égypte, p. 392. — [d] L. 12; ap. Chishull, Antiq. Asiat. p. 51. — [e] Trad. française de Strabon, t. V, p. 364 et 376; Rech. pour servir à l'hist. de l'Égypte, p. 84. — [f] Henr. Steph. Thes. gr. ling. t. IV, p. 1116 D, ed. Didot.

[1] M. Lenormant, en dernier lieu, admet aussi *trois* Lycopolis; mais il me paraît impossible d'en trouver plus de *deux* en Égypte.

XXV. INSCRIPTION DE ROSETTE. 289

longtemps, ils avaient eu tout le loisir de faire les préparatifs nécessaires.

Ce membre de phrase, ἐκ πολλοῦ χρόνου συνεστηκυίας τῆς ἀλλοτριότητος, a une importance chronologique. En l'an VIII il y avait déjà *très-longtemps* que la révolte durait; ce *très-longtemps*, ἐκ πολλοῦ χρόνου, s'entend au moins de quatre ou cinq ans. Épiphane ou ses tuteurs y avaient mis de la longanimité; mais, sans doute, ils ne pouvaient faire autrement. Les rebelles avaient profité des embarras de la guerre de Syrie (vers 202), espérant l'emporter à la faveur de cette diversion puissante. Ce ne fut que cinq ou six ans après, que le gouvernement égyptien put songer sérieusement à étouffer ce foyer d'insurrection.

Ligne 23. — (47) Le composé simple συναχθεῖσιν aurait pu suffire comme ci-dessus (l. 8); mais, en employant le composé double ἐπισυναχθεῖσιν, on a voulu ajouter à l'idée, et faire entendre que le rassemblement avait été successif, et s'était grossi, de jour en jour, de nouveaux arrivants.

Le terme ἀσεβεῖς s'explique par ce qui suit: assurément des gens qui n'avaient pas respecté les temples ne pouvaient être que des *impies*.

(48) Τὴν ἀνάβασιν μεγάλην ποιησ. Il est probable que le graveur a oublié de répéter l'article devant μεγάλην; cependant on a pu s'en passer, μεγάλην étant pris comme qualificatif. L'inondation était ou trop *faible* (ἐλάττων), ou *moyenne* (μέση), ce qu'on appelait aussi δικαία (ἀνάβασις), *justum incrementum*[a]; ou enfin *grande* (μεγάλη, μείζων), c'est-à-dire atteignant la mesure nécessaire pour une excellente récolte[b]. Si l'on avait voulu parler d'une inondation ordinaire, on aurait dit simplement τὴν ἀνάβ. ποιησ. On veut dire que le Nil, habitué à inonder les terres (εἰθισμένου κατακλ. κ. τ. λ.), avait eu, cette année, sa *grande* crue.

Ligne 24.— (49) La *huitième année.* Cette date, jointe à la circonstance de l'inondation, donne l'époque de la prise de cette ville, qui eut lieu dans le cours de l'été de l'an 197[c].

---

[a] *Recherches pour servir à l'histoire de l'Égypte*, p. 396. — [b] Strab. XVII, p. 787, 788. — [c] Voyez le tableau, p. 266.

La contradiction qu'on trouvait entre notre inscription et Polybe, d'où l'on concluait contre l'authenticité du monument, n'existe réellement point. On avait cru que cet historien plaçait le siège de Lycopolis à la vingt-cinquième année d'Épiphane, ou dix-huit années plus tard. M. Champollion-Figeac [a] a très-justement remarqué que cette date de la vingt-cinquième année, dans Polybe [b], se rapporte à un événement postérieur au siège de Lycopolis [c].

Ligne 25. — (5o) Ce que le rédacteur appelle ποταμοί, *fleuves*, doit être, tant les *canaux* creusés de main d'homme, les ὀρυχθέντες ποταμοί de l'inscription d'Adulis [d], spécialement désignés par le mot διώρυγες, que les embranchements naturels qui se remplissaient d'eau lors de l'inondation. On trouve déjà le même sens dans Hérodote [e]; la version grecque d'Ézéchiel le présente également [f], ainsi que les papyrus grecs [g]. Strabon donne aussi le nom de ποταμός au canal dérivé à Héliopolis [h]; celui qui portait à Arsinoé par les *lacs amers* s'appelait Ποταμὸς Πτολεμαϊκός, et, en latin, *Amnis Ptolemæus* [i].

(51) Je ne crois pas qu'on ait bien compris les opérations de Ptolémée Épiphane détaillées dans ce passage. Voici, je pense, en quoi elles ont consisté : le roi avait mis le siège devant la ville (ἀντικαθίσας) assez longtemps avant l'époque de la crue pour espérer de prendre la ville avant que l'inondation vînt troubler ses opérations. En conséquence, il l'avait entourée d'une circonvallation, περιτειχισμός, formée, selon l'usage grec, de *fossés* (τάφροις), avec leur talus intérieur (χώμασι), et d'un *contre-mur,* désigné ici par le mot τείχεσι. Mais le siège fut plus long qu'on ne l'avait pensé ; l'inondation allait survenir. Pour parer aux inconvénients qui devaient en résulter, le roi s'occupa de retenir (κατέσχεν) le fleuve, en fermant les bouches des canaux par des digues qui empêchassent les eaux de pénétrer dans le camp, lequel, placé au-dessous du niveau de l'inondation, s'en trouvait cependant préservé, formant une espèce

---

[a] *Ann. des Lagides*, t. II, p. 105-110. — [b] XXXIII, 16, 1. — [c] Voy. la note 52, p. 291. — [d] Ap. Chishull, *Antiq. asiat.* p. 80. — [e] II, 93, init. — [f] XXX, 12. — [g] Peyron, I, p. 90. — [h] XVII, p. 886. — [i] Diod. I, 33, fin.; Plin. VI, 33; plus haut, p. 193.

XXV. INSCRIPTION DE ROSETTE.

de polder. Mais, comme les assiégés ou leurs partisans n'auraient pas manqué de couper les digues, il les fit garder par des corps de cavalerie et d'infanterie. De cette manière, le siége put continuer. La ville fut prise d'assaut (κατὰ κράτος) en peu de temps (ἐν ὀλίγῳ χρόνῳ), c'est-à-dire peu après l'exécution de ces travaux.

(52) Polybe rapporte une circonstance peu honorable pour le roi, que les rédacteurs du décret, par une réserve prudente, ont passée sous silence. Il nous apprend[a] que, lorsque Épiphane vint mettre le siége devant Lycopolis, ceux qu'il appelle δυνάσται τῶν Αἰγυπτίων, *chefs des Égyptiens* (probablement les *chefs politiques* des nomes), qui s'étaient révoltés contre le roi, effrayés de cette démarche vigoureuse, vinrent se remettre en ses mains, se confiant à sa bonne foi, ἔδωκαν σφᾶς αὐτοὺς εἰς τὴν βασιλέως πίστιν. Celui-ci les traita fort mal; ce qui l'exposa à beaucoup de *dangers* par la suite (οἷς κακῶς ἐχρήσατο, καὶ εἰς κινδύνους πολλοὺς ἐνέπεσεν). L'inscription ne dit rien de cela; on n'y fait mention que du siége même et de la prise d'assaut de la ville, dont la garnison tout entière fut passée au fil de l'épée.

Les *dangers* dont parle Polybe, comme étant une suite de la cruauté ou du manque de foi d'Épiphane, se présentèrent plus tard. Quelques-uns des *dynastes*, épargnés par le roi (οἵπερ ἦσαν ἔτι διασωζόμενοι), Athinis, Pausiras et Chésouphos (noms égyptiens), se révoltèrent encore quelques années après. Polycrate en vint à bout (τοὺς ἀποστάντας ἐχειρώσατο); ils furent obligés de se rendre, et de se confier, comme précédemment les autres, à la bonne foi d'Épiphane, qui n'y resta pas plus fidèle, puisque, en dépit de ses promesses, il fit écarteler ces chefs (καὶ δήσας τοὺς ἀνθρώπους γυμνοὺς ταῖς ἁμάξαις εἷλκε).

Ce dernier fait se passait bien longtemps après le siége de Lycopolis, Épiphane ayant alors vingt-cinq ans (en 184 avant J. C.).

Ligne 26. — (53) Ce rapprochement entre les exploits d'Épiphane et d'Horus, *dans les mêmes lieux*, c'est-à-dire dans le *Delta*, est tout à fait remarquable. On est tenté d'y voir une allusion à l'antique

---
[a] XXI, 19, 1, ed. Didot.

292   ACTES SACERDOTAUX.

guerre, si célèbre dans les annales égyptiennes, contre les *pasteurs*, qui possédèrent, pendant plus de deux cents ans, la région inférieure du Delta, ayant pour place d'armes *Avaris*, comme les ennemis d'Épiphane, *Lycopolis*. Les prêtres ont-ils donné, à dessein, une couleur *mythique* à un événement de l'histoire? Je croirais plutôt qu'ils se reportent à une lutte antérieure entre les Égyptiens et quelque peuple conquérant, à une invasion plus reculée, dont le souvenir

se perpétuait dans cette image de captifs, les mains liées derrière le dos, que l'on représentait sous la semelle des sandales. Cette espèce de type de l'*étranger ennemi* se retrouvant dans les sculptures d'El-Tell, antérieures à l'époque des pasteurs, doit, en effet, remonter à une invasion plus ancienne [a].

Sans l'usage constant d'employer καθάπερ et la comparaison qu'il annonce au second terme, j'aurais peut-être rapporté ce membre de phrase à ce qui suit, et non à ce qui précède; d'autant plus qu'il manque une copulative au deuxième membre, τοὺς ἀφηγησ. au lieu de τούς τ' ἀφ., ou τοὺς δὲ ἀφηγ. Je ne changerai donc rien à la ponctuation admise, et le sens restera le même. Le rédacteur aura oublié un τε, comme l. 10 : je l'ai suppléé dans les deux cas.

Hermès et Horus avaient soumis (ἐχειρώσαντο) ceux qui *s'étaient révoltés auparavant*, τοὺς ἀποστάντας πρότερον (et, par *auparavant*, il faut entendre *du temps d'Osiris*, père d'Horus), de même qu'Épiphane avait soumis ceux qui s'étaient révoltés *sous son père*, τῶν ἀποστάντων ἐπὶ τοῦ ἑαυτοῦ πατρός. Il y a parité entre les actions; aussi est-il dit d'Horus qu'il a vengé son père, ἐπαμύνας τῷ πατρί (l. 10), et d'Épiphane qu'il est venu à Memphis pour venger son père, ἐπαμυνῶν (non ἐπαμύνων) τῷ πατρί.

Καθάπερ Ἑρμῆς καὶ Ὧρος. Selon Champollion, l'égyptien porte *comme Horus et Hermès*; c'est une faute, puisque le complément, *fils d'Isis et d'Osiris*, appartient à Horus et non pas à Hermès. Il est fort

---

[a] Voy. L'Hôte, *Lettres écrites d'Égypte*, p. 70.

XXV. INSCRIPTION DE ROSETTE.

douteux que le rédacteur grec se fût aperçu de cette erreur; et, s'il l'avait trouvée dans l'original, il l'aurait reproduite. C'est un nouvel indice que la rédaction grecque est la première. Le scribe égyptien aura fait encore ici un *lapsus*.

Ligne 27. — (54) Je crois apercevoir une nuance assez délicate dans cette expression : τοὺς ἀφηγησαμένους τῶν ἀποστάντων; on pouvait les appeler τοὺς ἡγεμόνας, *les chefs*, mais c'était leur faire trop d'honneur. Ἀφηγεῖσθαι se trouve dans le style de Polybe et des Septante.

(55) La lacune de six lettres E......ΑΝΤΑΣ a été diversement remplie. Ameilhon lit ἐ[πιφθέρ]αντας, mot impropre, d'ailleurs inconnu; Heyne, ἐ[πιθρέξ]αντας; d'autres, ἐ[κπέρσ]αντας ou ἐ[πιπιέσ]αντας, verbes exclusivement poétiques, qui n'ont pu se trouver ici. Le supplément ἐ[ρημώσ]αντας de Porson serait préférable si le sens n'était trop fort, et s'il ne fallait ici un verbe d'une signification vague, comme celle de ἀδικήσαντας qui suit. La vraie leçon me paraît être ἐ[νοχλήσ]αντας, dont le sens cadre parfaitement avec l'expression adoucie ἀδικήσαντας. Le verbe ἐνοχλεῖν, *molestare*, se dit des choses comme des personnes; cet exemple suffira : ἠνώχλουν τὰς πόλεις τὰς ἐν Πελοποννήσῳ [a].

J'ai conservé le sens *général* de ἀδικεῖν; mais il s'agit vraisemblablement du *pillage,* ou, tout au moins, de la mise à contribution des temples. Outre les objets précieux qu'on y conservait pour l'usage du culte, ils contenaient aussi des dépôts d'argent, que les particuliers croyaient là beaucoup plus en sûreté. Quelques-uns y tenaient en réserve leurs économies : c'étaient des espèces de *caisses d'épargne*[b].

Ligne 28. — (56) Καθηκόντως est ici, à la lettre, notre *comme il faut*. Καθηκόντως ἐκόλασεν, il les punit *comme il faut,* comme ils le méritaient.

Ligne 29. — (57) Ἕως τοῦ ὀγδόου ἔτους. On ne voit pas de raison pour qu'Épiphane ait exempté les prêtres de payer ce qu'ils redevaient antérieurement, jusqu'au commencement de la *huitième année;* mais on comprend très-bien qu'il ait pris pour terme la fin de cette année ou le commencement de la neuvième, qui marquait celle de son couronnement. Je pense donc que ἕως τ. ὀ. ἔ. signifie *jusques*

---
[a] Isocrat. *ad Philipp.* § 21, Cor. — [b] Voy. mon Commentaire sur les papyrus de Memphis.

et compris la huitième année : on sait que ἕως, comme μέχρι, et, en latin, *usque ad,* comprend souvent le terme qui suit, avec notre sens de *jusques à..... et inclusivement.*

(58) Ὡσαύτως δὲ καί. Autres remises. Le roi ne s'est pas contenté de réduire des deux *tiers* la quantité des toiles de byssus que les temples devaient fournir au fisc (l. 17 et 18), réduction qui ne comptait que pour l'*avenir;* mais encore, pour le *passé,* il a fait deux remises : 1° du *prix* (τιμαί) de celles qui n'avaient pu être payées avant la même époque, c'est-à-dire avant la neuvième année de son couronnement; 2° quant à celles qui avaient été payées, il a remis ce que l'on appelle ici τὰ πρὸς τὸν δειγματισμὸν διάφορα, et qui n'avait pas été compris d'Ameilhon. L'analogie indique assez clairement que δειγματισμός exprime l'opération de *vérifier* si les toiles fournies ont la qualité et la grandeur requises, et sont conformes à l'étalon[a]. Les mots τὰ διάφορα, où l'on a voulu trouver l'idée de *différence,* qu'ils ont très-souvent, ne signifient rien autre chose que ἀνάλωμα, *impensa,* et correspondent au τιμαί du premier membre. Ce sens de διάφορον, et, surtout, du pluriel διάφορα, est fréquent dans le style alexandrin. Aux exemples du pluriel cités dans la nouvelle édition du Trésor d'Henri Estienne, d'après Polybe, Denys d'Halicarnasse ou les Septante[b], il faut ajouter, outre ce passage de notre inscription, celui-ci du Pseudo-Aristéas, qui offre la même construction : Ἐχρηματίσθη πολλὰ διάφορα πρὸς τὸ συναγαγεῖν, εἰ δυνατόν, ἅπαντα τὰ κατὰ τὴν οἰκουμένην βιβλία[c]; et cet autre, d'une inscription mutilée de Mylasa : Τὰ διάφορα εἰς τὴν τῶν προγεγραμμένων ἔργων κατασκευήν[d].

Il ressort de là un fait assez curieux : c'est que les *toiles,* avant livraison, étaient soumises à une *vérification,* dont on mettait la dépense à la charge des fournisseurs. Ainsi elles arrivaient sans aucuns frais au trésor : en d'autres termes, les frais de perception restaient à la charge des contribuables.

Ligne 30. — (59) La lacune de *six* ou *sept* lettres a été remplie

---

[a] Drumann, p. 181, 182. — [b] T. II, p. 1387, D, ed. Didot. — [c] P. 233, ed. Vandal. — [d] Ap. Pocock. *Inscr. Antiq.* VIII, n° 7.

XXV. INSCRIPTION DE ROSETTE.

par Heyne et Porson au moyen de Λ[ΕΛΕΙΜ]ΜΕΝΗΣ; mais l'égyptien s'oppose à cette restitution : il porte, selon Champollion : *Le roi a ordonné, concernant les droits d'une artabe par aroure de terres appartenant aux dieux, ainsi que celui de l'amphore par aroure de vignobles dus aux dieux, qu'on en fît la remise.* Il ne s'agit pas seulement de la *remise* de l'artabe *non payée* ou *arriérée*, mais de la *suppression* absolue du droit. Il y avait donc, dans le grec, un autre mot que λελειμμένης; et, comme la lettre initiale peut être aussi bien un A qu'un Λ, j'ai lu Α[ΠΟΤΕΤΑΓ]ΜΕΝΗΣ, qui rend justement l'idée de l'égyptien.

Ameilhon trouve ici la tournure embarrassée; il semble, en effet, que la construction la plus naturelle serait : [ἀπέλυσε] καὶ — τοῦ κεραμίου τῇ ἀρούρᾳ τῆς ἀμπελίτιδος γῆς. Dans tous les cas, comme τῆς ἀμπελίτιδος γῆς dépend de τῇ ἀρούρᾳ, il ne faut pas mettre, comme Porson, un δέ après ὁμοίως, ce qui rompt inutilement la phrase. Cependant le changement du génitif s'explique bien par l'ellipse de κατά devant τὸ κεράμιον. Les mots τῆς ἱερᾶς γῆς appelaient καὶ τῆς ἀμπελίτιδος; et il était plus élégant de continuer par un accusatif absolu que d'attacher encore un génitif à ἀπέλυσεν. Je ne traduis pas κεράμιον par *amphore*, parce que ce dernier mot présente une idée de plus que κεράμιον, et peut-être même étrangère à celle que les prêtres veulent exprimer. Que κεράμιον soit une *mesure* de *liquides,* comme *artabe* une mesure de solides, cela est certain; que, dans plusieurs textes de l'époque romaine, κεράμιον soit employé comme un synonyme d'amphore, cela n'est pas non plus douteux; mais ici le rédacteur a-t-il voulu exprimer une mesure identique avec l'*amphore* grecque? C'est peu probable. A coup sûr, le mot κεράμιον représente une mesure égyptienne dont la capacité était bien connue de ceux qui employaient le mot; à peu près comme les termes vagues *pot* et *bouteille*, dont le sens propre est celui d'une sorte de vase, mais qui se prennent aussi comme l'expression d'une mesure : « de la bière à 30 centimes le *pot*, la *bouteille*. » Dans cette incertitude, j'ai conservé le mot *kéramion* sans le traduire.

Ligne 31. — (60) Les prêtres distinguent par leur nom les taureaux *Apis* et *Mnévis;* les autres animaux sacrés, ils ne les désignent que vaguement par les expressions καὶ τοῖς ἄλλοις ἱεροῖς ζῴοις, τοῖς ἐν Αἰγύπτῳ. Le décret confirme le témoignage de tous les auteurs anciens, qui mettent au premier rang des animaux sacrés, en Égypte, les taureaux *Apis* et *Mnévis*. Ils nomment tous *Apis* le premier et *Mnévis* le second, excepté, pourtant, Ammien Marcellin[a]. Tous s'accordent également à dire que le culte du premier avait son siége à Memphis, celui du second, à Héliopolis[b]; ils étaient consacrés, l'un à la lune (*Isis*), l'autre au soleil (*Osiris*), quoique, selon Diodore de Sicile, on les considérât tous deux comme consacrés à Osiris[c]. Cet auteur dit également que leur culte n'était pas limité à ces deux villes, mais qu'il s'étendait à toute l'Égypte, ce qui est confirmé par une inscription de Senskis, près des mines d'émeraude. Partout, sans doute, ils étaient représentés par des animaux vivants. En deux endroits au moins, ces taureaux sacrés étaient adorés sous d'autres noms : ainsi, à Hermonthis, on célébrait le culte du taureau appelé *Bacis* ou *Pacis*[d], dont la légende hiéroglyphique, selon sir Gardner Wilkinson[e], donne *Bash* ou *Bach*. Selon Élien[f], un autre taureau (*Onuphis*) était nourri dans un lieu dont il n'a pas voulu dire le nom parce qu'il était trop dur à l'oreille [1]. Ce nom d'*Onuphis* paraît bien être, comme le pense sir Gardner Wilkinson, le même que celui d'*Omphis*, qui, selon Plutarque, était un de ceux d'Osiris[g].

Il y avait, à Memphis même, outre *Apis*, un taureau *Mnévis*, dont on célébrait aussi le *deuil* à sa mort; car j'ai trouvé, dans un papyrus (appartenant à M. l'abbé Greppo), un état des dépenses faites par les Didymes (prêtresses renfermées dans le Sérapiéum) pour le deuil de Mnévis : τὸ ἀνάλωμα τῶν Διδυμῶν τοῦ πένθους τοῦ Μνήγειος (pour Μνήειος ou Μνευΐος). Un papyrus de Leyde[h] contient les pétitions

---

[a] Amm. Marc. XXII, 14, 7. — [b] Voy. les textes dans Jablonski, *Panth. Ægypt.* IV, c. 2 et 4. — [c] I, 21. — [d] *Hist. Anim.* XII, 11. — [e] *Saturn.* 1, 26. — [f] *Manners and customs*, t. V, p. 198. — [g] *De Is. et Osir.* § 42, p. 368. — [h] Dans Reuvens, *Lettres*, III, p. 50 et suiv.

[1] Cette ville ne pourrait être *Hermonthis*, dont le nom, depuis longtemps grécisé, n'avait rien de choquant à l'oreille. Ce taureau *Onuphis* n'était donc pas celui qu'on adorait dans cette ville sous le nom de *Pacis* ou *Bacis*, comme on l'a cru généralement.

XXV. INSCRIPTION DE ROSETTE.

d'un Pétésis, fils de Chénuphis, *archentaphiaste* d'*Osorapis* et d'*Osoramnévis* (ἀρχενταφιασ]ὴς τοῦ Ὀσοράπιος καὶ Ὀσοράμνευος, θεῶν μεγίσ]ων).

Cette addition des syllabes *Osor* et *Osora*, devant les noms d'*Apis* et de *Mnévis*, est un fait aussi nouveau que certain. Dans un autre papyrus de Memphis, relatif aux Didymes, l'homme chargé de soigner *Apis* est appelé ὁ βουκόλος τοῦ Ὀσοράπιος [a], et, dans un autre, il est question de la cérémonie dite ἀναγωγὴ τοῦ Ὀσοράπιος [b]. Ces syllabes se retrouvent ailleurs : par exemple, dans les noms royaux *Osorsen*, *Osor-tasen*, *Osor-kôn*; et le nom divin *Ar-Oéris* (ou *Or-oeris*). Les deux noms propres Ὄηρις et Ὀσορ-όηρις, que donnent des papyrus [c], ne diffèrent que par l'addition de ces trois syllabes; je soupçonne qu'elles rappellent les deux noms divins Ὀσ[ιρις] et Ὡρ[ος]. Ainsi les noms Ὀσόραπις et Ὀσοράμνευις seraient une combinaison des noms d'Apis et de Mnévis avec ceux d'Osiris et de son fils Horus; combinaison d'autant plus naturelle que la liaison religieuse de ces animaux avec la triade d'Isis, d'Osiris et de leur fils Horus, est au nombre des points les moins incertains dans cette profonde obscurité qui enveloppe la religion égyptienne.

(61) Φροντίζων ὑπὲρ τῶν. On pourrait se passer de la préposition ὑπέρ, car le verbe φροντίζειν est ordinairement suivi du génitif sans préposition. Cependant la locution n'est point insolite : on trouve non-seulement φροντίζειν περί τινος dans Démosthène [d], Xénophon [e] et les Septante [f], mais aussi ὑπέρ τινος [g].

Ligne 32. — (62) Ἐνδόξως répond à notre « *noblement, de manière à se faire honneur.* » Cet adverbe complète bien δαψίλως.

(63) Τελισκόμενα, comme συντελούμενα [h], indique les sommes qu'on était convenu de payer pour *le culte particulier de chacun de ces animaux*, ou bien pour les temples qui leur étaient *spécialement* consacrés. Je crois cependant que l'idée de *culte* cadre mieux avec ce qui précède et avec ce qui suit : θυσίαι, πανηγύρεις.

---

[a] *Papyr. Gr. of the Brit. Mus.* XII, 1. 7. — [b] XIV, 22. — [c] Ap. Peyron, II, p. 56. — [d] P. 131, 10. — [e] *Apomn.* I, 4, 17. — [f] Sirach, XLI, 15. — [g] Demosth. p. 9, 13; 526, 25. — [h] Sturz. *De Dial. maced.* p. 197.

Ligne 33. — (64) La remarque de Villoison sur τὰ τίμια, les *droits*, les *priviléges*, les *prérogatives,* est exacte. Selon Champollion, l'égyptien porte aussi *les honneurs appartenant aux temples.* Une inscription de Téos montre en quel sens est pris ce mot; après avoir parlé du *droit d'asile*, ἀσυλία, on ajoute : τά τε ἄλλα τὰ ὑπάρχοντα αὐτοῖς ἔνδοξα καὶ τίμια [a].

Ligne 34. — (65) On voit bien que des gens de Memphis sont les premiers intéressés dans ce décret. Toutes les fois qu'on sort des choses générales et qu'on particularise les bienfaits du roi, c'est une divinité ou un temple de *Memphis* que l'on indique. On dit qu'il a étendu ses bienfaits à *tous les temples* de l'Égypte; mais on n'en nomme pas un seul de Thèbes ou d'aucun autre lieu. L'*Apiéum*, dont on parle ici, me paraît être le temple que, plus tard, les papyrus nomment exclusivement le *Sérapiéum* [b].

(66) On pourrait croire que les *travaux dispendieux* (ἔργα πολυτελῆ) dont Épiphane a embelli l'*Apiéum* consistaient en *propylons* ou autres constructions accessoires, qu'on distingue encore avec les noms des Ptolémées dans quelques-uns des plus anciens édifices de Thèbes.

Dans ce cas, les mots λίθοι πολυτελεῖς ne seraient pas ce que nous appelons des *pierres précieuses,* telles qu'agate, cornaline, jaspe, saphir, rubis, émeraude, diamants, etc.; mais des *matériaux précieux,* tels que marbres divers, granit vert ou rose, basalte, etc.

Mais, outre que le sens naturel des mots conduit à l'idée de *pierres précieuses,* ces mots étant joints à ceux d'*or* et d'*argent,* il ne peut être question que d'*ornements,* non de *construction.* On trouve de même, dans Josèphe : καὶ πρὸς παρασκευὴν δὲ κρατήρων ....ἔπεμψε χρυσοῦ μὲν ὁλκῆς τάλαντα πεντήκοντα, λίθων δὲ πολυτελῶν ἀσυλλόγιστόν τι πλῆθος [c]; dans Callixène : σλέφανος ....χρυσοῦς, λίθοις πολυτελέσι κεκοσμημένος [d]; dans Lucien : ....λίθοις τοῖς πολυτελέσι ἠσκημένος, καὶ χρυσῷ, καὶ γραφαῖς διηνθισμένος [e], ce qu'Hérodien exprime par λίθοις τιμίοις [f], et Clément d'Alexandrie par χρυσῷ καὶ ἀργύρῳ καὶ ἠλέκτρῳ..... καὶ τοῖς ἀπὸ Ἰνδίας καὶ Αἰθιοπίας...... λιθιδίοις [g]. Ces ἔργα πολυτελῆ sont donc la dorure (χρυσω-

---

[a] Ap. Chishull, *Ant. As.* p. 115. — [b] Plus haut, p. 268. — [c] *Ant. Jud.* XII, 2, 5. — [d] Ap. Athen. VI, 202, D. — [e] *Imag.* § 11. — [f] V, 5, 4. — [g] *Pædag.* III, 2, 4.

XXV. INSCRIPTION DE ROSETTE.

σις) de quelques parties du temple, et l'embellissement de quelques chapelles par incrustation de pierres précieuses, d'or et d'argent. Le même sens est dans Strabon : τὰ τῆς σμαράγδου μέταλλα ἐσῆ, καὶ τῶν ἄλλων λίθων πολυτελῶν [a].

(67) Il faut remarquer le choix et la propriété des termes qui expriment tous ces travaux d'Épiphane. ἱδρύσατο est le mot propre, appliqué à βωμός, ναός ou ἱερόν, pour exprimer qu'on a *bâti*, *élevé*, autel, temple ou naos [b]. C'est ce passage qui m'avait conduit à l'idée que les édifices ou parties d'édifices égyptiens, sur lesquels des inscriptions grecques se trouvent, n'expriment pas de simples *dédicaces*; et, conséquemment, que ceux qu'a *élevés* Épiphane étaient de style égyptien [c] : idée confirmée depuis par tant de monuments.

(68) Le roi a *restauré* tout ce qui, dans les anciens édifices, avait besoin de *réparation* : ἐπισκευή peut bien signifier *construction ajoutée*; mais ce mot se dit le plus souvent de *réparations*, sens appelé, d'ailleurs, par προσδιωρθώσατο. Aux exemples cités dans le *Thesaurus gr. ling.* [d], on peut ajouter des phrases semblables à la nôtre : ......εἰς ἐπισκευὴν ὧν ἂν δέηται τὸ ἱερὸν τάλαντα πεντήκοντα [e], et ἐν οἷς ἂν ἐπιφανεσίέραν γίνεσθαι τὴν τοῦ ἱεροῦ ἐπισκευὴν δέοι [f].

Il y a, de plus, dans les deux composés ΠΡΟΣδεόμενα et ΠΡΟΣδιωρθώσατο, l'idée de réparations *antérieures*, auxquelles Épiphane ajouta les siennes : c'est là une nuance délicate, qui exprime que le roi a continué l'œuvre de ses prédécesseurs. J'ai tâché de la rendre par les mots à *son tour* et *encore*.

(69) Le choix de l'adjectif εὐεργετικός n'est pas indifférent. On aurait pu mettre θεοῦ εὐεργέτου, le sens eût été le même; mais il y aurait eu amphibologie : on aurait pu voir là le *dieu Évergète*.

(70) Le supplément de la lacune qui termine la ligne est dû à Porson. Heyne suppléait : ἀνήκο[υσι τὴν] θεῖον διάνοιαν, leçon tout à fait incorrecte, le verbe ἀνήκουσι n'ayant pas son complément nécessaire; d'ailleurs, il faudrait τὴν τοῦ θείου διάνοιαν. La construction est ana-

---

[a] XVII, p. 815, E. — [b] *Thes. gr. ling.* IV, p. 523, B. ed. Didot. — [c] *Journal des Savants*, 1821, p. 454. — [d] T. III, p. 1773, ed. Didot. — [e] Joseph. *Ant Jud.* XII, 2, 6. — [f] *Ibid.* XII, 3, 3.

logue à celles-ci : πρὸς τὸ θεῖον εὐσέβεια [a], ou ἡ πρὸς τὸ θεῖον ὁσιότης, dans un papyrus du Louvre, et, principalement, à cette phrase de la stèle de Turin : τὸ δὲ πάντων πρῶτον καὶ μέγιστον, [ποιησάμενος τὴν πᾶσα]ν ἐπιμέλειαν τῶν εἰς τὸ θεῖον ἀναπεμπομένων.

Ligne 35. — (71) Il y a encore une nuance à remarquer dans ce ΠΡΟΣπυνθανόμενος. Déjà des informations avaient été prises, avant Épiphane, sur l'état des temples; mais le roi en a fait prendre d'autres, à la suite desquelles il a *renouvelé* les plus importants des temples.

(72) L'expression τὰ τῶν ἱερῶν τιμιώτατα ἀνενεοῦτο (par erreur, ἀνανεοῦτο sur la pierre) a été diversement entendue. Ameilhon dit : « *Les choses les plus précieuses* renfermées dans les temples. » La version de M. Drumann donne un sens analogue [b]; Heyne : *Templa præcipuo honore habita* : c'est le seul sens compatible avec le grec, comme τῶν ἵππων οἱ εὐφυέστατοι [c]. Dans l'autre sens, le rédacteur, qui savait très-bien écrire sa langue, aurait dit : τὰ ἐν τοῖς ἱεροῖς τιμιώτατα. Il s'agit donc des *temples*, et non des *choses contenues dans les temples*. Ceci est important d'après la force du mot ἀνανεοῦσθαι, *renouveler*, qui signifie beaucoup plus que *réparer*, et, par exemple, *refaire à neuf* partie ou totalité d'un édifice fort endommagé, ou même menacé de destruction [d].

Il y a, dans l'égyptien : « il a *renouvelé* les *honneurs des temples*, comme il convenait sous son règne. » Cette différence provient de ce que le scribe égyptien n'a pas entendu le grec. En effet, les signes qui représentent les *honneurs des temples* sont les mêmes qui sont exprimés, ligne 33, par τὰ τίμια τῶν ἱερῶν, et, à la fin de la ligne 36, par τὰ ὑπάρχοντα τίμια πάντα τῷ .....Πτολεμαίῳ. Si le rédacteur grec n'avait fait que traduire l'égyptien, il aurait rendu de même la même expression, et n'aurait pas été chercher l'expression si différente τὰ τῶν ἱερῶν τιμιώτατα. C'est donc évidemment celle-ci que le scribe égyptien aura mal comprise et mal rendue, la croyant identique avec l'autre; et, de cette manière, il a dit deux fois la même chose. Cela prouve

---

[a] *Inscr. ap.* Clarke, II, p. 114. — [b] P. 31. — [c] Xenoph. *Apomn.* IV, 1, 3. — [d] Voy. mes *Recherches sur l'Égypte*, p. 67.

encore que le texte grec a précédé l'autre, et que celui-ci est l'œuvre d'un Égyptien qui entendait le grec fort médiocrement. La justesse du supplément τ' ἄλλα ἀγαθ[ὰ πάντα] est, d'ailleurs, justifiée par le texte hiéroglyphique, où se lit : « *et tous les autres biens* [a]. »

Ainsi non-seulement Épiphane a *élevé,* ἱδρύσατο, des temples, mais il a *embelli, réparé* et *refait* de ces édifices. Or les temples d'Ombos, de Philes, d'Edfou, etc., et quelques-uns de Thèbes, presque refaits sous les Ptolémées, notamment le petit temple d'Esculape ou d'Imouth, à Philes, et le propylon ouest de la salle hypostyle, au palais de Carnak, construit par Épiphane [b], prouvent que les termes de notre inscription n'expriment que la vérité.

(73) La circonstance ἐπὶ τῆς ἑαυτοῦ βασιλείας, *sous son règne,* et non *dans son royaume,* comme dit Ameilhon [c], n'est pas, à beaucoup près, oiseuse. Les travaux dont il s'agit ne sont pas de son prédécesseur, ils ont été commencés et achevés sous son règne; à lui seul en appartient le mérite [1].

(74) *La royauté restant,* etc., ce que l'inscription hiéroglyphique exprime ainsi : « L'honneur suprême (étant) établi en lui et *en la race de ses fils* [d]. » Le grec dit seulement : *à lui et à ses enfants :* mais l'idée accessoire de la postérité entière du roi est exprimée par le verbe διαμένειν.

Ligne 36. — (75) Le même vœu existe dans le décret des Sigéens en l'honneur d'Antiochus Sôter : γίνεσθαι τά τε ἄλλα ἀγαθὰ πάντα τῷ βασιλεῖ.....καὶ τὰ πράγματα καὶ τὴν βασιλείαν διαμένειν λαμβάνουσαν ἐπίδοσιν [e].

Ἀγαθῇ τύχῃ· ἔδοξεν κ. τ. λ. Voilà encore la forme grecque toute pure; l'économie du décret ne s'écarte en rien de l'usage grec. Ainsi l'ἀγαθῇ

---

[a] Champ. *Gramm. égypt.* p. 315. — [b] L'Hôte, *Lettres écrites d'Égypte,* p. 205. — [c] Plus haut, p. 273, note 26. — [d] Champoll. *Gramm. égypt.* p. 419. — [e] Ap. Chish. *Ant. asiat.* p. 51 et 52; cf. Drumann, p. 196.

[1] Cette observation résout, je crois, la difficulté du passage. M. Lenormant a senti cette difficulté; il traduit : *à son nom comme roi,* et entend par là *avec le signe officiel de sa royauté, qui consistait dans la réunion des deux cartouches royaux.* Mais on peut affirmer que les mots ἐπὶ τῆς ἑαυτοῦ βασιλείας ne peuvent avoir une telle signification : ils ont le même sens qu'à la ligne 13. Voy. l'observation contenue dans la note 26.

τύχη vient après le *considérant*, qui dépend de ἐπεί ou de ἐπειδή, et précède ἔδοξεν, qui est suivi de tout ce qu'il a plu de faire pour le personnage qu'on veut honorer. A coup sûr, l'ἀγαθῇ τύχῃ n'a rien d'égyptien, et n'était dans aucun des deux textes *hiéroglyphique* et *démotique*. Un translateur grec d'un texte égyptien ne l'aurait pas mis dans sa traduction : nouvel indice que nous avons ici la rédaction originale.

Ici ἡ χώρα désigne *toute l'Égypte;* car on lit dans l'inscription hiéroglyphique : « Appartenant aux prêtres de la partie septentrionale et de la partie méridionale [a]. » Si le rédacteur n'a pas mis, comme ailleurs (l. 46), κατὰ τήν τε ἄνω καὶ τὴν κάτω χώραν, c'est que l'adjectif πάντων, après ἱερῶν, rendait l'expression τὴν χώραν suffisamment claire.

Ligne 37. — (76) L'incise ἠγαπημένῳ ὑπὸ τοῦ Φθᾶ a été omise dans l'égyptien. On conçoit très-bien cette omission d'un traducteur, par l'effet d'une inadvertance; mais ce que l'on conçoit moins, c'est qu'un traducteur ajoute au texte original ce qui n'y est pas : encore une induction en faveur de la priorité du grec.

Lignes 38, 39. — (77) Ce n'est pas sans raison qu'on a employé le composé ἐπαύξειν, *sur-augmenter,* au lieu du simple αὔξειν, dont on s'est servi plus bas (l. 53). Épiphane a augmenté les honneurs qui avaient été rendus déjà aux premiers Ptolémées.

Champollion fait, sur εἰκόνα, une remarque importante : « Le texte
« démotique emploie le *sême* qui a déjà paru ligne 2, là où le grec dit
« encore εἰκόνος, ce qu'on retrouve à la ligne 32, répondant toujours
« au grec τὰς εἰκόνας. Ce mot doit se traduire rigoureusement par
« *image, représentation, portrait* d'un individu, soit peint, soit sculpté
« *en bas-relief.* Lorsqu'il s'agit d'une *statue* proprement dite, les deux
« textes, d'un commun accord, emploient d'autres expressions que
« le mot εἰκών et le sême signifiant *image;* le grec se sert du mot
« ξόανον. Le texte hiéroglyphique vient lui-même à l'appui de cette
« distinction, puisque, là où le démotique et le grec disent *image,* le
« texte sacré présente un groupe hiéroglyphique dont le caractère

[a] Champ. *Gramm. Égypt.* p. 192.

XXV. INSCRIPTION DE ROSETTE.

« dominant est l'image même d'un homme debout, coiffé du *pschent*,
« et costumé comme les rois qui sont si fréquemment représentés
« sur les bas-reliefs décoratifs des temples. Là, au contraire, où le
« grec et le démotique emploient le mot *statue*, le texte hiérogly-
« phique offre la figure d'une statue égyptienne, assise sur un trône,
« les bras étendus sur les cuisses, comme la statue dite de Memnon
« et la plupart des statues des Pharaons qui décorent les façades ex-
« térieures et intérieures des temples.

« Il importe donc de traduire à la rigueur εἰκών par *image*, por-
« *trait*, et ξόανον par *statue*. »

Cette observation, quant au sens de εἰκών (nous reviendrons sur ξόανον à la ligne 41), est confirmée par les circonstances qui accompagnent ce mot, et qui montrent qu'il s'agit, en effet, d'une de ces scènes d'inauguration ou de consécration qu'on voit, en si grand nombre, parmi les anaglyphes des temples de toutes les époques, pharaonique, grecque ou romaine.

Car nous voyons qu'à côté du roi doit être *représentée debout* (παρεσ1ήξεται) la divinité *principale* (ὁ κυριώτατος θεός) du temple. Ameilhon croyait que παρεσ1ήξεται est une faute du rédacteur, au lieu de παρασ1ήσεται; c'est lui qui se trompait: ce mot est un futur moyen de παρίσ1ημι [a]. Aristote, cité par H. Estienne, emploie le simple ἑσ1ήξεται [b]. Lucien emploie aussi la forme παρεσ1ήξῃ [c] (2ᵉ personne), où Paulmier voulait, à tort, lire παρεξεσ1ήσῃ, de παρεξίσ1αμαι. Le sens du verbe, littéralement *adstare*, emporte l'idée que la figure du *dieu* devait être *debout*. Ce dieu est le κυριώτατος θεός, expression qui désigne celui auquel le temple était spécialement consacré [d].

C'est la scène si ordinaire où le roi est représenté debout, assisté d'une divinité dans la même position et accompagnée de divers attributs. Ici elle devait être dans l'attitude de lui donner *une arme victorieuse*, ὅπλον νικητικόν, probablement la *harpé*, qu'un dieu présente

---

[a] Buttmann, *Ausführliche Griechische Sprachlehre*, § 99, Anmerkung 3. — [b] *Thesaurus graecae linguae*, t. IV, p. 695, B. ed. Didot. — [c] Lucian. *Imag.* § 14, p. 410, l. 16, ed. Didot. — [d] Plus haut, p. 18.

au roi sur un bas-relief[a]. Cet ὅπλον νικητικόν [1] faisait allusion, sans doute, à la victoire remportée par Épiphane sur les révoltés. « Cette *image* portera le nom de Ptolémée. » Ceci exprime l'usage d'accompagner ces figures du *cartouche* portant les noms et prénoms du roi. On devait mettre cette scène ἐν τῷ ἐπιφανεστάτῳ τόπῳ de chaque temple : par exemple, sur une de ses parois principales, ou sur un pylône, enfin dans un lieu bien en vue; c'est-à-dire, dans les mêmes endroits où nous voyons encore représentées de pareilles scènes. On indique aussi de quelle manière et en quel style les scènes seront exécutées : κατεσκευασμέν[α ...]τρόπον. Ameilhon propose de remplir la lacune par : κατεσκευασμέν[α κατὰ τὸν νόμιμον] τρόπον; Heyne, par ....εἰς τὸν τιμιώτατον] τρόπον; enfin Porson, par : τὸν ἐπιχώριον] τρόπον, avec l'ellipse élégante de κατά. Mais le vrai supplément, qui est aussi de la juste longueur, et qui, pour le sens, rentre dans le dernier, est : κατεσκευασμένα τὸν Αἰγυπτίων (ou Αἰγύπτιον) τρόπον; car le texte hiéroglyphique porte, selon Champollion : « Ces choses étant ainsi disposées, *selon la coutume des Égyptiens.* » Cette expression peut encore annoncer que la rédaction grecque est la première : c'est un Grec qui parle ainsi; un Égyptien aurait dit, à ce qu'il semble : *selon notre coutume*, τὸν καθ' ἡμᾶς (ou ἡμέτερον) τρόπον.

L'expression est parfaitement justifiée par le style qu'on remarque dans toutes ces scènes religieuses, où les rois grecs jouent un rôle. C'est toujours le style égyptien, sans aucun mélange.

(78) L'image *portera le nom* de Ptolémée, προσονομασθήσεται Πτολεμαίου. La même construction est dans Porphyre : Τὸ λϛ´ ἔτος Φιλομήτορος προσαγορεύεσθαι τῆς τούτου βασιλείας [b]. Le texte hiéroglyphique donne : « On érigera une image, son nom sera Ptolémée [c]. »

Ligne 40. — (79) Le service religieux (θεραπεύειν) est exprimé, dans l'Égyptien, par le simple mot *servir* [d]; il devait se faire *trois fois*

[a] Champoll. *Mon. de l'Égypte et de la Nubie*, pl. L. — [b] Ap. Euseb. *Chron.* p. 225, l. 24. — [c] Champ. *Gramm. égypt.* p. 277 et 429. — [d] *Id. Ibid.* p. 507.

[1] Sir Gardner Wilkinson traduit ces mots par : The shield of victory. (*Manners and customs*, t. V, p. 273.)

XXV. INSCRIPTION DE ROSETTE.

par jour : il consistait, sans doute, en quelques formules de prières ou en quelques actes d'adoration, προσκυνήματα. M. Drumann cite fort à propos un passage de Plutarque, où il est dit que l'on sacrifie *trois fois par jour* au soleil, ἡμέρας ἑκάσ]ης τριχῶς [a]. Le nombre *trois* est sacramentel; il avait même passé dans l'expression de la langue [b].

Cette lacune de 14 à 15 lettres est difficile à remplir. Les suppléments proposés par Heyne, ἐν [τε ἑορταῖς καὶ πα]νηγύρεσιν, et Porson, ἐν [δὲ ἑορταῖς καὶ πα]ν., pèchent, l'un et l'autre, par l'absence de l'article. Le supplément ἐν [ταῖς μεγάλαις πα]νηγύρεσιν conviendrait fort pour l'espace d'environ 15 lettres, qu'il s'agit de remplir; mais l'égyptien ne le favorise guère, ce texte portant, selon Champollion : « comme on fait pour les autres dieux, aux panégyries du pays [c]. » Il y avait donc : ἐν [ταῖς κατὰ τὴν χώραν ou κατ' Αἴγυπτον, ou, enfin, ἐν [ταῖς ἐγχωρίαις πα]νηγύρεσιν.

(80) Une circonstance semble pourtant s'opposer à ce que la figure du roi et les accessoires soient des *anaglyphes* ou bas-reliefs : c'est celle qu'expriment les mots καὶ παρατιθέναι αὐταῖς (ταῖς εἰκόσι) ἱερὸν κόσμον. Il serait naturel de penser que ce κόσμος, dont il s'agit, n'est autre chose que le résultat du σ]ολισμός, c'est-à-dire *de l'opération d'habiller* les dieux à certains jours [d]. Au premier abord, cela ne se comprend guère que d'une figure de ronde bosse; mais aussi, dans ce cas, on aurait mis, de toute nécessité, ΠΕΡΙτιθέναι, non ΠΑΡΑτιθέναι. Ce dernier mot signifie *mettre à côté* ou *juxtaposer,* et non *envelopper :* ce qui s'entend très-bien d'un ornement *juxtaposé* ou *accroché* devant la figure, et non jeté *autour* d'elle. Champollion et M. Lenormant ont observé au temple d'Isis, à Philes, les *trous* qui ont reçu les clous destinés à accrocher les vêtements dont on habillait, dans certaines cérémonies, les figures en *bas-relief* de la déesse [e]. C'est cet usage qu'exprime le verbe παρατιθέναι. Ce verbe, qui a, dans cet endroit, une propriété et une précision remarquables, lève tous les doutes sur la justesse de l'observation de Champollion.

[a] *De Is. et Osir.* p. 372. — [b] Plus haut, note 39. — [c] *Gramm. égypt.* p. 479. — [d] Plus haut, note 17. — [e] Voy. mes *Matériaux pour servir à l'hist. du Christianisme*, etc. p. 68.

Ligne 41. — (81) J'ai déjà dit [a], d'après Champollion, que le signe hiéroglyphique qui correspond à ξόανον est celui d'une *statue assise;* ce qui s'entendra aussi bien d'une statue de *bois* que d'une statue de *pierre.* Quoique ξόανον ait été quelquefois employé, par les auteurs récents, pour *statue* en général, sans acception de matière, il est certain, néanmoins, que, le plus souvent, ce mot est pris dans son sens étymologique, et spécialement pour désigner ces *statuettes* portatives, *simulacra brevia quæ portabantur in lecticis,* comme dit Servius [b]. Que si le rédacteur a employé ξόανον au lieu de ἀνδριάντα ou de ἄγαλμα, qui sont les mots propres pour indiquer une *statue* de grandeur naturelle ou au-dessus de nature, c'est qu'il voulait parler d'une figure destinée à être placée dans le *naos* ou *édicule* portatif dont le nom vient après.

Cet édicule devait être mis dans chaque temple : on l'appelait aussi παστός ou παστάς. Une foule de bas-reliefs égyptiens de toutes les époques nous le montrent placé sur un bateau porté par des hommes.

Ces édicules, portatifs comme la figure qu'ils contenaient, étaient *en bois,* selon l'expression d'Hérodote, νηοὶ μικροὶ ξύλινοι [c], et *dorés,* κατακεχρυσωμένοι ; ce que notre inscription exprime par l'adjectif χρ[υσοῦν : à moins que l'idée de *dorure* ne s'applique, à la fois, à la *statue* et à l'*édicule,* auquel cas la lacune devrait être remplie par χρυσᾶ ou χρυσούμενα. Quoique l'une et l'autre hypothèses soient vraisemblables, la seconde est cependant favorisée par la construction ; car, si le rédacteur eût voulu ne faire tomber l'idée de dorure que sur ναός, il aurait plutôt mis l'adjectif avant : ξόανόν τε καὶ χρυσοῦν ναόν, comme l'a fait Diodore de Sicile : ἀγάλματά τε καὶ χρυσοῦς ναοὺς κατασκευάσασθαι [d]. D'ailleurs, ces statues portatives étaient ordinairement dorées : ἐν ταῖς καλουμέναις παρ' Αἰγυπτίοις κωμασίαις, τῶν θεῶν χρυσᾶ ἀγάλματα περιφέρουσι [e], dit Clément d'Alexandrie. J'ai donc lu χρυσᾶ, le participe χρυσούμενα étant trop long pour la place.

[a] Plus haut, p. 302, note 77. — [b] *Ad Æneid.* VI, v. 63. — [c] II, 63. — [d] I, 15. — [e] Clem. Alex. *Strom.* V, 7, 44, p. 671, Pott.

XXV. INSCRIPTION DE ROSETTE.

C'est à l'intention de faire tomber l'idée de *dorure* sur les deux objets en même temps, que j'attribue le choix que le rédacteur a fait de l'*hendiadys*, ξόανόν τε καὶ ναὸν χρυσᾶ (comme Hérodote [a], τὸν αὐχένα καὶ τὴν κεφαλὴν φαίνει κ. — κεχρυσωμένα), au lieu de χρυσοῦν ναὸν καὶ ἐν αὐτῷ ξόανον, qu'il aurait, sans doute, préféré dans l'autre cas.

Ligne 42. — (82) Ces édicules portatifs étaient donc placés dans la partie des temples appelée ἄδυτον : chez les Éthiopiens, ils l'étaient dans l'ἄβατον [b], partie également retirée, où les prêtres seuls avaient le droit de pénétrer [c].

C'est de là qu'on les tirait, à certaines époques, pour leur faire prendre rang à la procession, ce que notre inscription appelle ἐξοδεῖαι, littéralement, *sorties*; c'est le seul exemple qui existe de ce mot en ce sens, de même que de ἐξοδεύειν ou du composé συνεξοδεύειν, qui commence la ligne suivante.

Elle nous apprend, en outre, que cette *sortie* avait lieu dans les *grandes panégyries* (ἐν ταῖς μεγάλαις πανηγύρεσιν); et, par là, on entendait, sans doute, des panégyries *annuelles*. Diodore de Sicile nous dit, en effet, que, *chaque année* (κατ' ἐνιαυτόν), chez les Égyptiens, le temple ou édicule d'Ammon, à Thèbes, était transporté de l'autre côté du fleuve, dans la partie lybique, et ramené quelques jours après [c]. Cet antique usage, si général en Égypte sous le règne des Ptolémées, se continua pendant toute la durée du culte égyptien. Le transport des édicules et de la statue d'Isis, de Philes en Éthiopie, avait encore lieu, non-seulement au temps d'Antonin, mais même dans le v[e] siècle de notre ère [d]; et Claudien, à la fin du iv[e] siècle, parle encore de la procession des statues divines à Memphis comme d'un usage en vigueur : ... *sic numina Memphis in vulgus proferre solet, penetralibus exit effigies* [e]. Ces derniers mots se rendraient littéralement, dans le grec de notre inscription, par ἐξ ἀδύτων ἐξοδεύει τὸ ξόανον.

La cérémonie énoncée dans l'inscription, et qui se maintint encore

---

[a] Diod. Sic. III, 6. — [b] Voy. plus bas, pag. 340. — [c] Diod. Sic. I, 97. — [d] Voyez mes *Matériaux pour servir à l'histoire du Christianisme*, p. 75, 76. — [e] Claudian. *De IV consul. Honor.* v. 570, sq.

près de sept siècles, remontait aux plus anciennes époques de la religion égyptienne, comme le prouvent les monuments où elle est représentée.

Le supplément de cette ligne, proposé par Porson, est excellent. Le composé συνεξοδεύειν n'existe pas dans nos lexiques; mais il est aussi nécessaire au sens que convenable pour la place.

Ligne 43. — (83) Quoique le sens eût été plus clair si l'on eût mis : ὅπως δ' εὔσημος ὁ ναὸς ᾖ . . . ἐπικεῖσθαι αὐτῷ, je pense que le sujet de εὔσημος est ναός et non βασιλεύς. Cette construction n'est même pas sans élégance. Le sens est confirmé par le texte égyptien, qui signifie : «afin que cette chapelle soit distinguée [a].»

(84) Dans les trois lignes 43, 44 et 45, est décrit *l'ornement égyptien* que les prêtres ont ordonné de placer *sur* l'édicule, ὅπως εὔσημος ᾖ, comme ils disent. On a toujours eu quelque peine à se faire une idée nette de l'arrangement qui résulte de cette description. Voici l'idée que je m'en forme, d'après la comparaison des monuments qui subsistent.

(85) Les mots ἐπικεῖσθαι τῷ ναῷ signifient, sans nul doute, que *l'ornement* sera placé *au-dessus* de la couverture de l'édicule, et qu'il en sera le *couronnement*.

Cet ornement se compose de trois parties, et, d'abord, de *dix basilies*, βασιλεῖαι.

Ce mot est ordinairement traduit par *couronne* : mais il faut bien faire attention qu'il s'applique à un objet qui n'a certainement rien de commun avec ce que nous appelons une *couronne*. Aussi le grec, au lieu du mot στέφανος, n'offre-t-il que βασιλεία, qui ne signifie, au fond, qu'*ornement royal*. Sans Diodore de Sicile, nous saurions difficilement de quoi il s'agit; mais, en parlant de la statue de la mère d'Osymandyas, il nous dit qu'elle porte *sur la tête trois basilies*, τρεῖς βασιλείας ἐπὶ τῆς κεφαλῆς, pour indiquer qu'elle était fille, femme et mère de roi [b]. Ce *triple* ornement, placé *sur la tête* d'un personnage royal, se montre dans une foule de bas-reliefs, et, par exemple,

---

[a] Champollion, *Gramm. égypt.* p. 429, 4. — [b] Diod. Sic. I, 48.

XXV. INSCRIPTION DE ROSETTE. 309

A

dans ce portrait (A) de Sésostris [a]. Le même ornement est placé sur la tête d'autres Pharaons et Ptolémées [b] : on y voit *deux* ou *trois basilies* liées ensemble, tantôt ayant des aspics au devant, tantôt n'en ayant pas.

Ces *basilies* posent toujours sur deux cornes de bélier placées horizontalement, desquelles pendent tantôt des croix ansées, tantôt des aspics.

Les cornes de bélier qui supportent les *basilies* posent, tantôt immédiatement sur la tête, où, à dire vrai, l'on ne devine guère comment elles pouvaient tenir, tantôt (fig. A) sur une base ornée diversement et attachée à la coiffure.

(86) L'expression αἷς προσκείσεται ἀσπίς rend assez bien la position de l'*aspic* ou serpent *uræus*, qui se dresse en avant des *basilies*, c'est-à-dire des coiffures divines ou royales [c]. Le verbe προσκεῖσθαι est souvent employé, dans un sens analogue, pour signifier être placé *au devant* d'une chose, comme προκεῖσθαι, mais avec l'idée accessoire d'*addition* à cette chose.

Il ne faut pas s'étonner que la construction change ici, parce que προσκείσεται et ἔσται indiquent une circonstance propre aux *basilies*; mais elle reprend aussitôt après à ἐπιθεῖναι δὲ καί, qui continue de dépendre de ἔδοξε. Il y a donc là une incise, que j'ai indiquée par une

---

[a] *Mon. dell' Egitto*, etc. Mon. Reali, pl. XVI, n° 3. — [b] Même ouvr. *pass.* et *Descr. de l'Égypte, Antiq.* I, pl. XIII et suiv. — [c] Cf. Jacobs ad Ælian. *Hist. An.* VI, 38; Leemans, *ad Horap.* p. 118 sq.

parenthèse, à partir de ἐν αἷς. Le même changement, pour le même motif, se montre ligne 50 : ἐν αἷς καὶ σΤεΦανηΦορήσουσιν ; après quoi on reprend l'infinitif προσαγορεύεσθαι. C'est ce qui m'a fait préférer, dans la restitution de la 45ᵉ ligne, οἷς ἐγγραΦθήσεται. J'ai mis également ces deux circonstances entre parenthèses.

(87) Le supplément de la fin de la ligne [καθάπερ καὶ ἐπὶ πασῶν], proposé par Porson, est bien vraisemblable à tous égards, ou plutôt à peu près certain[1]. Ceci suppose que les *basilies* n'avaient pas toutes des aspics : et, en effet, on trouve de ces ornements auxquels manque cette addition symbolique[a].

(88) Maintenant, il y a deux remarques à faire. La première, c'est que ces *basilies* ne doivent pas être, comme l'indique Diodore de Sicile et comme les monuments nous les montrent partout, placées sur la *tête du roi :* elles le seront sur son *naos*, comme *sur les autres naos;* ce qui prouve qu'il s'agit ici d'un usage général, commun à tous les édicules de ce genre. Or aucun de ceux que les monuments nous font connaître ne présente ce caractère. Leur couverture, plus ou moins bombée, formant rarement un plan horizontal, ou n'est surmontée d'aucun ornement, ou l'est par le corps d'un aspic ou par

B

un épervier (B) qui fait *pyramider* le tout[b] : comme dans cet exemple, où le naos est recouvert, d'une manière fort originale, par une coiffure *aspidophore;* ce que n'a pas bien compris l'auteur du dessin, qui a remplacé l'aspic par un *poisson.*

[a] Par exemple, *Descr. de l'Égypte*, Ant. I, pl. XVI, nᵒˢ 6, 9, 17, etc. — [b] Id. pl. XIII, nᵒ 4.

[1] M. Lenormant propose de lire ἀσπὶς [ἐγρηγορὼς ὡς ἐπὶ] τῶν ἀσπιδοειδῶν ; il fallait, au moins, écrire ἐγρηγορυῖα, puisque ἀσπίς est féminin. Il s'appuie sur l'ὄΦις ἐγρηγορώς, qui désigne, dans Horapollon (I, 60), le serpent qui se dresse. Je doute qu'au temps d'Épiphane des Grecs eussent employé le mot ἐγρηγορώς en ce sens. Ce n'est pas, d'ailleurs, la seule raison qui me ferait rejeter cette restitution : autant il était nécessaire, dans un livre d'explications comme celui d'Horapollon, d'ajouter à ὄΦις un adjectif qui indiquât la forme du serpent dont il explique la signification, autant cela était superflu dans l'inscription de Rosette, rédigée par et pour des gens qui savaient fort bien que les *aspics* servant à orner les coiffures royales étaient tou-

XXV. INSCRIPTION DE ROSETTE.

Ceci nous offre une disposition analogue à celle qui résulte de notre inscription, quoique formée d'éléments différents. Si nous ne trouvons pas d'exemples tout à fait semblables, cela vient probablement de ce que les exemples connus représentent l'édicule de *divinités* (et non de rois *divinisés*) dont cet édicule était l'apanage ordinaire. La disposition pyramidale qu'on trouvera plus bas (p. 317) rentre dans celle que je viens de citer.

(89) La seconde remarque à faire, c'est que jamais on ne trouve les *basilies* au nombre de *dix*: il n'y en a pas moins de *deux* et jamais plus de *trois*. Il est probable qu'elles n'étaient point, ici, toutes les dix rangées sur la même ligne, ce qui aurait produit un effet bien peu agréable. Je les conçois disposées en quatre groupes, de *trois* et de *deux*, sur les quatre faces du parallélogramme (fig. A) qui leur servait de base.

Quant au nombre de *dix*, il pourrait bien être une allusion à celui des *pays* sur lesquels s'étendait la domination d'Épiphane. Dans l'inscription d'Adulis, Évergète dit qu'il a reçu de son père la royauté (τὴν βασιλείαν) de l'*Égypte*, de la *Libye* (y compris la *Cyrénaïque*), de la *Syrie*, de la *Phénicie*, de *Chypre*, de la *Lycie*, de la *Carie* et des *Cyclades*; en tout seulement *huit*· mais Théocrite, pour le règne de Ptolémée Philadelphe, ajoute l'*Arabie* et l'*Éthiopie*[a], ce qui complète le nombre. Il y en avait bien quelqu'un à retrancher à l'époque du décret; mais, sans doute, le nombre *dix*, fixé par celui des *basilies* sur les monuments des prédécesseurs d'Épiphane, devait être respecté. Le roi d'Angleterre ne s'est-il pas appelé *roi de France* jusqu'à la paix d'Amiens? le roi de Sardaigne ne s'appelle-t-il pas encore roi de Chypre et de Jérusalem, et l'empereur d'Autriche n'est-il pas toujours roi des Romains? De tout temps les princes ont difficilement renoncé à ces titres d'honneur qui rappellent des conquêtes, des possessions ou des prérogatives, dont leurs ancêtres avaient joui.

---

[a] *Idyll.* XVII, 85 sq.

jours et nécessairement *dressés*. Il suffisait donc d'exprimer ce mot; le reste s'entendait de soi-même.

312   ACTES SACERDOTAUX.

Cette explication des *dix couronnes* me paraît meilleure que celle qu'on pourrait tirer d'une certaine préférence accordée au nombre *dix*, comme expression générale, et dont on verrait un exemple dans

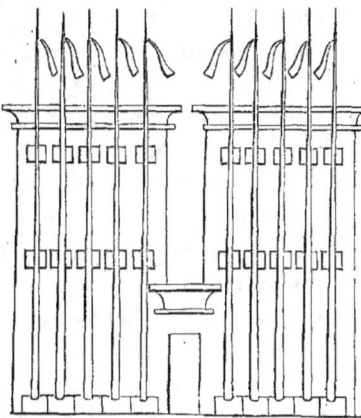

cette copie d'une curieuse représentation, trouvée par M. L'Hôte dans les grottes d'El-Tell [a] (dont les sculptures sont au nombre des plus anciennes qui se soient conservées en Égypte [b]), offrant un *pylône*, au devant duquel s'élèvent *dix mâts*, surmontés de *flammes* ou *étendards*. Mais, comme les *dix basilies* ne se trouvent nulle part, c'est une raison de croire que cet ornement était propre aux rois divinisés de la race Ptolémaïque, et se rapportait à l'étendue de leur domination.

Ligne 44. — (90) Le mot ἀσπιδοειδῶν semble manquer un peu de justesse; car, dans la réalité, les *basilies* n'ont pas *la forme d'aspic*; mais elles *portent* un ou plusieurs aspics : il semble donc que le mot propre eût été ἀσπιδοφόρων. Cependant l'*aspic* a quelquefois une telle grandeur, que la forme générale, vue de face, se rapproche de celle de l'animal; ainsi le mot ἀσπιδοειδής n'est peut-être pas tout à fait sans convenance. Champollion traduit l'égyptien en ce sens : *les couronnes ornées d'aspics étant sur les chapelles* [c]; sens qui supposerait, ou que le rédacteur égyptien, fort peu grec comme on l'a vu, a lu par erreur : ...τῶν ἀσπιδοειδῶν βασιλειῶν ὌΝΤΩΝ (pour οὐσῶν) ἐπὶ τῶν ἄλλων ναῶν, au lieu de βασιλειῶν ΤΩΝ ἐπὶ τῶν ἄ. ν.; ou bien qu'il n'aura pas compris la phrase : mais encore ici l'erreur n'est pas du côté du grec.

(91) Autre circonstance. Au milieu *des basilies* (αὐτῶν ἐν μέσῳ) sera placée la *basilie* appelée *pschent*.

On a été longtemps incertain sur le sens de ce mot. Villoison

---

[a] *Lettres écrites d'Égypte*, p. 64. — [b] Plus haut, note 53. — [c] *Gramm. égypt.* p. 337.

XXV. INSCRIPTION DE ROSETTE. 313

voulait y voir le nom d'un *vêtement royal*, à cause de l'expression ἣν περιθέμενος (ὁ βασιλεύς), *que le roi ayant revêtue*. Mais M. Drumann a déjà répondu à la difficulté, en citant le passage où Hérodote [a] dit d'Amasis: περιέθηκέ οἱ κυνέην. Il est sûr que le verbe περιτίθεσθαι, appliqué à une coiffure quelconque, n'est, au fond, pas plus déplacé qu'avec l'idée de *couronne* [b]. Le traducteur d'Isaïe, écrivain d'Alexandrie comme notre Grec, a dit de même περιέθηκέ μοι μίτραν [c]. C'est dans ce même sens qu'Horapollon a dit de l'*aspic* ou *uræus* qui ornait la coiffure des dieux, θεοῖς περιτιθέασιν [d]; leçon que M. Leemans a conservée dans le texte avec beaucoup de raison [e].

Le sens du mot *pschent*, ou plutôt *schent* en retranchant le préfixe [f], a été définitivement fixé par Champollion, qui a reconnu qu'il signifie cette *coiffure royale*, cette espèce de casque dont les rois se couvraient la tête dans les grandes cérémonies, composé de deux parties, comme dans cette figure [1]:

C'est la partie inférieure seule du *pschent* qui est figurée dans le texte hiéroglyphique de l'inscription de Rosette, à l'endroit correspondant à ce passage.

(92) Cet ornement devait être placé au milieu des *basilies*, αὐτῶν ἐν τῷ μέσῳ. La seule manière d'entendre cette disposition, à ce qu'il semble, c'est d'admettre que le *pschent* s'élevait sur une base, dans l'espace vide laissé au milieu des *basilies* disposées autour du tétragone, les dominant, et formant le sommet de la pyramide.

C'est avec le *pschent* en tête que le roi était *entré* dans le *temple de Memphis*, pour la cérémonie du couronnement. C'était donc, à proprement parler, l'*attribut royal*, la coiffure privilégiée du roi,

---

[a] II, 152. — [b] Cf. Aristoph. *Thesm.* v. 387; Suid. v. περίθου. — [c] Jes. LXI, 10. — [d] *Hieroglyph.* I, 1. — [e] *Ad h. l.* p. 119. — [f] Champ. *Gramm. égypt.* p. 76.

[1] Tout récemment, M. de Goulianof s'est encore efforcé de prouver que le *pschent* ou *schent* est une *tunique* et non pas une *coiffure* (*Archéologie égyptienne*, t. III, p. 43-53); il ne m'a pas plus convaincu sur ce point que sur tout le reste.

celle qu'il devait prendre dans cette grande solennité. Aussi je ne doute point que le *pschent* ne soit désigné par le mot κυνέη, *casque*, dans les deux passages où Hérodote[a], à propos de Psammitichus et d'Amasis [b], nous représente l'action de se coiffer du κυνέη comme propre au roi ou annonçant la royauté.

Au temps d'Hérodote, le mot ψχέντ ne pouvait être encore adopté par les Grecs; aussi emploie-t-il l'équivalent κυνέη; mais, sous les Ptolémées, le terme égyptien était devenu le terme d'usage, parce que le κυνέη n'avait réellement aucun rapport avec la coiffure égyptienne. A cette époque, bien d'autres mots égyptiens, relatifs à des usages des pays, étaient employés par les Grecs, tels que χολχύτης, στυριόω, et autres, que les papyrus nous font connaître; comme, à l'époque romaine, beaucoup de mots latins, tels que κῆνσος, φίσκος, δηνάριον, λεγίων, κεντυρίων, etc., avaient passé dans la langue.

(93) La fin de cette ligne peut être suppléée encore avec une certitude complète. Porson lisait : εἰς τὸ ἐν Μέμφ[ει Ἀπιεῖον ὅπως συν]τελεσθῇ; et Villoison : ...Μέμφ[ει βασίλειον ὅπως συν]τελ. Ce dernier supplément est inadmissible, et le premier est trop court; les conditions sont satisfaites si nous lisons : εἰς τὸ ἐν Μέμφ[ει ἱερὸν, ὅπως ἐν αὐτῷ συν-]τελεσθῇ; comme plus haut (l. 8) : ἐν τῷ ἐν Μέμφει ἱερῷ.

Ligne 45. — (94) J'arrive à la dernière circonstance, la plus difficile à entendre.

On doit mettre des *phylactères d'or sur le tétragone des basilies* (ἐπὶ τοῦ περὶ τὰς βασιλείας τετραγώνου, pour ἐπὶ τοῦ τῶν βασιλειῶν τετρ. comme αἱ περὶ τὸ σῶμα ἡδοναί, pour τοῦ σώματος), etc.

Et d'abord qu'est-ce que ce *tétragone*? Il me semble que ce ne peut être que cette *base* qui, sur les têtes royales couronnées de *basilies*, leur tient lieu de support. (Fig. A, p. 309.)

Remarquons, en effet, que les édicules représentés sur les monuments ayant le toit bombé, comme la tête des personnages royaux, il fallait y placer une base offrant une ligne horizontale, sur laquelle les ornements royaux pouvaient être assujettis.

[a] II, 151. — [b] II, 162.

XXV. INSCRIPTION DE ROSETTE.

C'était donc autour de cette base carrée (τετράγωνον) qu'étaient placées les dix basilies, et au-dessus s'élevait le *pschent*, qui les dominait toutes.

(95) La réunion des *basilies*, du *pschent* et du *tétragone*, constituait un ensemble que l'on désigne ici par le mot βασίλειον (κατὰ τὸ προειρημένον β).

Ameilhon et d'autres critiques avaient entendu ce mot, βασίλειον, de la *chapelle*, ναός, dont il a été question plus haut. M. Drumann, par une analyse judicieuse [a], avait déjà reconnu que ce mot doit être une expression relative aux *basilies* ou *couronnes*. Champollion lève toute incertitude à cet égard, en observant que « le texte dé- « motique répète ici le nom du *pschent,* et que le texte hiéroglyphique « reproduit la figure de cet ornement. » Le rédacteur égyptien a donc désigné l'ornement entier par le signe de l'objet le plus remarquable qui en faisait partie; l'objet même aurait été beaucoup trop compliqué pour former un groupe hiéroglyphique.

(96) Il reste enfin à expliquer cette circonstance, qu'on *mettra sur le tétragone des phylactères d'or,* où il sera écrit que *c'est le basiléum du roi, etc.*

Il faut d'abord remplir la ligne. Il est évident, par le commencement de la ligne suivante, que, dans la partie enlevée, il était dit qu'on écrirait sur ces phylactères le nom du roi. C'est sur cette idée que sont fondées les diverses restitutions, telles que : χρ[υσᾶ ἐν οἷς γραπτὸν ὅ]τι, proposée dans l'*Account of the Rosetta stone, etc.,* p. 20; et cette autre, proposée par Porson, χρ[υσᾶ ἐν οἷς γεγράψεται διό]τι. La première est décidément mauvaise; la seconde est très-près de la vérité : le doute peut seulement porter sur les mots, puisque la même idée se rendrait également, et avec presque le même nombre de lettres, par χρ[υσᾶ ἐν οἷς γραφθήσεται ὅ]τι, ou par οἷς ἐγγραφθήσεται ὅτι, ou même par ἐν οἷς ἐγγρ. (comme ἐγγράφειν ἐν ταῖς στήλαις [b]): on dirait aussi bien εἰς ἃ ἐγγρ. Enfin, on pourrait employer le 2ᵉ futur γραφήσεται, ainsi que l'actif γράψουσιν ou ἐγγράψουσιν, sous-entendu ἱερεῖς

---

[a] P. 242, 243. — [b] Böckh, *Corp. Inscr.* n° 93, l. 38.

comme devant νενομίκασιν, ligne 47, et στεφανηφορήσουσιν, ligne 50 ; mais c'est l'actif ou le passif qu'on a dû employer, et non le moyen. En tout cas, il manquerait encore un nombre, car la pensée n'est pas complète; du moins, il me paraît peu conforme à l'ensemble de toute cette description qu'on n'ait pas dit *combien* de phylactères seraient ajoutés au tétragone. Il est très-vraisemblable que ce nombre était égal à celui des *basilies*, par conséquent était de dix. Je trouve, en effet, dans l'analyse donnée par Champollion du texte démotique, que le mot qui répond à φυλακτήρια est suivi du même signe *dix*, qui suit le mot βασιλείας. Le vrai supplément est donc : χρ[υσᾶ δέκα οἷς ἐγγραφθήσεται ὅ]τι ἐστὶν τοῦ βασιλέως.

Quant au sens qu'on doit attacher ici au mot φυλακτήριον, il est fort difficile de le définir précisément. On convient que les φυλακτήρια étaient des *amulettes* ou des *préservatifs* contre des malheurs physiques ou moraux. La circonstance que ces *phylactères* doivent être *inscrits* et porter le nom du roi, rapprochée des noms royaux qui occupent si souvent le dessous des *scarabées*, donne lieu de présumer que ce sont des *scarabées* qu'on a voulu désigner, d'autant plus qu'il s'en trouve en or et de dorés. S'il est quelque chose de probable sur l'usage de ces objets sacrés, c'est qu'ils étaient, le plus souvent, des *amulettes* ou *talismans*, portés soit en anneaux, soit suspendus au cou, placés sur le corps des momies ou peints sur leur caisse, comme φυλακτήρια, selon l'expression grecque, ou *préservatifs*.

Dans le cas où les *phylactères* dont il s'agit seraient réellement des *scarabées*, on les concevrait appliqués, ἐπιτιθέμενοι, sur le *tétragone*, le dessous tourné en dehors, de manière à montrer le nom du roi gravé sur la partie plate. Mais on peut se les figurer autrement, et, par exemple, comme le montre le dessin ci-après (D), exprimant le nom de *Ptolémée, toujours vivant, chéri de Phthas*, qui sont les épithètes constamment données à Épiphane dans l'inscription grecque, et qu'on retrouve dans le cartouche royal de la partie hiéroglyphique [a]: ils devaient être placés sur les quatre côtés du tétra-

---
[a] L. 6, 12, 14.

XXV. INSCRIPTION DE ROSETTE.

goné, ainsi que les aspics le sont sur le tétragone de la figure A.

Il se peut que le cartouche fût *double*, c'est-à-dire qu'il présentât le prénom avec le nom : dans ce cas, les dix phylactères avec le nom du roi auraient offert dix couples de cartouches, au lieu de dix cartouches simples.

Ces cartouches, simples ou doubles, devaient être gravés sur une plaque d'or, appliquée au tétragone; et, puisqu'ils étaient au nombre de dix, chacun devait correspondre à l'une des *basilies*, comme on le voit dans cette autre figure (E), laquelle, formée de tous les éléments rassemblés dans les quatre figures précédentes, représente, à mon sens, le *basiléum* tout entier, que les prêtres ordonnent de placer sur le *naos* d'Épiphane.

Ligne 46. — (97) Le pays haut et le pays bas, ἥ τε ἄνω χώρα καὶ ἡ κάτω, c'est-à-dire *la haute et la basse Égypte*.

Le roi est ici désigné comme il ne l'a pas encore été; ce n'est plus βασιλέως τοῦ..... Ἐπιφανοῦς; mais βασιλέως τοῦ ἐπιφανῆ ποιήσαντος τὴν χώραν. On joue évidemment sur le titre même du roi, Ἐπιφανής, en rapportant au pays sa propre épithète; et, comme, ici, elle n'a certainement pas d'autre sens que *illustre, émi-*

nent, éclatant, on peut douter que le surnom *Épiphane* ait, comme le pensent Visconti[a] et d'autres savants critiques, le sens de *manifesté, toujours présent;* elle signifie plutôt *très-distingué, illustre* entre les autres, dans le même sens où Diodore de Sicile a dit d'Isis et d'Osiris qu'ils étaient ἐπιφανέσ]ατοι θεοί[b]. En effet, quand les Latins ont eu à rendre les épithètes ἐπιφανής et ἐπιφανέσ]ατος, ils ont employé les adjectifs *nobilis* et *nobilissimus.* Par exemple, saint Jérôme traduit l'épithète d'Antiochus Épiphane par *qui nobilis appellabatur*[c]. Philostorge traduit le titre νωϐελίσσιμος par ἐπιφανέσ]ατος[d]; Licinius Saloninus et Constance Chlore, *Nobilissimi Cæsares*, sont appelés, dans les inscriptions[e], ἐπιφανέσ]ατος Καῖσαρ. Ces exemples tirent une grande force du passage de notre inscription, et indiqueraient dans quel sens on prenait ce titre d'*Épiphane*, donné aussi à quelques rois de Syrie, de Parthie, de Bithynie et de Cappadoce.

(98). Τὴν τριακάδα τοῦ μεσορή. Le texte porte ΤΟΥΤΟΥ; mais ce ne peut être qu'une inadvertance du graveur. La même faute existe dans le décret des Sigéens[g], où ἱερέως τούτου βασιλέως est, par erreur, pour τοῦ βασιλέως. On a écrit aussi ΤΡΙΑΝΑΔΑ pour ΤΡΙΑΚΑΔΑ : cette faute n'est remarquable qu'en ce qu'elle montre que le graveur chargé d'*écrire* l'inscription n'était pas un Grec, ce que prouvent également les autres fautes qu'il a commises, comme ΕΙΞΠΟΡΕΥΟΜΕΝΟΙ (l. 6) pour ΕΙΣΠ.; ΧΟΝΟΥ (l. 23) pour ΧΡΟΝΟΥ; ΦΙΛΙΠΑΤΟΡΩΝ (l. 37) pour ΦΙΛΟΠ.; ΙΞΡΩΝ (l. 35) pour ΙΕΡΩΝ; ΑΣΠΙΔΟΕΡΔΩΝ (l. 44) pour ΑΣΠΙΔΟΕΙΔΩΝ; ΘΥΕΙΑΣ (l. 50) pour ΘΥΣΙΑΣ, etc. Il faut y joindre la confusion perpétuelle des Λ, Α et Δ. Ces fautes, qui altèrent si profondément la forme et la nature des mots, et en font des barbarismes intolérables pour une oreille grecque, annoncent que celui qui les a commises était étranger à la langue hellénique. D'autres inscriptions, sans doute, présentent des fautes de graveur; mais je ne crains pas de dire qu'elles ont un caractère tout différent: elles tiennent à la prononciation, à l'ortho-

---

[a] Voy. plus haut, note 8. — [b] I, 17. — [c] Macc. II, vii, 4. — [d] VIII, 8. — [e] Ap. Spon. *Misc.* p. 355; Boeckh, *Corp. Inscr.* n° 1522. — [f] L. 26; ap. Chishull, *Ant. As.* p. 32.

XXV. INSCRIPTION DE ROSETTE.

graphe; ce sont des inadvertances qu'on n'a pas réparées, pour ne pas endommager la pierre : mais on peut assurer que jamais un Grec n'a pu écrire, par exemple, ΤΡΙΑΝΑΔΑ ni ΙΞΡΩΝ. Il me paraît donc évident que c'est un *Égyptien* qui a tracé l'inscription sur la pierre ; et remarquons qu'indépendamment de la nature des fautes le fait en lui-même est très-probable : on pouvait difficilement songer à charger un Grec de graver les hiéroglyphes, et, surtout, les caractères démotiques, si difficiles à discerner pour un étranger; on devait prendre un homme du pays : il était alors tout simple de charger le même graveur de tracer aussi les caractères grecs, dont les éléments sont si simples et si faciles à reconnaître.

(99) La célébration annuelle de la naissance des rois était un usage égyptien. Un fragment d'Hellanicus de Lesbos fait mention de cette cérémonie sous le règne du prédécesseur d'Amasis, Apriès, qu'il appelle Patarmis, γενέθλια ἐπιτελοῦντι Πατάρμιδι [a]. Cet usage existait également dans l'empire perse, comme l'atteste Platon : βασιλέως γενέθλια ἅπασα θύει καὶ ἑορτάζει ἡ Ἀσία [b].

(100) La fête des généthlies se célébrait le 30 mésori; ainsi le roi était né ce jour-là. C'est donc par un pur hasard que la célébration tombe le 30 mésori. Il n'y a là aucun de ces rapports astronomiques que l'on a rattachés à cette date; de même, le 17 méchir, n'étant le jour de l'avénement d'Épiphane que parce qu'il est celui de la mort de son père, se trouve, seulement par hasard, tomber la veille de l'équinoxe.

La destruction de la fin de cette ligne serait fort regrettable, puisque nous perdrions par là une des indications chronologiques les plus importantes, à savoir celle du jour où Épiphane *a reçu la couronne de son père*, et, par conséquent, celui de la *mort même de Philopator*. A la vérité, nous avons, à la ligne 8, la date du *décret* rendu le 18 méchir, à l'occasion du couronnement; et tout indique que la cérémonie a dû précéder de peu de jours le décret : mais de combien? c'est ce qui était exprimé dans la partie détruite.

[a] Ap. Athen. XV, p. 680. — [b] *Alcib.* I, p. 121, C; cf. Herodot. I, 133.

320   ACTES SACERDOTAUX.

Heureusement, le texte démotique a conservé intact ce passage important. Selon Champollion, ce texte porte : « *pareillement, le xvii de méchir,* dans lequel on célèbre les fêtes de la prise de possession. » Ainsi, en lisant [τὴν τοῦ μεχεὶρ ἐπτακαιδεκάτην], ce qui remplit exactement la place, nous sommes certain d'avoir reproduit exactement les mots grecs qui ont disparu.

Dans son admirable mémoire sur la Notation hiéroglyphique des années, mois, jours, heures[a], ce grand philologue, par la comparaison des deux textes hiéroglyphique et démotique, a démontré que, dans le premier, le sculpteur s'est trompé de signe, en mettant celui de la végétation, *a,* qui, avec le double croissant, indique le deuxième mois de l'année, ou phaophi, au lieu du signe de la récolte, *b,* qui, avec le même double croissant, exprime le sixième mois, ou méchir. Tout ce qu'il dit, à cet égard, est démonstratif et emporte la conviction.

Un argument irréfragable, d'un ordre tout différent, vient à l'appui des raisons philologiques que Champollion a présentées. En effet, si le jour du couronnement eût été le 17 phaophi, il y aurait eu *quatre mois* d'intervalle entre la cérémonie et le décret rendu, à cette occasion, le 18 méchir (quatre mois après). Mais qui pourrait comprendre que des députations sacerdotales, venues de tous les temples d'Égypte, eussent séjourné à Memphis quatre mois entiers, pour rendre à Ptolémée Épiphane un honneur qui ne pouvait avoir de prix et d'objet que dans le moment même de la célébration?

Le texte, qui n'établit qu'un jour d'intervalle entre le couronnement (le 17) et le décret (le 18), est donc parfaitement conforme à la vérité. C'est le lendemain même que les prêtres rendent à Épiphane les honneurs qui lui sont dus; et, peu de jours après, ils ont pu retourner, chacun dans le temple où il était attaché, vaquer aux devoirs de leur état.

[a] Voy. les *Nouveaux Mém. de l'Acad. des Inscr.* t. XV, p. 92-99.

XXV. INSCRIPTION DE ROSETTE.

Assurément la conjecture de Champollion n'avait pas besoin de cette confirmation nouvelle. Cependant la coïncidence des preuves d'un ordre différent a toujours quelque chose de satisfaisant pour les esprits qui aiment la vérité et qui savent en discerner les caractères[1].

Il me paraît bien peu probable que le rédacteur grec ait *rectifié* l'erreur qui se trouvait dans les hiéroglyphes. Puisqu'il donne la vraie date, c'est qu'il n'a pas eu à traduire un texte fautif; l'erreur n'est pas non plus dans le démotique. Ainsi nous pourrions conclure de cette seule observation que le texte grec est le premier, le démotique le second, et que l'hiéroglyphe a été traduit en troisième sur celui-ci. C'est ce qu'une analyse plus complète de l'un et de l'autre pourra confirmer plus tard. Dans l'incertitude qui les enveloppe encore, il faut signaler tous les indices aux explorateurs, et attirer leur attention sur tous les points obscurs.

Ligne 47. — (101) Le parfait νενομίκασιν (sous-entendu οἱ ἱερεῖς) est à remarquer. Les jours de la naissance et de l'avénement d'Épiphane étaient *déjà reconnus* pour *éponymes,* c'est-à-dire qu'ils portaient le nom du roi; mais, à dater du couronnement, ils seront désormais célébrés par *une fête et une panégyrie.*

Quant à l'expression *jours éponymes* et à l'usage qui s'y rattache, l'inscription du propylon de Tentyra, ainsi que mon commentaire à ce sujet[a], l'ont, je crois, suffisamment éclaircie. Ces jours portaient le nom du roi, de même que, chez nous, ceux des saints; et, comme le nombre de ces *consécrations* devait être fort considérable, les mêmes jours pouvaient porter différents noms dans divers temples : c'est ainsi qu'à prendre les diverses parties du monde catholique, il y a plusieurs saints fêtés le même jour.

---

[a] Plus haut, p. 84, 85.

[1] M. Lenormant ne s'est pas rendu à cette raison frappante; il persiste à admettre la date du 17 phaophi pour le jour du couronnement. Il promet de nous donner plus tard les motifs sur lesquels il s'appuie : je serais d'autant plus curieux de les connaître, que, plus j'y pense, plus l'opinion me semble insoutenable.

Ces deux jours sont le principe, la cause de tout bien, αἱ δὴ π. ἀγ. ἀρχηγοί. Le δή n'est pas inutile, il donne une force plus grande à cette flatterie. L'emploi de l'adjectif ἀρχηγός, au lieu de αἴτιος, est une élégance qui se retrouve dans le style de Polybe[a] et des Septante[b]. L'emploi de ce mot appliqué à une *chose,* non à un *homme,* dans le sens de *cause,* de *principe,* a une teinte poétique. Euripide a dit de même κακῶν ἀρχηγὸν ἐκφαίνεις λόγον[c]. Platon avait déjà employé les deux adjectifs τὸ ... αἴτιον καὶ ἀρχηγὸν αὐτῶν εἶναι τὸ ὠθοῦν[d]; ce que Polybe a redit plus tard, en mettant ἀρχηγός le premier[e]. La gradation des idées est mieux observée dans l'ordre contraire.

Ces mêmes jours. L'égyptien dit, selon Champollion : « ces jours, le xxx et le xvii[f]. » L'adjectif *mêmes* est remplacé par le *nombre* répété encore une fois, apparemment pour plus de clarté.

(102) Le supplément, proposé par Porson, ἑορ[τὴν καὶ πανήγυριν ἐν τοῖς κατ' Αἴ]γυπτον ἱεροῖς ne laisse aucun doute : outre que cette restitution est appelée par le sens, l'égyptien montre que la lacune était ainsi remplie ; car il porte : « On solennisera ces jours le xvii et le xxx « par une *panégyrie, chaque mois,* dans tous les temples de l'Égypte[g]. »

Des deux idées de *fête* et de *panégyrie,* le rédacteur égyptien n'a rendu que la dernière. Il aura pris sur lui de retrancher l'autre, la croyant comprise dans celle de *panégyrie.* Encore ici, il est peu probable que l'addition soit du fait du rédacteur grec.

Ligne 48. — (103) La réunion des deux mots θυσίας καὶ σπονδάς se trouve encore plus bas (l. 50), ainsi que dans l'inscription des Cataractes[h], et toujours dans le même ordre. Philon de Byblos, ou le prétendu Sanchoniaton, dit χοὰς καὶ θυσίας[i]. Cette réunion se trouve ailleurs, mais dans un ordre différent ; Hérodien : σπονδαῖς δὲ μᾶλλον καὶ θυσίαις σχολάζειν[k].

(104) Au lieu de « et toutes les autres choses d'usage, *comme dans* « *les autres panégyries,* » l'égyptien dit : Toutes les autres choses *pra-*

---

[a] Voy. *Lex. Polyb.* — [b] Voy. Schleusner, I, 452. — [c] *Hippol.* v. 881, ibique Valckenaer. — [d] *Cratyl.* p. 401, D. — [e] I, 66, 10. — [f] *Gramm. égypt.* p. 186. — [g] Voy. le Mém. cité, p. 84. — [h] L. 12; voy. mes *Recherches,* p. 345. — [i] Ap. Euseb. *Præp. Ev.* 3, p. 36, B. — [k] VIII, 3, 5.

XXV. INSCRIPTION DE ROSETTE.

tiquées dans ces panégyries[a]. L'idée de l'égyptien est incomplète; celle qu'exprime le grec l'est moins. La même locution se trouve à la ligne 40 : τἄλλα τὰ νομιζόμενα συντελεῖν, κατὰ καὶ τοῖς ἄλλοις θεοῖς.

(105) La lacune de cette ligne est bien difficile à remplir. On a proposé beaucoup de conjectures. Heyne : προθέ[σεις σὺν ἄλλοις τοῖς πα]ρεχομένοις. Porson : προθέ[σεις διδόναι τοῖς ἱερεῦσιν τοῖς πα]ρεχομ. d'autres : προθε[σμίας ἑορτὰς μετὰ θυσιῶν καὶ σπονδῶν πα]ρεχ., ou προθέσεις τῶν ἄρτων. Mais aucune n'est satisfaisante; j'en pourrais produire d'autres qui ne le seraient pas davantage. L'interprétation de l'égyptien, donnée en cet endroit par Champollion, étant vague et ne fournissant aucun secours, j'aime mieux m'abstenir que de donner une conjecture vaine, qui pourrait n'être qu'une idée fausse.

(106) Le rédacteur emploie constamment ἄγειν ou ἄγεσθαι avec l'idée de *fête* (l. 46, 47, 49, 52), et συντελεῖν avec τὰ νομιζόμενα, ou bien avec θυσίας et σπονδάς (l. 40, 48, 50, 52) : c'est une nouvelle preuve de la propriété des termes qui distingue cette rédaction.

Ligne 49.—(107) Outre ces vingt-quatre fêtes, on en institue une plus solennelle *tous les ans*, κατ' ἐνιαυτόν, une fête annuelle, ἐπέτειος ou ἐπετήσιος ἑορτή, laquelle se célébrera pendant *cinq jours de suite*, à partir du 1er thoyth. Ἐφ' ἡμέρας πέντε, pour signifier *pendant cinq jours* (*per quinque dies*), est une expression fort correcte, puisqu'on la trouve déjà dans Thucydide[b]. On aurait pu dire aussi ἄγειν δὲ ἑορτὴν καὶ πανήγυριν πεντημέρους .... ἀπὸ τῆς νουμηνίας .... comme l'auteur des lettres de Platon a dit : θῦσαι θυσίαν τινὰ δεχήμερον[c]. Heyne remplit la lacune de la fin en lisant κατ' ἐνι[αυτὸν κατὰ πᾶσαν τὴν] χώραν; supplément beaucoup trop court. Porson est bien préférable : κατ' ἐνι[αυτὸν κατὰ τήν τε ἄνω καὶ τὴν κάτω] χώραν : c'est la même idée, mais du moins la place est remplie exactement. Toutefois l'égyptien ne favorise ni l'une ni l'autre. Selon Champollion, il porte : « dans les temples de « l'Égypte entière, pour le roi .... chaque année, » d'où l'on doit supposer qu'il y avait dans le grec κατ' ἐνι[αυτὸν ἐν τοῖς ἱεροῖς τοῖς κατὰ τὴν]

---

[a] Champ. *Gramm. égypt.* p. 186. — [b] *Thes. ling. gr.* t. IV, p. 481, D. ed. Did. — [c] *Epist.* VII, p. 349, D.

χώραν, ce qui donne les vingt-sept ou vingt-huit lettres nécessaires pour remplir la lacune.

Ligne 50. — (108) *Depuis la néoménie de thoyth.* Je remarque que, dans tous les papyrus et les inscriptions, on ne rencontre que l'orthographe Ϥωῡθ, non Ϥώθ. C'était, en effet, la véritable, qu'on retrouve encore dans le copte ⲐⲰⲞⲨⲦ.

Ce passage n'a pas été bien compris. Le grec signifie simplement que la fête se célébrera *pendant cinq jours à partir du 1ᵉʳ thoyth.* Pourquoi cette époque plutôt que toute autre? Est-ce parce que le commencement de l'année était une époque plus particulièrement solennisée?

En insistant sur le mot *néoménie*, on a cru qu'il s'agissait du 1ᵉʳ jour de la lune, jour de fête chez les Grecs [a]. Mais la *nouvelle lune* n'a rien à faire ici. Le *thoth* ou *thoyth*, comme tous les mois de l'année solaire vague égyptienne, ne pouvait, que par le plus grand des hasards, commencer à la *nouvelle lune*. Le rédacteur grec a donc tout simplement exprimé le *premier du mois* par un nom grec qui n'avait de sens que dans son propre calendrier : c'est ainsi que Ptolémée dit la *néoménie des Épagomènes* [b], pour le *1ᵉʳ des Épagomènes*, et la *néoménie de thoth* [c], pour le 1ᵉʳ. Dans ces divers cas, on ferait un contresens en traduisant νουμηνία par *nouvelle lune*. Ceci est encore un indice que la rédaction primitive est grecque; dans l'hypothèse où le grec aurait été écrit après l'égyptien, celui-ci exprimant le quantième par *le premier,* le rédacteur grec n'aurait pas été chercher le mot *néoménie*.

Autre observation à faire. A l'exception de la date du décret, le calendrier macédonien ne paraît plus nulle part dans l'inscription. En effet, les rapports compliqués, et nécessairement variables, des deux calendriers, ne permettaient pas d'établir une concordance fixe, à moins de désigner l'année; dans l'indication générale des jours à fêter, il était nécessaire de choisir l'un ou l'autre. Or, les cérémonies

---

[a] Ameilhon, p. 101; Drumann, p. 255. — [b] *Almag.* III, 1, p. 315, Halm. — [c] VI, 12, p. 874; voy. mes observ. dans le *Journal des Savants,* 1818, p. 267.

XXV. INSCRIPTION DE ROSETTE.

devant être célébrées par des prêtres égyptiens dans leurs temples, c'était leur calendrier qu'il fallait employer : nulle équivoque ne pouvait alors exister pour eux.

(109) Dans cette fête annuelle, outre les sacrifices et les libations qui ont lieu aux autres fêtes, on fera une cérémonie particulière, à laquelle il paraît qu'on attachait de l'importance, puisqu'on prend la peine de l'exprimer : ἐν αἷς καὶ στεφανηφορήσουσιν. Ameilhon a déjà cité le passage analogue du décret des Sigéens : ὅταν δὲ ποιῶσι θυσίας, στεφανηφορείτωσαν [a]. Il semble donc que ce soit là une cérémonie grecque, insérée au milieu de toutes ces pratiques égyptiennes. En effet, sur aucun monument égyptien on n'aperçoit rien qui ressemble à une *couronne*, comme l'entendent les Grecs, soit portée à la main, soit mise sur la tête, et, par conséquent, rien qui ressemble à ce qu'ils appelaient στεφανηφορία. Mais on ne peut douter que les Égyptiens n'eussent une cérémonie assez semblable à la *stéphanophorie* des Grecs pour qu'on l'exprimât, en grec, par les mots στεφανηφορία et στεφανηφορεῖν. Dans la stèle de Turin, les prêtres d'*Amonrasonther*, à Thèbes, prescrivent que l'on sacrifiera aux dieux principaux, et que l'on portera des couronnes (καὶ θύειν, ...καὶ στεφανηφορεῖν). Le remarquable passage déjà cité d'Hellanicus de Lesbos (v[e] siècle avant J. C.) nous montre l'usage des *couronnes de fleurs* dans les fêtes des *généthlies*, sous le prédécesseur d'Amasis, Apriès [b]. Ainsi la στεφανηφορία, dans les fêtes célébrées lors de la naissance des rois d'Égypte, est, sans doute, une cérémonie bien antérieure aux Ptolémées.

Le signe qui, dans l'inscription hiéroglyphique, correspond au mot στεφανηφορήσουσιν, selon l'analyse de Champollion, est une espèce de rameau à *cinq* branches, tout à fait analogue à celui qui exprime la végétation dans la notation des mois [c], excepté que les branches en sont courbes et un peu couchées ; ce signe est surmonté d'une sorte de *nœud* entrelacé. La réunion des deux signes exprime très-bien la double idée que présente le mot *couronne*, celle de *fleurs* et celle d'*entrelacer*, ἄνθη πλεκόμενα;

[a] L. 30, 31, ap. Chishull, *Ant. As.* p. 52. — [b] Ap. Athen. p. 680, B. — [c] Plus haut, note 100.

comme dit Hellanicus : στεφανὸς, ὃν ἔπεμψεν, (ἐξ) ἀνθέων πλεξάμενός τῇ ὥρᾳ περικαλλεστάτων.

(110) Le supplément que je propose pour la fin de cette ligne, au lieu de celui qu'a proposé Porson, donne un sens complet et satisfaisant.

Ligne 51. — (111) Le sens de καταχωρίσαι, sur lequel on s'était mépris, a été parfaitement expliqué par Villoison, à l'aide d'exemples convaincants, tirés des auteurs alexandrins [a]. Le mot χρηματισμός est également fort connu dans le sens d'*actes publics*, de *décisions émanées de l'autorité compétente* [b]. Quant au mot qui vient après, et dont la première lettre, la seule conservée, est un Α, un Λ ou un Δ, la conjecture de Porson, δειγματισμούς, est douteuse, le mot n'existant pas dans le sens qu'on est forcé de lui donner ici, et ayant été pris (l. 30) dans un autre tout différent. C'était, à coup sûr, un substantif masculin, dont la signification était analogue à χρηματισμούς ; mais je n'en trouve pas qui puisse convenir ici : un autre sera peut-être plus heureux [1].

Le supplément entier de Porson, καὶ εἰς τοὺς δ[ειγματισμοὺς τοὺς ἀνήκοντας εἰς τὴν] ἱερατείαν αὐτοῦ, pèche en ce point que καταχωρίσαι n'y a point de régime : ce régime ne peut être que ἱερατείαν, et l'expression καταχωρίσαι εἰς τοὺς χρηματισμοὺς καὶ τοὺς ἄ[λλους.....] τὴν ἱερατείαν veut dire que l'on *consignera la mention de son sacerdoce dans les actes*, etc.; ce qu'on aurait pu exprimer aussi de cette manière : τὴν ἱερατείαν αὐτοῦ εἰς τοὺς χρημ..... ἀναφέρεσθαι ou ἀνοισθήσεσθαι, comme Porphyre a dit de Ptolémée Philométor et d'Évergète II, τῶν χρηματισμῶν ἀναφερομένων εἰς ἀμφοτέρους [c].

La locution τῶν θεῶν, ὧν ἱερατεύουσι est très-bonne, ὧν étant régime

---

[a] Cf. Sturz, *de Dial. maced.* p. 174, 175. — [b] *Rech. sur l'Égypte*, p. 331; Peyron, *ad Pap. Taur.* I, p. 91. — [c] Ap. Euseb. *Chron.* p. 225, l. 82.

[1] M. Hase a proposé de lire εἰς τοὺς χρηματισμοὺς καὶ εἰς τοὺς δ[ημοτικοὺς καταλόγους.... leçon que M. Lenormant a reçue dans le texte. Je regrette de ne pouvoir en faire autant. Il s'agit ici des actes *émanés des prêtres*, et de rien autre chose. Je ne comprends donc pas comment les δημοτικοὶ κατάλογοι, qui ne pourraient être que des *actes de dénombrement du peuple*, auraient trouvé place en cette occasion.

XXV. INSCRIPTION DE ROSETTE. 327

de ἱερατεύω; puisqu'on dit bien ἱερατεύειν τινός (θεοῦ), sans qu'il soit nécessaire de voir ici un cas d'attraction, non plus que dans τῷ θεῷ, ᾧ ἱεράτευε d'Hérodien[a].

Ligne 52. — (112) Ἐξεῖναι δὲ τοῖς ἄλλοις ἰδιώταις. Le mot ἰδιώται est placé en opposition avec ἱερεῖς. Le rédacteur veut parler de *ceux qui ne sont pas prêtres*. L'adjectif ἄλλοις ne doit pas faire supposer que ceux qui précèdent étaient aussi des ἰδιῶται. Cet emploi de ἄλλος, qui se trouve dans les meilleurs auteurs, a été expliqué plusieurs fois[b] : en ce cas, il y a une syllepse, qui peut ainsi se résoudre : ἐξεῖναι τοῖς ἄλλοις (ἀνθρώποις) ἰδιώταις (οὖσι). L'idée exprimée par παρ' αὐτοῖς est rendue en hiéroglyphes par les mots : *dans leur maison*[c].

Ce trait est curieux, en ce qu'il montre que, chez les Égyptiens, les simples particuliers (ἰδιῶται) ne pouvaient *sans permission* élever et conserver chez eux des chapelles portatives, ni faire les cérémonies qui s'exécutaient dans les grands temples.

En Grèce, les gens superstitieux étaient enclins au culte particulier et intérieur. Il suffit de rappeler Théophraste, qui nous représente le superstitieux élevant une chapelle (ἱερὸν ἱδρύσασθαι) dans sa maison[d]. Les législateurs ont regardé cet usage comme un abus, et ont senti la nécessité de le réformer. Platon, dans les Lois[e], blâme les personnes qui, dans l'espoir d'apaiser les dieux, élèvent des autels et des chapelles (βωμοὺς καὶ ἱερά) au sein de leurs maisons; il en démontre les inconvénients, et il propose cette loi : *Que personne n'ait de chapelle dans les maisons particulières, mais* qu'on aille sacrifier aux *temples publics, etc.* (ἱερὰ μηδὲ εἷς ἐν ἰδίαις οἰκίαις ἐκτήσθω....). La loi des Douze Tables disait de même : *Separatim nemo habessit deos, etc.*

Il résulte évidemment de notre passage que la même interdiction existait en Égypte. Si la chose n'eût pas été défendue, il aurait été inutile de la permettre en cette occasion, et seulement à l'égard de l'édicule du roi : car il est bien entendu qu'il ne s'agit que de l'édicule susdit, καὶ τὸν προειρημένον ναόν. L'égyptien se contente du

---

[a] V, 6, 6. — [b] Voy. mon *Appendice aux Lettres d'un antiquaire*, p. 84. — [c] Champ. *Gramm. égypt. etc.* p. 278. — [d] *Charact.* XVI. — [e] X, p. 909, 910.

démonstratif « il est permis d'ériger *cette* chapelle consacrée au dieu
« Épiphane[a]. »

Les prêtres mettent, de plus, une condition à la permission qu'ils accordent. Cette condition est annoncée par les lettres συντελου..., à savoir συντελοῦντας, comme lit Porson, ou συντελοῦσι, que je préfère, avec un régime que Porson supplée ainsi : τὰ προσήκοντα νόμιμα ἐν ταῖς ἑορταῖς, τα]ῖς κατ' ἐνιαυτόν. C'est bien là le fond de l'idée, mais les mots étaient autres ; il y avait, outre l'idée d'*année*, celle de *mois*, comme le prouve le passage correspondant du texte hiéroglyphique, passage grammaticalement analysé par Champollion : *célébrer ces fêtes, chaque mois, chaque année* [b]. Dès lors la lacune devait être remplie de cette manière : συντελοῦ[σι τὰ νόμιμα ἐν ἑορταῖς ταῖς τε κατὰ μῆνα καὶ τα]ῖς κατ' ἐνιαυτόν.

Ainsi les particuliers, ἰδιῶται, auront la permission d'avoir chez eux l'édicule du roi ; mais ils seront tenus d'accomplir tout ce qui est prescrit dans les fêtes, tant *mensuelles* qu'*annuelles*, indiquées plus haut : car l'édicule ne doit point rester inutile ; le possesseur doit le sanctifier par une conduite religieuse : et c'est ainsi que Platon défend d'avoir dans sa maison des *chapelles*, par la crainte que le possesseur ne se livre à quelque acte irréligieux ou déshonnête, ou ne s'en serve pour couvrir ses délits. En ce cas, Platon veut que la *chapelle* soit transportée dans le temple public εἰς τὰ δημόσια ἀποφέρειν τὰ ἱερὰ τὰ ἴδια[c]. Il considérait donc ces chapelles comme des παστοί, ou *édicules portatifs*, tels qu'étaient les édicules égyptiens. Il est vraisemblable que, dans la pensée du rédacteur du décret, la permission eût été retirée, si les cérémonies religieuses n'eussent pas été dûment accomplies.

La grande analogie de cette prescription du philosophe grec avec le passage de notre décret me fait conjecturer qu'il s'agit d'une antique loi que Platon a connue en Égypte, et dont il avait senti la justice et l'utilité.

Ligne 53. — (113) Ici, comme à la ligne 38, le rédacteur a préféré la forme αὔξω à αὐξάνω, qui est plus usitée. Αὔξειν ou αὐξάνειν τινά

---

[a] Champ. *Gramm. égypt.* p. 185, 199 et 518. — [b] *Ibid.* p. 314. — [c] *Legg.* X, p. 910.

XXV. INSCRIPTION DE ROSETTE.

pour dire *élever quelqu'un*, ὑψοῦν, augmenter ses honneurs, rendre sa position plus belle, est du style des Septante : ὅτι ηὔξησέ με ὁ θεός [a], où le *Codex Alexandrinus* emploie le verbe ὑψοῦν [b].

La fin de la ligne se remplit avec toute certitude par les mots que Porson a suppléés. La formule est connue et constante. Toute l'incertitude consiste à savoir s'il y avait ἐν στήλῃ, εἰς στήλην ou ἐπὶ στήλην, avec ou sans l'addition de ἐκ devant στερεοῦ λίθου, ces locutions étant également usitées. Dans la stèle de Turin on lit : ..... τόδε ψήφισμα ἀναγράψαι ἐπὶ στήλην λιθίνην τοῖς τε ἑλληνικοῖς καὶ ἐγχωρίοις γράμμασι; cela est parfaitement analogue à ce qui se lit sur la pierre de Rosette. La stèle porte, en effet, deux inscriptions, la première *démotique*, entièrement effacée, la seconde en *grec* : comme dans l'inscription de Rosette, les caractères démotiques y sont appelés ἐγχώρια γράμματα, non ἐπιχώρια, ce qui serait cependant le mot propre, s'il fallait s'en tenir aux distinctions subtiles, trop souvent chimériques, des grammairiens [c]. Une remarque à faire, c'est que les caractères grecs sont nommés les *premiers*, quoiqu'ils ne viennent qu'en second. Dans l'inscription de Rosette, au contraire, les textes sont nommés dans l'ordre où ils sont rangés sur la pierre, *sacrés, locaux* et *grecs*. Pourquoi n'avait-on inscrit sur cette stèle que deux seuls caractères, *grecs* et *démotiques*? C'est, d'une part, que les auteurs du décret ne sont pas seulement les prêtres de Diospolis, mais aussi les magistrats civils et tous les habitants; et, de l'autre, que le sujet n'a rien de religieux, puisqu'il s'agit de conférer des honneurs civils à un particulier.

Porson avait ajouté μέλανος devant στερεοῦ λίθου; mais l'idée de *noire* n'est pas dans l'égyptien; il n'y a que celle de *dure*, comme sur la stèle de Turin, ἐκ σκληροῦ λίθου (l. 28). Il ne manque qu'un σ au commencement de la ligne 54, et peut-être ἐκ; mais je crois que la cassure de la pierre, en cet endroit, existait déjà, et qu'elle a obligé de commencer cette dernière ligne un peu en retraite des autres.

---

[a] *Gen.* XVI, 52. — [b] Voy. Schleusner, I, p. 474. — [c] Cf. Bekker, *Anecdota græca*, p. 187, 55; 259, 18.

Ligne 54. — (114) La fin de cette ligne ne pouvait être restituée complétement sans le secours du texte hiéroglyphique.

Ce qu'il y a de certain, d'abord, c'est l'idée que la stèle sera *placée*, soit *dans chacun des temples des dieux du premier, second et troisième ordre*, ἐν ἑκάστῳ τῶν τε πρώτων καὶ δευτέρω[ν καὶ τρίτων ἱερῷ], comme avait lu Porson (mais, en ce sens, il faudrait ajouter Θεῶν après τρίτων); soit *dans chacun des temples du premier, du second et troisième ordre*, en lisant τρίτων ἱερῶν. Il serait assez difficile de se prononcer entre ces idées, qui peuvent également ressortir des éléments conservés; la première serait appuyée par le passage d'Hérodote, où cet historien parle des trois ordres de dieux, τῶν πρώτων Θεῶν, τῶν δευτέρων, τῶν τρίτων[a]; ce qui est répété par Plutarque[b].

Sans le texte hiéroglyphique, on se déciderait pour cette explication; car on ne pourrait guère invoquer, en faveur de l'autre, que ce passage de Platon, qui semble distinguer trois ordres de temples : τρεῖς (ταμίας) εἰς τὰ μέγιστα ἱερά, δύο δ' εἰς τὰ σμικρότερα, πρὸς δὲ τὰ ἐμμελέστατα (forsan εὐτελέστατα) ἕνα[c]; ce qui peut être étranger à l'Égypte.

Les deux idées se confondent réellement dans une seule : car l'ordre, le *rang* des temples ne résulte-t-il pas nécessairement de celui des *dieux?* en sorte que les *premiers*, les *seconds*, les *troisièmes* temples, ne seraient rien autre chose que les temples des *premiers, seconds, troisièmes* dieux. La seule raison pour attacher quelque importance à l'une ou à l'autre de ces deux expressions, c'est de savoir quels termes grecs (τῶν τρίτων Θεῶν ἱερῷ ou τῶν τρίτων ἱερῶν) le rédacteur avait adoptés.

En tous cas, la ligne n'est pas remplie par les mots τῶν τρίτων ἱερῶν; il y a encore une lacune d'une trentaine de lettres.

D'après son analyse manuscrite, Champollion lit ainsi les hiéroglyphes de la fin : « (qu'on place la stèle) *dans les temples premiers, seconds, troisièmes, auprès de* (au-dessus, il avait écrit, au crayon, *où sera*) *l'image sacrée du roi vivant pour toujours*. » Dans sa Grammaire, la phrase est ainsi analysée, signe par signe : .... *dans les*

---

[a] Herod. II, 145. — [b] *De malign. Herod.* p. 857; t. IX, p. 403, Reisk. — [c] *Legg.* VI, 7, p. 760, a.

XXV. INSCRIPTION DE ROSETTE.

temples du premier, second, troisième ordre, où sera l'image en pied du roi[a]. La seule incertitude consiste dans le sens des mots *où sera*, ou bien *auprès de*. Si cela veut dire *dans lesquels sera l'image du roi*, il s'ensuivra que l'on ordonne de placer la stèle dans *ceux* des temples .... où l'on aura sculpté l'image du roi, auquel cas la lacune du grec devra être remplie par les mots : .... ἱερῶν, ἐν οἷς ἐστήξεται ἡ τοῦ βασιλέως εἰκών. Mais ce sens me paraît difficilement admissible; car, comme il est dit plus haut que cette image doit être placée dans *chaque temple* de l'Égypte (l. 38), sans exception, l'addition serait parfaitement inutile. C'est donc l'autre sens qu'il faut choisir : *où sera*, c'est-à-dire *à l'endroit où sera l'image*, ou, comme Champollion l'avait d'abord exprimé, *auprès de l'image*. De cette manière, l'idée est complète. On avait le soin d'indiquer quelle serait, dans les édifices, la place où l'on mettrait les stèles; quelquefois on se contentait de dire vaguement : ἐν τῷ ἐπιφανεστάτῳ τόπῳ; quelquefois aussi on indiquait le lieu avec précision : ainsi, dans l'inscription de la stèle de Turin, il est dit que cette stèle sera placée sur le soubassement du temple [στῆσαι δὲ τὴν στήλην ἐπὶ] τῆς κρηπῖδος τοῦ ἱεροῦ (l. 31). Ici on indique que la stèle qui consacre les honneurs rendus au roi sera placée près de son *image*, qui elle-même doit l'être ἐν τῷ ἐπιφανεστάτῳ τόπῳ (l. 38). Il ne saurait donc y avoir de doute sur le complément πρὸς τῇ τοῦ αἰωνοβίου βασιλέως εἰκόνι, qui remplit exactement la ligne. Le rédacteur égyptien a mis ici le cartouche entier de Ptolémée, où sont exprimées, outre son nom, les épithètes αἰωνοβίου, ἠγαπημένου ὑπὸ τοῦ Φθᾶ[b]. Le rédacteur grec aurait ajouté ces épithètes, si la place l'eût permis; mais il n'a pas voulu recommencer une autre ligne pour deux mots qui se trouvaient déjà tant de fois dans le corps de l'inscription.

Je terminerai ce commentaire en disant que les *stèles* contenant de tels décrets ont dû être extrêmement multipliées, puisqu'il est prescrit de déposer un exemplaire de celle-ci *dans chacun des temples de l'Égypte*; et la preuve que l'ordre avait été mis à exécution, c'est que notre *pierre* fut trouvée à Rosette, à près de quarante lieues de

---

[a] *Grammaire égyptienne*, p. 259. — [b] La même, p. 510.

Memphis, très-certainement sur l'emplacement d'un ancien temple, où elle avait été placée, conformément aux prescriptions du décret. Il a dû en être de même de toutes les autres stèles ayant le même caractère; et, quoiqu'une multitude infinie de ces monuments ait dû être détruite par l'usage qu'on en a fait dans la bâtisse, il doit en rester encore un grand nombre cachés sous les couches du limon du Nil.

On en connaît déjà au moins quatre, outre celle de Rosette, à savoir : 1° la pierre dite de Menouf, découverte dans une mosquée de cette ville par MM. Dubois-Aymé et Jollois, laquelle porte une double inscription, *démotique* et *grecque*[a]. Cette pierre a été vue encore en 1820 par M. Cailliaud, dans la prison de cette ville : les caractères égyptiens sont effacés; il n'y reste plus que huit à dix lignes de grec, longues d'un mètre, qu'il ne lui fut pas permis de copier[b] : un autre voyageur sera peut-être plus heureux. 2° La pierre couverte d'une triple inscription, trouvée en 1800, dans une mosquée du Caire, par M. Caristie[c]. C'est celle qui a fait ensuite partie de la collection de M. Mimaut, et que le musée du Louvre vient d'acquérir : par malheur, les lettres en sont tellement effacées, qu'il est impossible d'y lire autre chose que quelques mots isolés[d]; ils suffisent cependant pour montrer que le monument n'est pas une répétition de celui de Rosette. 3° La stèle de Turin citée plus haut. 4° Celle de Busiris, où le texte grec a dû être suivi d'une inscription hiéroglyphique.

L'existence de ces cinq inscriptions *bilingues*, à deux ou trois espèces de caractères, doit donner l'espoir que des fouilles bien dirigées, dans le sol des anciens temples, amèneront tôt ou tard la découverte de quelqu'une de ces inscriptions doubles ou triples, dont l'étude comparée conduirait à déchirer tout à fait le voile que notre illustre Champollion a si heureusement soulevé.

[a] *Descr. de l'Égypte, état mod.* t. II, p. 98. — [b] Cailliaud, *Voyage à Méroé*, I, 291, 292. — [c] *Descr. de l'Égypte, Ant. Mem.* t. II, p. 144. — [d] Voy. Dubois, *Catalogue de la collection Mimaut*, p. 41.

XXVI, XXVII.

INSCRIPTIONS SUR LE PIÉDESTAL D'UN OBÉLISQUE TROUVÉ À PHILES.

M. W. J. Bankes ayant fait exécuter, en 1815, des fouilles en avant du pylône du grand temple d'Isis, à Philes, découvrit le fût d'un petit obélisque en granit, tout à fait intact, ainsi que le piédestal et les gradins sur lesquels il avait été élevé originairement; ce qui lui donnait un caractère particulier. En effet, d'après tous les exemples connus d'obélisques dressés à l'époque pharaonique, on sait qu'ils étaient élevés immédiatement sur un dé ou socle quadrangulaire, de hauteur médiocre, et d'une largeur qui dépassait de fort peu le côté inférieur du fût. Mais celui-ci offrait, dans son agencement, une disposition bien plus compliquée. Le piédestal sur lequel repose l'obélisque est d'un seul bloc, mais taillé en deux dés superposés (B et C), dont l'inférieur est le plus élevé: ce piédestal reposait sur une base formée d'un seul bloc de granit, divisée en trois gradins (A). La hauteur de ce triple soubassement est égale à la moitié à peu près de celle du corps de l'obélisque, qui a $6^m 732$. Le monument entier n'a que $9^m 34$ de haut: il offre le seul exemple connu de cette disposition, et d'une telle proportion entre les diverses parties.

En 1819, Belzoni fut chargé, par M. W. J. Bankes, de faire transporter l'obélisque entier à Alexandrie: on peut lire dans son voyage le récit des difficultés et des obstacles que rencontra cette opération[a]. D'Alexandrie, le monument a été, depuis, transporté en Angleterre, où il est maintenant érigé à Kingston-Hall (Dorsetshire).

Depuis la découverte du monument de Rosette, il n'en a pas été fait, en Égypte, de plus intéressante que celle de cet obélisque, et qui ait eu une plus heureuse influence sur les études égyptiennes.

En effet, aussitôt que l'obélisque eut été déblayé, à Philes, on aperçut une inscription grecque, gravée sur une des faces de la partie inférieure (B) du piédestal: copiée d'abord par l'auteur de la

[a] T. II, p. 112-117, trad. fr.

découverte, M. W. J. Bankes, elle le fut ensuite par M. Beechy, et par M. Cailliaud vers la fin de 1816, qui m'en donna communication à son retour.

Cette inscription, contenant une pétition des prêtres de Philes à Ptolémée Évergète II, me parut si curieuse, que j'aurais désiré en faire jouir les savants le plus promptement possible; mais je dus attendre que celui qui avait bien voulu m'en confier la copie pour mon étude particulière me donnât la permission de la publier. Je l'obtins en 1821, et l'inscription ne tarda pas à paraître dans le Journal des Savants [a], traduite et expliquée.

Je croyais ne donner qu'un document historique intéressant, je préparais, sans le savoir, un plus important résultat. M. W. J. Bankes, ayant eu connaissance de cette publication, et voulant constater son droit de priorité dans la découverte de l'obélisque et de l'inscription, droit que je lui avais, d'ailleurs, soigneusement réservé, s'empressa d'envoyer à l'Académie des inscriptions et belles-lettres une planche lithographiée contenant la copie de l'inscription grecque et celle des hiéroglyphes gravés sur l'obélisque.

Or le sens du texte grec montrait qu'il devait se lier avec celui de l'inscription hiéroglyphique: il était naturel d'en conclure qu'on pourrait retrouver dans celle-ci les noms des princes auxquels la pétition était adressée. Je m'empressai de communiquer à Champollion la copie de l'inscription hiéroglyphique, en l'invitant à faire une comparaison que ses études antérieures devaient lui rendre facile.

Partant d'une idée mise en avant par le D[r] Young, mais dont ce savant n'avait jusqu'alors rien fait, dont même, au jugement de M. de Sacy, il n'aurait jamais pu rien faire, à moins de changer de route [b], Champollion, le premier, découvrit les éléments phonétiques des noms de Ptolémée et de Cléopâtre, et, ensuite, de plusieurs autres noms propres, qui lui donnèrent la connaissance de tous les signes employés par les Égyptiens pour exprimer les sons. Cette découverte, consignée d'abord dans la lettre à M. Dacier [c], a reçu, depuis, les

---

[a] En novembre 1821. — [b] *Journal des Savants*, mars 1825, p. 142. — [c] *Ibid.*, octobre 1822.

plus beaux développements dans le Précis du système hiéroglyphique et dans la Grammaire égyptienne.

Il est à présumer que, si M. Cailliaud, en copiant de son côté l'inscription grecque sur le lieu, n'avait pas donné le moyen de la publier dès l'année 1821, la découverte des hiéroglyphes phonétiques serait encore à faire ; car, M. W. J. Bankes n'ayant alors aucun motif pour envoyer à Paris la copie de cette inscription et celle des hiéroglyphes, ces copies seraient restées enfouies dans le secret de ses portefeuilles, ainsi que tous les autres précieux matériaux qu'il a rapportés, lesquels n'ont encore été communiqués qu'à quelques amis en Angleterre, et sont restés inconnus sur le continent. C'est donc encore à une circonstance fortuite qu'est due cette découverte, comme tant d'autres qui ont agrandi le domaine ou changé la face d'une science. Mais, on le sait, ces hasards ne sont heureux et féconds que pour les hommes privilégiés qui savent les saisir.

Je tirai de l'inscription grecque une autre induction, qui s'est aussi vérifiée. De ce que les prêtres de Philes avaient fait graver leur pétition sur l'obélisque qu'ils demandaient au roi la permission d'ériger, je conclus tout naturellement qu'ils avaient obtenu, avec cette permission, les autres objets de leur demande. Il me parut donc impossible que, se contentant de faire graver leur requête sur le piédestal, ils eussent négligé d'y inscrire aussi les réponses du roi et de l'épistolographe, qui devaient les garantir bien plus efficacement contre les abus dont ils s'étaient plaints. Je dis alors en propres termes :
« Il est à peu près certain que les prêtres ont dû joindre à cette péti-
« tion, soit la copie du rescrit royal contenant la décision favorable,
« soit la mention expresse du succès de la demande........ Voilà ce
« qui a dû être gravé sur un des côtés du socle, sur la plinthe,
« ou sur toute autre partie du monument, que nous n'avons plus,
« mais qu'on trouvera peut-être un jour[a]. »

En effet, lorsque l'obélisque, arrivé en Angleterre, eut été transporté à Kingston-Hall, on s'occupa de le dresser comme il était de-

---
[a] *Journal des Savants*, novembre 1821, p. 672, 673.

vant le temple d'Isis. En nettoyant le piédestal, on mit à découvert les vestiges d'une double inscription, qui avait échappé jusqu'alors, n'ayant été que tracée en rouge au-dessus de l'inscription gravée, et dont celle-ci formait, en quelque sorte, le complément. La première annonce en fut donnée par une note, que je crois avoir été rédigée par M. Bankes lui-même, insérée dans l'opuscule de Henry Salt sur le système phonétique, publié en 1825. Elle est ainsi conçue : « Lorsque « M. Salt hasardait cette conjecture, il ignorait que le texte grec des « décrets royaux.... avait été découvert à la partie supérieure du pié- « destal, ...depuis l'arrivée de l'obélisque en Angleterre. Les lettres « sont difficiles à distinguer, à moins qu'on ne soit favorisé par « quelques accidents particuliers de lumière ; car elles ont été peintes « seulement sur le granit poli, ou, plus probablement, tracées avec « une préparation huileuse qui a servi de base à la dorure : en effet, « on ne pourrait expliquer autrement le fait que les deux pièces les « plus importantes auraient été peintes seulement, tandis qu'on au- « rait profondément gravé la pétition elle-même...... Toutes deux « sont au nom du roi Ptolémée et des deux reines [1] ; adressées, « l'une aux prêtres, l'autre à Lochus, gouverneur de la Thébaïde. « La première se compose de sept lignes ; mais, comme le haut « manque, il a pu y en avoir neuf [2] : la seconde a huit lignes. Ni « l'une ni l'autre n'a été rendue publique, quoique communiquée « par M. Bankes à quelques amis [3]. »

Ces deux pièces sont, en effet, restées inconnues, pendant près de vingt ans, de ce côté-ci du détroit, jusqu'au moment où M. W. R. Hamilton, il y a seulement quelques mois, a bien voulu m'en envoyer la copie, que lui avait communiquée, à mon intention, M. le colonel Leake, avec l'agrément de M. Bankes. Elles forment, avec la première, un ensemble complet, qui se compose de la requête des plaignants, de

---

[1] On verra qu'il n'y en a qu'une seule émanée du roi.
[2] La pièce avait dix lignes.
[3] Note dans Salt, *Essay on the phonetic system*, p. 22. M. Silvestre de Sacy a reproduit cette note dans l'article sur l'ouvrage de Salt, *Journal des Savants*, mai 1826, p. 311.

XXVI. OBÉLISQUE DE PHILES. PÉTITION.

la lettre du magistrat suprême qui leur en notifie le succès, et de l'ampliation du rescrit qui contient la décision royale. Un tel ensemble ne s'est pas encore, jusqu'ici, rencontré parmi les monuments épigraphiques de l'Égypte. Il n'en existe même que deux seuls exemples dans les nombreux papyrus que nous possédons, lesquels vont m'aider à restituer, d'une manière certaine, ce qui manque au commencement et à la fin de la lettre et du rescrit.

Je vais reproduire ces trois pièces, en commençant par la pétition. Comme on y expose en détail la plainte à laquelle le rescrit royal a fait droit, il serait difficile de comprendre les deux autres, si la requête n'était pas d'abord expliquée.

XXVI.

PÉTITION DES PRÊTRES.

Le texte suivant résulte de la combinaison des deux copies de M. W. J. Bankes et de M. Cailliaud. Il n'offre d'incertitude sur aucun point; je n'ai eu à faire disparaître que quelques légères incorrections, qui ne sont que des fautes de copie.

L. 1. ΒΑΣΙΛΕΙΠΤΟΛΕΜΑΙΩΙΚΑΙΒΑΣΙΛΙΣΣΗΙΚΛΕΟΠΑΤΡΑΙ
ΤΗΙΑΔΕΛΦΗΙΚΑΙΒΑΣΙΛΙΣΣΗΙΚΛΕΟΠΑΤΡΑΙΤΗΙΓΥΝΑΙ
ΚΙΘΕΟΙΣΕΥΕΡΓΕΤΑΙΣΧΑΙΡΕΙΝΟΙΙΕΡΕΙΣΤΗΣΕΝΤΩΙΑΒΑ
ΤΩΙΚΑΙΕΝΦΙΛΑΙΣΙΣΙΔΟΣΘΕΑΣΜΕΓΙΣΤΗΣΕΠΕΙΟΙΠΑΡΕΠΙ
L. 5. ΔΗΜΟΥΝΤΕΣΕΙΣΤΑΣΦΙΛΑΣΣΤΡΑΤΗΓΟΙΚΑΙΕΠΙΣΤΑΤΑΙ
ΚΑΙΘΗΒΑΡΧΑΙΚΑΙΒΑΣΙΛΙΚΟΙΓΡΑΜΜΑΤΕΙΣΚΑΙΕΠΙΣΤΑΤΑΙΦΥ
ΛΑΚΙΤΩΝΚΑΙΟΙΑΛΛΟΙΠΡΑΓΜΑΤΙΚΟΙΠΑΝΤΕΣΚΑΙΑΙΑ
ΚΟΛΟΥΘΟΥΣΑΙΔΥΝΑΜΕΙΣΚΑΙΗΛΟΙΠΗΥΠΗΡΕΣΙΑΑΝΑΓΚΑ
ΞΟΥΣΙΗΜΑΣΠΑΡΟΥΣΙΑΣΑΥΤΟΙΣΠΟΙΕΙΣΘΑΙΟΥΧΕΚΟΝΤΑΣ
L. 10. ΚΑΙΕΚΤΟΥΤΟΙΟΥΤΟΥΣΥΜΒΑΙΝΕΙΕΛΑΤΤΟΥΣΘΑΙΤΟΙΕΡΟΝΚΑΙ
ΚΙΝΔΥΝΕΥΕΙΝΗΜΑΣΤΟΥΜΗΕΧΕΙΝΤΑΝΟΜΙΞΟΜΕΝΑΓΡΟΣΤΑΣ
ΓΙΝΟΜΕΝΑΣΥΠΕΡΤΕΥΜΩΝΚΑΙΤΩΝΤΕΚΝΩΝΘΥΣΙΑΣ
ΚΑΙΣΠΟΝΔΑΣΔΕΟΜΕΘΥΜΩΝΘΕΩΝΜΕΓΙΣΤΩΝΕΑΝ

ACTES SACERDOTAUX.

ΦΑΙΝΗΤΑΙΣΥΝΤΑΞΑΙΝΟΥΜΗΝΙΩΙΤΩΙΣΥΓΓΕΝΕΙΚΑ...
L. 15. ΛΟΓΡΑΦΩΙΓΡΑΨΑΙΛΟΧΩΙΤΩΙΣΥΓΓΕΝΕΙΚΑΙΣΤΡΑΤΗΓΩΙΤΗΣ
ΘΗΒΑΙΔΟΣΜΗΠΑΡΕΝΟΧΛΕΙΝΗΜΑΣΠΡΟΣΤΑΥΤΑΜΗΔΑΛ
ΛΩΙΜΗΔΕΝΕΠΙΤΡΕΠΕΙΝΤΟΑΥΤΟΠΟΙΕΙΝΚΑΙΗΜΙΝΔΙΔΟΝΑΙ
ΤΟΥΣΚΑΘΗΚΟΝΤΑΣΠΕΡΙΤΟΥΤΩΝΧΡΗΜΑΤΙΣΜΟΥΣΕΝΟΙΣ
ΕΠΙΧΩΡΗΣΑΙΗΜΙΝΑΝΑΘΕΙΝΑΙΣΤΗΛΗΝΕΝΗΙΑΝΑΓΡΑΨΟΜΕΝ
L. 20. ΤΗΝΓΕΓΟΝΥΙΑΝΗΜΙΝΥΦΥΜΩΝΠΕΡΙΤΟΥΤΩΝΦΙΛΑΝΘΡΩΠΙΑΝ
ΙΝΑΗΥΜΕΤΕΡΑΧΑΡΙΣΑΕΙΜΝΗΣΤΟΣΥΠΑΡΧΕΙΠΑΡΑΥΤΗΣΕΙΣΤΟΝ
ΑΠΑΝΤΑΧΡΟΝΟΝΤΟΥΤΟΥΔΕΓΕΝΟΜΕΝΟΥΕΣΟΜΕΘΑΚΑΙΕΝ
ΤΟΥΤΟΙΣΚΑΙΤΟΙΕΡΟΝΤΟΤΗΣΙΣΙΔΟΣΕΥΕΡΓΕΤΗΜΕΝΟΙ.
ΕΥΤΥΧΕΙΤΕ.

TEXTE EN CARACTÈRES COURANTS, ET TRADUCTION.

L. 1. Βασιλεῖ Πτολεμαίῳ καὶ βασιλίσσῃ Κλεοπάτρᾳ
τῇ ἀδελφῇ, καὶ βασιλίσσῃ Κλεοπάτρᾳ τῇ γυναι-
κί, θεοῖς Εὐεργέταις, χαίρειν· οἱ ἱερεῖς τῆς ἐν τῷ Ἀβάτῳ καὶ ἐν Φίλαις Ἴσιδος, θεᾶς μεγίστης, ἐπεὶ οἱ παρεπι-
L. 5. δημοῦντες εἰς τὰς Φίλας σ]ρατηγοὶ, καὶ ἐπισ]άται,
καὶ θηβάρχαι, καὶ βασιλικοὶ γραμματεῖς, καὶ ἐπισ]άται φυλακιτῶν, καὶ οἱ ἄλλοι πραγματικοὶ πάντες, καὶ αἱ ἀ-
κολουθοῦσαι δυνάμεις, καὶ ἡ λοιπὴ ὑπηρεσία, ἀναγκάζουσι ἡμᾶς παρουσίας αὑτοῖς ποιεῖσθαι οὐχ ἑκόντας·
L. 10. καὶ ἐκ τοῦ τοιούτου συμβαίνει ἐλαττοῦσθαι τὸ ἱερὸν καὶ
κινδυνεύειν ἡμᾶς τοῦ μὴ ἔχειν τὰ νομιζόμενα πρὸς τὰς
γινομένας ὑπέρ τε ὑμῶν καὶ τῶν τέκνων θυσίας
καὶ σπονδάς· δεόμεθ' ὑμῶν, Θεῶν μεγίστων, ἐὰν
φαίνηται, συντάξαι Νουμηνίῳ, τῷ συγγενεῖ κα[ὶ ἐπισ]ο]-
L. 15. λογράφῳ, γράψαι Λόχῳ, τῷ συγγενεῖ καὶ σ]ρατηγῷ τῆς
Θηβαΐδος, μὴ παρενοχλεῖν ἡμᾶς πρὸς ταῦτα, μηδ' ἄλλῳ μηδὲν ἐπιτρέπειν τὸ αὐτὸ ποιεῖν, καὶ ἡμῖν διδόναι
τοὺς καθήκοντας περὶ τούτων χρηματισμοὺς, ἐν οἷς
ἐπιχωρῆσαι ἡμῖν ἀναθεῖναι σ]ήλην, ἐν ᾗ ἀναγράψομεν
L. 20. τὴν γεγονυῖαν ἡμῖν ὑφ' ὑμῶν περὶ τούτων φιλανθρωπίαν,
ἵνα ἡ ὑμετέρα χάρις ἀείμνησ]ος ὑπάρχῃ παρ' αὐτῆς εἰς τὸν
ἅπαντα χρόνον. Τούτου δὲ γενομένου, ἐσόμεθα, καὶ ἐν
τούτοις, καὶ τὸ ἱερὸν τὸ τῆς Ἴσιδος, εὐεργετημένοι.

Εὐτυχεῖτε.

Au roi Ptolémée, à la reine Cléopâtre, sa sœur, à la reine Cléopâtre, sa femme, dieux Évergètes, salut :

Nous, les prêtres d'Isis, adorée dans l'Abatou et à Philes, déesse très-grande,

Considérant que les gens de passage à Philes, stratéges, épistates, thébarques, greffiers royaux, chefs des phylacites, tous les autres officiers publics, les troupes qui les accompagnent et le reste de leur suite, nous contraignent de fournir aux frais de leur présence, et qu'il résulte de tels abus que le temple est appauvri et que nous courons le risque de n'avoir plus de quoi suffire aux dépenses, réglées par la loi, des sacrifices et libations qui se font pour la conservation de vous et de vos enfants ;

Nous vous supplions, dieux très-grands, de charger, s'il vous plaît, Numénius, le parent et épistolographe, d'écrire à Lochus, le parent et stratége de la Thébaïde, de ne point exercer, à notre égard, de ces vexations, ni de permettre à nul autre de le faire; de nous donner, à cet effet, les arrêtés d'usage, où sera comprise la permission d'élever une stèle, sur laquelle nous inscrirons la bienfaisance que vous aurez montrée à notre égard en cette occasion, afin que cette stèle conserve éternellement la mémoire de la grâce que vous nous aurez accordée.

Cela étant, nous serons, nous et le temple, en ceci comme en d'autres choses, vos très-obligés.

Soyez heureux.

XXVI. OBÉLISQUE DE PHILES. PÉTITION.

J'aurais pu faire une traduction moins technique et plus élégante; mais il me paraît toujours utile de conserver les formes de l'original et la tournure générale de la pétition, qui ne compose, à vrai dire, qu'une seule période.

Lorsque cette pétition a été publiée, c'était une pièce tout à fait unique en son genre; maintenant, les papyrus, entre autres ceux des didymes, prêtresses de Sérapis, nous en ont fait connaître plusieurs du même genre, dont la tournure est exactement la même, et qui ne diffèrent que par les détails. Ces exemples montrent que je ne m'étais pas trompé dans l'explication des diverses parties de ce monument curieux. Je n'aurai donc qu'à reprendre mon premier travail, en retranchant quelques éclaircissements, qui sont, à présent, superflus, ou qui seront mieux placés ailleurs.

COMMENTAIRE.

Lig. 1. — Les observations que j'ai faites sur la date de l'inscription du temple de Vénus, à Philes[a], s'appliquent entièrement à celle de la pétition; car on y retrouve les *deux* Cléopâtre, dont l'une était *sœur*, l'autre *femme* du roi Ptolémée Évergète : circonstance qui ne peut convenir, comme on l'a vu, qu'à Ptolémée Évergète II, et doit se rapporter à l'intervalle des années 127 à 117 avant J. C., c'est-à-dire à une époque postérieure au retour de ce prince. Ces deux inscriptions sont donc à peu près du même temps; mais celle-ci ne peut être, comme on le verra, de beaucoup postérieure à l'an 127[b].

Les auteurs de la requête à Évergète II sont les prêtres d'Isis, dans l'île de *Philes*. Isis était la grande divinité de cette île, comme le prouvent une multitude de textes anciens et les nombreux προσκυνήματα, ou *actes d'adoration,* qu'on y a recueillis.

A la fin de la ligne 3, après ABA, M. Cailliaud a mis un point qui laisserait supposer qu'il manque une ou plusieurs lettres; ABA doit se joindre avec le TΩI de la ligne suivante, et il faut lire ἐν τῷ

---

[a] Plus haut, p. 48 et 56. — [b] Plus bas, p. 346.

Ἀβάτῳ. Le nom d'Ἄβατον, selon Sénèque, désignait une petite île, voisine de *Philes,* où les prêtres seuls avaient accès [a], ce qui lui avait valu son nom : car ἄβατος, et, substantivement, τὸ ἄβατον (χωρίον), est le mot propre pour désigner un lieu dont l'accès est interdit aux profanes. Cette petite île, qui, selon Lucain, recevait le premier choc du fleuve [b], passait pour contenir le tombeau d'Osiris [c], et c'est à cette tradition qu'elle devait, sans doute, la grande vénération dont elle jouissait [d].

Ligne 4-8. — Il ne peut y avoir de doute sur la leçon παρεπιδημοῦντες, ni sur le sens qu'elle présente : le verbe παρεπιδημεῖν est le *peregrinari* des Latins; aussi, toutes les fois que le texte grec de la Bible porte le mot παρεπίδημος [e], la Vulgate le traduit par *peregrinus*. Παρεπιδημοῦντες est opposé à ξένοι κατοικοῦντες dans plusieurs inscriptions, où nous lisons une formule semblable à celle-ci : Ἀθηναίων καὶ Ῥωμαίων καὶ τῶν ἄλλων κατοικοῦντες καὶ παρεπιδημοῦντες ἐν Δήλῳ [f]. Elle se retrouve dans d'autres inscriptions [g] et des papyrus [h]. Les ξένοι κατοικοῦντες sont *les étrangers établis et domiciliés* dans un pays; les παρεπιδημοῦντες sont, au contraire, ceux qui s'y *trouvent accidentellement, de passage,* pour affaire ou pour autre cause. La même opposition existe dans le passage où Polybe, parlant de l'ambassade des Rhodiens à Rome, dit des Grecs qui se trouvaient alors dans cette ville : οὐ μὴν τοῖς γε παρεπιδημοῦσιν, οὔτε τοῖς ἐκεῖ μένουσι τῶν Ἑλλήνων οὐδαμῶς ἤρεσκεν [i]; car μένειν répond précisément à κατοικεῖν des inscriptions citées. Plutarque dit également : τῶν ξένων οἱ παρεπιδημοῦντες [k]. Παρεπιδημεῖν, avec le même sens de *se trouver dans un pays sans y demeurer d'une manière fixe,* est employé par Plutarque [l], par Diodore de Sicile, en parlant des Italiens voyageant en Égypte : οἱ ὄχλοι πᾶσαν

---

[a] Senec. *Natur. Quæst.* IV, 2, 7. — [b] *Pharsal.* X, 322. — [c] Diod. Sic. I, 22; Plut. *de Isid. et Osir.* p. 359. — [d] Sur la position de cet *Abaton,* voyez les *Lettres écrites d'Égypte,* par Champollion, p. 169; on l'aperçoit dans la vue de Philes, pl. IX, d. — [e] *Genes.* XXIII, 4; *Psalm.* XXXVIII, 17; *Hebr.* XI, 13; 1 *Petr.* I, 1; II, 11. — [f] *Marm. Oxon.* n° CLXXXI; Böckh, *Corp. inscr.* n°⁹ 2286, 2288. — [g] *Ant. Asiat.* p. 120, 147; Böckh, *Corp. Inscr.* n° 2288. — [h] Ap. Peyron, part. II, p. 50. — [i] Polyb. XXX, 4, 10. — [k] Plut. *in Timol.* § 38. — [l] *Id. in Eumen.* § 1; *Sympos.* p. 665, et *Reipubl. ger. præc.* p. 811.

XXVI. OBÉLISQUE DE PHILES. PÉTITION.

εἰσεφέροντο σπουδὴν ἐκθεραπεύοντες τοὺς παρεπιδημοῦντας τῶν ἀπὸ τῆς Ἰταλίας [a]. Les Attiques emploient précisément en ce sens le verbe ἐπιδημεῖν [b], mais bien rarement παρεπιδημεῖν, si même on trouve ce verbe, doublement composé, dans les écrivains antérieurs à Alexandre [1].

Il s'agit donc ici des personnes qui *viennent à Philes et n'y demeurent* que le temps nécessaire à l'exercice des fonctions publiques qui leur sont confiées.

Les lignes suivantes contiennent l'indication des fonctions de ceux dont les prêtres se plaignent; ce sont les *stratéges*, les *épistates*, les *thébarques*, les *greffiers royaux*, les *épistates des phylacites*, etc.

Le sens général paraît fixé par les mots οἱ ἄλλοι πραγματικοὶ πάντες. On peut objecter, je le sais, que le mot ἄλλος n'emporte pas toujours nécessairement l'idée que le substantif auquel il est joint est de même nature que ceux qui précèdent [c]; mais c'est en des cas différents de celui-ci. On peut être sûr que tous les titres ci-dessus mentionnés appartiennent à des πραγματικοί. Polybe se sert de ce mot en plus d'une occasion, simplement avec le sens d'*homme habile et expérimenté dans les affaires* [d], et Plutarque, dans celui que nous donnons au mot *praticien* [e]; mais le rédacteur de l'édit de Tibère Alexandre lui donne celui d'*employé civil du gouvernement*, car il dit indifféremment πραγματικοί et οἱ ἐν τοῖς δημοσίοις πράγμασιν ὄντες. Ce mot s'entend de *tout employé du gouvernement*, civil ou militaire; ὁ ἐπὶ τῶν πραγμάτων, selon l'expression d'une lettre de Ptolémée Philopator, qui commence ainsi : Βασιλεὺς Πτολεμαῖος ὁ Φιλοπάτωρ τοῖς κατ' Αἴγυπτον σ]ρατηγοῖς καὶ πᾶσι τοῖς τεταγμένοις ἐπὶ πραγμάτων. Ainsi les πραγματικοί sont, en général, les *fonctionnaires publics*, ceux que le faux Aristéas désigne par les mots ὑπηρέται τῶν πραγμάτων [f], et les papyrus par οἱ πρὸς τοῖς βασιλικοῖς πράγμασιν ὄντες [g], ou bien οἱ τὰ βασιλικὰ

---

[a] Diod. Sic. I, 83. — [b] *Lexicon Xenoph.* hac voce. — [c] Ibid. I, p. 138; Ast. *ad Plat. Legg.* II, p. 121, et *ad Phædr.* p. 232, etc. — [d] *Lexicon Polyb.* hac voce. — [e] Coray, sur les πολιτικὰ παραγγέλμ. de Plutarque, p. 153. — [f] P. 106, t. II, Joseph. edit. Havercamp. — [g] *Pap. du musée du Louvre.*

[1] Le substantif παρεπιδημία se trouve déjà dans l'*Axiochus* (§ 3); mais quelle est l'époque de ce dialogue?

πραγματευόμενοι[a]. La plainte des prêtres concerne donc les personnes qui, venant à *Philes avec un caractère public,* abusaient de ce caractère et de leur autorité pour contraindre le temple de leur fournir de l'argent.

Les *stratéges,* placés en premier, doivent être les chefs politiques des nomes limitrophes, tels que ceux d'Ombos, de Latopolis[b], qui, dans leurs visites à Philes, exigeaient des prêtres ce que ceux-ci étaient en droit de leur refuser. Les abus duraient peut-être depuis longtemps. Il y a, en effet, lieu de présumer, d'après la date de la requête, que les prêtres ont dû souffrir pendant plusieurs années avant d'oser se plaindre, puisqu'ils ont attendu le retour du roi pour faire entendre leurs réclamations.

Le mot *épistate,* employé absolument, peut signifier également *gouverneur, surveillant, inspecteur, commandant, curateur, intendant, supérieur* et *président.* Pour connaître le sens d'un mot aussi vague, il faut que quelques circonstances servent à le déterminer, ou, du moins, que le complément qui le suit mette sur la voie de la signification; il est évident, toutefois, que ce ne peut être ni ἐπιστάτης τοῦ νεώ[c], ni ἐπιστάτης τοῦ ἱεροῦ ou τῶν ἱερῶν. Comme on trouve ἐπιστάτης τοῦ νομοῦ, qui paraît désigner une fonction judiciaire analogue à celle du *préteur* romain[d], il est possible que ce soit la signification, par excellence, du nom d'*épistate* employé tout seul; mais ce ne peut être là qu'une conjecture.

Quant au mot Θηβάρχαι, par sa composition il semble ne pouvoir signifier que *commandant de Thèbes,* puisque celui de la Thébaïde est appelé plus bas στρατηγὸς τῆς Θηβαΐδος (l. 15); mais ce terme, comme on le verra dans la suite, paraît avoir eu une extension plus grande, que je ne puis encore déterminer.

Les fonctions des βασιλικοὶ γραμματεῖς étaient, sans doute, importantes; mais on n'en sait pas précisément la nature. Elles embrassaient tout un nome et même deux nomes à la fois, comme le prouve

---

[a] *Pap. Leyd.* n° 6. — [b] Cf. Peyron, *ad Pap. Taurin.* I, p. 67. — [c] Chandler, *Inscr. ant.* part. II, n° 1, l. 1. — [d] Peyron, *ad Pap. Taurin.* 1re part. p. 72.

XXVI. OBÉLISQUE DE PHILES. PÉTITION. 343

une inscription memnonienne [a]. Je pense néanmoins que ses fonctions concernaient les finances; car, dans un papyrus de Leyde, on voit que le βασιλικὸς γραμματεύς était, en même temps, ὁ ἐπὶ προσόδων [b]. C'était une espèce de *procureur du roi* (ἐπίτροπος βασιλέως), qu'on aurait aussi bien nommé νομογραμματεύς, si l'on n'avait voulu rattacher son nom à l'institution royale.

Restent les ἐπισίάται φυλακιτῶν. Ce mot φυλακῖται, dans sa signification propre, signifie *gardiens*. On pourrait l'entendre des troupes (δυνάμεις) commises à *la garde* de l'île de *Philes* et de ses monuments, ou de celles qui étaient *chargées de la garde du pays*, puisque, de tout temps, des corps avaient été placés aux environs de Syène et de Philes pour défendre cette région contre les courses des Nubiens; mais plusieurs passages des papyrus montrent que ce devait être une garde de police, une espèce de *gendarmerie,* qui avait pour chefs ceux qu'on appelle ici ἐπισίάται, et ailleurs ἀρχιφυλακῖται.

Ligne 9. — *Ils nous forcent de fournir aux frais de leur présence,* ἀναγκάζουσι ἡμᾶς παρουσίας αὐτοῖς ποιεῖσθαι. Le sens est clair; car il s'agit évidemment de contributions exigées par les officiers royaux pendant leur séjour à Philes. Le scholiaste de Lucien explique le sens particulier du mot παρουσίαι en disant : προσόδους, εἰσφορὰς ἢ παρουσίας [c]. Il s'agit de *prestations,* soit en argent, soit en nature, pour payer la dépense journalière des employés *présents* (παρόντες) à Philes. Il semble donc que l'usage permettait de dire παρουσίας ποιεῖσθαι, *faire des présences,* dans le sens de *faire les frais de présence* (εἰσφορὰς ποιεῖσθαι εἰς τὴν παρουσίαν).

Le pléonasme ἀναγκάζουσι.... οὐχ ἑκόντας n'a rien qui doive surprendre. On le trouve dans l'édit de Tibère Alexandre : τοῖς βουλομένοις ΕΚΟΥΣΙΩΣ προέρχεσθαι, — μετὰ προθυμίας ΕΚΟΝΤΑΣ πραγματεύεσθαι, — ἄκοντας πρὸς βίαν ἄγεσθαι. Notre inscription porte plus bas*: χάρις ἀείμνησίος.... εἰς τὸν ἅπαντα χρόνον.

Ligne 10. — Καὶ ἐκ τοῦ τοιούτου συμβαίνει ἐλαττοῦσθαι. La locution est

---

[a] N° XXVI. — [b] Plus bas, p. 374. — [c] Schol. Lucian. ad. I Phalarid. § 5; cf. Boisson. *ad Aristœn.* p. 481 et 745.

très-bonne. Démosthène : Εἶθ' ὑμῖν συμβέβηκεν ἘΚ ΤΟΎΤΟΥ..... τρυφᾶν καὶ κολακεύεσθαι [a]; Polybe : ἐξ οὗ συνέβαινε μεγάλα τοὺς Ῥωμαίους ἐλαττωθῆναι [b]; l'édit de Tibère Alexandre porte : ἘΞ ΟὟ συμβαίνει αὐτοὺς μὲν ἀργυρίζεσθαι.

Et nous courons le risque de n'avoir plus de quoi suffire aux dépenses (fixées par la loi), sacrifices et libations, qui se font pour la conservation de vous et de vos enfants. Τὰ νομιζόμενα, qui signifie les choses prescrites par la loi, ou par l'usage passé en loi [c], τὰ νόμιμα, ἔννομα, comme on le voit dans l'inscription de Rosette [d]. Le substantif sous-entendu me paraît être χρήματα. Ainsi, dans l'inscription de l'île de Dionysos (n° XXXII), on lit : καὶ τὰ πρὸς τὰς θυσίας καὶ σπονδὰς..... χρήματα. On peut sous-entendre aussi τὰ δαπανήματα, ce qui revient au même, par exemple : ὥστε καὶ Σέλευκον τὸν τῆς Ἀσίας βασιλέα χορηγεῖν ἐκ τῶν ἰδίων προσόδων πάντα τὰ πρὸς τὰς λειτουργίας τῶν θυσιῶν ἐπιβάλλοντα δαπανήματα [e]. Αἱ θυσίαι αἱ γινόμεναι signifie sacrificia solemnia. Selon la remarque de Vigier [f], le participe γινόμενος, dans des phrases semblables à celle-ci, emporte l'idée de solemnis, ou de célébration obligatoire et périodique. Ainsi Dinarque a dit en ce sens : θυσιῶν τῶν γινομένων κοινωνεῖν [g], comme l'observe Zeune [h].

Les mots ὑπέρ τε ὑμῶν.... θυσίας κ. τ. λ. rappellent la phrase du pontife des Juifs à Ptolémée Philadelphe : Εὐθὺς οὖν ὑπὲρ σοῦ καὶ τῆς ἀδελφῆς καὶ τῶν τέκνων προσηγάγομεν θυσίας [i]; et cette phrase de Josèphe : ἔθυσαν δὲ χαριστηρίους θυσίας ὑπὲρ.... τῆς τοῦ στρατεύματος σωτηρίας [k]. C'est une formule ordinaire dans les pétitions aux Ptolémées, comme le montrent plusieurs papyrus.

Il faut remarquer l'adresse des prêtres. Parler des sacrifices à Isis, des dépenses qu'ils entraînent, et de l'impossibilité d'y subvenir par suite des exactions, c'était s'exposer à toucher peu le cœur du roi; un moyen plus sûr était de rappeler habilement que ces sacri-

---

[a] Demosth. Philipp. III, p. 111, ed. Reisk. — [b] Polyb. XXV, 6, 5. — [c] Cf. Larcher, sur Hérodote, II, 279. — [d] L. 32, 40, 43, 48. — [e] II Machab. III, 3. — [f] Viger. Idiot. L. G. VI, 3, 1. — [g] Dinarch. Contr. Aristog. p. 81, ed. Reisk. — [h] Zeun. ad Viger. loc. laud. — [i] Ap. Joseph. Ant. Jud. XII, 2, 5. — [k] Id. XII, 8, 5.

XXVI. OBÉLISQUE DE PHILES. PÉTITION. 345

fices ont pour objet principal d'invoquer la protection de la déesse pour la conservation des jours de la famille royale.

Ligne 13. — Le titre de *dieux grands*, qui est donné, sur un monument public, à Cléopâtre et à son fils Ptolémée Alexandre [a], ne suffisait pas aux yeux des prêtres; ils se croient plus sûrs d'obtenir ce qu'ils demandent en allant jusqu'au titre de *dieux très-grands*. Du reste, on retrouve ces formes adulatrices dans d'autres pétitions du même genre, que nous ont conservées les papyrus.

Quoiqu'on lise, dans plusieurs inscriptions, ἐὰν αὐτῷ ou ὑμῖν φαίνηται [b], le pronom ὑμῖν ne manque point ici, comme on le pourrait croire; on trouve indifféremment, dans les inscriptions et les papyrus, ἐὰν ὑμῖν ou σοὶ φαίνηται, et ἐὰν φαίνηται. L'omission du pronom est même plus fréquente [c].

Ligne 14. — La lettre des Samaritains à Antiochus Épiphane contient une formule absolument semblable : ἀξιοῦμεν οὖν σε..... προστάξαι Ἀπολλωνίῳ τῷ μεριδάρχῃ καὶ Νικάνορι τῷ τὰ βασιλικὰ πράττοντι, μηδὲν ἡμῖν ἐνοχλεῖν [d]. Les papyrus en donnent de nombreux exemples; ainsi : δέομαι καὶ ἀξιῶ ὑμᾶς προστάξαι Φιλοκράτει τῷ συγγενεῖ καὶ ἐπιστολογράφῳ [e]..., où προστάξαι tient la place de notre συντάξαι; à cette différence près, c'est exactement ce qui se lit dans notre inscription. On verra plus bas quelles étaient les fonctions de l'*épistolographe*.

La ligne finit par les mots ΣΥΓΓΕΝΕΚΑ, ce qui est évidemment συγγενεῖ καί. La ligne suivante commence par ΛΟΓΡΑΦΩΙ; c'est le reste du mot ΕΠΙΣΤΟΛΟΓΡΑΦΩΙ; ainsi on ne peut lire autrement que συγγενεῖ καὶ ἐπιστολογράφῳ.

Polybe fait mention d'un *Numénius* [1], qui, après la guerre d'Antiochus, fut envoyé à Rome par Ptolémée Philométor et Évergète, pour remercier les Romains des secours qu'ils leur avaient fournis [f].

---

[a] Plus haut, p. 50. — [b] Gruter, *Corp. Inscr.* p. 503; Böckh, *Corp. Inscr.* n° 2557, l. 25 — [c] Am. Peyron, *ad Pap. Taurin.* 1ʳᵉ part. p. 105, 106. — [d] Ap. Joseph. *Ant. Jud.* XII, 5, 5. — [e] *Pap. Leyd.* n° 6, 7 bis. — [f] Polyb. XXX, 11.

[1] Les éditions de Polybe portent Νουμένιος; la vraie leçon, conforme à l'étymologie, est Νουμήνιος. Je pense que ce nom avait été donné primitivement à des enfants nés le premier du mois, le jour de la Νουμηνία.

Cette ambassade est de l'an 164 avant notre ère; il est possible que ce personnage soit notre Numénius. L'historien le qualifie *l'un des amis*, ἕνα τῶν φίλων; ces princes avaient alors, l'un vingt-quatre ans, l'autre dix-huit ou dix-neuf: supposons qu'alors leur ami Numénius eût une trentaine d'années; dans l'intervalle de 127 à 117, époque présumée de la requête, Numénius n'aurait eu que soixante et quelques années, ce qui n'a rien que de vraisemblable. Il est tout naturel que Ptolémée Évergète, de retour dans ses États, eût confié une place aussi importante, qui exigeait la plus grande confiance, à un homme éprouvé par de longs services, et qui peut-être avait partagé son exil.

Ligne 15. — Quant à Lochus, il en est question dans un papyrus de l'an XLIV d'Évergète [a], ou 127 avant notre ère. La date de la requête ne peut être beaucoup plus récente que cette époque.

Le *stratége de la Thébaïde* était un magistrat suprême, qui avait sous sa juridiction toutes les autorités de la province, comme on le voit ici. Ce personnage distingué reçoit, ainsi que l'épistolographe, le titre de *parent*, συγγενής. Plusieurs inscriptions de Philes nous présentent ce titre encore sous une autre forme : τῶν συγγενῶν (ἐκ), *étant au nombre des parents*, ou bien, ce qui est fréquent, avec l'addition de τοῦ βασιλέως. C'est ainsi que Tyrrhus ou Pyrrhus, l'amiral qui battit la flotte d'Alexandre Ier, reçoit, dans Porphyre, le titre de συγγενὴς τῶν βασιλέων [b], *parent des rois*, c'est-à-dire d'Évergète et d'Alexandre. C'est un titre honorifique attaché, sans doute, aux grandes dignités de l'État, comme celui de *notre cousin*, donné par les rois de France non-seulement aux princes du sang, mais encore aux pairs, aux cardinaux, aux maréchaux, etc.

Les Macédoniens ont dû prendre cet usage en Perse. Darius, à la bataille d'Arbèles, avait, autour de sa personne, un corps nombreux d'hommes distingués par leur courage et leur dévouement pour lui, qui portaient le titre de *parents du roi, cognati regis*, ou simplement *cognati*, συγγενεῖς βασιλέως ou συγγενεῖς, comme le prouvent

---

[a] Voyez mes *Fragments inédits d'anciens poëtes*, p. 29, *seq.* à la suite de l'Aristophane, éd. de Didot. — [b] Ap. Euseb. *Chron.* p. 225; plus haut, p. 62.

XXVI. OBÉLISQUE DE PHILES. PÉTITION. 347

des passages de Quinte-Curce, de Diodore, d'Arrien et d'Athénée [a]. Rien de plus frappant, à ce sujet, que le passage où Josèphe parle des questions proposées par Darius, en présence de sa cour, à ses trois capitaines des gardes, dont l'un était Zorobabel. Il promet, à celui dont la réponse sera jugée la meilleure, de lui donner, entre autres choses, une robe de byssus, un collier d'or, et *le titre de son parent*, καὶ συγγενής μου, ἔφη, κληθήσεται [1]. Alexandre, qui, sur la fin de sa vie, imita en plusieurs occasions les usages persans, avait donné également à quelques Perses distingués le titre honorifique de *parents d'Alexandre*. Callinus, un des principaux officiers du corps de cavalerie appelé *des amis*, s'en étant plaint amèrement au nom de ses compagnons, Alexandre lui dit : « Eh bien, je vous adopte « aussi tous pour mes *parents* (Ἀλλ' ὑμᾶς, ἔφη, ξύμπαντας ἐμαυτῷ τίθεμαι « συγγενεῖς [b]). » Ses successeurs suivirent son exemple, en ce point comme en beaucoup d'autres.

Josèphe fait mention du Crétois Lasthène, qui avait amené à Démétrius des troupes mercenaires dont il se servit pour monter sur le trône de ses pères [c]. En désignant ce Lasthène simplement par la qualification de *Crétois* [2], l'historien montre assez que ce chef n'était point de la *famille royale*. Plus bas, il rapporte, ainsi que l'auteur du premier livre des Machabées, la lettre écrite par Démétrius à Jonathas [d], laquelle commence ainsi : « Le roi Démétrius à Jonathas *son* « *frère*, et à la nation juive, salut. Nous vous envoyons copie de la « lettre que nous avons écrite à Lasthène *notre parent* [τῷ συγγενεῖ « ἡμῶν] [3], afin que vous en connaissiez le contenu. Le roi Démétrius « à Lasthène *son père*, salut, etc. »

---

[a] Cités dans Brisson, *de regio Persar. appar.* I, p. 132, sq. — [b] Arrian. VII, 11, 10. — [c] Ant. Jud. XIII, 4, 3. — [d] Id. XIII, 4, 9, p. 644; I Machab. XI, 31.

[1] Joseph. *Ant. Jud.* XI, 3, 2. Il est à remarquer que Voltaire a traduit cette expression par celle de *cousin du roi*. (*Philosoph. de l'hist.* p. 199, éd. stéréot.)

[2] Peut-être est-ce l'aïeul du Crétois Lasthène, général des Cydoniates, qui fut défait par Marc-Antoine, en 69 avant J. C. (Appian. *Exc. leg.* VI, t. I, p. 99, Schw. Florus III, 7, 6; Vell. Paterc. II, 34, 1; Dio Cass. XXXVI, 2.)

[3] La Vulgate, dans les deux cas, met *parenti*.

Il est évident que la qualification de *parent*, donnée à Lasthène dans la lettre de Jonathas, est purement honorifique, et due simplement aux fonctions élevées qu'il remplissait. Le titre de *mon père*, que le roi lui donne ensuite en s'adressant à lui-même, n'est que l'expression particulière du titre compris dans l'expression générale de *parent*: c'est-à-dire que les hauts fonctionnaires honorés du titre de *parent* étaient vraisemblablement ceux auxquels le roi, quand il leur écrivait, donnait celui de *mon père, mon frère, mon cousin*, ou autre titre de parenté.

L'auteur du second livre des Machabées parle en ces termes de Lysias, l'un des principaux officiers d'Antiochus Eupator : « Ce prince, « étant monté sur le trône, mit à la tête des affaires *un certain Lysias....* « ἀνέδειξεν ἐπὶ τῶν πραγμάτων Λυσίαν τινά [a]. » Josèphe s'exprime de même [b]. Assurément ce n'est point ainsi qu'ils auraient qualifié Lysias s'il eût été de la famille royale. Cependant, on voit que ce personnage, après avoir été nommé gouverneur de la Syrie et tuteur du fils d'Antiochus Épiphane, portait le titre de συγγενὴς βασιλέως : car l'auteur de ce même livre des Machabées le nomme plus bas ἐπίτροπος τοῦ βασιλέως καὶ συγγενής [c], et l'auteur du premier livre, trompé, sans doute, par le titre de συγγενής, se sert même, à l'égard de Lysias, de la périphrase ἀπὸ γένους τῆς βασιλείας [d], qui semblerait devoir s'entendre d'une parenté réelle, si les textes cités plus haut ne rendaient presque certain que Lysias ne devait le titre de *parent* qu'à la faveur du prince et aux fonctions éminentes qu'il remplissait.

Sous le règne d'Antiochus Eupator, fils d'Antiochus Épiphane et pupille de Lysias, les lieutenants romains Quintus Memmius et Titus Menius écrivirent au peuple juif une lettre, où nous trouvons cette phrase : « Tout ce que Lysias, *le parent du roi* [ὁ συγγενὴς τοῦ βασιλέως], « vous a accordé est approuvé par nous [e]. » C'est là le seul titre qu'ils donnent à ce général; mais Antiochus Eupator, dans une lettre qu'il adresse à cet officier, autrefois *son tuteur*, l'appelle *mon frère* [f]. Nous

---

[a] II *Machab.* x, 11. — [b] Joseph. *Ant. Jud.* XII, 7, 2. — [c] II *Machab.* xi, 1. — [d] I *Machab.* iii, 31. — [e] II *Machab.* xi, 35. — [f] Id. ib. 22.

XXVI. OBÉLISQUE DE PHILES. PÉTITION.

avons vu plus haut qu'Antiochus avait donné à Lasthène, chef des troupes mercenaires, le titre de *mon père*, qu'il donne également à un autre de ses généraux nommé *Zeuxis*: Βασιλεὺς Ἀντίοχος Ζεύξιδι τῷ πατρὶ, χαίρειν [a]. En comparant les occasions où les rois appliquent les titres de *père* et de *frère*, je penserais que le dernier est plus honorifique, ou, ce qui est la même chose, qu'il rapprochait davantage du prince le sujet qui en était décoré.

Ceci nous explique peut-être comment le même Démétrius, dans la lettre déjà citée, donne à Jonathas le titre de *mon frère*. Si je ne me trompe, ce grand pontife ne reçoit une telle qualification que parce que déjà il avait été mis au nombre des *parents du roi* [συγγενεῖς τοῦ βασιλέως]. Cette conjecture, qui me paraît résulter des faits rapprochés plus haut, est confirmée par le premier livre des Machabées et par Josèphe. En effet, Alexandre Balas, prédécesseur de Démétrius Sôter, pour mettre Jonathas dans ses intérêts, lui avait envoyé *l'agrafe d'or, qu'il était d'usage de donner aux parents du roi*: Καὶ πέμπει πρὸς Ἰωνάθην.... πόρπην χρυσέαν, ὡς ἔθος ἐστὶ δίδοσθαι τοῖς τῶν βασιλέων συγγενέσι [b]. On ne peut guère se refuser à voir, dans ces *parents du roi*, non-seulement les personnes appartenant à la famille royale par droit de parenté réelle, mais encore tous les grands fonctionnaires que les rois jugeaient à propos de décorer de ce titre; ils leur envoyaient alors une marque distinctive, une *sorte de décoration*, qu'eux seuls avaient le droit de porter. Le grand pontife Jonathas, décoré de l'agrafe d'or par Alexandre Balas, fut mis, par conséquent, au nombre des *parents* du roi; il conserva cet honneur sous le successeur de ce prince, Démétrius Sôter, qui n'avait pas moins d'intérêt de le ménager. Voilà pourquoi il lui donna, dans sa lettre, le titre de *mon frère*.

A cette occasion, j'ai dit, dans les Recherches imprimées en 1821:
« Je suis convaincu que si, quelque jour, on trouvait une inscription
« qui contînt la copie d'une lettre adressée directement par un des
« rois d'Égypte à quelqu'un des grands fonctionnaires décorés du

---

[a] *Epistol.* ap. Joseph. XII, 3, 4. — [b] *Ant. Jud.* XIII, 4, 4, p. 642; I *Machab.* x, 89.

« titre de *parent*, on verrait qu'il le qualifie également de *mon frère*,
« *mon père*, ou tout autre titre, déterminé, sans doute, par la nature
« et l'importance des fonctions du personnage [a]. » La lettre de Numénius, que je ne connaissais pas alors, et qui sera expliquée (n° XXVII),
a confirmé cette prévision, fondée sur l'analogie des usages à la cour
des Séleucides et des Ptolémées.

Le passage de Josèphe que j'ai cité plus haut prouve qu'à la cour
de Darius, fils d'Hystaspe, *les parents du roi* recevaient un *collier d'or*
comme marque distinctive ou *décoration*. Ce rapprochement me confirme dans l'idée que cet usage avait été emprunté aux Perses par
les Macédoniens, de même que l'institution *des amis* : en effet, je
trouve les deux qualifications, jointes ensemble, dans un passage où
Diodore parle de l'influence qu'exerçaient, à la cour d'Artaxerce,
Mentor et Bagoas : διὸ καὶ συνέβη τούτους παρὰ βασιλεῖ συμφωνοῦντας ὕστε-
ρον πλεῖσ7ον ἰσχύσαι τῶν φίλων καὶ συγγενῶν τῶν παρ' Ἀρταξέρξῃ [b].

On a vu que Polybe qualifie *Numénius* de l'*un des amis*, ἑνὸς τῶν
φίλων; et ce titre d'*ami* est donné, dans les inscriptions et les
papyrus, à des fonctionnaires de différents ordres. Ce titre, analogue à celui de *parent*, mais, si je ne me trompe, moins élevé, remonte au moins jusqu'à Alexandre; car ce prince avait autour de sa
personne *le corps des amis* (τὸ ἀξίωμα τῶν φίλων), qui formait son conseil [c] et qu'il chargeait des fonctions les plus délicates et les plus
périlleuses [d]. Dans la pompe d'Antiochus, roi de Syrie, figure aussi
le corps des amis, τὸ τῶν φίλων σύνταγμα [e], composé de mille hommes :
c'est parmi les chefs de ce corps qu'Antiochus prenait ses officiers
de confiance, tels que l'épistolographe [f]. On ne peut douter que ce
corps des amis n'existât aussi à la cour des Ptolémées, puisque le
mot φίλος était, en Égypte comme en Syrie, un titre honorifique,
de même que celui de συγγενής. On a même lieu de croire qu'il y
avait des degrés dans le *corps des amis*; car, outre le titre de οἱ φίλοι,
on trouve celui de οἱ πρῶτοι φίλοι, *les premiers amis*, exprimé ordi-

---

[a] *Recherches pour servir à l'histoire de l'Égypte*, etc. p. 327. — [b] Diod. Sic. XVI, 50. — [c] Id. XVIII, 2; XVII, 54. — [d] Id. XVII, 55. — [e] Polyb. XXXI, 3, 7. — [f] Id. XXXI, 3. 16.

nairement par τῶν πρώτων φίλων. C'est ce que prouvent plusieurs inscriptions, qui seront expliquées en leur lieu.

L'existence de ce double titre indique suffisamment qu'il y avait au moins deux classes d'*amis*. Peut-être en était-il de même des *cognati*, ou συγγενεῖς, au moins à la cour des rois perses, puisque Quinte-Curce nomme *les premiers des parents (cognatorum principes)*. Par analogie, on traduirait τῶν πρώτων φίλων par *unus ex amicorum principibus*. Mais aucune inscription, ni aucun papyrus d'Égypte, n'offre le titre de οἱ πρῶτοι συγγενεῖς. Je vois, dans ces συγγενεῖς et ces φίλοι, une sorte de *noblesse*, fondée, comme la noblesse semble l'avoir été dans tout pays, sur la reconnaissance d'un chef envers ses fidèles serviteurs, sur les distinctions pécuniaires ou honorifiques dont un conquérant récompense les instruments de ses victoires. Cet usage asiatique, imité par Alexandre, se perpétua chez ses successeurs, tant en Syrie qu'en Égypte; et, d'après la comparaison des monuments qui nous restent, il continua pendant toute la durée de la domination des rois grecs.

Il devient également très-vraisemblable, d'après les titres seuls de συγγενεῖς et de φίλοι, que le premier devait être le plus élevé. On pourrait en trouver une preuve dans le rapprochement de notre inscription avec le texte de Polybe, en admettant que *Numénius*, l'épistolographe, est celui dont a parlé l'historien. Il lui donne le titre d'*ami* en l'année 164; quarante ans plus tard, nous retrouvons le même personnage dans les hautes fonctions de *secrétaire d'État* et de *prêtre des Ptolémées*, avec le titre de *parent* : son titre de noblesse s'était élevé avec ses dignités et en raison de ses services; il était devenu *parent* après avoir été *ami*. On pourrait conclure de ces rapprochements que ces titres honorifiques, qui constituaient une noblesse, présentaient cette gradation : les *amis* (φίλοι), les *premiers des amis* (πρῶτοι φίλοι), et les *parents* (συγγενεῖς). Mais les papyrus nous feront connaître d'autres titres, qui constituaient une hiérarchie nobiliaire bien plus compliquée. Je me contente ici d'avoir posé le principe.

352 ACTES SACERDOTAUX.

Les prêtres demandent que l'épistolographe ordonne au stratége de la Thébaïde :

1° *De ne point exercer à leur égard ces mêmes vexations,* μὴ παρενοχλεῖν ἡμᾶς πρὸς ταῦτα. La tournure ordinaire est παρενοχλεῖν περί τινος [a]; mais πρὸς ταῦτα, *par rapport à ces choses,* est fort bon; nous lisons dans Zosime : συνταραχθεὶς δὲ πρὸς ταῦτα [b].

2° *De ne permettre à nul autre de le faire en quoi que ce soit,* μηδ' ἄλλῳ μηδὲν ἐπιτρέπειν τὸ αὐτὸ ποιεῖν. Ordinairement ἐπιτρέπειν signifie *charger quelqu'un de faire;* je lui donne ici le sens de *permettre, laisser faire,* qu'on lui trouve bien souvent : voyez, entre autres, la lettre de Démétrius à Jonathas [c], et celle de Cyrus aux Juifs [d].

3° *Et de nous donner, à cet effet, les arrêtés d'usage, etc.*

Il y a amphibologie dans cet endroit : καὶ ἡμῖν διδόναι peut dépendre de δεόμεθα, de συντάξαι, aussi bien que de γράψαι. Il est grammaticalement plus simple de faire remonter διδόναι à συντάξαι; la lettre de Numénius montre que c'est la vraie construction, puisque la permission d'élever la stèle dépendait de cet officier [e].

Les prêtres désirent donc qu'on *leur envoie les arrêtés nécessaires pour cet objet.* Χρηματισμοί signifie, en cet endroit, *arrêtés, décisions émanées de l'autorité compétente;* c'est le sens qu'il a dans l'inscription de Rosette [1], où χρηματισμοί signifie *les actes et édits* rendus par les prêtres, en ce qui concerne le culte l. 5o, 52). Aussi Hésychius interprète χρηματισμός par νομοθεσία, qui doit signifier la même chose que νομοθέτημα, un *édit* ayant force de *loi.* Diodore de Sicile le prend dans le sens, soit de *sentences rendues par les juges* ou *par le roi* [f], soit de *pièces officielles* [g]. L'auteur du deuxième livre des Machabées lui donne celui de *lettres missives* qu'on remettait aux députés [h], et la Vulgate le rend par *scripta.* Dans un décret [i], il a le sens d'arrêté des stra-

[a] II *Machab.* xi, 31. — [b] Zosim. I, 4o, 2. — [c] Ap. Joseph. XIII, 2, 3, p. 636 fin.; 637, l. 2, 16. — [d] Ap. eumdem, *Ant. Jud.* XI, 1, 3; cf. XIV, 8, 5. — [e] Plus bas, p. 358. — [f] Diod. Sic. I, 70, 78; cf. Wesseling, ad I, 64. — [g] Id. XIV, 13; ibi Wessel. — [h] II *Machab.* xi, 17. — [i] Ap. Joseph. *Ant. Jud.* XIV, 10, 14.

[1] Voyez les explications données depuis par M. Am. Peyron, d'après des papyrus. (Part. 1ᵉ, p. 91, 153.)

XXVJ. OBÉLISQUE DE PHILES. PÉTITION. 353

téges). Il paraît même que ce nom s'appliquait à tous les *actes publics* et aux *contrats* qui portaient la date du règne du prince; c'est ainsi qu'il faut entendre τῶν χρηματισμῶν ἀναφερομένων εἰς ἀμφοτέρους dans Porphyre [a], *les actes étant datés d'après les deux* (Cléopâtre et Alexandre), ou bien *les dates des actes étant rapportées à tous les deux*; car cet auteur dit plus bas : εἰς μόνον δὲ ἤρξατο μετατίθεσθαι τὸν Ἀλέξανδρον μετὰ τὸν ἐκείνης θάνατον τὰ ΣΥΜΒΟΛΑΙΑ; le mot συμβόλαια, dans ce passage, est synonyme de χρηματισμοί, employé dans l'autre [b]. Cette acception du mot χρηματισμοί, qu'on aurait peut-être peine à trouver dans des monuments antérieurs à Alexandre, se rattache, sans doute, à la signification bien connue du verbe χρηματίζειν, *rendre la justice* ou *donner une décision*, qu'on rencontre dans les meilleurs écrivains attiques.

Quant au participe καθήκοντες, dont le sens ordinaire est *convenable*, dans le sens de ce qui est *d'usage, conforme aux règles établies*, νομιζόμενοι, dans l'inscription de Rosette, on lit : συντελεῖν θυσίας καὶ σπονδὰς καὶ τἄλλα τὰ ΚΑΘΗΚΟΝΤΑ [c]; ce que, trois lignes plus haut, on avait exprimé en ces termes : συντελεῖν θυσίας καὶ σπονδὰς καὶ τἄλλα τὰ νομιζόμενα. Les Samaritains disent également, dans la lettre à Antiochus : ἔθυον ἐπ' αὐτοῦ τὰς καθηκούσας θυσίας [d]; un décret des Salaminiens porte : τάς τε θυσίας ἐβουθύτησε ἁπάσας τὰς καθηκούσας; et nous lisons dans le grec de la Bible : τῶν ἱερέων τὰς καθηκούσας θυσίας προσαγόντων [e].

Il faut donc entendre par καθήκοντες χρηματισμοί *les décisions écrites*, d'usage en pareille circonstance, que l'épistolographe devait donner aux prêtres pour leur garantie; car il ne suffisait pas d'ordonner, pour le moment, aux officiers publics, de respecter le temple, il fallait encore que les prêtres possédassent, dans leurs archives, les pièces et brevets d'exemption ou les rescrits royaux qu'ils pussent représenter à quiconque aurait voulu, par la suite, mettre le temple à contribution.

---

[a] Ap. Euseb. *Chron.* p. 225, 33. — [b] Scalig. *ad Euseb.* p. 430. — [c] *Inscr. Ros.* l. 50; cf. l. 15, 16, 22. — [d] Ap. Joseph. *Ant. Jud.* XII, 5, 5. — [e] II *Machab.* xiv, 31.

Ἐν ᾗ ἀναγράψομεν. On aurait dit aussi bien εἰς ἥν ἀναγράψομεν. Les deux locutions sont presque également usitées. Ce que les prêtres se proposent d'inscrire sur la stèle, c'est *la bienfaisance dont les souverains ont usé à leur égard*. Or ce n'est pas là ce qu'ils ont écrit sur le piédestal, qui ne porte que la pétition elle-même et les deux lettres administratives qui en sont la réponse. L'*action de grâces* dont parlent les prêtres d'Isis ne peut donc être que l'inscription hiéroglyphique gravée sur l'obélisque même; d'où il suit que cet obélisque doit être compris dans le sens du mot *stèle*.

Zoëga a conjecturé que les *stèles égyptiennes*, dont les auteurs grecs font si souvent mention, ne sont peut-être que de petits obélisques [a]. Cette conjecture trouve donc ici une confirmation.

Ligne 20. — Τὴν γεγονυῖαν ἡμῖν περὶ τούτων φιλανθρωπίαν ὑφ' ὑμῶν. On aurait pu mettre également ἀφ' ὑμῶν; mais l'usage si fréquent de ὑπό, en pareille tournure, montre que la nuance entre ὑπό et ἀπό s'était assez tôt effacée. Le mot φιλανθρωπία a souvent un sens approchant de εὐεργεσία dans les écrits de ce temps. Krebs le prouve par plusieurs exemples [b], auxquels on pourrait en ajouter d'autres [c], sans compter ceux des Novelles et des Basiliques, où le mot a le sens de *indulgentia* [d]. Γεγονυῖα, qui doit s'entendre d'un futur antérieur, est à remarquer.

Ligne 21. — Il y a bien clairement ὑπάρχει au lieu de ὑπάρχῃ, que la construction exige. La confusion de H et de EI est fréquente [e].

Ligne 22. — Τούτου δὲ γενομένου, ἐσόμεθα ΚΑΙ ἐν τούτοις εὐεργετημένοι. On trouve une phrase analogue dans la lettre des Samaritains à Antiochus Épiphane : γενομένου γὰρ τούτου, παυσόμεθα ἐνοχλούμενοι [f]; elle est commune dans les papyrus.

La particule ΚΑΙ devant ἐν τούτοις n'est pas indifférente. Cette grâce n'était pas la première que les prêtres avaient obtenue.

Voici maintenant la copie des deux pièces qui sont écrites en tête de la pétition des prêtres.

---

[a] *De us. Obel.* p. 125. — [b] *Decret. Rom. pro Jud.* p. 213. — [c] Joseph. *Ant. Jud.* XII, 2, 3; XV, 8, 5. — [d] Peyron, *ad Pap. Taurin.* I, p. 167, 168. — [e] Cf. Boisson. *ad Ovid. Metam. Planud.* p. 269. — [f] Ap. Joseph. *Ant. Jud.* XII, 5, 5.

XXVII.

ΤοΙΣΙΕΡΕΥΣΙΤΗΣΕΝΤΩΙΑΒΑΤΩΙΚΑΙΕΝΦΙΛΑΙΣΙΣΙΔοΣ
ΝοΥΜΗΝΙοΣοΣΥΓΓΕΝΗΣΚΑΙΕΠΙΣΤοΛοΓΡΑΦοΣΚΑΙ
ΙΕΡΕΥΣΘΕοΥΑΛΕΞΑΝΔΡοΥΚΑΙΘΕΩΝΣΩΤΗΡΩΝΚΑΙΘΕΩΝ
ΑΔΕΛΦΩΝΚΑΙΘΕΩΝΕΥΕΡΓΕΤΕ͂ΝΚΑΙΘΕΩΝΦΙΛοΠΑΤοΡΩΝ
ΚΑΙΘΕΩΝΕΠΙΦΑΝΩΝΚΑΙΘΕοΥΕΥΠΑΤοΡοΣΚΑΙΘΕοΥΦΙΛο
ΜΗΤοΡοΣΚΑΙΘΕΩΝΕΥΕΡΓΕΤΩΝΧΑΙΡΕΙΝΤΗΣΓΕΓΡΑΜ
A ΜΕΝΗΣΕΠΙΣΤοΛΗΣΠΡοΣΛοΧοΝΤοΝΣΥΓΓΕΝΕΑΚΑΙ
ΣΤΡΑΤΗΓοΝΤοΑΝΤΙΓΡΑΦοΝΥΠοΤΕΤΑΧΑΜΕΝΕΠΙΧΩ
ΡοΥΜΕΝΔΥΜΙΝΚΑΙΤΗΝΑΝΑΘΕΣΙΝΗΣΗΞΙοΥΤΕΣΤΗΛΗΣ
ΠοΙΗΣΑΣΘΑΙΕΡΡΩΣΘΕ.L.....ΠΑΝΕΜοΥ...ΠΑΧΩΝΚϚ

ΒΑΣΙΛΕΥΣΠΤοΛΕΜΑΙοΣΚΑΙΒΑΣΙΛΙΣΣΑΚΛΕο
ΠΑΤΡΑΗΛΔΕΛΦΗΚΑΙΒΑΣΙΛΙΣΣΑΚΛΕοΠΑΤΡΑΗΓΥΝΗ
ΛοΧΩιΤΩΙΑΔΕΛΦΩΙΧΑΙΡΕΙΝΤΗΣΗΜΙΝΔΕΔοΜΕΝΣΕΝ
B ΤΕΥΞΕΩΣΠΑΡΑ ΤΩΝΙΕΡΕΩΝΤΗΣΕΝΤΩΙΑΒΑΤΩΙΚΑΙΕΝ
ΦΙΛΑΙΣΙΣΙΔοΣΥΠοΤΕΤΑΧΑΜΕΝΣοΙΤοΑΝΤΙΓΡΑΦοΝΚΑΛ
ΩΣοΥΝΠοΙΗΣΗΣΣΥΝΤΑΞΑΙΕΠΙΜΗΔΕΜΙΑΙΠΡοΦΑΣΕΙΜΗΔΕ
ΝΑΕΝοΧΛΕΙΝΑΥΤοΥΣΠΕΡΙΩΝΠΡοΦΕΡοΝΤΑΙΠΑΡΕΚΑΣΤοΝ
ΕΡΡΩΣο

Cette double inscription est à peu près intacte au milieu; mais l'extrémité supérieure est entièrement effacée, et il ne reste que quelques mots isolés des cinq dernières lignes. Il s'ensuit que, des deux pièces, la première a perdu tout le commencement, mais que la fin est à peu près intacte; tandis que la seconde n'a conservé d'intact que les deux premières lignes; de la troisième ligne, il reste environ la moitié, et des cinq autres, seulement quelques mots, dont plusieurs ne sont pas même entiers.

Malgré l'état déplorable où ce curieux document est réduit, je crois être parvenu non-seulement à en bien comprendre l'objet, ce qui serait déjà satisfaisant, mais même à le restituer entièrement avec certitude.

Et, d'abord, que les deux pièces qu'il contient soient des lettres missives, cela résulte évidemment du mot χαίρειν, qui se lit à la troisième ligne de l'une et de l'autre.

Quoique le commencement de la première manque, on devine cependant qu'elle n'a pu être écrite que par l'épistolographe Numénius aux prêtres de Philes, puisqu'il est dit à la fin : « Nous vous « accordons ainsi la permission *que vous avez demandée* d'élever une « stèle. » Or c'est justement ce que les prêtres d'Isis demandaient que Numénius voulût bien leur accorder.

La seconde pièce est le *rescrit royal*, adressé à un fonctionnaire dont le nom manque; mais, comme il est dit, dans la lettre précédente : « Je place ci-dessous la lettre écrite à Lochus, parent et stra-« tége, » il ne peut y avoir de doute sur le nom et la qualité du personnage auquel le rescrit royal est adressé.

La nature et l'objet de l'une et l'autre pièces étant bien établis, on peut procéder avec assurance à suppléer les parties qui manquent dans chacune d'elles.

A. — LETTRE DE NUMÉNIUS, L'ÉPISTOLOGRAPHE, AUX PRÊTRES DE PHILES.

Le préambule de la lettre finit au mot χαίρειν. Il est clair que ce qui précédait ce verbe ne pouvait contenir que le nom avec les titres de celui qui l'écrit et de ceux auxquels il l'adresse.

Dans ce qui précède on distingue les mots : (Θε)ῶν Εὐεργετ[ῶν] [Θε]ῶν Ἐπιφανῶν καὶ Θεοῦ Εὐπάτορος... μήτορος καὶ Θεῶν Εὐεργετῶν. Ce sont là évidemment les restes d'une liste complète de tous les Lagides, y compris le roi régnant, semblable à celle qu'on trouve en tête de l'inscription de Rosette et des deux contrats dits d'Anastasy et de Casati. Elle y fait, comme on sait, partie de l'expression de la date, en ce sens qu'après les noms des souverains, on a mis celui du prêtre chargé du culte des rois divinisés, que l'on énumérait avec grand soin, à partir d'Alexandre jusqu'au dernier; à la suite, on plaçait la mention du sacerdoce des reines, qui consistait dans l'athlophore de Bérénice Évergète, la canéphore d'Arsinoé Philadelphe et la prêtresse d'Arsinoé Philopator. Les sacerdoces royaux, étant éponymes, devaient faire partie intégrante de la date, selon l'usage qui s'était conservé à la cour des Lagides.

Il n'y a donc rien de plus facile à faire que de compléter l'énumération en remontant jusqu'à Alexandre; mais, à ce point, l'incertitude et les difficultés commencent. Dans quel rapport cette énumération doit-elle se trouver avec ce qui précède?

Il est évident, en premier lieu, qu'elle ne peut pas faire partie de l'expression d'une date. Dans les lettres, il n'y a jamais rien de tel avant χαίρειν; et, d'ailleurs, quelle apparence que Numénius eût dit qu'il écrivait sa lettre, un tel étant prêtre d'Alexandre, de Sôter, etc.? Enfin, si, par impossible, on avait mis en tête d'une telle missive l'indication du sacerdoce royal, on n'aurait pu se dispenser d'y ajouter la mention de l'athlophore, de la canéphore et de la prêtresse des reines.

Tout se réunit donc pour établir que l'énumération ne peut dépendre que du nom de Numénius lui-même, et qu'elle doit faire partie de ses titres; ce qui ne peut se comprendre que d'une manière, c'est qu'à sa fonction d'épistolographe il joignait celle de prêtre (ἱερεύς) des Ptolémées. Il y avait donc : Νουμήνιος ὁ συγγενὴς καὶ ἐπιστολογράφος καὶ ἱερεὺς θεοῦ Ἀλεξάνδρου καὶ θεῶν Σωτήρων, et la suite.

Avant son nom se trouvait nécessairement indiqué le nom de ceux auxquels il s'adressait, lesquels devaient être désignés comme ils se désignent eux-mêmes dans leur requête, où ils se nomment : οἱ ἱερεῖς τῆς ἐν τῷ Ἀβάτῳ καὶ ἐν Φίλαις Ἴσιδος.

Tels sont les principes certains sur lesquels est fondée la restitution du commencement, qui satisfait, d'ailleurs, à une autre condition indispensable, c'est de former un nombre exact de lignes, d'une longueur égale à celle des autres, c'est-à-dire contenant trente-huit à quarante lettres. On voit donc qu'il manquait trois lignes entières, une grande partie de la quatrième, quelques lettres au commencement et à la fin de la cinquième, et, quoiqu'il ne reste que six lettres de la dixième, je crois pouvoir la restituer avec la même certitude, sauf deux chiffres.

[Τοῖς ἱερεῦσι τῆς ἐν τῷ Ἀβάτῳ καὶ ἐν Φίλαις Ἰσιδ-
ος, Νουμήνιος ὁ συγγενὴς καὶ ἐπισ7ολογράφος καὶ
ἱερεὺς θεοῦ Ἀλεξάνδρου καὶ θεῶν Σωτήρων καὶ θεῶν
Ἀδελφῶν καὶ θε]ῶν Εὐεργετῶ[ν καὶ θεῶν Φιλοπατόρων
καὶ θε]ῶν Ἐπιφανῶν, καὶ θεοῦ Εὐπάτορος [καὶ θεοῦ Φιλο-]
μήτορος, καὶ θεῶν Εὐεργετῶν, χαίρειν· τῆς [γεγραμ-]
μένης ἐπισ7ολῆς πρὸς Λόχον τὸν συγγενέα [καὶ]
σ7ρατηγὸν τὸ ἀντίγραφον ὑποτετάχαμεν· ἐπιχω-
ροῦμεν δ᾽ ὑμῖν καὶ τὴν ἀνάθεσιν ἧς ἠξιοῦτε σ7ήλης
[ποιήσασθαι. Ἔρρωσθε· L.... πανέμου...] παχὼν Κϛ.

Aux prêtres d'Isis dans l'Abaton et à Philes,
Numénius, le parent et épistolographe et
prêtre du dieu Alexandre et des dieux Sauveurs et des dieux
Adelphes et des dieux Évergètes et des dieux Philopators
et des dieux Épiphanes, et du dieu Eupator et du dieu Philométor, et des dieux Évergètes, salut. De la
lettre écrite à Lochus, le parent et
stratège, nous mettons ci-dessous la copie; nous vous accordons aussi la permission que vous avez demandée d'élever une stèle.
Portez-vous bien. L'an ... de panémus, le.... de pachôn, le 26.

Il y a deux observations principales à faire sur ce texte.

La première concerne la nature et l'étendue des fonctions de l'*épistolographe*. Ce magistrat, qui sert d'intermédiaire entre le roi, les colléges de prêtres et les gouverneurs des provinces, devait être fort élevé dans la hiérarchie administrative, en Égypte comme en Syrie, à la cour des Séleucides, où l'*épistolographe* était un personnage très-éminent [a]. Ce *secrétaire d'État*, car on peut lui donner ce nom, doit avoir été un des premiers fonctionnaires du royaume. L'importance de ses fonctions s'accroît encore du caractère sacerdotal dont notre inscription prouve qu'il était revêtu, et du pouvoir religieux dont il devait être investi. Il est à remarquer, en effet, que c'est de lui, non du roi, que les prêtres attendent la permission d'élever la *stèle* ou l'*obélisque*; car ils demandent, dans leur pétition au roi, non pas qu'il leur accorde cette permission, ce qui était pourtant le plus naturel, mais qu'il veuille bien prescrire à l'épistolographe de la leur accorder [b]. Il semble donc que cette concession dépendît, en définitive, du bon vouloir de ce fonctionnaire. Cette induction, que j'avais tirée de la pétition seule, ressort à présent de la lettre même de l'épistolographe; car il se réfère au rescrit pour tout ce que les prêtres ont demandé, excepté en ce qui concerne la stèle, dont il fait un article à part, ayant soin d'ajouter : « Quant à

[a] Polyb. XXXI, 3, 16. — [b] Plus haut, p. 352.

« nous, nous vous concédons la permission que vous avez réclamée
« d'élever la stèle. » Il faut donc qu'une telle concession fût exclusivement dans les attributions de l'épistolographe, en raison des fonctions sacerdotales qu'il cumulait avec ses fonctions administratives.

Ce seul fait annonce une sorte de séparation entre les pouvoirs religieux et civils ; il semble que le roi ne s'immisçait et ne prononçait dans les affaires religieuses que sous certaines conditions convenues et fixées ; l'épistolographe était, à cet égard, une sorte de *ministre responsable*. Mais il y a d'autres inductions à tirer de ce passage de la lettre de Numénius.

En premier lieu, on voit qu'il n'était pas loisible aux prêtres de l'Égypte d'ériger des stèles sans la permission de l'autorité supérieure, ici représentée par l'*épistolographe*; ce qui implique naturellement l'obligation de lui soumettre, au préalable, ce qu'on voulait y faire graver, et, par conséquent, de rédiger d'abord les inscriptions en grec, afin qu'elles fussent examinées à Alexandrie, et rendues avec l'approbation, comme nous dirions, avec l'*imprimatur*. Il est remarquable que l'analyse seule de l'inscription de Rosette, avant que celle-ci me fût connue, m'a justement conduit au même résultat, c'est-à-dire à reconnaître la priorité de la rédaction grecque, et l'existence d'une censure préalable pour les actes émanés des prêtres qui devaient être rendus publics [a].

En second lieu, nous apprenons que les prêtres égyptiens, au moins en ce qui concernait les actes religieux, relevaient *du prêtre des Ptolémées*, qui résidait à Alexandrie, de l'homme chargé du sacerdoce royal ; ce qui achève d'expliquer, dans le sens que j'ai déjà proposé [b], le passage de l'inscription de Rosette où il est dit que des députations de tous les colléges de prêtres se rendaient chaque année à Alexandrie. J'avais conjecturé qu'ils venaient soumettre leur gestion ou leur conduite au contrôle de quelque *pontife supérieur*, qui devait exister sous les Ptolémées, comme une inscription grecque prouve qu'il existait au temps d'Adrien, puisqu'on y voit qu'un cer-

[a] Plus haut, p. 263. — [b] Plus haut, p. 278-280.

tain *L. J. Vestinus* exerçait alors la charge de grand prêtre de toute l'Égypte. Le fait est maintenant prouvé par la lettre de Numénius, que je ne connaissais pas alors; nous y voyons que cette haute surveillance a dû être, en effet, exercée par le *prêtre des Ptolémées,* qui, en cette qualité, primait tout le sacerdoce égyptien. Ce prêtre, qui était, en même temps, *épistolographe* ou *secrétaire d'État,* cumulait ainsi des fonctions religieuses avec ses fonctions administratives. Si le nom de L. J. Vestinus, que portait le *grand prêtre* sous Adrien, indique que les Romains excluaient de cette charge délicate les individus de race égyptienne et grecque, les noms de *Numénius,* de *Philocrate*[a], de *Lysis*[b] et de *Callimaque*[c], que portent les seuls épistolographes qui nous soient, jusqu'à présent, connus, sous les Lagides, montrent que ces princes avaient aussi le soin de ne prendre que des Grecs, c'est-à-dire des hommes à eux, qu'aucun lien n'attachait au pays. Tout prouve donc que les empereurs ne firent que maintenir une disposition qu'ils avaient trouvée établie, disposition, d'ailleurs, trop bien calculée dans l'intérêt du pouvoir, pour qu'ils ne se soient pas attachés à la maintenir.

Mais nous avons vu aussi[d] que le *prêtre* qui dirigeait le Musée, à l'époque des Lagides, devait être ce *pontife de toute l'Égypte,* duquel relevaient les colléges sacerdotaux du pays; et, par conséquent, le *prêtre des Ptolémées et épistolographe,* ce qui annonce une remarquable concentration de pouvoirs dans la main d'un même fonctionnaire nommé par le roi, comme il le fut plus tard par l'empereur.

On ignore, quant à présent, s'il n'y avait qu'un seul *épistolographe,* connaissant de toutes les affaires indistinctement, ou s'il y en avait plusieurs avec des attributions spéciales : l'un chargé des affaires religieuses, en qualité de prêtre des Ptolémées et de pontife de toute l'Égypte; un autre chargé des affaires judiciaires; un troisième, des affaires administratives; espèce de ministres, ayant chacun son département particulier : ce qui paraît assez probable, mais ce qu'on

---

[a] *Pap. de Leyde,* n°ˢ 6, 7 bis. — [b] *Catalogue de Passalacqua,* p. 266.— [c] *Stèle de Turin,* l. 24. — [d] Plus haut, p. 279.

XXVII. OBÉL. DE PHILES. LETTRE ET RESCRIT. 361

ne peut décider avec les documents que nous possédons. Tout ce que je puis dire, c'est que les textes relatifs aux fonctions de l'épistolographe présentent toujours son autorité en rapport avec une affaire religieuse; ce qui indiquerait une branche toute spéciale d'administration, une sorte de *ministère des cultes*.

Laissant de côté cette question subsidiaire, je me borne à remarquer le caractère religieux des fonctions de Numénius, et l'autorité qu'il exerçait, à la fois, sur le sacerdoce de toute l'Égypte et sur le Musée; fait curieux, qui introduit dans l'histoire de cet établissement littéraire un élément d'une importance qui sera facilement appréciée.

Il est clair que si, au moyen des deux premières attributions de l'épistolographe, le sacerdoce égyptien était, en quelque sorte, livré pieds et poings liés aux rois grecs, les littérateurs du Musée, par l'effet de la troisième, ne devaient pas avoir non plus les mouvements bien libres. On doit s'attendre que le ministre d'État, pontife de toute l'Égypte et *prêtre des Ptolémées*, qui le dirigeait, surveillait avec soin leurs écarts, s'ils osaient s'en permettre, et qu'une censure plus ou moins déguisée leur traçait le cercle d'une poésie et d'une philosophie officielles, d'où un esprit un peu indépendant aurait pu difficilement sortir quand il l'aurait voulu. Ceci nous fournit une complète explication du mot sanglant que se permit le caustique Timon, dès le règne de Philadelphe, presque à l'origine du Musée; il appelait cet établissement la *cage des Muses* (Μουσέων τάλαρος)[a], faisant entendre que les oiseaux de prix (πολυτιμότατοι ὄρνιθες) nourris dans cette royale volière n'avaient pas la licence de chanter sur tous les tons. Cette censure était, sans doute, plus politique que religieuse, et plus littéraire que scientifique. Les sciences positives n'avaient alors rien qui pût inquiéter le pouvoir, ni éveiller les craintes des théologiens; et, s'il se fût trouvé là, par bonheur, un Galilée ou une *Academia del Cimento*, le prêtre des Ptolémées, n'ayant à défendre ni chronologie ni cosmogonie sacrées, les eût laissés en paix continuer leurs expériences et produire leurs découvertes.

[a] *Ap. Athen.* I, p. 22, D.

Mais tous ces pensionnaires du roi auraient été, sans doute, fort mal venus, si, dans leurs ouvrages, ils s'étaient mis à disserter sur le meilleur des gouvernements possible, à discuter les actes des Lagides, à écrire leur histoire avec impartialité, ou à s'égayer tant soit peu sur Sérapis, ses guérisons miraculeuses et ses oracles, et principalement sur l'apothéose de tous ces rois, la plupart couverts de crimes ou dégradés par les plus honteux excès. Cette apothéose était tellement étrangère à l'esprit et aux habitudes des Grecs, qu'ils n'avaient pu se résoudre à prendre au sérieux celle d'Alexandre [a], au moins de son vivant, malgré l'auréole presque divine dont l'éclat de ses triomphes avait environné sa tête, et quoique l'oracle d'Ammon l'eût reconnu pour fils de Jupiter. Il est vrai que, peu de temps après, leur séjour au milieu des peuples de l'Orient les familiarisa avec un genre de flatterie qu'ils n'auraient pas même compris auparavant. On peut croire que ce peuple railleur aurait fort compromis l'apothéose des rois alexandrins, si elle n'eût été préalablement mise, comme les nouveaux cultes, sous la protection immédiate de quelque bonne censure et d'une sorte d'inquisition religieuse. Quant aux vaincus, sans la crainte d'encourir quelque fâcheuse disgrâce de la part des vainqueurs, auraient-ils consenti à introduire ces dieux de mauvais aloi jusque dans leurs sanctuaires révérés? Il fallait bien que les prêtres nationaux reconnussent un culte exercé par celui-là même qui était l'arbitre de leur sort, et qui pouvait, à chaque instant, leur faire payer cher la moindre marque de répugnance? Les uns et les autres finirent par s'habituer, de gré ou de force, à plier sous ce joug nouveau, et à faire entrer cette apothéose d'hommes, morts depuis peu ou même encore vivants, dans l'ensemble de leur vieille religion.

L'inscription de Rosette montre que le roi régnant et tous ses prédécesseurs partageaient, dans les temples égyptiens, les honneurs rendus aux dieux qu'on y adorait [b]; on y plaçait leurs statues [c]; on y représentait leurs images en anaglyphes; ils y avaient des cha-

---

[a] Sainte-Croix, *Examen critique*, etc. p. 368 suiv. — [b] L. 38. — [c] L. 40.

pelles, des châsses, qui tenaient rang dans les plus belles panégyries[a]; on leur élevait de semblables chapelles jusque dans les maisons particulières, où ils étaient adorés en même temps qu'Isis et Osiris ou Sérapis[b]. Les Lagides n'avaient fait, sans doute, que profiter des priviléges dont jouissaient les rois des dynasties pharaoniques; mais ils étaient trop habiles pour ne pas tirer parti d'un usage qui consolidait leur dynastie, en les assimilant aux anciens rois, en les protégeant de toute la vénération qu'un peuple superstitieux portait à tout ce qui se présentait avec un caractère sacré. De leur côté, les Grecs reçurent dans leur élastique panthéon, avec tous ces cultes nouveaux, les apothéoses des rois, ce produit de la flatterie orientale, maintenu par la politique grecque. Dans une dédicace qu'on trouvera plus bas (n° XXXI), des soldats, cantonnés à Ombos, mettent le roi régnant et les reines sur la même ligne qu'Aroéris, identifié avec Apollon, ou plutôt ils placent ces souverains au-dessus du dieu, car ils les nomment les premiers.

Ce n'est peut-être pas aller trop loin que de penser que cette confusion de toutes les croyances religieuses était encore favorisée et protégée par cette disposition qui faisait du *prêtre des Ptolémées,* à Alexandrie, le maître du sacerdoce de toute l'Égypte et le surveillant des temples, tant ceux où l'on admettait encore le culte égyptien sans partage, que ceux où les divinités du pays étaient confondues, à l'aide d'une synonymie factice, avec celles de la Grèce, et où les rois divinisés venaient se mêler au culte local.

Je ne sais si l'on en a fait la remarque; mais il me semble qu'en poésie, comme en philosophie et en histoire, on ne trouve plus, dans ce qui reste de la littérature alexandrine, à en juger même par les titres des ouvrages perdus, cette parfaite indépendance d'esprit qui distingue la littérature antérieure. A vrai dire, on n'y voit rien qui puisse offusquer le gouvernement le plus ombrageux, et qui n'ait pu être écrit sous le roi le plus absolu. On y remarque partout une tendance à se jeter dans les subtilités de la grammaire et de l'éty-

[a] L. 41, 42. — [b] L. 52.

mologie, dans les analyses de la critique et les discussions chronologiques, toutes recherches parfaitement inoffensives; à remonter aux sources de la mythologie grecque, à ranimer le respect pour les anciennes traditions poétiques et religieuses, à soutenir les superstitions nouvelles les plus absurdes, à exploiter, en l'exagérant jusqu'à l'extravagance, le système allégorique des stoïciens, système dont abusèrent ensuite les Olympiodore, les Jamblique et les Proclus, pour soutenir le paganisme expirant. Ce caractère de toute la littérature peut, sans doute, n'avoir été produit que par le cours naturel des choses, par la lassitude des esprits, par le grand changement dans les constitutions politiques qui suivit la mort d'Alexandre; mais qui pourrait affirmer que la fondation du Musée, soumis, dès l'origine, à une surveillance officielle, n'y a pas aussi contribué?

Les Lagides tenaient sous leur main les deux religions grecque et égyptienne; en même temps, ils se rendirent les maîtres ou les arbitres de la littérature, en attirant dans leur cage royale, par l'appât du bien-être ou des richesses, une foule d'esprits distingués, dont ils confisquaient les talents à leur profit, dont ils se faisaient des historiographes complaisants, des apologistes obligés, des poëtes suivant la cour; tandis que, livrés à eux-mêmes, ceux-ci auraient pu souvent mettre en péril les apothéoses royales, ainsi que tant de cultes absurdes ou ridicules, et contrôler les actes ou la conduite des rois. Plus on pénètre dans la constitution intime du gouvernement grec en Égypte, à l'aide de sources nouvelles que nous ouvrent les inscriptions et les papyrus, plus on acquiert la conviction qu'un profond instinct monarchique avait présidé à l'organisation de ce gouvernement, et, par l'ensemble des dispositions les mieux conçues, avait donné à cette vaste machine le mouvement continu, ainsi que les conditions de durée dont elle avait besoin pour résister aux chocs violents qu'elle devait rencontrer, pour subsister près de trois siècles, malgré toutes les causes de dissolution qui naissaient, à chaque instant, des vices des gouvernants, ou des perpétuelles dissensions de leurs familles. Quant à l'institution qui m'occupe spécialement ici, il est permis de dire que le génie de Machiavel, si inventif en moyens de gouvernement, aurait eu peine à en imaginer un plus simple, plus efficace, plus approprié aux circonstances, mieux calculé enfin pour placer facilement, sous un joug commun, deux populations si différentes, et parvenir à concilier tant d'intérêts divers ou opposés.

La seconde observation à faire sur la lettre de Numénius concerne l'énumération des Lagides, qui se trouve en tête. Cette énumération présente une circonstance remarquable, qui décide une grande difficulté chronologique. Dans le papyrus de Berlin, dit d'Anastasy, après les noms des prédécesseurs d'Épiphane, on lit : ..... καὶ Θεῶν Ἐπιφανῶν, καὶ Θεοῦ Φιλομήτορος, καὶ Θεοῦ Εὐπάτορος καὶ Θεῶν Εὐεργετῶν. C'était la première fois qu'on voyait paraître, dans la liste des Lagides, un roi *Eupator,* dont l'histoire ne dit pas un mot. Saint-Martin conjectura d'abord que ce nom désignait Évergète II [a]; conjecture peu admissible, puisque le nom de ce prince fait partie de la liste. Depuis [b], il adopta celle de M. Champollion-Figeac [c], qui présumait que ce prince inconnu, placé après Philométor et avant Évergète, devait être le jeune fils de Philométor, mis à mort par son oncle Évergète, le jour même de son mariage avec Cléopâtre, veuve de Philométor. J'opposai à cette conjecture, d'ailleurs ingénieuse, une difficulté qui me paraissait assez grave : c'est qu'il était peu vraisemblable qu'Évergète, après son infâme conduite, eût permis de placer, dans la liste officielle des rois, ce jeune prince qu'il avait fait si lâchement assassiner. Bientôt s'offrit une objection plus forte : dans le grand papyrus de Casati, maintenant à la Bibliothèque royale, où la même énumération se rencontre, le nom du dieu *Eupator* se montre aussi, mais différemment placé, puisqu'il se trouve après Épiphane et avant Philométor (καὶ Θεῶν Ἐπιφανῶν, καὶ Θεοῦ Εὐπάτορος καὶ Θεοῦ Φιλομήτορος). La conjecture proposée devenait inapplicable à ce nouvel exemple; car Eupator ne pouvait être le fils de Philométor, qui venait après lui; et, cependant, il ne pouvait non plus être le fils d'Épiphane, puis-

---

[a] Saint-Martin, dans le *Journ. des Savants*, septembre 1821, p. 539. — [b] *Le même journal*, septembre 1822, p. 559. — [c] Champollion-Figeac, *Sur le contrat de Ptolémaïs*, p. 30 et 31.

que l'histoire ne connaît pas à ce prince d'autre fils que Philométor, qui fut son successeur immédiat. Pour échapper à cette énorme difficulté, on imagina que le scribe du second papyrus s'était trompé, et que, par inadvertance, il avait transporté après Philométor le nom qu'il aurait dû mettre auparavant. Il n'y avait peut-être pas d'autre moyen de se tirer d'embarras, et il faut convenir que l'erreur présumée n'était pas hors de vraisemblance.

Mais cette nouvelle conjecture ne peut plus maintenant se soutenir; car la lettre de Numénius, comme le papyrus de Casati, met θεοῦ Εὐπάτορος après θεῶν Ἐπιφανῶν. Or ce n'est pas là une pièce écrite au courant du calame par un scribe vulgaire; c'est une pièce officielle, émanée de la chancellerie alexandrine, et que les prêtres n'ont dû transcrire, en lettres d'or, sur leur obélisque, qu'après l'avoir soigneusement collationnée avec la pièce originale.

Voilà donc deux autorités, dont l'une est presque irréfragable, en faveur de la place que doit occuper le dieu Eupator, après Épiphane. Donc, s'il y a erreur, ce ne peut être que dans le papyrus d'Anastasy, qui reste tout seul en présence des deux autres documents. Mais, ainsi que je l'avais déjà présumé[a], il n'y a erreur d'aucune part; parce qu'*Eupator* est tout simplement un deuxième titre de *Philométor*. On trouve un exemple tout à fait analogue d'un double nom pareil : Arsinoé, femme de Philopator, est appelée *Arsinoé Philopator* dans l'inscription de Rosette et le papyrus de Casati, et *Arsinoé Eupator* dans celui d'Anastasy. Cette différence suppose que *Philopator,* son mari, portait aussi le titre d'*Eupator;* c'est ce qui résulte de deux passages de Josèphe, où ce prince porte indifféremment les deux noms[b]; et il n'est point nécessaire de supposer, comme on l'a fait[c], une erreur dans l'un des deux textes de cet historien.

De même, Philométor aura porté le double surnom d'*Eupator* et de *Philométor:* le premier, à la mort de son père et pendant sa minorité, comme un hommage à la gloire d'Épiphane, qui lui avait

---

[a] Plus haut, p. 53, 54. — [b] Ant. Jud. XIII, 3, 3. — [c] Böckh, *Corp. Inscr.* n° 2618, t. II, p. 438, col. 2.

donné le jour; le second, depuis son avénement au trône, comme une expression de sa tendresse pour sa mère Cléopâtre, qui avait si sagement administré pendant sa minorité. Dans les lettres royales, on lui donnait ces deux noms selon l'ordre où il les avait reçus; et il a pu facilement arriver que le scribe négligent d'un acte particulier ait fait précéder celui de *Philométor*, qui était devenu le principal, qui avait même fini par effacer l'autre. C'est ainsi que, bien que Sôter II[a] portât les deux titres de *Philométor* et de *Sôter*, le premier avait fini par disparaître pour faire place au second, devenu le titre officiel du prince.

La seule difficulté qu'on pourrait opposer à cette explication consiste dans l'expression καὶ θεοῦ Εὐπάτορος καὶ θεοῦ Φιλομήτορος, qui est dans le papyrus; il aurait été plus régulier de dire τοῦ καὶ θεοῦ Φιλομήτορος, ou bien τοῦ καὶ Φιλομήτορος; mais la suppression de l'article, qui n'est pas sans exemple en pareil cas [b], ne saurait nous arrêter en présence de la nécessité d'admettre le double surnom de Philométor; et j'ai remplacé les dix lettres qui manquent, à la fin de la cinquième ligne, par θεοῦ Εὐπάτορος [καὶ θεοῦ Φιλο]μήτορος. Ceci nous donne encore le moyen d'expliquer, d'une manière fort naturelle, l'inscription trouvée à Paphos, portant : βασιλέα Πτολεμαῖον θεὸν Εὐπάτορα, Ἀφροδίτῃ, c'est-à-dire, en remplissant les ellipses : « La ville « [honore] le roi Ptolémée, le dieu Eupator, [et consacre sa statue] à Vénus. » On a vu, dans ce dieu Eupator, le jeune fils de Philométor; mais il m'avait paru également difficile de croire que Paphos rendît les honneurs divins à un enfant en bas âge, qui ne fut jamais roi. Cet honneur devient, au contraire, tout naturel, appliqué, soit au fils d'Évergète Ier, soit à celui d'Épiphane, avant qu'ils portassent, l'un le nom de Philopator, l'autre celui de Philométor.

Une dernière observation à faire est relative à la tournure du préambule de la lettre. Il y est dit : « Aux prêtres de Philes..... Numé- « nius, etc. » et non pas : « Numénius.... aux prêtres de Philes. » Cette circonstance n'est pas aussi indifférente qu'elle peut le paraître. Les

---

[a] Plus haut, p. 62. — [b] Franz, *Elementa epigraphices græcæ*, n° 130, p. 290.

nombreuses lettres écrites, en Égypte, à l'époque des Ptolémées, et que les papyrus nous ont conservées, présentent l'une ou l'autre de ces deux suscriptions : *un tel à un tel*, ou bien : *à un tel un tel*, c'est-à-dire que le nom de l'auteur de la lettre tantôt suit, tantôt précède celui de la personne à qui l'on écrit. D'après la situation relative des individus, j'ai remarqué que la différence des deux formules dépendait toujours des qualités respectives des personnes : ainsi, toutes les fois qu'un supérieur écrit à son inférieur, il dit toujours *un tel à un tel*; quand c'est l'inférieur qui écrit, l'autre formule est employée, ce qui a lieu également dans toutes les lettres entre personnes dont la position est égale, ou entre parents, tels que frères et sœurs. Je ne vois point d'exception à cette règle, qui doit tenir à un usage dont on ne se départissait que rarement. Cette observation sert même, comme je le montrerai ailleurs, à décider, en quelques cas douteux, de la position relative de certaines personnes. Il est donc assez remarquable que Numénius, le parent, l'épistolographe, le pontife de toute l'Égypte, supérieur conséquemment au collége des prêtres d'Isis, emploie cependant, en s'adressant à eux, la formule de soumission. C'est une preuve de la considération dont jouissait le sacerdoce égyptien, et des formes de politesse que l'un des premiers dignitaires de l'État observait à son égard.

De la dernière ligne, il ne reste que le nom du mois, $\pi\alpha\chi\omega\nu$, et l'indication du jour, $\overline{\text{K}\varsigma}$; le reste a disparu. Mais la phrase n'est pas finie. Après $σ\overline{l}ήλης$ il manque un verbe à l'infinitif, qui dépende de $ἐπιχωροῦμεν$, et dont $τὴν ἀνάθεσιν$ soit le régime direct; ce ne peut être que $ποιήσασθαι$: ainsi, $δέδοχθαι\ τῇ\ βουλῇ\ ἐπικεχωρῆσθαι\ Διογνήτῳ....\ ποιήσασθαι\ τὴν\ ἀνάθεσιν\ τῆς\ .....\ εἰκόνος$ [a]. Puis venait $ἔρρωσθε$ ou $εὐτυχεῖτε$; ensuite l'indication de l'année, précédée du mot $ἔτους$ ou de la lettre L, selon la place qui restait disponible, et enfin le mois. Mais on ne peut guère douter que, dans cette missive, émanée du premier magistrat du royaume, le mois macédonien ne précédât l'égyptien $\pi\alpha\chi\omega\nu$, comme dans le décret de Rosette, la lettre de Dioscoride

---

[a] Böckh, *Corp. Inscript.* n° 125, l. 25.

(papyrus du Musée royal), et le rescrit de Ptolémée Alexandre, au musée de Leyde; et, comme il résulte du calendrier comparatif, fondé sur la concordance de la double date dans l'inscription de Rosette [a], que la fin de *pachon* répondait au commencement de *panémus*, on peut insérer ici le nom de ce mois, et la dernière ligne devient ...*ποιήσασθαι. Ἔρρωσθε.* L...*πανέμου*...*παχὼν* Κϛ.

B. — RESCRIT ROYAL ADRESSÉ AUX PRÊTRES DE PHILES.

Ce rescrit, dont il ne reste intact que les deux premières lignes sur les sept dont il se composait, pouvait difficilement être restitué d'une manière certaine à l'époque où il a été découvert; car la teneur et la tournure de telles pièces n'étaient connues par aucun exemple analogue appartenant à l'époque ptolémaïque. Depuis, les papyrus du musée de Leyde ont fourni deux exemples de rescrits pareils, dont la rédaction uniforme devait être presque semblable à celui qui nous occupe, puisqu'on en retrouve les principaux éléments dans la partie conservée.

Dans ces rescrits, après le nom du souverain vient celui des fonctionnaires auxquels il s'adresse; il leur dit qu'il leur transmet la copie de la requête qui lui a été donnée par un tel : *τῆς ἡμῖν δεδομένης* (ou *δεδομένης ἡμῖν*) *ἐντεύξεως παρά* ou *ὑπό* (tel ou tel) *ὑπόκειταί* (ou *ὑποτετάχαμέν*) *σοι τὸ ἀντίγραφον*, « de la requête remise par un tel, nous « mettons ci-dessous la copie [b]. » Il se dispense, en conséquence, de leur en rappeler le contenu, se contentant de leur enjoindre de satisfaire aux demandes que le pétitionnaire *expose en détail* dans sa requête (*περὶ ὧν προφέρεται* [1] *παρ' ἕκαστον* [2]); le tout finit, comme à l'ordinaire, par *εὐτύχει* ou *εὐτυχεῖτε*, *ἔρρωσο* ou *ἔρρωσθε*. Ces pièces sont ordinairement fort courtes, de trois à quatre lignes au plus. Il ne

---

[a] Plus haut, p. 262. — [b] Nos 6 et 7 bis, dans Reuvens, *Lettres, etc.* III, p. 38 et suiv.

[1] *Προφέρεσθαι* est le mot propre pour signifier, dans le style du temps, *exposer*, mais suivi d'un régime direct. (Voy. le Lexique de Polybe.) Ici le verbe est intransitif, suivi d'une préposition. La locution est analogue à celle de Polybe : *βραχέα προενεγκάμενοι περὶ τῶν*... (XXII, 5, 5.)

[2] *Παρ' ἕκαστον*, dans le style alexan-

faut donc rien chercher au delà des sept lignes dont se compose ce que M. W. J. Bankes a pu lire de ce rescrit, excepté la conclusion ordinaire, εὐτύχει ou ἔρρωσο, et peut-être une date.

Les deux premières lignes contiennent les mêmes noms royaux qui se lisent dans la requête, et qui ont été suffisamment expliqués plus haut (p. 339). La troisième ligne ne se compose que des deux mots τῷ ἀδελφῷ χαίρειν; le nom qui manque, devant τῷ ἀδελφῷ, est, sans nul doute, Λόχῳ, celui du stratége, auquel Numénius annonce que la missive royale est adressée. Ce nom est un peu trop court, d'une lettre ou deux, pour la place marquée dans la copie de M. Hamilton : mais cette copie n'est point un fac-simile; la place peut n'avoir pas été parfaitement mesurée. D'ailleurs, les lettres ΤΩΙ et ΑΔΕΛ sont trop serrées; en les espaçant un peu, on gagnera facilement la place des deux lettres. A la ligne suivante, après une lacune de quatre lettres, on lit ΩΣ ΠΑΡΑΤΩΝ, et, à la fin de la suivante, sont les lettres ΑΝΤΙΓΡΑ, commencement du mot ἀντίγραφον, dont la syllabe φον se trouvait à la fin de cette ligne ou en tête de la suivante. Ce sont autant d'éléments qui ne laissent aucun doute sur ma restitution.

Les deux dernières lignes, dont il ne reste que quatre mots, offrent plus de difficulté. La formule qui, dans les deux autres rescrits, se trouve en cet endroit, est celle-ci : γινέσθω οὖν ἕκαστα, καθάπερ ἀξιοῖ; «Soit donc fait, sur chaque point, comme il le demande.» Mais on

drin, signifie tantôt *singulatim*, et, par conséquent, *en détail*, tantôt *semper, en toute circonstance*, ἑκάστοτε. On trouve aussi, dans le faux Aristéas : τοῦ βασιλέως... παρ' ἕκαστον ἐπιθεωροῦντος τοὺς τεχνίτας (in calc. Joseph. ed. Haverc. t. II, p. 109). Polybe emploie souvent cette locution, et c'est à tort que Schweighæuser la traduit constamment par *subinde*; ainsi (IV, 82, 5): προσεπιδεικνύων αὐτῷ παρ' ἕκαστον, ὡς, ... «lui démontrant, de plus, *en détail*, que;» (V, 4, 11) καὶ παρ' ἕκαστον ἀποδειλιῶντες αὐτοί, «et affectant de paraître épouvanté *en toute chose* ou *circonstance*;» (V, 11, 2) Σκόπᾳ καὶ Δοριμάχῳ παρ' ἕκαστον εἰς ἀσέλγειαν καὶ παρανομίαν ὠνείδιζε, ...«Il op-«posait, *en toute circonstance*, à Scopas et à «Dorimachus, le reproche de....» comme IX, 31, 4. Polybe emploie, dans le même sens, παρ' ἕκαστα (III, 57, 4) ou παρέκαστα, qu'Hésychius et Suidas interprètent par ἑκάστοτε, et qu'on trouve dans les livres des Machabées (II, x, 13; III, III, 23), ainsi que dans les poëmes sibyllins (I, v. 298).

n'aperçoit aucun vestige de cette formule. Il y avait ici tout autre chose. Le mot ΠΟΙΗΣΗΣ annonce un subjonctif, qui dépendrait de ἵνα ou de ὅπως; mais on ne comprendrait cette construction que dans le sens de : « Nous vous transmettons la copie... pour que vous ayez « soin de..... » ἵνα ou ὅπως ποιήσῃς πρόνοιαν..... Or les Grecs disaient toujours ποιεῖσθαι, au moyen, et non ποιεῖν πρόνοιαν, en sorte que l'actif ποιήσῃς serait inadmissible; puis, ποιεῖσθαι πρόνοιαν est plus ordinairement suivi de ὅπως avec le subjonctif : et nous avons, au commencement de la ligne suivante, un infinitif au lieu d'un subjonctif. Je lis donc, sans hésiter, ποιήσεις, soit que la leçon existe sur l'original, soit que le scribe ait mis H pour EI, de même que le sculpteur a écrit, dans le texte de la requête, EI pour H (ὑπάρχει pour ὑπάρχῃ), confusion perpétuelle, dans les inscriptions comme dans les manuscrits [a], amenée par la similitude tant de la prononciation que de la figure des lettres H et EI. Nous aurons alors la formule, fréquente dans les lettres, καλῶς οὖν ποιήσεις suivie d'un participe [1].

A la ligne suivante, ΑΕΝΟΧΛΕΙΝ semblerait devoir être le reste du verbe παρενοχλεῖν, que les prêtres ont employé dans leur pétition (l. 16), en demandant qu'on cessât de les vexer. Mais l'A, devant ἐνοχλεῖν, ne saurait avoir été confondu avec un P; ce ne peut être que la finale de μηδένα, et toute la phrase devient : ποιήσεις οὖν καλῶς συντάξας, et l'espace de vingt lettres, pour arriver à la fin, sera rempli par ἐπὶ μηδεμιᾷ προφάσει μηδένα ἐνοχλεῖν αὐτούς : on aurait dit aussi bien κατὰ μηδεμίαν πρόφασιν ou παρεύρεσιν, qui se lit dans ce passage d'un papyrus du musée du Louvre : φροντίσαθ' ὅπως μήτε τῶν ἀδυν[ατού]ντων γεωργεῖν περισπᾶται μηδεὶς, μήτε [τῶν δ]υναμένων σκεπάζηται κατὰ μηδεμίαν παρεύρεσιν. Le rescrit répond à ce que demandent les prêtres dans leur pétition, ...μὴ παρενοχλεῖν ἡμᾶς, μηδ' ΑΛΛΩ ΜΗΔΕΝ ἐπιτρέπειν τὸ αὐτὸ ποιεῖν [b]. L'accusatif est dans l'inscription de Rosette [c].

[a] Plus haut, p. 354. — [b] Plus haut, p. 345. — [c] Plus haut, p. 293.

[1] *Papyr. du Brit. Mus.* XI, 45; XVIII, 29. Ainsi, dans la lettre de Démétrius : καλῶς οὖν ποιήσεις προστάξας (ap. Joseph. *Ant. Jud.* XII, 2, 4); et κ. ο. π. ἐπιλεξάμενος, dans celle de Ptolémée à Éléazar. (*Ant. Jud.* XIII, 2, 5.)

372   ACTES SACERDOTAUX.

Voici le texte entier du rescrit :

Βασιλεὺς Πτολεμαῖος, καὶ βασίλισσα Κλεοπάτρα ἡ ἀδελφὴ, καὶ βασίλισσα Κλεοπάτρα ἡ γυνὴ,
[Λόχῳ] τῷ ἀδελφῷ, χαίρειν· [τῆς ἡμῖν δεδομένης
ἐντεύξε]ως παρὰ τῶν [ἱερέων τῆς ἐν τῷ Ἀβάτῳ καὶ
ἐν Φίλαις Ἴσιδος, ὑποτετάχαμέν σοι τὸ] ἀντίγρα[φον· κα-]
λῶς οὖν] ποιήσεις [συντάξας ἐπὶ μηδεμιᾷ προφάσει μηδέν-]
α ἐνοχλεῖν αὐτοὺς [περὶ ὧν προφέρονται παρ' ἕκασῖον-]
[ἔρρωσο ou εὐτύχει.]

Le roi Ptolémée et la reine Cléopâtre, sa sœur, et la reine Cléopâtre, sa femme, à Lochus, le frère, salut : de la pétition à nous donnée par les prêtres d'Isis... nous plaçons ci-dessous la copie. Tu feras bien, en conséquence, d'ordonner que, sous aucun prétexte, personne ne les vexe sur les points qu'ils exposent en détail. Porte-toi bien.

Après les observations précédentes, ce texte ne donne lieu qu'à une seule remarque de quelque importance. Le haut fonctionnaire auquel ce rescrit est adressé est Lochus, qui, dans la lettre de Numénius comme dans la pétition, est qualifié de *parent* et de *stratége*, à quoi la pétition ajoute *de la Thébaïde*. Ici, aucune de ces qualifications ne se montre; en place, on ne trouve que celle de *frère*. C'est la première fois que, sur un monument des Ptolémées, un haut fonctionnaire est ainsi qualifié par son souverain. Mais j'en ai signalé des exemples dans quelques lettres écrites par des rois Séleucides, que nous ont conservées les livres des Machabées et l'historien Josèphe, où nous voyons Antiochus donner à ses généraux les noms de parent (συγγενής), de *frère* et de *père* [a]. On me permettra de renvoyer à ce que j'avançais, à cette occasion, en 1823 [b]. Je pensais, dès lors, que les rois d'Égypte, en s'adressant à quelqu'un des hauts fonctionnaires décorés du titre de *parent*, le qualifiaient de *mon frère, mon père,* ou de tout autre titre déterminé par la nature et l'importance des fonctions du personnage. Ma conjecture, fondée sur une analogie et une induction, s'est vérifiée dès la première fois qu'une lettre de ce genre a été découverte. J'ai cité plus haut les expressions formelles dont je me suis servi.

Ainsi l'on ne peut douter que les rois Lagides, en s'adressant à leurs officiers, ne leur donnassent quelquefois, comme les Séleucides, le titre de *frère*. Cet usage, dont les exemples sont si anciens, ne passa cependant à la cour des empereurs qu'assez tard, puisque le

---
[a] Plus haut, p. 348 et 349. — [b] *Recherches pour servir à l'histoire de l'Égypte*, p. 327.

XXVII. OBÉL. DE PHILES. RESCRIT ROYAL.

titre de *frère* ne se trouve pas dans les rescrits impériaux avant le règne de Valentinien et de Théodose [a], et qu'il faut descendre jusqu'aux temps d'Anastase pour rencontrer des exemples du titre de *père du roi* (πατὴρ τοῦ βασιλέως), donné par les empereurs aux patrices [b].

Il est à remarquer que les trois pièces que je viens d'expliquer ont été tracées sur l'obélisque dans l'ordre même qu'indique leur contenu, car la lettre de Numénius annonce qu'on trouvera ci-dessous le rescrit royal; et, dans celui-ci, il est dit que la requête (ἔντευξις) vient après.

On voit clairement que les prêtres n'ont fait que transcrire sur le granit les pièces telles qu'elles se trouvaient dans l'ampliation officielle qu'ils en avaient reçue, précédées de la lettre d'avis que leur donnait Numénius. L'un des deux papyrus de Leyde nous offre la même réunion, et justement dans le même ordre, à savoir : la lettre du fonctionnaire supérieur, puis le rescrit royal, et enfin la copie de la pétition qui l'avait motivé.

Cette pétition, comme celle des prêtres, est adressée directement au roi; c'est le cas de toutes celles qui étaient envoyées à Alexandrie. Les divers exemples de requêtes qui existent dans les papyrus connus montrent que, quand des particuliers étaient lésés par d'autres particuliers, ils s'adressaient aux officiers de la province desquels la plainte ressortissait naturellement; ils suivaient la filière, remontant de proche en proche jusqu'au fonctionnaire supérieur. Lorsqu'ils n'obtenaient pas la justice qu'ils croyaient leur être due, ou bien lorsque la plainte était dirigée contre des officiers publics, ils envoyaient leur pétition directement à Alexandrie, ne s'adressant alors ni à l'épistolographe, ni à aucun autre officier ou magistrat aulique, mais seulement au roi lui-même; ils lui exposaient l'affaire en détail,

---

[a] Brisson, *De formulis*, III, 63. — [b] Godofr. *ad Cod. Theodos.* II, tit. 6; Jacobs, *ad Antholog.* t. XII, p. 84.

le priant humblement, à grand renfort de titres fastueux et de circonlocutions flatteuses, de s'en occuper, et de donner ses ordres aux officiers de la province, qu'ils désignaient, pour qu'on leur rendît justice : telle est la tournure uniforme de toutes ces requêtes, qui ne diffèrent que par les détails. Quoique leur objet fût souvent un intérêt de minime importance, elles n'étaient pas moins dûment examinées; et, quand la réclamation semblait juste, il était écrit au stratége du nome, ou à tout autre officier supérieur, pour lui enjoindre de faire droit à la réclamation, et d'empêcher qu'à l'avenir l'abus dont on se plaignait pût se renouveler. A cette missive était jointe copie de la requête, afin que l'officier sût au juste de quoi il s'agissait. Celui-ci envoyait ampliation du tout, à la fois, aux parties intéressées, en y joignant une lettre d'envoi, et à tous ceux que pouvait concerner la répression du délit. Ainsi, dans le papyrus de Leyde, l'autre rescrit est adressé, en même temps, « au stratége de Mem- « phis, au phrourarque, à l'épistate des phylacites et archiphy- « lacite, à l'intendant des finances et greffier royal, aux épistates des « temples et grands prêtres, et à tous autres officiers royaux [1]. » C'est cette réunion qu'offre aussi l'inscription gravée sur le piédestal de l'obélisque.

Il semble que les prêtres d'Isis auraient dû se contenter d'y faire inscrire la lettre de l'épistolographe et le rescrit royal; mais on remarquera que ce rescrit est conçu, comme à l'ordinaire, d'une manière fort concise et en termes généraux, tandis que, dans la péti-

---

[1] *Pap. de Leyd.* n° 6, dans Reuvens, III, p. 38. Τῷ σ7ρατηγῷ τοῦ Μεμφίτου, καὶ τῷ φρουράρχῳ, καὶ τῷ ἐπισ7άτῃ τῶν φυλακιτῶν καὶ ἀρχιφυλακίτῃ, καὶ τῷ ἐπὶ τῶν προσόδων καὶ βασιλικῷ γραμματεῖ, καὶ τοῖς ἐπισ7άταις τῶν ἱερῶν καὶ ἀρχιερεῦσι, καὶ τοῖς ἄλλοις τοῖς τὰ βασιλικὰ πραγματευομένοις, χαίρειν. M. Reuvens, n'ayant pas remarqué la suppression de l'article devant ἀρχιφυλακίτῃ, βασιλικῷ γρ. et ἀρχιερεῦσι, n'a pas vu que ces mots ne sont que des compléments de ceux devant lesquels l'article se trouve; qu'ainsi l'épistate des phylacites était aussi appelé ἀρχιφυλακίτης; l'intendant des finances était aussi *greffier royal*, les épistates des temples étaient *grands prêtres*. La remarque est importante, surtout en ce qu'elle confirme la conjecture de M. Peyron sur la nature des fonctions du βασιλικὸς γραμματεύς, qui, selon ce savant, devait être un employé des finances. (*Ad Pap. Taurin.* I, p. 112.)

tion, au contraire, sont énumérés en détail tous les griefs. Il importait donc que la pétition elle-même fût gravée sur le piédestal, afin qu'à chaque instant les prêtres fussent en état de prouver que tel ou tel grief, auquel on n'avait pas fait droit, était cependant compris dans les termes généraux du rescrit.

M. W. J. Bankes a déjà été lui-même au-devant de cette question : Pourquoi les prêtres n'ont-ils fait graver que leur pétition seulement, et se sont-ils contentés de faire tracer en rouge la lettre de Numénius et le rescrit royal, qui étaient pour eux une garantie plus forte encore contre le mauvais vouloir des officiers publics? Évidemment ils ont voulu réserver à ces deux pièces un honneur tout particulier. C'est donc avec toute raison que M. Bankes pense que la couleur rouge a servi de mordant pour la dorure, et qu'ainsi les lettres de ces deux pièces ont dû être dorées, par une distinction toute spéciale [a]. Cette explication si naturelle et si satisfaisante est conforme à ce qu'on remarque à Kalabschi et ailleurs, dans les parties des temples qui ont jadis été dorées; il n'en reste souvent que la couleur ou mixtion, qui est celle du mordant sur lequel la dorure était appliquée [b].

J'ai remarqué [c] que l'obélisque de Philes offre, dans son ensemble, une disposition insolite, puisqu'il est élevé sur un soubassement, composé de trois parties, dont la hauteur totale égale presque la moitié du fût. (Pl. XV, n° 1.) Cette disposition était nécessitée par la circonstance. Outre que la petitesse de l'obélisque obligeait de l'exhausser, on n'aurait jamais pu placer, sur le dé qui sert de base ordinaire à ces monuments, les trois inscriptions qui devaient accompagner les hiéroglyphes. Il fallait donc se procurer une seconde base assez élevée pour recevoir les inscriptions qu'on voulait y mettre. Le tout formait un piédestal entièrement insolite, mais qu'on a fort habilement combiné avec la forme de l'obélisque. Quant aux trois gradins sur lesquels le tout repose, c'est là une disposition tout à fait étrangère à l'Égypte, et qui se ressent de l'influence grecque. On n'en

---

[a] Plus haut, p. 336. — [b] Champollion, *Lettres écrites d'Égypte*, p. 158; plus haut, p. 208. — [c] Plus haut, p. 333.

trouve, en effet, d'exemple analogue qu'à *l'aiguille de Cléopâtre*, à Alexandrie. Les fouilles faites, le 9 juillet 1798, au pied de ce monument, ont montré qu'il repose sur un bloc de granit[1], qui est lui-même supporté par trois gradins. Cet obélisque, qui est du règne de Thouthmosis III, fut dressé sous la domination grecque et romaine. C'est avec raison que S. Genis[a] a conjecturé que les Grecs ont composé un soubassement dans leur style particulier. L'obélisque de Philes, qui est entièrement de l'époque grecque, confirme cette conjecture : c'est un nouvel exemple du mélange des deux styles. Les prêtres d'Isis, en adoptant le motif élégant du soubassement grec, ont eu le soin de n'en pas prendre les moulures, la plinthe ni la corniche, comme les architectes modernes l'ont fait tant à Rome qu'à Paris; ils l'ont formé de deux tronçons superposés, dont les faces, à peu près parallèles à celles de l'obélisque lui-même, pyramident ainsi naturellement avec cet obélisque. Il est peut-être à regretter que cet agencement n'ait pas été connu, lorsqu'on a voulu exhausser, à Paris, l'obélisque de Louqsor sur une base nouvelle. Ce modèle *antique*, si on l'avait suivi, aurait eu, je pense, l'approbation des connaisseurs.

Toutes les circonstances qui se rattachent à ce curieux monument me semblent maintenant expliquées d'une manière complète. Les trois inscriptions qu'il nous fait connaître présentent, dans leur ensemble et plusieurs de leurs détails, un intérêt auquel s'élèvent bien peu de monuments épigraphiques; et, parmi ceux de l'Égypte appartenant à l'époque des Lagides, il ne le cède guère jusqu'ici qu'à la pierre de Rosette, qui, par l'étendue comme par la nature du sujet, et, surtout, par la triple transcription qu'elle nous offre, reste toujours un monument hors de pair.

[a] S. Genis, *Descr. d'Alexandrie et des environs*, p. 38 ; dans la *Descr. de l'Égypte*, Antiq. Descr. t. II; v. la pl. XXXIII, t. V *Antiquités*.

[1] Le bloc de granit formant le piédestal de l'aiguille de Cléopâtre est un parallélogramme; mais il n'est pas impossible que, si l'on recommençait la mesure, on trouvât le plan supérieur du bloc un peu plus étroit que la base.

TROISIÈME PARTIE.

DÉDICACES ET OFFRANDES RELIGIEUSES.

SECTION Ire.

ÉPOQUE DES LAGIDES.

XXVIII.

DÉDICACE À ISIS LOCHIAS, POUR PTOLÉMÉE ÉPIPHANE, TROUVÉE À ACORIS.

Au village de Tehneh, qui répond à l'ancienne ville d'Acoris, sont diverses antiquités indiquées dans la grande Description de l'Égypte[a]; mais peu de dessins en font connaître les détails. M. L'Hôte, qui a visité récemment les lieux avec soin, a dessiné ce qu'ils offrent d'intéressant. Il a, de plus, relevé cette inscription [b], gravée sur la face du rocher au-dessus de l'entrée d'une grotte consacrée à Isis, et où devait se trouver un *sacrarium*, à présent détruit (voy. la pl. XV, n° 2):

ΥΠΕΡΒΑΣΙΛΕΩΣΠΤΟΛΕΜΑΙΟΥ	Ὑπὲρ βασιλέως Πτολεμαίου,
ΘΕΟΥΕΠΙΦΑΝΟΥΣΜΕΓΑΛΟΥΕΥΧΑΡΙΣΤΟΥ	Θεοῦ Ἐπιφανοῦς, Μεγάλου, Εὐχαρίστου,
ΑΚΩΡΙΣΕΡΕΕΩΣΙΣΙΔΙΜΟΧΙΑΔΙΣΩΤΕΙΡΑΙ	Ἄκωρις Ἐριέως, Ἴσιδι Λοχιάδι, Σωτείρᾳ.

Pour le salut du roi Ptolémée, dieu Épiphane, Grand, Eucharistе, Acoris, fils d'Ériée, à Isis Lochias, Sotira (salutaire).

Cette inscription présente le seul exemple connu de l'épithète de μέγας donnée à un Ptolémée; elle revient peut-être à celle de μεγαλόδοξος, que l'inscription de Rosette donne au même roi Ptolémée

---

[a] *Descript. de l'Heptan.* ch. XVI, p. 45, 46. — [b] *Lettres écrites d'Égypte*, p. 36 et 154; voy. notre pl. XV, n° 1.

[1] *Lettres écrites d'Égypte*, p. 37. Sir Gardner Wilkinson m'en a, depuis, envoyé une autre copie, identique avec celle de M. L'Hôte. Il l'avait citée, mais sans en donner le texte, dans ses *Manners and Customs*, t. III, p. 400.

378 DÉDICACES ET OFFRANDES RELIGIEUSES.

Épiphane [a], qui, sur les inscriptions, porte seulement le titre de Ἐπιφανής, ordinairement joint à Εὐχάρισ7ος. L'absence du nom de la reine prouve que la dédicace est antérieure au mariage de ce prince. On a pensé que le nom d'*Acoris,* qui se trouve dans cette inscription, était celui de la ville où elle se trouve. L'identité des noms rendait la conjecture assez naturelle; mais la construction de la phrase s'y refuse absolument. Il est de toute évidence que ce mot ne peut être que le nom même de l'auteur de la dédicace, dont le père se nommait ΕΡΙΕΥΣ, génitif ΕΡΙΕΩΣ, véritable leçon, au lieu de ΕΡΕΕΩΣ ou de ΕΡΓΕΩΣ; car le nom Ἐριεύς est des plus fréquents parmi ceux des Égyptiens [b]. ΑΚΩΡΙΣ est aussi un nom égyptien, connu par celui d'un roi du pays, deuxième de la XXIX[e] dynastie, que Manéthon, d'après Africain, Eusèbe et le Syncelle [c], appelle Ἄχωρις, que Diodore de Sicile nomme Ἄκορις [d], et Théopompe Ἄκωρις [e]; c'est le roi qui fit alliance avec Évagoras contre les Perses [1]. Ce nom, qui était à la fois nom propre de ville et d'homme, doit avoir été, comme tant d'autres de ce genre, celui d'une divinité qui avait servi à dénommer le lieu où elle était spécialement adorée. Il est vrai que les auteurs anciens n'en parlent pas; mais elle se trouve mentionnée sur un amulette en forme de tête de grenouille, publié par sir Gardner Wilkinson [f]. Ce monument curieux, qui présente un aspect gnostique, porte, sur une des deux faces, l'inscription : εἷς Βαΐτ [2], εἷς Ἀθὼρ, μία τωνθια (?), εἷς Ἄχωρι, χαῖρε πάτερ κόσμου, χαῖρε τρίμορφε θεός; d'où l'on voit que la divinité quelconque, dite *Acoris,* faisait partie d'une *triade* ou *trinité* de trois dieux réunis en un seul, et adorés sous une triple forme (τρίμορφος θεός). Au revers sont *deux* divinités

---

[a] *Inscr. de Rosette,* lin. 1. — [b] *Pap. Taurin.* part. I, p. 26, 30; part. II, p. 25, 46, 33, etc. — [c] *Chronogr.* p. 76, a; 257, a. — [d] Diod. Sic. XV, 2. — [e] Ap. Phot. cod. LXXVI, p. 120, b, 4, ed. Bekker; cf. Wichers, *Theopomp. Fragm.* p. 80, 81. — [f] *Manners and Customs,* t. IV, p. 232; je l'ai reproduit, pl. XV, n° 3.

[1] Un peu avant, Théopompe le nomme Πάκωρις (περί τε Πακώριος); mais cette dernière leçon est, sans doute, une faute de copiste provenant, peut-être, de ce que le ΤΕ, à tort répété, a été confondu avec un Π.

[2] Sir Gardner remarque avec raison que ce Βαΐτ doit être le Βαιήθ d'Horapollon, désignation égyptienne de l'*épervier.*

XXVIII. INSCRIPTION D'ACORIS.

assises, ayant, l'une une tête de grenouille, l'autre une tête d'épervier; au-dessus plane un vautour les ailes éployées. L'amulette, étant d'une basse époque, doit se ressentir de l'influence du syncrétisme gnostique, et ne mérite peut-être pas beaucoup de confiance, quant à l'assimilation qui en résulte. Mais l'existence d'une divinité *Acoris* n'en est pas moins constatée par ce petit monument, et l'identité parfaite de son nom avec celui de la ville ne permet pas d'hésiter à mettre cette dernière au nombre de celles qui avaient pris leur nom du dieu qu'on y adorait spécialement. Il en est donc de cette divinité *Akoris* ou *Akor* comme de la déesse *Thrib* ou *Thribis*, dont aucun auteur ancien n'avait parlé, quoique le culte en fût répandu dans la haute et la basse Égypte, où elle avait donné son nom à deux villes[a].

L'*Acoris*, auteur de la dédicace, avait également pris son nom de cette divinité. Comme les noms de dieux paraissent n'avoir été donnés qu'à des hommes, ceux des déesses qu'à des femmes (témoin *Isis*, *Thermuthis*[b], *Sarapis*, etc.), il est bien vraisemblable que cette divinité quelconque était un *dieu*, non une *déesse*, lequel, uni avec un autre dieu, Βαϊήθ, et avec une divinité mâle et femelle (ἀρσενόθηλυς), *Athor*, formait la trinité mâle (τρίμορφος θεός) à laquelle on donnait le titre de *père du monde* (πατὴρ κόσμου).

Un autre trait saillant de l'inscription est l'épithète MOXIAΔI, jointe au nom d'Isis. M. L'Hôte a tenté de rattacher ce nom à une racine hébraïque, *mochiang*, qui signifie *salvator*, *liberator*. Je pense que le M initial[1] est assez mal formé, dans l'original, pour pouvoir être confondu avec un Λ, et qu'il faut lire tout simplement λοχιάδι, *qui préside aux accouchements*. Cette épithète va parfaitement avec celle de σώτειρα qui suit; c'est ainsi qu'*Artémis*, à laquelle appartiennent, comme *dea Lucina*, les épithètes λοχεία ou ὠκυλόχεια, ou même λυτηρία[c],

---

[a] Plus haut, p. 232. — [b] Joseph. *Ant. Jud.* II, 9 et 10. — [c] *Orphic. hymn.* 36, 7, 8.

[1] C'est aussi la leçon que porte la copie de sir Gardner Wilkinson. Dans une lettre particulière, ce savant voyageur m'avertit qu'on peut aussi bien lire ΕΓΓΕΩΣ, ou même ΕΡΙΕΩΣ: c'est justement la leçon que j'avais déjà proposée dans le Journal des Savants de septembre 1840, p. 524, comme la seule admissible.

est appelée, dans une inscription, Λοχεία καὶ Εὐεργέτις, selon la correction certaine de M. Böckh[a]. Dans une inscription de Lycie, publiée par M. Charles Fellows[b], il est question d'un temple d'Artémis Lochia (νεὼς τῆς Ἀρτέμιδος τῆς Λοχίας). Mais c'est la première fois qu'Isis reçoit cette épithète; quant à celle de *salutaris* (σώτειρα), elle lui a déjà été donnée[c], comme présidant à la santé[d]. C'est en cette qualité qu'elle était invoquée sous le titre de Ἶσις χρηστὴ ἐπήκοος[e], ou de εὐάκοος[f], quand elle avait rendu la santé au malade, ainsi que Diane[g] par la même raison. Dans une inscription expliquée ci-dessous (n° XXXV), la mère des dieux cumule les titres de σώτειρα et de ἐπήκοος. Quoique la forme λοχιάς, pour λοχεία ou λοχία, ne soit point connue[1], ce changement n'est pas insolite. Ainsi, l'épithète λυτηρία, donnée à Artémis[h], se montre aussi sous la forme λυτηριάς[i]; l'Artémis d'Iasus, en Carie, porte, dans les inscriptions de cette ville[k], le titre de ἀσιάς (au lieu de ἀσεία); et il n'a point échappé à M. Böckh, que, dans le passage de Polybe[l] où il s'agit de cette même déesse, c'est ἀσιάδος qu'il faut lire avec un manuscrit, et non ἐσιάδος, que tous les éditeurs, d'après Casaubon, ont reçu dans le texte.

Les époques grecque et romaine ont presque seules laissé des vestiges à Tehneh: à ces époques appartiennent les deux hypogées qui s'y trouvent. Sur le rocher, dit M. L'Hôte, on voit une figure de femme sculptée en ronde-bosse, qui rappelle les beaux types de la Vénus Anadyomène. Il est à remarquer que cette figure grecque est en vénération dans le pays, et le but d'un pèlerinage où se rendent encore les femmes affligées de stérilité[m]. Cette superstition date de loin, et elle semble un souvenir du culte d'*Isis Lochias,* qui existait jadis en ces lieux.

---

[a] *Corp. Inscr.* n° 1768. — [b] *An account of Discoveries in Lycia, etc.* by Ch. Fellows, Lond. 1840, p. 31; cf. Franz, *Fünf Inschriften und fünf Städte, in Kleinasien.* Berol. 1840, S. 16, 17. — [c] Gruter, LXXXIII, 15. — [d] Diod. I, 25. — [e] *Corp. Inscr.* n° 2300; ibique Böckh. — [f] Id. n° 2174. — [g] Id. n°s 2172, 2173. — [h] Orphic. hymn. l. 1. — [i] Ibid. 13, 7. — [k] Böckh, *Corp. Inscr.* n° 2683. — [l] Polyb. XVI, 12, 4. — [m] *Lettres écrites d'Égypte, etc.* p. 40.

[1] Excepté comme nom propre; ainsi D. M. CASSIAE . LOCHIADIS, au musée du Louvre, n° 541 (dans Clarac, *Musée de sculpture, Inscriptions,* pl. XXII).

XXIX.

INSCRIPTION TROUVÉE PRÈS DU LABYRINTHE. (CLÉOPÂTRE, PHILOMÉTOR.)

Ce fragment, si mutilé, n'est curieux que par le lieu où il a été découvert. J'en dois la communication à M. L'Hôte, qui l'a copié sur un bloc de granit, à l'angle ouest de la pyramide de El-Ahouara, dans le Fayoum, tout près de l'emplacement du labyrinthe.

Ce bloc de granit, où il ne reste qu'une faible portion de trois lignes d'une inscription qui a pu être assez longue, doit avoir appartenu à un autel dédié à l'une des divinités du lieu, sous l'invocation d'une des reines qui ont porté le nom de Cléopâtre.

```
       ΛΡΣΣΗΣΚΛΗ Ο
      ΦΙ˥ Ο˥ ΤΟΡΟϹ
       Η ⁚      Ι ‐ΝΗΙ
```

A la seconde ligne on pourrait lire ΦΙΛΟΠΑΤΟΡΟΣ, si ce titre n'était exclu par les lettres ΚΛΕΟ, puisque la femme de Philopator était une Arsinoé. Il s'agit, sans nul doute, de Cléopâtre, femme de Philométor.

On ne peut restituer que les deux premières lignes et une partie de la troisième. Le reste était rempli par le nom du fondateur de l'autel et celui de la divinité. On est certain que le nom du roi se trouvait avant celui de la reine; dans ce cas, la première ligne aurait contenu ces mots : [ὑπὲρ βασιλέως Πτολεμαίου καὶ βασι]λίσσης Κλεο-[πάτρας]; mais, alors, le titre de la seconde ligne aurait été Φιλομητό-ρων, non Φιλομήτορος. Il n'y a donc pas à hésiter sur cette restitution :

[ὑπὲρ βασι]λίσσης Κλεο[πάτρας],   Pour la reine Cléopâtre, déesse Philomé-
[θεᾶς] Φιλομήτορος, [τῆς βασιλέως]   tor, sœur et femme du roi.
[ἀδελφῆς καὶ γυ]ναι[κὸς.....

Il est vraisemblable qu'il se trouvait là quelque temple de l'époque ptolémaïque, dans lequel cet autel avait été déposé.

XXX.

FRAGMENT D'INSCRIPTION DÉDICATOIRE TROUVÉ À BÉRÉNICE. (ÉVERGÈTE II.)

Le célèbre comptoir fondé par Ptolémée Philadelphe pour servir au commerce de la haute Égypte, et auquel il avait donné le nom de sa mère Bérénice [a], était admirablement situé sur une petite baie, à l'extrémité d'un golfe profond formé par la pointe avancée du *Lepte extrema,* aujourd'hui *cap Nose,* représenté, par erreur, comme une île sur quelques cartes.

D'après la description d'un habile observateur, la ville était étendue, mais les rues n'avaient pas la même régularité que celles de Myos-Hormos [b]; les matériaux qui forment les maisons n'ont pas été choisis avec le même soin : ils consistent principalement en pièces brutes de madrépores.

Une route conduit de là au *Basanites Mons,* passant par quelques stations ruinées et un ancien village d'une étendue considérable [c]. A quelque distance, à l'E. de ces carrières, est le *Mons Pentedactylos,* dont les cinq cônes sont encore plus remarquables, vus de Bérénice.

On voit encore, au centre de cette ancienne ville, un temple dédié à Sérapis, bâti en pierres de taille, consistant en trois chambres intérieures et trois chambres extérieures, avec un escalier conduisant au sommet; le tout orné d'hiéroglyphes en relief, dans lesquels on peut reconnaître les cartouches de Tibère et de Trajan. Il est, par conséquent, de l'époque romaine. Ainsi les ruines grecques, celles de l'époque des Lagides, auraient disparu : c'est ce qui rend d'autant plus précieux ce fragment, trouvé en ce lieu par le capitaine Welbsted, et que sir Gardner Wilkinson a bien voulu me communiquer. La restitution des six lignes qui restent n'offre aucune incertitude.

[a] Plus haut, p. 185. — [b] Plus haut, p. 175. — [c] Wilkinson, *Topography of Thebes,* p. 419.

XXX. INSCR. DE BÉRÉN. — XXXI. AUTEL D'OMBOS.

ΥΠΕΡΒΑΣιΛΕ	ΥΠΕΡΒΑΣΙΛΕ[ΩΣΠΤΟΛΕΜΑΙΟΥ]
ΚΑΙΒΑΣιΛΙΣΣΗ	ΚΑΙΒΑΣΙΛΙΣΣΗ[ΣΚΛΕΟΠΑΤΡΑΣ]
ΤΗΣΑΔΕΛΦ	ΤΗΣΑΔΕΛΦ[ΗΣΚΑΙΒΑΣΙΛΙΣΣΗΣ]
ΚΛΕΟΠΑΤ	ΚΛΕΟΠΑΤ[ΡΑΣΤΗΣΓΥΝΑΙΚΟΣ]
ΘΕΟ	ΘΕΩ[ΝΕΥΕΡΓΕΤΩΝΚΑΙΤΩΝ
ΤΕ	ΤΕ[ΚΝΩΝ..............

Ὑπὲρ βασιλέως [Πτολεμαίου],	Pour le salut du roi Ptolémée,
καὶ βασιλίσσης [Κλεοπάτρας]	et de la reine Cléopâtre
τῆς ἀδελφῆς, [καὶ βασιλίσσης]	sa sœur, et de la reine
Κλεοπάτρας [τῆς γυναικὸς,]	Cléopâtre sa femme,
Θεῶ[ν Εὐεργετῶν, καὶ τῶν]	dieux Évergètes, et de
τέ[κνων..............	leurs enfants.......

Cette restitution se fonde sur ce qu'il est évidemment question de deux reines, dont la première avait le titre de sœur et la seconde avait nom Cléopâtre. Il est de toute évidence que la formule revenait à celle qui est exprimée en tête de la pétition des prêtres de Philes[a]. La dédicace est donc faite au nom des mêmes princes, et appartient au même intervalle de temps. Il est très-possible que ces princes, qui avaient remonté le Nil jusqu'à Philes, aient suivi la vallée transversale qui, d'*Apollonopolis parva*, mène à Bérénice, et aient visité cette célèbre colonie, due à l'un des plus illustres de leurs ancêtres.

La forme de l'inscription montre qu'elle a dû être gravée sur le côté d'un autel dédié à une divinité dont le nom se trouvait dans la partie détruite, ainsi que celui du donateur.

XXXI.

DÉDICACE D'UN AUTEL TROUVÉ À OMBOS. (ÉVERGÈTE II, APRÈS SON RETOUR.)

M. Richter a vu, dans les ruines d'Ombos[b], un autel brisé. Une des faces portait une inscription dont il ne reste plus que ce frag-

[a] L. 3 et 4; plus haut, p. 337. — [b] Plus haut, p. 40.

384   DEDICACES ET OFFRANDES RELIGIEUSES.

ment, publié par M. Francke [a], et dont il a donné une restitution, que je place en regard du texte.

ΤΗΙΚΛΕΟΠΑΤΡΑΙΤΗΙΓΥΝΑΙ	[Τῷ Βασιλεῖ Πτολεμαίῳ καὶ] τῇ Κλεοπάτρᾳ τῇ γυναι
ΜΕΓΙΣΤΩΙΚΑΙΤΟΙΣΣΥΝΝΑΟΙΣ	[κὶ αὐτοῦ, Θεοῖς Φιλομήτορσιν καὶ τοῖς τούτων τέκνοις] [1]
ΑΙΠΕΞΙΚΑΙΚΑΙΙΠΠΙΚΑΙΔΥΝΑΜΕΙΣ	[καὶ Ἀροήρει, Θεῷ Ἀπόλλωνι] μεγίσ7ῳ καὶ τοῖς συννάοις
ΥΠΕΡΜΕΝΑΝΔΡΟΥΤΟΥΜΙΚΡΟΥ	[Θεοῖς] αἱ πεξικαὶ καὶ ἱππικαὶ δυνάμεις
ΡΧΟΥΕΠΑΝΔΡΩΝΚΑΙΓΗΣΒΑΣΙΛΙΚΗΣ	[αἱ τοῦ Ὀμβίτου καὶ σἱ ἄλλαι] ὑπὲρ Μενάνδρου τοῦ Μίκρου
ΒΙΤΟΥΚΑΙΜΙΚΡΟΥΤΟΥΥΟΥΝΤΟΣΔΕ	[ἱππά]ρχου ἐπ' ἀνδρῶν καὶ γῆς βασιλικῆς
ΠΠΑΡΧΩΝΕΠΑΝΔΡΩΝΚΑΙΠΤΟΛΕ	[οἰκονόμου τῆς τοῦ Ὀμ]βίτου, καὶ Μίκρου τοῦ υἱοῦ· Αὐτὸς δὲ
ΕΤΗΣΕΝΕΚΕΝΚΑΙΕΥΝΟΙΑΣΗΣ	[καὶ τετίμηται Μένανδρος, Ι]ππαρχῶν ἐπ' ἀνδρῶν καὶ Πτολε
ΤΕΣΕΙΣΤΑΠΡΑΓΜΑΤΑΚΑΙΗΣ	[μαϊκῆς γῆς οἰκονόμος ὢν ἀρ]ετῆς ἕνεκεν, καὶ εὐνοίας ἧς
ΑΝΤΗΣΙΣΩΣΤΩΙΚΑ	[εἰς αὐτὸν διατελοῦσιν ἔχον]τες εἰς τὰ πράγματα, καὶ ἧς
ΝΤΕΙΛΗΦ	[παρὰ αὐτοῦ ἅπαντες οἱ τὴν τιμὴν σ]η]σαντες ἴσως τῷ κα
	[λῶς ὑπ' αὐτῶν παθόντι ἀ]ντειλήφ[ασιν.

Il résulterait de cette restitution que la moitié des lignes s'est conservée, et que le monument appartient au règne de Philométor; mais il est évident que la partie perdue était bien plus considérable, et qu'il appartient à une époque un peu plus récente.

D'abord, la formule dédicatoire ΤΩ͂ *βασιλεῖ*....... *καὶ* ΤΗ͂ Κλεοπάτρᾳ est impossible. Jamais, en pareil cas, le mot *βασιλεῖ* n'est précédé de l'article; encore moins celui de la reine, qui ne peut avoir été précédé que de *βασιλίσσῃ*: ainsi la pierre porte certainement ΣΗΙ et non ΤΗΙ. Mais ce n'est pas la seule difficulté : le nom de Cléopâtre, femme de Philométor, est toujours suivi, soit de ἀδελφῇ [b], qui suppose aussi *γυνή*, soit des deux mots ἀδελφὴ καὶ γυνή [c]; ce n'est que la Cléopâtre, seconde femme d'Évergète II et sa *nièce*, qui est désignée par le simple γυνή [d]; car le titre d'ἀδελφή pouvait bien appartenir à une princesse qui n'était que *cousine*, ou même qui n'était point *parente* du roi, mais non pas à une *nièce*. Cette considération amène

---

[a] *Griechische und lateinische Inschriften, gesammelt von Otho Fr. von Richter, herausgegeben von J. V. Francke*; Berlin, 1830, S. 471. — [b] N°s IV et VI. — [c] N° III. — [d] *Pap. Taurin.* III, j. 2.

[1] Cette ligne a été ajoutée à l'original par M. Francke.

XXXI. AUTEL D'OMBOS.

donc à croire qu'il s'agit d'Évergète II et de Cléopâtre sa *nièce*, ou bien, comme dans l'inscription précédente, des deux Cléopâtre, l'une *sœur*, l'autre *femme* du roi. Je trouve, dans la seconde ligne, un motif de me décider à cet égard.

Le mot ΜΕΓΙΣΤΩΙ, qui la commence, était précédé de ΘΕΩΙ et d'un nom de divinité ; ce qui suffit, et au delà, pour absorber l'espace de vingt lettres, qu'exige la restitution de M. Francke. Mais, sans nul doute, il devait y avoir encore auparavant les titres divins des princes, savoir Θεοῖς Φιλομήτορσιν, ou Θεοῖς Εὐεργέταις. C'est ce qu'il a très-bien senti lui-même, puisqu'il a cru nécessaire d'intercaler toute une ligne de son invention entre la première et la seconde, pensant que le voyageur l'avait passée par mégarde ; mais tout ce qu'il est permis de conclure de cette circonstance, c'est que la ligne était bien plus longue qu'il ne l'a cru ; conséquemment, la première l'était aussi, et l'on ne peut la remplir qu'au moyen de la mention des deux reines, ce qui exige soixante lettres au lieu de vingt.

La partie conservée de chaque ligne n'était donc que le *quart* environ de la ligne entière. Sans doute, on ne peut penser à restituer complétement, d'une manière certaine, la totalité d'une inscription où les trois quarts de chaque ligne sont perdus. La critique doit borner sa prétention à en déterminer l'époque et à en bien saisir l'objet ; c'est aussi tout ce que je crois être parvenu à faire dans la restitution suivante, où je n'ai admis que des suppléments à peu près certains. Les lignes contenaient donc environ quatre-vingts lettres : c'est à peu près la longueur de celles de la stèle de Turin, qui n'a pourtant que 0^{m}65 de large. Je fais cette remarque pour prévenir l'objection que les dimensions en largeur de l'autel ne comporteraient peut-être pas des lignes aussi longues.

Comme les faces des autels sont toujours oblongues dans le sens de la hauteur, l'inscription devait n'occuper que la partie supérieure de la face ; car, autant qu'on en peut juger d'après le sens, elle n'a pas dû contenir plus d'une ou de deux lignes au delà de la onzième ; peut-être même celle-ci était-elle la dernière.

386 DÉDICACES ET OFFRANDES RELIGIEUSES.

[Βασιλεῖ Πτολεμαίῳ καὶ βασιλίσσῃ Κλεοπάτρᾳ τῇ ἀδελφῇ καὶ βασιλίσ]σῃ Κλεοπάτρᾳ τῇ γυναι
[κὶ, Θεοῖς Εὐεργέταις καὶ Φιλομήτορσιν, καὶ Ἀροήρει τῷ καὶ Ἀπόλλωνι, θεῷ] μεγίσ*τ*ῳ καὶ τοῖς συννάοις
[θεοῖς, τοῦτον τὸν βωμὸν, καὶ . . . . ἀνέθηκαν]αὶ πεζικαὶ καὶ ἱππικαὶ δυνάμεις
[αἱ ἐν τῷ Ὀμβίτῃ τασσόμεναι, καὶ οἱ ἄλλοι πραγματικοὶ πάντες . . . .]ὑπὲρ Μενάνδρου τοῦ Μίκρου [1]
[τῶν πρώτων φίλων καὶ ἀρχισωματοφύλακος καὶ γυμνασιάρχου καὶ ἱππά]ρχου ἐπ᾽ ἀνδρῶν καὶ γῆς βασιλικῆς
[οἰκονόμου, καὶ ἐπὶ τῶν προσόδων καὶ ἐπισ*τ*άτου καὶ σ*τ*ρατηγοῦ τοῦ Ὀμ]βίτου, καὶ Μίκρου. τοῦ υἱοῦ, ὄντος δὲ
[καὶ αὐτοῦ τῶν πρώτων φίλων, καὶ (un nom) καὶ (un nom) . . . .,]ππάρχων ἐπ᾽ ἀνδρῶν, καὶ Πτολε
[μαίου . . . . . ses titres et peut-être un autre nom . . . . ἀρ]ετῆς ἕνεκεν καὶ εὐνοίας, ἧς
[εἰς αὐτοὺς ἐν παντὶ καιρῷ διατελοῦσιν ἔχοντες . . . .]τες εἰς τὰ πράγματα, καὶ ἧς
[. . . . .]αν τῆς ἴσως τῷ κα . . . .
[. . . . . ἀ]ντειλήφ[ασιν . . . .

La première ligne, que je regarde comme restituée d'une manière indubitable, démontre que l'inscription se rapporte à la même période du règne d'Évergète II que celles des n°s VII, XXVI et XXX, expliquées ci-dessus : c'est ce qui motive la leçon Θεοῖς Εὐεργέταις de la seconde ligne. A la suite de ces mots, il était naturel d'ajouter καὶ τοῖς τέκνοις ; mais, d'après une considération qui sera indiquée plus bas, ces mots ne pouvaient s'y trouver. Pour remplir la lacune, j'ai inséré un second titre, καὶ Φιλομήτορσιν, qui se trouve ici d'autant mieux placé qu'Évergète II lui-même a porté le nom de *Philométor*[a], et que les deux reines étaient, l'une *veuve*, l'autre *fille* de Philométor. Quoique le nom du dieu *Aroéris* soit conjectural, il est rendu bien probable par l'inscription du sécos d'Ombos[b], qui montre que la divinité principale de cette ville était *Aroéris* dit *Apollon*.

La lacune de la troisième ligne était certainement remplie par l'énoncé de l'objet dédié : c'est ce qui motive τοῦτον τὸν βωμόν, après quoi il y avait encore autre chose, que je ne puis suppléer. L'expression αἱ πεζικαὶ καὶ ἱππικαὶ δυνάμεις répond à οἱ πεζοὶ καὶ ἱππεῖς de l'inscription d'Ombos[c] ; la dédicace est donc faite également par les *troupes* (δυνάμεις) cantonnées dans ce nome. On remarquera que les *fantassins* sont presque toujours placés, comme ici, avant les *cavaliers*[d]. C'est qu'en effet l'*infanterie* était la partie principale des armées :

---

[a] Plus haut, p. 62. — [b] Plus haut, p. 41. — [c] Plus haut, p. 44. — [d] Polyb. *Lexic.* voce πεζ.

[1] J'écris Μίκρου, non Μικροῦ, par la raison indiquée plus haut, p. 158.

aussi les mots πεζή ou πεζική δύναμις sont employés souvent, en général (infanterie et cavalerie), pour désigner les *troupes de terre*, en opposition à l'*armée de mer*[a].

Le complément καὶ οἱ ἄλλοι πραγματικοὶ πάντες se fonde, à la fois, sur l'inscription d'Ombos (n° VI) et sur la pétition des prêtres d'Isis.

La dédicace est faite en faveur de *Ménandre, fils de Micros*, ὑπὲρ Μενάνδρου τοῦ Μίκρου, ce qui finit la quatrième ligne. La cinquième, jusqu'à ...ρχου ἐπ' ἀνδρῶν, était remplie par les titres de ce personnage; ces titres se continuaient dans la sixième, puisqu'il n'était évidemment question d'aucun autre personnage avant Μίκρου τοῦ υοῦ ou υἱοῦ; car ce *Micros* était le fils de Ménandre, et portait, selon l'usage grec, le nom de son grand-père. La première lacune peut se remplir avec l'aide des papyrus, où l'on voit que l'expression ἱππάρχης ou ἵππαρχος ἐπ' ἀνδρῶν, n'étant, selon toute apparence, qu'un titre honorifique[b], était compatible avec des fonctions civiles telles que celles qu'exerçait ce Ménandre, comme on peut, en effet, le conclure des mots γῆς βασιλικῆς [οἰκονόμου]. Il est donc à peu près certain qu'il y avait, avant ἱππάρχου ἐπ' ἀνδρῶν, de simples titres honorifiques, tels que τῶν πρώτων φίλων καὶ ἀρχισωματοφύλακος καὶ γυμνασιάρχου[c] (car il ne faut pas penser à συγγενής ou τῶν συγγενῶν, titre supérieur, qui ne se trouve jamais avec ἵππαρχος ἐπ' ἀνδρῶν), et ensuite des titres de fonctions réelles. Les unes et les autres devaient peu différer de celles que j'ai exprimées, pour remplir exactement les deux lacunes.

A la fin de la ligne 6, les lettres ΝΤΟΣΔΕ me paraissent ne pouvoir se rapporter qu'au fils de Ménandre, Μίκρος, et n'être que ὄντος δὲ καί, annonçant un des titres de son père : par exemple, ὄντος δὲ καὶ αὐτοῦ τῶν πρ. φίλων. Quant à la leçon de M. Francke, elle me paraît impossible. Ensuite se trouvaient les noms d'au moins deux personnages, à cause du pluriel ἱ]ππάρχων ἐπ' ἀνδρῶν (car ἱππαρχῶν, au participe, n'est point recevable). La ligne 8 était occupée par le nom et les qualités d'un Ptolémée, et, peut-être, d'une autre personne; et

---

[a] Polyb. *Lexic.* h. v. — [b] Voy. mon Commentaire sur les papyrus grecs. — [c] *Pap. Taurin.* I, l. 3, 4, et *Stel. Taurin.* l. 4.

388   DÉDICACES ET OFFRANDES RELIGIEUSES.

toutes étaient comprises, avec Ménandre, dans l'intention qui fit élever cet autel : c'était de perpétuer le souvenir de leurs vertus et de la bienveillance (ἀρετῆς ἕνεκεν καὶ εὐνοίας) dont ils avaient toujours usé à l'égard des fondateurs, ἧς...... ἔχοντες (pour ἥν, par attraction). On pourrait donc remplir l'espace par la formule usitée en pareil cas, et qu'on étendrait de manière à occuper toute la place, comme ἧς [ἑαυτοὺς χρησίμους κοινῇ καὶ ἰδίᾳ παρεχόμενοι, ἐν παντὶ καιρῷ διατελοῦσιν ἔχ] οντες ἐς τὰ πράγματα; mais, outre l'excessive redondance de cette phrase, il faudrait peut-être, en ce cas, ἐς τὰ αὐτῶν πράγματα.

Le trait remarquable de cette inscription se trouve dans la formule du commencement. Ordinairement les dédicaces dans lesquelles le nom du roi se trouve mêlé commencent par ὑπὲρ βασιλέως, *pour le salut du roi.* Ici, elle est faite au nom et dans l'intérêt de simples particuliers : le roi et les reines n'y paraissent qu'à titre de *divinités.* L'autel leur est dédié, ainsi qu'au dieu égyptien *Aroéris;* les troupes grecques qui leur rendent cet honneur mettent donc ces souverains sur la même ligne qu'un *dieu très-grand;* c'est là un genre de flatterie dont aucun monument d'Égypte ne nous avait, jusqu'ici, offert d'exemple. Mais on ne saurait en être surpris : l'inscription de Rosette nous montre que les prêtres égyptiens eux-mêmes acceptaient la divinité des Lagides. Il n'est donc pas étonnant que les Grecs, en dédiant cet autel dans le temple d'Aroéris, dieu très-grand, aient associé les rois au culte qu'ils rendaient à ce dieu, égyptien sous le nom d'*Aroéris,* grec sous celui d'*Apollon.* Les inscriptions impériales offrent des exemples de ce mélange [1]; mais, ici, les rois passent les premiers, le *très-grand* Aroéris n'arrive qu'au second rang : c'est probablement ce que les prêtres égyptiens, malgré leur penchant à la flatterie, n'auraient pas imaginé, et ce qui devait médiocrement leur plaire; mais ils ne pouvaient guère l'empêcher.

Maintenant que l'on saisit bien l'objet et le caractère de cette dédicace, on comprend pourquoi je n'ai point, à la seconde ligne, sup-

---

[1] Par exemple, dans cette inscription d'Iasus : Ἀρτέμιδι Ἀσιάδι καὶ αὐτοκράτορι Καίσαρι Μ. Αὐρηλίῳ Κωμόδῳ Ἀντωνείνῳ κ. τ. λ. (Böckh, *Corp. Inscr.* n° 2683.)

XXXII. STÈLE DE L'ÎLE DE DIONYSOS. 389

pléé καὶ τοῖς τέκνοις. En effet, la mention des enfants ne pouvait se trouver là, parce qu'ils n'étaient point admis aux honneurs de l'apothéose, comme le prouve la formule des actes publics, où la liste des rois divinisés s'arrête toujours au prince régnant.

XXXII.

STÈLE DÉCOUVERTE DANS L'ÎLE DE DIONYSOS PRÈS DES CATARACTES. (ÉVERGÈTE II.)

Il résulte de la première inscription d'Ombos[a] que les officiers des troupes stationnées dans la haute Égypte, ainsi que les autres employés du gouvernement, sous le règne de Philométor, firent disposer et orner, à leurs frais, le sécos d'un temple égyptien, et, de la seconde, qui vient d'être expliquée, que des officiers civils et militaires, cantonnés dans ce même nome, ont élevé un autel à Évergète et aux deux reines. Celle que je vais examiner s'y rattache par la nature des faits dont elle nous a conservé le souvenir; car elle nous apprend qu'une confrérie ou association composée de fonctionnaires publics, employés près de la Cataracte, sous le règne du même Évergète, firent entre eux une souscription pour fournir aux dépenses de sacrifices en l'honneur de plusieurs divinités, sous l'invocation et pour le salut de ce prince. Cette inscription existe sur une stèle découverte par M. Éd. Rüppel dans l'île de *Séhélé*[b], située un peu au-dessus de la première cataracte[1]. Elle fut publiée, sans commentaire, par ce docte voyageur[c]. Je l'ai, pour la première fois, expliquée d'après une copie fort exacte, prise à Francfort, par M. Gau, sur le monument même. Depuis, M. le professeur Vömel a bien voulu m'en envoyer une empreinte en papier[d], qui lève tous les doutes qu'on pouvait conserver sur l'orthographe de certains noms propres.

---

[a] N° V. — [b] Voy. notre pl. I, pour le gisement de cette île. — [c] Dans les *Fundgruben des Orients*, vol. V, p. 427-433. — [d] Pour le texte en capitales, voy. le *fac-simile*, pl. XVI.

[1] M. Rüppel a donné la stèle à la bibliothèque publique de Francfort, sa patrie.

L. 1. Ὑπὲρ βασιλέως Πτολεμαίου καὶ βασιλίσσης
Κλεοπάτρας τῆς ἀδελφῆς, Θεῶν Εὐεργετῶν,
καὶ τῶν τέκνων, Ἡρώδης Δημοφῶντος
Βερενικεύς, ὁ ἀρχισωματοφύλαξ καὶ σΊρατηγὸς,
5. καὶ οἱ συνάγοντες ἐν Σήτει, τῇ τοῦ Διονύσου
νήσῳ, βασιλισΊαὶ, ὧν τὰ ὀνόματα ὑπόκειται,
Χνούβει τῷ καὶ Ἄμμωνι, Σάτει τῇ καὶ Ἥρᾳ,
Ἀνούκει τῇ καὶ Ἑστίᾳ, Πετεμπαμέντει τῷ καὶ
Διονύσῳ, Πετενσήτει τῷ καὶ Κρόνῳ, Πετενσήνει
10. τῷ καὶ Ἑρμεῖ, θεοῖς μεγάλοις, καὶ τοῖς ἄλλοις τοῖς
ἐπὶ τοῦ Καταράκτου δαίμοσιν, τὴν σΊήλην, καὶ τὰ,
πρὸς τὰς θυσίας καὶ σπονδὰς τὰς ἐσομένας
ἐν τῇ συνόδῳ, κατὰ τὰς πρώτας ἐνάτας τοῦ
μηνὸς ἑκάσΊου καὶ τὰς ἄλλας ἐπωνύμους ἡμέρας,
15. δι' ἑκάσΊου εἰσενηνεγμένα χρήματα, ἐπὶ
Παπίου τοῦ Ἀμμωνίου προσΊάτου καὶ
Διονυσίου τοῦ Ἀπολλωνίου ἱερέως τῆς συνόδου.
Ἡρώδης Δημοφῶντος, Σαραπίων Ἀμμωνίου, Ἀμμώνιος Ἀμμωνίου·
Ἑρμίας Ἀμμωνίου   Ἀσκληπιάδης Πτολεμαίου, Ξενιάδης
20. Παπίας Ἀμμωνίου   [. . . .]κράτου·
Διονύσιος Ἀπολλωνίου   Διονύσιος Ἀμμωνίου, Ἁρμόδιος Βασιλείδου
Φιλάμμων Φιλάμμωνος   νησιώτης . . . . . .
Ἀμμώνιος Ἀπολλωνίου   Διονύσιος Ἀπολ[λων]ου . . . . .
Πετεαρόηρις Φανούφιος   Ἀσκληπιάδης Διονυσίου,
25. Δωρίων Ἀπολλωνίου   Διονύσιος Σακράτου, Εὐμένης Διον[υσίου],
Ψενχνοῦβις Πελλίου
Πανίσκος Κεφάλωνος
Ψενόηρις Πετήσιος   Ἀπολλώνιος Ἰτάρου,
Πρώταρχος Πρωτάρχου   Πελλίας Ζμενιχνούβιος·
30. Πρωτίων Ἡρακλείδου
Σαραπίων Ἀπολλωνίου
Διονύσιος Κεφάλωνος
Πάχνουβις Τοτέους
Πελλίας Πελλίου.

Pour la conservation de Ptolémée et de la reine Cléopâtre, sa sœur, dieux Évergètes, et de leurs enfants,

Hérode, fils de Démophon, de Bérénice, commandant des gardes du corps et stratége, et les basilistes, qui tiennent leurs réunions à Sétis, l'île de Bacchus, dont les noms sont inscrits ci-dessous,

A Chnubis, appelé aussi Ammon; à Satis, appelée aussi Héra; à Anucis, appelée aussi Hestia; à Pétempamentès, appelé aussi Dionysos; à Pétensétès, appelé aussi Cronos; à Pétensénès, appelé aussi Hermès, dieux grands; et aux autres divinités, à celles (qui sont adorées) à la Cataracte,

Consacrent cette stèle et les sommes fournies par chacun d'eux, pour les frais des sacrifices et libations qui auront lieu dans le synode, pendant les premiers neuvièmes jours de chaque mois, et pendant les autres jours éponymes; Papias, fils d'Ammonius, étant prostate, et Denys, fils d'Apollonius, étant grand prêtre du synode.

Hérode, fils de Démophon, Sarapion, fils d'Ammonius, Ammonius, fils d'Ammonius,
Hermias, fils d'Ammonius,   Asclépiades, fils de Ptolémée, Xéniade,
Papias, fils d'Ammonius,   fils de . . . . crate,
Denys, fils d'Apollonius,   Denys, fils d'Ammonius, Harmodius, fils de
Philammon, fils de Philammon,   Basilide, insulaire,
Ammonius, fils d'Apollonius,   Denys, fils d'Apollonius
Pétéaroéris, fils de Phanuphis,   Asclépiade, fils de Denys,
Dorion, fils d'Apollonius,   Denys, fils de Sacrate, Eumène, fils de Denys,
Psenchnubis, fils de Pellias,
Paniscus, fils de Céphalon,
Psénoéris, fils de Pétésis,   Apollonius, fils d'Itarus,
Protarque, fils de Protarque,   Pellias, fils de Zménichnubis,
Protion, fils d'Héraclide,
Sarapion, fils d'Apollonius,
Denys, fils de Céphalon,
Pachnubis, fils de Totès,
Pellias, fils de Pellias.

XXXII. STÈLE DE L'ILE DE DIONYSOS.

Lignes 1 et 2. — Le titre de *dieux Évergètes* et le nom de Cléopâtre, femme du roi, annoncent clairement qu'il s'agit d'Évergète II : l'inscription appartient donc au même règne que celle du petit temple d'Aphrodite, à Philes [a], et que celles du piédestal de l'obélisque de Philes [b] et de l'autel de Bérénice [c]; mais il est assez difficile de déterminer à quelle époque du règne de ce prince il convient de la rapporter.

D'abord, il est évident que cette époque n'est pas la même que celle des deux autres monuments que je viens de citer, car ils font mention de deux Cléopâtre, l'une sœur, l'autre femme d'Évergète. Ici, au contraire, on ne voit paraître qu'une seule de ces princesses. De deux choses l'une, ou Ptolémée Évergète II était encore l'époux de la veuve de Philométor, ou bien cette princesse était déjà morte : dans le premier cas, notre monument serait de vingt ans plus ancien, et, dans le second, de quelques années plus récent que les autres inscriptions du même règne.

L'alternative ne peut être décidée par le titre de *sœur*, ἀδελφή, que porte la reine sur notre monument, puisqu'il est établi [d] que les femmes des Ptolémées prenaient, dans les monuments publics, le titre de *sœur*, ἀδελφή, bien qu'elles fussent parentes de leur mari à un tout autre degré, ou même qu'elles ne fussent, en aucune façon, leur parente. Une circonstance plus décisive est la mention des enfants du roi et de la reine. J'ai fait voir que ce prince a dû répudier sa première femme l'année même de son couronnement, très-peu de temps après la naissance du seul enfant qu'il eut de cette princesse, et qui naquit à Memphis pendant les cérémonies de l'intronisation. Si nous rapportons à cette Cléopâtre le nom de la reine désignée ici, il faudra placer l'époque dans l'espace de quelques mois qui s'est écoulé entre la naissance de ce fils et la répudiation de sa mère, c'est-à-dire dans le cours de l'année 145; mais je ne sais si, dans ce cas, les expressions καὶ τῶν τέκνων trouveraient une explication satisfaisante. Au contraire, dans l'hypothèse où il serait

---
[a] N° VII. — [b] N°ˢ XXVI et XXVII. — [c] N° XXX. — [d] Plus haut, p. 54.

question de la seconde Cléopâtre, cette formule conviendrait parfaitement bien, puisque Évergète eut de cette princesse six enfants (deux fils et quatre filles), dont les deux aînés se marièrent plusieurs années avant la mort de leur père. S'il en est ainsi, l'inscription est d'une époque où la première Cléopâtre était déjà morte; elle vivait encore à l'époque du retour d'Évergète II dans ses États et quelque temps après, comme le prouvent l'inscription du temple d'Aphrodite, celles de l'obélisque de Philes et de l'autel de Bérénice : la date serait donc de peu d'années antérieure à la mort d'Évergète II, arrivée en 117. Il résulte de ces observations que la dédicace appartiendrait, comme les deux autres, à la seconde partie du règne de ce prince, pendant laquelle, se montrant protecteur de la religion du pays, il tâcha de faire oublier les troubles du commencement de son règne et les désordres qui s'étaient introduits pendant son absence. Cette considération peut paraître une probabilité de plus en faveur de la seconde hypothèse, et je crois devoir m'y arrêter de préférence, sans me dissimuler, toutefois, qu'elle n'est appuyée que sur des inductions qui ont besoin d'être corroborées par quelque découverte ultérieure.

Ligne 3. — *Auteurs de la dédicace.* Le personnage nommé en tête est *Hérode, fils de Démophon*, portant le titre d'*archisômatophylax*, ou *commandant des gardes du corps*, et celui de *stratége*, sans autre désignation, ce qui empêche de l'assimiler au *stratége de la Thébaïde*[a] : d'ailleurs, cet officier supérieur avait le titre honorifique de *parent*, dont *Hérode* n'aurait pas manqué de décorer son nom s'il en avait eu le droit. Ce titre d'*archisômatophylax* désigne, dans l'inscription de Citium, l'officier que Philométor avait institué gouverneur de cette ville; c'est un *archisômatophylax* que Philadelphe députe à Éléazar pour traiter de la traduction des livres saints[b]. Les divers exemples de ce mot donnent lieu de présumer que, bien qu'il signifie littéralement *commandant des gardes du corps*, ὁ ἄρχων τῶν σωματοφυλάκων, comme dit Josèphe[c], il doit se prendre pour un *titre* conféré à

[a] Plus haut, p. 342. — [b] Ap. Joseph. *Ant. Jud.* XII, 2, 4. — [c] Idem. *Ant. Jud.* XII, 2, 2.

des personnages occupant des places dans l'État, différentes de celles que ce titre semble indiquer. Je le prendrais dans un sens analogue à celui de *maréchal*, de *général*, grades supérieurs qui n'excluent pas les fonctions de commandant de ville, de province, ou même qu'il faut posséder pour être apte à remplir certaines fonctions.

Cet usage avait peut-être la même origine que celui des *parents* et des *amis*[a], c'est-à-dire qu'Alexandre l'avait emprunté à la cour des rois de Perse, et que les Ptolémées l'avaient conservé dans la leur; du moins en trouve-t-on la trace à la cour de Nabuchodonosor, puisque Arioch, le *général* gouverneur de Babylone[b], était *préposé aux gardes du corps*, c'est-à-dire *archisômatophylax*, ὁ τὴν ἐπὶ τῶν σωματοφυλάκων τοῦ βασιλέως ἀρχὴν πεπισ7ευμένος, comme dit Josèphe[c].

On peut présumer que le personnage dont il est ici question était le commandant des troupes stationnées à la frontière, et que les noms qui suivent sont ceux de ses officiers; ce qui explique pourquoi on ne joint à ces noms aucune qualification particulière.

L'ethnique Βερενικεύς, qui accompagne son nom, me paraît désigner plutôt la Bérénice d'Égypte que celle de la Cyrénaïque. Cette province n'appartenant plus depuis longtemps à l'Égypte, on aurait joint un complément au mot Βερενικεύς: par exemple, Βερενικεύς Κυρηναῖος, ou Κυρηναῖος Βερενικεύς, ou Κυρηναῖος ἀπὸ Βερενίκης (comme Ἀχαιὸς ἀπὸ Πατρῶν dans une inscription de Philes), ou enfin, Βερενικεὺς Λιβύς: c'est ainsi qu'on désigne un personnage né à Ptolémaïs de Cyrénaïque, Πτολεμαιεὺς κεῖται Λιβύ[ς][d].

Lignes 4-6. — Après le nom de cet officier sont mentionnés collectivement les coopérateurs à cette dédicace: οἱ συνάγοντες ἐν Σήτει, τῇ τοῦ Διονύσου νήσῳ, βασιλισ7αί, *les basilistes qui font leurs réunions à Sétis, l'île de Dionysos*. On pourrait croire que le participe οἱ συνάγοντες a le sens du moyen συνάγοντες ἑαυτούς, ou du passif συναχθέντες; mais l'usage s'y oppose, συνάγειν n'étant jamais intransitif. Ce verbe, au contraire, s'emploie sans régime pour les réunions où chacun apporte

---

[a] Plus haut, p. 350. — [b] Joseph. *Ant. Jud.* X, 8, 5. — [c] *Id. ib.* X, 10, 3. — [d] Chandler, *Inscript. Ant.* part I, n° 10, p. 5.

son écot, par ellipse de τὰς συμβολάς; Athénée le dit expressément : ἔλεγον τὸ συνάγειν μετ' ἀλλήλων πίνειν, καὶ τὸ συναγώγιον (le pique-nique) τὸ συμπόσιον [a]; et il cite à l'appui ce passage de Ménandre : Καὶ νῦν ὑπὲρ τούτων συνάγουσι κατὰ μόνας [b]. Dans Théophraste,...... συναγόντων παρ' αὐτῷ [c] a été bien rendu par Coray : *Si l'on s'assemble chez lui pour faire un pique-nique*, et par M. Dübner : *Si collatitia cœna apud eum sumitur* [d]. Les réunions des basilistes étaient, sans doute, accompagnées de *banquets*, qu'on célébrait dans l'île même de Bacchus.

Le nom qu'ils portent, βασιλισ7αί, est tout à fait inconnu jusqu'ici, mais on peut en deviner le sens d'après la terminaison, qui est fort souvent caractéristique des corporations, affiliations, confréries dionysiaques ou autres : tels sont les mots διονυσιασ7αί, ἐρανισ7αί, παναθηναϊσ7αί, ἡρακληϊσ7αί [e], τετραδισ7αί [f], etc. De même, les *basilistes* devaient être une confrérie de ce genre, qui, prenant son nom de ce qu'elle était sous la protection du roi Évergète, était, sans doute, analogue à celles qui s'appelaient les *attalistes* (ἀτταλισ7αί) et les *eupatoristes* (εὐπατορισ7αί), formées sous les auspices, l'une, des Attales (Eumène et Attale Philadelphe [g]), l'autre, de Mithridate Eupator [h]. Si l'on disait, en Égypte, βασιλισ7αί et non πτολεμαϊσ7αί, c'est que le mot ne pouvait faire équivoque, comme dans l'Asie Mineure, partagée entre plusieurs monarchies. Que cette *confrérie* ou affiliation fût également *dionysiaque*, c'est ce qui est démontré par les ornements sculptés dans le fronton de la stèle, lesquels représentent le vase dit *cratère* et deux *thyrses*, attributs essentiellement dionysiaques. Cette confrérie me paraît être la même que celle qui est désignée, dans une inscription de Paphos, par les mots οἱ τεχνῖται περὶ τὸν Διόνυσον καὶ θεοὺς Εὐεργέτας [i]. Ces dieux Évergètes sont certainement Ptolémée Évergète et la reine (ou les deux reines, selon l'époque), dont le culte se trouvait ainsi mêlé, par la confrérie, avec celui du dieu principal, comme le fut Antonin, sous le titre de *νέος Διόνυσος* (οἱ περὶ τὸν Διόνυσον καὶ αὐτοκρά-

---

[a] VIII, 365, C. — [b] Cf. Meineke, *ad Philem. reliq.* p. 58. — [c] *Charact.* 3o. — [d] P. 20, ed. Didot. — [e] Böckh, *Corp. Inscr.* n° 2271, l. 35. — [f] Athen. VII, p. 287, E. — [g] Böckh, *Corp. Inscr.* n°ˢ 3067 à 3070; Osann, *Syllog. inscr.* p. 234, 235. — [h] *Id.* n° 2278. — [i] *Id.* n° 2620.

XXXII. STÈLE DE L'ILE DE DIONYSOS.

τόρα.... νέον Διόνυσον τεχνῖται ᵃ); et c'est, sans doute, à quelque circonstance de ce genre que Ptolémée Aulète, si fervent au culte de Bacchus ᵇ, dut le surnom de *νέος Διόνυσος*, qui le distingue des autres Ptolémées. Les signes dionysiaques marqués sur la stèle montrent que pareille alliance existait dans l'institution des basilistes d'Évergète.

Le lieu où les basilistes se trouvaient alors réunis ne peut être que celui-là même où la stèle a été découverte, c'est-à-dire l'île appelée *Séhélé*. D'après l'expression ἐν Σήτει, τῇ τοῦ Διονύσου νήσῳ, il est clair que *Sétis* ou *Sétès* en était le nom égyptien, et Διονύσου νῆσος le nom grec. Aucun auteur ancien ne parle de cette île, à moins que ce ne soit l'île qu'Aristide appelle l'*île des Cataractes*, où demeuraient les bateliers qui conduisaient les curieux voir les cataractes. Mais, comme cet auteur ajoute que, de la pointe de cette île, on avait toute la vue des cataractes ¹, il est plus vraisemblable que c'est la petite île qui borde les chutes mêmes du fleuve; car, de la pointe qui se prolonge au sud, on les embrasse avec facilité. (Voy. pl. II.)

Quoi qu'il en soit, on doit présumer que cette île avait un temple de *Dionysos*, que l'inscription nomme *Pétempamentès*. Parmi les fonctionnaires civils ou militaires employés et cantonnés dans le voisinage, il y avait trente et un *associés* ou *affiliés dionysiaques*, qui se réunissaient dans l'île pour honorer le dieu de leur confrérie.

Lignes 7-11. — Noms des divinités. Cette liste de *six* divinités, qualifiées *dieux grands*, est remarquable, et par la synonymie qu'elle nous offre, chaque nom égyptien étant suivi d'un nom grec correspondant, et par la place qui leur est assignée; car il est difficile de douter qu'on ait suivi l'ordre marqué par le rang de chacune d'elles.

Cet aperçu est justifié par les noms des deux premières, qui correspondent à Jupiter *Ammon* et à *Junon*, c'est-à-dire aux deux plus grands dieux; ce sont les deux divinités auxquelles fut consacrée la

---

ᵃ Osann, *Syllog.* p. 205. Cf. Franz, *Elem. epigr. græc.* p. 260. — ᵇ Lucian. *de Calumnia*, S 16, p. 618, ed. Didot.

¹ .... Εἶδον ἀπ' ἄκρας τῆς νήσου, ἡ ἀνέχουσα ἐκ μέσου περιφανεῖς πανταχῇ ποιεῖ τοὺς καταρράκτας. (Arist. in *Ægypt.* t. II, p. 344, l. 10, ed. Jebb.)

stèle de Syène (pl. XIII, 9), qui commence par les mots IOVI·AMMONI·CHNVBIDI·ET·IVNONI·REGINAE..... Celles qui suivent doivent être des divinités inférieures aux deux autres.

Sir Gardner Wilkinson observe que la première *triade*, formée des dieux *Kneph*, *Saté* et *Anucis*, se présente souvent dans les divers monuments trouvés aux environs de Syène[a]. Je remarque, de plus, qu'ils portent ici tous les trois leurs noms propres, tandis que ceux de la seconde triade ne reçoivent que des noms évidemment qualificatifs.

En effet, les lettres *pét* ou *péten*, qui, suivies d'un nom de divinité, forment beaucoup de noms égyptiens, sont reconnues pour signifier *qui appartient à* : tels sont les noms si fréquents de *Pétosiris*, *Pétisis*, *Pétaménoph*, *etc.* Le premier nom, *Pétempamentès*, qui correspond à *Dionysos*, signifiera donc *qui appartient à Amentès*, ou *monde inférieur*, région des morts, qualification fort convenable au *Dionysos* grec, qui, selon les Égyptiens, répondait à leur *Osiris*. Le deuxième nom, *Pétensétès*, signifiera *qui appartient à Sétès*, le nom même de l'île de *Dionysos*, où la stèle a été trouvée. Cette qualification était due, sans doute, à ce que *Cronos* (ou la divinité correspondante à Cronos, appelée *Sétis* ou *Sétès*) avait aussi un culte spécial dans cette île. La troisième, *Pétenséné*, qui appartient à *Séné*, est du même genre. Champollion nous apprend que l'île de *Begeh* ou *Bageh*, en face de Philes, nommée, dans les hiéroglyphes, *Snem* ou *Senem*, était l'un des lieux les plus saints de l'Égypte, une île sacrée, but de fréquents pèlerinages[b]. *Pétenséné*, littéralement *qui appartient à Séné*, se rapporte vraisemblablement à cette île, comme *Pétensétès* à *Sétès*.

Ces trois noms étaient donc de purs qualificatifs, tirés de noms de lieux. Mais pourquoi *Dionysos*, *Cronos* et *Hermès* n'ont-ils pour correspondants que des qualificatifs, au lieu de noms propres comme les autres? Je l'ignore : en ce moment, je me contente de remarquer cette différence.

La synonymie de *Chnubis* et d'*Ammon*, qui se retrouve dans la stèle

[a] *Manners and customs*, IV, p. 266, 267. — [b] *Lettres écrites d'Égypte*, etc. p. 166.

XXXII. STÈLE DE L'ILE DE DIONYSOS.

de Syène, laquelle est du temps de Septime Sévère et de Caracalla (pl. XIII, 9), est confirmée par les ornements mêmes du temple, qui existait à Éléphantine, à l'époque de l'expédition d'Égypte, et qu'on a détruit, depuis quelques années, pour faire de la chaux [a]. Strabon nous apprend que cette île contenait un temple de *Chnouphis* [1]. Il y avait, en effet, dans la partie méridionale de l'île, c'est-à-dire sur l'emplacement de la ville antique, un temple dont la position correspond à celle qui est indiquée par Strabon; et l'on a toute raison de croire que c'était celui dont cet auteur a parlé. Or cet édifice, qui paraît avoir été d'une construction fort ancienne, était consacré au culte d'Ammon, comme le prouvent les ornements des bas-reliefs [b], qui offrent partout la divinité à *tête de bélier*, qu'on sait être Ammon. Le plus grand, qui occupait un côté de l'intérieur de l'édifice, représentait la même divinité dans un petit temple porté sur un bateau thalamége [c]. On ne peut douter que ce ne soit là le dieu principal; et il paraît vraisemblable que le sujet de ce bas-relief se rapporte à une cérémonie dont parle Diodore de Sicile, dans laquelle, tous les ans (sur la limite de l'Égypte et de l'Éthiopie), on transportait le temple (c'est-à-dire la châsse) de Jupiter de l'autre côté du fleuve, sur le rivage de Libye, d'où il était rapporté quelques jours après [d], cérémonie qui subsistait encore, au v[e] siècle de notre ère, après l'édit de Théodose, ainsi que nous le verrons dans la suite de cet ouvrage [2].

Le temple d'Éléphantine, consacré à Ammon, l'était aussi, comme Champollion l'a constaté [e], à *Chnubis*, à *Saté* et à *Anoukis*, à la première de nos deux triades. C'était donc le même temple qui, selon Strabon, était consacré à *Chnubis*.

---

[a] Champollion, *Lettres écrites d'Égypte*, p. 111. — [b] *Descr. de l'Ég. Ant.* I, pl. 36, 1; 37, 2. — [c] Sur ce mot, voy. la *Trad. franç. de Strab.* t. V, p. 354, note 2. — [d] Diod. Sic. I, 97. — [e] Champollion, *Lettres écrites d'Égypte*, p. 111.

[1] Sir Gardner Wilkinson a trouvé à Éléphantine une inscription commençant par Χνούβι Θεῷ. (*Manners and customs*, t. IV, p. 238.)

[2] Ces observations, publiées dès 1823, sur l'identité de Chnubis et d'Ammon, sont confirmées par celles de sir Gardner Wilkinson. (*Mann. and cust.* t. IV, p. 235 et s.)

On ne pourra s'empêcher de reconnaître ici une nouvelle preuve de ce qui a été remarqué plus haut[a] : c'est que le culte particulier à chaque lieu de l'Égypte ne subit ni changement, ni altération notable, sous la domination des Grecs et des Romains, au moins jusqu'au IIIe siècle de notre ère, et peut-être jusqu'à la destruction de la religion égyptienne.

La synonymie de *Satis* et d'*Héra*, d'*Anucis* et de *Hestia*, a de quoi surprendre, quand on se souvient que, d'après l'assertion formelle d'Hérodote, *Héra* et *Hestia* étaient deux divinités inconnues en Égypte[b]. Cet auteur se trouve donc en contradiction avec notre inscription et avec des auteurs de l'époque Alexandrine. Ainsi, au temps de Philadelphe, Manéthon, cité par Porphyre[c], parle des sacrifices que les Égyptiens faisaient à Héra (ἐθύοντο δὲ τῇ Ἥρᾳ); selon Diodore de Sicile, les Égyptiens comptaient, parmi leurs dieux d'origine terrestre, *Héra*, *Héphæstos* et *Hestia*[d]; enfin l'auteur connu sous le nom d'Horapollon dit qu'*Athéné*, chez les Égyptiens, est le monde supérieur, et *Héra*, le monde inférieur[e]. Mais cette contradiction n'est qu'apparente. On sait que les Grecs ont toujours voulu retrouver leurs divinités dans celles des autres peuples; la plus faible analogie entre les attributs ou même les noms leur suffisait pour établir une synonymie toute factice, qui consistait uniquement à remplacer des noms étrangers par des noms grecs. C'est ainsi qu'ils disaient que les Arabes adoraient *Dionysos* et *Aphrodite céleste*[f], et que les dieux des Scythes étaient *Hestia, Zeus, Apollon, Aphrodite* et *Arès*[g]. C'est par une opération semblable que les dieux égyptiens avaient été identifiés avec ceux de la Grèce : *Phtha* et *Neith* le furent à *Héphæstos* et à *Athéné*, selon toute apparence, par suite de l'analogie de leur nom; car *Héphæstos* a presque les mêmes éléments phonétiques que *Phtha*, et *Neïth* ou *Neïtha*, selon l'orthographe de Proclus[h], est, au fond, le même mot que ΑΘΕΝ lu en sens inverse (ΝΕΙΘΑ, ΑΘΕΙΝ), comme ce nom devait être disposé dans l'ancienne écriture rétro-

---

[a] Plus haut, p. 232. — [b] II, 50. — [c] *De Abstin.* II, 55, p. 200. — [d] I, 13. — [e] *Hieroglyph.* I, 11. — [f] Herod. III, 9. — [g] *Id,* IV, 59. — [h] *Ad Tim.* p. 30.

grade ou *boustrophédon,* qu'on retrouve encore sur la plupart des vases grecs d'ancien style.

A mesure que les Grecs, en se familiarisant davantage avec les cultes locaux de l'Égypte, connurent des divinités dont les noms leur avaient échappé d'abord, ils ajoutèrent à la synonymie qu'ils avaient adoptée plus anciennement. Ainsi, au temps d'Hérodote, ils n'avaient pas encore trouvé, ou bien cet historien ne connaissait pas encore, de divinités auxquelles ils pussent appliquer les noms d'*Héra* et d'*Hestia*: voilà pourquoi cet historien dit que les Égyptiens ne connaissaient ni l'une ni l'autre. Mais, plus tard, sous les Ptolémées, par exemple, les divinités *Satis* et *Anucis* leur furent connues, et ils les identifièrent avec les divinités grecques *Hestia* et *Héra*, qui, entrèrent, pour les Grecs, dans le panthéon égyptien.

Il n'y a donc pas, au fond, contradiction entre le témoignage d'Hérodote et celui des écrivains postérieurs; il y a simplement une différence qui tient à celle des époques : et c'est ce que n'ont pas voulu voir plusieurs mythographes modernes, trop disposés à mettre une vaste érudition et une grande sagacité au service de systèmes qui n'ont aucun fondement réel.

Quant à Hermès, dit *Pétensénès,* cette divinité paraît avoir été, sous divers noms, adorée dans la région limitrophe de l'Égypte et de l'Éthiopie. C'était la divinité principale du temple de *Pselcis* [a].

Après l'énumération de ces six divinités, appelées θεοὶ μεγάλοι, les *basilistes* ont mentionné collectivement les autres divinités adorées à la Cataracte : τοῖς ἄλλοις τοῖς ἐπὶ τοῦ Καταράκτου δαίμοσιν, sans aucune désignation nominale, probablement parce qu'elles étaient d'un ordre inférieur ; ce que prouve, d'ailleurs, l'opposition de θεοὶ μεγάλοι et de δαίμονες. Sans doute, le mot δαίμονες, quand il est seul, peut s'entendre des *dieux* en général; mais, quand il est joint à θεοί, il ne s'applique qu'à des divinités secondaires, selon la remarque depuis longtemps faite par Cuper [b] et d'autres critiques [c]. Aux pas-

---

[a] Plus haut, p. 34, 206. — [b] *Observ.* p. 327-330. — [c] Boisson. *ad Eunap.* p. 247 ; Wyttenb. *ad eumd.* p. 11.

sages qu'ils ont cités, ainsi que M. Dindorf dans la nouvelle édition du *Thesaurus* [a], on en pourrait, s'il était nécessaire, ajouter beaucoup d'autres, tirés d'Euripide [b], d'Athénée : ἀνθρώποις λεγόμενοι ἢ νομιζόμενοι θεοὶ ἢ δαίμονες [c]; de Porphyre : ὅτι δὲ οὐδὲ θεοῖς, ἀλλὰ δαίμοσι τὰς θυσίας προσήγαγον [d]; et, surtout, ce passage où Platon dit des Égyptiens : (ἔταξαν) τὰς ἑορτὰς..... ἅστινας ἐν οἷς χρόνοις καὶ οἷστισιν ἑκάστοις τῶν θεῶν καὶ παισὶ τούτων καὶ δαίμοσι γίγνεσθαι χρεών [e].

Héliodore parle des *prêtres du Nil* aux Cataractes (οὕτω καὶ παρὰ τῶν ἐν Καταδούποις ἱερέων τοῦ Νείλου πυθόμενος) [f]; il se pourrait donc que ce fleuve fût au nombre des divinités désignées ici collectivement.

Notre inscription fournit un exemple à remarquer de l'ancienne orthographe καταράκτης, pour καταρράκτης [g], qu'on regarde comme la plus usitée.

Οἱ ἄλλοι οἱ ἐπὶ τοῦ Καταράκτου δαίμονες s'entend, probablement, de toutes les divinités secondaires adorées dans les différents temples bâtis au voisinage de la Cataracte, jusqu'à Syène et Éléphantine, et non pas seulement dans le temple de l'île où ce monument a été trouvé. Ce temple était vraisemblablement celui de Dionysos, dont le culte était lié à celui de *Cronos* : de là le nom qu'elle portait en grec d'*île de Dionysos*, et, d'un autre côté, celui de *Pétensétès*, qu'on donnait à Cronos.

Lignes 11-15. — L'objet de la dédicace est exprimé dans les lignes 11-15. Après le mot δαίμοσιν on lit τὴν στήλην; les lettres ΚΑΠΑ, qui terminent la ligne, ne peuvent être que καὶ τά, et τά est l'article du mot χρήματα, qui est à la ligne 15. La distance qui sépare ici l'article de son substantif n'a rien qui doive surprendre, car il n'en résulte aucune sorte d'obscurité. On trouve aussi dans Démosthène : ΤΗΝ τοῦ διαπράξασθαι ταῦτα, ἃ μηδεὶς πώποτε ἄλλος Μακεδόνων βασιλεὺς, ΔΟΞΑΝ ἀντὶ τοῦ ζῆν ἀσφαλῶς ᾑρημένος [h]. Les mots τὰ πρὸς τὰς θυσίας....

---

[a] *Electr.* 1234; *Hecub.* 165. — [b] T. II, p. 860, D. — [c] *Athen.* V, p. 195, A. — [d] Porphyr. *de Abstin.* II, 58. — [e] Platon. *Legg.* VII, p. 799, A. — [f] *Æthiopic.* p. 94, ed. Coray. — [g] Schleusner, *Nov. Thesaur.* III, p. 253; H. Steph. *Thes. l. g.* t. IV, p. 1204, A, ed. Didot. — [h] *Olynth.* II, p. 22, l. 20, Reisk.

XXXII. STÈLE DE L'ILE DE DIONYSOS.

dépendent de δι' ἑκάστου εἰσενηνεγμένα, qui précèdent χρήματα. Au lieu de δι' ἑκάστου après le passif, on s'attendrait à trouver παρά ou ὑπό; mais l'emploi de διά ne manque pas de propriété, parce que ce mot réunit à l'idée de cause et d'origine celle de répartition, qu'on a cru convenable d'exprimer, puisqu'il s'agit d'une souscription à laquelle chacun des basilistes a contribué.

Le mot χρήματα est suivi de ἐπί, qu'on ne peut séparer de Παπίου, qui commence la ligne suivante. On a donc la certitude que les mots, depuis τὴν στήλην jusqu'à χρήματα, forment une phrase complète, dont il faut maintenant examiner les différents détails.

La première observation à faire, c'est que, dans cette phrase, il n'y a place pour aucun verbe, ni après στήλην, ni après χρήματα, en sorte que ces deux accusatifs sont chacun le régime d'un verbe sous-entendu; ellipse dont j'ai déjà cité plus d'un exemple [a]. Ici, l'idée sous-entendue pouvait être suppléée, sans nulle incertitude, après στήλην comme après χρήματα : cette idée est celle de la *consécration* aux dieux, tant de la *stèle* qu'on avait élevée, que de l'*argent* destiné aux sacrifices en leur honneur, ce qui semble appeler deux verbes différents. Par là s'explique une phrase dont la construction arrêtait Casaubon lui-même. Elle est de Démocharès (auteur attique, cousin de Démosthène), qui s'exprime ainsi, dans un fragment où il parle de la flatterie des Athéniens à l'égard de Démétrius Poliorcète : Λεαίνης μὲν καὶ Λαμίας ἱερά· καὶ Βουρίχου καὶ Ἀδειμάντου καὶ Ὀξυθέμιδος, τῶν κολάκων αὐτοῦ, καὶ βωμοὶ, καὶ ἡρῷα, καὶ σπονδαί [b]; ce qui signifie : « Des temples furent « élevés à Leæné et à Lamie; des autels, des héroons, à Burichus, à « Adimante et à Oxythémis, ses flatteurs; et l'on fit des libations en « leur honneur. » Il paraît clair qu'avec ἱερά, βωμοί, ἡρῷα, il y a, de sous-entendu, ἀφιδρύθησαν, et, avec σπονδαί, συνετελέσθησαν : ces deux ellipses ne causaient pas plus d'équivoque l'une que l'autre. Il est vrai que, dans le cas présent, le verbe ἀνέθηκαν pourrait également convenir aux deux mots τὴν στήλην et τὰ χρήματα, mot qui désigne les sommes fournies, par chaque basiliste, pour la dépense des céré-

[a] Plus haut, p. 94, 156. — [b] Ap. Athen. VI, p. 253, A.

monies. Cependant, avec χρήματα, c'est ἀνήλωσαν qu'on sous-entendrait plus volontiers. Un verbe est également sous-entendu dans ce vers d'Aristophane :

Πρῶτα μὲν τοῦ μηνὸς εἰς δᾷδ' οὐκ ἔλατ7ον ἢ δραχμήν [a].

Dans la pétition des prêtres de Philes (l. 12), nous lisons πρὸς τὰς γινομένας θυσίας καὶ σπονδάς; et j'ai observé que le mot γινόμενος s'entend de ce qui se fait habituellement, et, pour ainsi dire, dans un temps prescrit. Le futur ἐσομένας indique, au contraire, des cérémonies qui ne se sont pas encore faites. De même, Polybe dit qu'Antiochus ἐξέπεμψε πρέσβεις καὶ θεωροὺς εἰς τὰς πόλεις καταγγελοῦντας τοὺς ἘΣΟΜΈΝΟΥΣ ἀγῶνας [b].

Les cérémonies doivent être exécutées dans le *synode*, ἐν τῇ συνόδῳ. Je crois que ce *synode* n'est autre chose que la réunion des membres de la corporation des *basilistes*, dont les noms sont mentionnés après. Ces sortes de réunions de *confréries* s'appelaient, en effet, σύνοδοι chez les Grecs [c]. Elles avaient, comme ici, un chef ou *président*, appelé προσ7άτης [d], qui faisait aussi fonction d'*intendant*, comme le προστάτης τῆς συμμορίας [e]; et un grand prêtre, ἀρχιερεύς, dont les noms étaient relatés dans les actes de la corporation : *un tel étant grand prêtre, etc.* [f]. De même, dans notre inscription, on lit : *Papias étant prostate, Denys étant prêtre* du synode.

L'usage de ces corporations était, selon toute apparence, purement grec : aussi, des vingt-neuf personnes soussignées, il n'y en a que cinq qui portent des noms égyptiens; toutes les autres sont des Grecs, comme leurs pères. Il suffit de citer le prostate *Papias*, fils d'*Ammonius*, et le prêtre *Denys*, fils d'*Apollonius*.

Ce monument, parfaitement grec par son objet, ne diffère de ce qu'il aurait été dans tout pays soumis aux usages de la Grèce qu'en ce que les divinités sont égyptiennes; encore trouvons-nous que les auteurs de la dédicace ont eu le soin d'assimiler ces divinités à celles

---

[a] Aristoph. *Nub.* v. 608, ed. Hermann. — [b] Polyb. XXXI, 3, 1. — [c] Vandal. *Dissert.* p. 380. — [d] Ap. Spon. *Misc. erudit.* p. 360, n° CIV; p. 361, n°ˢ CV, CVI. — [e] Spon. n° LXX, p. 344. — [f] Chandler, *Inscr. Ant.* I, p. 9, l. 4.

qui étaient l'objet d'un culte dans la religion grecque. Il est également tout grec par sa forme, ainsi que le prouvent les ornements sculptés sur le fronton de la stèle.

Il reste à expliquer les expressions servant à désigner les jours auxquels on célébrera les sacrifices. Cette indication se trouve dans les mots κατὰ τὰς πρώτας ἐνάτας τοῦ μηνὸς ἑκάστου, καὶ τὰς ἄλλας ἐπωνύμους ἡμέρας. Les premiers offrent une locution singulière et unique, à ma connaissance : ἐνάτη étant l'adjectif ordinal *neuvième*, la traduction littérale serait : *dans les premiers neuvièmes jours de chaque mois;* ce qui est susceptible de deux sens. En effet, les mots grecs δεκάς, εἰκάς, τριακάς, et autres du même genre, jouissent chacun de plusieurs significations différentes; car, selon la place qu'ils occupent, on peut les prendre pour *dix, dixaine, dixième; vingt, vingtaine, vingtième*, etc.; ils expriment donc, soit un nom de nombre, soit un nom collectif, soit un adjectif ordinal. En raisonnant par analogie, on pourrait penser que l'ordinal ἐνάτη a le même sens que le cardinal ἐννέα, et que κατὰ τὰς πρώτας ἐνάτας signifie les *neuf premiers jours de chaque mois*, κατὰ τὰς πρώτας ἐννέα, comme s'exprime Polybe : ....κατὰ τριάκονθ' ἡμέρας, ἐν αἷς τὰς θέας συνετέλει, πέντε τὰς πρώτας... πάντες... ἠλείφοντο [a]..., ou bien : ἐν ἔτεσι τοῖς πρώτοις πέντε [b]. Si tel était le sens, il s'ensuivrait que les cérémonies devaient être célébrées *cent-huit fois* dans l'année, indépendamment des *autres jours éponymes*. Mais, outre la difficulté littérale qui résulte de cette interprétation, il est bien peu vraisemblable que ces cérémonies eussent été multipliées au point d'être célébrées *neuf jours de suite* dans chaque mois, sans compter *les jours éponymes*.

Je crois donc plutôt qu'il s'agit ici d'une expression propre au calendrier macédonien, dont les Grecs, en Égypte, devaient faire usage entre eux. Le mois étant divisé en trois décades de dix jours, qui se comptaient séparément dans chaque décade, il y avait, chaque mois, trois fois *un neuvième jour :* en sorte que, pour désigner, en général, le neuvième jour de la première décade de chacun des douze

---

[a] Polyb. XXXI, 4, 1. — [b] *Id.* XXII, 26, 20.

mois, on devait dire αἱ πρῶται ἔναται; celui de la deuxième décade, αἱ δευτέραι ἔναται, et celui de la troisième, αἱ τρίται ἐνάται. Ainsi l'expression κατὰ τὰς πρώτας ἐνάτας τοῦ ἑκάστου μηνός n'embrasse que *douze jours*, à savoir, le *neuf* de la première dixaine (μηνὸς ἱσταμένου) de chacun des douze mois. Le rédacteur aurait donc pu mettre tout aussi bien κατὰ τὴν πρώτην ἐνάτην ἡμέραν; mais on sent qu'il a pu être facilement entraîné à employer le pluriel.

Quant à l'expression *et dans les autres jours éponymes*, elle peut s'entendre de deux manières : ou bien les premiers neuvièmes jours étaient eux-mêmes éponymes, ou bien il est question des autres jours de chaque mois qui étaient éponymes, à l'exclusion de ceux qui ont été nommés plus haut : ce dernier sens me paraît le seul admissible. J'ai déjà dit qu'on appelait, en Égypte, *jours éponymes*, ceux qui portaient le nom du prince : c'étaient ceux de la naissance et de l'avènement du roi; ils revenaient au même jour, dans chaque mois égyptien : par exemple, pour Ptolémée Épiphane, le 17 et le 30[a]. Or, le calendrier macédonien ayant une marche toute différente de l'égyptien, il est clair que le *premier neuvième* des mois grecs ne pouvait répondre à un jour fixe dans les mois de l'autre calendrier; donc ces premiers neuvièmes n'étaient pas des *éponymes*. Il s'ensuit que le nombre des jours de fête pour lesquels le synode fournit la dépense nécessaire doit monter à *trente-six* dans l'année, en comptant les *vingt-quatre* éponymes, c'est-à-dire portant le nom du prince régnant. Le motif de ce nombre est facile à comprendre : la stèle aura été érigée le neuvième d'un mois; il était donc naturel qu'en prescrivant des cérémonies mensuelles on prît, dans chaque mois, le même neuvième jour; et, comme l'objet de ces cérémonies était le salut de la famille royale, on ne pouvait se dispenser de les célébrer aussi dans les *deux jours* de chaque mois qui répondaient à ceux de la naissance et de l'avènement du roi.

A la 18ᵉ ligne commence la liste annoncée, à la ligne 6, par les mots ὧν τὰ ὀνόματα ὑπόκειται. Le premier en tête est *Hérode, fils de*

[a] Plus haut, p. 266.

XXXII. STÈLE DE L'ILE DE DIONYSOS.

Démophon, l'*archisomatophylax* et *stratége*, le seul qui soit nommé, à la ligne 3, comme s'il n'était pas au nombre des basilistes, Ἡρῴδης... καὶ οἱ....... βασιλισταί; on aurait dû dire καὶ οἱ....... ἄλλοι βασιλισταί, puisque évidemment il en faisait partie.

L'orthographe du nom ΗΡΩΙΔΗΣ (Ἡρωΐδης ou, avec la contraction, Ἡρῴδης) se retrouve également dans les papyrus. Ces exemples appuient la règle du Grand Étymologiste, qui veut que, dans ce nom, l'iota soit maintenu, conformément à l'analogie [a].

Le deuxième nom est *Hermias*, fils d'Ammonius; puis viennent *Papias*, fils d'Ammonius (l. 20), et *Denys*, fils d'Apollonius (l. 21), déjà nommés, l'un comme *prostate*, l'autre comme *prêtre* du synode. On pouvait assurément se dispenser de répéter leurs noms; mais on a voulu, sans doute, qu'en dehors de la formule du décret, la liste des basilistes fût complète.

Ligne 19. — Les lettres ΙΡΑΤΟΥ cachent peut-être [ΣΑ]ΚΡΑΤΟΥ, qu'on lit plus bas, à la ligne 25, où les mots Διονύσιος Σακράτου sont fort distincts. Il a pu y avoir aussi ΠΡΑΤΟΥ pour ΠΡΩΤΟΥ, par le changement dorique de Ω en Α; peut-être même ΣΑΚΡΑΤΟΥ n'est-il qu'une forme dorique de ΣΩΚΡΑΤΟΥ pour Σωκράτους, orthographe très-fréquente dans les papyrus et les inscriptions.

Lignes 21-22. — Le mot νησιώτης peut avoir été suivi de ἐκ Κύπρου, ou de tout autre nom d'île. Cependant il a pu n'y avoir rien après, parce que, en Grèce, νησιώτης tout seul signifiait *habitant des Cyclades* [b], et, en Égypte, *habitant de Chypre*. Ce sont des mots dont la signification, qui change selon les temps et les lieux, est toujours connue des contemporains.

Ligne 24. — Le nom égyptien ΠΕΤΕΑΡΟΗΡΙΣ signifie *appartenant à Aroéris* [c], nom qui s'écrivait indifféremment Ἀρόηρις et Ἀρώηρις [d]. Cet Égyptien, Πετεαρόηρις, a pour père un Égyptien, Φάνουφις, nom qui se retrouve dans le papyrus Borgia [e]. La même observation s'applique aux autres noms égyptiens, Ψενόηρις Πετήσιος, Πάχουϐις Τοτέους;

---

[a] Etym. Magn. p. 437 fin. — [b] Böckh, *Corp. Inscr.* n° 2273. — [c] Plus haut, p. 396. — [d] Plus haut, p. 40. — [e] P. 12, l. 1; p. 14, l. 23, et Schow, p. 58.

c'est ce qui me fait croire que Πελλίας, nom du fils et du père d'un Égyptien (dans Ψένχνουβις Πελλίου, Πελλίας Ζμενιχνούβιος) est égyptien, malgré sa physionomie grecque.

Ligne 33. — ΤΟΤΕΟΥΣ, génitif de ΤΟΤΕΗΣ, est peut-être le même nom que ΤΟΥΤΟΥΗC du papyrus Borgia[a], ou ΤΙΘΟΗΣ, dont il a été déjà question[b].

Parmi les *basilistes* on en distingue cinq qui sont Égyptiens, fils d'Égyptiens, à savoir: *Pétéaroéris*, fils de *Phanouphis*; *Psenchnubis*, fils de *Pellias*, et *Pellias*, fils de *Zménichnubis*; *Psénoéris*, fils de *Pétésis*; *Pachnubis*, fils de *Totès*. Ces noms donnent une preuve patente de la fusion religieuse, ou, si l'on veut, de l'espèce de compromis, accepté par les Égyptiens et les Grecs, pour réunir le plus possible les deux religions. Des Égyptiens étaient affiliés à une confrérie *dionysiaque*; des Grecs honoraient, comme leur Dionysos, le *Pétempamentès* des Égyptiens. Il est vrai que la confrérie étant d'institution royale, ou, du moins, étant placée sous le patronage du roi, le désir de flatter ou de plaire a pu, comme je l'ai dit, entrer pour beaucoup dans l'affiliation des Égyptiens.

C'est encore par l'effet d'une concession mutuelle que la synonymie des dieux a été reçue dans l'expression de la dédicace; et l'on remarquera que si, d'un côté, la stèle est toute grecque par la forme et les ornements dionysiaques, de l'autre, le nom égyptien de la divinité est toujours placé le premier. Chacun trouvait ici ses avantages, et tous les intérêts étaient représentés.

Dans l'inscription d'Ombos on remarque aussi une double expression égyptienne et grecque, *Aroéris Apollon*, précisément comme sur la *stèle* de l'île de Bacchus. Cette similitude nous autorise à penser que les fonctionnaires mentionnés dans cette inscription étaient, comme les *basilistes*, mêlés de Grecs et d'Égyptiens; ce qui nous amène à la conséquence que les Ptolémées admirent fréquemment les derniers aux emplois militaires.

[a] P. 10, l. 13, 20; 18, l. 21. — [b] Plus haut, p. 202.

XXXIII.

DÉDICACE À PTENSÉNÈS, TROUVÉE À APOLLONOPOLIS MAGNA.
(DATE INCERTAINE.)

Le monument que je vais expliquer aurait pu être placé avant le précédent, ou même avant tous ceux de cette section, puisque, selon toute apparence, il leur est antérieur par la date; mais le trait principal ne pouvait être bien compris qu'après l'explication de la stèle de l'île de Dionysos.

Ce monument, trouvé à *Apollonopolis Magna* (Edfou), par M. Girard [1], et donné par lui au musée du Louvre, où il est déposé (n° 852), est une table quadrangulaire en granit, dont le milieu est occupé par diverses offrandes sculptées. Sur un des côtés est ménagé un conduit qui a évidemment servi à l'écoulement des liquides, ce qui ne permet pas de douter que cette table ne servît pour des libations (σπονδαί) en l'honneur d'une divinité. Ce genre de monument, de forme tantôt circulaire, tantôt carrée, est assez fréquent dans nos musées [2]; mais celui-ci est peut-être le seul qui soit accompagné d'une inscription grecque, ce qui lui donne un intérêt tout particulier.

Cette inscription, disposée tout autour, sur le bord supérieur, occupe la place où se trouve, dans les autres, la légende hiéroglyphique, dont le sens est tout à fait analogue, c'est-à-dire exprime le nom de la divinité à laquelle la table est consacrée, et celui du personnage qui la dédie. L'inscription grecque est naturellement divisée en quatre lignes, puisque la table est quadrangulaire. On trouvera l'inscription figurée dans notre pl. XIII, n° 2. La voici en caractères courants :

---

[1] Elle est représentée dans la Description de l'Égypte. (*Antiq.* t. V, pl. 47, 2.)

[2] Il y en a une dixaine dans le seul musée de Leyde. (V. le *Catal. de M. Leemans*, p. 44, 45.)

Πτενσήνει, Θεῷ μεγίστῳ,
Πτολεμαῖος ὁ γραμματεὺς τῶν
ἐν τῷ περὶ Ἐλεφαντίνην
δυναμέων. L. ΛΕ, ἐπείφ.

A Ptensénès, dieu très-grand, Ptolémée, le greffier des troupes dans le canton d'Éléphantine. L'an xxxv, au mois d'épiph.

La forme des lettres annonce l'époque ptolémaïque; mais la date, si vaguement exprimée par le chiffre xxxv, sans autre désignation, peut convenir à trois princes différents : 1° à Philadelphe, qui a régné trente-huit ans : dans ce cas, elle répondrait à l'an 251 avant notre ère; 2° à Philométor : ce serait l'avant-dernière année du règne de ce prince, l'an 147 avant notre ère; 3° à Évergète II, dont la trente-cinquième année répond à l'an 136 : c'est justement l'époque de la dédicace du temple de Pselcis[a]. Quoiqu'il soit assez difficile de prendre un parti décisif sur ces trois dates, on ne manque pas d'un motif, au moins, de préférence. En effet, la circonstance relative au nom du dieu auquel la table est dédiée montre qu'elle doit être plus ancienne que la stèle de l'île de Dionysos.

Ce dieu est Πτενσήνης (le même nom que Πετενσήνης), c'est-à-dire l'un de ceux qui sont désignés dans cette stèle comme correspondant à *Hermès*[b]. On a vu que ce *Ptensénès*, ou *Pétensénès*, était une des divinités adorées près des Cataractes; il n'est donc pas étonnant qu'il fût l'objet des hommages du greffier des troupes cantonnées aux environs d'Éléphantine. Ce qui distingue cette dédicace, c'est que l'assimilation grecque ne s'y trouve pas : ainsi l'hommage de Ptolémée s'adressait exclusivement à une divinité du pays, et dans la forme adoptée par les Égyptiens; car ces sortes de *tables de libations* ne paraissent pas avoir été usitées hors de l'Égypte. Il me paraît difficile de croire que, si l'assimilation de *Ptensénès* avec *Hermès* eût été reconnue à cette époque, le Grec Ptolémée eût négligé de rattacher son hommage à une divinité de sa propre religion. Serait-il donc trop hardi de conclure, de cette omission, que l'assimilation a eu lieu postérieurement à la dédicace de cette table? Car nous avons vu que le nombre de ces synonymies a été en s'augmentant avec les années, à mesure

---
[a] Plus haut, p. 38. — [b] Plus haut, p. 399.

XXXIV. INSCRIPTION D'ABUSIS.

que les Grecs ont cru saisir quelques points de ressemblance entre certaines divinités locales et celles de leur religion. Il s'ensuivrait que l'époque de cette dédicace appartiendrait plus naturellement à l'époque de Philométor, ou même à celle de Philadelphe, et, dans ce cas, l'inscription serait l'une des plus anciennes de l'époque ptolémaïque. Mais je ne me dissimule pas l'incertitude de ces indices; aussi je ne les présente que pour éveiller l'attention sur un caractère qui pourra servir plus tard.

Au reste, cette circonstance remarquable d'un Grec adressant son hommage religieux à un dieu égyptien, sans aucun mélange d'idée grecque, se retrouve, à une époque plus ancienne que Philadelphe, dans la curieuse inscription suivante, que je mets hors de son rang parce qu'elle sort du cadre de cet ouvrage, qui ne remonte pas au delà de l'époque Alexandrine.

XXXIV.

DÉDICACE TROUVÉE ENTRE ABUSIS ET MEMPHIS.

Cette dédicace, trouvée par le général de Minutoli, entre Abusis et Memphis, a été communiquée par M. Böckh à M. Droysen, qui l'a publiée dans le *Rheinisches Museum*[a].

ΥΔΟΜΑΙΣΤΑΝΟΝΘΕΟΝΙΔΡΥΣΑΝΤΟ		Ὁδομαισ7ανὸν (?) Θεὸν ἱδρύσαντο	
ΛΥΣΙΚΡΙΤΟΣΑΘΗΝΑΙ	ΣΩΣΙΚΛΗΣΑΘΗΝΑΙ	Λυσίκριτος Ἀθηναῖ[ος]	Σωσικλῆς Ἀθηναῖ[ος]
ΑΝΔΡΟΧΑΡΙΣΝΙΣΥΡΙ	ΔΗΜΗΤΡΙΟΣΑΘΗΝΑΙΟ	Ἀνδρόχαρις Νισύρι[ος]	Δημήτριος Ἀθηναῖο[ς]
ΜΝΑΣΙΓΕΝΗΣΒΟΙΩΤ	ΑΠΟΛΛΩΝΙΔΗΣΚΟΡΙ	Μνασιγένης Βοιώτ[ιος]	Ἀπολλωνίδης Κορί[νθιος]
ΕΠΙΤΕΛΗΣΚΥΡΑΝΑ	ΠΥΘΟΔΩΡΟΣΑΘΗΝΑΙΟ	Ἐπιτέλης Κυρανα[ῖος]	Πυθόδωρος Ἀθηναῖο[ς]
ΣΤΡΑΤΩΝΚΑΡΥΑΝΔ	ΑΡΙΣΤΟΒΟΥΛΟΣΑΘΗΝ	Στράτων Καρυανδ[εύς]	Ἀρισ7όβουλος Ἀθην[αῖος]

ΚΑΙΤΗΝΤΡΑΠΕΖΑΝΑΝΕΘΕ	καὶ τὴν τράπεζαν ἀνέθε-
ΣΑΝΑΜΥΡΤΑΙΟΣΡΟΔΙΟΣ	σαν Ἀμυρταῖος Ῥόδιος
	[καὶ....

[a] T. III, p. 538.

M. Böckh, d'après la forme des caractères et les noms, pense que cette inscription est du temps de l'expédition de Chabrias en Égypte. Ce général athénien s'y était rendu volontairement, vers 360, pour soutenir le roi égyptien Tachos dans sa révolte contre les Perses. Les personnes ici mentionnées étaient probablement les officiers d'un corps de troupes qui restèrent cantonnées pendant quelque temps aux environs de Memphis, et qui, croyant avoir ressenti quelque bon effet de la protection d'une divinité locale, lui consacrèrent ce monument comme témoignage de leur gratitude.

Les troupes de Chabrias, formées de volontaires, devaient se composer d'hommes tirés des diverses parties de la Grèce et des îles; aussi, parmi les onze individus ici nommés, il y a un Nisyrien et un Rhodien, un Caryandien, un Béotien, un Cyrénéen, un Corinthien et cinq Athéniens. Il est, en effet, naturel que les Athéniens fussent en majorité dans le corps que commandait l'Athénien Chabrias.

Un seul nom mérite une mention particulière, c'est celui du Rhodien *Amyrtée*. Ce nom, égyptien (*Aomaherte* [a]) avec une terminaison grecque, désigne un des rois nationaux qui, depuis la conquête de Cambyse jusqu'à l'arrivée d'Alexandre, régnèrent à diverses époques. Cet Amyrtée se réfugia dans les marais, lors de la révolte sous Artaxerce-Longuemain, après la mort d'Inaros [b], vers la 80ᵉ olympiade [c], en 458 avant J. C. [1]. En 360, époque de l'expédition de Chabrias, près d'un siècle s'était écoulé depuis cet événement. Il est assez naturel de penser qu'Amyrtée avait eu à sa solde quelque officier

---

[a] Wilkinson, *Topogr. of Thebes*, p. 517. — [b] Herod. II, 140 et III, 15; Thucyd. I, 110. — [c] Larcher, *Chronologie d'Hérod.* p. 126; Clinton, *Fasti Hellenici*, pag. 44, ed. Krüg.

[1] M. Krüger (ad Clinton. *Fast. Hellen.* p. 328, et *Leben des Thucydides*, S. 25), pense que cet Amyrtée est différent de celui que citent Eusèbe et le Syncelle, et qu'ils placent vers la 91ᵉ olympiade, environ quarante ans plus tard que l'époque assignée par Hérodote et Thucydide. Mais, comme ils ne nomment qu'un seul *Amyrtée*, il est bien plus probable que c'est le même, sauf une erreur de date qui ne peut être que du côté des deux chronologistes, les deux historiens rapportant leur roi Amyrtée à un fait dont la date est très-bien connue.

XXXIV. INSCRIPTION D'ABUSIS.

ionien, qui, en reconnaissance de services, et par suite d'un mariage avec une Égyptienne, avait donné à son propre fils le nom du roi d'Égypte son bienfaiteur. Ce n'est pas le seul exemple que l'on connaisse d'un emprunt de ce genre : Aristote nous en a conservé un autre plus ancien et bien plus frappant, celui d'un roi de Corinthe, nommé *Psammétichus*, successeur de Périandre [a]. Saint-Martin, qui a, le premier, appelé l'attention sur ce fait curieux [1], présume, avec beaucoup de raison, qu'il est le résultat d'un mariage entre un des fils de la race des Cypsélides avec une fille de l'un ou de l'autre Psammétichus, rois d'Égypte [b].

Ces sortes d'alliances, qui ont dû être communes entre les Grecs et les Égyptiens dès le règne du premier roi de ce nom qui appela les Grecs en Égypte, étaient favorisées par les rapports que les Grecs établissaient si facilement entre leur religion et celle des Égyptiens.

Les deux inscriptions précédentes, mais principalement celle-ci, à raison de son ancienneté relative, en offrent des preuves bien remarquables. Le dieu que ces officiers honorent si particulièrement est inconnu des auteurs anciens, comme tant d'autres divinités égyptiennes que les inscriptions hiéroglyphiques et grecques nous font seules connaître. Son nom paraît être ΟΔΟΜΑΙΣΤΑΝΟΣ; et, en admettant quelque permutation possible entre deux lettres semblables, on ne peut trouver que les variantes ΟΛΟΜΑΙΣΤΑΝΟΣ ou ΘΛΟΜΑΙΣΤΑΝΟΣ. Comme ces trois noms seraient également inconnus, il n'y a, quant à présent, nulle raison de ne pas suivre la leçon qu'a donnée M. le général Von Minutoli. Le seul point qui demeure constant, c'est que la divinité est égyptienne et doit avoir été l'objet d'un culte local.

Les honneurs que les dix premiers officiers ont rendus à cette divinité étrangère paraissent avoir consisté dans l'érection d'une statue;

---

[a] Aristot. *Politic.* V, 9, 22. — [b] Mémoire cité, p. 178.

[1] En 1823, dans la Biographie universelle, t. XXXVI, p. 182; puis dans un mémoire lu en novembre 1825, et imprimé dans les Nouveaux mémoires de l'Académie des inscriptions et belles-lettres, tom. XII, pag. 166-180.

412   DÉDICACES ET OFFRANDES RELIGIEUSES.

car ...Θεὸν ἱδρύσαντο offre la même idée que Θεὸν ἀνεσθήσαντο, εἴσαντο, ἀνέθηκαν, ont élevé une statue du dieu; ainsi on trouve : Ἴσιν et Εἰρήνην ἀνέθηκε [a], τὰν Δάματρα καὶ τὰν Κόραν ...ἱδρύσατο [b], dans le sens de : a élevé une *statue d'Isis*, de la *Paix, de Cérès et de Proserpine*; et, pour une personne,...Ἡράκλειαν παρὰ τῇ ἁγιωτάτῃ Ὠρθίᾳ Ἀρτέμιδι ἱδρύσατο, « a élevé « une statue d'Héraclée dans le temple d'Artémis Orthia [c]. »

Les deux dernières lignes sont le reste d'une seconde liste de noms, dont un seul nous a été conservé, celui du Rhodien Amyrtée; mais le pluriel ἀνέθεσαν montre qu'il y en avait d'autres à la suite.

Quant au sens qu'il faut attribuer à τράπεζα, je crois qu'il désigne une *table de libations*, du genre de celle que Ptolémée a consacrée au dieu *Ptensénès*. Les uns avaient élevé une statue au dieu, les autres lui consacrèrent une table avec sculptures représentant des offrandes.

XXXV.

STÈLE D'ALEXANDRIE. (RÈGNE D'ÉVERGÈTE II.)

La petite stèle dont je vais expliquer l'inscription fait partie de la collection du Louvre. M. le comte de Clarac[1] la décrit en ces termes : « Stèle terminée par un fronton triangulaire, et dont l'inscription « grecque, horriblement gravée, et en fort mauvais état, contient « une suite de noms de divers personnages, qui la consacrent à *Her-* « *mès* et à *Hercule*. Après le nom de la première ligne, qui est peu « lisible, la série des personnages commence par *Socrate, fils d'Apol-* « *lonius*. — [Hauteur, 0m 473; largeur, 0m 211.] »

Cette courte inscription ne présente quelque intérêt qu'à cause de la première ligne OIT [2] O. ΛΙΣΜΕΛΛΑΚΕΣ. Où le savant archéo-

---

[a] Inscr. dans Burckhardt, *Travels in Syria*, etc. p. 118. — [b] Böckh, *Corp. Inscr.* n° 2567. — [c] Ludw. Ross, *Reisen und Reiserouten durch Griechenland*, 1th Theil, S. 23.

[1] *Musée de sculpture*, t. II, p. 897. Il en a donné le *fac-simile* pl. LXI, n° 860. On trouvera l'inscription reproduite dans notre pl. XIII, n° 8. — [2] La troisième lettre est un T, non un Y, comme porte le *fac-simile* par erreur.

XXXV. STÈLE D'ALEXANDRIE. 413

logue n'a vu qu'un nom peu lisible, je trouve un renseignement fort curieux. Et, d'abord, les lettres ΛIL sont évidemment l'expression d'une date égyptienne, l'an XXXVII (L étant le sigle connu de λυ-κάβαντος), qui se rapporte à un règne dont la durée a atteint ce nombre d'années; comme la forme des caractères et l'absence de tout nom romain indique clairement l'époque des Lagides, le règne ne peut être que celui de Philadelphe ou celui d'Évergète II. La forme des lettres convient mieux au second qu'au premier : on peut en dire autant du nom de *Sarapion,* qui est dans la liste, ce nom ne s'étant pas montré jusqu'ici avant le règne de Philométor.

D'après ce caractère, convaincu que cette petite stèle avait dû être rapportée d'Égypte, j'interrogeai M. Dubois sur la provenance du monument; il me répondit : « Vous avez bien raison de la croire « venue de ce pays, car elle a été apportée en France par M. Dro-« vetti. Elle est formée d'un calcaire dur et caverneux, que les anciens « Égyptiens ont rarement employé. »

Ainsi, plus de doute sur la provenance : mais en quel lieu d'Égypte la stèle a-t-elle été trouvée? on l'ignore. Je crois que c'est à Alexandrie : on en verra tout à l'heure la raison.

Le trait frappant de la première ligne, après la date de l'an **XXXVII**, est le mot **ΜΕΛΛΑΚΕΣ**, qui est parfaitement distinct. Ce pluriel dépend, sans nul doute, de l'article **OI**, qui commence la ligne, laquelle doit se lire sans effort : οἱ το[ῦ] ΛIL[υκάβαντος] Μέλλακες, « les *Mellaces* « de l'an xxxvii. » Ainsi les quatorze noms qui suivent sont des Μέλλακες. Maintenant que faut-il entendre par ce mot? Une ancienne glose le dit : Μέλλαξ, *adultus, adolescens.* Cette glose revient à celle d'Hésychius : Μέλακες, νεώτεροι [a], dont le sens se trouve dans cet autre article du même [b]: Μῖλαξ, ἡλικία· ἔνιοι δὲ Μέλλα; Je lirais : Μῖλαξ [ὁ ἐν] ἡλικίᾳ (ou ἡλικιώτης ou ἧλιξ, la finale étant souvent cause d'erreur), ἔνιοι δὲ, Μέλλαξ. Ces gloses, qui avaient paru suspectes [c], sont maintenant confirmées par notre inscription, où se retrouve ce mot μέλλακες, pluriel de μέλλαξ, que, jusqu'ici, ces gloses seules nous faisaient

---

[a] Voce Μέλακες, t. II, col. 562. — [b] Col. 601, 602. — [c] Hesych. Annot. col. 562, n° 13.

connaître. Le mot acquiert une autorité irréfragable, d'après le sens qui lui est donné de *jeunes gens*, νεώτεροι. Quant à l'origine, μέλλαξ et μῖλαξ ne sont qu'une forme dialectique de μεῖραξ, πέλλαξ ou πέλληξ (d'où le latin *pellex*), venant tous, comme *Pallas*, de πάλλω [a]. Ainsi μέλλακες revient à μείρακες ou πέλλακες.

Quels sont ces *jeunes gens*? La première idée, c'est qu'il s'agit des jeunes athlètes d'un gymnase, de la classe intermédiaire entre les παῖδες et les ἄνδρες, ce qu'on appelait proprement ἔφηβοι à partir de quatorze ans. Mais l'absence de toute circonstance explicative et l'énoncé de la date me semblent s'opposer à cette hypothèse : car, s'il se fût agi d'un gymnase, on l'aurait certainement exprimé. Si l'on a employé d'une manière absolue, sans nul complément, le mot μέλ-λακες, c'est qu'on était sûr d'être entendu ; il fallait donc que ce mot s'appliquât à une classe d'individus déterminée, parfaitement connue de tout le monde ; et, d'un autre côté, en disant : « les *jeunes gens* de « l'an XXXVII, » c'était indiquer que les quatorze personnes dont les noms suivent exerçaient une fonction quelconque pendant *toute une année,* après laquelle d'autres entraient en fonction à leur tour.

Cela me donne lieu de présumer qu'il s'agit ici d'un emploi *aulique*. Chaque année, on choisissait *quatorze jeunes gens,* d'un âge requis, de *quatorze* ans par exemple (et peut-être en choisissait-on *quatorze* par allusion à leur âge); pendant une année entière, ils exerçaient un emploi déterminé près du roi ou de la famille royale, sorte de *pages* pris dans les familles distinguées, qui tenaient, sans doute, à honneur ce service temporaire. On peut donc les assimiler aux *Itchoglans* du sérail de Constantinople.

Je m'arrêterais à cette induction, s'il m'était permis de négliger un passage de Suidas, où il est dit « qu'on appelait *royaux* six mille enfants « qui, par les ordres d'Alexandre, étaient dressés, en Égypte, aux exer- « cices militaires [1]. » Par malheur, Suidas nous laisse ignorer d'où il

[a] Passow, *Handwörterb. der griech. Sprache.* W. Πάλλαξ.

[1] *Voce* βασίλειοι παῖδες ἑξακισχίλιοι· Μακεδόνος τὰ πολέμια ἐξήσκουν ἐν Αἰ-
οἵ τινες κατὰ πρόσταξιν Ἀλεξάνδρου τοῦ γύπτῳ.

XXXV. STÈLE D'ALEXANDRIE.

a tiré ce curieux renseignement; mais, trop précis pour être d'invention, il doit provenir de quelque historien d'Alexandre ou des Ptolémées. Ce fait isolé tire, d'ailleurs, beaucoup de consistance du passage où Polybe dit qu'Antiochus, roi de Syrie, avait confié la garde de plusieurs éléphants à Muïscus, qui *avait été un des enfants royaux* [1] (τῶν βασιλικῶν τινὰ γεγονότα παίδων ἐπισ7ήσας). J'ai déjà remarqué la similitude des usages à la cour des Lagides et à celle des Séleucides [a], usages qui, pour la plupart, remontent à Alexandre, dont la prévoyance s'étendait à tout. On peut conclure, de ces rapprochements, que ce prince avait ordonné de choisir, tant en Égypte qu'en Syrie, un certain nombre d'enfants des officiers ou des soldats des plus braves de son armée, qu'on élèverait, aux frais de l'État, sous le nom de βασίλειοι ou de βασιλικοὶ παῖδες, formant ainsi une espèce d'*école militaire* qui devait servir de pépinière pour le corps de ses officiers. On conçoit qu'arrivés à un certain âge, quelques-uns de ces *enfants royaux*, en qualité de *pages*, sous le nom de μέλλακες, passaient une année au service particulier du prince, avant d'entrer, comme le Muïscus de Polybe, dans le corps des officiers de l'armée active.

Mais pourquoi leur donnait-on ce nom insolite de μέλλακες, au lieu de μείρακες, ou de ἔφηβοι? Ce doit être par suite de quelque particularité du dialecte macédonien, d'un de ces archaïsmes qui se maintiennent dans certains mots auxquels on conserve une acception spéciale. Le langage du barreau et de l'administration est encore, chez les modernes, plein d'expressions de ce genre, qui ne sont de mise que dans un cas particulier. Il me suffira de citer l'expression de *Jeunes de langue*, expression bizarre désignant, par excellence, les jeunes gens qui apprennent les langues orientales pour entrer dans la carrière du *drogmanat*. De même, les Μέλλακες n'étaient point

---

[a] Plus haut, p. 347-350, 372.

[1] Polyb. V, 82, 13. Schweighæuser propose de lire τῶν βασιλικῶν τινὸς γεγονότα παῖδα, ce qui efface un trait important; d'ailleurs γεγονότα (au temps parfait) n'a plus de sens. Si cet habile critique avait pensé au passage de Suidas, il n'aurait peut-être pas dit: *Quosnam dicat regios pueros mihi non liquet.*

des *jeunes gens* ordinaires : c'était une classe particulière, qu'on désignait aussi par un titre distinct, qui ne pouvait être confondu avec nul autre.

Voici l'inscription entière :

Οἱ το[ῦ] ΛΙL Μέλλακες,	Σαραπίων Δωρίωνος,
Σωκράτης Ἀπολλωνίου,	10 Νικόλαος Νικίου,
Ζωΐλος Ζωΐλου,	Εἰρηναῖος Ἐτυμοκλέους,
Ἀπολλώνιος Ἡρακλείδου,	Διονύσιος Διονυσίου,
5 Πρωτογένης Ἡρακλείου,	Ἀμύντας Ἱππάδου,
Ἀντίπατρος Σωσίνου,	Ἀσκληπιάδης Διονυσίου,
Ἀπολλώνιος Ἀπολλωνίου,	15 Πτολεμαῖος Σωνίκου,
Καλλίω/ρατος Κωσανέλου (?),	Ἑρμεῖ, Ἡρακλεῖ.

Il n'y a de remarque à faire que sur deux noms. Ligne 8, le marbre porte ΚΩΣΑΝΕΛΟΥ, qui me paraît bien suspect : on pourrait lire, avec un faible changement, ΣΩΣΑΓΓΕΛΟΥ, si la leçon était moins distincte ; et, ligne 11, ΣΤΥΜΟΙΑΔΕΥΣ, nom barbare : en y regardant de plus près sur l'original, je lis ΕΤΥΜΟΚΛΕΟΥΣ, nom connu pour avoir été porté par un député lacédémonien dont parle Xénophon [a]. C'était, à ce qu'il semble, un nom laconien, qu'on retrouve encore, sous la forme féminine Ἐτυμοκλείδεια, dans les inscriptions de Sparte [b]. Ἀμύντας est un nom connu comme étant d'origine macédonienne. Au lieu de ΙΠΠΑΔΟΥ, on serait tenté de lire ΙΠΠΑΛΟΥ, *Hippalus* étant aussi ordinaire que *Hippade*, Ἱππάδης, est rare ; mais le Δ est trop distinct sur la pierre pour qu'on le change en Λ. Σώνικος est dans l'inscription de la Bérénice de la Cyrénaïque [c].

On ne voit ici que des noms grecs ; les Égyptiens n'y paraissent pas. D'après mon hypothèse, il en devait être ainsi, ces jeunes gens devant être tirés des familles grecques. Les deux divinités Hermès et Hercule n'ont pas non plus de synonymie égyptienne. Ainsi rien ne sent le mélange des deux religions ni des deux peuples. Je crois donc que la stèle provient d'Alexandrie ou des environs.

[a] *Hellen.* V, 4, 32 ; VI, 5, 53. — [b] Böckh, *Corp. Inscr.* n°ˢ 1360, 1373, 1448, 1450 ; cf. L. Dindorf, in H. Steph. *Thes.* ed. nov. t. III, col. 2165, C. — [c] *Acad. Inscr. Mém.* tom. XXI, p. 225.

XXXVI.

AUTEL DE CYBÈLE TROUVÉ À CANOPE.

Cette inscription, trouvée à Canope, et rapportée dans la grande Description de l'Égypte [a], est, comme la suivante, du temps des Lagides, à en juger par la forme des lettres; mais on ne peut fixer l'époque de l'une ni de l'autre d'une manière précise. La copie est distincte et sans fautes; elle se lit:

ΜΗΤΡΙΘΕΩΝΣΩΤΕΙΡΑΙ	Μητρὶ Θεῶν Σωτείρᾳ,	A la mère des dieux, Salutaire, qui écoute
ΕΠΗΚοΩΙΠοΛΥΚΡΑΤΗΣ	Ἐπηκόῳ, Πολυκράτης	favorablement, Polycrate et Hermione,
ΚΑΙΕΡΜΙοΝΗΥΠΕΡΑΥΤΩΝ	καὶ Ἑρμιόνη, ὑπὲρ αὑτῶν	pour eux-mêmes et leurs enfants, en ac-
ΚΑΙΤΩΝΤΕΚΝΩΝΕΥΧΗΝ	καὶ τῶν τέκνων, εὐχήν.	complissement d'un vœu.

On a déjà vu le sens des épithètes σώτειρα et ἐπήκοος [b]; elles se rapportent, sans doute, ici, à quelque guérison opérée par la déesse Cybèle. Ce sens est confirmé par les mots ὑπὲρ αὑτῶν.

XXXVII.

AUTEL D'APOLLON ET PROSERPINE, TROUVÉ À ALEXANDRIE (?).

Cette courte inscription, où ne se montre pas plus que dans la précédente l'influence égyptienne, a probablement été trouvée aussi à Alexandrie, ou dans les environs; elle ne présente, d'ailleurs, ni difficulté, ni grand intérêt. Elle faisait partie de la collection Mimaut [c], d'où elle a passé dans le musée royal du Louvre.

ΑΠοΛΛΩΝΙΚΑΙΚοΡΗΙ	Ἀπόλλωνι καὶ Κόρῃ	A Apollon et Proserpine,
ΑΠοΛΛΩΝΙοΣΚΑΙ	Ἀπολλώνιος καὶ	Apollonius et Apollodore,
ΑΠοΛΛοΔΩΡοΣΕΥΧΗΝ	Ἀπολλόδωρος, εὐχήν.	en accomplissement d'un vœu.

---

[a] *Ant.* vol. V, pl. 55. — [b] Plus haut, p. 380. — [c] Voy. le *Catal. de cette collect. par M. Dubois*, n° 535.

418 DÉDICACES ET OFFRANDES RELIGIEUSES.

SECTION II. — ÉPOQUE ROMAINE.

XXXVIII.

CIPPE DU CENTURION LONGIN (RÈGNE DE TIBÈRE).

Cette inscription, gravée sur un cippe en grès dont on ignore la provenance, faisait partie de la collection Mimaut[a]; elle se trouve maintenant au Musée royal. J'en ai donné la copie figurée[b], en voici le texte :

Ἔτους $\overline{\Delta}$ Τιβερί-	L'an IV de Tibère,
ου, Καίσαρος,	César,
αὐτοκράτορος,	empereur,
Σεβασ]οῦ, ἐπὶ	Auguste; sous
Οὐϊτρασίου	Vitrasius
Πωλίωνος	Pollion
ἡγεμόνος,	chef [de l'Égypte],
Ῥαγωνίου Κέλερος	[et] Ragonius Celer
ἐπισ]ρατήγου,	épistratége,
Λογγῖνος Κεντυρ[ίων	Longin centurion
....	[a dédié.......

Je me suis déjà servi de la date de cette inscription pour fixer la chronologie des préfets d'Égypte sous Tibère[c].

La copie figurée donne $\overline{\Delta}$Ι, par une légère erreur. D'après l'original, le trait placé sur la seconde lettre y tient : c'est un T, première lettre du nom de Tibère, et non pas un chiffre, ce qui donnerait la date rétrograde de l'an XIV, manière tout à fait insolite sur les inscriptions d'Égypte, où l'on n'a pas trouvé, jusqu'ici, un seul exemple de ce mode d'exprimer les nombres, si commun dans les inscriptions et les médailles des villes de Syrie et du reste de l'Asie occidentale. Il n'y a donc nul doute à former à l'égard du

---

[a] Dubois, *Catal. de cette collect.* n° 536. — [b] Pl. XIII, n° 8. — [c] Plus haut, p. 234 et suiv.

XXXVIII. CIPPE DU CENTURION LONGIN.

chiffre de l'an IV, sur lequel je me suis précédemment appuyé pour déterminer la durée de la préfecture de Vitrasius Pollion.

L'orthographe du nom de Pollion, Πωλίων, qu'on trouve ici, est rare dans les inscriptions. Les lettres de Fronton[a] donnent bien *Polio* avec un seul *l*, et les meilleurs manuscrits de Suidas, Πωλίων[b]; mais l'orthographe ordinaire est *Pollio*, Πολλίων ou Πωλλίων[c]. Au reste, la substitution de l'ω à l'o est indifférente, la syllabe étant également longue dans les deux cas, à cause de la double lettre qui suit.

Le préfet d'Égypte est appelé ici, comme ailleurs, simplement ἡγεμόνος, sans l'addition de Αἰγύπτου, qui n'y est jamais joint, tandis qu'il l'est toujours avec ἐπάρχου. C'est, en effet, une règle qui, jusqu'ici, ne souffre point d'exception. En voici la raison, je pense : ἡγεμών ne se disait que d'un chef suprême; on ne pouvait donc l'entendre, en Égypte, que du préfet augustal; au contraire, ἔπαρχος, le *præfectus* des Latins, s'appliquait à des fonctions différentes les unes des autres, et plus ou moins élevées : on devait donc éviter l'équivoque en ajoutant Αἰγύπτου. Aussi les auteurs n'emploient ἔπαρχος d'une manière absolue que quand la pensée est rendue évidente par la tournure même de la phrase[d]. Dion Cassius désigne quelquefois le gouverneur de l'Égypte par le mot ἄρχων[e], qui s'entend ordinairement des premiers magistrats municipaux, des commandants de *villes* (comme ἄρχων Θηβῶν[f]); enfin Aristide lui donne le nom de ὕπαρχος[g], à moins qu'il ne faille lire ἔπαρχος[1]; car ce sont deux mots que les copistes confondent souvent[h].

Il en faut dire autant du nom de l'épistratége, qui était toujours un Romain sous la domination impériale, comme il était toujours

---

[a] Fronton, *Epist.* IX, 9; LXII, 8. — [b] *Vocc.* Πωλίων ὁ Ἀσίνιος et Ἀσίνιος Πωλίων. — [c] Böckh, *Corp. Inscr.* n° 2936; cf. Osann. *Syllog. inscr.* p. 286.— [d] Strab. XVII, p. 797; Dio Cass. LXXVIII, 85. — [e] *Id.* LIII, 29; LIV, 19; LXIII, 18; LXXI, 28. — [f] Voy. mes *Observ. sur les représentations zodiacales*, p. 24, n° 3. — [g] Aristid. t. II, p. 339, Jebb; plus haut, p. 131. — [h] Alemanni, ad Procop. *Anecdota*, p. 95, = 447, ed. Bonn.

[1] On trouve quelquefois ὕπαρχος au lieu de ἔπαρχος, pour désigner le commandant d'une ville (Böckh, *Corp. Inscr.* n° 2592); mais je doute qu'on ait jamais pu désigner ainsi le préfet augustal, qui n'avait au-dessus de lui que l'empereur.

420   DÉDICACES ET OFFRANDES RELIGIEUSES.

un Grec sous celle des Lagides. Il est aussi difficile de trouver un nom grec parmi les épistratéges de l'époque romaine, qu'un nom égyptien parmi ceux de l'époque grecque. Les *épistratéges* étant les chefs de la force armée dans chacune des trois grandes divisions de l'Égypte[a], les empereurs eurent également soin de ne confier ces fonctions qu'à des hommes qu'aucun intérêt n'attachait au pays.

Le mot latin grécisé κεντυρίων, au lieu de ἑκατοντάρχης, est employé déjà, à la même époque, dans l'Évangile de saint Marc[b]. Les lettres ont la même forme que dans les trois autres inscriptions appartenant au même règne qui ont été déjà expliquées[c].

XXXIX — XLII.

INSCRIPTIONS DE L'*HYDREUMA TRAJANUM* AU MONT CLAUDIEN.

En expliquant les dédicaces des deux temples de Sérapis, du mont Claudien[d], j'ai annoncé que d'autres inscriptions avaient été trouvées dans les deux centres d'exploitation de porphyre et de granit. Ces pièces, qui portent toutes le caractère de dédicaces religieuses, m'ont été communiquées, comme les autres, par sir Gardner Wilkinson. Je vais les reproduire d'après les copies de ce savant voyageur.

Elles sont au nombre de cinq. Une seule a été trouvée au Djebel-Dokhan, qui est, à proprement parler, le *Porphyrites mons;* comme celle-ci est la plus récente, elle sera donnée la dernière. Les autres ont été trouvées au Djebel-Fateereh, dans la ville ou bourgade antique dont une d'elles nous a conservé le nom.

Le plus curieux des monuments épigraphiques trouvés en ce lieu, après ces dédicaces, est un autel de granit, placé à l'entrée du temple. Cet autel, maintenant brisé en morceaux, avait la forme représentée dans la pl. XV, n° 2. Trois de ses faces portent une inscription; la quatrième est nue. Sur la face antérieure, on lit :

---

[a] N°ˢ IX et X. — [b] S. Marc, XV, 39, 44, 45. — [c] N°ˢ X, XI, XXIV. — [d] N°ˢ XVI et XVII.

AN·XII·IMP(erante)NERVA·TRAIANO
CAESARE·AVG·GERMANICO
DACICO
PER·SVLPICIVM·SIMIVM
PRAEF·AEG·

Le sens de cette inscription paraît être que l'autel a été élevé, l'an XII de Trajan, par les soins de Sulpicius Simius, préfet d'Égypte. Je me suis déjà servi de cette inscription pour établir le nom du préfet dans l'inscription de Panopolis[a]. M. Labus[b] a conjecturé ingénieusement qu'en place de SIMIVM il y a, sur la pierre, SIMILEM, et il rapporte ce nom au personnage de ce nom, célèbre sous Trajan pour ses talents et ses vertus[c]. De simple centurion, il s'était élevé au rang de préfet de l'Annone, fonction qui menait souvent à celle de préfet de l'Égypte; et, ce qui augmente la probabilité, c'est qu'il avait pour prénom *Sulpicius*[d]. Assurément, il n'y a pas fort loin de SIMIVM à SIMILEM; cependant, la leçon SIMIVM étant fort distinctement écrite sur la pierre, et le V ne pouvant que difficilement se confondre avec les lettres LE, je n'ai pas osé m'écarter de la copie de sir Gardner Wilkinson, qui est si exacte sur tous les autres points. Le nom SIMIVS mériterait l'épithète de *mostruosissimo*, que lui donne M. Labus, si l'on ne savait que les Romains acceptaient sans difficulté les surnoms les plus bizarres, qui rappelaient des difformités ou des défauts physiques et moraux, tels que *Varus, Simus, Naso, Silo*[e], *Latro, Bibulus, Bestia, Scato*[1], dont la signification dégoûtante rappelle l'infirmité du duc de Vendôme, sur laquelle Saint-Simon a donné des détails si repoussants. Il semble que le nom *Simius* (à figure de singe) n'a rien de plus étrange ni de plus *monstrueux*.

[a] Plus haut, p. 111. — [b] *Di un' epigr. latina*, p. 100-102. — [c] Dio Cass. LXIX, 19. — [d] Angelo Mai, *Nuovi Digesti*, p. 56. — [e] Plin. XI, § 59.

[1] *Publius Vettius Scato* (Mérimée, *Essai sur la guerre sociale*, p. 362). Ce nom vient certainement du grec τὸ σκώρ, *excrément* (gén. σκατός), forme ancienne de τὸ σκάτος ou τὸ σκατόν. (Lobeck, *ad Phryn.* p. 293, et *Paralipom.* p. 80.)

La concision extrême de celle-ci ne permettrait pas de savoir l'objet de la consécration, sans les deux inscriptions latérales, l'une grecque, l'autre latine, exprimant toutes deux la même idée.

La première porte :　　　　　　La deuxième :

ΥΔΡΕΥΜΑΕΥΤΥΧΕϹΤΑΤΟΝ　　　　FONSFELICISSIMVS
ΤΡΑΙΑΝΟΝΔΑΚΙΚΟΝ　　　　　　TRAIANVSDACICVS

Le mot ὕδρευμα, comme celui d'ὑδρεῖον ou ὕδριον dans Strabon [a], désigne, en général, un lieu où l'on *trouve de l'eau* : c'est notre terme d'*aiguade,* ou l'*aquatio* des Latins. Il s'applique, soit aux ports et stations maritimes où les navigateurs relâchent pour refaire leurs provisions d'eau [b], soit aux stations, sur les routes du désert, où les caravanes s'arrêtaient pour se rafraîchir. Ptolémée l'emploie dans ce sens, lorsqu'il dit que ces points de repos sont déterminés par les intervalles des *aiguades* : διὰ τὰς τῶν ὑδρευμάτων ἀποχάς [c], idée que Pline exprime par les mots *aquationum ratione mansionibus dispositis* [1]. Ce terme, pris dans sa généralité, s'appliquerait à toute espèce d'*aiguade,* eau de *puits,* de *citerne* et de *source.* Cependant, puisque, sur une route de douze stations, comme celle de Coptos à Bérénice, par exemple, on n'en trouve que deux, *Cœnon Hydreuma, Hydreuma Vetus* (Καινόν et Παλαιὸν Ὕδρευμα), qui prennent ce nom d'*hydreuma* [d], il fallait bien qu'elles se distinguassent des autres stations, où l'on trouvait certainement de l'eau, par une circonstance particulière qui leur valait ce titre exceptionnel : ce devait être l'avantage d'une *eau de source,* tandis qu'il n'y avait, dans les autres, que des *puits* ou des *citernes,* qu'on pouvait, en effet, se procurer partout. Cette vue est confirmée par l'inscription latine, où *Fons Trajanus* est la traduction de Ὕδρευμα Τραϊανόν. Or le *fons* des Latins a toujours le sens d'une *eau de source;* c'est le πηγή ou le κρήνη des Grecs. Il y a donc toute

---

[a] Strab. XII, p. 560. — [b] Arrien, *Peripl. mar. Erythr.* p. 156, Blancard.— [c] *Geograph.* I, 10.— [d] *Itiner. Veter.* p. 171, 172; cf. Salmas. *Exercit. Plin.* p. 834, col. 1.

[1] VI, 23, § 102, ed. Sillig. C'est avec raison que cet éditeur, sur l'avis de Saumaise et de Wesseling, a partout préféré *hydreuma* à *hydreum.*

apparence que cette station se recommandait par une *source naturelle*, qui lui a valu son nom. Je ne dois cependant pas dissimuler que sir Gardner Wilkinson me marque, dans une lettre particulière, qu'il n'a pas trouvé de *source* en ce lieu. Mais peut-être a-t-elle échappé à son attention et se révèlera-t-elle plus tard à un voyageur qui aura connaissance de mon observation.

Le neutre Τραϊανόν, joint à ὕδρευμα, montre qu'on a employé le nom propre Τραϊανός comme adjectif prenant divers genres. Si l'on se fût servi des mots κρήνη ou πηγή au lieu de ὕδρευμα, on aurait dit, au féminin, Τραϊανὴ Δακική. Les Latins employaient de même le nom *Trajanus (portus Trajanus, aqua, via, colonia Trajana)*, et ceux qui se terminaient en *ius*, par exemple *lex Claudia, Servilia, Cornelia, Julia, Tullia*. Ces mots ne sont pas des dérivés, comme je l'ai dit par erreur [a] ; ce sont les noms eux-mêmes employés adjectivement. Tel est encore le mot *Augustus* dans l'expression *Domus Augusta*, en grec Οἶκος Σεβαστός [b].

Il a été remarqué plus haut que Ὕδρευμα Τραϊανὸν Δακικόν, expression analogue à Ποταμὸς Πτολεμαῖος ou Ποταμὸς Τραϊανός, ne peut être qu'un nom propre, celui du lieu où cette inscription a été trouvée [c]. La même désignation est employée dans le latin FONS....TRAIANVS DACICVS. Nous avons donc ici le nom d'une des stations de la route de Coptos à Myos-Hormos ; tous les autres sont perdus, comme ceux des stations sur les diverses routes transversales, à l'exception de la route de Coptos à Bérénice. J'ai remarqué déjà cette singularité [d].

Quant à l'épithète εὐτυχέστατον et *felicissimus*, elle indique l'importance que les Romains avaient attachée à la découverte d'une source dans cette station, celle qui devait les intéresser le plus sur toute la route, puisque là se trouvaient les riches formations de granit qu'ils avaient besoin d'exploiter pour suffire aux travaux de leur gigantesque architecture. Nous avons ici la dénomination tout entière du lieu, *Hydreuma Trajan Dacique très-heureux* ; mais il est

[a] Plus haut, p. 168. — [b] Plus haut, p. 217. — [c] Plus haut, p. 183. — [d] Plus haut, p. 174.

bien vraisemblable que, dans l'usage, on se contentait de dire, en latin, *Fons Trajanus*, en grec, Ὕδρευμα Τραϊανόν.

Il semble que l'autel ne peut avoir eu d'autre but que de consacrer l'établissement et la dénomination de l'*hydreuma;* d'où il suit que cette station elle-même doit avoir été fondée à la date indiquée, c'est-à-dire vers la xiie année de Trajan (109 de J. C.). C'est aussi de cette époque que doivent dater les premiers travaux entrepris dans les carrières de granit; ce qui s'accorde très-bien avec le fait, indiqué plus haut, que le canal des deux mers fut rétabli par Trajan, ou, du moins, fut l'objet de grands travaux de la part de ce prince [a] : travaux qui, seuls, rendaient possible l'exploitation de ces carrières, puisqu'ils fournissaient le moyen d'en faire parvenir les produits sur le Nil. Ce n'est qu'après l'achèvement de ces travaux qu'on a pu songer à cette exploitation, et fonder les établissements nécessaires pour l'exécuter. C'est donc peu avant l'an xii de son règne, ou même dans le cours de cette année, que Trajan avait mis à fin le nouveau creusement du canal. Il est à peine besoin de rappeler ici que l'exploitation des carrières de porphyre était plus ancienne, puisqu'elle a dû être en pleine activité sous le règne de Claude [b].

C'est sous les auspices du préfet Sulpicius Simius que l'établissement fut formé, et c'est par son ordre que fut dressé l'autel qui en consacrait la fondation. On remarquera qu'il a été trouvé dans le temple même de Sérapis, dont la construction est postérieure d'environ neuf ans. Il faut donc admettre que cet autel, élevé avant que l'on commençât de construire l'édifice, y fut transporté plus tard.

Sur la plinthe, à chacune des trois faces, se trouvent trois mots sans suite : ΜΑΛΛΙΤΗϹ sur la face antérieure, ΚΗϹѠΝΙΟΥ sur celle de gauche, et ΑΜΜѠΝΙϹ sur celle de droite. A la face postérieure il n'y a rien, sans doute parce que l'autel devait être adossé à un mur ou à un pilier. Je pense qu'il faut lire ces trois mots dans cet ordre : ΑΜΜѠΝΙϹ ΚΗϹѠΝΙΟΥ ΜΑΛΛΙΤΗϹ, « Ammo-

---

[a] Plus haut, p. 196, 197. — [b] Plus haut, p. 168, 169.

XXXIX — XLII. INSCR. DU MONT CLAUDIEN.

« nius, fils de Césonius, de Mallus. » Ἀμμώνις est, sans doute, pour Ἀμμώνιος, comme on trouve Δημήτρις, Ἀπολλώνις, etc.[a], pour Δημήτριος, Ἀπολλώνιος. La même forme Ἀμμώνις se retrouve dans une des inscriptions de l'Hammamat, sur la route de Cosseïr. Le mot Μαλλίτης semble ne pouvoir être qu'un ethnique, et, dans ce cas, ce serait celui de la ville de *Mallus,* en Cilicie; ce qui donne une forme différente de l'ethnique connu de cette ville, lequel est constamment[1] Μαλλώτης[b] (au féminin Μαλλῶτις), non Μαλλίτης.

Ce personnage semble avoir voulu indiquer que c'est lui qui a exécuté l'autel pour le compte et par les ordres du préfet. Mais ne devait-il pas mettre ἐποίησε, κατεσκεύασε, ἀνέθηκε, ou quelque chose d'analogue? car, ici, l'ellipse du verbe entraîne beaucoup d'obscurité : on serait presque tenté de croire que c'est une inscription mise après coup par quelque voyageur qui aura voulu laisser là sa carte de visite. Au reste, je livre cette conjecture pour ce qu'elle vaut : le point mérite peu qu'on s'y arrête; mais, quand on explique un monument, on aime à se rendre compte de toutes les circonstances qui l'accompagnent.

Si je ne me suis pas trompé sur le sens et la portée des trois principales inscriptions de cet autel, on en devra conclure que celles qui ont été ou seront trouvées sur l'emplacement de ce même *hydreuma* appartiennent à une époque postérieure à l'an XII de Trajan, ou tout au moins contemporaine, puisque c'est celle de la fondation de l'établissement. En effet, les trois autres que sir Gardner Wilkinson a rapportées du même lieu, les seules, m'a-t-il dit, qu'il y ait trouvées, sont précisément dans ce cas, comme on va le voir.

---

[a] Böckh, *Corp. Inscr.* n° 2052; plus haut, p. 111. — [b] Steph. Byz. v. Μαλλός, *ibique* Berkel.; Strab. XIV, p. 675.

[1] Arrien (*Anab.* II, 5, 12) nomme pourtant les Mallotes Μαλλοί; ce qui indique qu'il existait une certaine inconstance dans la forme de cet ethnique. Or Μαλλίτης diffère bien moins de l'ethnique ordinaire Μαλλώτης.

XL.

Non loin d'un lieu tout rempli de restes d'exploitation, gisait sur le sol une inscription où l'on ne distingue plus que les lignes suivantes :

ΕΠΙΟΥΑΛΟΥΕΝΝΙΩΙ   Ἐπὶ Οὐα[λερίῳ] Λου[κίῳ]Ἐννίῳ   Pour Valérius Lucius Ennius Pris-
ΠΡΕΙΣΚΩΙ X ΛΕΓΕ KB   Πρείσκῳ, χιλιάρχῳ Λεγε[ῶνος] KB,   cus, chiliarque de la xxii⁰ légion, par
ΔΙΑΗΡΑΚΛΕΙΔΟΥΑΡΧΙΤΕΚ   διὰ Ἡρακλείδου ἀρχιτέκ[τονος.]   les soins d'Héraclide, architecte.

Les lettres ΟΥΑΛΟΥ doivent cacher deux prénoms, par exemple ΟΥΑλερίῳ ΛΟΥκίῳ, puisque Ἐννίῳ dépend de ἐπί. Ce tribun était certainement le commandant de la cohorte qui gardait la colonie, et cette cohorte appartenait à la xxii⁰ légion. Cela seul montre que la date de cette inscription doit être assez distante de celle du n° XLII, puisque la cohorte de garde était fournie par cette légion, au lieu de l'être par la xv⁰. La xxii⁰, qui était cantonnée en Égypte sous Néron, Domitien et Adrien, d'après les inscriptions memnoniennes [a], ne peut avoir manqué de s'y trouver sous Trajan, époque de la dédicace d'Ennius Priscus, comme le prouve une autre inscription qui appartient au recueil de Muratori [b]. Ce savant nous en a laissé ignorer la provenance ; mais on peut être sûr qu'elle a été rapportée d'Égypte : ΕΠΙ ΛΟΥΠΩΙ ΕΠΑΡΧΩΙ ΑΙΓΥΠΤΟΥ ΔΙΑ ΗΡΑΚΛΕΙΔΟΥ ΑΡΧΙΤΕΚΤΟΝΟΣ, « Pour Lupus, préfet d'Égypte [tel ouvrage a « été fait] par Héraclide, architecte. » Cet architecte *Héraclide* avait donc travaillé pour le préfet Lupus, comme pour le tribun Ennius Priscus, le même nom, la même profession, la même époque, le même pays, ne permettant guère le doute sur l'identité du personnage. Je dis la même époque, car la dédicace de Priscus doit être, selon toutes les vraisemblances, du règne de Trajan ; et l'on a vu [c] qu'en l'an xix de ce prince l'Égypte était administrée par Marcus Rutilius *Lupus*. Il y a donc ici pleine évidence. Il s'ensuit que notre inscription est postérieure de six ou sept ans à celle de la dédicace faite par Sulpicius Simius.

[a] Nᵒˢ I, VIII et XV. — [b] P. 478, 3. — [c] Plus haut, p. 121 et suiv.

XLI.

AUTEL DÉDIÉ À SÉRAPIS.

Dans une des maisons de la *ville,* sir Gardner Wilkinson trouva un sphinx non terminé, en ardoise dure, et, tout près, un très-joli petit autel dédié à Sérapis [a]. « La partie supérieure de cet autel « est creusée en forme de bassin oblong, ayant deux pouces et « demi de profondeur et deux pouces cinq huitièmes de large au « fond. Il est de granit gris des carrières, comme le grand autel. » (N° XXXIX.)

Sur la frise, au-dessous de la corniche, on lit cette dédicace :

| ΔIIHΛIѠIMEΓAΛѠI
 CAPAΠIΔI | Διὶ Ἡλίῳ μεγάλῳ
 Σαράπιδι. | Au Jupiter Soleil, grand Sarapis. |

et au-dessous, en lettres plus petites :

| ΥΠΕΡΤΗCΤΟΥΚΥΡΙΟΥ
 ΚΑΙCΑΡΟCΤΡΑΙΑΝΟΥ
 ΤΥΧΗCΕΠΙΕΝΚΟΛΠΙѠ
 ΕΠΙΤΡΟΠѠΚΑΙΚΟΥΙΝΤѠ
 ΑΚΚΙѠΟΠΤΑΤѠ P ΑΠΟΛΛѠ
 ΝΙΟCΑΜΜѠΝΙΟΥΑΛΕ
 ΞΑΝΔΡΕΥCΑΡΧΙΤΕ͞ΚΤѠΝ
 ΑΝΕΘΗΚΕΝΥΠΕΡΤΗCCѠΤΗ
 ΡΙΑCΑΥΤΟΥΠΑΝΤѠΝΕΡΓѠΝ | Ὑπὲρ τῆς τοῦ κυρίου
 Καίσαρος Τραϊανοῦ
 τύχης, ἐπὶ Ἐυκολπίῳ
 ἐπιτρόπῳ καὶ Κουίντῳ
 Ἀκκίῳ Ὀπτάτῳ, χιλιάρχῳ, Ἀπολλώ-
 νιος Ἀμμωνίου Ἀλε-
 ξανδρεὺς ἀρχιτέκτων
 ἀνέθηκεν, ὑπὲρ τῆς σωτη-
 ρίας αὑτοῦ πάντων ἔργων. | Pour la fortune du seigneur Trajan, pour Encolpius, procurateur [de César], et Quintus Accius Optatus, chiliarque, Apollonius, fils d'Ammonius, Alexandrin, architecte, a élevé [cet autel] pour le salut [ou bon succès] de ses propres travaux. |

Voilà encore un architecte qui est chargé d'ériger un autel. Le nom d'Apollonius, fils d'Ammonius, comme celui d'Héraclide, doit être ajouté à la liste des artistes anciens.

Les personnes qui l'avaient chargé de ce travail sont justement les deux fonctionnaires publics auxquels étaient confiées l'administration et la garde de la colonie, à savoir : le procurateur de César et le tribun

[a] Voy. pl. XV, n° 5.

de la cohorte [a]; et tous deux sont placés dans le même ordre que sur les dédicaces des deux temples, c'est-à-dire le *procurateur* le premier, le tribun ou chiliarque le second.

Nous trouvons encore ici ἐπίτροπος, employé tout seul pour signifier ἐπίτροπος Καίσαρος [b]; et le nom est grec, comme celui d'autres procurateurs de César, tels que Chrésimus, Asclépiodote [c], lesquels étaient souvent des affranchis. Le chiliarque ou tribun est aussi, selon l'usage, un Romain, comme Ennius Priscus [d], Proculeïanus [e] et Avitus [f].

Ces deux principaux fonctionnaires sont différents de ceux qui dirigeaient la colonie en l'an II d'Adrien. Le chiliarque n'est plus le même qui est cité dans l'inscription précédente, laquelle se rapporte aux années XVIII ou XIX de Trajan. On ne peut donc fixer avec précision la date de cette dédicace : elle peut se placer soit après l'an XIX, soit entre l'an XII et l'an XVIII de ce règne. Rien n'annonce qu'elle précède l'an XII; ce qui, d'ailleurs, ne se pourrait pas, d'après ce qui a été dit à propos de l'inscription précédente.

Il est à remarquer que l'architecte ici nommé est un Grec, comme l'*Héraclide* cité plus haut. Dans une inscription de la route de Cosseïr, je trouve un autre architecte portant un nom qui semble égyptien, *Mersis*; on n'en connaît pas, en Égypte, avec un nom romain. Quoique le fait soit assez naturel, il n'est pas inutile de le remarquer.

Cependant Apollonius, en exécutant cet autel au nom d'autres personnes, n'a pas oublié ses propres intérêts; la dédicace n'est pas faite seulement pour la fortune de l'empereur, ce qui était, sans doute, dans l'intention d'Encolpius et de Q. Accius Optatus; mais l'architecte appelle la protection de Sérapis sur ses propres travaux, ὑπὲρ τῆς σωτηρίας αὐτοῦ πάντων ἔργων; car je ne pense pas qu'on puisse donner un autre sens à ces mots, bien qu'il eût été plus clair s'il y avait eu ὑπὲρ τῆς πάντων τῶν αὐτοῦ ἔργων σωτηρίας, ou ὑπ. τῆς σωτηρίας τῆς αὐτ. πάντων ἔργ. L'omission de τῶν, sans être précisément incorrecte, en faisant moins appuyer sur ἔργα, donne une tournure en quelque

---

[a] Plus haut, p. 153. — [b] Plus haut, p. 166. — [c] *Inscr. Memnon.* n° XLVIII. — [d] Plus haut, p. 426. — [e] Plus haut, p. 170. — [f] Plus haut, p. 167.

sorte plus modeste. On remarquera σωτηρία, appliqué aux *travaux*; le sens doit être analogue à celui de εὐτυχία, ou ἐπιτυχία, *bon succès*, employé dans la dédicace du temple de Sérapis[a], à moins qu'on ne veuille prendre ἔργων pour ἐργατῶν, par une catachrèse qui se trouve dans les meilleurs écrivains[b]; mais ce serait là une recherche peu vraisemblable dans une inscription pareille. Je donne donc à ἔργα le sens qu'il a dans la dédicace du temple.

XLII.

Dans l'intérieur du même édifice a été trouvé un autre autel renversé, qui n'a jamais été fini (pl. XV, n° 6), excepté le côté qui porte cette inscription :

```
    ANNIVS·RVFVS7LEG XV
    APOLLINARIS·PRAEPOSITVS
    AB·OPTIMO·TRAIANO
    OPERI·MARMORVM·MONTI
    CLAVDIANO·V·S·l·A (Votum Solvit Lubenti Animo).
```

On pourrait croire que le nom *Apollinaris* est le *cognomen* du centurion[1] Annius Rufus; mais, comme justement la xvᵉ légion avait pour surnom *Apollinaris*, cette coïncidence ne permet pas d'hésiter sur le sens de ce mot. Dion Cassius place cette légion en Cappadoce[c]; mais on sait que les campements des légions changeaient fréquemment. Notre inscription prouve (ce que l'histoire nous a laissé ignorer) que la xvᵉ légion fut campée en Égypte à une époque quelconque du règne de Trajan; car il est peu vraisemblable qu'on eût confié la surveillance des travaux du mont Claudien au centurion d'une légion qui n'aurait pas été cantonnée dans le pays.

Quant à l'époque du règne de Trajan à laquelle cette dédicace se rapporte, on pourrait essayer de la conclure de ce que ce prince[d] y

[a] Plus haut, p. 153. — [b] Weiske, *ad Xenoph.* t. VI, p. 123. — [c] Dio Cass. LV, 23. — [d] Plus haut, p. 108.

[1] Le caractère ayant une forme approchant de notre chiffre 7 est le sigle ordinaire du mot *centurion*.

est appelé *optimus*, ce qui placerait cette époque après l'an XVIII; mais il me paraît évident que cette épithète n'est pas le titre officiel *Optimus*; c'est un adjectif qui exprime ici le sentiment particulier du centurion : Trajan était pour lui un *excellent prince*. C'est ainsi que, dans une dédicace, Auguste est appelé *optimus ac justissimus princeps* [a]. Je soupçonne que ce centurion fut placé à la tête des travaux de l'exploitation dès l'origine, c'est-à-dire vers l'an XII, avant qu'elle eût pris l'extension qu'elle avait acquise quelques années après : alors ce ne fut plus un simple détachement avec un centurion qui suffisaient pour la garde de la colonie; il fallut une cohorte commandée par un tribun militaire, ce qui avait lieu, ainsi qu'on l'a vu, au commencement du règne d'Adrien [b]. Cette seule différence indiquerait que l'époque n'est pas la même, et que le petit autel élevé par Annius Rufus le fut en même temps que celui de Sulpicius Simius, et transporté aussi dans le temple de Sérapis, dès que la construction en fut assez avancée pour qu'on pût les y placer.

Ainsi il résulte, de l'examen des seules inscriptions trouvées en ce lieu, qu'elles sont réellement toutes du temps de Trajan, comme cela devait être d'après le sens du n° XXXIX; que, des trois autres, le n° XL appartient à la fin du règne de ce prince, et que les n°s XLI et XLII ne sont placés par aucun indice avant l'an XII. Tout annonce donc que cette année est bien celle de l'établissement de l'*Hydreuma Trajanum*.

XLIII.
INSCRIPTION DES GROTTES DE SILSILIS (RÈGNE DE TRAJAN).

Au fond de la première salle d'une grotte taillée dans le roc, près du village d'Hammon, aux environs de Selseleh, l'ancienne Silsilis, M. Gau a copié une inscription grecque extrêmement mutilée, dont il a donné le *fac-simile* dans son ouvrage [c], reproduit

[a] Ap. Orell. n° 25. — [b] Plus haut, p. 167. — [c] *Antiq. de la Nub.* pl. X, n° 2.

XLIII. GROTTES DE SILSILIS.

dans notre pl. XIII, n° 10. Cette grotte est celle dont la Description de l'Égypte contient le plan; l'inscription y est placée au point y. Je la reproduis, en y joignant le texte restitué et la traduction.

......HCAYTOKΛ	[Ὑπὲρ τ]ῆς αὐτοκρ[άτορος]	Pour la fortune et la con-
.....OC.............	[Καίσαρ]ος[Νερούα Τραϊανοῦ, Ἀρίσ7ου,]	servation de l'empereur César
ϾΒΑϹΤΟΥ·ΓϾΡ......	[Σ]εϐασ7οῦ, Γερ[μανικοῦ, Δακικοῦ,]	Nerva Trajan, très-bon, Au-
..........ΤΥ'.......	[Παρθικοῦ,] τύ[χης καὶ σωτηρίας],	guste, Germanique, Dacique,
..ΙΤΟΥϹΥΝΠΛ.......	[καὶ] τοῦ σύνπα[ντος αὐτοῦ οἴκου,]	Parthique, et de toute sa mai-
.ΠΙΜΑΡΚѠΙ·ΡΟ`.....	[ἐ]πὶ Μάρκῳ Ῥου[τιλίῳ Λούπῳ]	son; et pour Marcus Rutilius
ϾΠΑΡΧѠΙ............	ἐπάρχῳ [Αἰγύπτου, τὸ προσκύ-]	Lupus, préfet d'Égypte,.. Pro-
ΒΗΜΑ·ΙϹΙ..........	νημα Ἴσι[δι καὶ Σαράπιδι	clus, centurion de la XXII° (?)
ΑΝϾΘΗΚϾΙ..........	ἀνέθηκεν [prénom......	légion, a dédié ce proscy-
ΠΡΟΚΛΟϹΡ̄.........	Πρόκλος P̄ [λεγεῶνος K̄B̄....	nème à Isis et à Sérapis.

Les lettres HC AYTOK, de la première ligne, sont les restes indubitables de la formule ὑπὲρ τ]ῆς αὐτοκ[ράτορος. La seconde ligne doit avoir été occupée par le nom de l'empereur, puisque, à la troisième, nous distinguons le titre Σεϐασ7οῦ et le commencement d'un autre titre. Quant à la quatrième ligne, on n'y voit plus que les deux lettres ΤΥ, qui sont évidemment les deux premières de τύχης, mot qui dépend de ὑπὲρ τῆς. On remarquera que, dans ces formules, l'article est toujours employé lorsque la préposition est séparée de son régime par le complément de ce régime; on disait : ὑπὲρ τύχης αὐτοκράτορος et ὑπὲρ τῆς αὐτοκράτορος ..... τύχης. L'omission de cette règle peut être regardée comme une incorrection; on en verra pourtant un exemple (n° XLVI).

On ne peut hésiter sur l'empereur dont le nom occupait la seconde ligne. Les lettres ΓϾΡ, placées après le titre de Σεϐασ7οῦ, ne peuvent être que le commencement de Γερμανικοῦ, titre qui pourrait convenir également à plusieurs empereurs depuis Néron; mais la date est fixée au règne de Trajan par les lettres Ͼ]ΠΙ ΜΑΡΚѠΙ ΡΟ`.... ϾΠΑΡΧѠΙ, qui se lisent à la sixième et à la septième lignes. Ce ne peut être que ἐπὶ Μάρκῳ Ῥου[τιλίῳ Λούπῳ] ἐπάρχῳ [Αἰγύπτου]. Or Marcus Rutilius Lupus est justement le préfet d'Égypte qui administrait dans les années XVIII et XIX de Trajan, comme l'atteste l'inscription de Cysis [a], dont la formule est exactement la même que celle dont nous trouvons ici tous les éléments; car on y lit : Ὑπὲρ τῆς αὐτοκράτορος Καίσαρος Νερούα Τραϊανοῦ, Ἀρίστου, Σεβαστοῦ, Γερμανικοῦ, Δακικοῦ ΤΎΧΗΣ [b]. La dédicace a donc été faite *pour* ou *au nom* du préfet, comme celles des temples de Sérapis, au mont Claudien [c].

La restitution du titre Ἀρίστου ne laisse aucun doute, puisqu'elle est une conséquence du nom du préfet Marcus Rutilius Lupus, et ce titre, qui tombe juste dans un espace vide, se trouve, comme à l'ordinaire, placé entre Τραϊανοῦ et Σεβαστοῦ : il terminait donc certainement la deuxième ligne.

A cette époque, celui de Δακικοῦ ne pouvait manquer de suivre Γερμανικοῦ, et il est nécessaire pour donner à la troisième ligne une longueur convenable. Quant au titre Παρθικοῦ, que Trajan a reçu si tard, et qu'il ne portait pas encore lors de l'exécution des travaux dans le temple de Cysis, il est également nécessaire pour remplir le commencement de la quatrième ligne, avant τύχης. Ainsi la dédicace, un peu plus récente que l'inscription de Cysis, n'est pas antérieure à l'an XX de Trajan.

La huitième ligne commence par les lettres BHMAICI : le mot BHMA désigne, en grec, l'estrade où se plaçaient les juges, et, par extension, le tribunal lui-même; enfin, il pourrait, à la rigueur, se prendre pour βάσις, et s'entendre du piédestal d'une statue. Mais aucun de ces sens ne peut convenir ici, pas même le dernier; car, si l'on avait fait à la déesse l'offrande d'un piédestal, c'eût été sur ce piédestal même, et non sur la paroi de la grotte, qu'on aurait gravé l'inscription. La place qu'elle occupe me donne lieu de croire que la leçon est vicieuse, et qu'il y a, sur l'original, NHMA, au lieu de BHMA, fin du mot προσκύνημα. On disait le plus souvent προσκύνημα ποιεῖν et γράφειν, mais ἀνατιθέναι se trouve aussi quelquefois. Dans cette hypothèse, notre inscription ne serait qu'un de ces proscynèmes que les voyageurs inscrivaient sur les parois des édifices sacrés, soit

[a] N° XIII. — [b] Plus haut, n°⁸ XVI, XVII. — [c] Plus haut, p. 121.

XLIV. DÉDICACE A ISIS MYRIONYME.

en leur propre nom, soit au nom d'un autre ; l'original est si effacé que M. Gau a pu bien facilement prendre un N pour un B, quoique ces deux lettres soient assez différentes de forme.

La huitième ligne contenait les mots Ἴσι (ou Ἴσιδι) καὶ Σαράπιδι, ou bien ICI(δὶ θεᾷ μεγίστῃ, ou bien, enfin, Ἴσι καὶ τοῖς συννάοις θεοῖς : c'est ce qu'on ne peut décider.

Dans la neuvième ligne, après ἀνέθηκεν se trouvaient, sans doute, les prénoms du centurion Proclus, qui a fait la dédicace. P̄ est le sigle grec connu du mot ἑκατοντάρχης, *centurion*, comme P̄ˣ, ou ⚔ celui du mot *chiliarque* ou *tribun militaire*.

XLIV.

DÉDICACE TROUVÉE AU *PORPHYRITES MONS*. (RÈGNE D'ADRIEN.)

Cette inscription est gravée sur un autel rond, que sir Gardner Wilkinson a trouvé dans le lit d'un torrent, tout près des ruines d'un petit temple, près de la ville ou bourgade antique située au Djebel-Dokhan ou *Porphyrites Mons*.

ЄICIΔIMYPIѠ	Εἴσιδι Μυριω-	A Isis Myrionyme,
NYMѠ ΦAN	νύμῳ, Φάν-	Fanius Sévérus, chi-
IOC CЄYHPO	ιος Σευηρὸ-	liarque, a dédié [cet au-
C ⚔ ANЄΘHKЄ	ς χιλίαρχος ἀνέθηκεν,	tel], l'an XXII d'Adrien,
Ι ΚΒΑΔΡЄΙΑΝΟΥΤΟΥΚΥΡΙΟΥCΙΒ//V	L ΚΒ Ἀδρειανοῦ τοῦ κυρίου Σεϐαστοῦ.	le seigneur, Auguste.

Sur le plan supérieur de l'autel, on lit, autour du bord circulaire, les lettres ..ЄO..ANѠKAAIOIѠBTIC, dont, pour le moment, je ne puis rien faire.

L'an XXII d'Adrien, compté à l'égyptienne, est compris entre le 29 août 137 et le 10 juillet 138.

Nous voyons paraître encore ici le nom d'un chiliarque différent. Tout indique, comme je l'ai déjà dit, qu'ils ne restaient pas long-

434   DÉDICACES ET OFFRANDES RELIGIEUSES.

temps dans ce cantonnement, qui, en effet, n'avait rien d'agréable.

Le surnom de μυριώνυμος (qui porte une infinité de noms) était particulier à Isis. Il a passé jusque dans les inscriptions latines[a]. On le trouve dans celles des Méharrakah et de Khardassy, en Nubie; il répond à celui de πολυώνυμος, que donne à Isis une inscription du musée du Louvre[b] expliquée par M. Jacobs[c].

XLV.

DÉDICACE A ISIS PHARIENNE. (RÈGNE D'ANTONIN.)

Le recueil de Muratori contient une courte inscription, dont on ignore la provenance[d]; mais elle doit aussi avoir été rapportée d'Égypte, comme celle de l'architecte Héraclide, que le même Muratori a insérée dans sa collection, sans dire non plus d'où elle est tirée. On va voir qu'il y a tout lieu de penser qu'elle provient d'Alexandrie ou des environs.

	. . . .		[Un tel consacre]
ΕΙCΙΔΙ ΦΑΡΙΑ	Εἴσιδι Φαρίᾳ,		à Isis Pharienne
ΕΙCΙΝ ΤΗΝ	Εἴσιν τὴν		[cette statue] de l'Isis
ΕΝ ΜΕΝΟΥΘΙ	ἐν Μενούθι,		de Ménuthis,
ΥΠΕΡ ϹΩΤΗΡΙΑC	ὑπὲρ σωτηρίας		pour le salut
ΤΟΥ ΚΥΡΙΟΥ ΗΜΩΝ	τοῦ κυρίου ἡμῶν		de notre seigneur
ΑΥΤΟΚΡΑΤΟΡΟC	αὐτοκράτορος		l'empereur
ΑΝΤΩΝΕΙΝΟΥ.	Ἀντωνείνου.		Antonin.

On a déjà vu que θεὸν ἀνιστάναι, ἀναθεῖναι ou ἱδρύσασθαι, signifie τὴν τοῦ θεοῦ εἰκόνα ἀνιστάναι, etc.[e] Il s'agit donc, ici, de la consécration de la statue d'une Isis *locale* dans le temple d'une autre Isis *locale*. L'expression Ἶσις ἡ ἐν Μενούθι est tout à fait analogue à celle de Σάραπις ὁ ἐν Κανώβῳ[f], citée dans l'inscription suivante. L'expression Ἶσις Φαρία

---

[a] Orelli, n°ˢ 1876, 1877. — [b] N° 670. — [c] *Anthol.* t. III, p. 298; cf. *Paralip.* t. XIII, p. 799. — [d] P. 85, 1. — [e] Plus haut, p. 411, 412. — [f] Pausan. II, 4, 6.

XLV. DÉDICACE A ISIS PHARIENNE.

revient à Ἶσις ἡ ἐν Φάρῳ; car il n'est rien de plus ordinaire, en grec, que l'emploi du substantif précédé de ἐν, au lieu de l'adjectif[a].

Il résulte, de cette seule analyse, que *Ménuthis* était un lieu comme Canope. En effet, selon Étienne de Byzance, c'était une bourgade voisine de cette dernière ville [b]; ce qui explique le passage où saint Épiphane dit que « *Canobus*, le pilote de Ménélas, et sa femme *Mé-« nuthis*[1], sont honorés, dans le voisinage d'Alexandrie[2], près du ri-« vage, ayant été enterrés à douze milles de cette ville. » C'est justement la distance qui séparait Canope d'Alexandrie[c]; d'où il faut conclure que *Ménuthis* n'en était pas loin. En effet, l'auteur de la vie inédite de saint Cyr dit que c'était un bourg à deux stades de Canope[d]. C'était donc comme une sorte de faubourg (προάστειον) de cette ville, du côté de l'ouest, en sortant pour aller à Alexandrie.

De très-bonne heure, avant même la fondation de Canope, les Grecs plaçaient en cet endroit un prétendu tombeau de *Canope*, pilote de Ménélas inconnu à Homère[e]: étymologie ridicule, qu'on trouve déjà dans Hécatée de Milet, et démontrée fausse par le passage où Aristide dit, d'après les prêtres égyptiens, que ce lieu avait, de temps immémorial, reçu ce nom, qui signifie *sol d'or*[f]; et c'est, en effet, le sens de *ka'h-nnoub* en copte[g]. Il paraît que les Grecs avaient complété la fiction. Après avoir trouvé un homme pour rendre compte du nom masculin Κάνωβος, il fallait bien qu'une femme eût donné le sien à la dénomination féminine du lieu tout voisin, Μένουθις, et il ne pouvait y en avoir d'autre que la compagne même de Canopus. Les Grecs étaient si attachés à ces folles étymologies, qu'il n'y a pas

---

[a] Schäfer, *ad Longi Pastor.* p. 404, 405. — [b] Steph. Byz. v. Μένουθις. — [c] Amm. Marc. XXII, 16, 14. — [d] Cité par M. Miller (*Périple de Marcien d'Héraclée*, p. 138). — [e] Note dans la *trad. française de Strabon*, t. V, p. 359. — [f] *In Ægyptio*, t. II, p. 359, fin. ed. Jebb. — [g] Silv. de Sacy, *Mag. encyclop.* an IX, t. VI, p. 470 et suiv.

[1] Κάνωβός τε ὁ Μενελάου κυβερνήτης, καὶ ἡ τούτου γυνὴ Εὐμενουθὶς ἐν Ἀλεξανδρείᾳ τεθαμμένοι τιμῶνται πρὸς τῇ ὄχθῃ τῆς θαλάσσης, ἀπὸ δεκαδύο. (*In Ancorat.* § 108, t. II, pag. 109.) Je lis, avec Berkélius et d'autres critiques, Μένουθις au lieu de Εὐμενουθίς.

[2] Ἐν Ἀλεξανδρείᾳ signifie πρὸς Ἀλεξανδρείᾳ; ce qui est souvent, en pareil cas, le sens de la préposition ἐν.

jusqu'au nome *Ménélaïte*[a], aux environs d'Alexandrie, lequel prenait son nom du frère de Ptolémée Sôter, qui ne fût également regardé, par des auteurs sérieux, tels qu'Artémidore, pour l'avoir reçu du héros Ménélas[b].

Les graves désordres qui se passaient dans ce temple de Ménuthis étaient célèbres, car Épiphane[c] les cite ailleurs, en parlant des temples où des désordres pareils avaient lieu. Il désigne celui-ci par l'expression ἐν Μενουθίτιδος, où Jablonsky[d] veut lire ἐν Μενουθίδος, ce qui est inutile : l'ethnique, ayant au masculin la forme Μενουθίτης[e], devait faire, au féminin, Μενουθῖτις; ainsi, ἐν Μενουθίτιδος revient à ἐν τῷ τῆς Μενουθίτιδος (ou ἐν Μενούθι) Ἴσιδος ἱερῷ. Le même savant ignore de quelle divinité il s'agit; mais, d'après cette inscription, il est clair que c'était *Isis*, représentée par le nom du lieu où elle était adorée.

Ce fait explique, d'une manière fort naturelle, l'origine du nom de Μενουθιάς, que portait une île de l'océan Indien mentionnée dans les Tables de Ptolémée, dans Marcien d'Héraclée[f] et le Périple de la mer Érythrée[g]: c'était, selon les uns, *Madagascar*; selon d'autres, *Zanzibar*; et, selon Gosselin, la petite île à l'embouchure de la rivière Magadasho[h]. Ce nom est une autre forme de l'adjectif dérivé de Μένουθις. On disait Μενουθιάς aussi bien que Μενουθῖτις; ainsi, ἡ Μενουθιὰς νῆσος ne signifie rien autre chose que l'*île de Ménuthis*. Ce nom lui aura été donné par quelque pilote alexandrin qui avait une dévotion particulière à l'Isis de Ménuthis ou de Canope, car il est bien probable que c'est la même divinité.

En effet, quand on compare le passage de saint Épiphane sur les désordres du culte établi à Ménuthis avec les textes des autres auteurs, qui transportent à Canope le théâtre de ces mêmes désordres, on a tout lieu de présumer que le temple de l'Isis de Canope n'était pas dans la ville même, mais à Ménuthis, faubourg voisin de cette ville,

---

[a] V. la trad. franç. t. V. p. 361, n° 2. — [b] Strab. XVII, p. 801. — [c] *Adv. Hæres.* lib. III, p. 1093. — [d] *Panth. Æg.* t. III, p. 154. — [e] Steph. Byz. v. Μένουθις. — [f] Pag. 17, 21, 48. — [g] P. 9, t. I, *Geogr. minor.* — [h] *Géogr. systém. des Grecs*, t. I, p. 192, 193.

et que Canope ne possédait que le fameux temple de Sérapis, qui s'appelait, par excellence, le *Sérapis de Canope*.

Il est vraisemblable que l'Isis de Ménuthis différait, par quelques attributs, de celle de Pharos; par conséquent, que la statue qui était dédiée dans le temple de celle-ci ne pouvait se confondre avec les statues de la déesse même du temple. J'ai parlé ailleurs de cet usage de consacrer la statue d'un dieu dans le temple d'une autre divinité [a].

Cette consécration d'une statue d'Isis de Ménuthis dans le temple d'Isis pharienne rend fort probable que notre inscription provient de l'île même de Pharos, où elle aura été trouvée par quelque patron de navire, qui l'aura transportée en Europe.

XLVI.

INSCRIPTION D'HERMOPOLIS MAGNA. (MARC-AURÈLE ET COMMODE.)

L'auteur de la description d'*Apollonopolis Magna*, maintenant *Ashmouneyn*, rapporte « qu'en allant du village vers le nord, on trouve, « dans l'axe même, et à 400 mètres du grand temple, un édifice en « pierres calcaires presque entièrement ruiné et enfoui. En faisant « faire quelques fouilles, j'ai trouvé sur l'un des blocs, qui regarde la « terre, une inscription grecque portant le nom des Antonins. Voici « ce qu'il m'a été possible de copier [b]. »

ΑΓΑΘΗΙ ΤΥΧΗΙ
ΥΠΕΡ ΑΥΤΟΚΡΑΤΟΡΩΝ ΚΑΙCΑΡΩΝ
ΜΑΡΚΟΥΑΥΡΗΛΙΟΥΑΝΤΩΝΙΝΟΥ.

M. Nestor L'Hôte a retrouvé l'inscription dans la position indiquée par M. Jomard. Il me l'a décrite en ces termes :

« L'inscription a été gravée, en caractères d'environ 11 centimètres, « sur plusieurs blocs de pierre calcaire, qui paraissent avoir formé le

---

[a] *Annales de l'Institut de correspond. archéolog.* t. VI, p. 213-215. — [b] Jomard, dans la *Descript. de l'Égypte*, Ant. Descr. ch. XIV, p. 6.

« piédestal d'une statue ou d'une colonne; ce qui est indiqué suffi-
« samment par l'isolement du massif, par sa hauteur totale, qui ne
« devait pas dépasser 10 à 12 pieds (3 à 4 mètres), ainsi que par la
« présence d'un réglet ou moulure aplatie, qui n'existe jamais aux
« montants des pylônes égyptiens.

« Les blocs sont tombés, à la fois, dans la position indiquée ici
« (fig. 1), la dernière assise, celle qui formait le socle, est restée
« sur ses fondements. »

F. 1.

F. 2.

« Il a fallu, pour copier cette
« inscription, la dégager des pier-
« res et de la terre grasse sur les-
« quelles elle portait, et la trans-
« crire en se tenant couché sur le
« dos, le visage touchant la pierre.
« On eût risqué, en prolongeant
« la fouille plus bas, de priver les
« blocs de leur appui, et d'être
« écrasé sous le poids. Le piédestal
« (fig. 2) avait environ 8 pieds de
« large et 12 de haut. »

La partie copiée par M. L'Hôte
se compose de neuf lignes, dont
les trois premières seules, déjà
publiées par M. Jomard, sont à
peu près intactes. Mais il ne reste
qu'une partie plus ou moins considérable des six autres. Ces neuf
lignes sont distribuées sur les trois
blocs dont le piédestal était composé, sauf le socle, formé par un quatrième bloc enfoui. Sur le troisième, M. L'Hôte n'a pu déchiffrer que
deux lignes; mais il a dû en contenir au moins cinq. (Voy. la fig. 2.)

Ce qu'il en a copié suffit heureusement pour nous en faire connaître
le sens et l'époque, et fournir quelques indications intéressantes.

XLVI. INSCRIPTION D'HERMOPOLIS MAGNA.

ΑΓΑΘΗΙΤΥΧΗΙ		
ΠΕΡΑΥΤΟΚΡΑΤΟΡШΝΚΑΙϹΑΡШΝ	Ι	
ΚΟΥΑΥΡΗΛΙΟΥΑΝΤШΝΙΝΟΥ	Ι	
.. *Ligne effacée au marteau.*	ϹΕΒΑϹ	Ι
ΝΙΑΚШΝ ΜΗΔΙΚШ	Ν ΠΑΡΘΙΚШΝ	Ι
ΙΚШΝ ϹΑΡ...ΤΙ	ΚШΝΜΕΓΙϹΤШΝ	Ι
ΥΔΙΑΜΟΝΗ	ΚΑΙΤΟΥϹΥΜΠΑΝΤΟϹ	
....	ΚΤΟΥΜΗΙΟΥΜΑΓΝΟΥ	
....	ΕΠΙϹΤΡΑΤΗΓΟΥΝΙϹ	
....	....	
....	....	
....	....	

Ἀγαθῇ τύχῃ.
[Ὑ]πὲρ [1] αὐτοκρατόρων Καισάρων
[Μάρκου] Αὐρηλίου Ἀντωνίνου,
[καὶ Μ. Αὐρηλίου Κομμόδου [2]]Σεβασ[7ῶν,]
[Ἀρμε]νιακῶν, Μηδικῶν, Παρθικῶν,
[Γερμαν]ικῶν, Σαρ[μα]τικῶν, Μεγίσ7ων,
[αἰωνίο]υ διαμον[ῆς] καὶ τοῦ σύμπαντος
[αὐτῶν οἴκου, ἐπὶ Μά]ρκου [3] Μηΐου Μάγνου
[ἐπάρχου Αἰγύπτου], ἐπισ7ρατηγοῦντος
[..un nom... οἱ ἀπὸ τῆς μητροπόλεως καὶ
τοῦ νομοῦ, Ἑρμεῖ Θεῷ μεγίσ7ῳ, καὶ τοῖς συννάοις Θεοῖς, L.....................]

A la bonne fortune;

Pour le maintien éternel des empereurs Marc-Aurèle Antonin et Marc-Aurèle Commode, Augustes, Arméniaques, Médiques, Parthiques, Germaniques, Sarmatiques, très-grands, et de toute leur maison; sous Marcus Mévius Magnus, préfet d'Égypte; (un tel) étant épistratége, les gens de la métropole et du nome, à Hermès, dieu très-grand, et aux dieux adorés dans le même temple. L'an.....

D'après la comparaison avec les inscriptions dédicatoires du même genre, la fin de celle-ci devait comprendre, outre le nom de l'épistratége, et peut-être celui du stratége du nome (lequel cependant a pu ne pas s'y trouver[a]), l'indication du dieu auquel s'adressait la dédicace et celle du personnage qui la consacrait. La date de cette dédicace peut être déterminée à très-peu d'années près.

Des empereurs indiqués en tête, le nom du premier seul a été respecté, *Marc-Aurèle Antonin;* celui de l'autre a été effacé à coups de marteau, de manière qu'il n'en reste pas vestige. Cette circonstance

---

[a] Plus haut, p. 226.

[1] L'article ΤΗϹ devrait se trouver ici (plus haut, p. 431). Cette incorrection doit exister sur l'original, puisque les deux copies omettent l'article.

[2] Il y avait peut-être Κωμόδου ou Κομόδου, comme on trouve sur plusieurs inscriptions grecques (*Corp. inscr.* n°ˢ 1720, 1736) et sur des médailles (Eckhel. *Doctr. num.* VII, p. 114).

[3] Ou Μαρκίου.

se présente pour les noms de Caligula, de Néron, de Domitien, de Commode, de Géta, d'Héliogabale, de Galère Maximien, de Julien l'Apostat[a]; mais, rapprochée du nom conservé de *Marc-Aurèle Antonin*, qui désigne aussi bien Caracalla que Marc-Aurèle, elle ne peut s'appliquer qu'à Commode ou à Géta. Dans le premier cas, l'inscription serait du temps de Marc-Aurèle, et, dans le second, elle appartiendrait au règne de Caracalla.

L'incertitude est levée par les titres, qui viennent après, d'*Arméniaques, Médiques* et *Parthiques:* car les deux premiers n'ont jamais été portés ni par Septime Sévère, ni par ses fils; ce sont les épithètes d'*Arabiques* et d'*Adiabéniques* qui commencent ordinairement la série de leurs titres.

Au contraire, ceux qui se lisent ici se trouvent tantôt dans ce même ordre, *Arméniaques, Médiques, Parthiques*[b], tantôt dans cet autre, *Arméniaques, Parthiques, Médiques*[c] (ce qui a lieu constamment sur les médailles), portés en commun par Marc-Aurèle et Vérus, ou par Marc-Aurèle tout seul.

Les deux titres suivants, que j'ai lus sans hésiter [Γερμαν]ικῶν, Σαρ[μα]τικῶν, furent pris par Marc-Aurèle, le premier en 925 (172)[d], le second trois ans après[e], et furent portés aussi par Commode, à dater de l'an 929 (176)[f], année où les deux empereurs reçurent en commun les honneurs du triomphe après la guerre contre les Germains et les Sarmates.

Mais l'époque de la dédicace est, au moins, d'une année plus récente, d'après le pluriel αὐτοκρατόρων et les lettres CEBAC, qui, suivant le deuxième nom, les embrassent tous deux, et doivent se lire Σεϐασῶν. Commode ne reçut les titres d'*Imperator* et d'*Augustus* que l'an 930 de Rome, ou 177[g] de notre ère. C'est donc entre cette année et l'an 180, où mourut Marc-Aurèle, que fut inscrite cette dédicace.

Il y faut remarquer surtout les titres d'*Arméniaques, Médiques,*

---

[a] Hagenbuch, *Observ. epigraph.* ap. Orell. t. II, p. 166. — [b] Ap. Orell. n°° 859, 860, 875, 878. — [c] Id. n° 874. — [d] Eckhel, *Doctr. num.* VII, p. 59. — [e] Eckhel, *Doctr. num.* VII, p. 62. — [f] Le même, p. 104. — [g] Le même, p. 107.

XLVI. INSCRIPTION D'HERMOPOLIS MAGNA.

Parthiques. Les médailles donnent le premier à Marc-Aurèle, à partir de l'an 164 [a]; deux ans après [b], elles y joignent ceux de *Parthicus*, *Maximus* et *Medicus*. Celui de *Medicus* disparaît en 167; mais elles lui conservent les deux autres jusqu'à la mort de Lucius Vérus, en 169; alors ces trois titres disparaissent entièrement des médailles de Marc-Aurèle, pour ne plus se montrer pendant tout son règne; et l'on ne trouve, à partir de l'an 172, que ceux de *Germanicus* et de *Sarmaticus*. Eckhel en conclut, avec beaucoup de vraisemblance, que, après la mort de Vérus, Marc-Aurèle voulut, par suite de sa modestie, renoncer à deux titres qui étaient, à proprement parler, l'apanage de son frère, et que, par cette raison, il avait, pendant quelque temps, refusé de partager avec lui[c]. Plusieurs inscriptions, d'une date postérieure à l'an 172, ne donnent non plus à Marc-Aurèle que les titres de *Germanicus* et de *Sarmaticus*[d].

Notre inscription prouve cependant que cette renonciation ne fut pas complète, ou, du moins, que, si Marc-Aurèle refusa de maintenir ces titres sur ses monnaies, il ne défendit pas expressément de les lui donner sur des monuments qui n'avaient pas une aussi grande publicité, étant placés à demeure dans un même lieu, tandis que les monnaies couraient par tout l'empire. On en trouve un autre exemple dans une inscription relative aux travaux pour la reconstruction du pont de l'Aufidus, exécutés par les ordres de Marc-Aurèle Antonin Auguste, *Arméniaque*, *Parthique*, et de Marc-Aurèle Commode, *Auguste*[e]. Le fait est donc suffisamment constaté; mais ce sont, à ce qu'il semble, de bien rares exceptions.

Le nom de Commode fut effacé de cette dédicace, en conséquence du décret du sénat rendu après sa mort. Selon le témoignage de Lampride[f], le sénat avait ordonné non-seulement de renverser toutes ses statues, mais d'effacer son nom de tous les monuments publics et particuliers[1].

---

[a] Eckhel, t. VII, p. 50. — [b] Le même, p. 52. — [c] Le même, p. 73. — [d] Böckh, *Corp. inscr.* n° 1319; Orelli, n° 3349. — [e] Orelli, n° 863; *ex Lupul. Itin. Venus.* p. 178. — [f] *In Commodo*, § 20.

[1] ..... **Nomenque ex omnibus privatis publicisque monumentis eradendum** ....

Marini [a] a déjà remarqué que le décret dut être exécuté fort négligemment, puisque la *majeure partie* des inscriptions au nom de Commode n'ont point été mutilées. M. Labus, en confirmant cette observation, en indique plus de quarante qui sont restées intactes, et seulement sept ou huit où le nom du tyran est effacé [b]. Ni l'un ni l'autre de ces habiles épigraphistes n'a rendu compte de ce fait, dont l'histoire me paraît cependant fournir une explication fort naturelle. Pertinax, pendant les trois mois de son règne, occupé de ces réformes utiles, mais prématurées, qui amenèrent sa chute, avait autre chose à faire qu'à surveiller l'exécution du décret; son successeur, Didius Julianus, créature des prétoriens, qui regrettaient Commode, et, d'ailleurs, ennemi déclaré du sénat, dut être fort peu pressé d'exécuter ses arrêts. Quant à Septime Sévère, on sait qu'en arrivant à Rome, le 2 juin, cinq mois seulement après la mort de Commode [c], il s'empressa, par animosité contre le sénat, de rétablir les statues de ce monstre et de lui faire rendre les honneurs divins : ainsi, dès l'avénement de Didius Julianus, trois mois après la mort de Commode, tous les monuments auxquels on n'avait pas touché encore durent être respectés; il ne fut plus question du décret du sénat. Voilà, je pense, ce qui explique le grand nombre des monuments qui, malgré un décret si formel, sont demeurés intacts, tandis qu'il est si rare d'en trouver où le nom de Géta ait été respecté : mais c'est que Caracalla eut tout le temps de son règne, depuis l'an 212, pour assouvir sa haine contre la mémoire de son frère, et poursuivre ce nom détesté, sur tous les monuments, jusqu'aux limites de l'empire.

Quant à ceux qui portaient le nom de Commode, ce furent seulement les plus en évidence qui subirent l'effet de la première ferveur. Or la dédicace d'*Hermopolis Magna*, placée sur le piédestal d'une colonne triomphale, et un proscynème, gravé sur la paroi extérieure d'un temple, à Philes [d], étaient trop en vue pour échapper : le

---

[a] Marini, *Frat. Areali*, p. 355.—[b] Labus, *di un' epigr. lat.* p. 129-130.—[c] Lamprid. *in Commodo*, § 17; Jul. Capitol. *in Severo*, § 11. — [d] V. dans le 2° volume les inscriptions de Philes.

XLVI. INSCRIPTION D'HERMOPOLIS MAGNA. 443

chef politique de la province ne put se dispenser d'exécuter le décret du sénat. Il en fut de même pour les inscriptions qui pouvaient exister à Alexandrie, dans le centre du gouvernement de la province; bien peu durent échapper. C'est, en effet, le cas pour la dédicace à Sérapis, qui va être expliquée après celle-ci.

Les deux lignes qui se trouvent sur la dernière assise sont restituées avec certitude. Il ne peut y avoir, sur la première, que les mots αὐτῶν οἴκου à la suite de σύμπαντος [a]; puis les mots ἐπὶ Μαρκίου (je lis ainsi les lettres . . . . ΚΤΟΥ) Μηίου Μάγνου, suivis de ἐπάρχου Αἰγύπ]ου, ce qui remplit juste la place; enfin ἐπισ]ρατηγοῦντος a dû être suivi, à l'autre ligne, du nom de l'épistratége. Ce passage nous révèle encore un nom de préfet dont l'histoire ne parle pas. Ce *Marcius Mévius Magnus* administrait donc, entre les années 178 à 180, sur la fin du règne de Marc-Aurèle : c'est, en effet, une place restée vide dans la liste des préfets. M. Labus[b] y a mis, il est vrai, par hypothèse, un *Marcus Petronius Honoratus,* mentionné dans une inscription latine qui paraît être du temps des Antonins, sans qu'on puisse dire à quelle époque précise. Ce qu'il y a de sûr maintenant, c'est que ce n'était pas à celle que lui assigne M. Labus.

La restitution des trois dernières lignes, que M. L'Hôte n'a pu copier, est nécessairement conjecturale, sans pourtant être arbitraire. La formule ὑπὲρ αὐτοκρατόρων annonce que la dédicace était faite en l'honneur d'une divinité; si elle eût eu pour objet la personne des empereurs, on aurait dit : αὐτοκράτορσιν, etc. Dans ce cas, les exemples analogues de Tentyra, de Panopolis et d'autres lieux, rendent très-probable que la divinité est celle-là même qui était spécialement adorée dans la ville, à savoir *Hermès,* qui lui donnait son nom d'*Hermopolis.* Enfin un monument de cette importance (soit une statue colossale d'Hermès, soit une colonne) a pu être érigé, comme le propylon et le pronaos de Tentyra, par les gens de la métropole et du nome (οἱ ἀπὸ τῆς μητροπόλεως καὶ τοῦ νομοῦ [c]). C'est sur de telles probabilités qu'est établie la restitution des lignes qui manquent, et l'on remarquera

[a] Plus haut, p. 108. — [b] *Di un' epigr. lat.* p. 123 et suiv. — [c] Plus haut, p. 90.

444 DÉDICACES ET OFFRANDES RELIGIEUSES.

qu'elle tient juste dans l'espace des trois lignes qui manquent. L'inscription se terminait, sans nul doute, par l'indication de l'année et du mois.

XLVII.

DÉDICACE DE SÉRAPIS DE CANOPE, À ALEXANDRIE. (RÈGNE DE COMMODE.)

On doit la connaissance de cette dédicace, que j'ai déjà citée, à M. W. R. Hamilton [a], le seul qui l'ait publiée. Voici la copie qu'il en donne :

ΔΙΙΗΛΙΩΙΜΕΓΑΛΩΙCΑΡΑΠΙΔΙ
ΕΝΚΑΝΩΒΩΙΚΑΙΠΑCΙΤΟΙCΘΕΟΙC
ΑΝΕΘΗΚΕΝCΑΡΑΠΙΩΝΚΑΙΙCΙΔΩΡΟC
ΔΙΔΥΜΟΥΤΟΥΔΙΔΥΜΟΥΤΩΝΕΞΑΝΤΙΝΟΟΥΙΕΡΟΝ
..ΩΝΔΥΝΙCΙΤΙΤΗΙΚΑΙΕΥCΕΒΕΙΑΙΚΑΙCΕΝΤΙΑΝΩΙ
ΚΑΙCΑΡΑΠΙΑΔΙΚΑΙΘΕΟΔΩΡΑΙΚΑΙΦΩΚΑΤΙ

(Deux lignes effacées à dessein.)

ΕΠΙΠΟΛΛΑΝΙΟΥΦΛΑΥΙΑΝΟΥΕΠΑΡΧΟΥΑΙΓΥΠΤΟΥ

Διὶ Ἡλίῳ, μεγάλῳ Σαράπιδι [τῷ]
ἐν Κανώβῳ, καὶ πᾶσι τοῖς Θεοῖς,
ἀνέθηκεν Σαραπίων [ὁ] καὶ Ἰσίδωρος
Διδύμου τοῦ Διδύμου, τῶν ἐξ Ἀντινόου ἱεροπ-
[οι]ῶν, σὺν Ἴσιδι τῇ καὶ Εὐσεβείᾳ καὶ Σεντιανῷ
καὶ Σαραπιάδι καὶ Θεοδώρᾳ καὶ Φωκᾶτι,
[ἔτους.... αὐτοκράτορος Καίσαρος Μ. Αὐρ.
Κομμόδου Ἀντωνείνου Σεβασ7οῦ......]
ἐπὶ Πο[ϐλίου] Ἀλανίου Φλαυϊανοῦ ἐπάρχου Αἰγύπτου.

A Jupiter Soleil, grand Sérapis de Canope, et à tous les dieux, Sarapion, dit Isidore, fils de Didyme, neveu de Didyme, d'entre les prêtres d'Antinoüs, a dédié [cet autel] avec Isis, dite Eusébie, et Sentianus et Sarapias et Théodora et Phocas, l'an... de l'empereur César Marc-Aurèle Commode Antonin Auguste...

Sous Publius Alanius Flavianus, préfet d'Égypte.

Ligne 2. — De même, Pausanias [b] parle de temples dédiés à tous les dieux, Θεοῖς τοῖς πᾶσιν. Des inscriptions athéniennes [c] portent Νύμφαις, ou Ἀθηνᾷ Ἀρχηγετίδι καὶ Θεοῖς πᾶσι.

Ligne 3. — Le singulier ἀνέθηκεν montre que la dédicace est l'ouvrage d'une seule personne; c'est pourquoi je lis Ο ΚΑΙ ΙCΙΔΩΡΟC.

Ligne 4. — ΤΩΝΕΞΑΝΤΙΝΟΟΥΙΕΡΟΝ. La ligne est finie, et, vu sa longueur, il est impossible d'y ajouter une seule lettre. La ligne suivante commence par une lacune de deux lettres, puis viennent

---

[a] *Ægyptiaca, etc.* p.405. — [b] Pausan. I, 18, 9; II, 2, 8; 25, 6. — [c] Böckh, *Corp. Inscr.* n°s 455 et 476.

XLVII. DÉDICACE DE SÉRAPIS DE CANOPE.

les deux lettres ⲰN. On pourrait lire : ......τῶν ἐξ Ἀντινόου ἱεροῦ [ἱερέ]ων; mais il faudrait τῶν ἐξ Ἀ. ἱεροῦ. Je préfère de lire τῶν ἐξ Ἀντινόου ἱεροπ[οι]ῶν. L'expression Σαραπίων...... τῶν ἐξ Ἀντινόου (pour Ἀ. ἱεροῦ) ἱεροποιῶν est analogue à Πάτρων Δωροθέου τῶν ἐκ τῆς συνόδου [a]; aussi, dans la phrase de Pausanias [b], ἔστι δὲ ὁ ξυλεὺς ἐκ τῶν οἰκετῶν τοῦ Διός, M. Clavier avait eu tort de lire εἰς au lieu de ἐκ.

Ligne 5. — Au lieu de ΔYNICITI, je lis CYN ICITI, et ICITI sera pour ICIΔI. La confusion du Δ et du T n'est pas rare dans les monuments de l'Égypte, et a lieu même en copte [c]; on trouve Τιόσπολις pour Διόσπολις [d]. Rien de plus ordinaire que de voir, chez les Égyptiens, les noms des divinités donnés à des individus.

CENTIANⲰI, quoique très-rare, ne peut être suspect, étant un dérivé de *Sentius*, qui se trouve souvent. CAPAΠIAC désigne sans nul doute une femme, car cette forme en *as* (*Aphrodisias, Asclepias, Sarapias, Artemisias, Isias*, etc.) est celle des noms de femme. Il est vrai qu'on trouve aussi le nom d'*Isias* appliqué à un homme, ainsi, C. AΛBIO. ISIAE [e]; et, dans une liste de gymnasiarques, ΙΣΙΑΣ ΝΙΚΙΟY [f]; mais dans ce cas, la forme est masculine, Ἰσίας, Ἰσίου, Ἰσίᾳ.

La circonstance des deux lignes *effacées à dessein* ne peut s'appliquer aux règnes simultanés de Marc-Aurèle et de Commode, ou de Caracalla et de Géta, puisque toute la légende impériale a été détruite. Il n'y avait donc là qu'un *seul* nom, et, dans ce cas, tout annonce que ce doit être Commode. C'est sur cette hypothèse, que j'avais proposée et qu'ont admise M. Labus [g] et M. Franz [h], que se fonde la restitution des deux lignes effacées.

Il n'y a pas de place pour les titres de Εὐσεβοῦς et de Εὐτυχοῦς, car il faut réserver, après Σεβαστοῦ, un espace de sept à huit lettres au moins pour le quantième. Ainsi la dédicace serait antérieure, non-seulement à l'an 938 (185 de J. C.), où Commode [i] reçut le titre de *Felix*

---

[a] Spon, *Misc. eradit.* p. 343. — [b] Pausan. V, 13, 2. — [c] Akerblad, *Lettre sur l'inscr. de Rosette*, p. 26. — [d] Champollion jeune, *Égypte sous les Pharaons*, I, p. 50. — [e] Gruter, *Corp. inscr.* p. 930, 14. — [f] Böckh, *Corp. Inscr. græc.* n° 267. — [g] Di un' epigr. etc. p. 130. — [h] *Elementa epigr. græcæ*, p. 5, note. — [i] Eckhel, *Doctr. num.* t. VII, p. 114.

(Εὐτυχής), mais encore à l'année 936 (183), dans laquelle il prit celui de *Pius* (Εὐσεβής).

Le prénom du préfet d'Égypte, ΠΟΛΛΑΝΙΟΥ, serait incorrect si l'on devait en faire un seul mot, Πολλανίου : au moins faudrait-il Πολλιανοῦ, qui se trouve souvent sur les inscriptions et les médailles. J'ai préféré, en conséquence, de séparer le nom et de lire ΠΟ. ΑΛΑΝΙΟΥ, *Publius Alanius,* nom qu'on lit fréquemment dans les inscriptions. Le préfet lui-même est inconnu ; mais l'époque de son administration se place entre l'année 933 (180), qui est celle de la mort de Marc-Aurèle, et l'année 936 (183), où Commode prit le titre de *Pius*[a].

XLVIII.

STÈLE CYLINDRIQUE DE SYÈNE, EN GRANIT, MAINTENANT À PARIS.
(RÈGNE DE SEPTIME SÉVÈRE ET CARACALLA.)

L'inscription gravée sur cette stèle a été vue, pour la première fois, par Cailliaud et Belzoni. Elle a été publiée, d'abord, par le second voyageur [b], et expliquée dans le Journal des Savants [c], ensuite dans les Recherches pour servir à l'histoire de l'Égypte [d]; enfin M. Labus l'a examinée de nouveau, et elle a été, pour lui, l'occasion d'observations intéressantes sur la chronologie des préfets d'Égypte [e]. Transportée depuis à Alexandrie par M. Mimaut, et de là à Paris, cette stèle a été acquise, par le musée du Louvre, avec plusieurs autres pièces de la collection de ce consul de France. Le *fac-simile* qu'on trouvera pl. XIII, n° 9, me permet de me contenter de donner ici le texte en lettres minuscules.

I[ovi] O[ptimo] M[aximo] Hammoni Chnubidi, Junoni reginæ, quor[um] sub tutela hic mons est;

Quod primiter sub imperio p[opuli] R[omani], felicissimo sæculo D[ominorum] n[os-

---

[a] Eckhel, *Doctr. num.* t. VII, p. 111. — [b] T. I, p. 270, trad. fr. — [c] Année 1820, p. 718-720. — [d] P. 361 et suiv. — [e] *Di un' epigr. lat. etc.* Milano, 1826.

XLVIII. STÈLE DE SYÈNE.

trorum] invictorum imp[eratorum] Severi et Antonini piissimorum Aug[ustorum], et G[etæ nobil]issi[mi Cæsaris, et] Iuliæ domnæ Aug[ustæ] m[atris] k[astrorum],

Iuxsta Philas novæ lapicædinæ adinventæ tractæque sunt parastaticæ et columnæ grandes et multæ;

Sub Atiano Aquila præfecto Ægypti; curam agente op[erum] domini[corum] Aurel[io] Heraclida dec[urione] al[æ] Maur[orum].

J'ai déjà parlé[a] de l'identité d'Hammon et de *Chnubis*[1]. *Junon* accompagne ce dieu, comme dans l'inscription n° XXXII; mais cette déesse n'est pas ici identifiée avec *Saté* ou toute autre divinité égyptienne. Elle se présente comme dans les autres inscriptions latines, où l'on trouve IOVI·O·M·ET·IVNONI·REGINAE. La répétition du nom de ces deux divinités, en tête de la dédicace, montre qu'elles étaient encore les principales du pays, d'où l'on peut présumer que, depuis trois siècles, le culte de cette partie de l'Égypte n'avait pas souffert de grands changements; et il est assez remarquable que des Romains, dans le troisième siècle de notre ère, rendissent au culte du pays cet hommage, de consacrer les carrières de granit aux dieux qui, selon les habitants, protégeaient la montagne où elles avaient été découvertes.

La date de cette dédicace peut être déterminée avec assez d'exactitude au moyen de plusieurs indices.

Il faut d'abord restituer la huitième ligne, qui a été effacée à dessein : elle contenait évidemment le nom du malheureux Géta, nom que la haine de son frère poursuivit jusqu'aux frontières de l'Éthiopie; et, comme ceux de Septime Sévère et de Caracalla sont suivis des lettres AVGG (*Augustorum*), il est certain que Géta

---

[a] Plus haut, p. 3o6.

[1] Ptolémée place une ville de Χνοῦμις entre Eilithyia et Tuphium, dans la haute Égypte. (*Geogr.* p. 108, ed Merc.) Le ms. Coislin (*Bibl. Coisl.* p. 372, 4) et la version latine donnent Χνοῦϐις; c'est évidemment le nom du dieu *Chnubis*, donné à la ville, comme celui de *Chemmis*, de *Mendès*, d'A- thribis, le fut aux villes où Pan et Thriphis étaient adorés. (Plus haut, p. 232.) Sur la confusion de Χνοῦμις et Χνοῦϐις, voy. Kocher (*in Misc. observ. nov.* II, p. 143) et Champollion jeune (*Égypte sous les Pharaons*, I, p. 183).

n'était point encore Auguste, et que son frère l'était déjà; ce qui place l'époque entre l'année 198 de notre ère, pendant laquelle ce dernier fut nommé Auguste [a], et l'année 209, qui fut celle de l'association de Géta [b].

Il est donc certain que la lacune contenait le nom de Géta avec le titre de César, *Cæsaris*, précédé de celui de [*nobil*]*issi*[*mi*], qui lui est donné dans d'autres inscriptions [c].

Mais une autre indication peut servir à resserrer l'intervalle de onze années marqué par ces deux événements : c'est le nom du préfet d'Égypte *Aquila*. Eusèbe[1] a parlé de ce préfet [d], et Tillemont a très-bien prouvé qu'il n'a pu gouverner l'Égypte qu'après l'an 204 de notre ère [e]; d'où il résulte que la date de notre monument est comprise entre les années 205 et 209. Aquila a dû être le successeur immédiat de Lætus, qui était préfet dans la dixième année du règne de Septime Sévère [f], en 202; et celui-ci a dû succéder à M. Ulpius Primianus, qui administrait l'Égypte en l'année 194, comme le prouve une inscription memnonienne.

Les sigles M. K. ne peuvent être que *matris kastrorum*, titre qui fut donné à plusieurs impératrices, telles que Faustine (femme de Marc-Aurèle), qui le reçut la première [g]; Julia Domna, femme de Septime Sévère [h], et Julie Mammée, mère d'Alexandre Sévère [i]. L'orthographe *kastra* n'est pas sans exemple [k].

Ligne 11. — *Juxsta Philas novæ lapicædinæ, etc.* Il est vraisemblable, d'après les mots *juxta Philas*, que ces carrières sont plus voisines de Philæ que de Syène; autrement on aurait mis *juxta Syenen* ou *Elephantinen*. L'orthographe IVXSTA prouve que l'usage du S après le X s'est prolongé jusqu'à une époque assez tardive [1].

L'orthographe *lapicædinæ*, conforme à l'étymologie du mot, est à

---

[a] Tillemont, *Hist. des emp.* III, p. 78; Eckhel, *Doctr. num.* VII, p. 200. — [b] *Id.* p. 230. — [c] Citées par Labus, p. 25. — [d] Euseb. *Hist. eccles.* VI, 3 et 4. — [e] Tillemont, III, p. 99. — [f] Euseb. *Hist. eccles.* VI, 2. — [g] Eckhel, *Doct. num.* VII, p. 79. — [h] *Id.* p. 196. — [i] V. l'*Inscription d'Antinoé* dans la suite de cet ouvrage. — [k] Gruter, p. 508, 2. — [l] Noris, *Cenot. Pis.* p. 449.

[1] Cet auteur ne lui donne que le nom d'Aquila (Ἀκύλας), sans prénom.

remarquer; on la trouve sur une ancienne inscription[a]. Le mot *parastaticæ*, pilastres, est souvent joint avec *columnæ* [b].

Pour les deux dernières lignes, je suis la leçon proposée par M. Labus, malgré le génitif *Heraclidæ* pour *Heraclida;* mais cette même faute se retrouve dans *Aquilæ*, au lieu d'*Aquila*. Les exemples qu'allègue cet habile épigraphiste la justifient pleinement. J'ai également adopté son opinion sur la leçon *sub Atiano*, au lieu de *sub Subatiano*. Ce nom de *Subatianus* est inouï, tandis que *Atianus* est le dérivé de *Atius*. M. Labus cite plusieurs semblables répétitions fautives : ainsi DULdulcissimo, LÆlælio, MercurialisALIS, SEPTseptembris, etc.

M. Labus adopte, de son côté, mon interprétation des lettres DECALMAVR. La Notice de l'Empire place à Lycopolis un *cuneus equitum Maurorum* [c].

Quant à l'opération dont la dédicace conserve le souvenir, les mots *quod primiter sub imperio populi Romani...... novæ lapicædinæ adinventæ sunt* méritent attention. Il en résulterait que, pendant les deux premiers siècles de la domination romaine, on n'avait fait nulle attention aux carrières de granit que la montagne pouvait recéler; qu'elles furent enfin découvertes (*adinventæ*) au commencement du III[e] siècle de notre ère, et exploitées pour la première fois. Il paraît même que cette exploitation fut très-active, puisqu'on en tira des *pilastres* et des *colonnes* nombreuses et de *grande dimension*. J'ai émis plus haut [d] la conjecture que ces carrières furent exploitées après l'abandon de l'*Hydreuma Trajanum*, nécessité par l'ensablement du canal des deux mers. Ce qu'il y a de certain, c'est que celles-ci étaient abandonnées à l'époque où les carrières de Philes furent découvertes et mises en œuvre. On pourrait croire que l'*Ala Maurorum* travaillait à cette exploitation sous la surveillance du décurion Héraclide; ce qui serait d'autant plus vraisemblable, que, dans ce pays comme dans les autres parties de l'empire romain, les troupes étaient

---

[a] Gruter, MXXXV, 2. — [b] Plin. XXXIII, 3; Vitruv. IX, 10. — [c] *Not. dignitat. imp. orient.* c. 28, § 1, p. 74 et 318, ed. Böcking. — [d] P. 197, 198.

continuellement exercées à des travaux publics. Auguste fit curer les canaux de l'Égypte par ses soldats [a]; Probus fit travailler les siens aux chaussées et aux canaux : par ses ordres, ils construisirent des *ponts*, des *temples*, des *basiliques* [b]; mais je crois que le faible détachement commandé par Héraclide devait être suffisamment occupé à la garde du canton, et que les fonctions du décurion et de ses soldats se bornaient à surveiller les travaux ainsi qu'à maintenir l'ordre parmi les ouvriers.

En expliquant l'inscription gravée sur la base de la colonne dite de Pompée, j'exposerai les raisons qui rendent probable que ce grand monument provenait de ces nouvelles carrières.

XLIX.

AUTEL D'ABYDOS.

C'est à M. Nestor L'Hôte qu'on doit la copie de cette inscription, gravée sur une stèle qui existe dans les ruines d'Abydos [c]. Les trois premières lignes sont les seules qu'il ait pu lire; et l'on ne peut rien tirer de certain du petit nombre de lettres qu'il a distinguées encore dans la quatrième ligne. (Voy. le *fac-simile*, pl. XIII, n° 11.) Les trois lignes se liront ainsi :

Ὑπὲρ τύχης Σεβασ]ῶν, Ἀφροδίτῃ θεᾷ μεγίσ]ῃ, Ἀπολλώ[νιος] ἰατρὸς ἀπὸ Τεντύρων ἀνυκοδόμησε (sic) τὸ τῖχος (sic) ὑπὲρ τῶν…	Pour le salut des Augustes, à Aphrodite, déesse très-grande, Apollonius, médecin de Tentyra, a reconstruit le mur pour les….

Le pluriel Σεβασ]ῶν, sans complément, peut s'appliquer à trop d'empereurs, depuis Marc-Aurèle et Lucius Vérus, pour qu'il soit possible de déterminer la date de l'inscription autrement qu'en disant qu'elle n'est point antérieure à ce règne simultané.

---

[a] Sueton. *in Aug.* § 18; Aurel.-Vict. *Epitom.* § 1. — [b] Vopisc. *in Probo*, § 9. — [c] *Lettres écrites d'Égypte*, p. 156, 161.

XLIX. AUTEL D'ABYDOS.

L'auteur de la dédicace était de Tentyra. Il devait être d'autant plus disposé à faire le travail qu'il a exécuté, qu'il s'agissait du temple de la déesse dont le culte était celui de sa ville natale, à savoir *Aphrodite, la déesse très-grande* [a].

La leçon ἀνυκοδόμησε est un iotacisme qui suppose ἀνοικοδόμησε au lieu de ἀνῳκοδόμησε; mais on a déjà vu que l'omission de l'augment, dans certains verbes, se trouve sur des inscriptions de diverses époques [b]. La confusion des syllabes οι et υ, dont la prononciation était semblable, sans être tout à fait identique, se rencontre dans les mots χυϊάκ pour χοϊάκ [c], ἀνῦξαι pour ἀνοῖξαι [d] et ailleurs. Un autre iotacisme, τῖχος pour τεῖχος, s'est présenté dans une inscription du temps de Marc-Aurèle et de L. Vérus [e].

J'ai déjà eu occasion de remarquer que la forme plurielle neutre *Tentyra* était la vraie orthographe du nom de la ville, et que la forme *Tentyris*, qu'on trouve si rarement, doit être exclusivement poétique [f]; c'est ce qui rend d'autant plus vraisemblable la correction Τέντυριν (au lieu de Τεύχαριν), que M. Alexandre vient de faire dans un vers corrompu des livres sibyllins [g].

La seule difficulté que présentent ces trois lignes concerne le nom du donateur. On s'attendrait à trouver le nom de son père après le sien dans les lettres ΙΑΤΡΟC; mais, outre que cette finale ne peut être celle d'un nom grec au génitif, il n'y a que l'espace de quatre ou cinq lettres entre ce mot et les lettres ΑΠΟΛΛΩ, c'est-à-dire tout juste ce qu'il faut pour achever le nom ΑΠΟΛΛΩ[ΝΙΟC]. Je ne vois donc pas moyen de lire autrement que Ἀπολλώνιος ἰατρός.

Ce qui suit ὑπὲρ τῶν ne saurait se rapporter aux empereurs qui ont été nommés auparavant; il y avait après, sans doute, les noms soit de ses enfants, soit de quelques malades dont ce médecin, par une modestie qu'on ne saurait trop louer, aura pensé que la difficile guérison était due, non à sa science, mais à la protection d'Aphro-

---

[a] Plus haut, p. 94 et suiv. — [b] Plus haut, p. 156, 300. — [c] Dans une inscription de Khardassy. — [d] Böckh, *Corp. Inscr.* n° 1933. — [e] Plus haut, p. 227. — [f] Plus haut, p. 99. — [g] Lib. V, v. 194, ed. Alexandre.

dite, déesse très-grande. C'était en reconnaissance et en mémoire de cette guérison qu'il avait rebâti le mur d'enceinte du temple de la déesse.

L.

CIPPE DE BASSUS (ALEXANDRIE OU ENVIRONS).

La collection Mimaut contenait un cippe en marbre gris, qui a passé dans le musée du Louvre. Ce cippe contient l'inscription suivante, qui a été publiée par M. le comte de Clarac [a]; elle est reproduite dans notre pl. XIII, n° 6, qui donne exactement la forme des caractères.

Βάσσος	Bassus,
Στράτωνος,	fils de Straton,
ἐπιμελητὴς	épimélète
τοῦ τόπου,	du lieu,
ἀνέθηκε	a dédié [cet autel]
ἐπ' ἀγαθῷ.	pour un but utile.

Il est difficile de savoir au juste la nature des fonctions de celui qu'on appelle ici *épimélète du lieu,* qui était un magistrat municipal, le *curator urbis* [b]. On a des raisons de croire que le nom d'*épimélète,* employé ainsi absolument, désignait en particulier celui qui veillait sur l'exécution des travaux publics, et principalement des monuments décrétés.

Le lieu où cette inscription a été trouvée n'a point été indiqué par M. Mimaut; je ne doute cependant pas qu'elle ne provienne des environs d'Alexandrie. Ce fait, je le conclus d'une autre dédicace [1], due certainement au même personnage, en l'honneur d'un médecin

---

[a] *Inscript.* pl. LXII, n° 866, B; *Catalogue de Mimaut, par Dubois,* n° 538, p. 85. — [b] Böckh, *Corp. Inscr.* n° 2047, t. II, p. 74.

[1] Publiée par M. Gau, *Antiq. de la Nubie,* pl. X, n° 27. J'en ai donné l'explication dans le Bulletin de Férussac (partie historique), octobre 1824.

nommé Pappus Théognostus, laquelle commence en ces termes :
Πάππῳ Θεογνώσ]ῳ, Βάσσος Στράτωνος, ἐπιμελητὴς τοῦ τόπου καὶ ἱερόφωνος τοῦ κυρίου Σαράπιδος κ. τ. λ. Il est clair que nous retrouvons dans cette inscription [1], qui sera expliquée en son lieu, notre *Bassus, fils de Straton, épimélète du lieu;* mais à ce titre il en joignit plus tard un autre religieux, celui d'*interprète de Sarapis.* Or cette seconde inscription, gravée sur la base d'une statue, fut trouvée dans les fouilles du canal d'Alexandrie, en 1819. C'est à cette époque, que M. Gau, qui se trouvait alors en Égypte, put en prendre copie presque au moment où elle venait d'être découverte.

Le lieu dont Bassus fut l'*épimélète* était donc voisin de cette ville et non loin du temple de Sérapis, dont il était chargé de transmettre les oracles, selon le sens que l'on doit donner au mot ἱερόφωνος, comme je le montrerai plus bas.

L'époque de l'une et de l'autre est incertaine; mais la forme tourmentée des caractères de celle-ci décèle l'époque des Antonins.

LI, LII.

INSCRIPTIONS DE SENSKIS, AUX MINES D'ÉMERAUDE.

A partir de *Contra Apollonopolis,* ville située en face d'*Apollonopolis Magna,* de l'autre côté du Nil, s'ouvre une suite de vallées transversales traversée par une route antique, qui, venant s'embrancher sur la grande route de Coptos à Bérénice, conduisait elle-même à cette ville.

C'est après cet embranchement que s'élève le mont appelé *Zabarah* par les Arabes, *Smaragdus* par les anciens [a], où se trouvaient les anciennes *mines d'émeraude.* Cette localité, explorée d'abord par M. Cailliaud, et, peu après, par Belzoni, l'a été ensuite par sir Gardner

[a] Ptolem. *Geogr.* IV, 5, p. 103.

[1] Elle est maintenant au musée de Turin.

Wilkinson, et enfin par M. Nestor L'Hôte[a]. Tous ces voyageurs s'accordent sur la rareté et la mauvaise qualité des émeraudes qu'on y trouve, et ils reconnaissent que, malgré le dire des auteurs arabes[b], il est bien difficile que ces mines en aient jamais produit ayant quelque valeur.

Ces mines, exploitées dès une haute antiquité[c], connues des Grecs, puisqu'elles sont déjà citées par Théophraste[d] et Strabon[e], ne conservent cependant de traces que de l'exploitation romaine; du moins on n'y trouve plus d'inscriptions de l'époque grecque. Au temps des empereurs, ces mines étaient comprises dans le canton appelé *Bérénicide*, et le mont *Smaragdus* en prenait le nom de *Montagne de la Bérénicide, Mons Berenicidis*[f]. Une inscription, trouvée sur la route de Cosseir par M. L'Hôte, montre qu'au temps de Tibère elles étaient sous la surveillance d'un *métallarque* (μεταλλάρχης), chargé d'inspecter toutes les autres carrières ou mines de l'Égypte; et un passage d'Olympiodore nous apprend qu'au v[e] siècle on ne pouvait les visiter que muni d'un ordre émané de l'empereur[1]. Ainsi l'accès en était difficile, soit qu'on voulût ôter aux ouvriers la tentation de détourner des émeraudes pour les vendre aux étrangers, soit que ces ouvriers fussent, comme ceux des carrières de porphyre[g], des malfaiteurs qu'il était nécessaire de séquestrer entièrement.

C'est à une journée au sud du mont Zabarah, entre ce mont et le rivage de la mer Rouge à Bérénice, que se trouve la petite vallée appelée, dans le pays, *Sekket,* découverte aussi par M. Cailliaud, qui en a donné une vue[h]. Il y avait aussi là des *mines d'émeraude;* et l'on y remarque encore des restes considérables d'exploitation. De chaque côté des rochers, on aperçoit une centaine de petites maisons bâties

---

[a] L'Hôte, dans le *Moniteur* du 25 juin 1841; Wilkinson, *Topogr. of Thebes*, p. 420. — [b] Cités par Ét. Quatremère, *Mém. géographiques sur l'Égypte*, t. II, p. 178. — [c] Wilkinson, *Manners and customs*, t. I, p. 45. — [d] *De Lapidibus*, § 24, ed. Schneid. — [e] XVII, p. 815. — [f] Voyez l'inscr. memnonienne, n° IV. — [g] Plus haut, p. 143. — [h] *Voyage à l'Oasis de Thèbes*, pl. XXIII.

[1] Ἀλλ' οὐκ ἦν τοῦτο δυνατὸν γενέσθαι χωρὶς βασιλικῆς προστάξεως. Ap. Phot. p 62, col. 1, ed. Bekker.

LI, LII. INSCRIPTIONS DE SENSKIS. 455

en pierres brutes, sans mortier ni ciment [a] : une seule, qui se distingue des autres, doit avoir été la résidence du chef militaire chargé de garder l'établissement : le reste n'a pu servir qu'aux mineurs.

On y trouve, en outre, un *spéos,* ou chapelle creusée dans le tuf, avec une façade extérieure d'architecture *dorique* (voy. pl. XVI, 1) et présentant un caractère analogue à celui des temples de Djebel-Dokhan et de Djebel-Fateereh, et, sans doute, par la même raison [b]. Les deux portes conduisent à une seule excavation, qui n'est nullement séparée dans l'intérieur. Cette indication, que je dois à M. L'Hôte, est importante pour l'intelligence des deux inscriptions.

Cette façade, qui n'a été qu'ébauchée, est sans autre ornement qu'un simulacre de globe, avec deux *uræus* sculptés sur le tympan cintré des portes. « Tout cela, dit M. L'Hôte, forme une triple ano- « malie digne de l'époque et de ceux qui ont bâti cet édifice. » Cette époque, en effet, bien qu'elle ne puisse être déterminée par aucun caractère certain, est nécessairement fort récente, dans tous les cas très-postérieure au temps d'Adrien; ce qui donne quelque vraisemblance à la conjecture qui sera proposée plus bas sur la fixation de cette époque.

Les deux inscriptions ont été publiées d'abord dans le voyage de Belzoni, où le Dr Thomas Young en a proposé une restitution fort incomplète, sans doute, mais qu'il était peut-être difficile de faire meilleure avec la copie qu'il avait à sa disposition, et privé comme il l'était des renseignements nécessaires. La copie de M. Cailliaud, qui n'est guère moins imparfaite, a paru dans la première livraison de son Voyage aux oasis, sans que rien n'y indique la place qu'occupent les deux inscriptions, ni la dépendance des diverses parties dont chacune d'elles se compose. Elles y paraissent former quatre inscriptions distinctes. Il se réservait, sans doute, de donner les renseignements nécessaires dans la suite de l'ouvrage, qui n'a pas paru. Comme le sens m'indiquait qu'elles n'en formaient que

---

[a] Belzoni en a compté 87 (*Voyage en Égypte et en Nubie,* t. II, p. 89, 90). — [b] Plus haut, p. 171.

deux, peut-être même qu'une seule, je m'adressai à M. Cailliaud, pour qu'il voulût bien, à cet égard, rappeler ses souvenirs. Il me donna alors quelques indications, qui se sont trouvées parfaitement conformes à celles que, bientôt après, me transmit sir Gardner Wilkinson, en m'envoyant la copie qu'il avait prise sur le lieu même. Mais il me manquait encore l'indication de la position relative des deux tympans où elles sont gravées. Enfin M. Nestor L'Hôte, que j'avais prié de prendre un dessin exact de ces mêmes inscriptions, ainsi que de la partie de l'édifice sur laquelle elles se trouvent, a rempli cette mission avec l'exactitude qu'il met à tout ce qu'il entreprend. Ainsi il n'a pas fallu moins que les efforts successifs de quatre voyageurs pour recueillir toutes les indications qui pouvaient mener à restituer avec quelque succès deux inscriptions qui sont loin de valoir, je l'avoue, la peine qu'elles leur ont donnée ainsi qu'à moi; car il n'en est aucune, dans tout cet ouvrage, qui m'ait offert plus de difficulté, moins pour en restituer les détails que pour saisir le rapport des diverses parties et en comprendre l'ensemble. Encore ne suis-je pas certain d'y être parvenu : on en va juger.

Le dessin de M. L'Hôte montre qu'elles occupent chacune le bandeau du tympan et la traverse de la porte. Au premier abord, chacune paraît double, étant séparée en deux par une moulure; mais le sens indique que les six lignes dont chacune d'elles se compose ne forment qu'une seule inscription. Elles doivent être bien peu distinctes, à en juger par les différences qu'offrent les quatre copies que j'en possède. Celles de Belzoni et de M. Cailliaud sont les moins exactes; cependant toutes peuvent être consultées avec fruit, et fournissent quelque renseignement qu'on ne trouve pas dans les autres.

Je donne en *fac-simile* les deux copies de sir Gardner Wilkinson (pl. XVI, n°s 2 et 3) et de M. L'Hôte (n°s 4 et 5), qui reproduisent les originaux avec le plus d'exactitude.

LI.

Outre les six lignes qui occupent l'architrave et le bandeau de la porte de droite, on trouve, un peu plus haut, sur le listel, au-dessous du tympan demi-circulaire, les restes de deux lignes (fig. 2, A) qui ont échappé à M. L'Hôte, mais que donnent les copies de M. Cailliaud, de Belzoni et de sir Gardner Wilkinson; j'y reviendrai, après avoir parlé de celle qui est dessous, et que je lis de cette manière :

```
     ∴..........]ρωνίου εὐχαριστήσας τῷ
B.  [Σαράπιδι] καὶ τῇ Ἴσιδι καὶ τῷ Ἀπόλλωνι καὶ
    [τοῖς συν]νάοις Θεοῖς πᾶσι ἐποίησα τὸ ἱερὸν
    [ὑπὲρ] Βερενείκης καὶ τὸ ζῴδιον, καὶ ὀρύξας τὸν λακ
C.  κὸν τοῦ ὕδ]ρεύματος ἀπὸ Θεμελίου ἐ[κ τῶν ἐμῶν
    κα]μάτων ἀνέθηκα ἐπ' ἀγαθῷ.
```

Il y a plus d'un détail obscur dans cette inscription, et je ne suis pas certain d'en avoir saisi toutes les circonstances.

Au commencement de la première ligne il y avait un nom propre au nominatif; les lettres ΡѠΝΙΟΥ sont les restes des noms Πετρωνίου, Σεμπρωνίου, Ἀπρωνίου, ou l'un des noms romains terminés en ΡѠΝΙΟC; car je ne vois pas de noms grecs qui puissent convenir à cette finale : mais peu importe.

Le reste des trois lignes n'offre pas de difficulté, et la restitution n'en est pas douteuse; mais la liaison des trois autres lignes avec les premières laisse beaucoup d'incertitude. Les deux copies figurées de sir Gardner Wilkinson et de M. L'Hôte diffèrent beaucoup, quant à la disposition des lettres. Dans celle du second de ces voyageurs, la fin des lignes arrive à fleur du chambranle de la porte, et il semble qu'on ne puisse y intercaler aucune lettre; dans celle du premier, il reste encore à remplir un espace de sept ou huit lettres. Il n'y a pas moins de différence pour la disposition du commencement. Cela nous laisse la liberté de placer, avant ou après, celles qui pourraient être nécessaires pour faire un sens. Or il est certain qu'il en manque quelques-unes au commencement et à la fin des quatrième et cinquième lignes.

Ainsi le nom BEPENEIKHC ne peut suivre immédiatement ἐποίησα τὸ ἱερόν; quel pourrait être alors le sens de ce génitif? On a cru voir, dans ce nom, celui de la ville de *Bérénice,* et l'on a supposé que ce pouvait être l'ancien nom de Sekkeit; mais on ne peut s'arrêter à cette idée. Il est tout aussi difficile de croire que BEPENEIKHC est le complément de ἱερόν; ce génitif ne peut dépendre que de ὑπέρ, qui a disparu. L'auteur de la dédicace veut exprimer *qu'il a fait ce temple à Sérapis, etc. comme témoignage de reconnaissance* (εὐχαριστή- σας), *pour la santé rendue à Bérénice;* comme on trouve, à la fin de l'inscription de Pappus Théognostus, citée plus haut,...... εὐχαριστή- ριον ὑπὲρ Τριπτολέμας ἀνέθηκα ἐπ' ἀγαθῷ. Cette *Bérénice,* comme *Tripto- léma,* était, sans doute, la *femme* du donateur. Dans ce dernier cas, la qualité de cette femme a été omise. Cela est positif; ainsi on peut se dispenser aussi de mettre τῆς συμβίου avant Βερενείκης, et se contenter de lire ὑπὲρ Βερενείκης. Outre le spéos, le donateur avait encore fait aussi ce qu'il appelle τὸ ζῴδιον (ἐποίησα..... καὶ τὸ ζῴδιον), littéralement, *la figurine,* terme employé souvent, comme ζῷον, dans le sens d'une petite figure sculptée, peinte ou brodée [a]. Ce mot, pris ici d'une manière absolue, signifierait difficilement τὸ ἄγαλμα, *la statue du dieu.* D'ailleurs, comme la dédicace est faite au nom de trois divinités, *Sérapis, Isis et Apollon,* sans compter les *dieux parèdres* (οἱ σύνναοι θεοί), il aurait fallu exprimer laquelle de ces divinités la statuette représentait, à moins qu'on n'eût mis τὰ ζῴδια. Je crois donc que τὸ ζῴδιον désigne ici l'*ex-voto* lui-même, la *figurine* représentant soit *Bérénice* en personne, soit seulement la partie malade telle qu'elle était avant la guérison, le pied, la main, ou toute autre partie du corps.

Il manque aussi quelque chose entre OPYΞAC et PEYMATOC, qui commence la seconde ligne. Ce dernier mot ne peut être que

[a] *Thes. ling. græc.* t. IV, col. 4, C, 63 A, ed. Didot.

la fin de ὑδ]ρεύματος, et le génitif appelle un régime direct entre ce mot et le verbe : ce régime est τὸν λακκόν, que donne l'inscription de l'autre porte. Le donateur, outre le spéos, avait creusé la *citerne*, τὸν λακκόν, de l'*hydreuma*, c'est-à-dire, je pense, de la *station* [a]. Cette citerne avait été creusée à partir du fond, ἀπὸ θεμελίου, au lieu de ἀπὸ θεμελίων ou ἐκ θεμελίων, qui est le plus usité [b]; c'est même, je crois, le seul exemple connu du singulier en pareil cas. Entre θεμελίου et ΜΑΤΩΝ, il y avait, sans doute, [ἐκ τῶν ἐμῶν κα]μάτων, ainsi que plus bas, et non χρημάτων, comme avait lu le docteur Young. Ainsi nous traduirons :

(Un tel), fils de ...ronius, en témoignage de reconnaissance envers Sarapis, Isis, Apollon, et tous les dieux adorés dans le même temple, j'ai fait le temple pour le salut de Bérénice, ainsi que la figurine. Ayant aussi creusé la citerne de l'*hydreuma*, depuis le fond, je l'ai dédiée pour une bonne réussite.

LII.

J'ai dit que les deux lignes qui, dans les copies de Belzoni, de M. Cailliaud et de sir Gardner Wilkinson, sont placées au-dessus de cette dédicace, forment une inscription distincte; c'est ce qui résulte, en effet, de sa teneur et de ce que la suivante est complète, sauf un nom. On y voit quelques lettres, où il n'y a d'à peu près certain que ΠΟ. ΥΡΑΝΙΟC ... ΛΛΙΗΝΟΥ. ΜΕΧΕΙΡ ΚΖ (Πό[θλιος Ο]ὐράνιος..... καὶ..... Γαλλιηνοῦ, μεχεὶρ $\overline{\text{KZ}}$. Il semble que ce soit là simplement un *proscynème*, mis après coup par une ou plusieurs personnes, qui ont voulu seulement faire acte de présence. Le nom ΓΑΛΛΙΗΝΟΥ, qui ressort assez clairement des lettres ΜΑΙΗΝΟΥ dans la copie de sir Gardner, et de ΩΛΙΗΝΟΥ dans celle de M. Cailliaud, nous donne une date impériale avec d'autant plus de vraisemblance que ce nom est suivi d'un mois avec son quantième. Il y avait donc, selon toute apparence, ἔτους..... Γαλλιηνοῦ, μεχεὶρ ΚΖ, *telle année de Gallien, le 27 de méchir* (le 20 février de l'année 252-268 de J. C.). Une circonstance de l'inscription suivante rend cette date assez remarquable, comme on va le voir.

[a] Plus haut, p. 174. — [b] *Thes. ling. gr.* t. IV, col. 284, A, B, ed. Didot.

460   DÉDICACES ET OFFRANDES RELIGIEUSES.

Celle-ci existe au-dessus de l'autre porte, à gauche, dans une situation semblable à celle de la précédente, et composée également de six lignes. Je pense qu'il faut la lire ainsi :

D
σὺν τοῖς τέκνοις καὶ ἅμα τοῖς σὺν ἐμοὶ ἐργαζομέν[οις·
καὶ ἐ]ποίησα φιάλιον ἀργυροῦν παρὰ τῷ Θεῷ [Σαρά-
πιδι καὶ] παρὰ τῇ κυρίᾳ Ἴσιδι τῇ Σενσκείτῃ . . . .

E
ὁμοίως φιάλην ἀργυρᾶν ΛΒ. ταῦτα πάντα ἐκ τῶν ἐμῶν
καμάτων, εὐχαρισ]ήσας Σαράπιδι τῷ Μνίει· ἐνώρυξα
τὸν λακκὸν μηνὸς παῦνί· καὶ μηνὸς μεχεὶρ ΚΖ, τὸ ἱερὸν ἐποίησα.

Quoique la première ligne commence par les mots σὺν τοῖς τέκνοις κ. τ. λ. sans qu'ils soient précédés d'aucun nom propre, il suffit de jeter les yeux sur le dessin de M. L'Hôte pour voir qu'il ne manque rien, et que la ligne est complète. Cette circonstance, jointe à ce que cette porte appartient au même spéos, montre que cette inscription doit être la suite de la précédente, c'est-à-dire qu'il faut y lier le sens de la précédente de cette manière : ἀνέθηκα ἐπ' ἀγαθῷ σὺν τοῖς τέκνοις καὶ ἅμα τοῖς σὺν ἐμοὶ ἐργαζομ. Cette liaison peut paraître d'autant plus singulière, qu'il faut l'opérer dans l'ordre inverse. Il eût été plus naturel, assurément, de placer la première partie de l'inscription sur la porte de gauche, et la seconde sur celle de droite; mais il est vraisemblable que, d'abord, on ne se proposait pas de mettre une seconde inscription : on se sera ravisé plus tard, et l'on aura voulu mentionner des offrandes faites postérieurement. Plus j'y pense, plus je me persuade que c'est la seule manière de comprendre l'objet et la teneur de la seconde inscription.

Des mots σὺν τοῖς τέκνοις κ. τ. λ. il résulte que le donateur était quelque fermier des mines, établi là avec sa famille.

Au commencement de la seconde ligne, l'espace ne permet de mettre qu'une lettre ou deux; [καὶ ἐ]ποίησα la remplit. Le mot qui suit ἐποίησα est confus dans toutes les copies. M. Cailliaud donne

CIΔΔѠN, et sir Gardner Wilkinson, CIΔΔION; l'adjectif ἀργυροῦν, qui suit, appelle naturellement un substantif, ΦΙΑΛΙΟΝ (φιάλιον), dont tous les éléments se trouvent dans la leçon des deux copies. Le diminutif φιάλιον s'est déjà rencontré dans une inscription de
Milet [a] : φιάλιον [ἀργυροῦν [1]] ὁλκῆς Ῥοδίων εἴκοσι. Outre le diminutif φιάλιον, on avait encore φιαλίδιον, comme le montre ce passage d'une
glose sur l'*Asinaria* de Plaute : « ...Quales sunt spinarum caliculi,
« aut glandium, aut aurificum calculi sive *phialidiæ* (f. *phialidia* [b]). »

La troisième ligne n'offre de remarquable que le mot THCEN-
CKEITH, ou THCENCKEITHN, qui ne peut être qu'une épithète
d'Isis. Le rapport du nom moderne *Sekket* avec ce mot rend fort
vraisemblable qu'il nous cache l'ancienne dénomination du lieu, soit
qu'il faille lire τῇ Σενσκείτιδι, soit qu'on préfère τῇ ἐν Σκείτῃ, en prenant le C après l'article comme un I mal formé. Dans le premier
cas, ce serait l'ethnique Σενσκείτης (féminin Σενσκεῖτις, pour Σενσκῖτις),
ce qui suppose que le lieu se nommait Σένσκις (au génitif Σένσκεως ou
Σένσκιδος); dans le second cas, le nom du lieu serait Σκείτης ou Σκί-
της, et la locution Ἶσις ἡ ἐν Σκείτῃ serait tout à fait semblable à Ἶσις ἡ
ἐν Κανώβῳ, ἐν Μενούθι [c]. Selon toute apparence, le nom du lieu était
ou *Senskis* ou *Skites*, tous deux fort voisins du nom moderne *Sekket*.

Que la partie D soit une suite de la phrase précédente, c'est ce
dont il est difficile de douter, ὁμοίως φιάλην κ. τ. λ. étant une dépendance naturelle du membre ἐποίησα φιάλιον. Je pense que le caractère Λ est le sigle de λίτρα (λιτρῶν B), et indique que la *phiale
d'argent* pesait *deux livres*.

Par les mots ἐποίησα... ταῦτα πάντα ἐκ τῶν καμάτων, le donateur
semble clairement avoir voulu faire entendre que deux phiales
avaient été fabriquées par lui-même, c'est-à-dire qu'il possédait là

---

[a] Böckh, *Corp. Inscr.* n° 2855, l. 34. — [b] Cité par Ritschl (*die Alexandrinischen Bibliotheken*)
u. s. w. S. 6. — [c] Plus haut, p. 434, 435.

[1] Ἀργυροῦν est une restitution de M. Böckh, bien vraisemblable en soi, et que notre inscription confirme. Dans une autre inscription (n° 2955), où se trouve φιάλην καὶ σπονδεῖον ἀ[ργυρᾶ], la restitution ἀργυρᾶ n'est pas moins certaine.

des ateliers où il faisait confectionner des objets d'or et d'argent. Ceci n'est point invraisemblable; rien de plus naturel qu'il y eût, sur le lieu même de l'exploitation, des ateliers où l'on montait les émeraudes, où l'on en fabriquait des bijoux qui s'exportaient tout confectionnés, où, par conséquent, on avait tout ce qui était nécessaire pour un travail d'orfévrerie.

Ainsi, après avoir creusé le spéos, ou, du moins, converti une excavation, déjà creusée avant lui, en un ἱερόν, au moyen d'ornements intérieurs et d'une façade, le donateur y avait déposé des offrandes à deux divinités, *Isis* et *Sérapis*, en action de grâces (εὐχαριστήσας) pour quelque protection spéciale. Mais, toutefois, il ne s'adresse pas à l'*Isis* et au *Sérapis* du temple, mais à ces divinités distinguées chacune par un titre particulier, c'est-à-dire Isis par celui de *Senskite*, et Sérapis par un titre qu'expriment les lettres ΤѠΜΝΙΕΙ (L'Hôte), ou ΤѠΜΝΙΕΝ ... ѠΡΥΞΑ (Wilkinson), ou ΤѠ ΜΝΙΕΙ ... ѠΡΥΞΑ (Cailliaud). Il semble qu'on ne puisse lire autrement que τῷ Μνίει, *Sérapis le Mniéis;* ce Μνίεις doit être le même nom que Μνευίς, le taureau honoré à Héliopolis et à Memphis[a]: ce qui nous donne une épithète de Sérapis jusqu'ici inconnue, mais qui est fort naturelle quand on pense, d'une part, à la liaison religieuse qui existait entre les taureaux *Apis* et *Mnévis*, et aux rapports de *Sérapis* avec *Apis*. Je me suis déjà servi de ce passage de notre inscription à l'appui du texte de Diodore, d'où il résulte que le culte des deux taureaux existait en d'autres lieux que Memphis et Héliopolis[b].

Les lettres ΕΝ, distinctes devant ὤρυξα selon la copie de sir Gardner, et l'intervalle de deux lettres qui existe avant ce verbe, dans la copie de M. Cailliaud, donnent lieu de croire qu'il y avait, sur l'original, ἐνώρυξα τὸν λακκόν, *j'ai creusé la citerne*, comme on lit, dans Philostrate, παράδεισος ἦν, ᾧ μέση κολυμβήθρα ἘΝωρώρυκτο[c]. C'est d'après ce passage que j'ai lu plus haut τὸν λακκὸν τοῦ ὑδρεύματος. Il est clair que le donateur revient sur les deux opérations dont il a parlé dans la première partie de l'inscription, à savoir, la construction du spéos

[a] Plus haut, p. 296. — [b] Id. ib. — [c] *Vit. Apollon. Tyan.* lib. II, c. 26, p. 79.

(ἐποίησα τὸ ἱερόν), et le creusement de la citerne (ἐνώρυξα τὸν λακκὸν), pour donner la date de l'une et de l'autre ; il a fait la seconde au mois de payni et la première quatre mois auparavant, le 27 méchir. L'année manque, mais le quantième tombe le même jour qui est marqué dans l'inscription A, en deux lignes placées au-dessus du bandeau de la première porte. Cette identité de date ne peut être un effet du hasard : c'est ce qui me donne lieu de penser que cette inscription se rattache aussi à la construction du temple, et qu'elle a été écrite soit par l'architecte qui a construit la façade, soit par l'entrepreneur qui a exécuté les travaux. Il aura voulu en conserver le souvenir dans une inscription spéciale où il a donné l'époque précise de leur achèvement, qui est justement celle qui est marquée dans l'inscription du donateur.

Voici donc la traduction de la dernière partie :

.... Avec mes enfants et ceux qui travaillent avec moi, j'ai fait une petite phiale en argent et l'ai déposée dans le temple du dieu très-grand Sarapis, et de la dame Isis de Senskis, en même temps une phiale en argent du poids de deux livres, tout cela, fruit de mon travail. En action de grâces pour Sarapis le Mnévis, j'ai creusé la citerne au mois de payni ; et, le 27 du mois de méchir, j'ai fait faire le temple.

Toutes ces inscriptions et les offrandes, ainsi que les travaux qu'elles retracent, appartiendraient donc à une année quelconque du règne de l'empereur Gallien, ce qui les mettrait vers le milieu du IIIe siècle de notre ère.

LIII — LVI.

FRAGMENT TROUVÉ À BÉRÉNICE.

Ici se place naturellement ce fragment, que sir Gardner Wilkinson a trouvé dans les ruines de Bérénice. (Voyez le *fac-simile*, pl. XIV, n° 15.)

464   DÉDICACES ET OFFRANDES RELIGIEUSES.

ΔΙΙ ΗΛΙѠ.Λ   Διί Ἡλίῳ [μεγάλῳ Σαράπιδι, καὶ...
ΤΟΙϹ ϹΥΝΝΑ   τοῖς συννά[οις θεοῖς..........
ΗΝΙΚΑΕΖΗΕΙ   ἡνίκα ἔζη..........
ϹΥΝΤΗΕΝΧΕΡϹ   σὺν τῇ ἐν χερσ[ὶ χορηγίᾳ ou δυνάμει]....

Il semble que le nom du donateur devait se trouver à la fin de la seconde ligne, après θεοῖς. Les mots ἡνίκα ἔζη et σὺν τῇ ἐν χερσ[ί, qui commencent les deux autres lignes, paraissent indiquer que le travail que rappelle cette dédicace, commencé du vivant du donateur, avec ses propres ressources, ou le secours des soldats (δύναμις), n'avait été achevé qu'à sa mort, circonstance qui aura été exprimée dans la partie perdue; cependant, il est peut-être téméraire de rien hasarder avec d'aussi faibles indices.

Les trois fragments n°ˢ 13, 15 et 16 de la même planche proviennent aussi de Bérénice. Ils me paraissent appartenir à trois inscriptions différentes.

Le premier (LIV) semble être une dédicace faite par Δημήτ[ριος Σωτ]ὴρ ὁ ἱερ[ουργός, ἱερεύς ou ἱεροποιός], sous le règne simultané de Marc-Aurèle et Lucius Vérus (L... Μάρκου Αὐρηλί[ου] καὶ Λουκίο[υ Οὐέρου]).

Le deuxième (LV) est encore plus fruste; on y distingue, à la quatrième ligne, le mot [ἐθ]ναρχον (au lieu de l'usité ἐθνάρχην) ὄντα, et, à la dernière, καὶ ἀπὸ δεξιῶν, comme ἐκ δεξιῶν.

Dans le troisième (LVI), on distingue à la première ligne [ἡγ]εμόνα, d'où l'on peut conclure que c'était une dédicace honorifique pour un préfet d'Égypte. A la deuxième ligne, ΛΝΤѠΝΒΑ paraît indiquer [σωτηρί]αν τῶν βα[σιλέων]; à la quatrième, on distingue τοῦ δεσπό[του].

Tous ces fragments sont, comme le premier, de l'époque romaine, et, selon toute apparence, postérieurs au temps d'Adrien : le quatrième, même, pourrait être de l'époque chrétienne.

FIN DU TOME PREMIER.

ADDITIONS ET CORRECTIONS.

Pages 3 et 4. On peut expliquer par là cette scholie de Théocrite sur les vers 58-61 de l'idylle XVII : Ὅτι ὁ Φιλάδελφος ἐν Κῷ τῇ νήσῳ ἐγεννήθη ὑπὸ Βερενίκης, ἡ γὰρ Βερενίκη θυγάτηρ Ἀντιγόνης τοῦ Κασσάνδρου τοῦ Ἀντιπάτρου, ἀδελφοῦ τοῦ ἐσπουδακότος τὴν ἐν τῷ Τριοπίῳ τὴν Δωριέων σύνοδον, κ. τ. λ. Cette scholie avait fait croire qu'Antipater avait un frère nommé Cassandre. Visconti (*Iconographie ancienne*, II, 198) regarde donc comme une interpolation les mots ἡ γὰρ Βερεν.— Ἀντιπάτρου, et propose de joindre ἀδελφοῦ avec Βερενίκης, rapportant ce mot à Ptolémée Sôter. Il ajoute que le scholiaste, en faisant ce prince *frère* de Bérénice, commet une méprise, dont il cherche l'origine dans le nom de Lagus, qui était également porté par le père de Ptolémée Sôter et celui de Bérénice. La méprise est claire, mais la cause en est différente. Les mots que Visconti veut retrancher peuvent rester ; ils sont une incise qu'on doit mettre entre parenthèses et le sens sera : « On dit que Philadelphe fut mis au « jour, dans l'île de Cos, par Bérénice (or « Bérénice était fille d'Antigone, fille de Cas- « sandre, fils d'Antipater), son *frère* (c'est- « à-dire son mari, *Sôter*) étant alors occupé « de l'assemblée des Doriens, au Triopium, « de la panégyrie qui s'y célébrait, ainsi « que du combat, etc. » Ce titre de *frère* tient à l'usage dont il est question dans le texte ; il prouve de nouveau que le scholiaste a puisé à une source contemporaine, probablement l'historien Lycus, dont j'ai déjà parlé (p. 181, 182), qui vivait au temps même de Philadelphe. On trouve encore dans la scholie sur le vers 41 de la même idylle, une autre preuve que la source d'où le scholiaste tirait ses renseignements était bien de cette époque puisqu'il ne compte que *trois* Ptolémées, *Lagus*, *Sôter* et *Philadelphe*. L'historien qu'il avait sous les yeux écrivait donc sous le règne du troisième ; cet historien donnait à Bérénice et à Ptolémée les titres officiels de *frère* et de *sœur*, quoiqu'ils ne fussent que *cousins*. Mais le scholiaste a cru que Bérénice était réellement sœur de son mari, puisqu'il la dit fille de Lagus (v. 34).

P. 8. La collection des *Hieroglyphics*, que je n'avais pas complète, lorsque cette partie de mon texte a été imprimée, contient, pl. LXV, une copie de cette inscription, accompagnée des hiéroglyphes donnant les noms de Ptolémée Épiphane et de Cléopâtre.

P. 19, 20 et 53. La correction que j'ai proposé de faire au texte de Porphyre (dès 1823), à savoir, ιϛ̄' au lieu de ιϛ', et la restitution que j'ai proposée, p. 53 et 54, d'après la version arménienne, se trouvent toutes deux dans le MS. de la Bibliothèque royale, publié par M. Cramer (*Anecdota parisiensia*, tom. I, pag. 121, lig. 11 et 27; Oxford, 1839), que je ne connaissais pas alors. La leçon Πύρρου, au lieu de Τύρρου, que j'avais soupçonnée (p. 64), est aussi dans le MS. (p. 122, l. 13).

P. 32. Mon opinion sur l'origine du nom *Antée*, qui serait une dénomination égyptienne sous une forme euphonique grecque, est confirmée par sir Gardner Wilkinson, qui croit qu'*Antée* est l'*Ombté* égyptien. (*Manners and customs of the ancient Egyptians*, t. IV, p. 140.)

P. 34. Dans une autre inscription de

Pselcis, ce roi Ergamène est appelé fils d'Osiris, né d'Isis, nourri par Nephthys. (Wilkinson, *Manners and customs*, t. IV, p. 438.)

P. 37. Des changements introduits dans le classement de quelques inscriptions ont interverti l'ordre de plusieurs numéros cités dans la première moitié de ce volume.

Ainsi, p. 37 et 38, il faut lire XXXII et XXXIII; p. 56, XXVI; p. 148, XLIV; p. 152 et 169, XXIV; p. 153 et 174, XXXIX; p. 171, LI, LII; p. 227, XLIX.

P. 40. La leçon APΩHPEI existe aussi dans la copie que sir Gardner Wilkinson m'a communiquée, et qui a été insérée dans la Collection des *Hieroglyphics* (pl. XLV).

P. 40. Une autre copie, prise par M. Wilkinson, se trouve dans la Collection des *Hieroglyphics* (pl. LXV). Elle ne présente d'autre variante que l'absence de toute séparation entre ΣHKON et les mots suivants; mais je ne puis douter que cette séparation existe.

P. 43. Les expressions *gauche* et *droite*, appliquées à un édifice, sont toujours équivoques, quand on n'a pas le soin d'ajouter si elles sont relatives à cet *édifice* ou au *spectateur*. A l'égard du temple d'Ombos, selon M. Rosellini, c'est à la gauche, non à la droite du spectateur, c'est-à-dire à l'*occident*, que se trouve la partie du temple dédiée à Aroéris. (*Monum. dell' Egitto*, etc.; *Mon. storici*, t. IV, p. 302, volume qui m'arrive en ce moment.) Ceci ne change rien à mon raisonnement, puisqu'il n'en résulte pas moins que la partie du temple consacrée à Aroéris était celle où se trouve la pièce surmontée de l'inscription grecque.

Le même savant propose de modifier le sens que j'ai attribué à cette inscription. Il part de la remarque, faite déjà par Champollion, que la plus ancienne partie du temple est de l'époque d'Épiphane, et que le nom de ce roi paraît dans les bas-reliefs à partir de la pièce dont le listel porte la dédicace grecque; il en conclut que les militaires, sous le règne de son fils, ne peuvent avoir voulu dire qu'ils avaient *décoré* ce qui l'était avant eux. Il croit pouvoir lever la difficulté en mettant une virgule après μεγάλῳ, de cette manière : ὑπὲρ βασιλέως.... Ἀροήρει Θεῷ μεγάλῳ, Ἀπόλλωνι καὶ τοῖς συννάοις Θεοῖς, τὸν σηκὸν, οἱ ἐν τῷ Ὀμβίτῃ.... ce qui signifierait, selon lui, que le *sécos* déjà consacré (par Épiphane) à Aroéris, dieu grand, l'a été ensuite à Apollon par les fantassins, etc. J'ose dire que cette interprétation est contraire à toute vraisemblance grammaticale; car, que l'on sous-entende ἀνέθηκαν ou ἐποίησαν après τὸν σηκόν, peu importe : jamais la phrase ne pourra signifier autre chose que : « Pour le « roi.... ont dédié le sécos à Aroéris, dieu « grand, Apollon, et aux dieux, etc. » Il est impossible d'y introduire cette idée . . . . . Ἀροήρει Θεῷ μεγάλῳ [ἤδη καθιερωμένον], Ἀπόλλωνι.... τὸν σηκὸν ἀνέθηκαν οἱ ἐν τῷ Ὀμβίτῃ, κ. τ. λ. Dans ce cas, la syntaxe et la clarté auraient exigé cette construction : ὑπὲρ Βασιλέως..., τὸν σηκὸν, ἤδη καθιερωμένον Ἀροήρει Θεῷ μεγάλῳ καὶ τοῖς συννάοις Θεοῖς, καὶ Ἀπόλλωνι..., ἀνέθηκαν οἱ ἐν τῷ Ὀμβίτῃ, κ. τ. λ. Cette explication offre bien d'autres difficultés encore; mais il serait superflu d'y insister.

Quant à l'objection tirée des cartouches d'Épiphane, il me semble qu'elle n'est point sérieuse : rien ne dit que le *sécos* fût l'une des pièces où ils se trouvent. Ce sécos devait être la plus reculée, vers le fond de l'édifice, dans une partie maintenant

ADDITIONS ET CORRECTIONS.

détruite. Le mot σηκός ayant un sens bien déterminé, la dédicace a pu être gravée sur le listel d'une pièce antérieure, sans qu'il restât d'incertitude sur la situation de celle dont les officiers grecs avaient fait terminer la décoration.

P. 47. La pl. LXIV des *Hieroglyphics* contient une copie de cette inscription et des hiéroglyphes correspondants, ainsi qu'un plan du petit temple. Elle montre que la divinité est bien l'Athor égyptienne.

P. 48, l. 20, *lisez* p. 56.

P. 54, l. 2, *lisez* et que.

P. 90. Une nouvelle copie de cette inscription m'a été transmise par sir Gardner Wilkinson depuis l'impression de cette partie du texte. Cette copie donne plusieurs variantes.

Ligne 1. ΕΠΙΑΟΥΙΛΛΙΟΥ, et non ΑΥΙΛΛΙΟΥ, donné par les autres copies.

Ligne 2. ΚΑΙΑΥΛΟΥΦΩΛΜΙΟΥΚΡΙΣΠΟΥ, ce qui est conforme à la leçon qu'il a citée dans sa *Topography of Thebes*, où il donne le nom *Folmius Crispus*; mais *Folmius* n'étant pas un nom romain, je n'ai pas hésité à croire qu'il y a sur la pierre Φωλούιος, au lieu de Φώλμιος.

Ligne 3. ΤΟ ΠΡΟΝΑΟΝ est aussi dans cette copie. La leçon que j'ai préférée n'est donc plus douteuse.

Ligne 4. Les dernières lettres sont : ΘΕΟΙΣ.... ΙΓΙΟΥΚΑΙΣΑ.... Dans la copie de M. Gau, il y avait ΘΕΟΙΣ.... ΓΙΡΙ.... l'autre justifie ma restitution.... L.... ΤΙΒΕΡΙΟΥΚΑΙΣΑΡΟΣ.

P. 90, ligne antépén., *lisez* de l'empereur Tibère-César.

P. 94. Mon opinion sur le temple de Tentyra est adoptée par sir Gardner Wilkinson : « A magnificent temple still re- « mains, erected to her (Aphrodite) in « the reigns of the last Ptolemies, and « completed under Tiberius. » (*Manners and customs, etc.* t. IV, p. 390.)

Les preuves que j'ai tirées de l'inscription seule, pour établir que l'*Aphrodite* dont elle fait mention est l'*Athor* égyptienne et la divinité principale de *Tentyra*, sont aussi confirmées par Champollion, qui a trouvé que le nom hiéroglyphique de la ville était la *demeure d'Athor* (*Grammaire égyptienne*, p. 158); et, selon sir Gardner Wilkinson (lieu cité), le nom vulgaire de *Tentyra* serait une corruption de l'égyptien *Teinathor*, *Tinatyr*, demeure d'Athor.

P. 105. Depuis, j'ai reçu de sir Gardner Wilkinson une cinquième copie. C'est la même qu'il avait transmise au Dr Thomas Young, qui l'a insérée dans la collection des *Hieroglyphics* (pl. XLV). Je regrette de n'avoir pas eu sous les yeux cette planche, lorsqu'on imprimait le texte; j'y aurais vu, ce que sir Gardner Wilkinson m'a fait remarquer dans une lettre particulière, que le mot ΝΕΡΟΥΑ, que Pococke a inséré dans la dernière ligne (p. 107), ne peut pas s'y trouver non plus que dans la formule du commencement; car la place s'y oppose dans l'un et l'autre cas. Sur les inscriptions, comme sur les médailles, quelle qu'en soit la date, le nom de *Nerva*, tantôt accompagne le nom de Trajan, et tantôt est omis.

La leçon ΣΥΝΕΤΕΛΕΣΟΝΔΕ met hors de doute la restitution συνετέλεσεν δέ que j'ai proposée.

On voit par la copie insérée dans les *Hieroglyphics* que la place avait été ménagée à dessein sur la frise pour recevoir l'inscription grecque; de chaque côté, le reste de la frise était occupé par des hiéroglyphes et des sculptures égyptiennes, exécutées à la même époque, comme au pronaos de Pselcis (plus haut, p. 34).

P. 107. Je dis que le titre de Σεβαστός

est le seul qu'il faille chercher dans l'inscription de Salamine, laquelle est de l'an III. Cependant M. Böckh, qui l'a rapportée dans son *Corpus inscriptionum* (n° 2592), remplit la lacune, au commencement de la seconde ligne, par les mots [Ἄρισ7ον, Σεβασ7όν. La place, j'en conviens, favorise cette restitution, car les lettres αὐτοκράτορα N.... de la première ligne, auxquelles doivent répondre celles qui ne sont plus dans la seconde, supposent que celles-ci étaient au nombre de *douze;* or la restitution de M. Böckh en prend *quatorze,* tandis que la mienne n'en emploie que *sept.* La sienne est donc, selon toute apparence, la véritable. Ce serait un nouvel indice que le titre de Ἄρισ7ος a été donné à Trajan, au moins sur les inscriptions, avant l'époque marquée par les médailles.

P. 227. *S. Sennode* (orthographe de sir Gardner Wilkinson) serait nommé plus exactement *S. Schenoudi*.

P. 232, l. I. Au lieu de ΑΥΤΟΥ ΜΗΤΡΟΣ, on pouvait lire ΜΗΤΡΟΣ ΑΥΤΟΥ, ce qui serait peut-être plus conforme à l'usage; mais je pense qu'on aura préféré la première construction, à cause de ce qui suit, καὶ τοῦ οἴκου αὐτῶν, qu'on aurait peut-être pris pour complément de μητρός, comme αὐτοῦ. La différence est peu importante, et je fais la remarque seulement pour montrer que ce détail ne m'a pas échappé.

P. 245, l. 15, lisez τάθ'.

P. 247, l. 5 (par en bas), lisez τήν.

P. 270. Selon M. Rosellini, qui approuve le sens donné à ἐπαμύνειν, j'aurais pu confirmer mon opinion, en ajoutant que dans le choix de ce verbe est comprise l'idée d'un rapprochement entre l'action d'Épiphane, vengeur de son père, et celle d'Horus, qui a vengé sur Typhon la mort d'Osiris. (*Monumenti storici*, t. IV, p. 269.)

Je regrette que ma note 53, p. 292, ait échappé au docte orientaliste; il y aurait trouvé sa remarque fort clairement exprimée : « Hermès et Horus avaient sou- « mis, etc. »

P. 300. Le même savant (t. IV, p. 295, *Mon. stor.*) propose de traduire τὰ τῶν ἱερῶν τιμώτατα ἀνενεοῦτο par il *a renouvelé les rites les plus honorables des temples* (*le cose piu onorande dei templi* (cioè i riti, i sacrifizi che nelle turbolenze dei precedenti regni erano stati negletti) *ha ripristinato*). Il trouve que le sens que j'ai adopté fait répétition avec ce qui précède : *Le roi a fondé des naos, des autels; il a restauré, à son tour, ceux qui avaient besoin de réparation.* Si le savant orientaliste avait fait plus d'attention à ma note 72, où je dis que ἀνανεοῦσθαι signifie, non pas *réparer*, mais *refaire à neuf, renouveler,* il aurait vu que la répétition ou la redondance n'existe pas. On trouve ici, au contraire, une gradation motivée dans tous ces travaux. Épiphane *a fondé des temples* (.... ἱερὰ ἱδρύσατο); *il a réparé* ceux qui en avaient encore besoin (τὰ προσδεόμενα ἐπισκευῆς προσδιωρθώσατο), et *il a refait à nouveau* (ἀνενεοῦτο) les principaux des temples *détruits* dans les temps antérieurs. En parlant de Philes, je montrerai que le grand temple de cette île était justement un de ces édifices *détruits* qui furent *refaits à nouveau* par les Ptolémées. Je persiste donc à maintenir le sens que j'ai adopté, en priant seulement le lecteur de substituer, dans ma traduction, *renouveler* à *réparer*.

P. 317. Dans un des bas-reliefs du temple d'Osiris à Philes, publié d'abord dans les *Hieroglyphics* (pl. LXVIII), ensuite dans les Monuments de l'Égypte et de la Nubie, par Champollion, pl. XC, t. Ier, on voit un naos portatif contenant une statue, et surmonté d'une *basilie* ou coiffure royale, reposant sur un *tétragone* (v. la vignette ci-dessous, p. 472) comme dans le dessin de la p. 317, ce qui confirme mon interprétation de ce passage si difficile de l'inscription de Rosette.

P. 333. On a oublié d'indiquer la planche où se trouve l'élévation de l'obélisque. C'est pl. XV, n. 1.

P. 353. La restitution que je propose de la lettre et du rescrit royal vient d'être confirmée dans ses points essentiels.

En m'envoyant, dans une lettre du 6 avril dernier, le texte relevé par M. Bankes, M. W. R. Hamilton m'annonçait que ce savant voyageur, propriétaire de l'obélisque, lui avait promis de revoir avec soin la copie sur le monument même. Pour lui faciliter cette nouvelle collation, je communiquai à M. Bankes ma copie restituée, en le priant de porter principalement son attention sur les traces qui pouvaient subsister encore du mois macédonien, avant l'expression de la date égyptienne. J'attendis pendant six mois l'exécution de cette promesse; enfin, ne pouvant arrêter l'impression de mon ouvrage, je pris le parti de me passer de la collation nouvelle, sauf à consigner plus tard, dans un *addenda*, les indications qu'elle me fournirait. Mon travail était donc tout imprimé, lorsque M. Hamilton, dans une lettre du 14 octobre, m'annonça enfin que, décidément, je devais renoncer à tout renseignement ultérieur de la part de M. Bankes. Il m'avertit, en même temps, que le docteur Lepsius ayant collationné de nouveau les inscriptions pendant son séjour en Angleterre, j'obtiendrais facilement de lui ce que M. Bankes n'était plus en position de me donner. J'écrivis donc à ce jeune et savant philologue, qui s'empressa de m'envoyer (dans une lettre datée de Berlin, du 27 novembre) un autre exemplaire de la copie de M. Bankes, à laquelle il a ajouté, au crayon, le peu de traits qu'une collation attentive lui a permis d'apercevoir de plus. « La copie que je vous envoie, me dit-il, repose sur celle de M. Bankes, que j'ai comparée avec l'original sur les lieux; mais je vous préviens que, comme l'original est très-difficile à vérifier, je ne voudrais pas garantir tous les signes que vous trouverez écrits au crayon. » En effet, plusieurs ne peuvent être exacts; mais ceux-là même conduisent facilement à la vraie leçon, dont ils sont d'irrécusables témoins. On en va juger :

A. LETTRE DE NUMÉNIUS.

Pour les neuf premières lignes, la copie de M. Lepsius ne diffère en rien de celle de M. Bankes. La dernière ligne seule, dont il ne restait qu'un mot, présente quelques traits importants, qui confirment ma restitution, comme on peut le voir par ce rapprochement, B. étant la copie de M. Bankes, L. celle de M. Lepsius, et R. la restitution que j'ai proposée dans le Journal des Savants, cahier de décembre 1841, p. 743 :

B. ....ΠΑΧΩΝΚϚ
L. ΥΙΟ..ΒΑΣΟΑ   ΒΙΡ.............ΗΙΗϹΟΥ Β ΠΑΧΩΝΚΒ
R. ΠΟΙΗΣΑΣΘΑΙ ΕΡΡΩΣΘΕ.L....ΠΑΝΕΜΟΥ...ΠΑΧΩΝΚϚ

Le verbe ποιήσασθαι, qui m'avait paru nécessaire pour achever la phrase précédente, existe dans les éléments qu'on distingue encore sur l'original, le commencement de ΕΡΡΩΣΘΕ se retrouve évidemment dans les traits altérés ΒΙΡ. Il est également certain qu'une date macédonienne précédait, comme je l'avais pensé, la date égyptienne. Bien que les traits... ΗΙΗΟ⟨Υ ne représentent peut-être pas, d'une manière indubitable, la finale .... [ΠΑ]ΝΕΜΟΥ, cependant on ne doit pas négliger de remarquer que, de tous les mois macédoniens[1], le *panémus* est encore celui dont le nom convient le mieux aux traces qui subsistent. La restitution πανέμου reste donc la plus vraisemblable, et l'on peut admettre, dès à présent, sauf vérification ultérieure, que, entre les années 127 et 117 avant notre ère, intervalle où se renferme la date de ces monuments, le 22 (et non le 26, ainsi que le portait la copie que m'avait transmise M. Hamilton) du mois égyptien de *pachon* répondait au 2 du mois macédonien *panénus*. Nous obtenons par ce moyen une de ces concordances si précieuses pour arriver à connaître la nature encore incertaine du calendrier macédonien en Égypte.

B. RESCRIT ROYAL.

Les deux premières lignes n'offrent aucune incertitude, je n'ai rien à en dire; mais, pour chacune des six lignes suivantes, la copie de M. Lepsius donne un certain nombre de lettres qui reviennent clairement à ma restitution. Voici ces lignes, avec la comparaison des trois textes :

B. ......ΤΩΙΑΔΕΛΦΩΙΧΑΙΡΕΙΝ................................
L. ...ΧΩΙΤΩΙΑΔΕΛΦΩΙΧΑΙΡΕΙΝ..............ΥΧ...ΙΣΗΙΣΗΝΙΝ } 3ᵉ lig.
R. ΛοΧΩΙΤΩΙΑΔΕΛΦΩΙΧΑΙΡΕΙΝΤΗΣΗΜΙΝΔΕΔοΜΕΝΗΣΕΝ

B. ....ΩΣΠΑΡΑΤΩΝ...............................
L. ......ΩΣΠΑΡΑΤΩΝΙ....... ....ΩΙΚΑΙϹΥ } 4ᵉ lig.
R. ΤΕΥΞΕΩΣΠΑΡΑΤΩΝΙΕΡΕΩΝΤΗΣΕΝΤΩΙΑΒΑΤΩΙΚΑΙΕΝ

B. ....ΑΝΤΙΓΡΑ.....
L. .....ΑΙ7ΙΣΙΛοΣΥΠοΤΕΚ.............ΑΝΤΙΓΡΑ......... } 5ᵉ lig.
R. ..ΦΙΛΑΙΣΙΣΙΔοΣΥΠοΤΕΤΑΧΑΜΕΝΣοΙΤοΑΝΤΙΓΡΑΦοΝ ΚΑΛ

B. ....ΠοΙΗΣΗΣ.................................
L. ΛΛΩΣοϹΙΠοΙΗΣΗΣΣΥΝ............ΙΛΕ............... } 6ᵉ lig.
R. ...ΩΣοΥΝΠοΙΗΣΗΣΣΥΝΤΑΞΑΣΕΠΙΜΗΔΕΜΙΑΙΠΡοΦΑΣΕΙΜΗΔΕ

B. ....
L. ΛΛΕΝοΧΛΕΙΝΑΥΤοΥΣΤ...ΝΣ............................ } 7ᵉ lig.
R. ΝΑΕΝοΧΛΕΙΝΑΥΤοΥΣΠΕΡΙΩΝΠΡοΦΕΡοΝΤΑΙΠΑΡΕΚΑΣΤοΝ

L. ....ΕΡΡΩΣο................................ } 8ᵉ lig.
R. ....ΕΡΡΩΣο

[1] Au génitif, *δίου, ἀπελλαίου, αὐδιναίου, περιτίου, δύστρου, ξανδικοῦ, ἀρτεμισίου, δαισίου, πανέμου, λώου, γορπιαίου, ὑπερβερεταίου.*

'Ligne 3. Du nom ΛΟΧΩΙ, que j'avais suppléé avant ΤΩΙ ΑΔΕΛΦΩΙ, il reste encore les lettres ΧΩΙ. A la fin, les lettres conservées sont les restes de ΔΕΔο]ΜΕ-ΝΗΣ ΗΜΙΝ. J'avais restitué ΤΗΣ ΗΜΙΝ ΔΕΔοΜΕΝΗΣ, ce qui revient au même.

Ligne 4. Le I du mot ΙΕΡΕΩΝ subsiste après ΤΩΝ ; à la fin, on reconnaît évidemment le reste de [ΑΒΑΤ]ΩΙ ΚΑΙ ΕΝ.

Ligne 5. Cette ligne commençait par ΦΙΛΑΙΣ ΙΣΙΔοΣ ΥΠοΤΕ[ΤΑΧΑΜΕΝ], comme je l'avais conjecturé. ΚΑΛΩΣοΥΝ précédait ΠοΙΗΣΗΣ (pour ΠοΙΗΣΕΙΣ): seulement il paraît que ΑΝΤΙΓΡΑ[ΦοΝ] finissait la ligne, et que ΚΑΛΩΣοΥΝ commençait la suivante.

Ligne 6. De ΣΥΝΤΑΞΑΣ il reste encore la syllabe ΣΥΝ, et, de ΜΗΔΕΜΙΑΙ, les lettres médiales ΗΔΕ.

Ligne 7. Il y avait, sans nul doute, ΜΗΔΕΝΑ devant ΕΝΟΧΛΕΙΝ. Les rudiments de lettres après ΑΥΤΟΥΣ semblent conduire à une autre leçon que la mienne; mais l'incertitude de ces signes m'empêche de m'y arrêter, et les exemples de la formule qui termine ces rescrits ne me permettent pas d'hésiter sur ce point plus que sur tout le reste.

Ainsi la restitution proposée avait rétabli, non-seulement le sens de ces deux pièces, mais leur teneur exacte.

P. 354. J'hésite beaucoup maintenant à croire que le mot στήλη désigne ici l'*obélisque* même élevé par les prêtres. Déjà Champollion avait écarté cette idée (*Revue encyclopédique*, mars 1822); Guillaume de Humboldt la repousse également (*Ueber den Zusammenhang der Schrift mit der Sprache*, à la fin du tom. II de son *beau livre Ueber die Kawi Sprache*, S. 30, 57), ainsi que M. Lepsius, dans une lettre particulière, où il m'annonce même qu'il a quelque raison de douter que l'obélisque, quoique du temps d'Évergète II, se rapporte à la circonstance indiquée dans l'inscription grecque; ce qui détruirait le seul motif que j'ai pu avoir de donner un tel sens au mot στήλη. Dans ce cas, la *stélé* dont parlent les prêtres serait quelque autre monument que nous n'avons plus.

P. 369, lisez *Rescrit royal adressé à Lochus, stratége de la Thébaïde.*

P. 371, lisez ποιήσεις οὖν καλῶς.

P. 355, ligne pénult. de l'inscription, lisez ΣΥΝΤΑΞΑΣ.

P. 376. On peut ajouter que l'obélisque d'Axum, qui est de l'époque romaine, est aussi élevé sur trois gradins.

P. 390. On trouvera, pl. XVII, le *fac-simile* que j'ai fait faire d'après l'empreinte en papier que m'a transmise M. le professeur Vömel, de Francfort-sur-le-Mein.

P 396, l. 1 et 2, lisez *Iovi Optimo Maximo.*

P. 409. On trouvera, pl. XIV, n° 1, le *fac-simile*, ou du moins la copie figurée de cette inscription, que vient de m'envoyer M. Böckh. L'opinion de cet illustre critique, sur l'époque de ce monument (expédition de Chabrias en Égypte), est d'accord avec la forme des caractères.

P. 205, 206 (cf. p. 35). M. Rosellini, qui n'a pu avoir que mon ouvrage de 1823 sous les yeux, pense que je n'aurais pas dû confondre les deux épithètes d'Hermès, *Pytnuphis* et *Paytnuphis*, par la raison que *Pytnuphis* signifie le *Nabien*, et *Paytnuphis*, d'après Champollion, le *bienfaisant*, le *bon* (t. IV, p. 332-333). Cette distinction est chimérique. L'épithète Πύτνουφις n'existe que dans la copie manuscrite que m'avait remise M. Gau. Sa copie imprimée et celle de M. Lenormant portent Παύτνουφις, comme

472 ADDITIONS ET CORRECTIONS.

les autres inscriptions recueillies à Dekkeh. La distinction que veut établir le docte italien semble donc reposer uniquement sur une erreur de transcription.

P. 254. J'ai dit ici (et plus haut, p. 9), que, des deux titres *Épiphane* et *Eacharistе*, que porte Ptolémée V, dans l'inscription de Rosette, le premier est le *principal*, le vrai titre *distinctif*; ce qui explique pourquoi l'un est employé constamment, tandis que l'autre manque quelquefois sur les inscriptions. M. Rosellini tire la même conséquence de ce qu'on ne le trouve jamais dans les légendes hiéroglyphiques, excepté sur la pierre de Rosette. (*Monum. storici*, t. IV, p. 337.)

Cette observation fort juste me suggère l'explication d'un fait assez remarquable. Le groupe hiéroglyphique qui répond au grec Εὐχάριστος, sur cette pierre, est celui-ci : qui signifie *trois fois bon* ou *maître de la triple bonté*, c'est-à-dire *très-bon, très-bienfaisant* et non pas simplement *bon* ou *bienfaisant*. C'est là, en effet, une expression égyptienne du *superlatif* (plus haut, p. 283) répondant, non au positif εὐχαρις ou εὐχάριστος, mais bien au superlatif εὐχαρίστατος ou εὐχαριστότατος. Cette différence montre que le traducteur égyptien a pris le grec εὐχάριστος pour εὐχαρίστατος, c'est-à-dire pour le superlatif de εὐχαρις (comme μέγιστος pour μέγας) : une telle erreur ne surprendra pas, après toutes celles qui attestent, de sa part, fort peu d'habitude du grec. Ce serait encore une preuve manifeste que le grec est le texte primitif; car une telle méprise n'était évidemment possible que dans le passage du grec à l'égyptien.

Cette figure se rapporte aux p. 317 et 469.

TABLE ANALYTIQUE

DES

MATIÈRES CONTENUES DANS CE VOLUME.

Ire CLASSE.

INSCRIPTIONS RELIGIEUSES.

Ire PARTIE.

INSCRIPTIONS GRAVÉES SUR DES PARTIES DE TEMPLES, ET RELATIVES À LEUR CONSTRUCTION OU À LEUR DÉCORATION.

SECTION Ire. ÉPOQUE DES LAGIDES.

N^{os} I. *Dédicace du temple d'Osiris, à Canope*, p. 1.— Découverte, 2.— Texte, 2, 3.— Θεοὶ ἀδελφοί, 3; sens du titre ἀδελφή, qui s'applique à la femme des rois, quoiqu'elle ne soit pas leur sœur, 3, 4. — Texte de Cicéron expliqué, 4. — Écriture cursive posée, 5. — Sens du mot τέμενος, 5. — Inscriptions dans les fondations des édifices, 5.

II. *Dédicace du temple d'Esculape, à Philes*, 7. — Texte, 7. — Naissance de Philométor, 8. — Temple construit à cette occasion; Esculape, *Imouth*, 9. — Titres de Ἐπιφανής et Εὐχάρισ7ος, 9.

III. *Dédicace d'un propylon, à Parembolé*, 10. — Sens de παρεμβολή, station militaire, 10, 11. — Époque récente du temple, 11, 12. — Fondé par Atharramon, roi d'Éthiopie, 12. — Construction successive des diverses parties d'un temple, 12, 14. — Sens de πρόπυλον, 14. — Passage de Strabon, 15. — Sens de πυλών, 16. — Texte de l'inscription, 17. — Divinité principale, ou éponyme, 18. — Parèdre, ou σύνναος θεός, 18, 19. — Passage chronologique de Porphyre, 19-22. — Sens de χρηματίζειν, 21. — Formule de τὰ τέκνα, 22.

IV. *Dédicace du pronaos d'Antæopolis*, 24. — Texte restitué, 24-30. — Deux parties, d'époques différentes, 30. — Antée, divinité égyptienne, 31. — Villes nommées d'après les dieux, 31.

TOM. I.

N°° V. *Dédicace du temple de Pselcis*, 33.—Temple fondé par Ergamène, roi d'Éthiopie, 34. — Dédié à Hermès Paytnuphis, 34. — Texte restitué, 35, 38. — Rois éthiopiens suivent la religion égyptienne, 38, 39. — Pronaos construit par Évergète II, achevé par Auguste, 39.

VI. *Dédicace d'une chapelle, à Ombos*, 40. — Texte, 40, 41. — Ἀρόηρις et Ἀρώηρις, 40.—Temple double, 41, 42. — Les fonctionnaires grecs, auteurs de la dédicace, 44. — Double divinité du temple, 45.
N. B. L'ordre chronologique exigerait que cette dédicace fût placée après la suivante.

VII. *Dédicace du petit temple d'Aphrodite, à Philes*, 46.— Cette Aphrodite est l'Athor égyptienne, 47, 48.

VIII. *Dédicace du propylon d'Apollonopolis parva*, 49. — *Aroéris*, Apollon, 50. — Voyage d'Évergète II, 51. — Construit ce propylon, 52. — Excursion chronologique, 53.

1. *Règne d'Évergète II et des deux Cléopâtre*, 53. — *Eupator,* second nom de Philométor, 53, 54. —Mariage de ce prince, 54.—Naissance de sa fille, Cléopâtre, *ib.* — Évergète l'épouse, puis la répudie pour épouser sa nièce, 54, 55.

2. *Cléopâtre règne après lui*, 56.—Texte de Porphyre, 57, 58.—Règne de Sôter II, 60.— Second voyage d'Eudoxe, 59.— Son retour, 60.— Sôter II chassé, 61. — Alexandre appelé au trône, 61. — Date de l'inscription d'Apollonopolis, 62. — Titres de Φιλομήτορες et de Σωτῆρες, 62, 63. — Alexandre chassé, 64. — Sôter II rappelé, 65.— Texte de Pausanias, 65. — Titre de Philadelphe, 66. — De Philométor, non entendu de Pausanias, 66, 67, 68.

3. *Mariage d'Alexandre*, 68.—Textes de Pausanias et de Porphyre, 69.— Premier mariage d'Alexandre, 70. — Règne avec sa mère.

4. *Age d'Alexandre II et de Bérénice*, 71. — Le nom de Cléopâtre omis dans les actes publics, 76.— Restriction à faire au témoignage de Porphyre, 77. — Ambition de Cléopâtre, 78. — Tableau chronologique, 79.

SECTION II. ÉPOQUE DES ROMAINS.

IX. *Dédicace du propylon de Tentyra*, 80. — Texte, 81. — Auguste, Ζεὺς Ἐλευθέριος, 82.— Jour éponyme de Julie, 82-85. —Date, 86.— Publius Octavius, préfet d'Égypte, 86.

X. *Dédicace du pronaos de Tentyra*, 87. — Avillius Flaccus, préfet d'Égypte, 88. —Texte restitué, 90.—Tibère, *nouvel Auguste*, 91.— Mérite d'abord ce titre, 93.— Forme des lettres, 92. — Le pronaos achevé sous Tibère, 94-96.

XI. *Inscription sur la corniche du pronaos de Tentyra*, 97. — Tracée par les architectes ou entrepreneurs, 98.

XII. *Inscription relative aux travaux du temple d'Aphrodite, déesse nouvelle*, 98. — Tentyris et Tentyra, 99. — Περίβολος, margelle d'un puits, 99. — Fautes

DES MATIÈRES. 475

de langue et d'orthographe, 99, 100. — Φροντισ7ής, 101-103. — Aphrodite, *déesse nouvelle*, Julie ou Plotine, 101-103.— Νέος et νεώτερος, 102.

N°ˢ XIII. *Inscription d'un propylon, à Panopolis*, 103.— Texte, 106.— Titres de Trajan, Ἄρισ7ος et Παρθικός, 108. — Pan, dieu très-grand, 109. — Nom de la tribu, 110. — *Apollinaris* et *Apollinarius*, 111. — Déesse Thriphis, 112. — Adorée à Athribis, 112.— Προσ7άτης, 114. — Sulpicius Simius, préfet d'Égypte, 115. — Zodiaque, du temps de Trajan, 119.

XIV. *Inscription d'un pylône, à Cysis*, 119. — Marcus Rutilius Lupus, préfet d'Égypte, 121. — *Cysis*, lieu de l'oasis, 122. — Γράφειν ψήφισμα, 122.

XV. *Inscription de Tchonémyris*, 124.— Dieu Aménébis, 126. — *Tchonémyris*, lieu de l'oasis, 127. — Ἐκ καινῆς, 127. — Thucydide expliqué, 127. — Pænias, nom propre, 128. — Le prénom romain suit le nom grec, 129. — Χρηματίσας, surnommé, 129. — Avidius Héliodore, préfet, 129. — Père d'Avidius Cassius, 129, 130. — Vulcatius Gallianus expliqué, 130. — Rhéteurs grecs, choisis par les empereurs pour secrétaires, 130, 131. — Aristide (rhéteur); principales époques de sa vie, 131-134.

XVI, XVII. *Dédicaces de deux temples situés dans les carrières de porphyre*, 135. — Découverte de leur emplacement, 136. § 1. *De l'exploitation et de l'emploi du porphyre chez les anciens*, 137. — Le porphyre non travaillé par les Égyptiens et les Grecs, 138. — Blocs erratiques, 138. — Erreurs de Pline sur le labyrinthe, 139, 140. — Traité de Philon de Byzance, 140. — Erreur de Winckelmann, 141. — Juste remarque de Visconti, 141. — Porphyre exploité sous le règne de Claude, 141, 142. — Les statues en porphyre d'abord peu goûtées, 142.— L'usage s'en répand, 143.— Carrières *célèbres* au temps d'Aristide, 143. — Exploitées par des malfaiteurs; espèce de bagnes, 143. — Julius Capitolinus expliqué, 144. — Erreur de Visconti, 144, 145. — Gisement des carrières selon les anciens, 145, 146. § 2. *Description de l'état actuel des lieux*, 147. — Porphyre au Djebel-Dokhan, 147-149. — Granit au Djebel-Fateereh, 149-151. § 3. *Explication des dédicaces des deux temples*, 152. — Texte, 153. — Formule ὑπὲρ νίκης, 154. — *Sérapis* substitué à *Osiris*, 155. — Verbe omis, 156. — Δοῦλος Καίσαρος, 157. — Sigérianus, affranchi de Sigéros, 157-159. — Le fermier des carrières, 159. — Rhammius Martialis, préfet d'Égypte, 162. — Sous Trajan, déplacé par Adrien, 163-165. — Garde des carrières, 167.— Mont Claudien, nom ancien de la montagne, 166-170.— Style des temples, 171. § 4. *Conséquences historiques;* routes à travers le désert jusqu'à la mer Rouge, 174, 175. — Position de *Myos-Hormos*, 175, 176. — Exportation des matériaux par mer, 177. — Position de Philotéra, 177, 178. — Les villes du nom d'*Arsinoé* et de *Bérénice*, 180-183. — Scholie de Théocrite, 181. — Fragment de Lycus de Rhégium, 181, 182. — Les villes du nom de *Philotera*, 183. — Polybe corrigé, 183. — Vues de Phila-

60.

TABLE ANALYTIQUE

delphe, 184. — Époque relative des villes de *Bérénice* et d'*Arsinoé*, 185. — Canal des deux mers; son objet, 186. — Positions de *Philotera* et de *Philoteras portus*, 187. — Canal des deux mers; nécessaire à l'exploitation des carrières de granit, 187. — Son histoire, 188. — Sous les Pharaons, 189-192. — Sous les Ptolémées, 192. — Plutarque expliqué, 193. — Sous les Romains, 195. — Réparé par Trajan, 196. — Abandonné après le règne des Antonins, 198.

Nos XVIII. *Inscription d'une colonne du petit temple de Latopolis*, 299. — Époque récente du temple, 200, 201. — Texte de l'inscription, 202, 203. — Γλυφή et ζωγραφία, 204. — Date et conséquences, 205.

XIX. *Inscription relative à la dorure du temple de Pselcis*, 206. — Texte, 206. — Hermès Paytnyphis, 206. — Μέγισ7ος, non τρισμέγισ7ος, 206. — Συνορία, 207. — Dorure du temple, 208. — Μεμελῆσθαί τινι, 208-209. — Conséquences pour l'histoire de l'art égyptien.

XX-XXII. *Seconde inscription d'Antæopolis*, 210. — Son époque, 210. — Ἀνανεοῦσθαι, ἀνανεοῦν, 211. — Στεγασ7ρίς, corniche, 212. — *Inscriptions de Gérasa et de Nicée* restituées, 216-224. — Le prénom de Flavius non porté par Claude le Gothique, 225. — Μεγίσ7η, titre donné à Nicée, 225. — Ellipse de κατεσκεύασε ou ἐποίησεν, 226.

XXIII. *Réparation faite au mur du Sphinx*, 226. — Le préfet Flavius Titianus, 227.

XXIV. *Dédicace du temple de Thriphis, à Athribis*, 228. — Description d'Athribis, 229. — Texte de l'inscription, 230. — Titre de *nouvel Auguste*, donné à Tibère après l'an IV, 231. — Livie, femme d'Auguste, *nouvelle Isis*, 231, 232. — Déesse *Thriphis*, 232. — Le poëte *Thriphiodore*, ou *Triphiodore*, non *Tryphiodore*, 233. — Le préfet Caïus Galérius, 233, 234. — Chronologie des préfets d'Égypte, sous Tibère, 234-238.

IIᵉ PARTIE.

ACTES SACERDOTAUX.

XXV. *Inscription de Rosette*, 241. — Notions préliminaires, 244. — Texte et traduction, 244-251. — Commentaire, 251. — Νέος appliqué à Épiphane, 252. — Παραλαβεῖν παρὰ τοῦ πατρός, 252. — Βασιλεία, couronne ou royaume, 253. — Βιός, sort, condition, 253. — Périodes τριακονταετηρίδες, 254. — Titres de αἰωνόβιος, ἐπιφανής, εὐχάρισ7ος, 255. — Δοκιμάζειν, 256. — Culte des Ptolémées, 257. — Sacerdoce, 259-261. — Date du décret, 262. — La rédaction grecque est la première, 262, 273, 280, 302, 304, 312, 318, 321, 322, 323, 324. — Histoire d'Épiphane, 264-266. — Classes de prêtres, 267. — *Sérapiéum*, 268. — Ἥφαιστος et Φθάς, 269. — Couronnement à Memphis, 270. — Ἐπαμύνειν τινά, 271. — Σιτικός, 271. — Pensions aux prêtres, 272. — Εὐδία, sérénité, 272. — Φιλανθρωπεῖν, 272.

DES MATIÈRES. 477

— Ὁ λαός, 273. — Βασιλείας (ἐπὶ τῆς), βασιλείᾳ (ἐν τῇ), 273, 301. — Βασιλικὰ ὀφειλήματα, 274. — Ἀπομοῖραι, 275. — Propriétés des temples, 276. — Τελεσ7ικὸν (τό), 276. — Députations annuelles des prêtres à Alexandrie, 278. — Grand prêtre résidant en cette ville, 279. — Directeur du musée, 279. — Politique des Ptolémées, 280. — Le byssus est du lin, non du coton, 282. — Hermès Trismégiste, 283. — Ἀλλότρια φρονεῖν, 285. — Ἡ ταραχή, 285, 286. — Παραγενέσθαι, 288. — Deux villes de Lycopolis, 288. — Ἐκ πολλοῦ, 289. — Ἡ μεγάλη ἀνάβασις, 289.— Date de la prise de Lycopolis, 290. — Siége de cette ville, 290. — Les pasteurs, 291, 292. — Ἐνοχλεῖν avec accusatif, 293. — Τὰ διάφορα, 294. — Κεράμιον, vase et mesure, 295.— Taureaux Apis et Mnévis, 295, 296.— Osorapis, Osoramnévis, 297. — Φροντίζειν ὑπέρ, 297. — Τὰ τίμια, 298. — Λίθοι πολυτελεῖς, 298. — Ἱδρύσθαι ἱερόν, βωμόν, 299. — Τὰ τιμιώτατα, 300. — Ἀγαθῇ τύχῃ, 302. — Εἰκών, ξόανον, 302. — Παρεσ7ήξεται, 303. — Ὅπλον νικητικόν, 303. — Προσονομάζεσθαι τινός, 304. — Figures en bas-relief, habillées, 305. — Περιτίθεσθαι et παρατίθεσθαι, 305. — Statuettes en bois dans des châsses, 306. — Châsses portées dans les cérémonies, 307. — Ἐξοδεύειν, 307. — Βασιλεῖαι, coiffures royales, 308-310. — Mâts avec flammes devant les temples, 312. — *Pschent* ou *Schent*, 313. — Les Phylactères, 314-316. — Ἐπιφανής, 318. — Fautes du graveur égyptien, 318. — Généthlies, fêtes de la naissance du roi, 319. — Époque de la naissance d'Épiphane, 320. — Erreur du texte égyptien, 321. — Jours éponymes, 321. — Néoménie, 324. — Stéphanéphorie, fête égyptienne, 325. — Ἱερατεύειν τινί, 327. — Culte dans les maisons, 327. — Αὐξάνειν τινά, 329. — Stèle de Turin, 329. — Temples et dieux de différents ordres, 330, 331. — Stèles bilingues déposées dans tous les temples, 331. — Espoir d'en découvrir d'autres, 332.

Nᵒˢ XXVI, XXVII. *Inscription du piédestal de l'obélisque de Philes*, 333. — Observations préliminaires, 333-337. XXVI. *Pétition des prêtres*, 337. — Texte et traduction, 337, 338. — Commentaire. Date, 339. — L'*Abaton* de Philes, 340. — Παρεπιδημεῖν, 340. — Οἱ πραγματικοί, 341. — *Stratéges, épistates, thébarques, phylacites*, 342, 343. — Παρουσίαι, droits de présence, 343. — Adresse des prêtres, 344, 345. — Χρηματισμοί, 353. — Στήλη paraît désigner un obélisque, 354. XXVII. Les deux missives, 355.— Texte restitué, 355. — A. *Lettre de Numénius*. Préambule, 356. — Fonctions de l'épistolographe, 358. — Prêtre des Ptolémées, 358, 359. — Chargé du sacerdoce égyptien, 359. — En même temps directeur du Musée, 361. — Le Musée, appelé la *cage des Muses*, 361. — Littérature alexandrine soumise à une censure au moins politique, 363. — Politique des Lagides, 364, 365. — *Eupator* est le premier titre de Philométor, 365-368. — Formule des lettres différente selon les positions sociales, 368. —

B. *Rescrit royal.* Παρ' ἕκασ7ον ou ἕκασ7α, 369.— Ποιεῖσθαι, non ποιεῖν πρόνοιαν, 371.— Les titres de *frère* et de *père* donnés par le roi aux grands dignitaires, 372.— Conclusion, 373.— Les deux missives ont été écrites en lettres d'or, 375.— Disposition particulière de l'obélisque due à l'influence grecque, 375. — Aiguille de Cléopâtre dressée par les Grecs à Alexandrie, 376.

IIIe PARTIE.

DÉDICACES ET OFFRANDES RELIGIEUSES.

SECTION Ire. ÉPOQUE DES LAGIDES.

N°s XXVIII. *Dédicace d'Acoris*, 377. — Titre de μέγας donné à Ptolémée Épiphane, 377.— *Acoris*, nom de ville et de divinité, 378.— Isis *Lochias*, 379, 380.

XXIX. *Inscription trouvée près du Labyrinthe*, 383. — Sur un autel en l'honneur de Cléopâtre Philométor, 383.

XXX. *Fragment trouvé près de Bérénice*, 384. — Temple de Sérapis, 384.— Évergète et les deux Cléopâtre, 385.

XXXI. *Autel trouvé à Ombos*, 385. — Inscription restituée par M. Francke, 384, 385.— Autre restitution, 385, 386.— Le roi mis avant la divinité égyptienne, 388.

XXXII. *Stèle de l'île de Dionysos, trouvée dans l'île des Cataractes*, 389. — Texte et traduction, 390.—Évergète et Cléopâtre, 391, 392.—*Archisomatophylax*, titre honorifique, 393. — *Basilistes*, confrérie dionysiaque, 393, 394.— Divinités égyptiennes, avec leur synonymie grecque, 395-398. — *Junon* et *Hestia*, divinités primitivement étrangères aux Égyptiens, 398, 399.— Θεοί et δαίμονες, 400.— Prêtres du Nil, 401.— Ellipse du verbe, 401. — Le prostate du synode, 402. — Jours éponymes, 403. — Grecs et Égyptiens adoptent la religion les uns des autres, 404.

XXXIII. *Dédicace à Ptensénès*, 407. — Tables de sacrifices, 407. — Le dieu *Ptensénès*, 408.

XXXIV. *Dédicace trouvée à Abusis*, 409. — Due à des soldats de Chabrias, 410. — *Amyrtée*, nom égyptien porté par un Grec, 410. — *Psammitichus*, roi de Corinthe, 411.— *Odomæstanus*, dieu égyptien, 411. — Θεὸν ἱδρύσασθαι, 412.

XXXV. *Stèle d'Alexandrie*, 412.— Époque d'Évergète II, 413.— Μέλλακες, 413, 414. — Espèce de pages, 414, 415. — *Enfants royaux*, 415. — École militaire fondée par Alexandre, 415, 416.

XXXVI. *Autel de Cybèle, à Canope*, 417. — Cybèle *Sotira*, 417.

XXXVII. *Autel d'Apollon et Proserpine, à Alexandrie*, 417.

DES MATIÈRES.

SECTION II. ÉPOQUE ROMAINE.

N°° **XXXVIII.** *Cippe du centurion Longin,* 418.—Vitrasius Pollion, préfet, 419.— Ἔπαρχος Αἰγύπτου, 419.— Κεντυρίων pour ἑκατοντάρχης, 420.

XXXIX-XLII. *Inscriptions du mont Claudien,* 420. — *Hydreuma Trajanum,* station militaire et lieu d'exploitation, 420, 421, 422. XXXIX. Inscription de l'an XII de Trajan, 421. — Simius Sulpicius, préfet d'Égypte, 421, 422. — Singuliers surnoms romains, 421. — Τραϊανός, pris adjectivement, 423. — Époque de l'établissement de la station, 424, 430. — Ἀμμῶνις, pour Ἀμμώνιος, et Μαλλίτης, pour Μαλλώτης, 425. XL. Autel élevé par l'architecte Héraclide, 426. — Lupus, préfet d'Égypte, 426. XLI. Autel de Sérapis, 427. — L'architecte Apollonius, 427. — Ὑπὲρ τῆς σωτηρίας τῶν ἔργων, 428. XLII. Autel d'Annius Rufus, 429. — Légion *Apollinaris,* 429. — *Optimus,* titre de Trajan, 430.

XLIII. *Inscription des grottes de Silsilis,* 430. — Époque, 431. — Προσκύνημα ἀνατίθεσθαι, 432.

XLIV. *Dédicace trouvée au Porphyrites mons,* 433. — Ἶσις μυριώνυμος, 433, 434.

XLV. *Dédicace à Isis pharienne,* 434. — *Ménuthis,* bourg près de Canope, 435. — Avec temple d'Isis, 435, 436. — Canopus, pilote de Ménélas, 435, 436. — Nome ménélaïte, 436. — Saint Épiphane expliqué, 436. — Ile de Ménuthias, 436. — Isis de Ménuthis, différente de celle de Canope, 437.

XLVI. *Inscription d'Hermopolis magna,* 437. — Copiée par M. Nestor L'Hôte, 438. — Restitution, 439. — Époque, 440. — Titres de Marc-Aurèle et de Commode, 440. — Marc-Aurèle conserve les titres de Germanicus et de Sarmaticus, 441. — Nom de Commode effacé des monuments, 442. — Décret du sénat, mal exécuté, 442. — Pourquoi, 442, 443. — Marcius Mévius Magnus, préfet, 443.

XLVII. *Dédicace de Sérapis de Canope,* 444. — Prêtre d'Antinoüs, 445. — Publius Alanius, préfet d'Égypte, 446.

XLVIII. *Stèle de Syène,* 446. — Hammon Chnubis, 447. — Nom de Géta effacé, 448. — Aquila, préfet d'Égypte, 448. — *Mater kastrorum,* 448. — Syllabes répétées par erreur, 449. — Carrières de granit nouvellement exploitées, 449. — Colonne de Pompée, 450.

XLIX. *Autel d'Abydos,* 450. — Dédié à l'Aphrodite de Tentyra, 451.

L. *Cippe de Bassus,* 452. — Épimélète, 452. — Interprète de Sérapis, 453.

LI, LII. *Inscriptions de Senskis, aux mines d'émeraude,* 453. — Situation des mines, 453. — Exploitées par des malfaiteurs, 454. — Μεταλλάρχης, 454. — Ville antique à Sekket, 454, 455. — Chapelle ou spéos, 455.— Inscrip-

480 TABLE ANALYTIQUE DES MATIÈRES.

tions, 457.— Τὸ ζῴδιον, l'ex-voto, 458. — Τὸ ὕδρευμα, 459. — Époque de Galien, 459. — Φιάλιον ἀργυροῦν, 461.— *Isis Senskite*, 461.— *Senskis* ou *Skites*, nom du lieu, 461.— Sérapis Mnévis, 462. — Ἐνορύζειν, 463.

N°ˢ LIII-LVI. *Fragments trouvés à Bérénice*, 464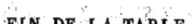

ADDITIONS ET CORRECTIONS, 465.

FIN DE LA TABLE.

www.ingramcontent.com/pod-product-compliance
Lightning Source LLC
Chambersburg PA
CBHW051405230426

43669CB00011B/1775